雄安新区绿色发展报告
（2019—2021）
——生长城市的绿色版图

Xiongan New Area Green Development Report (2019-2021)

——A Green Map of the Growing City

雄安绿研智库有限公司　主编

中国城市出版社

图书在版编目（CIP）数据

雄安新区绿色发展报告.2019—2021：生长城市的绿色版图 = Xiongan New Area Green Development Report（2019–2021）——A Green Map of the Growing City / 雄安绿研智库有限公司主编. —北京：中国城市出版社，2022.4

ISBN 978-7-5074-3467-5

Ⅰ.①雄… Ⅱ.①雄… Ⅲ.①绿色经济—经济发展—研究报告—雄安新区—2019-2021 Ⅳ.①F127.223

中国版本图书馆CIP数据核字（2022）第038092号

站在"十四五"开局的新起点，雄安新区已转入大规模建设阶段。本书回顾梳理了2019年7月至2021年7月这一时期雄安新区的绿色发展脉络，总结了新区在大规模建设初期的绿色发展经验。全书共分为趋势进展、顶层设计、环境友好、低碳循环、绿色人文和调查展望六篇共十三章，以及一个附录。

本书适合城市规划建设相关从业者、城市发展研究者、新区建设者等参考学习。

责任编辑：李天虹
版式设计：锋尚设计
责任校对：刘梦然

雄安新区绿色发展报告（2019—2021）
——生长城市的绿色版图
Xiongan New Area Green Development Report (2019–2021)
——A Green Map of the Growing City
雄安绿研智库有限公司　主编

*

中国城市出版社出版、发行（北京海淀三里河路9号）
各地新华书店、建筑书店经销
北京锋尚制版有限公司制版
北京圣夫亚美印刷有限公司印刷

*

开本：787毫米×1092毫米　1/16　印张：28½　字数：605千字
2022年4月第一版　　2022年4月第一次印刷
定价：**83.00**元
ISBN 978-7-5074-3467-5
（904453）

雄安新区绿色发展报告（2019—2021）组织框架

主 编 单 位　雄安绿研智库有限公司
支 持 单 位　深圳市建筑科学研究院股份有限公司
　　　　　　　中国城市科学研究会生态城市研究专业委员会

特 邀 顾 问　赵鹏林　叶　青　李　迅　沈清基
专 家 顾 问　周　瑜　姚　培　杨申武　李劲遐　江　捷　夏　雨
　　　　　　　孙延超　李　芬　余　涵　金　强　任　俊　郭顺智

主　　　编　徐小伟
副 主 编　龙颖茜
成　　　员　闵家楠　李　宁　王钒圳　赵玉萍　宋悦嘉　赵聪颖
　　　　　　　赵　晨　张　欢　王　勇　冯祖光　刘永平　沈帝文
　　　　　　　罗天铭　赵金松　王　剑　王　健　秦亦可　李梦祥
　　　　　　　胡　敏　陈　敏　孙晨耕　吉淑敏　吕旭阳　彭静怡

合 作 机 构　（排名不分先后顺序）
　　　　　　　深圳市城市交通规划设计研究中心股份有限公司
　　　　　　　雄安城市规划设计研究院有限公司
　　　　　　　国网河北省电力有限公司雄安新区供电公司
　　　　　　　北京清华同衡规划设计研究院有限公司
　　　　　　　加拿大不列颠哥伦比亚省林业创新投资中国代表处
　　　　　　　河北大学新闻传播学院
　　　　　　　清华大学建筑设计研究院有限公司
　　　　　　　清华大学美术学院
　　　　　　　北京市住宅建筑设计研究院有限公司
　　　　　　　中国农业银行河北雄安分行
　　　　　　　中国移动雄安产业研究院
　　　　　　　日本庆应义塾大学政策与媒介研究院
　　　　　　　天津大学建筑学院城市规划系
　　　　　　　华润集团雄安新区专项工作小组

深圳市建信筑和科技有限公司

伦敦大学学院

汕头大学商学院

马来亚大学

雄安新区规划建设局

雄安新区生态环境局

中国雄安集团战略发展部

中国雄安集团城市发展投资有限公司

中国雄安集团生态建设投资有限公司

中国雄安集团数字城市科技有限公司

中国雄安集团基础建设有限公司

谈雄安新区绿色交通的顶层设计与实践

（根据赵鹏林秘书长在2021年7月27日雄安创新大讲堂第二十四期分享整理）

交通规划是解决"大城市病"问题的关键一环，雄安新区作为新时代高质量发展的全国样板，在设立之初就明确了以绿色交通作为新区交通顶层规划设计的核心理念，围绕《河北雄安新区总体规划（2018—2035年）》（以下简称"新区总体规划"）的相关要求，落实"90/80"的绿色交通出行目标，即"提高绿色交通出行比例；以公共交通为骨干、步行和自行车交通为主体，构建'公交+自行车+步行'的出行模式；科学设计绿色交通政策，通过全面保障公共交通、鼓励步行和自行车交通、有序减少私人小汽车出行、合理管控停车，实现起步区绿色交通出行比例90%的目标，打造便捷、安全、绿色、智能交通体系……提升公共交通系统覆盖的人口数量，起步区公共交通占机动化出行比例达到80%"。

绿色交通一方面是落实新发展理念、探索提出解决"大城市病"中国方案的重要实现途径，另一方面也是应对全球气候变化，早日实现我国"碳达峰、碳中和"目标的关键环节。交通领域是碳排放的"大户"，占全国终端碳排放的15%，2021年2月国务院印发的《国家综合交通立体网规划纲要》提出，要加快推进绿色低碳发展，交通领域二氧化碳排放尽早达峰。

纵观全球，国际先进城市交通分担率的目标普遍设定在80% ~ 85%之间，足以见得，雄安新区的"90/80"绿色出行目标是一个极高的发展愿景，各项指标都将要在全球城市中达到领先水平。到那时，新区将不会再出现交通拥堵，交通事故率大幅下降；人们将自愿减少私家车使用，并普遍乘坐公共交通；道路无障碍设施是健全、友好的；交通领域减碳水平世界领先；公共交通系统财务稳健和可持续；各项补贴奖励制度公平且透明等。

实现这样宏伟的规划目标，必须明白新区起步的基础。作为疏解北京非首都功能的集中承载区，这个目标的实现离不开科学合理的规划，离不开适用于不同发展阶段的交通顶层政策设计，离不开政府大力推行各项绿色交通的机制和举措，离不开相关企业的创新与创造，更离不开千千万万市民的共建、共治和共享。

坚持政策与规划"双轮驱动"，构建完整绿色交通政策体系框架。

公共政策是政府组织管理公共事务的重要抓手，推行绿色交通首先需要政策的支持。单纯的交通规划或单纯的交通政策并不能完全实现绿色交通的初心，只有坚持交通规划与交通政策的"双轮驱动"，才能保障绿色交通目标的实现。

通过新区管委会各局办、交通专班近两年的认真研究与讨论，围绕"90/80"

的绿色出行目标，新区已在土地交通联动、慢行优先包容、公交创先发展、引导车辆使用、保障货运物流、三县综合提升、智慧全局响应和强化治理能力八个方面构建了完整的绿色交通政策体系，相继出台了《河北雄安新区关于推进交通工作的指导意见》《雄安新区交通强国建设试点工作方案》等10余份文件，将有力指导新区高质量绿色交通工作的全面开展。

探索一体化整合的新型公交系统，有效引导公交主导的绿色出行。

公共交通领域是绿色交通极为重要的一环，与小汽车出行相比，公交出行链条不连续、不可靠、不舒适，导致大部分城市公交竞争力不足。实现公共交通引领绿色出行，解决"大城市病"的痛点问题，需要提供更优越的公交出行效率和体验、更细致的公交服务质量管理以及更快速更精准地响应居民多元化的出行需求。

雄安新区从一开始就探索建立基于出行即服务（MaaS）理念的新型公共交通系统，试图通过大数据共享和现代科技装备的利用，打通各类交通方式之间的壁垒，转变城市各类交通企业各自运营的老路子，创新公共交通管理、服务和技术手段，建立基于新型平台公司的公交一体化的运营模式。对乘客来说，借助这样的平台可以实现"门到门""点对点"的公共交通出行，更快速、体面地抵达目的地，体验比肩小汽车的新型公交出行服务。

这种公共交通服务平台要跟智慧城市紧密联系，在整个交通系统中用改革的思维去建立新型的公交体制，避免陷入以往的公交体系思路中去。对于各交通企业来说，平台公司的主要作用是协调各公司、各交通工具之间的运力、配时、价格等问题，实现公交换乘的最佳智能匹配，除此之外，统一的管理平台还能实现企业之间的数据融通，用于分析各种交通工具运能与投入比，激发企业在有限的资源下开展科学的竞争。对于政府合资成立的平台公司，一方面承担公共性兜底服务，将公交、地铁、共享自行车等连接起来，提供低票价制的公益性服务。另一方面，引进社会资本，面向多种需求，按市场原则提供如定制化公交、私家车等差异化服务。对于政府来说，应当处理好特许经营和有限竞争的关系，发布相应的服务标准、成本控制措施等，开展第三方评估，加强公众参与，提升公交企业的服务质量，提高公共交通运输量，做好精准补贴。

以降碳减排为目标，培育公众绿色低碳生活理念。

相关研究显示，即使提高了城市公交服务水平，居民使用小汽车出行的比例并未减少，可见绿色出行方式还受限于我们对绿色生活方式的进一步认可。因此，新区有必要下最大的决心，完善交通顶层政策设计，加大宣传管理的力度，引导人们绿色出行意识习惯的培养，大力推进绿色低碳的生活方式。如交警在执法过程中，坚持柔性执法，以教育、宣传、普及等方式引导公众绿色出行；组建志愿团队，开展绿色出行体验活动；积极倡议绿色出行公约，如："能走不骑，能骑不坐，能坐不开，一公里内步行，三公里内骑行，五公里以上乘坐公交，每天走三十分钟，保持健康身体……"，逐步使绿色出行深入人心。

绿色出行的核心问题还要解决私家车的过度使用，雄安新区以停车政策为抓手，以静制动，实施交通需求管理，引导小汽车合理使用。全国各地对于限制私家车的使用，均出台了多种措施，如北京市摇号限购+限行限外+路内停车政策，上海市拍卖限购+限行限外+路内停车政策等，可交通拥堵问题依旧存在。我们试图在新区通过停车供给、停车收费和违停管理三位一体的政策设计，充分发挥政府在停车资源的统筹作用和停车价格杠杆的调节作用，培育居民"理性节制"的小汽车使用习惯。同时，建立供需平衡的停车定价动态调整机制，让交通参与者明确停车收费的标准与收费的用途。

打造全龄友好、全域畅行的慢行环境也是引导公众绿色出行的重要环节。新区打造了非常出色的慢行系统规划，同时，在"窄路密网"的交通设计中全面考虑慢行、公交出行体验，适度布置公交专用路、公交专用道、自行车快速通道、慢行专用路，保证公交慢行通行效率，精细化布局各类配套设施，提供高质量出行体验。对于三轮车、电动车等非机动车管理也制定了相关制度和措施，实行实名制、上牌制，减少事故隐患，保障绿色出行。

除此之外，还需重视节能减排的低碳生活引导。公众普遍认为，降碳减排不是个人的社会责任，若持有这种观念，低碳生活方式很难推广，国家"双碳"的目标也很难深入人心，关键是如何将减碳与日常生活挂钩。而对于企业，政府应该鼓励技术革新，鼓励交通运输生产研发企业向节能低碳的方向努力，研发用能更节省、碳排放更低的交通工具，并给予更高的利润返还。

最后，我们还需要谨记，"90/80"的绿色出行目标不只是新区一方的事。雄安新区是京津冀协同发展的重要一环，雄安的绿色出行要求也需要带动周边其他区域的交通全面改革，协调推进。只有共同克服困难，京津冀协同发展才有条件，新区对全国的示范引领作用才能见效，才能积极地、有效地将生态优先、绿色发展的理念传播向全国。

赵鹏林

二〇二一年七月

点绿成金，探索中国城市的碳中和之路

（根据叶青女士2021年7月23日雄安设计讲坛第十一讲演讲分享整理）

城市是我们的家，亚里士多德两千多年前就说过：人们为了追求美好生活而来到城市。工业化伴随着城镇化的高速发展带来的巨额财富，也让人们迷失在欲望的深渊。

令人欣慰和自豪的是，"绿色低碳"在十七年前首次召开绿建大会的时候还是少数人关注的新鲜名词，如今"碳达峰""碳中和"已成为风行中华大地的热门话题，中国已经成为全球碳排放第一的国家，习近平总书记更是向世界承诺2030年碳达峰，2060年碳中和。

实现中国碳中和，我提出"一个观点"和"三点思考"。

一个观点：中国实现碳中和的背景是在生态文明时代下，关键路径是转变生产生活方式，实现城市的高质量可持续发展。

2018年5月18日，习近平总书记出席全国生态环境保护大会并发表重要讲话，他引用"天不言而四时行，地不语而百物生"指出，人与自然是生命共同体。生态环境没有替代品，用之不觉，失之难存。当人类合理利用、友好保护自然时，自然的回报常常是慷慨的；当人类无序开发、粗暴掠夺自然时，自然的惩罚必然是无情的。

回顾近期全球灾害事件，从北美千年一遇的热穹顶，到德国百年一遇的大洪水，再到"7·20"郑州特大暴雨等都是大自然给人类的警醒。灾害带来的损失令人痛心，也令人反省。自然的考验时时存在，城市中的人与建筑首当其冲。

我们总说人与自然和谐相处，但越来越多的雾霾、污染、内涝、垃圾等证明如今人类的行为已经远远达不到"和谐"，转变生产生活方式迫在眉睫。《中华人民共和国国民经济和社会发展第十四个五年规划和2035年远景目标纲要》将"坚定不移贯彻创新、协调、绿色、开放、共享的新发展理念"作为"十四五"时期经济社会发展指导思想的重要内容，并围绕"推动绿色发展""促进人与自然和谐共生"作出部署，对"加快发展方式绿色转型"提出要求。

推动生产生活方式的绿色转型是关键一环。不仅要重视解决发展中产生的环境污染和生态破坏等问题，加快建立健全绿色低碳循环发展经济体系；更要推动生活方式绿色化，就是在思想观念、消费模式、社会治理等方面进行深刻变革，促使全社会自觉参与生态环境保护、切实践行绿色发展理念。心的转念让绿色低碳成为我们生命的担当，生活的信仰。一周一次素食，每天少开一小时电视，每周只开一次洗衣机，坚持每天垃圾分类少产生一袋垃圾，少用一立方米天然气，多乘坐公交，至少一周停驶私家车两天，这些看上去不影响当下生活秩序的习惯改变就能让我们每个人年均生活减碳近一吨。以2020年中国人均碳排放6.4吨为基数，可实现将近15%的减碳量。

思考之一：尊重城市发展规律，推行基于中和目标下动态城镇建设模式。

传统规划基于人口，而尊重城市发展规律、实现碳中和目标的规划与建设应当是平衡的且是动态实施的。

发展是一个破旧立新的过程，在高速发展的状态下，必然会造成对自然的冲击甚至破坏。要实现平稳可持续的绿色发展，就需要平衡发展模式或零净损模式。要有紧凑混合的土地利用系统、低耗清洁的能源系统、循环安全的水系统、减量再生的废弃物系统、综合集成的绿色建筑系统、综合绿色交通规划、绿地系统、绿色更新系统。所以平衡规划的最重要思维是摒弃集中式、大规模、分裂的工业城市规划模式，提倡分散的、循环的、生态的、着眼于综合效益的集成规划。

随着物联网技术的发展，城市运营状态的信息监控和动态管理成为可能，信息监控（感知城市系统），可为规划设计提供数据支持，更是及时验证、校准和调整城市管理的最有效工具。

思考之二：运用共享互联思维，创造场景效能化和绿色产业化的增量价值。

生态文明背景下的新城市建设，以雄安新区为例，是土地公有化、房产公益化、空间效能化和绿色产业化相结合的绿色、智能、创新、能够创造新价值的开发模式。

中国生态文明的思维和传统文化的认识问题一脉相承，就是用中国传统天人合一的认识论，生态思维的方式，加上西方工业文明的方法，中西相结合，既有效率，又有了质量。习近平总书记从人类发展与自然生态的关系（生态理念）、要素管理与系统统筹的关系（系统方法）、政府作用与市场机制的关系（两手发力）三个观念，讲述了顶层思维的核心。我总结出了四点：以政府善治为龙头、以人文引导为灵魂、以市场推动为动力、以技术革新为保障。

以政府善治为龙头，指政府在了解地方政策和规章制度的基础上，通过人文引导生活模式和绿色人居的新理念，引导老百姓推动绿色市场产业转型。

以人文引导为灵魂，指充分利用互联网手段，让老百姓使用碳账户，将节能行为变成积分和"碳币"，用来兑换学校课程、免费的培训等，从而起到公益宣传的作用。

以市场推动为动力，指绿色城市有赖于绿色产业链的整体打造，绿色城市建设也必然会促进产业升级和低碳经济的发展。同时，绿色城市营造的人居环境，也提升城市的居住和商业价值，提升城市竞争力。

以技术革新为保障，指通过技术革新为政策善治提供决策支持；能帮助市场满足甚至创造新的需求，开创新的市场空间和产业；能引领新的生活模式和社会人文。

思考之三：推行绿色低碳建筑，提升人的生活品质、生命效率和幸福指数。

联合国卫生组织的研究表明，人一生在建筑内度过的时间是87%，而62.5%的疾病都跟建筑有关。哈佛大学在2016年做过一个研究，在绿色建筑中办公的人，思考和计划能力会提高25%，劳动效率也提升25%。所以绿色建筑让人更健康，生命效率更高。

回归到城市尺度，绿色城市是绿色生活方式的载体，城市碳中和从规划开始。15分钟生活圈、公交优先、混合规划、垂直城市、共享空间、绿色建筑、分布式能源、海绵城市等，是减少需求、降低排放，提高资源使用效率的"碳源"管理。通过生态诊断划定生态控制线，确定蓝绿空间是"碳汇"的基本保障。

基于生态承载力的建设总量控制，智慧城市的营运，碳金融体系的构建，绿色生活方式的全面践行，是城市走向"碳平衡"的途径，从而实现人和自然之间的"碳中和"。

"碳中和"是中华民族复兴赢得未来发展权的命题，更是人类生存发展的根本使命。当灾难、病毒频繁消灭一个个生命，摧毁一座座城市的时候就是大自然以她自己的方式实现"碳中和"。

美国领导力发展中心创始人保罗麦尔曾说过"你所清晰预见，真诚渴望，热切追求，全心全意去争取的都会自然而然地实现"。碳中和，从当下开始，从我做起！

叶　青

二〇二一年七月

导言

自2017年4月1日雄安新区设立以来，在以习近平同志为核心的党中央高度重视和坚强领导下，河北省委、省政府认真履行主体责任，各方凝智聚力、不舍昼夜，共建这座承载千年大计的"未来之城"。站在"十四五"开局的新起点，新区已转入大规模建设阶段。120多个重大项目同步推进，形成了塔吊林立、热火朝天的建设场面，为承接北京非首都功能疏解打好基础、做好准备。

2020年3月，《雄安新区绿色发展报告（2017—2019）——新生城市的绿色初心》正式出版，从绿色使命、顶层规划、先行实践、创新机制、绿色展望五个方面，梳理总结绿色雄安的新思想、新理念、新技术和新实践，重点阐释了雄安这座未来之城的绿色发展初心，为读者提供了全面了解雄安绿色发展的窗口。本书在前书的基础上，回顾梳理2019年7月至2021年7月这一时段雄安新区的绿色发展脉络，注重总结雄安新区在大规模建设初期的绿色发展经验。全书共分六篇、十三章、一个附录。

第一篇趋势进展：本篇从梳理绿色发展的国际动态展开，全球视野下深化气候应对共识，绿色发展实践兴起；同时系统总结了国内生态文明发展体制改革、绿色城市实践、碳中和承诺等重要行动，及时全面的展现绿色发展前沿动态与实践。

第二篇顶层设计：本篇从新区近两年完善规划顶层设计展开，介绍了新区为确保"一张蓝图干到底"的诸多实践，包括在协同规划模式以及责任规划师单位总牵头制等方面的探索。此外新区持续探索建立全生命周期的数字赋能智慧城市，从顶层设计、标准体系、社区建设、基础设施四个方面总结新区的经验。

第三篇环境友好：本篇从新区在人与自然和谐共生方面所做的努力展开。环境治理与保护是新区工作的重中之重，经过多方努力，华北明珠白洋淀重绽风采、新区森林城市初现雏形。此外，对新区在海绵城市建设、绿色智慧水厂建设以及无废等重点工程的技术特点、创新模式等进行剖析，总结思考两年多来的资源循环与利用实践经验。

第四篇低碳循环：本篇聚焦在绿色交通出行、能源转型与高效利用和绿色建筑高质量发展方面的先行先试，总结新区推广绿色低碳的生产生活方式和城市建设运营模式的实践。

第五篇绿色人文：重点关注新区在行政管理、生态环境保护与基层社会治理三个方面的创新做法，同时从以人为本的角度介绍了新区引导绿色生活与文化的有效实践。

第六篇调查展望：通过公众感知、民生融合、居民意识与出行体验四个维度的调研，了解公众对新区的关注、感知、期待与愿景，把握新区研究热点。同时结合"十四五"规划，提出新区未来绿色发展的工作重点和展望。

在附录中，报告选编了雄安新区2019年7月至2021年7月的绿色发展大事记。

本报告是回顾雄安新区绿色发展历程的第二本报告。目前新区的绿色发展正处于持续探索的阶段，鉴于城市绿色发展内涵的多样性与复杂性，以及新区的新思想、新理念、新技术与新实践的不断发展，报告难免有无法涵盖及不当之处，还望各位读者不吝赐教。

本报告在编制过程中，得到了雄安新区管理委员会及相关部门、中国雄安集团有限公司、深圳市建筑科学研究院股份有限公司、中国城市科学研究会生态城市研究专业委员会、深圳市城市交通规划设计研究中心股份有限公司、雄安城市规划设计研究院有限公司、国网河北省电力有限公司雄安新区供电公司、北京清华同衡规划设计研究院有限公司、加拿大不列颠哥伦比亚省林业创新投资中国代表处、河北大学新闻传播学院、清华大学建筑设计研究院有限公司、清华大学美术学院、北京市住宅建筑设计研究院有限公司、中国农业银行河北雄安分行、中国移动雄安产业研究院、日本庆应义塾大学政策与媒介研究院、天津大学建筑学院城市规划系、华润（集团）有限公司雄安新区专项工作小组、深圳市建信筑和科技有限公司、伦敦大学学院、汕头大学商学院、马来亚大学等单位和专家的大力支持，吸纳了这些单位对于雄安新区的最新研究成果、实践总结与工作建议。编制组再次向各位专家学者致以最诚挚的谢意！

Introduction

China announced its plan to establish Xiongan New Area on April 1, 2017. Under the strong leadership of the Central Committee of the Communist Party of China (CPC) with President Xi Jinping as the core, the CPC Hebei Provincial Committee and the People's Government of Hebei province have earnestly and fully performed their primary responsibility, pooling efforts and wisdom to jointly build this "city of the future". Standing at the new starting point of the 14th Five-Year Plan, Xiongan is entering a substantial stage of large-scale construction at full speed, with more than 120 major projects springing up. The intensive infrastructure expansion has laid a solid foundation for Xiongan to receive Beijing's non-capital functions.

In March 2020, *Xiongan New Area Green Development Report (2017-2019): A Green Beginning of the New City* was officially released, summarizing the new ideas, technologies, and practices of a "Green Xiongan" from five aspects: Green Mission, Top-level Planning, Leading Practices, Mechanism Innovation and Green Prospects. The report also serves as a window for readers to understand the green development initial intention of this future-ready area. Building upon the previous report, *Xiongan New Area Green Development Report (2019-2021)* will review the Xiongan's green development footprints from July 2019 to July 2021, and extract the essence of its green experience in the early stages of large-scale construction. A total of six parts, thirteen chapters, and one appendix are included in this report.

Part I Trends and Progress: The report begins with a well-rounded overview of the latest trends in green development. On the one hand, it examines the consensus on climate change and green development practices from a global perspective, and on the other hand, it provides a systematic summary of China's institutional reforms for ecological civilization, green city practices, carbon neutrality commitments, and other important actions.

Part II Top-level Planning: This section introduces the practices of Xiongan New Area in improving its top-level design in the past two years, including the exploration of collaborative planning model and the responsible planner-led system. In addition, it explores Xiongan's experience in establishing a full life-cycle digital-enabled smart city in four areas: top-level planning, system of standards, community, and infrastructure.

Part Ⅲ Environmental and Eco-friendly: This part spotlights Xiongan's efforts to live in harmony with nature. Environmental management and protection is one of the top priorities in the region, and it has yielded a number of fruitful results, such as the rebirth of Baiyangdian Lake, the pearl of northern China, and the emergence of a forest city. Along with these achievements, this section provides a review of the technical features and innovative models of key projects such as Sponge City, Waste-free City, and summarizes the practical experience of resource recycling in the past two years.

Part Ⅳ Low Carbon and Recycling: Part Ⅳ explores Xiongan's pioneering efforts in green transportation and mobility, transition and efficient use of energy, and high-quality development of green buildings. It provides a glimpse into how the Area is facilitating a green and low-carbon way of production and living during its urban development.

Part Ⅴ Green Humanity: The focus of this section is placed on Xiongan's innovative practices in three areas: administration, ecological and environmental protection, and social governance at the primary level. A people-oriented perspective is also presented on how Xiongan New Area guides and shapes green lifestyle and culture.

Part Ⅵ Surveys and Prospects: To understand the public's concern, perception, expectation and vision of Xiongan New Area, as well as to identify potential research topics, we conducted a public survey in four dimensions: livelihood, social integration, ecological awareness and willingness of green mobility. The relevant information is explained in the last part of this report, together with outlooks on the future green development of Xiongan in the context of the 14th Five-Year Plan.

In the appendix, a selection of green development events for Xiongan New Area from July 2019 to July 2021 is presented for the readers.

Xiongan New Area Green Development Report (2019-2021) is the second document of this kind to review and summarize the green development of Xiongan in the past years. At present, Xiongan is gradually exploring its own path to green development with ever-emerging new ideas, new technologies, and new practices. Coupled with the diversity and complexity of "green urbanization", the report will inevitably embroil unresolved issues or inadequate descriptions. Your comments and suggestions will be highly appreciated.

Hereby, we would like to express our sincere gratitude to the following units and their experts for their strong support to the report: Management Committee of Xiongan New Area, China Xiongan Group, Shenzhen Institute of Building Research Co., Ltd. (IBR), Eco-city Research Committee of Chinese Society for Urban Studies, Shenzhen Urban Transport Planning Center, Xiongan Urban Planning and Design Institute, China State Grid (Xiongan New Area), Beijing Tsinghua Tongheng Urban Planning & Design Institute Co., Ltd., China Representative Office of Forestry Innovation

Investment (British Columbia, Canada), School of Journalism and Communication of Hubei University, Architectural Design & Research Institute of Tsinghua University, Academy of Arts & Design of Tsinghua University, Beijing Institute of Residential Building Design & Research Co., LTD, Agricultural Bank of China Hebei Xiongan Branch, China Mobile Xiongan Research Institute, Institute for Journalism, Media & Communication Studies of Keio University, Department of Urban and Rural Planning of School of Architecture of Tianjin University, Xiongan New Area Special Working Group of China Resources (Group) Co., The Green Credit Technology Co., LTD and University College London, Shantou University Business School, University Malaya.

目录

第三篇　环境友好

第四篇　低碳循环

第五篇　绿色人文

第六篇　调查展望

CONTENTS

Part Ⅰ Trends and Progress

Part Ⅱ Top-level Planning

Part Ⅲ Environmental and Eco-friendly

Part Ⅳ Low Carbon and Recycling

Part V Green Humanity

Part VI Surveys and Prospects

专栏目录

Column Directory

第一篇
趋势进展

本篇为《雄安新区绿色发展报告（2019—2021）》的开篇总述，主要综述2019—2021年国内外绿色发展的实质性进展情况，期望通过对国内外政策、技术、实践以及大事件的总结，分析探讨绿色发展的整体趋势与未来发展，为新区绿色发展提供理论与实践支撑。

根据《巴黎协定》，各缔约方需要在2020年通报并更新国家自主贡献（NDC），同时2020年也是各国将长期气候目标转向气候行动的关键之年。国际社会保持了战略定力加速绿色经济转型，联合国从不同方面呼吁全球共同应对气候变化与环境问题，深入推进《巴黎协定》实施细则落实，呼吁全球开展绿色新政改革，持续关注数字城市引领下的人居环境可持续发展。各国积极响应，宣布碳中和计划、发布绿色战略协议和转型措施、提出未来城市智慧设计等，兴起后疫情时代的绿色经济复苏热潮，通过政策和法规的引导，与先进低碳技术的推陈出新，理性客观地打造各具地方特色的绿色发展项目，凸显绿色低碳发展的全球共识。

自2012年提升为国家发展总体布局，我国生态文明建设的理论体系和创新实践不断深化。2020年11月25日，国家发展改革委印发《国家生态文明试验区改革举措和经验做法推广清单》，标志着生态文明建设取得阶段性进展。未来将进一步深化生态文明体制改革，探索生态产品价值实施机制，完善构建"绿水青山就是金山银山"的政策制度体系。

坚持绿色富国、绿色惠民，推动形成绿色发展方式和生活方式，走可持续发展道路，既是巨大的挑战，也是必然的选择。无论是国家顶层设计还是各地的自主探索，我国在绿色发展的政策发布、法律法规制定、行业标准确立与更新、绿色技术更新迭代、绿色金融创新、数字城市建设等方面都开展了诸多尝试和巨大努力。不同于早些年基于国家层面的低碳生态示范建设，当前，各省市、各地区对于绿色低碳发展的认识已全面深化，更加自主自发地结合区域经济实力、生态本底基础、已有实践经验，推动多维度、多样化、多元载体的绿色经济发展形式，如浙江推进九大创新场景的未来社区试点、深圳开创绿色金融地方立法的示范等。

在应对全球气候变化方面，中国展现了大国担当。国际上，习近平总书记多次发表讲话，强调中国将采取更加有力的政策和措施，力争于2030年前达到碳峰值、2060年前实现碳中和。在国内，双碳目标已纳入生态文明建设整体布局，碳达峰、碳中和"1+N"政策体系已正式建立。各省市纷纷将"双碳"工作列入本地区的发展蓝图，各行各业积极探索"降碳"新蓝海，全国上下掀起了"全民学碳"的热潮。可以看到，绿色经济转型发展已然成为共识，"绿色"也代表了未来高质量发展的底色。

Part Ⅰ   Trends and Progress

As an opening section, the first part of the *Xiongan New Area Green Development Report (2019-2021)* provides an overview of the substantial progress of green development at home and abroad from 2019 to 2021. Through a review of domestic and international policies, technologies, practices and big events, this part seeks to analyze and discuss the general trends and progress of green development, thus providing theoretical and practical support for Xiongan.

Under the Paris Agreement, parties are required to communicate and update their Nationally Determined Contributions (NDCs) in 2020, which is also a critical year for countries to turn their climate targets into climate actions. The international community has maintained a strategic determination to accelerate the transition to a green economy. The United Nations has called for global responses to climate change and environmental issues in various ways, such as deepening the implementation of the Paris Agreement, undertaking Green New Deal reforms, and upholding sustainable human settlements development led by digital cities. Against this backdrop, countries are gearing up to respond by announcing carbon-neutral plans, issuing green strategy agreements and transition measures, and proposing smart designs for the cities of the future. In the post-pandemic era, a green economy recovery boom is emerging. Through the guidance of policies and regulations and the promotion of advanced low-carbon technologies, countries are rationally and objectively building green development projects with local characteristics, highlighting the global consensus on green and low-carbon development.

Since it was elevated to a national development priority in 2012, the cause of "ecological progress" in China has made great strides in both theory and practice. On November 25, 2020, the National Development and Reform Commission released a list of recommended reform initiatives and experience practices for National Eco-Progress Pilot Zones, marking a milestone in China's green development. In the future, China will further deepen the institutional reform of ecological progress, explore the mechanism of realizing the value of ecological products and shape a policy environment that gives equal importance to environmental protection and economic development.

The path to green development and lifestyles is one that China has been exploring in the hope of achieving prosperity, well-being of its people and sustainable development. This is both a great challenge and a choice that is bound to happen. To this end, China has made extensive green attempts from local to central governments, covering policy introduction, law and regulation development, industry-standard establishment and update, green technology update and iteration, green financial innovation and digital city construction, etc. At this moment, low-carbon is no longer limited to national-level demonstration, as it was in earlier years, but has been implemented everywhere. With the dramatic increase in awareness of green and low-carbon development, regions are spontaneously pursuing multi-dimensional, diversified and multi-domain approaches to green economic development that match their respective economic strengths, ecological status and established practical experience. Excellent examples can be found, for instance, in Zhejiang's pilot rollout for future communities, and in Shenzhen's pioneering demonstration of local legislation on green finance.

In addressing global climate change, China is responding positively to its role as a major power. Internationally, President Xi Jinping has made several speeches, emphasizing that China will adopt stronger policies and measures to achieve carbon dioxide peaking before 2030 and carbon neutrality before 2060. Domestically, the country has set up a national blueprint with a "1+N" policy framework for carbon peak and carbon neutrality. This was followed by a positive response from local governments, where a wide range of industries are actively exploring new ways to "reduce carbon", and a bottom-up trend of "advocating green and low-carbon development" has taken off in the private sector. To sum up, the green economic transition has become a consensus for all to reach a future of higher quality development.

第一章　国际趋势

　　《雄安新区绿色发展报告（2017—2019）——新生城市的绿色初心》出版以来，全球各国在气候变化、公共卫生与安全、绿色经济复苏、智慧城市等领域经历了一系列重大事件，深刻改变全球社会、政治与经济发展的未来走向。

　　2020年11月，世界气象组织（WMO）发布《2019年度全球大气温室气体公报》，指出全球大气主要温室气体浓度继续突破有仪器观测以来的历史纪录，地表平均温度较工业革命前上升了1.1℃，气候变化在全球范围内造成的影响不断加剧。

　　新形势下，全球在应对气候变化、绿色经济转型等方面纷纷提出各自的愿景并付诸相应行动。从宏观态势来看，联合国气候变化大会、联合国贸易和发展会议以及全球人居环境论坛年会等国际会议站在全人类的角度从各个方面为全球绿色发展积极发声，全球国家共同努力，落实《巴黎协定》，并积极深化相关政策。聚焦到各区域，欧盟倡导《欧洲绿色协议》，美国重返《巴黎协定》并为此调整气候政策，日本推行《2050绿色增长战略》等，全球兴起绿色经济复苏的热潮。在实践方面，日本丰田发布未来城市设想"Woven City"，墨西哥特基拉市计划打造"未来智慧城市"，标志着全球探索绿色、低碳发展付诸行动。

1.1　全球深化气候应对共识

1.1.1　联合国气候变化大会：深入推进《巴黎协定》实施细则落实[1]

　　2019年12月2日至15日，《联合国气候变化框架公约》第二十五届缔约方会议（COP25）于西班牙马德里举办，包括美国、中国、欧盟成员国和小岛屿国在内的190多个国家派代表出席，会议旨在使国际社会关注气候紧急情况，并加快扭转气候变化的行动，确保《联合国气候变化框架公约》（UNFCCC）协定目标及加强该公约的2015年《巴黎协定》目标的最终实现。

　　2015年12月巴黎气候变化大会上达成的《巴黎协定》要求缔约方需在2020年提出应对气候变化行动的更新计划，即国家自主贡献（NDC），2019年的第二十五届缔约方会议是

---

[1]　https://www.unenvironment.org/zh-hans/xinwenyuziyuan/gushi/cop25-lianheguohuanjingshushijiao
https://news.un.org/zh/story/2019/12/1047431

进入这一决定性年份之前的最后一届缔约方会议。本届会议对2020年之前的全球盘点、适应、资金、技术和能力建设等议题展开了讨论，会议期间举行的谈判扩大了对气候危机背后的科学以及行动迫切性的认识。欧盟宣布致力于到2050年实现碳中和，73个国家宣布它们将提交增强的气候行动计划，区域和地方一级也表现出实现绿色经济模式的决心，14个地区、398座城市、786家企业和16个投资方正在努力争取到2050年实现二氧化碳净零排放。

联合国环境规划署（UNEP）作为联合国气候变化大会的重要组织成员之一，于2020年1月14日基于《巴黎协定》制定的目标发布了《2020适应差距报告》（Adaptation Gap Report 2020），再次指出各国亟须采取紧急行动制定应对气候变化的相应计划，适应气温上升和气候变化加剧带来的"新的气候现实"。联合国环境规划署指出几乎四分之三的国家已经制定了一些适应计划，但是筹资和实施远远没有达到所需的水平。报告特别关注了基于自然的解决方案，视之为降低气候风险、恢复和保护生物多样性并为社区和经济带来效益的低成本选择。除此之外，报告还呼吁各国实现疫情后绿色复苏，并要求各国更新各自的国家自主贡献目标，包括提出新的净零排放承诺；各国还须同时推进气候适应的相关计划、筹资和实施，为那些对气候变化负有最小责任却面临最大风险的国家提供支持。

1.1.2 联合国贸易和发展会议：呼吁全球绿色新政改革[1]

联合国贸易和发展会议（UNCTAD）成立于 1964 年，旨在帮助发展中国家获得公平的国际贸易，呼吁各国政府彻底改革国际贸易和货币体系的规则，以便所有国家（特别是发展中国家），可以进行必要的大规模投资以实现经济脱碳。

联合国贸易和发展会议2019年发布的《2019年贸易和发展报告》主题聚焦在"为全球绿色新政融资"，报告分析了当前世界经济发展现状及前景，并提出了一系列促进全球经济复苏和发展的建议。为实现可持续发展目标，报告主张推行公共部门主导的"全球绿色新政"，以多种互相呼应的经济政策措施促进生产性贸易，遏制掠夺性金融投机，推动工资型增长而不是金融主导型增长，在促进公共投资的同时避免环境崩溃。报告认为这一政策框架能够结束全球金融危机后多年的紧缩和不安全，帮助实现更公平的收入分配，转变数十年来的环境退化。

2020年4月，联合国贸易和发展会议与全球发展政策中心联合举办了第二届华盛顿特区年度专题讨论会，邀请国际经济与发展领域的思想领袖，就多边主义当前的危机展开了讨论，并为未来更好的多边主义提出了方案。4月12日，《新型多边主义：创造共享繁荣》

---

[1] https://www.climatechangenews.com/2019/09/25/un-agency-calls-global-green-new-deal-overhaul-trade-system/
http://www.bu.edu/gdp/files/2019/04/A-New-Multilateralism-GDPC_UNCTAD.pdf

（A New Multilateralism for Shared Prosperity）报告在华盛顿特区举行的春季世界银行与国际货币基金组织年会期间发布。《新型多边主义：创造共享繁荣》中推出了一套"全球绿色新政之日内瓦原则"（图1-1-1），为新多边主义提出了紧迫的研究和政策议程，旨在调整全球经济朝着稳定、共同繁荣和环境可持续的21世纪愿景迈进。该原则提出，"各国需要空间来度身定制积极的财政和公共政策，以促进投资、提高生活水平，并辅之以应对巨大的不平等、人口压力和环境问题三重挑战的监管和再分配战略"。

发展再平衡的目标

1. 一个所有国家均实现充分、体面的就业且保障基本工资的生产型全球经济

2. 一个旨在消除世代、国家、家庭、种族和性别内部及之间社会经济差距的公正的社会

3. 一个保护弱势群体、维护经济权利的关爱型社区

4. 一种政策不再把持在少数利益群体手中，民主原则扩展至经济决策的参与型政治

5. 一个在调动资源和政策的基础上实现脱碳增长、全面恢复环境健康的可持续的未来

新多边主义的原则

1. 全球规则应符合社会经济稳定、共同繁荣和环境可持续性的总体目标，并避免其受强国支配

2. 各国在为推进全球公共产品、保护全球公域而构建的多边体系中承担共同但有区别的责任

3. 各国推行国家发展战略政策空间的权利应载入全球规则

4. 全球法规的设计应既能够加强有活力的国际分工，又能够防止破坏性的单边经济行动妨碍其他国家实现共同目标

5. 全球公共机构必须对其正式成员负责，对各种观点持开放态度，听到新的声音，并具备平衡的争议解决机制

图1-1-1　全球绿色新政之日内瓦原则

1.1.3　全球人居环境论坛年会：关注人居环境可持续发展[1]

2019年9月5日至6日，第十四届全球人居环境论坛年会（GFHS 2019）在埃塞俄比亚首都亚的斯亚贝巴联合国会议中心举办。会议以"数字时代城市与人居环境的可持续发展"为主题，旨在为全球城市提供高级别的对话与合作平台，把握数字革命为人类带来的

---

[1]　http://ex.cssn.cn/zhcspd/zhcspd_tt/201909/t20190924_4976476.html

新变革、新机遇。本次会议重点关注绿色智慧城市建设的相关议题，还特别探讨了非洲地区如何充分利用后发优势发展数字经济，推动可持续的城镇化发展进程，并积极促进多边务实合作的实现。会议还通过了《亚的斯亚贝巴宣言》并呼吁，数字技术应用与数字经济的发展应坚持以人为本，安全第一。

2020年10月15至16日，第十五届全球人居环境论坛年会（GFHS 2020）在线成功举办，力推疫后复苏与蝶变，共促弹性城市与健康星球。约100位来自全球的杰出演讲者和评论员对公共卫生、生态失衡及气候变化等非传统安全挑战常态化下的城市与人居环境可持续性变革展开了深入讨论和剖析，提出了及时的、科学的解决方案和政策建议。会议基于新冠肺炎疫情大背景下的人居环境发展，在生活的危机与变革、城市安全、绿色健康、自然与气候友好、保护生物多样性等30余个方面达成共识与建议，同时强烈呼吁加速行动，扩大可持续发展的实践与创新，从而打造更安全、包容、有弹性和可持续的城市和社区，实现建设健康星球的愿景，使所有生活在地球上的生命茁壮成长、欣欣向荣。

1.2 各国兴起绿色复苏热潮

1.2.1 欧盟：落实欧洲绿色协议，开展八大领域转型[1]

在全球绿色发展和可持续发展进程中，欧盟一直处于引领者的地位。欧盟在《巴黎协定》中承诺到2030年将其温室气体排放量较1990年减少40%，将可再生能源在能源总量中的占比提升到32%，同时将能效提高32.5%。为了实现既定目标，欧盟委员会在2019年12月提出了《欧洲绿色协议》。这是一份全面的欧盟绿色发展战略，描绘了欧洲绿色发展战略的总体框架，旨在将欧盟转变为一个公平、繁荣的社会，以及富有竞争力的资源节约型现代化经济体，到2050年欧盟温室气体达到净零排放并且实现经济增长与资源消耗脱钩。

为落实《欧洲绿色协议》，欧盟重新思考经济、工业生产与消费、大规模基础设施、交通运输、粮食与农业建筑税收社会福利等领域的清洁能源供应政策，在八大领域提出了一系列转型政策与措施。

第一，确定更高的欧盟2030年和2050年减排目标。欧盟不仅确定了在2050年前实现"碳中和"的愿景，还把这一目标写入了《欧洲气候法》草案。欧盟委员会于2020年提出了一项计划，将欧盟2030年的减排目标从较1990年减少40%，提高到至少较1990年减少50%，并努力争取减少55%。

---

[1] http://ex.cssn.cn/zx/bwyc/202012/t20201221_5234899.shtml
https://ec.europa.eu/info/strategy/priorities-2019-2024/european-green-deal_en

第二，提供清洁、可持续和安全的能源。能源系统的脱碳对实现欧盟2030年和2050年减排目标至关重要。为了实现将全球平均气温较前工业化时期上升幅度控制在1.5℃以内的目标，并确保欧盟到2050年实现温室气体净零排放，《欧洲绿色协议》明确要求欧盟加速能源领域的立法、修法进程，还提出需要重视家庭和消费者在能源转型中的作用，指导他们参与进来并使其从中受益。为此，欧盟委员会采取了多项措施促进技术创新和基础设施建设，并为实现能源系统的智能一体化提供帮助。

第三，发展绿色和循环经济。《欧洲绿色协议》公布后，欧盟委员会通过了相关产业战略，并以纺织、建筑、电子和塑料等资源密集型行业为重点出台了《循环经济行动计划》，希望"可循环"和有助于实现"碳中和"的产品能够成为各行业的主流产品。与此同时，欧盟也在制定与废弃物处理有关的法律法规和市场激励措施，力求到2030年，欧盟所有产品都使用可重复利用或可回收的包装物。欧盟还制定绿色公共采购相关法规，采取措施鼓励企业提供并允许消费者选择可重复使用、耐用和可修复的产品，培育基于租赁和共享商品与服务的新商业模式。

第四，促进建筑业的绿色转型发展。《欧洲绿色协议》要求将建筑物排放纳入欧洲碳排放交易体系进行管理，确保建筑物的建设和翻新符合循环经济要求，提高建筑业和建筑物的数字化管理水平；同时，注重社会公平，关注社会福利性住房、学校和医院等的改造，为贫困家庭提供帮助。

第五，发展可持续和智能交通。为了满足《欧洲绿色协议》的要求，欧盟已经开始建设公共充电桩和替代燃料相关基础设施。欧盟委员会于2020年12月9日公布了《可持续与智能交通战略》，提出对欧盟的交通系统和基础设施进行数字化和智能化改造，进一步削减交通运输领域的二氧化碳排放；将海事部门纳入欧洲碳排放交易体系，减少分配给航空企业的免费配额。

第六，建立公平、健康、环保的食品体系。《欧洲绿色协议》认为，欧盟应根据气候和环境标准评估原有的战略计划，帮助各成员国发展精准农业、有机农业、保护农业生态系统；采取包括立法在内的措施，显著减少农药、化肥和抗生素的使用；强化欧盟农民和渔民在应对气候变化、保护环境和生物多样性等方面的作用。2020年年中，欧盟委员会发布了《农场到餐桌战略》，并邀请各界人士参与讨论，探索制定可持续的食品政策。

第七，保护恢复生态系统和生物多样性。欧盟于2020年5月公布了新的《生物多样性战略》，该战略旨在保护生物多样性，找到导致欧盟生物多样性丧失的主要原因等。按照《欧洲绿色协议》的要求，欧盟还将扩大陆地和海洋保护区的范围，进行有效的植树造林，保护和恢复森林，充分发挥可持续的"蓝色经济"在满足欧盟的多重需求和应对气候变化方面的作用。

第八，构建零污染的无害环境。《欧洲绿色协议》要求欧盟根据世界卫生组织的要求修订空气质量标准；检查大型工业设施的污染防范情况，加强成员国间的合作，预防工业事故的发生；保护人民和环境免受危险化学品的侵害，鼓励开发安全和可持续的化学品。欧盟委员会已经表示将于2021年出台防范空气、水和土壤污染的《零污染行动计划》，以恢复地下水和地表水的自然功能，减少乃至消除来自城市径流和其他污染源的污染。

1.2.2　美国：重返《巴黎协定》，两个维度部署气候政策[1]

美国现任总统拜登在其就职首日（2021年1月20日）便签署了重返《巴黎协定》的行政令，同时应对气候变化也被列为联邦政府的优先事项之一，展现了拜登政府在气候应对上的雄心。从2021年2月19日开始，美国再度正式成为《巴黎协定》缔约方。

拜登为美国提出"35—50"气候治理长期目标，即到2035年通过可再生能源过渡实现无碳发电，到2050年让美国实现净零排放。为推进实现气候治理目标，拜登强调采用"全政府"方式应对气候危机，在内政外交两个维度积极部署气候政策。

（1）美国国内气候政策

第一，强调绿色复苏，把发展清洁能源全面融入美国经济发展过程。一是鼓励清洁能源发展。拜登提出规模高达2万亿美元的"美国就业计划"（American Jobs Plan），为基础设施升级、清洁能源研发投入大量资金，鼓励清洁的能源和输电项目，促进建筑、制造、工程和技术行业的就业。二是充分发挥联邦机构的作用。

第二，强调气候正义（Climate Justice），对弱势群体和受损部门给予政策支持。一是振兴化石能源社区。建立"煤炭和电厂社区经济重振跨部门工作组"，由国家气候顾问和国家经济委员会主任共同领导，向遭受气候政策影响的煤炭、石油和天然气行业以及发电厂社区提供帮助。二是确保环境正义并创造经济机会。设立"白宫环境正义跨机构委员会"和"白宫环境正义顾问委员会"，解决各种环境不公正问题；创建"正义40倡议"，将联邦投资所获收益的40%投向弱势群体。三是促进自然养护、农业和造林。到2030年养护至少30%的陆地和海洋，设立"平民气候行动倡议"，鼓励农林业利益相关者参与气候决策。

第三，加强对金融机构的监管，推动华尔街资金转向清洁能源。拜登拟出台"与气候有关的金融风险"（Climate-Related Financial Risk）的行政命令，以应对气候变化给政府和经济带来的金融风险。

第四，强调联邦气候决策应以科学为基础。一是设立温室气体社会成本核算工作组，准确计算温室气体排放的全部成本，用以指导联邦决策。二是重新审查特朗普政府所颁布的行政命令、指导文件、政策等，特别是暂停、修改或撤销支持化石能源发展、违背应对气候变化立场的相关内容。

---

[1]　https://www.sohu.com/a/468340676_100116571

（2）美国国际气候政策

第一，制定气候融资计划，促使资本流向应对气候变化的领域，增加"气候友好投资"，远离"高碳投资"。拜登政府还承诺美国将终止对化石燃料项目的国际融资，并推动主要国家、国际组织停止向海外高碳项目提供公共融资。拜登政府未来的政策选项还包括取消化石燃料补贴等。

第二，利用贸易工具阻止高碳项目，支持全球应对气候变化的行动。在国际上，拜登政府的一个趋势是充分整合贸易政策与气候政策，通过贸易政策应对气候危机，加强可再生能源供应链的可持续性。

第三，重视气候安全问题，并将其提升至一个新高度。美国国会参议院提出《2021年战略竞争法提案》（Strategic Competition Act of 2021），建议国务院将气候、环境因素整合到地区安全规划中。

1.2.3　日本：发布绿色增长战略，加快能源和工业结构转型[1]

2020年12月25日，日本经济产业省（METI）发布了《绿色增长战略》（Green Growth Strategy through Achieving Carbon Neutrality in 2050），确定了日本到2050年实现碳中和目标，构建"零碳社会"，以此来促进日本经济的持续复苏，预计到2050年该战略每年将为日本创造近2万亿美元的经济增长。为了落实上述目标，《绿色增长战略》针对包括海上风电、燃料电池、氢能等在内的14个产业提出了具体的发展目标和重点发展任务。2021年6月18日，日本经济产业省（METI）宣布将其在2020年12月25日发布的《绿色增长战略》更新为《2050碳中和绿色增长战略》[2]。新版战略指出，需大力加快能源和工业部门的结构转型，通过调整预算、税收优惠、建立金融体系、进行监管改革、制定标准以及参与国际合作等措施，推动企业进行大胆投资和创新研发，实现产业结构和经济社会转型。新版战略主要将旧版中的海上风电产业扩展为海上风电、太阳能、地热产业，将氨燃料产业和氢能产业合并，并新增了新一代热能产业。

1.2.4　英国：开展绿色工业革命，推动实现净零排放[3]

2020年11月18日，英国政府发布《绿色工业革命十点计划：更好地重建、支持绿色就业

---

[1]　http://escn.com.cn/news/show-1242454.html

[2]　https://www.meti.go.jp/english/press/2021/0618_002.html

[3]　https://www.huanbao-world.com/foreign/173068.html
　　https://www.gov.uk/government/publications/the-ten-point-plan-for-a-green-industrial-revolution/title

并加速实现净零排放》(The Ten Point Plan for a Green Industrial Revolution：Building Backbetter, Supporting Green Jobs, and Accelerating Our Path to Net Zero)，提出了涵盖清洁能源、交通、自然和创新技术等10个走向净零排放的计划要点，并计划动员120亿英镑的政府投资，以创造并支持多达25万个绿色就业机会。

海上风电方面。到2030年，英国政府计划将海上风电容量翻两番，届时其海上风力发电能力将提高4倍。同时整合海上风电等清洁技术，改造能源体系，利用储能等智能技术，建设更多网络基础设施（图1-2-1）。

推动低碳氢发展方面。英国将利用已有的电解器公司及先进的碳捕获和存储站点，同时发展碳捕获和储存基础设施这两个新的工业，大规模生产低碳氢。计划到2030年，实现5GW的低碳氢产能目标，并建成首个氢能城镇试点。

核电应用方面。核能、可再生能源及其他低碳技术将在实现电力系统深度脱碳中发挥关键作用，并能创造高技术工作岗位。到2030年，英国政府将投入约5.6亿英镑，发展大型核电厂，并研发下一代小型模块化反应堆（SMR）和先进模块化反应堆（AMR），使核能发展成为英国可靠的低碳电力来源。

零排放汽车方面。到2030年，英国政府将投入约23.82亿英镑，并吸引约30亿英镑的私人投资，通过为购买电动汽车的消费者提供补贴、安装电动汽车充电桩、研发和批量生产电动汽车电池等方式加速英国向零排放车辆过渡，实现到2030年（比原计划提前10年）

图1-2-1 英国海上风电

（来源：https://www.gov.uk/government/publications/the-ten-point-plan-for-a-green-industrial-revolution/title）

图1-2-2　英国自行车道

（来源：https://www.gov.uk/government/publications/the-ten-point-plan-for-a-green-industrial-revolution/title）

停止售卖新的汽油和柴油汽车及货车，到2035年停止售卖混合动力汽车的目标。同时改进英国的国家基础设施，以更好地支持电动汽车。

绿色公共交通和慢行交通方面。英国政府通过投资铁路和公交服务以及帮助行人和骑自行车者的措施，加速向更积极和更可持续的交通过渡，将骑行和步行打造成更受欢迎的出行方式（图1-2-2）。

"净零飞行"和绿色航海方面。到2030年，英国政府将投入约1500万英镑，研发净零排放飞机、可持续航空燃料（SAF）和清洁海洋技术，帮助航空业和航海业变得更加绿色清洁。除此之外，英国政府就可持续航空燃料的授权进行磋商，将更环保的燃料混合到煤油中，这将创造市场对这些替代燃料的需求。为了支持零排放飞机市场的出现，英国还将投资研发英国机场所需的基础设施升级，转向电池和氢飞机。

绿色建筑方面。为了创造面向未来的新建筑并且避免昂贵的改造费用，英国政府将尽快提高非住宅类建筑的标准，使新建筑具有高水平的能源效率和低碳供暖。英国政府将投入10亿英镑，并吸引大约110亿英镑的私人投资，使新老住宅、公共建筑变得更加节能、更加舒适。

投资碳补集、使用与封存方面。英国政府认为碳捕获、使用和储存（CCUS）将是一个新产业，即从发电、低碳制氢和工业过程中捕获二氧化碳，并将捕获的碳储存在北海的海床下。发展CCUS基础设施将有助于英国工业区的经济转型，增强英国工业在全球净零经济中的长期竞争力，将提供低碳能源和实现负排放的途径。到2030年，英国政府将投入10亿英镑，创建4个CCUS集群，引领全球CCUS技术的发展。

保护自然环境方面。英国政府提出保护生态景观、恢复野生动物的栖息地，以应对生物多样性丧失和适应气候变化，同时创造绿色就业机会；通过创建新的国家公园和自然风景区（AONB）来保护自然环境，减少企业和社区来自洪水的威胁。

绿色金融与创新方面。英国政府将启动净零创新投资组合，该投资组合将包括10亿英镑的政府资金、10亿英镑的配对资金以及来自私营部门的25亿英镑资金。投资组合将侧重于以下10个优先领域：浮动式海上风电、SMR、能源灵活储存、生物能源、氢能、绿色建筑、直接空气捕获、CCUS、工业燃料转换、应用于能源领域的人工智能等颠覆性技术。

《绿色工业革命十点计划：更好地重建、支持绿色就业并加速实现净零排放》旨在推动英国在2050年之前消除其导致气候变化的因素，此项计划的核心地区是英国工业重地，包括东北地区、约克郡、汉伯地区、英格兰西中部地区、苏格兰及威尔士，这将推进英国绿色工业革命，也标志着英国迈向"净零排放"之路的开始。

1.2.5　韩国：提出"韩国新政"，发力数字化和绿色产业

2020年4月22日的第五次非常经济会议上，韩国总统文在寅首次提出了以"韩国版罗斯福新政"（以下简称"韩国新政"）推进大规模国家项目的构想，"韩国新政"中制定了实现碳中和、经济增长、提升生活品质三大目标，这是韩国向碳中和国家迈出的第一步。同年7月14日，韩国总统文在寅在青瓦台发表"韩版新政"综合规划，宣布通过新政推动韩国向发达国家迈进，实现国家转型升级。

"韩国新政"聚焦"数字"和"绿色"两大领域。其中，"数字新政"着力推动各经济领域的数字化转型，推动韩国成为世界数字强国、韩国经济进化为主导型经济。"绿色新政"计划在妥善应对气候和环境挑战的同时，提升韩国产业的环境标准合规竞争力，发展绿色经济，创造工作岗位。具体而言，"绿色新政"主要内容包括将部分公租房、幼儿园、保健所等老旧建筑打造成零能耗建筑；打造25个绿色智慧城市；新增113万辆电动汽车和20万辆氢燃料汽车，提前报废116万辆柴油车；打造10个绿色智能产业园区、100个智能生态工厂、1750个绿色工厂（图1-2-3）。

2021年7月14日，韩国总统文在寅在青瓦台主持韩版新政战略会议第四次会议，敲定了"韩国新政2.0"。"韩国新政2.0"在2020年韩国新政的基础上扩大为三个版块，分别是人本新政、数字新政和绿色新政。本次"新政2.0"计划投资1910亿美元，数字化投资将重点关注网络连接虚拟平台，并进一步促进区块链和云计算技术发展。韩国政府还计划顺应国际发展潮流扩大绿色能源投资，普及氢能源汽车普及，加大碳排放监测，推动韩国碳中和目标早日实现。

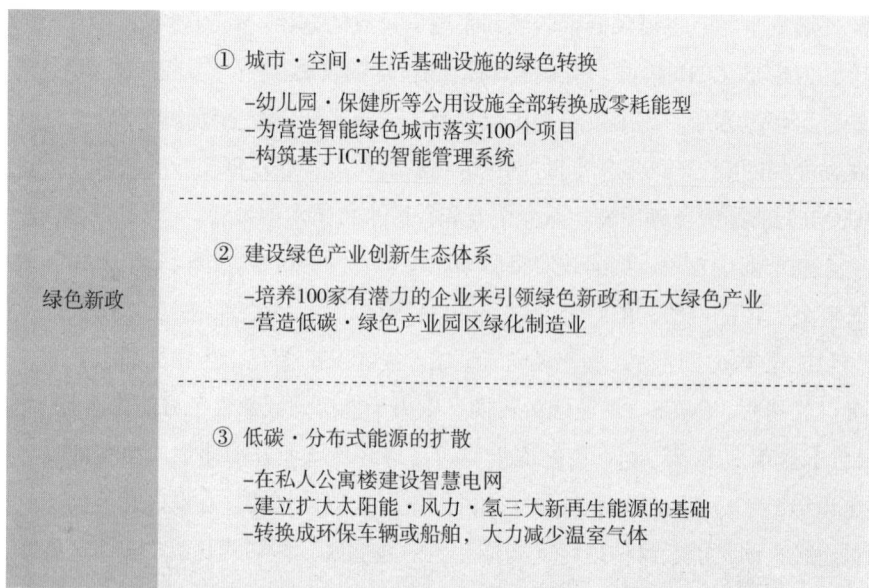

图1-2-3　韩国绿色新政主要内容
（来源：https://www.sohu.com/a/416452642_99896945）

1.3　各地致力智慧技术应用

1.3.1　Woven City——全新未来城市设想

随着全球城市化进程不断加速，各国都在致力于打造绿色环保的新型交通生态系统。丰田汽车作为全球汽车行业的领军者，在2020年国际消费电子展（CES 2020）上发布了一个全新的未来城市交通通行计划——Woven City。

Woven City中文译名即为"编织之城"，利用智能化方式将城市道路、通讯、家居等设施连接在一起，实现真正的"互联"，城市道路主要提供给自动驾驶汽车以及零排放汽车测试使用，以实现绿色环保以及可持续发展的目标。编织之城整个场地建筑大部分采用的都是木质材料，最大化地减少了碳排放以及化工污染。

编织之城建造于富士山脚下，占地面积大约为71万平方米，于2021年2月23日正式开始建造。为了让这座"生态之城"更加有效地发挥其测试作用，丰田将建造三条不同类型的道路，分别供不同速度的机车以及新能源汽车使用。Woven City将地面街道网络分为三种，以满足三种不同速度的运输需求，解决目前城市生活中存在混合出行而导致自动驾驶实施难的问题。

第一种是高速道：这种道路较为宽敞，用于行驶包括丰田e-Palette（图1-3-1）在内的高速自动驾驶汽车，提供用于共享的运输和送货服务以及移动零售、食品、医疗诊所等；第二种是低速道：这种道路较小，用于行驶个人交通工具，包括自行车、踏板车和丰田的i-Walk等；第三种是人行道：完全是满足人类步行的需求，实际上是由一个公园、一条供行人、动植物栖息的道路，一条供休闲漫步的小径构成，因此居民可以通过连接富士山和Susono山谷的生态走廊进入大自然。

三种类型的街道被编织成一个3×3结构的城市街区，每个街区都构成一个庭院，可通过长廊或公园进入。此外，机织网格的城市结构会扩展和收缩，以适应各种规模，形成各种模式的室外区域。这些区域是灵活的想象区域，因此，如果需要举办特殊活动，庭院可以扩大到广场的规模（图1-3-2）。

图1-3-1　丰田e-Palette专用用途车
（来源：https://mp.weixin.qq.com/s/pcScgIZWB_TuOHtesjj0ZA）

图1-3-2　Woven City 庭院
（来源：https://mp.weixin.qq.com/s/pcScgIZWB_TuOHtesjj0ZA）

除了道路建设之外，城市中的房屋配置相应的智能化技术，其中包括传感器、AI智能机器人、移动办公场所、医疗诊所以及多元化的娱乐场所等，以满足城市生活的多种需要。

1.3.2　特基拉市——努力打造未来智慧城市

位于墨西哥中部的特基拉市将与日立共同打造充分利用影像分析、IoT（物联网）传感器及应用程序的智能、安全的未来都市。为了实现智慧城市的构想，特基拉市与IT供应商、当地企业、地区组织建立了合作关系，希望通过技术、教育、社会等各方面的变化，把特基拉市打造成更具魅力的城市（图1-3-3）。到2040年，智慧城市这一项目预计将在特基拉市各种设施及服务中普及。

日立提供的解决方案中，包含了日立的视频采集与分析技术以及智慧城市相关的解决方案等技术（HVA交通分析仪、停车分析仪、社交媒体分析、人数统计与检测），能够收集过去及现在的交通流量、停车量、行人数、可疑人员警报等数据，并在保护数据的同时对其加以分析利用。

为了全面强化旅游事业，市议会除了在街头安装了摄像头和传感器，用于收集行人数及交通流量之外，还对餐厅及店铺访问频率的数据进行了收集。

此外，为了测定智慧城市事业的成果，通过使用日立的Smart Spaces（智慧空间）和

图1-3-3　特基拉市智慧城市构想

（来源：https://social-innovation.hitachi/zh-cn/case_studies/tequila_inteligente）

Video Intelligence（智慧监控），实现对社交网络、公共Wi-Fi使用情况、店铺的拥挤情况及城市整体的交通流量进行监测，从多个信息源对将人流动向可视化。通过持续推进智慧城市事业，将实现对所收集数据的实时应用。居民或游客也可以对访问地点、就餐地点、停车地点等做出更好的选择。例如，通过安装在街头的电子信息屏，可以知道停车场及餐厅的使用情况及拥挤情况。

第二章 国内进展

《雄安新区绿色发展报告（2017—2019）——新生城市的绿色初心》出版以来，两年间，国内城市绿色转型进行了不懈探索，取得了重大进展，同样也面临诸多挑战。首先，生态文明建设取得阶段性成果，国家生态文明试验区改革已初见成效，国土空间规划进入生态文明新时代，全国各地也在积极探索生态产品价值实现的新机制。其次，绿色发展成为高质量发展的底色，我国围绕绿色建筑、工业节能、资源循环利用、城市更新、海绵城市建设、绿色金融、数字孪生城市等方面继续深化顶层政策设计，各地因地制宜，多方面推动区域绿色发展，绿色技术创新体系初步构建，从政策到实施、从中央到地方，全国上下致力于多领域、全方位的绿色发展。最后，顺应国家"双碳"目标建设，我国生态文明建设迈入降碳新阶段，各省市积极响应国家政策，探索"双碳"实现路径，全国碳排放市场正式启动，标志着碳排放权交易市场制度的不断完善，同时，绿色金融政策工具为"碳中和"提供投融资保障，美丽中国的新征程已然开启。

2.1 生态文明建设纵深发展

2.1.1 生态文明示范实践取得阶段性成果

为响应国家关于加快推进生态文明建设的决策部署，全国各地积极开展各类型生态文明创新实践。为了充分发挥示范市县和实践创新基地的平台载体和典型引领作用，生态环境部于2019年修订了《国家生态文明建设示范市县建设指标》《国家生态文明建设示范市县管理规程》，制定了《"绿水青山就是金山银山"实践创新基地建设管理规程（试行）》，进一步加强生态文明示范建设和管理工作。

截至2020年11月，生态环境部已经命名表彰了4批总共262个国家生态文明建设示范市县和87个"绿水青山就是金山银山"实践创新基地。通过示范市县建设，一批过去"一油独大""一煤独大""一矿独大"的地区逐步摆脱资源消耗型发展模式，一批工业发达但污染严重地区实现绿色转型，一批生态优良、发展较为落后地区初步培育形成绿色增长点，生态文明建设满意度和人民群众获得感、幸福感显著提升。在"绿水青山就是金山银山"实践创新基地创建中，各地在夯实绿水青山本底、壮大绿色发展动能、探索"绿水青山"

与"金山银山"转化机制、培育生态文化和推动生态惠民方面取得积极进展❶。生态环境部同步其官方微信公众号推出"绿色发展示范案例"栏目，对以上示范创建地区践行习近平生态文明思想、协同推进高质量发展与高水平保护的鲜活案例和先进经验予以展示及推广。

2020年11月25日，国家发展改革委印发《国家生态文明试验区改革举措和经验做法推广清单》（以下简称《推广清单》），要求各地区学习借鉴福建、江西、贵州、海南四省在推进国家生态文明试验区改革探索中形成的改革举措和经验做法。《推广清单》内容包括自然资源资产产权、国土空间开发保护、环境治理体系、生活垃圾分类与治理、水资源水环境综合整治、农村人居环境整治、生态保护与修复、绿色循环低碳发展、绿色金融、生态补偿、生态扶贫、生态司法、生态文明立法与监督、生态文明考核与审计14个方面，共90项可复制可推广的改革举措和经验做法（表2-1-1）。

表2-1-1 《国家生态文明试验区改革举措和经验做法推广清单》节选

序号	分类	经验做法	来源
1	自然资源资产产权	权属与分类标准并存的自然资源资产统一确权登记制度	福建省
2		多类型自然资源资产统一确权登记制度	贵州省
3		"林票"制度	福建省
4		森林资源运营平台	福建省
5		约束与激励并重的土地节约集约利用制度	福建省
6		古村落确权抵押利用机制	江西省
7	国土空间开发保护	共商共管共建共享的国家公园管理体制	福建省
8		国土空间分级分类管控制度	海南省
9		梵净山世界自然遗产保护管理机制	贵州省
10		"上截、中蓄、下排"的海绵城市建设机制	江西省
11		"多规合一"与项目审批模式改革	福建省
12		"多规合一"集成改革和应用	海南省
13	环境治理体系	生态环境保护专项资金整合利用机制	福建省
14		构建生态环境大数据平台	福建省、贵州省
15		生态环境监测监察执法垂直管理	福建省、江西省、贵州省
16		跨部门生态环境综合执法协调机制	江西省
17		按流域设置环境监管和行政执法机构	福建省、江西省、贵州省
18		百姓身边突出生态环境问题联合攻坚机制	福建省
19		塑料污染系统治理机制	海南省

❶ http://www.gov.cn/xinwen/2020-12/02/content_5566317.htm

序号	分类	经验做法	来源
20	生活垃圾分类与治理	生活垃圾分类"厦门模式"	福建省
21		农村生活垃圾积分兑换机制	贵州省、江西省
22		城乡生活垃圾第三方治理模式	江西省
23	水资源水环境综合整治	河湖长制责任落实机制	福建省、江西省、贵州省
24		河湖长制＋河湖司法协作机制	福建省、贵州省
25		筼筜湖综合治理模式	福建省
26		五缘湾片区生态修复与综合开发	福建省
27		城市水系综合治理创新机制	福建省
28		木兰溪流域综合治理模式	福建省
29		海上环卫机制	福建省
30	农村人居环境整治	农村人居环境物业化管理模式	福建省
31		乡镇、农村生活污水垃圾处理整体打包推进机制	福建省
32		农村生活污水治理捆绑互促工作机制	海南省
33		"绿盈乡村"建设模式	福建省
34		"五定包干"村庄环境长效管护机制	江西省
35	生态保护与修复	水土流失治理"长汀模式"	福建省
36		重点生态区位商品林管护机制	福建省、江西省
37		山地丘陵地区山水林田湖草系统保护修复模式	江西省
38		湿地综合保护修复机制	福建省
39		矿区生态恢复治理	福建省
40		矿山集中"治秃"	贵州省
41		城市生态修复功能修补	江西省、贵州省
42		赣湘两省"千年鸟道"护鸟联盟	江西省
43		生态敏感区域基础设施建造价服从生态机制	海南省

《推广清单》的发布，标志着国家生态文明试验区已取得阶段性成果，试验区的探索实践为全国提供了可复制、可推广、可操作的经验做法，将极大促进各地区进一步深化生态文明体制改革，对"十四五"时期加快推进生态文明建设具有重要意义。

2.1.2 国土空间规划进入生态文明新时代[1]

国土是生态文明建设的空间载体，国土空间规划是推进生态文明建设的关键举措。

---

❶ 自然资源部国土空间规划局. 新时代国土空间规划: 写给领导干部 [M]. 北京: 中国地图出版社, 2021.

中央将空间规划改革纳入生态文明改革总体方案，于2019年5月印发《中共中央 国务院关于建立国土空间规划体系并监督实施的若干意见》，决定建立国土空间规划体系并监督实施，将主体功能区规划、土地利用规划、城乡规划等空间规划融合为统一的国土空间规划，实现"多规合一"，强化国土空间规划对各专项规划的指导约束作用，这意味着空间发展和空间治理全面进入生态文明新时代。

新时代国土空间规划是加快形成绿色生产和生活方式、推进生态文明建设、建设美丽中国的重要举措。一方面，落实"统一行使全民所有自然资源资产所有者职责，统一行使所有国土空间用途管制和生态保护修复职责"的要求，国土空间规划以可持续发展为第一价值观，应对长期以来陆海国土空间利用粗放低效与无序扩张问题；另一方面，国土空间规划彰显国土"大安全观"，应对资源环境约束下日益凸显的国土空间安全风险，为自然守住安全边界和底线，形成人与自然和谐共生的格局（图2-1-1）。

粮食安全	水资源安全	生态安全	能源安全
党的十九大报告提出：确保国家粮食安全，把中国人的饭碗牢牢端在自己手中	党的十九大报告提出：推进资源全国节约和循环利用，实施国家节水行动……倡导简约适度、绿色低碳的生活方式……	党的十九大报告提出：像对待生命一样对待生态环境，统筹山水林田湖草系统治理，实行最严格的生态环境保护制度	党的十九大报告提出：构建清洁低碳、安全高效的能源体系

图2-1-1　国土空间规划推进生态文明
（来源：《新时代国土空间规划——写给领导干部》）

2.1.3　探索生态产品价值实现新机制

生态产品价值实现是国家对自然资源由从实物形态的拥有到对价值形态的持有、从所有到利用的重大转变。近10年来，我国积极探索生态产品价值实现方式，在林权抵押贷款、生态补偿机制、提供绿色农产品和发展特色产业等方面初见成效，走出了一条因地制宜的生态产品价值实现路径。生态产品价值核算是生态产品价值实现的前提，可定量揭示生态系统产品和服务提供者与受益者之间的生态关联，并能为生态保护成效评估、生态补偿政策制订，以及将生态效益纳入经济社会评价体系提供科学依据（表2-1-2）。

表2-1-2　生态系统产品与服务类型

类型	产品与服务（举例）
生态系统 物质产品	食物：粮食、蔬菜、水果、肉、蛋、奶、水产品等
	原材料：淡水、药材、木材、纤维、遗传物质等
	能源：生物能、水能等
	其他：苗木、花卉、装饰材料等
生态系统 调节服务产品	调节功能：涵养水源、调节气候、固碳、氧气生产、保持土壤、降解污染物、传粉等
	防护功能：防风固沙、调蓄洪水、控制有害生物、预防与减轻风暴灾害等
生态系统 文化服务产品	景观价值：旅游价值、美学价值、精神价值等
	文化价值：文化认同、知识、教育、艺术灵感等

（来源：欧阳志云等，《生态系统生产总值（GEP）核算研究——以浙江省丽水市为例》，发表于《环境与可持续发展》2020年第六期）

为了指导和规范陆地生态系统生产总值核算工作，提高陆地生态系统生产总值核算的科学性、规范性和可操作性，生态环境部环境规划院和中国科学院生态环境研究中心联合编制了《陆地生态系统生产总值核算技术指南》，并于2020年9月以技术文件形式下发给各地。同时，关于生态系统生产总值（GEP）核算的国家和地方标准规范编制也在加速推进过程中，2020年9月30日，全国环境管理标准化技术委员会发出关于征求《生态系统评估生态系统生产总值（GEP）核算技术规范》《生态系统评估生态系统格局与质量评价方法》两项国家标准（征求意见稿）意见的通知，就两项国家标准向社会公开征求意见。

GEP核算在全国范围内开展了众多实践。作为"绿水青山就是金山银山"理念的发源地和实践地，浙江省于2020年9月24日发布全国首部省级生态系统生产总值（GEP）核算标准——《生态系统生产总值（GEP）核算技术规范 陆域生态系统》DB33/T 2274—2020**❶**；2020年9月25日，内蒙古全区GEP核算结果在京发布，这是内蒙古自治区成立以来，首次对全区生态价值进行全面、系统的梳理研究；2020年11月，浙江德清开发了国内首个县域GEP核算展示应用平台，德清全县2019年度GEP达1385.24亿元，约是当年GDP的2.6倍；作为GEP发展典范，深圳于2021年3月发布全国首个以GEP核算实施方案为统领，以技术规范、统计报表制度和自动核算平台为支撑的"1+3"核算制度体系，GDP和GEP将成为引领深圳未来发展的"双指挥棒"。

在实践经验总结方面，自然资源部组织编写了《生态产品价值实现典型案例》，于2020年4月、11月分两批印发，共计21个案例，涉及我国江苏、浙江、福建、云南、重庆、河南、湖南、北京、山东、河北、广东、江西等省市，涵盖生态修复、生态旅游、生

---

❶　http://m.bj.bendibao.com/news/hesuanjiance/all.php

态产业、公益林碳普惠、土地综合整治等领域；国外案例包括美国湿地缓解银行案例和英国基于自然资本的成本效益分析案例（表2-1-3）。

表2-1-3 自然资源部生态产品价值实现典型案例情况简表

案例分类	案例名称
生态资源指标及产权交易	①福建省南平市"森林生态银行"案例；②重庆市拓展地票生态功能促进生态产品价值实现案例；③重庆市森林覆盖率指标交易案例；④美国湿地缓解银行案例；⑤广东省广州市花都区公益林碳普惠项目案例
生态修复及价值提升	①福建省厦门市五缘湾片区生态修复与综合开发案例；②江苏省徐州市潘安湖采煤塌陷区生态修复及价值实现案例；③山东省威海市华夏城矿坑生态修复及价值实现案例；④北京市房山区史家营乡曹家坊废弃矿山生态修复及价值实现案例；⑤山东省邹城区采煤塌陷区生态修复及价值实现案例；⑥河北省唐山市南湖采煤塌陷区生态修复及价值实现案例；⑦湖南省常德市穿紫河生态治理与综合开发案例
生态产业化经营	①浙江省余姚市梁弄镇全域土地综合整治促进生态价值实现案例；②江西省赣州市寻乌县山水林田湖草综合治理案例；③云南省玉溪市抚仙湖山水林田湖草综合治理案例；④江苏省苏州市金庭镇发展"生态农文旅"促进生态产品价值实现案例；⑤福建省南平市光泽县"水美经济"案例；⑥河南省淅川县生态产业发展助推生态产品价值实现案例；⑦江苏省江阴市"三进三退"护长江促生态产品价值实现案例
生态补偿	①湖北省鄂州市生态价值核算和生态补偿案例；②英国基于自然资本的成本效益分析案例

《生态产品价值实现典型案例》总结了生态产品价值实现包括生态资源指标及产权交易、生态修复及价值提升、生态产业化经营、生态补偿等四种主要做法；提出了促进生态产品价值实现的五个关键环节：一是坚持规划引领，科学合理布局；二是管控创造需求，培育交易市场；三是清晰界定产权，促进产权流转；四是发展生态产业，激发市场活力；五是制定支持政策，实现价值外溢（图2-1-2）。

在制度建设方面，2021年2月19日中央全面深化改革委员会第十八次会议审议通过了《关于建立健全生态产品价值实现机制的意见》，2021年4月26日，中共中央办公厅、国务院办公厅正式印发了该文件，展现了国家推动经济社会全面绿色转型的坚定意志。该文件强调建立生态产品实现机制，关键是要构建绿水青山转化为金山银山的政策制度体系，坚持保护优先、合理利用，彻底摒弃以牺牲生态环境换取一时一地经济增长的做法，建立生

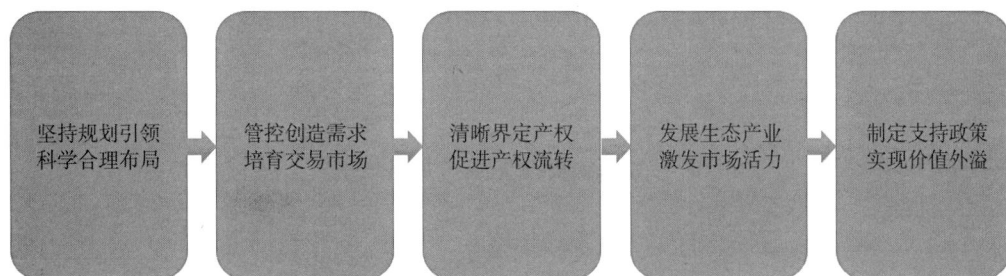

| 坚持规划引领 科学合理布局 | 管控创造需求 培育交易市场 | 清晰界定产权 促进产权流转 | 发展生态产业 激发市场活力 | 制定支持政策 实现价值外溢 |

图2-1-2 促进生态产品价值实现的五个关键环节

态环境保护者受益、使用者付费、破坏者赔偿的利益导向机制，探索政府主导、企业和社会各界参与、市场化运作、可持续的生态产品价值实现路径，推进生态产业化和产业生态化。本次会议首次将"生态产品价值实现"这一命题通过文件形式进行了制度化表述，意义重大，主要为了解决"绿水青山"转化为"金山银山"的路径，进而激发人们未来能够更加主动地投入到生态文明建设，推进"美丽中国"建设❶。

专栏2-1　雄安新区生态产品价值实现建议❷

生态产品价值实现是推进生态文明改革创新的重要抓手，雄安新区是创新发展的先行区，将生态环境保护放在城市发展的首要位置，为生态产品价值实现理论研究和实证分析的相结合提供了保障。通过实施"千年秀林"植树造林工作、白洋淀生态环境治理等项目，以及开展新区三县传统产业绿色转型、海绵城市建设、农村人居环境综合整治等工作，新区的生态系统服务功能和生态产品价值得到显著提升。目前，雄安新区在生态文明改革创新推进方面缺乏系统性的工作机制，对生态产品价值实现相关工作的重要性认识不足，生态产品价值实现机制尚未建立，因此，对雄安新区生态文明改革创新及生态产品价值实现提出以下建议：

（1）**开展白洋淀生态产品价值实现机制研究，探索白洋淀湿地生态修复与可持续管理新模式。**白洋淀生态修复是一个长期过程，目前是处理生态修复实施的关键阶段，生态修复需要持续的资金投入，开展白洋淀生态健康评估制度，跟踪维系并提升其生态系统服务功能，开展白洋淀生态产品价值核算研究，发展基于单位投资生态产品价值提升指标体系的白洋淀生态修复工程效果评估机制。同时，加强白洋淀流域科学管控，培育污染物排放权交易市场，完善白洋淀生态补偿机制，探索构建并完善白洋淀生态修复与可持续管理新模式。

（2）**加强白洋淀生态产业模式探索，激发市场活力。**白洋淀湿地不同于一般意义上的自然湿地，华北明珠白洋淀经过历史变迁发展到现在的状态，其中人的作用很重要，白洋淀生态修复和新区可持续发展需要兼顾。因此开展白洋淀生态产业发展现状调查，对现有生态产业发展模式进行分析和总结，结合新区发展规划，适当

---

❶ https://mp.weixin.qq.com/s/mOXSjLxKLTpYaMKseFNwjA

❷ 来源：绿研观点《生态产品价值实现机制探索、案例分析及对雄安新区的启示》，https://mp.weixin.qq.com/s/dUt8fHr3gCgv2Q1Uu_A4Tg

借鉴生态产品价值实现典型案例，探索构建白洋淀生态产品价值实现的生态产业化新模式。同时，出台相关激励政策，引导企业和农户进行生态产业化新模式的实践示范，激发市场活力。

（3）结合国家级生态文明试验区建设工作，**构建雄安新区生态产品价值实现系统性实践平台**。除了白洋淀生态修复，雄安新区目前正在进行千年秀林、雄安郊野公园等大规模的生态建设，同时进行道路提升改造、三县城区改造等工程建设，新区生态系统格局正在加速构建与优化之中，整体的生态产品价值处于大幅度提升阶段，但生态产品价值实现机制相对缺乏。建议结合国家级生态文明试验区建设工作，构建新区生态产品价值实现系统性实践平台，为雄安新区生态产品价值核算、生态资产可持续运营、生态产业发展和生态资源指标及产权交易等提供综合实践平台，为新区系统开展生态产品价值实现机制实践探索提供保障，加快形成雄安新区生态产品价值实现新模式。

（4）**建立雄安新区生态系统产值（GEP）核算制度体系**。根据国家GEP核算相关政策和标准文件，借鉴浙江、深圳等先进省市成功经验，探索建立雄安新区GEP核算制度，把GEP核算纳入生态资产投资与运营管理决策体系，促进新区建立完善的绿色发展制度体系。

2.2 绿色循环成为发展底色

2.2.1 顶层政策：加快建立绿色低碳循环经济体系

2.2.1.1 明确经济全链条绿色发展

党的十八大以来，我国生态文明建设发生了历史性、转折性、全局性变化。但是，我国绿色生产生活方式尚未根本形成，实现碳达峰碳中和任务艰巨，能源资源利用效率不高，生态环境治理成效尚不稳固，生态环境质量与人民群众的要求还有不小的差距，绿色技术总体水平不高，推动绿色发展的政策制度有待完善[1]。

2019年10月，国家发展改革委印发《绿色生活创建行动总体方案》，旨在通过开展节约型机关、绿色家庭、绿色学校、绿色社区、绿色出行、绿色商场、绿色建筑等创建行动，广泛宣传推广简约适度、绿色低碳、文明健康的生活理念和生活方式，建立完善绿色

---

[1] http://www.gov.cn/zhengce/2021-02/23/content_5588504.htm

生活的相关政策和管理制度，推动绿色消费，促进绿色发展。后续，为加快建立绿色生产和消费法规政策体系，2020年3月17日，国家发展改革委、司法部印发《关于加快建立绿色生产和消费法规政策体系的意见》，提出了推行绿色设计、强化工业清洁生产、发展工业循环经济、加强工业污染治理、促进能源清洁发展、推进农业绿色发展、促进服务业绿色发展、扩大绿色产品消费、推行绿色生活方式等多项任务。

2021年2月，国务院印发《关于加快建立健全绿色低碳循环发展经济体系的指导意见》，提出到2025年，绿色低碳循环发展的生产体系、流通体系、消费体系初步形成。建立健全绿色低碳循环发展经济体系涉及经济社会的方方面面，是一项全局性、系统性工程。该文件全方位全过程推行绿色规划、绿色设计、绿色投资、绿色建设、绿色生产、绿色流通、绿色生活、绿色消费，明确了经济全链条绿色发展要求，从生产、流通、消费、基础设施、绿色技术、法律法规政策等6方面对绿色低碳循环发展作出了部署安排，并明确了85项重点任务和牵头单位，使发展建立在高效利用资源、严格保护生态环境、有效控制温室气体排放的基础上，统筹推进高质量发展和高水平保护，确保实现碳达峰碳中和目标，推动我国绿色发展迈上新台阶。

2.2.1.2 促进建筑业高质量发展

推行绿色建筑是提高宜居生活品质的重要抓手，是实现社会经济全面绿色转型、形成绿色生产、生活方式的重要举措。近年来，随着新版《绿色建筑评价标准》GB/T 50378—2019、《绿色建筑创建行动方案》、《关于加快新型建筑工业化发展的若干意见》、《"十四五"建筑节能和绿色建筑发展规划〈征求意见稿〉》等若干文件的发布，一方面对建筑绿色发展提出了更高要求和新的管理措施，另一方面表明了绿色建筑已从浅绿走向深绿，并迈向全绿。

发布新版评价标准。2019年8月1日《绿色建筑评价标准》GB/T 50378—2019正式实施。新版标准在原来侧重于建筑和环境关系的"四节一环保"的维度基础上进行了扩充，从百姓视角设计新的评价指标体系，提出了以"安全耐久、舒适健康、生活便利、资源节约、环境宜居"为基础的评价新体系。绿色建筑评价标准的重新修订，是为了适应新时期绿色建筑发展和满足人民群众日益增长的美好生活的需求，提高绿色建筑的可感知性，提升绿色建筑在安全、健康、舒适、高质量等方面的优势，并引导建筑领域新技术、新理念的发展和应用（图2-2-1）。

推动绿色建筑创建。2020年7月七部委联合印发《绿色建筑创建行动方案》，以推动新建建筑全面实施绿色设计、完善星级绿色建筑标识制度、提升建筑能效水效水平、提高住宅健康性能等八项重点任务为引领，全力推进目标实现。力求到2022年，当年城镇新建建筑中绿色建筑面积占比达到70%，星级绿色建筑持续增加，既有建筑能效水平不断提高，住宅健康性能不断完善，装配化建造方式占比稳步提升，绿色建材应用进一步扩大，绿色住宅使用者监督全面推广，人民群众积极参与绿色建筑创建活动，形成崇尚绿色生活

▼**创新构建指标体系，与新时代人民美好生活需要相统一**

坚持以人民为中心，把增进人民福祉作为根本目的，从百姓视角设计新的评价指标体系，提出了以"安全耐久、舒适健康、生活便利、资源节约、环境宜居"为基础的评价新体系。

▼**重新设定评价阶段，保障绿色技术措施落地**

绿色建筑的评价在建筑工程竣工验收后进行，取消设计评价，促进绿色技术措施落地，提高绿色建筑的运行实效，实现绿色建筑的价值。

▼**增设绿色建筑等级，兼顾区域发展不平衡和借鉴国际做法**

借鉴国际做法，扩大绿建覆盖面，绿色建筑等级由三级增设为四级。

▼**合理设置评分项条文，提高评价标准的适用性**

聚焦主要绿色技术，减少总评分项条文，提高条文的可操作性和实用性，取消不参评项，每一条均是得分或不得分。

▼**扩展绿色建筑内涵，与建筑科技发展相适应**

绿色建筑内涵拓展安全耐久、舒适健康、宜居便利以及全龄友好，同时汲取建筑科技发展过程中产生的新技术、新理念（包括装配式建筑、海绵城市、健康建筑、垃圾资源化利用、BIM应用等），探索新时代绿色建筑发展新要求。

▼**提升绿色建筑性能，促进绿色建筑高质量发展**

更新和提升建筑在安全耐久、节约资源等方面的性能要求；提高和新增对室内空气质量、水质、健身设施、垃圾、全装修、适老适幼、服务便捷等以人为本的有关要求，多途径、多角度提升绿色建筑整体性能，全面推进绿色建筑高质量的发展。

图2-2-1 《绿色建筑评价标准》GB/T 50378—2019的特点
（来源：https://mp.weixin.qq.com/s/S8y1fvGY1hbDApSv5koF5A）

的社会氛围。

以新型建筑工业化带动建筑业全面转型升级。2020年8月，住房和城乡建设部等九部门联合印发了《关于加快新型建筑工业化发展的若干意见》（以下简称《若干意见》），推进新型建筑工业化与国家推进建筑产业现代化和装配式建筑是一脉相承的。按照《若干意见》要求，发展新型建筑工业化是一项复杂的系统工程，要重点开展以下工作：一是加强系统化集成设计和标准化设计，推动全产业链协同；二是优化构件和部品部件生产，推广应用绿色建材；三是大力发展钢结构建筑，推广装配式混凝土建筑，推进建筑全装修，推广精益化施工建造；四是加快信息技术融合发展，大力推广BIM技术、大数据技术和物联网技术，发展智能建造；五是创新组织管理模式，大力推行工程总承包模式，发展全过程工程咨询，建立使用者监督机制；六是强化科技支撑，培育科技创新基地，加大科技研发力度；七是加快专业人才培育，培育专业技术管理人才和技能型产业工人；八是开展新型建筑工业化项目评价；九是强化项目落地，加大金融、环保、科技推广、评奖评优等方面政策支持❶。

---

❶ http://www.gov.cn/zhengce/2020-09/07/content_5541231.htm

除此之外，相关部门还陆续发布了《"十四五"建筑节能和绿色建筑发展规划〈征求意见稿〉》《绿色建材产品认证实施方案》《绿色建筑标识管理办法》《绿色建造技术导则（试行）》等顶层设计文件，提出全面提升绿色建筑发展质量、稳步提高建筑能效水平等提供了切实保障。

2.2.1.3 深入推进工业节能[1]

2021年是"十四五"开局之年，工业和信息化部节能与综合利用司于2021年初发布新年工作目标，围绕推进工业节能与绿色发展，以供给侧结构性改革为主线，制定五项重点工作内容。

一是制定发布"十四五"工业绿色发展规划。坚决贯彻党的十九届五中全会精神，围绕部中心工作，深入剖析面临的形势和挑战，明确任务和举措，编制好"十四五"工业绿色发展规划。

二是深入推进工业节能。把节能、提高能效放在推进能源革命的优先位置，持续完善工业节能法规制度。落实能耗"双控"政策，严控重化工业新增产能规模。对万家企业开展节能监察执法和节能诊断服务，积极开展"节能服务进企业"等活动，加快传统高耗能行业节能技术改造。抓好重点用能设备及数据中心等新兴领域节能工作，实施变压器等专项能效提升计划，鼓励企业、园区建设绿色微电网。

三是大力提升资源利用效率。深入实施京津冀工业节水、工业资源综合利用产业协同转型提升等行动计划，制定实施黄河流域工业绿色高质量发展指导意见，发布工业污水资源化利用实施方案。研究制定工业资源综合利用管理办法，加快推进工业固废减量化和资源化。着力强化二次资源对战略性矿产资源的供给保障能力。制定产品再制造管理办法，加强再制造产品评定和推广。

四是积极发展绿色环保产业。大力发展节能节水产品、环保装备、资源综合利用产业，积极打造绿色发展新动能。推行绿色设计，促进快递包装绿色发展，加大电器电子、汽车等产品有害物质管控。制定环保装备制造业高质量发展行动计划，突破一批绿色技术装备，培育一批环保装备、再生资源利用骨干企业，加快先进节能环保技术装备工艺推广应用，为打赢攻坚战提供支撑。

五是全面构建绿色制造体系。制定绿色制造体系管理办法，在各行业各地区全面建设绿色工厂、绿色工业园区。实施工业低碳行动，制定钢铁、水泥等重点行业碳排放达峰路线图。围绕工业节能、节水、资源综合利用、清洁生产、低碳及绿色制造等领域制修订100项节能与绿色标准，培育150家绿色制造供应商。积极开展绿色制造国际合作，推进多边共建绿色"一带一路"，为应对全球气候变化、共建人类命运共同体提供坚实基础。

---

❶ https://www.163.com/dy/article/G16648HP053872NF.html

2.2.1.4 加强资源有效利用

（1）固体废物循环利用

废弃物的管理旨在保护环境，维护人民身体健康，综合利用自然资源与能源，促进废弃物再生利用。2020年4月29日，《固体废物污染环境防治法》修订版发布。除增加了建筑垃圾、农业固废和保障措施等专章，完善了对工业固废、农业固废、生活垃圾、建筑垃圾、危废等的污染防治制度，由于疫情影响，该防治法也对医疗废弃物管理和处置进行了重点关注。国家发展改革委、生态环境部于2020年1月份印发的《关于仅以加强塑料污染治理的意见》（发改环资〔2020〕80号），针对塑料废弃物特别提出，要推动其资源化利用的规范化、集中化和产业化，相关项目向资源循环利用基地等园区集聚，提高塑料废弃物资源化利用水平❶。

（2）水资源节约利用

2021年1月11日，国家发展改革委等九部委联合印发《关于推进污水资源化利用的指导意见》（发改环资〔2021〕13号）（以下简称《意见》）❷，提出到2025年，全国污水收集效能显著提升，县城及城市污水处理能力基本满足当地经济社会发展需要，水环境敏感地区污水处理基本实现提标升级；全国地级及以上缺水城市再生水利用率达到25%以上，京津冀地区达到35%以上；工业用水重复利用、畜禽粪污和渔业养殖尾水资源化利用水平显著提升；污水资源化利用政策体系和市场机制基本建立。到2035年，形成系统、安全、环保、经济的污水资源化利用格局。《意见》主要从推进重点领域污水资源化利用、实施污水资源化利用重点工程、健全污水资源化利用体制机制、保障措施等方面对我国污水资源化利用进行了战略部署与安排。

（3）推进能源市场化

2020年4月10日，国家能源局发布关于《中华人民共和国能源法（征求意见稿）》（以下简称《能源法》）公开征求意见的公告。此版征求意见稿更加坚定"能源市场化"原则，专设"能源市场"章节，规定了市场主题、价格机制、成本监审、市场秩序等问题，能源市场化的方向得到强化，以法律的形式明确下来为进一步深化能源市场化改革奠定基础。《能源法》承认能源的商品属性，在相当长一段时间里，能源的商品属性被弱化，社会上更多地认为煤炭、电力、油气是特殊商品或准公共产品，是市场失灵的领域，应该由政府管制、国企垄断经营，事实上，能源虽然是关系国家安全的战略性资源，但也是商品，具有一般商品的基本属性。《能源法》区分不同能源品种特性，推动煤炭、电力、石油、天然气等能源市场建设，建立主体多元、统一开放、竞争有序、有效监管的能源市场体系，实现能源资源在更大范围的优化配置（第六十五条）；能源领域的竞争性环节主要由市场

---

❶ https://mp.weixin.qq.com/s/fnRJ4VTHtm7HGMaofs2UUw

❷ https://www.ndrc.gov.cn/xwdt/tzgg/202101/t20210111_1264795.html

形成价格（第六十六条）；合理布局交易机构和交易平台（第六十八条）。这些条文明确了能源受价格规律和供求关系调节，可由竞争配置资源、由供求决定价格、由契约规范交易。另外，此版征求意见稿还辟出了能源市场投资主体所有制的限制，并突出竞争与监管并重❶。

2.2.1.5 实施城市更新行动

当前我国城镇化率已经超过60%，步入城镇化较快发展的中后期，城市发展进入城市更新的重要时期，由大规模增量建设转为存量提质改造和增量结构调整并重。推动城市结构优化、功能完善和品质提升，转变城市开发建设方式，是实施城市更新行动的重要内涵。

2020年11月3日，党的十九届五中全会通过的《中共中央关于制定国民经济和社会发展第十四个五年规划和二〇三五年远景目标的建议》明确提出实施城市更新行动。

实施城市更新行动，是适应城市发展新形势、推动城市高质量发展的必然要求；是坚定实施扩大内需战略、构建新发展格局的重要路径；是推动城市开发建设方式转型、促进经济发展方式转变的有效途径；是推动解决城市发展中的突出问题和短板、提升人民群众获得感幸福感安全感的重大举措。实施城市更新行动，总体目标是建设宜居城市、绿色城市、韧性城市、智慧城市、人文城市，不断提升城市人居环境质量、人民生活质量、城市竞争力，走出一条中国特色城市发展道路❷。

随后，2021年4月13日发布的《2021年新型城镇化和城乡融合发展重点任务》中再次强调要实施城市更新行动，加快推进老旧小区、老旧厂区、老旧街区、城中村等改造，重点任务进一步确定了"三区一村"的城市更新方向。5月11日，住房和城乡建设部公布《城镇老旧小区改造可复制政策机制清单（第三批）》，总结了各地在动员居民参与、改造项目生成、金融支持、市场力量参与等七个方面的可复制政策机制，供各地方学习与参考，有助于更好地推动城镇老旧小区改造工作。

为指导各地积极稳妥实施城市更新行动，防止沿用过度房地产化的开发建设方式，大拆大建，急功近利等问题，住房和城乡建设部于8月30日发布了《关于在实施城市更新行动中防止大拆大建问题的通知（征求意见稿）》，提出三项要求：一是坚持划定底线，防止城市更新变形走样；二是坚持应留尽留，全力保持城市记忆；三是坚持量力而行，稳妥推进改造提升，加强统筹谋划，探索可持续更新模式，加快补足功能短板，提高城市安全韧性。

2.2.1.6 系统推进海绵城市建设

我国自2015年开展海绵城市建设试点工作以来，在政策引领、标准规范、技术研发等方面围绕海绵城市建设不断精进。

---

❶ https://baijiahao.baidu.com/s?id=1666397039962657556&wfr=spider&for=pc

❷ http://www.mohurd.gov.cn/jsbfld/202011/t20201117_248050.html

2019年，财政部、住房城乡建设部和水利部对两批国家海绵城市建设试点城市开展了绩效评价工作。根据各城市提交的自评估报告统计，30个国家海绵城市试点总面积920平方千米，总投资约1600亿元，试点期共完成4900多个项目建设，其中建筑与小区类项目近2600个，海绵型道路1000余条，海绵型公园近400个，河湖治理项目近350个，防水排涝项目570余个❶。试点城市建设工作为扎实推进海绵城市建设探索了有效模式，积累了建设经验，打造了项目典型。同时，海绵城市建设相关科学研究及案例同步开展，这些均为后续海绵城市建设系统化全域推进提供了宝贵经验和技术支撑。

2020年是我国推进海绵城市建设工作的第五个年头，也是全国地级城市实现建成区面积20%达到海绵城市建设要求这一阶段性目标的最后一年。住房和城乡建设部印发了《住房和城乡建设部办公厅关于开展2020年度海绵城市建设评估工作的通知》，要求各设市城市总结海绵城市建设已开展工作基础上，按照《海绵城市建设评价标准》GB/T 51345—2018进行海绵城市建设效果评估。

在标准体系建设方面，海绵城市建设领域首部国家标准——《海绵城市建设评价标准》GB/T 51345—2018于2019年9月1日正式实施；2020年，住房和城乡建设部组织编制了《海绵城市建设专项规划与设计标准》《海绵城市建设监测标准》《海绵城市建设工程施工验收与运行维护标准》等一系列标准，涵盖了海绵城市建设的规划设计、工程建设、设施运维、实施效果等全过程，通过健全系列标准化工作，进一步规范和促进我国海绵城市建设技术与应用的系统化建设。

2.2.1.7 迎来绿色金融新发展点

以中国人民银行等七部委2016年发布的《关于构建绿色金融体系的指导意见》为标志，中国建立了比较完整的绿色金融体系的政策框架。近五年来，全国在制定绿色金融标准、落实激励政策、推进环境信息披露、ESG产品创新和进行地方试点等方面取得了全面进展，有力推动了绿色信贷、绿色债券、绿色保险、绿色基金等产品创新和实践。

2020年10月21日，生态环境部、国家发展改革委、中国人民银行、银保监会、证监会等五部委联合印发了《关于促进应对气候变化投融资的指导意见》（以下简称《气候投融资指导意见》）。作为我国首部全面支持应对气候变化投融资的顶层指导文件，该文件以实现国家自主贡献目标和低碳发展目标为导向，以政策标准体系为支撑，以模式创新和地方实践为路径，推进应对气候变化投融资（以下简称气候投融资）发展，意在引导和撬动更多社会资金进入应对气候变化领域，进一步激发潜力、开拓市场，推动形成减缓和适应气候变化的能源结构、产业结构、生产方式和生活方式❷。

《气候投融资指导意见》首次明确了气候投融资的定义与支持范围，指出气候投融资

---

❶ https://mp.weixin.qq.com/s/xE_Z5NbH_Vp0_xbjcK8WCw

❷ https://mp.weixin.qq.com/s/-znTu4mq4xzXzjxl56a5Iw

是为实现国家自主贡献目标和低碳发展目标，引导和促进更多资金投向应对气候变化领域的投资和融资活动，支持范围包括减缓和适应气候变化两个方面。同时，定义中强调了气候投融资是绿色金融的重要组成部分。这一界定点明了绿色金融与气候投融资的包含关系，在概念层面为气候投融资与绿色金融的协同发展奠定了基础。

《气候投融资指导意见》从多个角度进一步强调了气候投融资与绿色金融的协同。在政策方面，提出要加强气候投融资与绿色金融的政策协调配合；在标准制订上，强调气候投融资标准要与绿色金融标准协调一致；在试点建设上，明确要积极支持绿色金融区域试点工作；在产品创新上，支持和激励各类金融机构开发气候友好型的绿色金融产品；在部门协同上，提出将气候投融资作为银行业金融机构和保险公司的绿色支行（部门）的重要内容❶。

2.2.1.8　CIM赋能城市建设

短短数年，数字孪生从一个技术概念，演变成一种新转型路径、新变革动力。数字孪生城市正在成为智慧城市的升级版和必选项，它赋予实体城市新的互联网基因，通过信息技术的深度应用，给城市一个数字克隆体，使不可见的城市隐形秩序显性化。随着概念培育、科研布局的持续推进，借助新基建的提速加持，数字孪生城市进入国家决策视野，纳入"十四五"规划，多地已纷纷开始试水，2020年被称为数字孪生城市元年。数字孪生城市的重要表现形式即为城市信息模型（CIM），全国各地在数字孪生城市方面进行了实验，构建各种类型的CIM平台为城市建设提供技术支持，同时，国家层面发布一系列政策文件，对于CIM平台建设提出指导。

2020年6月，住房和城乡建设部、工业和信息化部、中央网信办联合印发《关于开展城市信息模型（CIM）基础平台建设的指导意见》，指出"CIM基础平台是现代城市的新型基础设施，是智慧城市建设的重要支撑，全面推进城市CIM基础平台建设和CIM基础平台在城市规划建设管理领域的广泛应用，带动自主可控技术应用和相关产业发展，提升城市精细化、智慧化管理水平"❷。2020年7月，住房和城乡建设部、发展改革委、科技部、工业和信息化部等十三部门联合印发《关于推动智能建造与建筑工业化协同发展的指导意见》，明确指出要"通过融合遥感信息、城市多维地理信息、建筑及地上地下设施的BIM、城市感知信息等多源信息，探索建立表达和管理城市三维空间全要素的城市信息模型（CIM）基础平台"❸。同年9月，住房和城乡建设部发布《城市信息模型（CIM）基础平台技术导则》，明确提了CIM基础平台建设在平台构成、功能、数据、运维等方面的技

---

❶　http://m.tanpaifang.com/article/74910.html

❷　http://zjt.xizang.gov.cn/xwzx/tzgg/202007/P020200729399561085201.pdf

❸　http://www.gov.cn/zhengce/2020-08/17/content_5535307.htm

术要求，标志着CIM平台建设了有国家层面的技术依据[1]。2021年4月，住房和城乡建设部分别就CIM基础平台建设中的数据加工、规划管理、工程报批、施工图审查、竣工验收备案等方面发布了相应标准规范的征求意见稿，为CIM平台建设提供了行业标准的参照与保障。

2.2.1.9 推动不同功能载体绿色发展

（1）国家高新区绿色发展专项行动

国家高新区建设30多年来，通过完善环境管理体系认证，创新环境保护和绿色发展政策，积极推动构建现代环境治理体系，生态环境质量改善取得积极成效，绿色发展理念不断深入，绿色发展成效日益突出，一批国家高新区已经成为所在城市能耗最低、生态最优、环境最美的区域。据统计，2019年国家高新区工业企业万元增加值能耗为0.464吨标准煤，优于国家生态工业示范园区标准相关指标值和全国平均水平。但是从全面提升绿色发展和高质量发展的要求来看，国家高新区还存在绿色技术创新能力不强、绿色产业竞争力较弱、部分国家高新区重工业和高能耗产业比重偏大等问题。

面对新形势、新要求，国家高新区作为我国发展高新技术产业和推进自主创新的核心载体，更要深入践行绿色发展理念，巩固提升绿色发展优势，探索生态文明与科技创新、经济繁荣相协调相统一的可持续发展新路径，为引领我国经济、科技、社会、生态全面高质量发展作出新的贡献。

2021年1月29日，科技部印发《国家高新区绿色发展专项行动实施方案》，通过实施一系列绿色发展行动，培育一批具有全国乃至全球影响力的绿色发展示范园区和一批绿色技术领先企业，在国家高新区率先实现联合国2030年可持续发展议程、工业废水近零排放、碳达峰、园区绿色发展治理能力现代化等目标。《国家高新区绿色发展专项行动实施方案》列明了三大重点任务，包括：推动国家高新区节能减排，优化绿色生态环境；引导国家高新区加强绿色技术供给，构建绿色技术创新体系；支持国家高新区发展绿色产业，构建绿色产业体系[2]。

（2）县城绿色低碳建设

县城是县域经济社会发展的中心和城乡融合发展的关键节点，是推进城乡绿色发展的重要载体。以绿色低碳理念引领县城高质量发展，是贯彻新发展理念的必然要求，是实施乡村建设行动、统筹城乡融合发展的重要内容，是补齐县城建设短板、满足人民群众日益增长的美好生活需要的重要举措。2021年3月29日，住房和城乡建设部研究起草了《关于加强县城绿色低碳建设的意见（征求意见稿）》，要求从严守县城建设安全底线、控制县城建设密度和强度、限制县城居住建筑高度、县城建设要与自然环境相协调、大力发展绿

---

[1] http://www.mohurd.gov.cn/wjfb/202009/W020200924023826.pdf

[2] http://www.gov.cn/zhengce/zhengceku/2021-02/02/content_5584347.htm

色建筑和建筑节能、建设绿色节约型基础设施、加强县城历史文化保护传承、建设畅通的步行系统、营造人性化公共环境、推行以街区为单元的统筹建设方式十个方面落实县城绿色低碳建设的相关要求❶。

（3）绿色社区创建

2020年7月22日，住房和城乡建设部等六部委印发《绿色社区创建行动方案》，要求将绿色发展理念贯穿社区设计、建设、管理和服务等活动的全过程，以简约适度、绿色低碳的方式，推进社区人居环境建设和整治，不断满足人民群众对美好环境与幸福生活的向往。通过绿色社区创建行动，使生态文明理念在社区进一步深入人心，推动社区最大限度地节约资源、保护环境。《绿色社区创建行动方案》提出到2022年，绿色社区创建行动取得显著成效，力争全国60%以上的城市社区参与创建行动并达到创建要求，基本实现社区人居环境整洁、舒适、安全、美丽的目标。

2.2.2 地方动态：因地制宜多方面推动绿色发展

2.2.2.1 长三角：建设生态绿色一体化发展示范区

建设长三角生态绿色一体化发展示范区，是实施长三角一体化发展战略的先手棋和突破口。将长三角生态绿色一体化发展示范区建设成为更高质量一体化发展的标杆，有利于集中彰显长三角地区践行新发展理念、推动高质量发展的政策制度与方式创新，率先实现质量变革、效率变革、动力变革，更好引领长江经济带发展，对全国的高质量发展也能发挥示范引领作用。

2019年11月19日，国家发展改革委发布《长三角生态绿色一体化发展示范区总体方案》（以下简称《方案》）。根据《方案》，一体化示范区范围包括上海市青浦区、江苏省苏州市吴江区、浙江省嘉兴市嘉善县，面积约2300平方公里（含水域面积约350平方公里）。并选择青浦区金泽镇、朱家角镇，吴江区黎里镇，嘉善县西塘镇、姚庄镇作为一体化示范区的先行启动区，面积约660平方公里（图2-2-2）。

根据《方案》，长三角生态绿色一体化发展示范区在区域发展布局上，将统筹生态、生产、生活三大空间，把生态保护放在优先位置，不搞集中连片式开发，打造"多中心、组团式、网络化、集约型"的空间格局，形成"两核、两轴、三组团"的功能布局。同时，率先探索区域生态绿色一体化发展制度创新，在规划管理、土地管理、投资管理、要素流动、财税分享、社会发展等方面，要建立一体化发展的新机制，进行制度创新和政策突破，为长三角地区全面深化改革、实现高质量一体化发展提供示范。目前，长三角生态绿色一体化发展示范区已经揭牌，采用"理事会+执委会+发展公司"的三层次架构。

---

❶ http://www.mohurd.gov.cn/zqyj/202103/t20210329_249618.html

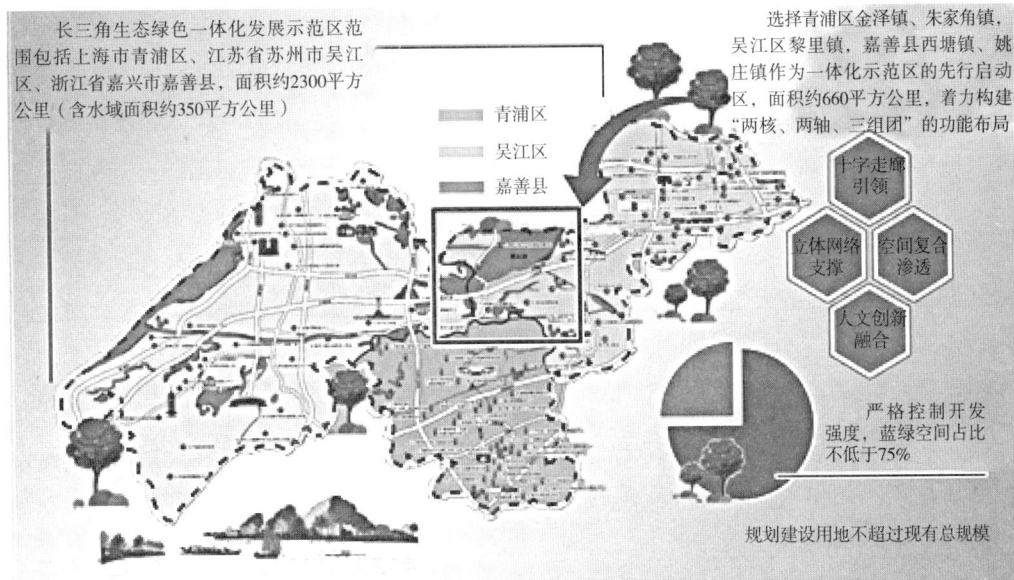

图2-2-2 长三角生态绿色一体化示范区
（来源：http://www.gov.cn/zhengce/2019-11/20/content_5453710.htm）

2020年6月，历时一年编制的《长三角生态绿色一体化发展示范区国土空间总体规划（2019—2035年）》向社会公示，提出"世界级滨水人居文明典范"的总体发展愿景，构建示范区"一心、两廊、三链、四区"的生态格局。该规划是中国首个省级行政主体共同编制的跨省域国土空间规划。

2.2.2.2 上海：发布绿色发展行动指南

2020年12月，上海市印发《上海市绿色发展行动指南》（2020版），用以指导在沪企业、个人在生产中节约资源、减少污染，推动建立有利于环境保护的生产方式。《上海市绿色发展行动指南》（2020版）以项目的生命周期为主线，介绍了产业导入、规划设计、建设施工、运营管理四个阶段需达到的基本要求及优化提升路径。其适用对象为在沪企业和有意来沪发展的企业。其中，第一章为绿色产业导入，对上海市在产业发展领域的限制性行业与鼓励性行业作了介绍，有助于企业在来沪投资前了解上海市的产业发展方向；第二章~第四章分别为绿色规划设计、绿色建设施工和绿色运营管理，介绍了项目规划设计、建设施工和运营管理三个阶段需要达到的基本要求与优化提升路径；第五章为绿色发展相关支持政策，介绍了绿色发展领域的财税支持政策与金融支持政策。

2.2.2.3 江苏：推动绿色产业高质量发展

2020年3月27日，江苏省政府发布《关于推进绿色产业发展的意见》（苏政发〔2020〕28号）（以下简称《意见》）。《意见》聚焦绿色产业发展主题，同时统筹传统产业绿色转型升级，提出了江苏推进绿色产业发展的新目标、新任务、新路径和新举措，明确了绿色产业发展的任务书、路线图，是推动江苏绿色产业高质量发展的指导性文件，也是我国省级层面较早对绿色产业发展做出超前谋划部署的政策性文件。

《意见》将提升绿色技术创新能力作为绿色产业发展的首要任务谋篇布局。重点做好"三个抓"：一是抓绿色技术攻关。聚焦节能环保、清洁生产、清洁能源、生态保护与修复、城乡绿色基础设施、绿色建筑、生态农业等领域，加快突破一批原创性、引领性绿色技术。积极参与国家重大科技专项、国家重点研发计划和重大科学基础设施建设，实施一批绿色技术创新重大研发项目。二是抓绿色技术创新载体培育。培育一批绿色技术创新企业、绿色企业技术中心，创建一批绿色技术创新示范企业，建立一批绿色技术创新联合体、绿色技术创新联盟，建设一批制造业创新中心、国家工程研究中心、国家科技资源共享服务平台等载体。三是抓绿色技术创新成果转化。建立一批绿色技术转移、交易和产业化服务平台，争取设立综合性国家级绿色技术交易市场，支持建设区域性、专业性绿色技术交易市场。创建一批绿色技术创新第三方检测、评价、认证等中介服务机构，培育一批专业化绿色技术创新经纪人。

2.2.2.4 浙江：推进未来社区试点建设

未来社区被视作浙江省面向"十三五"谋划实施的一批最具比较优势、最能带动全局的重大创新举措之一。2019年3月，浙江省印发《浙江省未来社区建设试点工作方案》（以下简称《方案》），《方案》明确了未来社区建设试点目标定位、任务要求、措施保障，为下一步全面开展未来社区建设试点指明了方向。浙江省未来社区建设试点将聚焦人本化、生态化、数字化三维价值坐标，以和睦共治、绿色集约、智慧共享为内涵特征，突出高品质生活主轴，构建以未来邻里、教育、健康、创业、建筑、交通、低碳、服务和治理等九大场景创新为重点的集成系统，打造有归属感、舒适感和未来感的新型城市功能单元，促进人的全面发展和社会进步，打响浙江省"两个高水平"建设新名片。

同期，浙江省还印发《浙江省未来社区试点创建评价指标体系（试行）》，根据未来社区九大场景，该评价指标体系分别设置了33项约束性和引导性指标，无论是申报试点还是申请验收都有了具体的指标可循，并以居民满意度为最终评判因素。

根据试点工作安排，到2019年底，浙江省将培育建设省级试点未来社区20个左右，选择杭州等地先行建设未来社区规划展示馆，同步开通未来社区数字展示馆；到2021年底，培育建设省级试点100个左右，建立未来社区建设运营的标准体系，形成可复制可推广的经验做法，涌现一批未来社区典型案例；2022年开始，全面复制推广，裂变效应显现，夯实未来城市发展基础，有力支撑大湾区大花园大通道大都市区建设。

2021年5月，浙江省公布第三批未来社区试点名单，涉及90个项目，超过了首批和第二批试点项目的总和（2019年6月公布首批24个，2020年7月公布第二批36个），其中整合提升类40个、拆改结合类27个、拆除重建类17个、规划新建类4个、全域类2个。项目原则上以50～100公顷为规划单元，试点实施单元不低于20公顷，统筹考虑不同城市、不同政策路径、不同类型环境和不同体量范围等因素，优先考虑区位条件好、发展潜力大的区块开展试点。

2.2.2.5　成都：高位推进建设公园城市建设❶

2018年7月，成都市做出《关于深入贯彻落实习近平总书记来川视察重要指示精神 加快建设美丽宜居公园城市的决定》，全面开启美丽宜居公园城市建设。三年来，成都以新发展理念为指导，积极探索公园城市建设理论，构筑公园城市空间形态，创新城市生态价值转化机制，构建公园城市支撑体系，率先了组建公园城市管理局，初步建立了公园城市政策法规体系。

构建管理机制。成立由市委主要领导任组长、市政府主要领导任常务副组长的公园城市示范区建设领导小组，统筹全市公园城市建设工作，加强市级部门协同配合和市区（县）两级联动，形成系统高效的工作推进机制。以市林业和园林管理局为基础，创新组建成都公园城市建设管理局，区（市）县设置专门的公园城市建设管理工作部门或职能机构（图2-2-3）。

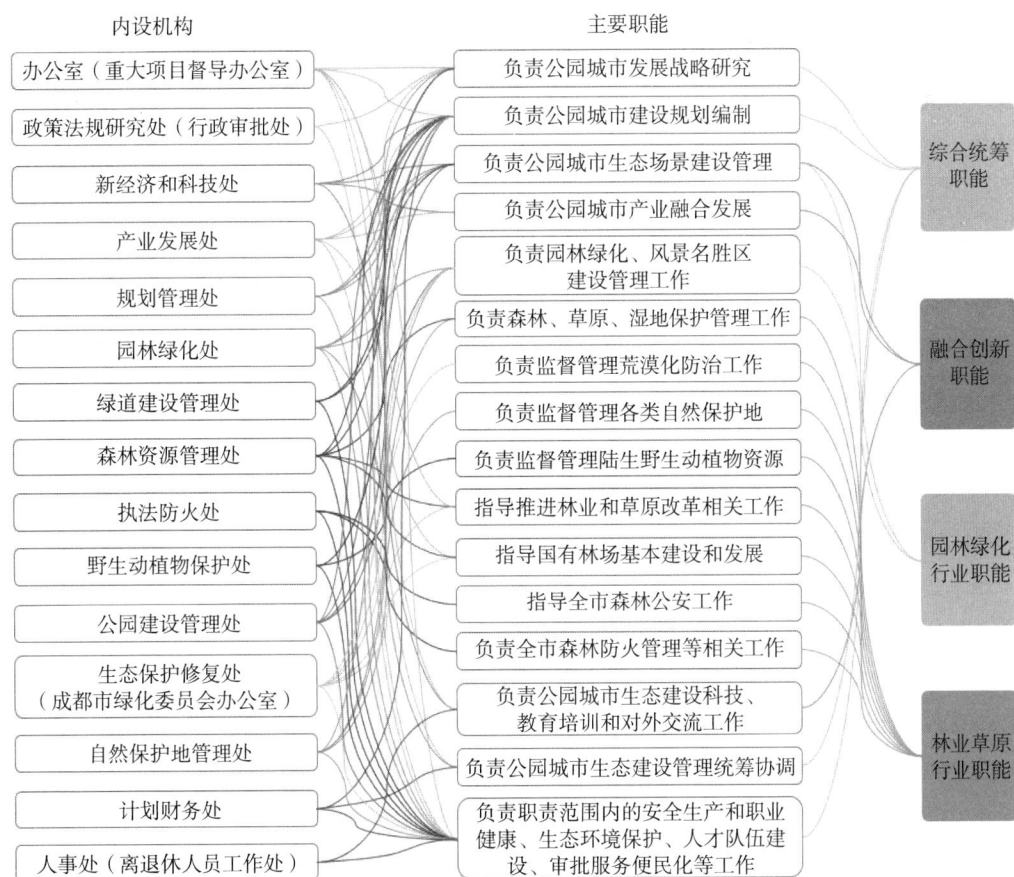

图2-2-3　成都市公园城市建设管理局内设机构及主要职能分析
（来源：https://mp.weixin.qq.com/s/gtIuUCa3gcl_lF2r7TBz9w）

---

❶　https://mp.weixin.qq.com/s/gtIuUCa3gcl_lF2r7TBz9w

建设支撑体系。组建公园城市研究机构，与知名智库合作，开展理论研究与技术创新。高标准举办四届国际城市可持续发展高层论坛、两届公园城市论坛，发布全球首个公园城市指数和首本公园城市年度发展报告，出版发行《公园城市——城市建设新模式的理论探索》，公园城市建设案例入选联合国《中国人类发展报告特别版》，积极贡献世界城市可持续发展"成都样本"，"雪山下的公园城市"成为城市新名片。

创新构建法规制度体系。制定系列重要生态区保护法规，于2021年7月30日公布《成都市美丽宜居公园城市建设条例》，探索构建公园城市评估监测体系，巩固公园城市建设的法律基础，更好地完善公园城市建设保障体系，推动公园城市建设稳步发展。

2.2.2.6 深圳：开创绿色金融地方立法先行

2021年3月1日，我国绿色金融领域首部地方性法规，同时也是全球首部规范绿色金融的综合性法案——《深圳经济特区绿色金融条例》（以下简称《绿金条例》）正式实施。《绿金条例》充分借鉴国际上绿色金融前沿研究成果，结合深圳建设中国特色社会主义先行示范区的新要求和改革发展实践进行了立法创新，为深圳市建立起更加有利于新兴绿色产业发展和传统产业绿色化的金融生态环境和法治营商环境提供了保障，为全国绿色金融法治化发展提供了先行示范，将极大提升我国绿色金融的国际影响力。

《绿金条例》对创新绿色金融产品和服务进行了规定。一是创新绿色信贷品种，推广新能源贷款、能效贷款、合同能源管理收益权质押贷款等能源信贷品种，创新绿色供应链、绿色园区、绿色生产、绿色建筑、个人绿色消费等绿色信贷品种；二是创新绿色保险产品和服务，开展环境污染强制责任险、绿色建筑质量险、绿色产业产品质量责任险以及其他的绿色保险业务；三是规定了投资咨询机构在为个人投资者提供投资建议时，应当询问个人投资者在绿色领域的投资偏好，为个人投资者参与绿色投资提供便利；四是支持金融机构开展环境权益抵押和质押融资业务，鼓励金融机构参与粤港澳大湾区碳交易市场跨境交易业务。

2.2.3 技术创新：构建绿色技术创新体系

当前，绿色技术创新已成为全球新一轮工业革命和科技竞争的重要新兴领域。伴随我国绿色低碳循环发展经济体系的建立健全，绿色技术创新日益成为我国绿色发展的重要动力，成为打好污染防治攻坚战、推进生态文明建设、推动高质量发展的重要支撑。

2019年4月15日，国家发展改革委、科技部联合印发《关于构建市场导向的绿色技术创新体系的指导意见》（发改环资〔2019〕689号），制定了我国构建市场导向的绿色技术创新体系的路线图、时间表，提出到2022年我国基本建成市场导向的绿色技术创新体系。

2019年6月，由中国环境与发展国际合作委员会发起《重大绿色技术创新与实施机制研究》项目（SPS），目标是为国家"十四五"规划编制提出绿色技术推广应用的建议项目[1]。目前，项目第一期成果已全球发布，提出了城镇化进程中水、能源、交通、建筑、土地利用和规划、食物6大领域20项重大绿色技术，具体见表2-2-1。

表2-2-1 "十四五"期间6个领域20项重大绿色技术创新推广建议清单

领域	技术发展方向	推荐技术
水	污水处理与水循环经济	污水处理与厂网河一体提质增效技术
	再生水利用	再生水系统水质保障技术
	再生水利用和无收益水管理	再生水系统智慧运用技术
能源	一体化绿色能源电网	微电网技术
	近零排放制冷与供热	工业余热集中供暖技术
		中深层地热利用技术
	能源互联网	能源互联网综合管理平台技术
交通	智慧交通系统	MaaS 出行服务技术
	新能源交通工具及配套设施	氢能源车辆技术
		智能充电系统技术
	交通需求管理与自行车出行	自行车专用路技术
建筑	健康建筑	建筑立体绿化技术
	绿色建筑	"钢结构＋内部模块化空间"技术
	近零能耗建筑	光伏分布式储能与直流供电技术
	建筑智慧运维	群智能建筑系统技术
土地利用和规划	绿色城市形态	绿色城市形态技术包
	绿色宜居、碳中和社区	绿色宜居、碳中和社区技术包
食物	食物溯源	食物安全信息监控和追踪技术
	城市农业	垂直农业技术
	智慧农业	数字食物平台技术

2021年1月初，国家发展改革委、科技部、工业和信息化部、自然资源部联合印发《关于印发〈绿色技术推广目录（2020年）〉的通知》（发改办环资〔2019〕990号），落实《关于构建市场导向的绿色技术创新体系的指导意见》的有关要求，要求各地、各部门结合实际加大绿色技术推广应用力度，为推动社会经济发展全面绿色转型、打赢污染防治攻坚战、实现碳达峰碳中和目标提供技术支撑。该目录收录节能环保产业（63项）、清洁生产产业（26项）、清洁能源产业（15项）、生态环境（4项）及基础设施绿色升级（8项）

---

[1] https://mp.weixin.qq.com/s/f2o0Odajz16qkox-_hxWMA

等5大领域共计116项绿色技术，并从适用范围、核心技术及工艺、主要技术参数和综合效益等4个方面对每项绿色技术作出了明确规定。

2.3 "双碳"引领绿色经济转型

2.3.1 生态文明迈入降碳新阶段

气候变化是全人类面临的严峻挑战，推动经济社会向绿色低碳转型是应对气候变化的必由之路，是推进生态文明建设、经济社会高质量发展和生态环境高水平保护的重要途径。

2020年9月22日，习近平总书记在第七十五届联合国大会一般性辩论上发表重要讲话强调，中国将提高国家自主贡献力度，采取更加有力的政策和措施，二氧化碳排放力争于2030年前达到峰值，努力争取2060年前实现碳中和。相比2017年中国签署《巴黎气候议定书》提出的四项自主贡献承诺，此次碳中和的承诺标志着中国向绿色低碳迈出了革命性的一大步。后续，习近平总书记在联合国生物多样性峰会、金砖国家领导人第十二次会晤、二十国集团领导人利雅得峰会、气候雄心峰会、世界经济论坛"达沃斯议程"等国际会议上，多次展现中国在积极应对全球气候变化、致力实现"双碳"目标的大国雄心（图2-3-1）。

实现碳中和是中国争取下一个阶段全球竞争的制高点和主动权的重要路径。在所有已经承诺碳中和目标的国家和经济体中，中国是对外出口依存度最高的国家，且中国的油气

图2-3-1 习近平总书记在国际会议上关于双碳的讲话要点

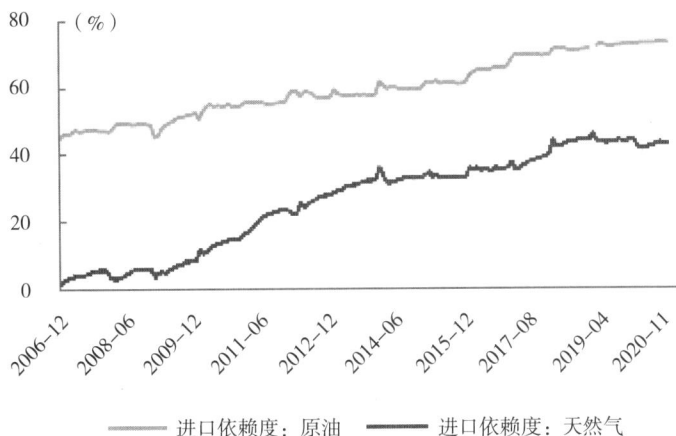

图2-3-2　我国能源进口依赖度

（来源：Wind、光大证券研究所，截至2020年底）

资源高度依赖进口（图2-3-2）❶，环境污染治理的任务极为严峻，这些都要求深度绿色转型。因此，中国提出双碳目标一方面是基于人类命运共同体的长远考虑，另一方面也是倒逼转型发展，占领未来全球竞争的主动权，具有极高的现实意义。

2021年3月15日，习近平总书记在主持召开中央财经委员会第九次会议时指出要把碳达峰、碳中和纳入生态文明建设整体布局；4月30日，在主持召开中共中央政治局第二十九次集体学习时，习近平总书记强调"十四五"时期，我国生态文明建设进入了以降碳为重点战略方向、推动减污降碳协同增效、促进经济社会发展全面绿色转型、实现生态环境质量改善由量变到质变的关键时期。

以降碳为重点战略方向，意味着我国生态文明建设开启了从1.0版向2.0版升级的过程，这意味着从过去以末端治理为主，开始转向源头管控、过程优化、末端治理、废物循环四个环节协同发力，产业结构、能源结构、交通运输结构、用地结构四类格局加快调整的新阶段。这一新目标、新任务，要求我国以转变经济发展方式为目标，加快建立健全绿色低碳循环发展经济体系，促进经济社会发展全面绿色转型，把现代化国家的蓝图，确定为人与自然和谐共生的现代化国家。

2.3.2　积极探索双碳实现路径

目前，我国碳达峰、碳中和"1+N"政策体系已正式建立。自2021年上半年开始国家发展改革委会同有关部门，加快研究制定碳达峰、碳中和顶层设计文件。2021年5月26日，碳达峰碳中和工作领导小组成立并召开第一次工作会议。2021年10月，《中共中央 国

---

❶　Wind、光大证券研究所：2020年底，我国原油进口依赖度73%，天然气进口依赖度40%以上。

务院关于完整准确全面贯彻新发展理念做好碳达峰碳中和工作的意见》《2030年前碳达峰行动方案》两部文件相继发布，阐述了党中央对碳达峰、碳中和工作的系统谋划和总体部署，明确了碳达峰、碳中和的时间表、路线图、施工图，标志着碳达峰、碳中和"1+N"政策体系的正式建立。2021年11月11日，国家主席习近平在亚太经合组织工商领导人峰会上发表题为"坚持可持续发展 共建亚太命运共同体"的主旨演讲，首次阐述了"1+N"政策体系的内涵："1"是中国实现碳达峰、碳中和的指导思想和顶层设计，"N"是重点领域和行业实施方案。下一步，我国将继续推进全面绿色转型，制定能源、工业、城乡建设、交通运输、农业农村等领域以及具体行业的碳达峰实施方案，各地区也在同步制定本地区碳达峰行动方案，确保如期实现碳达峰、碳中和目标。

在地方政府层面，自2020年9月以来，全国87个低碳试点省市已有60个省市明确提出2025年之前达峰；31个省（自治区、直辖市）的"十四五"规划和2035年规划纲要中，碳达峰、碳中和工作都被列入本地区的发展蓝图；一批省（自治区、直辖市）启动本省碳达峰行动方案的编制工作。其中，上海市提出力争2025年碳排放达峰，江苏省提出努力在全国达峰之前率先达峰，广东省提出了推动碳排放率先达峰（表2-3-1、图2-3-3）。

表2-3-1 部分地区"十四五"规划中的双碳目标

地区	"十四五"规划中的双碳目标
北京	碳排放稳中有降，碳中和迈出坚实步伐，为应对气候变化做出北京示范
天津	扩大绿色生态空间，强化生态环境治理，推动绿色低碳循环发展，完善生态环境保护机制体制
河北	制定实施碳达峰、碳中和中长期规划，支持有条件市县率先达峰。开展大规模国土绿化行动，推进自然保护地体系建设，打造塞罕坝生态文明建设示范区。强化资源高效利用，建立健全自然资源资产产权制度和生态产品价值实现机制
山西	绿色能源供应体系基本形成，能源优势特别是电价优势进一步转化为比较优势、竞争优势
上海	坚持生态优先、绿色发展，加大环境治理力度，加快实施生态惠民工程，使绿色成为城市高质量发展最鲜明的底色
江苏	大力发展绿色产业，加快推动能源革命，促进生产生活方式绿色低碳转型，力争提前实现碳达峰，充分展现美丽江苏建设的自然生态之美、城乡宜居之美、水韵人文之美、绿色发展之美
浙江	推动绿色循环低碳发展，坚决落实碳达峰、碳中和要求，实施碳达峰行动，大力倡导绿色低碳生产生活方式，推动形成全民自觉，非化石能源占一次能源比重提高到24%，煤电装机占比下降到42%
山东	打造山东半岛"氢动走廊"，大力发展绿色建筑。降低碳排放强度，制定碳达峰碳中和实施方案
四川	单位地区生产总值能源消耗、二氧化碳排放降幅完成国家下达目标任务，大气、水体等质量明显好转，森林覆盖率持续提升；粮食综合生产能力保持稳定，能源综合生产能力显著增强，发展安全保障更加有力
湖北	推进"一主引领、两翼驱动、全域协同"区域发展布局，加快构建战略性新兴产业引领、先进制造业主导、现代服务业驱动的现代产业体系，建设数字湖北，着力打造国内大循环重要节点和国内国际双循环战略链接

2021-03-23 深圳
- 发布全国首个GEP核算制度体系——《深圳市生态系统生产总值（GEP）核算技术规范》

2021-04 四川
- 出台全国首个省级碳中和推广方案

2021-04 北京
- 通州城市副中心率先开展"近零碳"示范项目和园区建设

2021-04-20 江苏
- 发布推进碳达峰目标下绿色城乡建设的指导意见

2021-04-29 河北
- 印发《关于建立健全绿色低碳循环发展经济体系的实施意见》

2021-06 武汉
- 落户全国碳排放权注册登记系统

2021-07-15 上海
- 发起设立国内市场规模最大碳中和主题基金

2021-07-28 天津
- 宣布天津港打造全球首个"零碳码头"，积极打造零碳港区、零碳港口

2021-08-10 浙江
- 上线工业碳平台，包含"碳必测""碳对标""碳中和""碳应用"4个核心模块

2021-08-20 山西
- 提出推动经济韧性转型，扶持民营企业绿色发展，加强技术储备和科技转化，推进煤层气增储上产，增加林草碳汇量，努力实现经济效益和减碳效应"双赢"

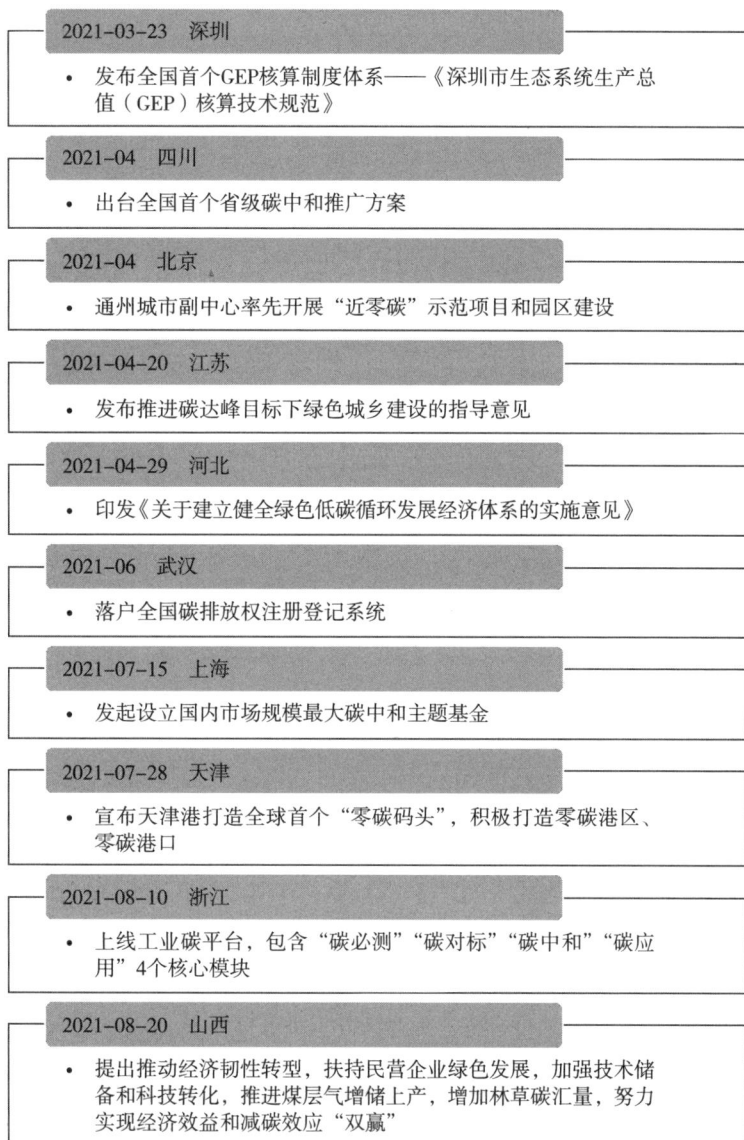

图2-3-3 近期各地"双碳"动态

在企业层面，不少企业率先加强了对碳达峰、碳中和背景下企业发展前景的战略研究。中国石化、国家能源集团、南方电网等央企启动了本企业的碳达峰碳中和战略研究，国家电网发布了碳达峰碳中和行动方案。国家电投、宝武钢铁、大唐集团、华电集团纷纷表示力争提前碳达峰，将时间线提前到了2023年或者2025年，三峡集团与宝钢则将碳中和目标设置在2040年与2050年。央企的积极行动，对全社会形成碳达峰碳中和市场氛围发挥了促进作用。金融企业紧跟其后，2021年2月中国银行、工商银行、建设银行、兴业银行、中信银行以及农业银行纷纷宣布将作为主承销商开展64亿元的首批"碳中和债"承销。

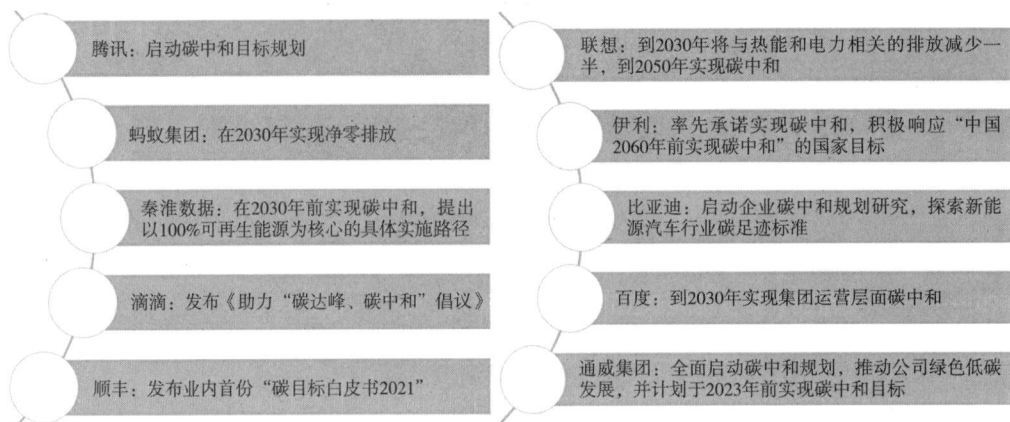

图2-3-4　不同企业碳中和承诺

与此同时，越来越多的企业也加入了碳中和进程中（图2-3-4）。腾讯在2021年1月12日宣布启动碳中和目标规划，蚂蚁集团3月12日宣布在2030年实现净零排放目标，数据中心行业新星——秦淮数据也在1月宣布将在2030年前实现碳中和，并提出以100%可再生能源为核心的具体实施路径。制造业中，伊利、比亚迪、通威集团纷纷制定各自碳中和目标，物流业龙头——顺丰公司于2021年6月发布业内首份"碳目标白皮书2021"，提出在2030年实现碳效率提升55%的减碳目标。

2.3.3　完善碳排放权交易市场制度

碳排放权交易是利用市场机制控制和减少温室气体排放的重要市场手段，既能将温室气体控排责任落到企业，又能为减碳提供经济激励机制，带动绿色技术创新和产业投资，为处理好经济发展与碳减排的关系提供有效的政策工具。

自2011年起，我国在北京、天津、深圳、上海、湖北等省市开展了地方的碳市场试点，共覆盖电力、钢铁、水泥等20余个行业近3000家重点排放单位。同时，从2013年开始，国务院碳交易主管部门组织编制不同行业的碳排放核算方法和报告指南。通过多年的试点，地方碳市场试点在碳排放核算、配额分配、核查、履约清缴等方面积累了宝贵经验，也为全国碳市场启动奠定了基础。

2021年1月，生态环境部正式印发《碳排放权交易管理办法（试行）》，标志着我国碳排放权交易市场进入规划化、标准化阶段，碳市场将在碳减排方面发挥积极作用。随后，生态环境部密集发布《企业温室气体排放报告核查指南（试行）》《碳排放权交易管理暂行条例（草案修改稿）》等以及配额分配方案、重点排放单位名单、核算、核查等系列文件，完善碳市场及配套政策体系。2021年7月16日，全国碳排放市场正式启动线上交易，全国碳市场交易中心设在上海，登记中心设在武汉，首批参加全国碳市场的为2225家电力

	2017—2020 初级阶段	2021—2030 发展阶段	2030后 成熟阶段
阶段特征	低碳发展转型培育期推动工业尽快达峰	低碳发展转型攻坚期控制消费排放增长	低碳发展创新突破期推动碳排放总量迅速下降
市场范围	建立中央为主、地方为辅的两级市场，覆盖排放量大、集中度高、数据条件好、产能过剩的工业排放	完善统一市场抵消，覆盖所有符合统一门槛要求的工业、建筑、交通排放，联接部分条件成熟的外部市场	完善中央、地方、自愿、普惠多层次碳市场，扩展至更多中小型工业、建筑和交通排放，联接全球主要市场
覆盖行业	电力、水泥、铝、航空等	规模以上工业，大型建筑、交通排放，部分境外项目	大部分工业，大部分建筑、交通排放
覆盖排放	30%左右	50%左右	70%以上
总量管理	行业基准、总量双控	自下而上与全国总量目标	自上而下与全国总量目标
配额分配	基准法与祖父法相结合，不建议过分强调基准法的优越性	有步骤地扩大有偿分配的比例，以鼓励优胜劣汰为导向	保持适当比例有偿分配，将配额管理纳入宏观调控政策体系
政策重点	统一规则、稳妥启动；与其他政策协同增效；无偿分配为主，部分拍卖；试点碳金融；试点国际合作	探索控制消费侧排放的碳市场运营方式扩大拍卖比重，考虑消费侧配额；推广碳金融服务；升级国际合作	探索绝对排放迅速下降背景下的碳市场运营方式；高比例拍卖，扩大消费侧配额；提升碳金融力度；全面推动国际合作

图2-3-5 碳排放权交易市场

（来源：《全国碳市场最新政策进展和关键问题解读》）

企业，覆盖碳排放量约40亿吨。生态环境部表示，将进一步加快启动全国碳排放权交易市场建设，并逐步扩大覆盖行业范围，丰富交易品种和方式，实现全国碳市场的平稳有效运行和健康持续发展（图2-3-5）。

2.3.4 绿色金融助力碳中和

相关研究显示，若要在2030年前实现碳达峰，我国每年需要项目资金约3.1万亿元以上❶，政府财政资金仅能覆盖实现碳中和目标所需项目资金的少部分，巨大的资金缺口还需要由市场资金予以弥补，在客观上需要深入发展绿色金融体系，完善与碳中和相关的投融资机制，通过专项产品持续引导资金流向绿色低碳循环领域，助力实现碳中和愿景。

为响应碳中和目标，相关政策陆续出台，相关监管领域加快了碳中和债券制度制定与实施。2020年10月，生态环境部、国家发展改革委、中国人民银行、银保监会、证监会联合发布《关于促进应对气候变化投融资的指导意见》（环气候〔2020〕57号）提出，引导和促进更多资金投向应对气候变化领域的投资和融资活动，是绿色金融的重要组成部分。中国银行间市场交易商协会在中国人民银行的指导下，在绿色债务融资工具项下创新推出碳中和债❷，募集资金专项用于具有碳减排效益的绿色项目，2021年3月，协会发布《关于

---

❶ https://mp.weixin.qq.com/s/-IZlnDIQDjpMCNyrzW981w

❷ 碳中和债券是指在绿色债券政策框架下，将募集资金专项用于清洁能源、清洁交通、绿色建筑等具有碳减排效益的绿色项目，并由第三方专业机构对碳减排等环境效益进行量化评估，在发行后持续披露项目进展与碳减排成效的一类绿色债券。

明确碳中和债相关机制的通知》，明确碳中和债券募集资金应全部专项用于清洁能源、清洁交通、可持续建筑、工业低碳改造等绿色项目的建设、运营、收购及偿还绿色项目的有息债务，募投项目应符合《绿色债券支持项目目录》或国际绿色产业分类标准，且聚焦于低碳减排领域。

近期我国碳中和债券市场增势迅猛。首批碳中和债发行主体集中于电力行业，其中，2021年3月，国家电网有限公司推出期限2年的碳中和债，募集资金50亿元，票面利率3.26%，创银行间和交易所债券市场推出碳中和债以来，单期发行规模最大、票面利率最低等纪录；8月，三峡集团在银行间债券市场成功发行全国首单非金融企业"碳中和"债券通债券，发行规模30亿元。除电力行业外，金融机构作为交易市场的重要参与者，积极参与发行碳中和债，国家开发银行是首家在境内发行碳中和债的金融机构，面向全球投资人发行首单3年期200亿元"碳中和"专题"债券通"绿色金融债券，是我国首只获得国际气候债券倡议组织（CBI）贴标认证的"碳中和"绿色债券。截至2021年7月31日，全国共78家公司发行129只碳中和债券，总规模达1348.94亿元[1]。发行主体集中在央企和大型国有企业，信用等级以AAA为主，分布于清洁能源、清洁交通、绿色建筑等领域。这些企业均为行业的头部企业，发行碳中和债券是对公众、行业发出为实现"碳达峰、碳中和"目标应做出的努力的声音，对资本市场具有领头羊和鲶鱼效应。

碳中和债券作为绿色金融工具，对现阶段进行碳达峰、碳中和起到了不可忽视的资金支持作用。目前碳中和债的发行主要集中在清洁能源、清洁交通和绿色建筑等低碳减排领域，随着碳达峰、碳中和的持续推进，国内能源结构的持续调整，碳中和债券的发行领域将不断拓展，绿色债券发行规模将进一步扩大，深入助力各个领域碳中和目标的实现。

---

[1] https://mp.weixin.qq.com/s/j9x-85QQyimJktGBvhjjMQ

第二篇
顶层设计

雄安新区一直坚持"现实城市与数字城市同步规划、同步建设"的要求，在物理城市顶层设计构建和开发建设开展的同时，紧抓数字化、智慧化城市的发展机遇，持续探索建立全生命周期的数字赋能智慧城市。

现实城市方面，雄安新区已于2019年构建了横向全覆盖、纵向全贯通的"1+4+26"规划体系，在此基础上，近两年来，一方面各个片区控制性详细规划相继完成编制并公示，为建设项目的开展提供法定条件，另一方面基因街坊等相关导则陆续发布，为新区规划实施提供指引与保障。

第三章规划引导城市建设，重点介绍新区近两年在完善规划顶层设计、探索协同规划模式以及责任规划师单位总牵头制等方面的探索。顶层设计方面，以实施层级确保规划理念有效传递、以控制性详细规划拉开建设蓝图、以城市建设风貌设计精细引导未来、以基因街坊设计打造理想社区空间四个方面内容，保障新区规划的层层传递和有效衔接。规划协同和创新模式方面，以雄安站枢纽片区"站城一体、路地合作"的项目为例，阐述新区通过规划协同模式和责任规划师总牵头制，开展从规划设计到建设实施全过程技术支持的规划工作模式创新。新区在做好新城建设的同时，还同步推进三县旧城改造提升，保留城市发展历史与文脉，确保原有本地居民切实幸福感和获得感的逐步提升。

智慧与智能城市建设是数字中国的重要内容，是城市能级和核心竞争力的重要体现，是推进城市治理体系和治理能力现代化的科学路径。第四章智慧赋能城市发展，通过对智能城市建设专项规划、建设标准体系框架、"一中心四平台"的基础设施体系构建以及容东智慧社区等的介绍，全方位展现了新区打造智慧城市的高标准谋划。规划方面，新区制定了独有的《雄安新区智能城市建设专项规划》，并根据规划纲要及智能城市专项规划的建设要求，构建"一中心四平台"的智能城市基础设施体系，为新区智慧与智能城市建设打牢基础；标准体系方面，新区于2020年发布智能城市建设标准体系框架（1.0版本）和第一批八项成果，为新区智能城市顶层设计的落地提供保障；社区建设方面，以容东G组团为例，生动展现新区通过打造社区空间的智能化场景，高标准打造"雄安容东智慧社区"的实践经验；基础设施方面，以一体化环境监测系统、地下综合管廊为例，介绍新区绿色智慧新型基础设施的构想；智慧金融方面，介绍了新区在全国率先应用5G技术开展金融创新试点。当前，雄安新区这座融合中国城市发展最前沿理念的"未来之城""典范城市"，已蓄势待现。

Part II   Top-level Planning

Xiongan New Area has been pursuing "synchronously plan and construct the physical city and digital city". Along with top-level design and urban infrastructure construction, it is also striving to develop into a digitally empowered smart city throughout its lifecycle, leveraging the opportunities of digital and smart city development.

In terms of physical city development, a "1+4+26" planning system for Xiongan New Area was set up in 2019 with full coverage, clear positioning, and comprehensive and reasonable content. On this basis, the detailed control plans of each district have been completed and published in the past two years, providing the legal conditions for carrying out construction projects. On the other hand, the guidelines of Gene Neighborhood (5-minute living circles) have been issued one after another, offering orientation and guarantee for the plans' implementation.

Chapter 3 highlights the exploration of Xiongan in improving the top-level design of planning, exploring collaborative planning mode and the responsible planner-led system in the past two years. In terms of planning, Xiongan follows four principles to ensure the effective delivery of the planning: a hierarchy of implementation to ensure the effective transmission of planning concepts, regulatory plan to draw up a blueprint for construction, cityscape planning to guide the future in a sophisticated manner, and Gene Neighborhood (5-minute living circles) design to create ideal community. With regard to the synergy and innovative modes of planning, this report presents an example of the Plan of Xiongan High-speed Railway Station Hub District. In addition to construction of Xiongan, the renovation and upgrading of three old counties in Xiongan are also being advanced simultaneously, in an effort to preserve the history and culture and to enhance the sense of well-being and empowerment of the original local residents.

As an important element of the "Digital China" strategy, smart city and intelligent city development has become an overarching vehicle for each city to demonstrate its capabilities and core competitiveness, and a scientific path to drive the modernization of the city's governance system and capacity. Chapter 4 is an all-round presentation of the high standard smart city planning of Xiongan, which illustrates its special scheme for smart city construction, standardized system framework, infrastructure system of "one center and four platforms", and a case study of Smart Community in Rongdong District. Specifically, in terms of planning, Xiongan has formulated the unique *"Xiongan New Area Smart City Construction Special Plan"* and accordingly built a "one center and four platforms" smart city infrastructure system as a solid foundation for the progress; in respect of standardized systems, Xiongan released the *"Smart City Construction Standard System Framework"* (Version 1.0) and the first batch of eight achievements in 2020 to provide a guarantee for the implementation of the top-level planning; regarding community construction, Group G of Rongdong District is used as an example to vividly demonstrate the practical experience of Xiongan in building a high-standard "Xiongan Smart Community" with smart scenarios; on infrastructure, the integrated environmental monitoring system and the underground integrated pipeline corridor are shown as examples to explain Xiongan's vision in green and intelligent infrastructure; in terms of smart finance, Xiongan's financial innovation pilot, the first-of-its-kind in the country to apply 5G technology, is also illustrated. Currently, Xiongan is poised to emerge as a "future and model city" that incorporates the most cutting-edge concepts in China's urban development.

第三章 规划引导城市建设

3.1 深入完善规划顶层设计

3.1.1 以实施层级确保规划理念有效传递[1]

为确保"雄安新区一张蓝图干到底",近年来,新区持续完善规划体系成果,逐步形成总体规划(分区规划、专项规划)——详细规划(城市设计)——城市建筑风貌设计——工程预研究——建设项目设计方案等规划设计层级,确保将"创新、协调、绿色、开放、共享"规划理念向下层层传递,实现项目落地实施不走样。

(1)总体规划层面

编制由新区总体规划划定的淀北片区、淀南片区、白洋淀片区、淀东片区四个片区的"承上启下""多规合一""全域管控"的国土空间分区规划。对上承接传导新区纲要、总体规划确定的目标、任务和内容,对下指导各片区控详规编制,横向对接新区系列专项规划,传导与创新各类空间性规划理念和内容,加强规划衔接协调,实现新区城乡水林田草等各类空间规划全域覆盖、全要素管控。

(2)详细规划层面

1)控制性详细规划全覆盖

落实新区规划纲要和总体规划中"一主、五辅、多节点"的城乡空间布局,有序推动控制性详细规划全覆盖,构建纵向全贯通、横向全覆盖全域国土空间规划管控体系。将全域划分为城镇单元、郊野单元和淀泊单元三类,统筹城镇地区和乡村郊野地区控制性详细规划编制成果内容深度,实现包括起步区、外围组团、特色小城镇等城镇建设地区,以及美丽乡村、淀水林田草等郊野、淀泊地区控制性详细规划全域覆盖。

目前城镇建设区已基本实现控详规全覆盖,起步区控规、启动区、容西、容东、雄东及雄安站枢纽片区控制性详细规划已于2020年批复印发实施,容城、雄县、安新、昝岗、寨里组团以及安州、晾马台特色小城镇控制性详细规划也于2021年7月批复实施,马上批复,起步区第一、二、三、五组团(启动区外)和中苑组团控制性详细规划编制成果目前已相对稳定,随即进入报审程序,部分特色小镇和美丽乡村启动规划编制。

2)重视片区城市设计,开展全球方案征集

起步区、启动区、容东、容西、寨里等各片区控制性详细规划编制之前,全面开展城

---

❶ 赵金松、张文,雄安城市规划设计研究院有限公司。本节图表除标明来源之外,其余均为约稿作者提供。

市设计国际方案征集工作，吸引全球优秀团队用最先进的理念和国际一流水准进行城市设计，通过建筑、交通、开放空间、绿化体系、文物保护等城市子系统交叉综合，注重城市中各种关系的组合，充分发挥城市设计对空间的引导调控作用。同时，探索城市设计成果法定化，城市设计与控制性详细规划同时编制、同步上报。

（3）城市建筑风貌设计层面

城市建筑风貌设计作为核准控制性详细规划管控指标、细化城市设计管控要求、为项目建筑设计方案提供可视化审查的依据，在落实上位规划过程中起到承上启下至关重要的作用。一是要通过城市建筑风貌设计，进一步核准控详规的有关管控指标，并细化城市设计的有关管控要求，为控详规的准确精准实施提供支撑；二是在土地开发建设阶段，根据城市建筑风貌设计相关要求，确保单体建筑设计和具体施工建设效果能符合整体城市规划设计安排；三是在取得工程规划许可证之前，可结合风貌设计提出的具体形态指引，从建筑色彩、材质、屋顶和立面形式等方面完善建筑方案，确保规划管控效果。

目前多个组团（片区）开展城市建筑风貌设计工作，包括启动区1+N城市建筑风貌设计、起步区第三组团、第五组团、容东片区、容西片区、雄东片区、昝岗组团等。针对不同建筑功能，结合正负面清单要求，对建筑色彩、建筑材质、立面形式、屋顶形式等设计要素提出要求，对后续建筑设计及实施具有显著指导和约束作用。

（4）工程预研究层面

为支撑控制性详细规划落地实施，各组团（片区）编制地下空间、BIM化专项研究、水系海绵等相关专项规划、工程预研究等，并加紧推动先行建设组团（片区）工程建设方案编制，确保项目落地实施。

3.1.2 以控制性详细规划拉开建设蓝图[1]

2020年4月20—21日，中国雄安官网陆续公布了雄安新区容东片区、容西片区、雄东片区和雄安站枢纽片区的控制性详细规划全文。这4个片区分别位于雄安新区的容城、雄县和昝岗3个外围组团，是构成雄安新区"一主、五辅、多节点"的城乡空间布局的重要组成部分，作为先行规划和建设的区域，4个片区将为起步区和启动区建设提供支撑和配套服务。

控制性详细规划是指导片区建设和管理、开展国土空间开发保护、实施国土空间用途管制和规划许可等的法定依据，控制性详细规划全文的公布意味着这4个片区的发展蓝图已绘制完成，迈入发展建设新阶段。

---

[1] 本节选自绿研智库公众号推文：《蓝图绘就 未来可期：容东、容西、雄东、雄安站片区控详规规划特点分析》，https://mp.weixin.qq.com/s/SXNv5LN8xs0ohr_QdT5pgQ

以下主要梳理4个片区规划的主要特点等，重点关注与民生息息相关的公共服务设施配置情况，揭开先行建设区域的未来蓝图。

3.1.2.1 基本情况

容东片区、容西片区、雄东片区和雄安站枢纽片区的控制性规划贯彻落实党中央、国务院对《河北雄安新区规划纲要》《河北雄安新区总体规划（2018—2035年）》的批复精神和内容要求，坚持世界眼光、国际标准、中国特色、高点定位，深化一主五辅的城镇空间布局，为高标准推进新区建设提供更加明晰的路径指引。

4个规划分别对各个片区的定位目标、发展规模、空间布局与土地利用等做了深化规划布局（表3-1-1）。4个片区同步发展、同步建设，以2022年和2025年作为建设时间节点。到2022年，4个片区城市框架基本形成，满足先期城市发展需求；到2025年，4个片区功能基本完善，城区初步成型，服务功能显现。

表3-1-1　4片区基本情况

	容东片区	容西片区	雄东片区	雄安站枢纽片区
规划面积（km²）	12.7	7.8	18	4.9
建设用地规模（km²）	未明确提及	6.9	12	未明确提及
规划总人口（万）	17	10	18	3.7
人口密度（万人/km²）	1.34	1.45	1.50	0.76
定位	以生活居住功能为主的、宜居宜业、协调融合、绿色智能的综合性功能区，与新区总体规划对容城组团的功能定位保持一致，引领容城组团发展和功能提升，为起步区、启动区建设提供支撑和配套服务，为探索新区开发建设模式积累经验	生活居住功能为主的宜居宜业综合城区、生态智能创新城区，服务搬迁安置，保障起步区及周边建设，合理配置产业，完善公共服务功能，为搬迁居民提供充足的就业岗位和高水平的医疗、教育服务	建设完备的基础设施，提供高品质的公共服务，承接北京非首都功能疏解，布局高水平科研设施和科技园区，重点发展高端高新产业，保障高铁枢纽周边居民的搬迁安置，打造古今交融的文化城市、城绿相间的园林城市、产城融合的创新城市，引领雄县组团和淀东片区发展	交通特色鲜明的经济区、站城一体发展的示范区、雄安站综合服务配套区

注：人口密度=规划总人口/规划建设用地面积（或建设用地总规模）

4个片区人口密度为（0.76～1.5）万人/km²，雄东片区人口密度相对较高，为1.5万人/km²，雄安站枢纽片区人口密度相对较低，为0.76万人/km²。

发展定位方面，容东、容西片区均提出建设生活居住功能为主的宜居宜业综合城区，同时，容东片区还将重点为起步、启动区建设提供支撑和配套服务；雄东片区重点发展

一园四区

"一园"：金湖公园
"四区"：
1）金湖周边-文化休闲和商业服务功能
2）环绕金湖公园-新一代信息技术等高端高新产业功能
3）片区西部-商务、商业、金融和旅游配套服务功能
4）片区东部-创业平台和传统产业的设计研发设施

一心两园、一环五区

"一心"：容西公共中心，片区中心规划龙湾公园
"两园"：生态智能园、绿色休闲园
"一环"：慢行生活环
"五区"：五个活力宜居区，丰富多样的居住和就业创新空间、便捷的绿色出行系统和宜人的公共活动空间，生活便利、服务完善的社区空间

容东片区　容西片区

雄安片区　雄安枢纽站片区

一心、一轴、三带、多组团

"一心"：雄心湖公园
"一轴"：东西轴线，沿轴线布局协同创新、科技孵化、商务办公等功能，承接北京非首都功能疏解
"三带"：文化活力带、共享功能带、公共服务带
"多组团"：五个规模适度、生态环境良好的城市组团，分别安排居住及产业等功能

一轴、两带、一环、四片

"一轴"：组团核心功能轴-形象展示、功能复合的综合性轴带
"两带"：新月公园、玉带公园
"一环"：休闲活力环，打造休闲活力环，形成绿色、宜人、活力的城市生态空间
"四片"：城市门户核心区、科研创新功能区、城市综合服务区、城市商住混合街区

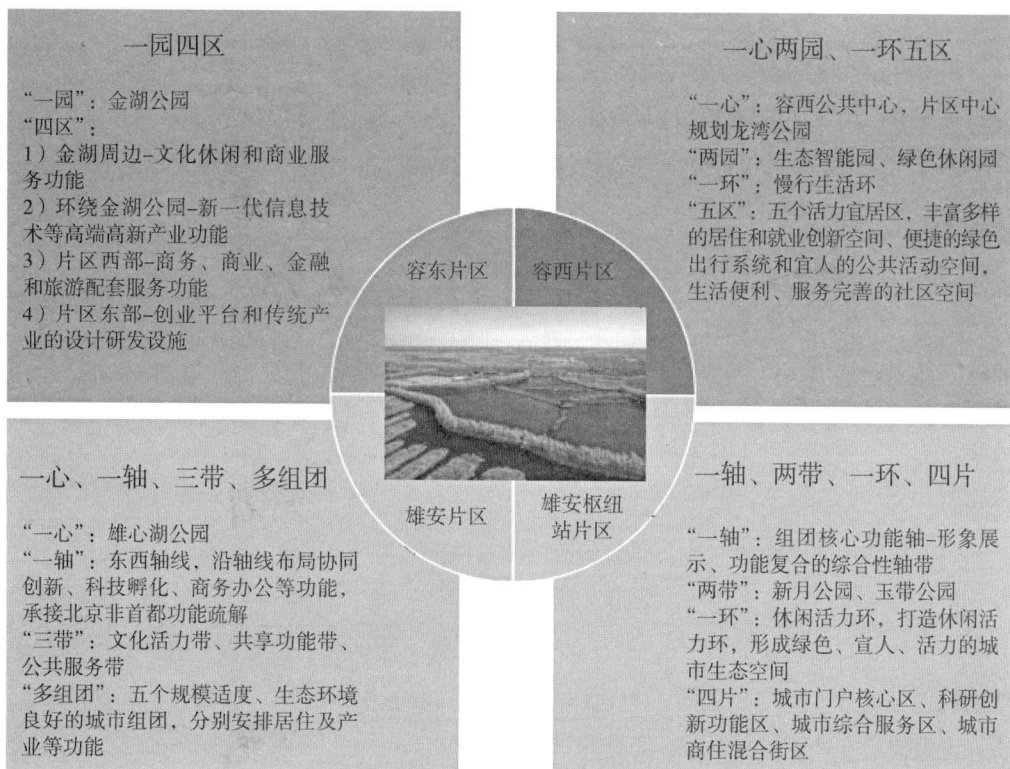

图3-1-1　4片区空间结构

高端高新产业，保障高铁枢纽周边居民的搬迁安居；雄安站枢纽片区重点突出站城一体发展示范。

空间结构方面，4个片区坚持顺应自然、随形就势，空间布局统筹生产、生活、生态三大空间，落实功能混合、相对集中的要求，坚持节约集约、综合利用、预留弹性，加强土地空间管控，提高使用效率（图3-1-1）。

3.1.2.2 规划特点

（1）鼓励用地功能混合

容东片区鼓励土地混合使用，以包容复合为规划原则，突出城市功能复合化、多样化的基本属性。容西片区坚持功能复合、节约集约、增强活力，鼓励地块、建筑多层次功能混合利用。雄东片区鼓励城市建设用地不同程度、不同方式的混合利用，引导土地利用集约高效，推进城市功能复合，创建"就近职住、功能复合"的现代城市。雄安站枢纽片区强调各片区内功能混合利用，各地块混合开发，保证片区的活力和开发弹性，提升土地利用效率。

（2）坚持中西合璧、以中为主、古今交融的城市风貌

延续《河北雄安新区总体规划（2018—2035年）》要求，4个片区的城市风貌坚持中西合璧、以中为主、古今交融，注重弘扬中华优秀传统文化，保留中华文化基因，彰显地

域文化特色。

同时，4个片区各具特色，容东片区城市风貌重点体现历史传承和当代创新；容西片区形成"绿色创意、休闲宜居"的城市风貌；雄东片区塑造"林田环绕、古今交融、人文科创融合"的整体风貌意向；雄安站枢纽片区形成体现历史传承、文明包容、时代创新的城市风貌。

（3）关注文化记忆保护，保留乡愁元素

容东片区保留传统建筑及其构件和材料，保留百年老树等地方乡愁元素，传承传统民居院落空间形式和富有活力的传统街巷空间体系；容西片区通过多种方式保留传统建筑及其构件和材料，保留百年老树等地方乡愁元素；雄东片区挖掘宋辽边关文化内涵，传承乡愁文化记忆，注重特色乡愁点以及农田肌理的保护和利用；雄安站枢纽片区全部保留现状文物保护单位和物质类乡愁遗产。

（4）构建均衡优质的三级公共服务设施体系

布置均衡优质的服务设施，提升公共服务水平，有利于增强居民的获得感、幸福感、安全感。依托空间布局结构，4个片区均设置组团级、社区级、邻里级三级公共服务设施体系，包括医疗、养老、教育、文化体育等多项内容，内容健全、层级分明，形成多层次、全覆盖、人性化的基本公共服务网络。

1）组团级公共服务设施

组团级公共服务设施主要承担片区综合服务功能，提升片区服务水平，围绕绿地公园、公交枢纽等布局，主要包括医疗、养老、教育、文化体育、政务商务等（表3-1-2）。如容东片区布局"一主四辅"的公共服务中心体系，围绕市民服务中心，片区西部形成政务与商务服务区。

表3-1-2　组团级公共服务设施

	容东片区	容西片区	雄东片区	雄安站枢纽片区
医疗	综合医院（1个） 专科医院（1个）	综合医院（1个） 专科医院（1个）	综合医院（1个） 中医医院（1个）	综合医院（1个）
养老	老年养护院（2个）	养老院（1个）	老年养护院（1个） 养老院（1个）	未明确提及
教育	高中（2个） 完全中学（1个）	高中（2个） 初中（3个） 小学（7个） 幼儿园（15个）	高中（4个）	未明确提及
文化体育	体育场馆（2个）	科技馆（1个） 市民文化活动中心（1个） 展览馆（1个） 体育馆（1个）	图书档案馆（1个） 市民文化中心（1个） 公共体育中心（含体育场、体育馆及游泳馆）（1个）	文化中心（1个） 乡愁记忆中心（1个）
政务商务	市民服务中心 （政务与商务服务区）	未明确提及	行政服务中心（1个）	行政管理设施（1个） 高端会议展中心（1个）

2）社区级公共服务设施

社区级公共服务设施布局于社区中心，主要承担日常生活服务功能，满足10～15分钟生活圈的服务需求。容西、雄东、雄安站枢纽片区明确了社区中心数量，社区中心配置医疗、养老、教育儿托、文化体育、服务管理、便民服务等设施（表3-1-3）。

表3-1-3 社区级公共服务设施

	容东片区	容西片区	雄东片区	雄安站枢纽片区
社区中心	未明确提及	3个	4个（含社区级居民服务综合体4个）	1个
医疗	社区卫生服务中心（3个）	社区中心配建：社区卫生服务中心 工疗康体服务中心	社区级居民服务综合体宜配套：社区卫生服务中心	社区中心配建：社区卫生服务中心
养老	老年日间照料中心（7个）	社区中心配建：养老照料中心	社区级居民服务综合体宜配套：社区养老照料中心	社区中心配建：养老日间照料中心
教育儿托	初中（3个）	未明确提及	初中（5个）社区级居民服务综合体宜配套：婴幼儿照护中心	高中（2个）初中（2个）
文化体育	社区文化中心（2个）全民健身中心（5个）多功能运动场地（5个）	社区中心配建：文化活动中心（含社区创意工坊）、全民健身中心、多功能运动场地	社区级居民服务综合体宜配套：社区文化中心 社区健身中心	全民健身中心（1个）多功能运动场地（1个）社区中心配建：社区文化中心 社区健身中心
服务管理	街道办事处及派出所（2个）社区服务中心（5个）	社区中心配建：社区服务中心（含市政缴费）派出所	社区级居民服务综合体宜配套：社区服务中心 派出所	社区中心配建：社区服务中心 派出所 社区智慧机房 社区综合应急防灾中心
便民服务	菜市场（5个）	社区中心配建：社区便民商业中心 菜市场	社区级居民服务综合体宜配套：社区商业中心	社区中心配建：社区商业中心、社区菜场、社区物流配送、邮政支局

3）邻里级公共服务设施

邻里级公共服务设施满足5～10分钟生活圈的服务需求，以邻里中心为主体，配建医疗、养老、文化体育、教育儿托、便民服务、服务管理设施（表3-1-4）。依托公园绿地、沿街商业及街头广场等，4个片区均布局了多个复合功能的邻里中心。其中，人口密度较高的雄东片区的邻里中心数量最多，为24个。

（5）建设便捷、安全、绿色、智能的现代化交通体系

按照网络化布局、智能化管理、一体化服务要求，4个片区结合本地交通特点，合理布局城市道路系统、公共交通系统、步行和自行车交通系统及各类交通枢纽场站，构建便捷、安全、绿色、智能的现代化交通体系。

表3-1-4　邻里级公共服务设施

	容东片区	容西片区	雄东片区	雄安站枢纽片区
邻里中心	20个	15个	24个	6个
医疗	社区卫生服务站（13个）	邻里中心配建：社区卫生服务站、康养中心（含养老驿站、助残服务站）	邻里中心配建：社区卫生服务站	邻里中心配建：卫生服务站
养老	未明确提及	未明确提及	邻里中心配建：居家养老驿站	邻里中心配建：居家养老驿站
文化体育	老年活动室（20个）文化活动站（20个）室外综合健身场地（17个）	邻里中心配建：文化活动站（含图书室、美术/手工教室、音乐教室、舞蹈教室、亲子活动室、心理咨询室）、室外运动场地（含室外综合健身地、小型多功能运动场）	邻里中心配建：文化活动站小型多功能运动场地	综合健身场地（6个）邻里中心配建：文化活动站
教育儿托	九年一贯制学校（1个）小学（9个）幼儿园（16个）	邻里中心配建：街坊学堂	小学（12个）幼儿园（24个）	小学（3个）幼儿园（7个）
便民服务	居民服务站（20个）	邻里中心配建：便民商业网点（含菜站、快递服务站、便利店、早餐铺、药店）服务创业场	邻里中心配建：便民商业点	公厕（12个）邻里中心配建：便民商业点
服务管理	未明确提及	邻里中心配建：街坊政务服务站（含居委会工作站、警务室工作站）物业管理用房	未明确提及	街坊政务服务站（12个）物业管理用房（12个）

为实现雄安新区"90/80"的出行目标，4个片区的交通均倡导以"公交＋慢行"为主导的绿色交通，构建由步行系统、骑行系统、公交系统及轨道交通系统共同组成的绿色智能交通体系；优先保障步行和自行车的路权空间分配，按照完整街道设计理念，构建连续、完整的慢行网络，营造枢纽片区安全、便捷、舒适的步行和自行车骑行环境。其中，雄安站枢纽片区将结合站城一体化设计，安全、有序地组织枢纽片区的地上和地下交通流线，提供高品质、特色化的公交和慢行服务。

3.1.2.3　公众参与

4个片区的规划均体现了生态优先、绿色发展，注重保障和改善民生，坚持保护弘扬中华优秀传统文化，延续历史文脉的特点，符合人民对幸福之城的期待。容东片区、容西片区和雄东片区还主要承载了搬迁安居功能，为新区新城建设提供综合服务功能。

新区重视将规划成果面向全社会进行公示，广泛征求社会各界意见。2019年12月30日至2020年1月28日期间，容东、容西、雄东、雄安站枢纽片区控制性详细规划向社会公示。公示期间，约有1.3万人次到设计中心现场参观，通过现场公示和网上公示两种渠道，共征集公众意见建议5028份。通过公众参与，完善规划成果，努力编制出经得起历史和人民检验的高起点规划，推进新区高标准建设、高质量发展。

3.1.3 以城市建筑风貌设计精细引导未来❶

《河北雄安新区规划纲要》指出雄安新区建筑风貌的总体指导思想为"中西合璧、以中为主、古今交融"，强调传承中华建筑文化基因、营造新时代的中国特色建筑。为了贯彻落实此目标，新区制定了《雄安新区建筑风貌导则》。此导则上承新区规划纲要及总体规划，中衔控制性详细规划，下导新区建筑设计方案审批，与数字规划平台进行对接，实现对城市风貌导向的整体把控（图3-1-2）。

开展城市建筑风貌设计意义重大。城市建筑风貌设计是"为人民设计"新理念的贯彻落实，是在全面把控公共利益的前提下，通过整体设计提升城市整体的面貌。城市建筑风貌设计内容上辅助落实和优化加深了控详规，程序上增加了对于城市后续建设的三维空间的把控，有效避免在长期动态建设过程中城市整体风貌趋同或平庸化。

风貌工作在控详规方案基本稳定的时间点同步开展。侧重政府投资类项目和公共建筑、公共空间的精细化设计，同步考虑市场化项目的风貌特性，为未来预留弹性。通过提炼控制要素，力求在后续建设过程中管控到位、不偏离。

城市建筑风貌的设计贯穿建设过程的始终。服务于精细化管理，关注政府主导项目，关注公共利益落实。流程上有传导贯穿，对后续建设有较强的指导作用。

雄安新区城市建筑风貌设计工作具有"全域覆盖、特征明晰、中国特色、统筹落地"四个特征。

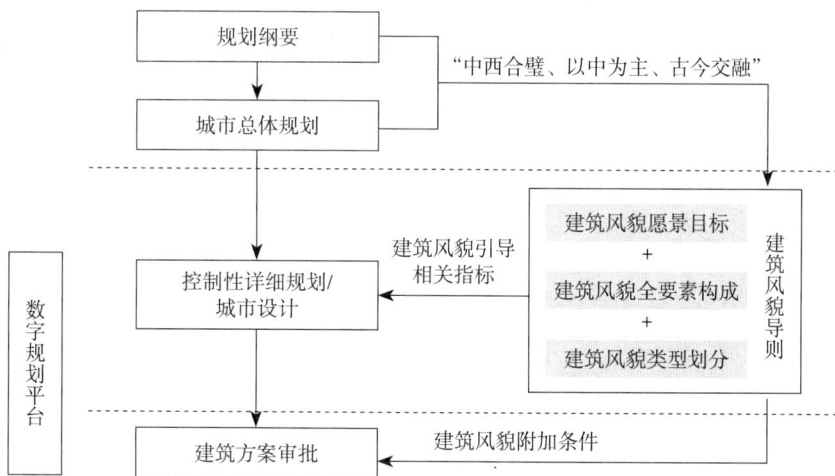

图3-1-2 《导则》在新区规划管理体系中的定位图

❶ 夏伟、任飞，清华大学建筑设计研究院有限公司。本节图表除标明来源之外，其余均为约稿作者提供。

3.1.3.1　全域覆盖

城市建筑风貌设计工作在控规和城市设计的基础上，结合雄安新区建筑风貌正负面清单及公共服务设施三级清单，梳理各片区各建筑类型的风貌特征。

城市建筑风貌设计同时兼顾城市景观、道路、市政等所有城市要素，形成以建筑风貌为主，其他要素风貌为辅的整体风貌设计。城市建筑风貌设计不完全局限于建筑形象的设计，而是强调整体氛围的营造。通过全域的风貌设计，具象呈现未来城市空间场景，逐级传导规划意识，从而有效推动新区的建设。

3.1.3.2　特征明晰

城市建筑风貌设计需要在精准梳理片区建筑空间特征的基础上推导建筑风貌。如：在雄安站枢纽片区"一轴、两带、一环、四片"的总体格局下，紧扣站城一体、内外联动、环形放射的功能和产业特征进行细化，建筑风貌形成以雄安站为核心，内高外低、开敞灵动的城市空间形态。在地块及建筑层面，鼓励土地混合利用，建设功能复合的城市和街区（图3-1-3）。

1）以公共利益为主线

城市建筑风貌的设计，可以在控详规之后到落地实施之前一个相当长的时间段内，使城市的公共空间和公共利益得到有效保障，并可以保障人民群众的长期利益。

城市建筑风貌设计需要贯彻落实上位规划和城市设计的空间脉络结构，并对其加以梳

图3-1-3　雄安站枢纽片区效果图

（来源：《河北雄安新区雄安站枢纽片区建筑风貌设计》）

理、强化，重点把握上位规划明确的重要公共空间和城市风貌要素，例如片区绿环、绿色景观走廊、特色街道（轴线）、社区中心（社区标识建筑）、创新和立体公共空间、门户标识性建筑、自然生态空间等。

2）从多视角到小尺度

城市整体建筑风貌需要从多角度、多层面进行推敲。

组团层面，控详规和城市设计对地块周边的城市界面进行了定义和分类。区域性交通和绿色开放空间（城田界面、城林界面），是远视距、通过性对外展示地区形象的窗口界面，这两个界面的设计重点在于结合绿化带的天际线的打造。生态游憩带和组团级交通性干道界面打造的重点在于可游亦可观的连续公共绿地景观与公共服务、商业空间的结合；生态与公共空间中心（大型绿地公园）是对内的重要城市界面，充分利用公共建筑的灵活性，塑造特色鲜明、空间丰富、灵活多变、绿色生态的开放性城市界面，同时形成整个项目的活力与特色中心地带。

片区层面，从不同角度、不同位置优选高层建筑布置。确立主要视角和标志性建筑物，确立背景建筑和群体性建筑的统一建构原则，在若干重要视点上推敲天际线。按照生态绿色的出发点，结合使用功能，规范各片区的建筑设计手法，形成和而不同的整体建筑风貌，兼顾无人机、高铁、高速等不同视角高度的特点。

街区层面，通过基准建筑高度整体管控城市空间秩序，单独处理在重要街道转角的标志性建筑，并沿主要城市界面，对居住建筑的高度进行差异化、韵律化处理，在一定空间内分片灵活浮动。临近生态空间建筑、社区中心和中小学校等特定设施用地建筑高度控制在24米以下，形成舒展、近人尺度的城市公共空间轮廓线。通过以上丰富的天际线控制，在主要城市界面形成错落有致的城市形象。

3）从大路网到小街区

新区的城市肌理是以蓝绿空间为骨架，由一个个秩序规整、窄路密网的街区组成的，城市风貌设计需要根据一般地区、重点地区的功能布局及开发强度等要求来设计城市空间，形成疏密相间、特色鲜明的城市肌理。

居住街坊构建疏密有致的建筑布局形式（图3-1-4），营造人性化城市街道和公共空间；建筑肌理体现规整秩序，是构成片区空间肌理的基础。结合自身商业、文化娱乐、教育为主的功能性质，建筑肌理与绿地公园、广场街道等开放空间相互交融，塑造富有标志性的建筑组群和特色场所，形成具有识别性的独特城市肌理。强化生态空间与城市街区的相互渗透，建筑布局随形就势、灵动舒展，形成城绿交融的空间肌理。

居住街坊是城市基本要素，也是占比最大的空间形态。由于规划条件相同，加上住宅建筑的自身特征，如何避免大面积同质化街区，是风貌塑造的重点内容。对此提出了打造多元街坊的策略。首先，按照住宅用地的区位和用地尺度特征，可以将雄安站枢纽片区居住街坊总体上分为三大类，然后根据基本类型，定位不同的风貌特色和处理手法。

图3-1-4　雄安站枢纽片区居住街坊效果图
（来源：《河北雄安新区雄安站枢纽片区建筑风貌设计》）

4）从整体性到多元化

建筑形象和建筑功能的一致性是建筑风貌设计的重要原则。城市建筑风貌设计需要让建筑形象和功能匹配，气质得体。不同用地功能对应的不同建筑风貌要在统一协调的基础上各有特点。用地多功能的特点，对于城市建筑风貌设计来说，既有利也不利，有利的是比较容易形成多元化的城市风貌，不利的一面就是在未来的开发建设过程中，不同的业主单位和多样化的运营模式，会对整体风貌产生强大的影响。例如：雄安站枢纽片区的业态非常多元（图3-1-5），有商务金融类的办公、科研类的办公，也有大型情境化的商业综合体，更有多元的居住街坊，还有要求个性和便捷的邻里中心以及众多的教育配套设施。所以需要城市建筑风貌设计单位，对各种不同类型的空间有较强的统筹梳理能力，并有未来运营方向的综合预判能力。

建筑与自然环境和谐的同时，强调片区特色，培育多元复合的建筑色彩体系，建筑色彩需与周围环境相协调，并符合建筑自身功能特点，沉稳大气、清新明亮。居住建筑色彩以暖色为主，色彩清透明朗、亲切温暖；商务办公建筑色彩以中性色调为主，色彩清新明亮、现代明快；商业建筑色彩宜与居住建筑形成良好呼应，色彩明快温暖、活力积极；公寓建筑色彩晴朗明快、舒适亲切；混合街区建筑色彩以低彩度、高明度颜色为主，色彩清

图3-1-5 雄安站枢纽片区建筑风貌设计
（来源：《河北雄安新区雄安站枢纽片区建筑风貌设计》）

朗醇和，形成宜居宜业的氛围；保护建筑色彩以中国传统色调为主，色彩质朴天然。充分利用和发挥地块特色，建设网络化的公园绿地和城市水系，营造宁静、和谐、美丽的自然环境，与城市、建筑相得益彰，是城市风貌塑造的重要策略之一。

在城市风貌营造方面注重有序基础上的多样，制定正负面清单的基础上，在建筑造型、立面、建筑细节等方面采用多样化的设计元素，打造有序基础上的多样性。突出北方建筑特有的厚重、端庄的特质。为强调街区的连续性，建筑在转角处做特殊处理，通过户型设计，既解决安置户对南向采光的需求，也保证了街区式的氛围（图3-1-6）。公共建筑的设计上，遵循公园式建筑的概念，结合下沉庭院、屋顶空间、景观绿化，打造赋予"生态"色彩的社交型公共空间。结合口袋公园打造全民生活中心，营造运动中心、亲子乐园、众创空间多个主题组团。突出中西合璧、以中为主、古今交融的建筑风格，建筑材料以本地材料为主，材质安全耐久、节能环保，塑造融于自然、融入环境的特色建筑风貌。

3.1.3.3 中国特色

雄安新区建筑风貌的总体要求为"中国建筑要有中国脸"。整体风貌的控制要求传承中华文化基因，体现传统经典建筑的特征，彰显地域文化特色，体现文明与包容（图3-1-7）。结合建筑体量、造型建材和工艺特点，合理搭配城市色彩，打造具有当代审美价值的现代化的城市风貌。体现"平和大气"的"中华风范"，"以中为主，古今交融"的建筑风貌，"道法自然，功能复合"的蓝绿空间，"严整有序，多元丰富"的城市界面。

图3-1-6　街区建筑风貌设计
（来源:《河北雄安新区雄安站枢纽片区建筑风貌设计》）

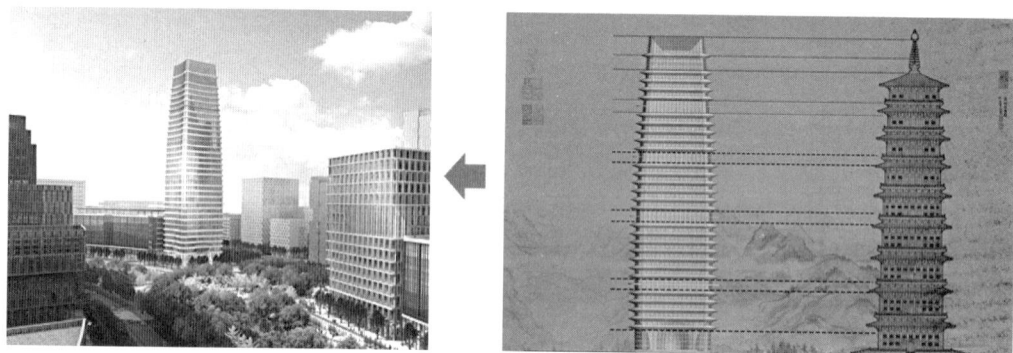

图3-1-7　中国特色的现代化建筑设计
（来源:《河北雄安新区雄安站枢纽片区建筑风貌设计》）

1）探索特色

城市风貌设计能够在整体的层面去探索具有中国特色的城市风貌的塑造方式。在雄安站枢纽片区的城市风貌建筑设计过程中，主要通过天际轮廓线、屋顶、屋檐、建筑立面、退台、转角以及主体建筑物和近人尺度建筑的交接方式等多种形式来探讨整体的及片区的城市风貌建筑设计。在这些不同尺度不同位置上通过设计形式与设计手法、材料应用，甚至夜景灯光等集中引导这些片区塑造具有中国特色或者是地方特色的城市风貌。避免了在后续开发过程中不同的落实主体和过于多元的审美造成城市风貌的片区差异过大。例如枢纽片区西侧范围内的建筑风貌设计中通过对其整体空间的交错以及灰空间的限定，营造室内外不同的庭院空间（图3-1-8）。建筑中置入"院""巷""廊"等空间形态，用现代建

图3-1-8 雄安站枢纽片区西侧建筑风貌设计
（来源：《河北雄安新区雄安站枢纽片区建筑风貌设计》）

筑形式呼应传统空间意向，为人们的活动提供更丰富的空间体验以及充满凝聚力的社区氛围。立面融入传统元素，标志性建筑设计以中国传统礼器"玉琮"为原型，经过变化与加工形成此区域的地标。营造活力基因街坊、融合开放街区、绿色宜居社区、生态智慧城市。项目内设置多个多功能交往开放的下沉绿化公园，可适应不同年龄段市民的各种需求，其追求的核心理念是利用一切技术改善所有市民的生活质量。

2）重视街道

街道是城市生活的主要容器，也是城市风貌最直观的展示面。街道的塑造，围绕"韵动"这一特质，对区域的各种街道进行功能分类、动静分区和节奏调控，梳理出共享客厅型街道、生活服务型街道、生态健康型街道等多种街道类型，围绕这些街道类型，配合以相应特色的空间尺度、建筑功能和景观要素，塑造具有韵律感、多样化、动静相宜的城市街道空间。

未来生活的美好在于街道，街道调节着家园的结构和舒适度，街道为人们提供了户外活动的场所，也是社交、民俗文化和商业活动的空间。建设人车共享街道，通过弹性设施带、建筑前区休憩设施营造兼容性活动空间，通过智能灯杆、街道家具丰富街道设施。

3.1.3.4 统筹落地

落地机制。转变传统治理思维，精细化全过程的管理是未来的趋势，也是城市建筑风貌设计过程中一直贯穿思考的一条暗线，这项工作仍在继续探索中。

根据《雄安新区建筑风貌导则》，功能区整体风貌控制按照布局、场所、界面、立面、体量、色彩、材质、造型、细部、屋顶、底层与入口、附属物12个层面进行风貌的设计（表3-1-5）。

表3-1-5　建筑控制要素及管控内容一览表

建筑控制要素	管控内容
布局	要求开放式的街区布局主次有序，层次分明，街坊空间尺度宜人，富有变化，在主次街道支向引导性控制边界里，水绿相邻街区与环境有效渗透
场所	注重场所活力氛围营造与水绿环境紧密融合，引入文化和自然元素，形成多元趣味的场所，给人温暖开放的空间体验
界面	对外界面严谨完整，连续多样，高低错落。对内界面结合使用功能，创造出惊人尺度、富有亲切感的弹性界面，注重建筑退界空间转角空间的营造
立面	立面运用虚实、明暗对比，灵活结合材质、颜色的要素形成简洁统一，虚实结合，体现人文关怀，局部用传统元素装饰，形成清新典雅的气质
体量	体量与街道宽度和高度相协调，在水绿相邻的区域将体量进一步打散，适当减小
色彩	整体色彩以暖色调为主，结合单体体量造型与屋顶划分进行色彩使用。配合体量塑造与群体肌理的和谐，建筑色彩和自然环境色彩搭配适宜，比例得当
材质	材质选用新型安全耐久环保的建筑材料，鼓励采用具有当地特色的材料，在重要街道采用高品质的建筑材料，在水绿相邻区域采用亲切宜人、自然友好的材质
造型	造型设计实现多样与统一的有机结合，在统一的模数控制下结合时代特色，形成和而不同的建筑形态，并融入传统或时尚元素进行创新，局部适度退台
细部	细部设计体现传统文化的创造性转化体现人文气息，并充分运用创新工艺与使用功能相结合
屋顶	屋顶以坡为主，平坡结合，平屋顶和坡顶结合布置，通过退台形成变化
底层与入口	与街道友好衔接，具有标志性和活力氛围，同时将地下空间、界面空间、架空空间有效连接
附属物	与建筑主体及周边环境相协调，标识标牌设计，充分考虑人文环境和时代特色

1）协同工作的风貌统筹机制

工作机制：雄安站枢纽片区的建筑风貌设计采用联合工作营的工作方式（图3-1-9）。由责任规划师团队牵头，4家建筑设计院、2家园林景观设计单位、2家市政设计单位、1家铁路设计院为主体，分片区进行风貌设计。在跨越疫情历时6个月的时间内，通过跟各级领导的多次汇报和交流，梳理清楚枢纽片区4.9平方公里内的建筑风貌特征。城市建筑风貌设计精准落实上位规划，为有效衔接开发做准备。城市建筑风貌设计这项工作可以对后续的开发建设形成非常具体的形象指引。这个指引通过已有的风貌设计，及不断完善清晰的正负面清单，来确保在很长的时间段内，原有的控制性详细规划能够相对精准落地。

强化统筹。全面组织风貌统筹，精准引导片区发展，强化中国特色。城市建筑风貌设计的工作，站在统筹的角度上分片区去引导建筑风貌特色。对整个片区、街区以及街坊多个层面的城市风貌的设计，能够避免在后续分地块的开发过程中，出现由于缺乏总体意识而引起风貌偏离或失控。因此城市风貌建筑设计要在一个较大的范围内进行整体风貌的设

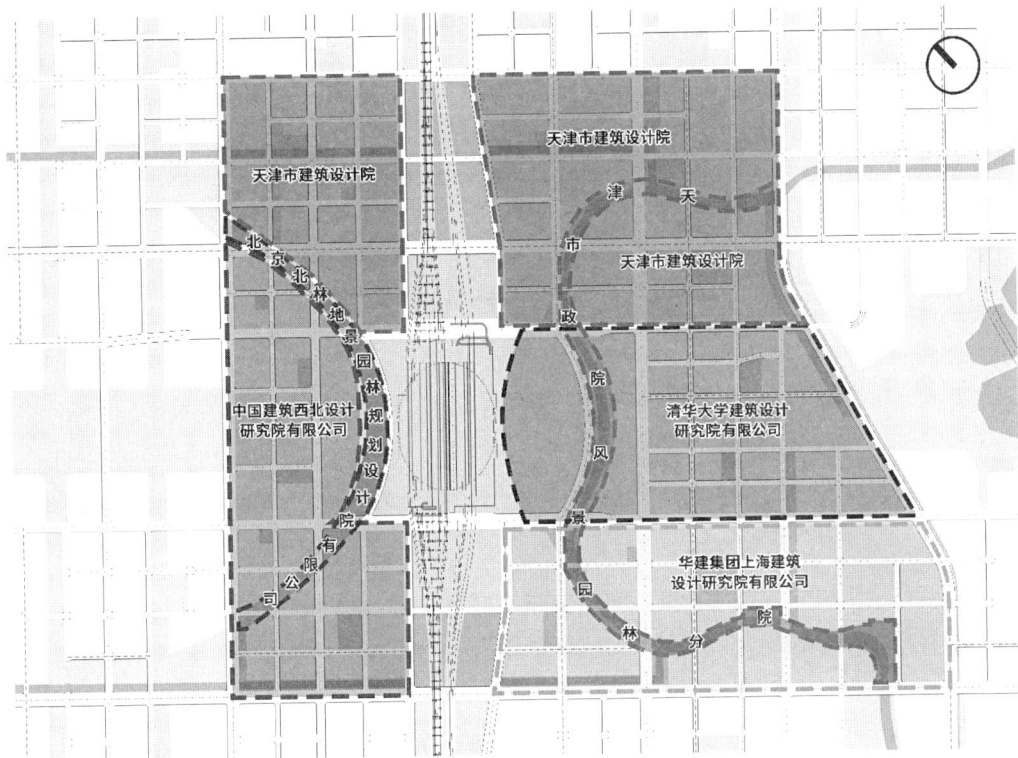

图3-1-9　联合工作营中各团队的工作范围示意图

（来源：作者自绘）

计，对天际轮廓线的起伏节奏、公共空间的开放和收敛以及重要街坊、重要建筑、重要街角等节点进行整体设计和把控，提出相应的控制原则和引导方向。枢纽片区的主导基调，以蓝绿空间为背景，采用低彩度、暖灰色的基调，形成清新明快、亲切质朴的片区总体色调。主要蓝绿空间的建筑界面，色彩明度不宜过高，以形成城绿相融的色彩氛围。

2）矩阵管理的风貌长效机制

这种以责任规划师单位为主体，建筑设计单位分片区联动深化建筑风貌，并在有实施机制长期保障的工作模式，对于解决长期以来快速推进的中国城市建设和管理中如何有效避免"千城一面""中国建筑没有中国脸"的问题具有重要的开创性意义，也对传统城市中如何继承发扬原有特色，梳理并树立城市新风貌的工作具有较强实操层面的指导性意义。这种跨越专业的贯通式工作模式同时也触发了大量关于城市风貌设计、建筑设计、城市设计的深度思考，这些思考对中国未来城市的设计产生了深远的影响。

联合工作营团队提出了以城市风貌为蓝本，提炼片区城市风貌关键性控制要素并嵌入前期土地出让条件、在一会三函制度中设计风貌审核机制，以及用BIM平台作为风貌一般性审查条件，原风貌设计单位参与后续方案评审等多项工作方法和机制，协同责规单位共同长期推进城市建筑风貌设计工作的落地。

3.1.4 以基因街坊设计打造理想社区空间[1]

《雄安新区基因街坊（社区生活圈）规划建设指南》（以下简称《指南》）以《河北雄安新区规划纲要》《河北雄安新区总体规划（2018—2035年）》《雄安新区规划技术指南》为指导，由上海市城市规划设计研究院、清华大学、雄安新区规划研究中心编制完成。《指南》聚焦基因街坊这一基本生活单元，适应新区动态成长性，提出理想社区生活的更高愿景，对完善"雄安质量"规划建设标准体系，践行空间规划体系的人本化转型具有探索和创新的意义，主要包括从人性关怀到天赋激发，"十全十美"的社区公共服务、从便捷可及到精神共鸣，多元与特质的空间体验、从高效配置到动态更新生命周期的实施引导三大部分，以及附则、附件等内容。

营造全龄段友好的宜居、宜业、宜游、宜养、宜学的"五宜"社区，并通过公共服务体系完善、多元空间场所营造及实施机制的搭建，落实基因街坊"舒享生活、健康心智、培育气质、激励成长、有机便捷、集约共享、联结立体、精神共鸣、弹性配置、动态成长"的十大营造策略。

（1）鼓励适度开放的居住街坊

街坊宜设置一定的活力界面，鼓励各类公共服务设施沿住区生活性街道布局，促进设施、公共空间等资源的开放共享。

控制适宜步行的人性化街坊尺度，避免大型封闭式居住街坊。街坊面积宜为 $2 \sim 4hm^2$，街坊边长宜控制在150 ~ 200m。

（2）建设高品质的住宅产品

满足现代化居住需求，注重混合布局，注重住宅产品品质，提供舒适健康的室内环境，以及特色凸显的居住景观风貌。

注重住宅建筑安全、节能、环保等品质设计。

鼓励建造绿色住宅建筑，采用各种节能、环保措施。住宅建筑宜加强节能、环保等新材料、新技术的应用。

（3）塑造绿意环绕、健康活力的生态社区

1）高标准构建基因街坊公共绿地系统

在公共绿地系统中的游园、口袋花园、景观廊道、附属空间方面做了详细的引导与规定，旨在创造优良的人居环境，实现人与自然的和谐共生，建设绿色生态的美丽家园。

作为必配设施的社区游园宜以公园绿地形式布局，与雨水花园、下沉式绿地、生态湿地等低影响设施结合设置，用地面积1000 ~ 10000m²。宜邻近街坊中心，结合健身步道布置，并保证可享受充足的日照。

---

[1] 赵金松、张文，雄安城市规划设计研究院有限公司。本节图表除标明来源之外，其余均为约稿作者提供。

景观廊道强调亲近自然与阳光的景观设计。社区绿地雨水管理鼓励与自然系统紧密结合。社区游园、口袋花园宜体现自然野趣的景观意向。

2）塑造更多元的社区活动场地，引导社区健康生活方式

在室外运动场地、健身步道、社区广场的功能细化、空间布局、配套设施等方面做了详细的引导与规定，以提高社区活动场地覆盖率、连续性，便于人们的休闲、娱乐、健身，达到绿色健康的生活方式。

（4）构建特色的立体慢行系统

实现更开放与活力的立体公共空间体系，结合多元立体空间提供遮阳避雨、冬暖夏凉的公共场所，加强交通节点的立体联通，倡导节点地区的立体联通。

（5）生活圈建设

生活圈建设将重点以5分钟生活圈层级居民的多层次需求的满足为导向，配置尽可能完善、体现更高品质的社区公共服务。对应600m见方空间尺度的基因街坊，即5分钟社区生活圈，这一层级社区服务与公共空间的配置应从分时分季、全龄段所学所养的诉求出发，并通过慢行网络与上一层级生活圈进行有机衔接。对应300m见方空间尺度为基本街区，重点聚焦儿童与老人需求，以及社区人群日常生活最高频使用的设施与场所，提供更安全与便捷的生活环境（图3-1-10）。

（6）海绵城市建设

1）生态海绵、雨洪调蓄

基因街坊内绿化优先考虑实土，结合海绵城市发展下沉式绿地。新建居住区内提倡将实土区绿地设置为下凹式绿地，建设雨水花园。合理采用平台绿化、垂直绿化等方式提高立体绿化率，立体绿化率应达到60%。

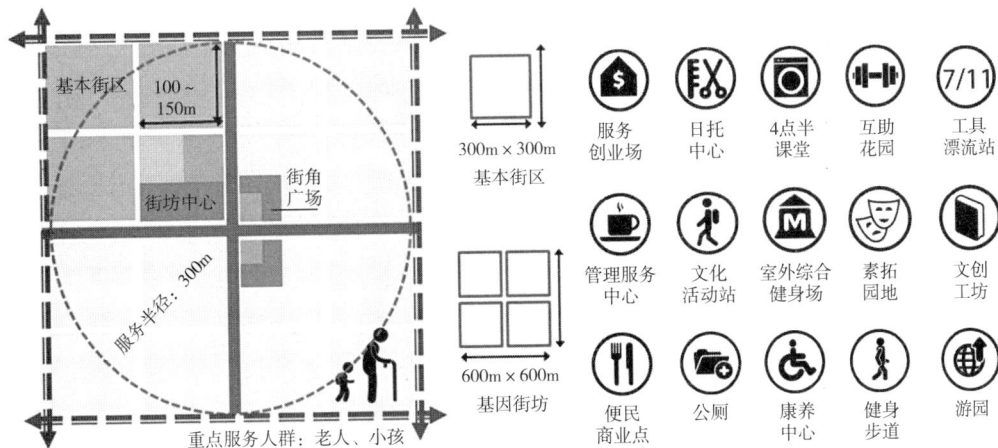

图3-1-10 基因街坊空间模式图

（来源:《雄安新区基因街坊（社区生活圈）规划建设指南》试行稿）

2）蓄水设施

基本街区每一个300m×300m基因街坊内，配建蓄水设施，并增加绿色屋顶、雨水花园等生物滞留设施，增强场地对水源涵养能力，使蓄积雨水经简单处理后可用于小区道路浇洒、绿化浇灌和建筑中水等。实现小雨不积水、大雨不内涝、节约资源的目标。

3.2 同步推进旧城改造提升

3.2.1 三县县城改造提升规划❶

3.2.1.1 三县旧城改造提升重点

《河北雄安新区规划纲要》《河北雄安新区总体规划（2018—2035年）》明确了雄安新区"一主、五辅、多节点"的空间格局，雄县、容城、安新作为五辅重要组成部分，雄县、容城要全面提升质量，安新重在优化调整。2020年以来，新区容东、容西、雄东、昝岗等新建片区按照新区最新规划理念，陆续进入塔吊林立的建设期，安置群众未来美好家园、幸福生活值得期待。与之形成对比的是三县县城由于客观原因，城市面貌与设施更新进展速度较慢，居民群众在城市更新中获得感和幸福感有待进一步提升。

与国内既有城市改造更新面临的普遍问题相同，新区雄县、安新、容城三县旧城改造提升需要明确三个重点：一是深刻理解三县县城在新区整体创新发展的整体定位，决定三县旧城改造提升的方向；二是科学确定三县旧城改造提升的推进方式，避免大拆大建，保留城市发展历史与文脉；三是积极探索三县旧城改造提升的创新模式，对更新主体、更新标准、制度保障、实施方式等方面积极探索，推进城市的精细化运营和管理。

3.2.1.2 三县控制性详细规划编制

雄县、容城、安新县城控制性详细规划自2018年9月开始编制规划，至2020年6月规划公示。三县县城控制性详细规划编制，按照"世界眼光、国际标准、中国特色、高点定位"总体要求，立足雄安新区三县现实问题及重点需求，目标与起步区、启动区及周边组团协调发展，历经城市设计国际征集、城市设计方案深化、控制性详细规划与各支撑专项编制、实施方案研究等多个阶段，实现以下五点创新。

一是规划编制方式以城市设计为思维导向。城市更新多以高效利用土地资源为导向，以控制性详细规划为主要技术管控，编制过程中注重社会利益、经济利益、空间利益的平衡。雄县、容城、安新控制性详细规划的编制基于国际城市设计征集，重视城市形态环境的营造，关注公共空间的布局，融合绿地公园与城市功能，增加人群间的交流，聚集人流

---

❶ 陈晓泽，雄安城市规划设计研究院有限公司。本节内容除说明，其余均来自作者供稿（有删改）。

并创造活动，使城市活力再生；聚焦城市中小尺度的空间设计，对高度控制、视线廊道控制、界面控制、色彩分区等要素进行研究；寻找城市特色、延续特色城市风貌，提取中华基因、雄安记忆、特色符号，建立建筑要素库，避免城市建筑同质化、奇异化，做好新旧建筑风貌、风格的衔接。

二是规划内容创新。针对县城现状存在的功能不完备、空间结构错落、生态环境不佳、基础设施欠缺、历史保护不足等问题，提出四个坚持的规划理念。规划坚持生态优先、绿色发展，贯彻青山就是金山银山的理念，重点关怀蓝绿空间在城市中的生长，关注生态功能再造与景观环境，重新定义人与自然的关系，优化城市生态功能，提升人居环境；坚持以人民为中心，积极保障与改善民生，提升城市质量，重点提升公共服务整体水平、完善基础设施建设，实现设施共享；坚持保护历史文化，延续历史文脉，弘扬中华风尚，加强历史文化保护利用，恢复古城结构，对重点文物进行保护；坚持功能提升，以承接疏解项目为抓手，创新资源要素；发展高端产业。

三是城市空间模式多维度思考。注重雄县、容城、安新组团与周边片区的衔接，规划从区域空间、城市范围、重点片区三方面分层考虑空间更新重点与内容。区域空间主要考虑雄县与雄东，容城与容西、容东，安新与起步区、启动区的关系，功能上互补与联动，生态格局上互联互通；城市范围重点规整土地资源，优化城市整体结构，增加公共空间，优化蓝绿空间；重点片区为历史文化区域，雄县、容城、安新组团以不同的规划手法重构古城轮廓，恢复古城肌理，延续中华风貌，提取雄安基因，传承雄安千年文化。

四是为承接非首都功能预留弹性空间。在新区设立背景下，三县产业急需更新迭代，雄县、容城、安新组团控制性详细规划以承接非首都功能项目为契机，以六类疏解产业为重点，预留相匹配的城市空间与混合用地，高效利用土地资源，提高存量资源弹性使用，增加土地兼容性，承接多产业类型，增加市场对城市更新的参与度（图3-2-1）。

图3-2-1 河北雄安新区容城组团控制性详细规划公示图（1）

五是突出生态修复与绿色发展。关注城市居民感受，大量增设城市绿地与公共空间，改善人居环境、提升景观风貌、优化城市工业布局，营造公共开敞空间、丰富市民休闲游憩活动、保障城市安全、调节区域小气候等功能。聚焦城市生态基地的修复与复苏，如雄县大清河生态修复，优化安新城淀关系，形成环淀廊道，注重林、草、河、淀等多元素的融合，构建城市滨水复合生境（图3-2-2）。

图3-2-2　河北雄安新区容城组团控制性详细规划公示图（2）

专栏3-1　广州、深圳、上海城市更新经验对雄安的借鉴 [1]

在雄安新区全面新城建设的背景下，新区三县县城组团控制性详细规划编制完成后，旧城更新改造提升主要从四方面开展工作：一是做好新区层面的服务工作，配合完成区域性工程建设；二是重点研究县城的更新政策、制度保障、更新时序、实施细则、项目审批、市场运作等内容；三是更新过程中优先考虑人民需求，积极改善城市环境，提升工作与生活的品质、模式；四是做好项目监管工作，加强项目管理、后期运维。

广州、深圳、上海是我国城市更新的典范，在城市更新制度、实施、建设等方面有丰富经验。

——广州

广州城市更新以解决土地增量不足，优化存量空间为导向，注重土地权属与产

---

[1] 陈晓泽，雄安城市规划设计研究院有限公司。本节内容除说明，其余均来自约稿作者供稿。

权利益平衡。空间上，微更新与全面更新并重，强调城市分区功能与更新关系，注重土地供需关系的平衡；制度上，以"三旧"改造运动以及建立城市更新系统化管理方式为依托，建立"1+3+N"政策体系，即：《广州市城市更新办法》，旧城镇、旧村庄、旧厂房3类《更新实施办法》，以及"N"个规范文件，推行政策收紧管理，强化了政府的管控作用；机制上，创新管理机构，针对城市更新成立广州市城市更新局，形成与规划土地部门的责权分工与互动机制，切实做好对接，高效推进城市更新项目的审批、实施、监督、管理等内容。

——深圳

深圳市人口增长、土地不足、环境资源紧缺、历史遗存问题突出，城市更新重在突破资源约束。更新规划整体侧重城市功能的提升，用地效益的增长、公共服务水平的提高。政策上，制定"1+1+N"的政策体系，即：《城市更新办法》和《城市更新办法实施细则》以及"N"个法规政策、技术标准、操作手册等不同维度的系列文件，并同时做好动态维护，形成具有连续性的系列文件；运营上，政府做好引导，优先平衡公共利益，强化市场参与程度，市场积极参与，推进城市空间改善与产业升级。

——上海

上海市面临资源极限、工业用地粗放低效等问题，城市更新主要以项目为依托，形成了制度建设与试点行动相结合的模式，探索政府与市场双管齐下的更新方式。制定"1+N"政策体系，即：《上海市城市更新实施办法》和"N"个土地、管理、操作系列文件，包括《上海市城市更新规划土地实施细则》《上海市城市更新区域评估报告成果规范等》等，一系列相关政策细则以及配套文件指导，保障更新实践的开展。

新区可借鉴广州市城市更新中土地的高效利用，政府对各方利益的平衡把控力，制定相互对应的规划体系与系列政策，创新管理机制，形成集政策研究、监督管理、运作运维为一体的专职部门；学习深圳市多元化的改造方式，精简更新改造项目审批流程；强化市场运作模式，尊重权利人权益与市场需求；参考上海市管控手段，项目评估与实施计划联动开展，明确要素清单，多元更新措施。引导多方参与，搭建多专业人才团队，打造社区规划师制度，形成"自上而下"与"自下而上"的紧密结合，动态维护以社区为单位的更新区域。

雄县、容城、安新三县县城建设是新区高质量、高标准要求下的城市更新样板，在新区整体建设安排的统筹下，以精细化、多元化城市更新为理念，注重更新机制完整度、提升政策措施完整度、更新流程再造度、更新主体清晰度等内容，积极探索城市更新的实施、监督、管理方式，逐步逐类按计划按需求完成城市更新。

针对新区三县旧城更新，提出以下思考与建议：

优化体制，构建"共治"治理体系。 建立"自上而下"落实与"自下而上"需求双向主导体系，打通各部门闭环，重视多元化主体的参与，引导市场主体积极参与，促进政府、市场、居民之间的合作。

制定系列技术文件，做好"制度+技术"环节。 加强城市治理的专业化、精细化、智能化，实现高效明细的更新流程，简化更新手续，完善更新技术细则与相关规定，切实做好规划、实施、监督、管理等工作。

创新更新运作机制。 如土地管理机制、更新模式、社区规划制度建立等，实现各部门之间的有效衔接，加强政策的灵活化与延续性。

因时施策，明确更新建设目标。 尊重城市更新与城市开发规律，明确近期、中期、远期更新重点，根据实际情况、具体需求开展工作分期制定时间表、路线图。

3.2.1.3　三县城镇老旧小区改造工作实施启动❶

2019年5月，新区明确提出制定三县县城改造提升工作方案，分类研究永久性和过渡性项目建设，实现县城功能和片区功能有机衔接；加强环境卫生综合整治，提升城市形象；扎实推进公共服务建设，完善城市功能；强化城市管理，对违反长远规划大拆大建行为严格监督管控。

2021年3月，新区党工委管委会印发《关于全面推进城镇老旧小区改造工作的实施方案》（以下简称《方案》），提出，2021年起新区大力推进城镇老旧小区改造，计划2021年改造完成城镇老旧小区23个，补齐老旧小区建筑物、配套基础设施和公共服务设施短板。到"十四五"期末，全面完成2000年底前建成的需改造城镇老旧小区改造任务，对条件允许的2000年以后建成的城镇老旧小区实施改造。

《方案》提出，新区城镇老旧小区改造分为基础类、完善类、提升类3类。

（1）基础类。为满足居民居住安全需要和基本生活需求的内容，主要包括：完善消防水源和消防设施、酌情增加室内消火栓、实施电气改造、规范燃气敷设和改造消防通道、安防设施，以及完善照明、井盖、甬道、围墙等设施；完善小区内部及与小区相关联的供水、排水、道路、供热、弱电、生活垃圾分类、移动通信等基础设施，光纤入户、架空线

---

❶　http://www.xiongan.gov.cn/2021-04/20/c_1211118247.htm

规整（入地），以及小区内建筑物屋面、外墙、楼梯等公共部位维修等。

（2）完善类。为满足居民生活便利需要和改善生活需求的内容，主要包括：完善环卫设施，取消垃圾道、垃圾池；拆除小区违法建筑，建设小区游园，提升小区绿化水平，安装健身器材；粉刷小区墙面，清除小广告，设立小区公共信息发布牌等；完善小区及周边适老设施、无障碍设施、停车场（库）、电动自行车及汽车充电设施、智能信箱、智能快件箱、文化休闲设施、物业用房等配套设施改造以及建筑节能改造、加装电梯等。

（3）提升类。为丰富社区服务供给、提升居民生活品质需求的内容，主要包括：完善养老、托育、助餐、家政保洁、便民市场、便利店、邮政快递末端综合服务站、卫生服务站、社区综合服务设施、幼儿园等公共服务设施，以及人脸识别、小区周界防护等智能感知设施。

3.2.2　旧城改造实践：容城漫生活街区❶

三县旧城改造提升项目中，容城漫生活街区、安新七彩飘带、雄县"公园游园建设"成效较显著，三者分别是雄安新区街区级旧城改造更新、慢行空间建设、公园游园空间打造的典型案例。以下以容城漫生活街区改造提升为例，介绍新区旧城改造提升的探索与创新。

漫生活街区位于容城县罗萨大街，是雄安新区管理委员会所在地容城县的主要街区。漫生活街区项目是公共艺术介入街区级旧城更新项目的典型案例。项目以"生态优先、绿色发展"的初心为指引，通过"微调"的艺术处理方法，将街区闲置空间充分利用，以公共艺术的形式融入社区文化，打造一个倡导"漫生活"理念和生活方式的公共文化休闲街区，从而加强城市与人的连接与交流，创新雄安新区城市活力，并在文化艺术美育等活动的促进下，成为当代城市记忆的载体。

"漫"代表着以爱为题的公共艺术体系，孕育包容万象的容城态度；"生活"是指从心出发的绿色生活方式。而"漫生活"的主题展望了雄安新区容城县未来的城市生活。"漫生活"的生活理念贯穿了城市改造活动的始终。

漫生活街区属于社区向的公共空间，主要分为六大区域，分别是漫体验、漫裳、漫住、漫憩、漫食、漫行。

"漫体验"（图3-2-3）包括大型户外互动活动及儿童室内外活动空间、文化休闲广场等，是项目中人流聚集最多的场地。改造空间内包含多类新媒体艺术装置，项目通过各种艺术介质宣扬爱国精神，贯彻全民健康生活的理念，彰显雄安的地域属性和文化性格。

❶ 姚培、林峻标、詹舒媛、齐旭东，深圳市建筑科学研究院股份有限公司。本节图表除标明来源之外，其余均为深圳市建筑科学研究院股份有限公司提供。https://mp.weixin.qq.com/s/oUTchpD7ozYbe77SiVgPKw

"漫体验"广场通过举办各类文化、体育大型活动，为新区居民提供了一个休闲娱乐文化活动的城市新活力中心。

"漫裳"（图3-2-4）通过服装品牌T台展示线上线下互动、服装品牌体验店等展现容城作为北方服装之城的新姿态。围绕容城地域文化——"服装"元素进行公共艺术设计，既是与服装相关的流动书屋，也是服装文化展示的"T台"，将产业文化和历史印记升华为具有永恒价值的城市精神和时代风采，象征丰富的市民生活和绚丽多彩的服装梦。

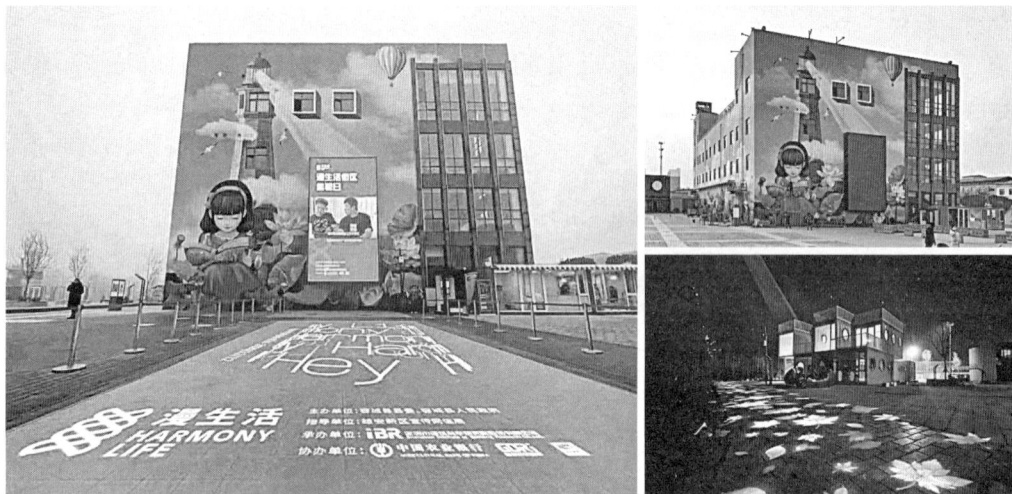

图3-2-3 漫生活广场

（来源：https://mp.weixin.qq.com/s/oUTchpD7ozYbe77SiVgPKw）

图3-2-4 漫裳空间

（来源：https://mp.weixin.qq.com/s/oUTchpD7ozYbe77SiVgPKw）

"漫住"（图3-2-5）通过社区户外夜场电影、共享菜园、动力转化单车、丰富多样生活形态的墙绘等构筑出一个真正意义上的邻里空间，形成未来社区的活力链接。广场上设置各式可移动的装置，可根据不同的社区活动需求来调整变换摆放方式。它可以是闲话家常的休憩空间，野餐的好去处，户外的健身场所，或是露天影院。通过在邻里中心广场上的活动与互动，来强化社区居民与参访者对"住在当下"的感受，并增进共同的归属感。

"漫憩"（图3-2-6）将容城八景（古城春意、易水秋声、玉井甘泉、白沟晓渡、贤家洄澜、忠祠松雪、古篆摇风、白塔鸦鸣）幻化成浮雕、彩绘，作为家门口的历史长廊，结合当代城市家具，创设一个适应全年龄，全人群的游憩空间，来传递"容文化"和"容生活"的核心精华——"诗意的憩居"。

图3-2-5 漫住空间
（来源：https://mp.weixin.qq.com/s/oUTchpD7ozYbe77SiVgPKw）

图3-2-6 漫憩空间
（来源：https://mp.weixin.qq.com/s/oUTchpD7ozYbe77SiVgPKw）

　　"漫食"（图3-2-7）以青年文化为理念，设计集体地摊集市，容城中经典或创意的美食都可以在这里找到。通过精致的创意美食，给雄安新区注入新的活力，聚焦城市多元文化的魅力。

　　"漫行"（图3-2-8）罗萨大街沿街墙面和地面绘制艺术墙绘，以爱与包容为出发点，用生动的艺术墙绘拉近人与城市、城市与自然的距离，营造一个浪漫且健康的生活方式。街区中的漫行雕塑指示着漫生活街区的开始，以"行"为纽带，连接不同的群体和文化，为容城人民建设一个舒适和谐的艺术街区。

　　在改造街区重要节点的同时，漫生活街区秉承漫生活和容文化交叉融合的理念，打造具有"漫生活"主题特色的VI（视觉识别系统）、IP（文创形象），丰富漫生活主题元素的传播形式及文化内涵（图3-2-9）。

　　漫生活街区改造项目充分融合新媒体传播方式，开发技术平台，通过线上、线下结合的形式，传播漫生活文化。漫生活运营平台（图3-2-10）以共建、共享为实施特色，依托城市活力中心小程序提供服务，小程序设活动版块、便民服务、街区墙绘图册、数字钱包等内容模块，为商户及公益团体提供付费和免费的场地预定功能。共建模块为开放版块，艺术家、企业和用户能够通过该版块来发布和获取各类资讯，构建成一个资源整合的平台，促进多向资源共享，以期提升城市艺术生活氛围，

图3-2-7　漫食空间
（来源：https://mp.weixin.qq.com/s/oUTchpD7ozYbe77SiVgPKw）

图3-2-8　漫行空间
（来源：https://mp.weixin.qq.com/s/oUTchpD7ozYbe77SiVgPKw）

以潜移默化的形式陶冶民众情操。

成功的街区旧城更新有利于提升旧城区社会和文化活力，塑造城市形象，丰富居民生活。漫生活街区项目给雄安新区旧城更新带来三大转变。一是城市建设方式的转变，政府、企业、居民参与项目全过程，多方共建共享，有效提升居民的主人翁意识及幸福感。二是社会治理方式的转变，城市管理由政府执法为主转变为政府监督、企业为主的公共空间市场化运营，社会、社区、居民治理三结合。三是生活方式的转变，通过街区的文化融入及有效治理，促进居民文明生活方式的转变，进一步展现新雄安人形象。

图3-2-9　漫生活IP形象

（来源：https://mp.weixin.qq.com/s/oUTchpD7ozYbe77SiVgPKw）

图3-2-10　小程序首页和活动页

（来源：https://mp.weixin.qq.com/s/oUTchpD7ozYbe77SiVgPKw）

专栏3-2 旧城改造提升的绿色创新发展路径❶

一、旧城改造提升中的绿色发展路径概述

（一）旧城改造提升的绿色发展内涵

随着我国城市发展模式从高速发展向高质量发展转变，旧城改造迅速成为城市高质量发展的重要环节和关键阵地，如何优化旧城改造的方法路径实现绿色创新发展，创造面向未来的和谐宜居城市，已成为重要的现实课题。

"绿色发展"不仅代表经济性、生态性、可持续性，更体现在城市综合活力、居民社群的内在黏性、城市精神价值的显示度等方面，结合具体实践可以将旧城改造提升绿色发展总结出四项关键内涵：

绿色供给——面向未来城市发展的综合需要，完善提升城市供给质量，以全面、特色、多元为导向，夯实和谐宜居、智慧创新的城市基础。

绿色价值——塑造文明、友好、创新、活力的城市精神，构建具有引领性的价值体系，生动而鲜活地融入绿色发展实践，营造健康而平衡的人居氛围。

绿色效能——从成本消耗和效益成果两端实现效能优化，特别关注改造区域的产业导向与城市战略匹配性，以达成深层次的绿色发展成果。

绿色感知——通过构建优质公共场域和品牌化的城市感知触点，提升城市感知体系，大力加强区域社群联动，以具有人文魅力的城市品牌激活旧城空间。

（二）旧城价值提升的关键要素

（1）提质扩容

提质扩容是城市旧改的基本要求，但在绿色发展的语境下如何更有效地实现提质扩容，值得进行创新和探索。"提质"应该是包含环境氛围优化、设施配套完善、资源供给增加、运营管理健全的软硬件综合提升和服务体系构建。"扩容"则应该理解为城市综合承载力的扩充，不仅对应重点需求指标的量化增长，同时强调从服务和体验的维度建立新的"内容增量"。探索旧城改造绿色发展的路径，应深刻理解提质扩容的内涵，以综合运管为指向落实"提质"，以价值承载推进"扩容"。

（2）微改增效

"微改造"强调在保留城市建筑基础的同时，通过融入现代生活理念，注入新

---

❶ 冯祖光，清华大学美术学院；林峻标、齐旭东、詹舒媛，深圳市建筑科学研究院股份有限公司漫生活街区改造提升项目组。本节内容除标明来源之外，其余均为约稿作者提供。

元素来改善民生，提升街区活力。与"大拆大建"的全面更新相比，"微改造"的方式见效快、成本低、可复制，更加符合绿色发展的主旨。"微改造"必须具有"亮点"环节，以点破面，增加成效。在完善城市配套的基础上，"微改造"应充分突出项目优势和资源特色，强化城市品牌塑造，一方面保留原有城市肌理和风貌，传承乡愁文化，留住城市记忆，另一方面充分发挥社会参与的积极性，探索多种共建共治共享的改造方式，提升百姓参与感、获得感和幸福感，实现综合提升和跨越式发展。

（3）在地共生

"在地共生"是指融合规划学、社会学、管理学、艺术学等多学科视角及经验，深入旧改现场，围绕"在地性"开展持续性工作。在多学科专家共同调研分析基础上，明确目标路径，提出改造方案，实现旧城改造工作与城市本体的有机结合。"在地共生"一方面强调旧改成果突出地域元素属性，避免城市原有特色要素的流失，另一方面强调专业力量在旧改过程中的全程参与，强化与本地居民的沟通互动，有利于达成共识，确保旧改工作顺利推进。

（4）多维运营

运营管理是价值提升的重点和难点。绿色、低碳、生态领域的提升改造内容，需要持续的管理和跟进，才能为绿色生态技术的大规模推广应用积累经验。新开辟的公共空间也需要内容引入和长效运营，来切实地提升居民的获得感和幸福感。旧城价值提升应该从多个维度认识后期运营管理的需要，综合考虑相关的条件需求，有针对性地进行环境优化和设施升级，夯实基础，突出特色，新旧要素结合的过程中，形成有利于价值提升长效发挥作用的管理基础。

（三）价值提升的创新路径

（1）找准定位，明确目标

以高点站位统筹城市发展结构、通过整体规划明确发展目标，设定绿色发展蓝图，梳理基础生活服务承载区、特色主题发展区等不同区域类型，在分区分型的基础上精准施展"绣花针"功夫，发挥"四两拨千斤"的作用，带动旧城品质整体提升。明确按照政府主导、社会参与的方式开展工作，注重提升人居环境、保护文化遗产、促进城市活力、培育产业创新。

（2）多线并行，强化联动

面对复杂的现实条件和更高的发展要求，充分整合资源，探索项目所在区域不同产业领域的内在联系和联动运行的可能性。深化价值提升的内容架构，结合更加综合、多元的提升举措，建构更加完善的绿色发展模式。明确价值提升的成果不是静态的构筑物，而是活态发展的文化综合体，在工作中对接相关数据信息平台，实现项目的延展性，并且预设可更新、可成长的创新空间和机制。基础改造先行，重点项目引领，平台相互作用，联动协同发展。

（3）突出特色，渐进迭代

标准化质量管理和特色化资源配置相结合，以全过程管理和专家负责制确保改造提升质量。组建高水平的国际化跨专业团队，建立平台化工作机制，推进具体策划实施。基于艺术顾问、智库专家、建筑师指导制，以打持久战的姿态落实全过程管理，创新三方联动模式，探索运营提前介入设计改造的方式，通过活动策划与组织引领引领多方全过程参与，以运营反哺设计施工，确保成果匹配整体目标要求，实践"早期进驻、长线陪伴、小步快跑、有机更新"。

二、新区旧城改造提升的关键成果——漫生活街区价值提升项目分析

（一）项目发展目标

漫生活街区价值提升项目落实上位规划要求，以"世界眼光、国际标准、中国特色、高点定位"，结合城市发展特点、功能需求、历史文化、自然风貌等条件进行总体规划，打造具有地域特色和文化活力的城市空间场域和功能配套。

项目从"四个维度"整合工作指向：

（1）城市宜居度——与城市旧改相关的宜居城市的评价指标，既包括改造区域的基础设施条件、文体专项配套等可量化指标，同时也涉及空间格局合理性、管理运营水平等软性指标。

（2）居民活力度——根据日常人流和本地居民活动反馈度进行评价，基于城市发展数字化转型和相关平台建设，可以有效观测和评估居民活力增长情况，并通过与其他城市区域的平均数据进行比较，得出相应的评价结果。

（3）产业融合度——分析评估现有城市街区整体印象和产业规划导向的匹配程度，并进行针对性的整体调整，以形成产业转型和跨越发展的全新印象。"微改造"的具体成果也可以满足开展产业推广活动的基本条件。

（4）品牌传播度——通过增加具有极高显示度的传播点可以建立立体的传播资源矩阵，响应城市整体战略定位，激活转化城市潜在的品牌资产，强化项目区域的传播度和影响力。

（二）改造成效分析

雄安"漫生活街区"价值提升项目的改造成效显著，可以通过四个方面提质扩容的具体数据进行分析。

公共空间：综合活动空间增加近7000m²，党建文化空间增加近2000m²，体育健身空间（运动场地、跑道、适合锻炼的地形地面，体育健身设施及其附属空间）增加近3000m²，产业展示空间增加近4000m²。

展示载体：静态展示载体（用于彩绘的墙体、专门的展示载体和立面）增加近12000m²，多媒体传播载体（艺术装置的多媒体展示面、公共空间中的氛围营造设备）增加近1000m²。

文化资源：公共艺术品数量增加近60组，文化体验内容（艺术装置包含的互动体验，如视频、图像内容）时长增加近2小时。品牌传播热点增加100余组，同时为突出街区文化形象，进行了街区品牌策划、形象推广，包括视觉形象优化、微信小程序开发和衍生品研发等。全程记录改造过程的纪录短片，体现了政府、企业、社团、公益组织、学校、市民等的共同参与。

设施优化：导视系统节点（空间导视+形象导视）增加100组，公共家具设施增加100余件。

与此同时，项目达成的不可量化成效更为显著，融合了雄安历史文化和当代奋斗精神，通过以民生为导向的绿色生态技术手段，示范公共场所的空间价值提升；通过公共艺术激发公众对于爱和人类命运共同体的思考，促进人与自然的生态系统、人与人的社会系统的和谐，形成以爱促进城市绿色发展的漫生活体验区。

项目充分发挥了"讲好城市故事、体现城市精神、关联城市社群、描绘城市未来"的关键作用，成为雄安新区知名的网红打卡地，提升城市形象，丰富居民公共生活场景，营造雄安建设艺术文化氛围，提升了人民幸福获得感。

在现有发展建设成果基础上，进一步优化运营管理解决方案，雄安"漫生活街区"必将充分发挥新城建设服务承载区、绿色更新与运营示范区的重要作用，推动雄安新区整体城市品质提升。"漫生活街区"的绿色"微改造"经验也将为新时代中国城市绿色发展提供重要的参考和支撑。

（三）主要特点

（1）以公共艺术为主要抓手，构建了全要素体系。

雄安"漫生活街区"价值提升项目在国内旧城改造提升领域首开先河，在整体规划定位的基础上，创造性地实现了全要素公共艺术体系的构建，兼顾了城市配套和文化建设两个维度发展目标，从多个方面实现了跨越式的提升，增加了具有精神属性的开放性空间场域、完善功能配套的文化体育场地、可以互动参与的公共性艺术装置、故事性、主题性的街景美化亮化、体现服务水平的设施和视觉细节。

项目以先进的策划理念和手法，梳理建立价值链，强化改造提升区域的品牌感知力。以"衣、食、住、行、漫活、游憩"为关键要素，建构与美好生活需要高度匹配，与本地历史文化紧密联系，围绕"乐观、包容、强健、向上、勤奋、浪漫"的发展精神，形成一条价值链，支撑城市品牌提升。

以全要素为指引，项目成果做到了界面覆盖、重点突出、体验鲜活、品牌人文。罗萨大街沿街各节点像爱的种子一样，以点成线，以线带面，从漫生活体验区为活力起点，发芽枝长延到罗萨大街，每个活力节点就像结成的果实，新的种子带活整个片区，达成容城县罗萨大街共建共创共享的愿景。

（2）规划、落地、运营过程中的机制保障。

努力建立广泛社群联系。以居民获得感为出发点，以提升既有县城的空间价值为工作重心，以共建、共享的公共艺术为特色创新手段，与居民代表进行沟通和研讨，确保策划成果的公共性和民众接受度。在建立广泛联系的基础上，通过共建共创的合作模式，聚焦扩展公共活动空间的覆盖面、促进公共活动空间的合理使用、提升公共活动空间的品质和效率、强化公共活动空间对城市特质的体现。

积极探索产业转型媒介。项目以产业转型升级为重要任务，在为新区起步区提供生活服务配套的同时，针对如何承载征迁安置人口及日益增长的新城建设者进行全面谋划，为区域产业转型升级、居民就业预留媒介和入口，为延伸项目价值提供更多的可能性。

切实推进实施运营一体化。伴随新的行政区划确立，先行落地"微改造"前期工作站，以城市研究为主线，以社群联动、创新氛围营造为抓手，实现"创新工作空间落地——在地调研孵化——项目过程跟进——长期运营保障"四位一体的真正意义上的"在地性共生"。在项目实施过程中，根据各个节点的主题和设施，结合场地实际情况进行运营管理方面的实践演练，集中优势媒体资源，就项目成果在绿色、人文、科技、艺术等方面取得的成就展开系统性推广，从项目启动阶段开始即进行全程记录和传播，取得了良好的运营成果和社会反馈。

三、以综合价值提升为导向的绿色创新发展模式总结与展望

（一）借助工具平台，实现智慧引领

借助工具平台，结合大数据模型，建立旧改区域产业对接与长期运行模拟分析，提升成果预测的科学化水平。在此基础上，针对可能出现的新需求和新问题，提前研判，预留合理的拓展空间，避免重复建设，践行绿色发展。创新智慧管理，在保证项目建设成果持续发挥作用的同时，实现社会价值的延展，加速城市旧改智慧化建设和数字化转型。

（二）结合公共艺术，塑造在地文化

以公共艺术为载体，找到文化内容开发运营的新角度、新方式。携手文化实体与专业社群，提升公共艺术的软、硬件建设，构建相应氛围和场域，联合具有文化创新和输出能力的实体与社群，丰富本地区的文化创新主体，持续为本地提供文化资源供给量。以公共艺术为抓手，加强本地居民（前期）和游客（中长期）的互动，形成具有美誉度的普惠艺术街区。

（三）强化品牌传播，提升城市认知

根据城市发展的实际需要，建立更全面、更立体、更细致的城市社区网络——文化信息传导网络、资源能量循环网络、社群活力联动网络。这些网络的形成，更像是植物生长的过程，通过不同层级的各类节点，发挥种子的作用，在相关区域内生长壮大，成为相互连接的有机系统，不断提高传播效能与综合影响力。

围绕居民获得感、城市美誉度开展切实有效的跨媒介传播，充分展现发展成就，积聚发展动能。综合考虑如何打造体系完整、内容优质、资源充足、特点突出的品牌资源集群，率先谋划品牌传播渠道和载体，集中体现发展质量，努力构建新时代城市，更新高质量发展样板。

3.3 探索协同规划模式创新[1]

雄安站枢纽片区在规划建设之初就明确以站城一体为目标，雄安新区与铁路总公司在机制体制建设方面做了很多努力。雄安站枢纽片区能够在交通、空间、功能三方面进行一体化的整合并实质性地推进片区站城一体建设，总结起来主要是在法、术、制三个层面做了探索和努力。在我国现有国情和体制的背景下，首先要建立"路地合作"的工作方法，同时保证双方技术路径的融合深化，保证能够在同一个层面进行对话，最后仍然需要地方部门建立一套能够保证建设周期长、技术复杂、实施主体多样的规划控制与有效传导制度。

3.3.1 站城难一体的痛点

由于选址、建设成本、建设速度、产权划分等诸多因素的影响，以往大量站房与城市的融合度不尽理想。目前我国大陆地区已建大型交通枢纽站城一体化优秀案例依然乏善可

---

❶ 王勇、李仁伟、王鑫，北京清华同衡规划设计研究院。本节图表除标明来源之外，其余均为约稿作者提供。

陈。为什么我们的站城一体推进得如此艰难？问题出在哪里？

（1）规划设计不同步

铁路和地方的推进计划不同，导致城市规划与站房设计不同步。由于选址的原因，我国铁路站房一般位于城市主城区的外围，铁路站房建设速度一般快于周边城市开发。站房设计深度直接面向实施。在高铁站房建设时周边地区基本尚未展开建设。而地方规划经常动态变化，相对来讲不确定因素多，如果周边地区城市规划确定性不足，城市规划深度不够，提出的站城一体化设计要求不精细，就很难在技术层面形成对话，而站房设计一旦开始，就很难同步考虑不确定的城市需求。

（2）话语权不对等

铁路系统独立投资，重点关注站房内部问题。由于我国特殊国情，铁路系统不仅是一般意义的交通工具，更是国计民生问题。这就导致了铁路系统对安全性的要求非常高，在站房建设中对于站房内部安全性的把控非常严格，本身并不希望城市非安检空间进入站房内部，没有站城一体化开发的内部动力，在地方政府部门无法形成对等话语权的情况下，空间融合难度很大。

（3）延续性难保证

站城一体的枢纽地区涉及大量近远期结合问题，需要统筹站内预留与站外城市建设衔接。一体化成果需要长期延续管控，而对于与城市空间衔接部分需要地方主体延续管控要求，需要地方政府部门严格把控，并提升未来城市片区的城市管理力度。后期城市开发建设如果不能保证连续统一的规划传导，一体化成果也很难延续。

3.3.2　法：“路地合作”的工作方法

（1）把握窗口期，高效整合

若站城一体，必路地合作，属地规划编制必须及时介入站房设计流程。在雄安站站城一体化设计过程中，雄安新区先后两次成立集中工作营，分别针对站房方案设计和初步设计阶段提出雄安新区规划设计要求。把握关键性节点的窗口期，高效整合城市空间诉求并予以落实，例如进站形式的确定、场站的分布、城市通廊预留的布局，这些关键性要素的落实使得站城一体取得了决定性的进展。

（2）创建路地协同组织架构

成立“一体化”的领导小组班底。雄安站站城一体工作能够顺利推进，并最终能够实现的前提条件就是建立一个目标一致、路地协同的组织架构（图3-3-1）。铁路总公司与地方政府在投资建设以及设计要求等诸多方面会有不同的关注点，但在一体化核心区双方彼此无法分割，相互依赖程度极高。所以在雄安站站房单体方案设计之初，雄安新区立即与铁路总公司成立高铁枢纽规划编制领导小组，统一对一体化设计内容提出要求，有利于

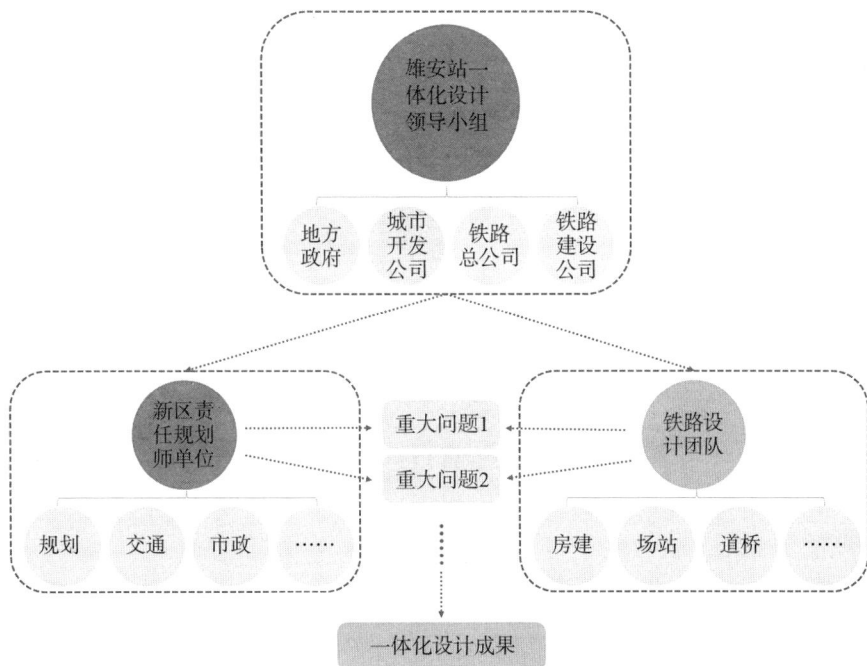

图3-3-1 路地协同组织架构关系图

路地双方快速统一思想、集中解决并落实重大分歧问题。

（3）一案双审，明确权责

雄安站站房由铁路总公司和雄安新区共同出资建设，奠定了站房初步设计路地联合审查的基础。在明确路地双方产权、投资界面划分的前提下，对于雄安站站房初步设计成果，由铁路总公司与中国雄安集团公司共同作为枢纽站房的业主方，对站房初步设计进行联审。新区根据片区规划成果以及相关设计要求，在方案和初步设计阶段审查站房设计成果对新区要求的落实情况。这一机制也有利于铁路设计方明确周边城市道路、市政管线接口及其他城市支撑情况。同时明确各方的权责、投资、产权、建设边界等要素，有利于双方工作的推进。

3.3.3 术：融合深化，同层对话

（1）明确城市交通模式，提出细化需求

在技术层面，要深化枢纽周边城市设计，明确周边城市建设方面的细化要求。将雄安新区的交通政策、出行方式与站房交通组织融为一体，明确90%绿色交通出行下，站房各类场站布局方式、交通流线组织（图3-3-2）。城市规划需深化研究片区轨道交通线网布局，明确落实城市交通接驳方式，确定与站房同期建设的各类设施标准与要求，不能明确的内容同样需提出预留要求。

（2）针对站房特点，深化城市空间衔接方案

针对站房内部功能布局与流线特点，细化城市空间衔接方案（图3-3-3）。站房内部预留的城市空间必须深化得足够细致和稳定，才能对接站房设计的相关要求。因此片区规划要充分考虑未来城市开发需求、设施使用场景、功能流线、地下地上空间统一协调等诸多问题。

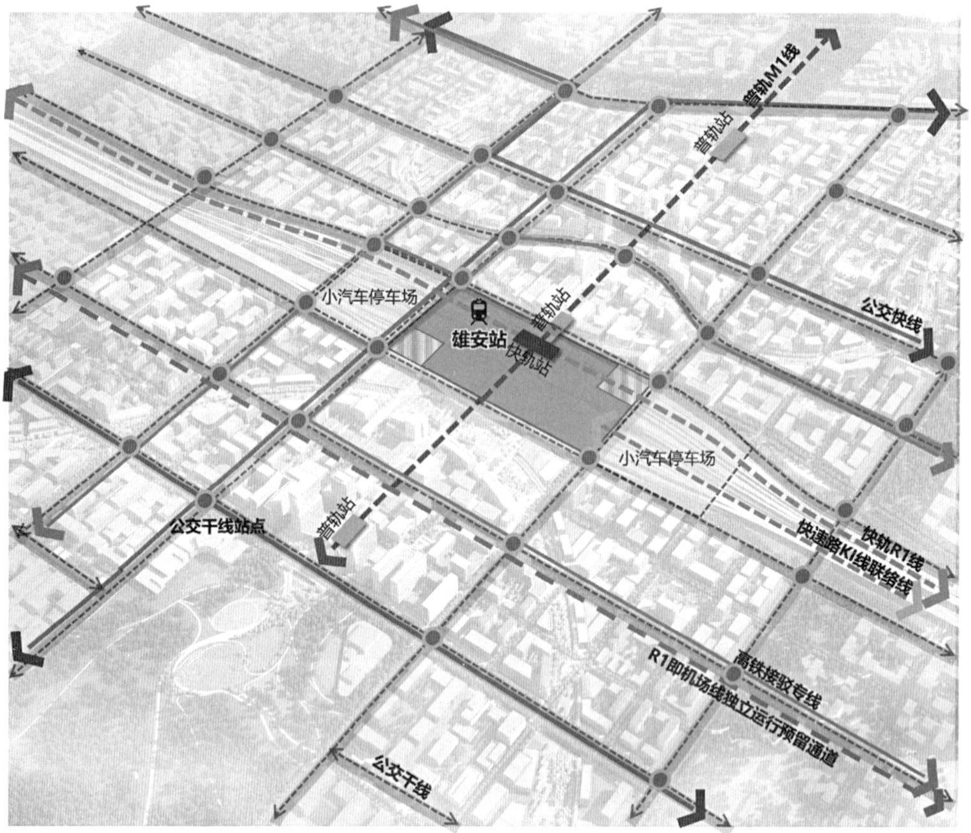

图3-3-2 枢纽片区公共交通规划图

（来源：作者自绘）

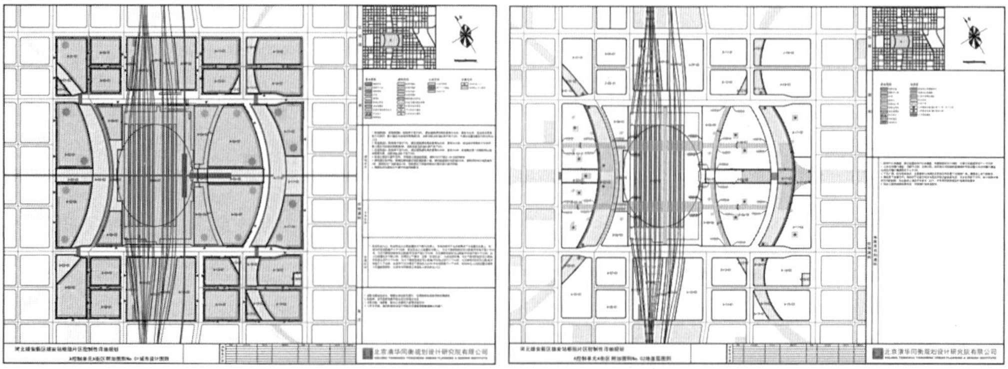

图3-3-3 一体化核心区精细化控制图则

（来源：《河北雄安新区雄安站枢纽片区控制性详细规划》）

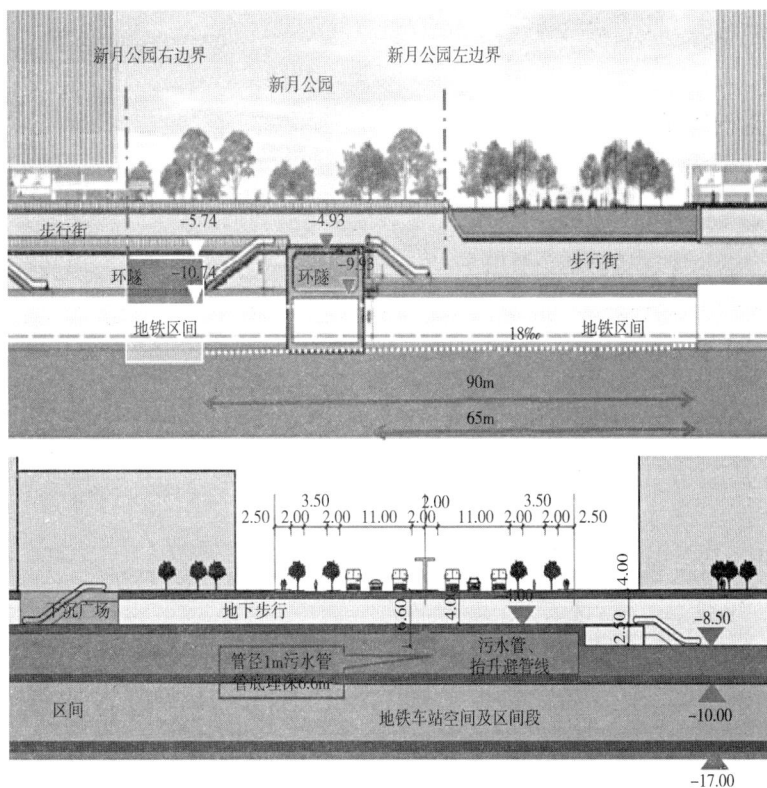

图3-3-4 枢纽片区地下空间关系分析图
（来源：《河北雄安新区雄安站枢纽片区控制性详细规划地下空间工程预研究》）

（3）通过工程预研究，夯实地下空间设计

高铁建成通车后，地下空间的改动难度极大，所以地下空间要做到工程深度，才能有效对接站房。雄安枢纽片区涉及立体化的场站，地下道路同步建设，地铁站厅与线位的预留，各种城市管廊、管线、地下人行通道、商业街等，导致地下空间极其复杂（图3-3-4）。工程可行性直接影响地下空间规划方案的可实施性，因此，工程性预研究对站城一体衔接顺利起到十分重要的作用。

3.3.4 制：精准控制与连续传导

（1）利用BIM平台，形成精准控制

规划成果要做到精细化、分层次、刚柔并济的成果表达。在传统刚性控制内容的基础上，形成详细的技术控制图则，保证站城一体的规划设计成果能够准确地传导下去。要精准控制重要的衔接要素，站城一体衔接通道端口控制、高度控制、宽度控制都实行精准的坐标控制，对垂直空间位置控制、地下空间标高、功能边界也提出明确的引导要求。

提高规划的精准控制能力，针对技术控制内容，进行电子文件BIM入库审查，对每个建设项目提交的电子文件进行审查，达到精准控制的同时保留一定弹性，保留局部优化调整的渠道。

（2）建立责任规划师单位持续服务机制

站城一体规划的控制内容高度复杂，未来的实施主体不同，时序也不尽相同，所以建立一个能够提供持续技术咨询服务的工作机制是十分必要的。

雄安新区通过责任规划师单位服务机制，来保证一体化设计成果顺利、稳定地向下传导（图3-3-5）。责任规划师单位要形成涵盖包括交通、市政、工程设计等多个专业的技

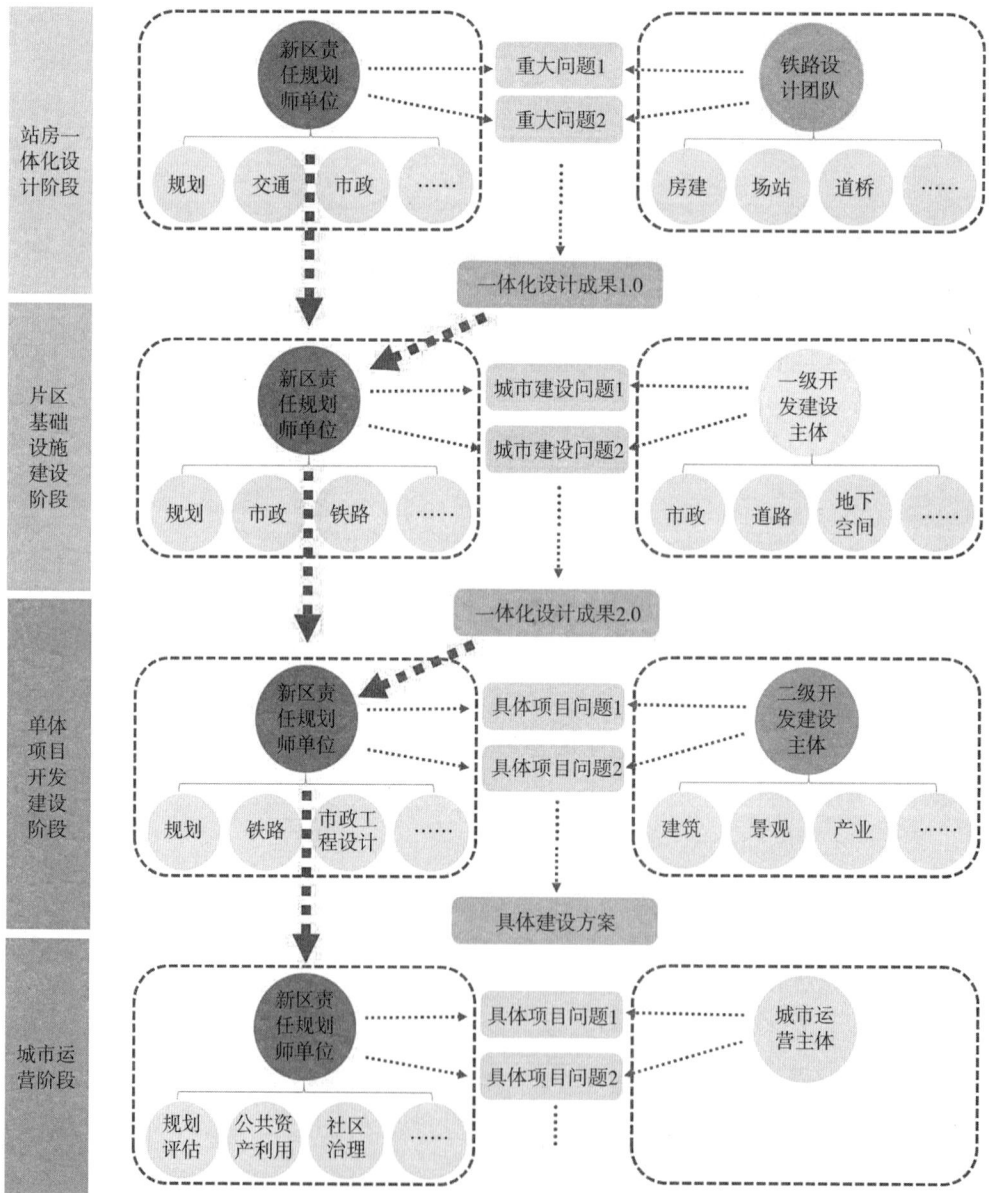

图3-3-5　责任规划师工作关系图

术支撑团队，保证规划的顺利实施。同时要能够形成一条技术服务的主线，将核心理念与不断优化的设计成果向下一层级设计工作传导。针对不同时期的不同需求，不断完善技术成果，拓展技术支持的纵深和广度，以保证方案的核心理念和设计蓝图得以实现。

（3）技术把控融入管理程序，保证规划落实

雄安新区通过创新规划管理程序，将责任规划师单位技术审查融入规划管理程序，通过实施程序上的关键抓手有力传达规划要求。具体来看，将规划设计条件、BIM审查结果以及责任规划师单位的审查意见三个关键节点作为主要抓手，能够有效保证一体化成果的落实，又避免了过多的行政审查程序。

3.4 实施责规单位总牵头制[1]

3.4.1 面向新需求的全过程技术工作框架

当前社会经济的深刻变革和人民日益增长的美好生活需要都对城市空间提出了新的需求。面对高质量发展的新需求，以责任规划师单位总牵头的工作模式，需要综合解决城市空间营造全过程的各类技术问题（图3-4-1）。在规划编制阶段，与政府部门共同探索设计目标，针对规划过程中需要解决的问题策划专题研究，跨专业协同其他团队进行技术整合；在规划实施阶段，辅助规划实施管理，做好规划技术传导，对具体项目提供审查意见，根据需求组织专题研究或专项设计；未来在城市建成后，还将继续参与城市运维、发展监测、规划评估等工作。与传统规划工作相比，责任规划师单位不仅要完成技术方案编制工作，更需要在城市空间营造的全过程提供技术支撑，并展开有针对性的工作。

2020年12月27日，雄安站综合交通枢纽正式建成通车，站体内部空间按照规划设计要求预留的各类城市空间全部建成，站房周边城市空间也按一体化成果逐步展开落实。在雄安站枢纽片区站城一体规划设计过程中，始终由责任规划师单位总牵头负责全过程，从方案编制到规划实施阶段的主线工作，未来随着片区建设的成熟也将继续探索运营阶段的工作内容。

3.4.1.1 方案编制阶段：参与谋划，统筹成果

领会思想，完善目标。在枢纽片区规划设计编制前期，为支撑雄安站枢纽片区规划设计国际方案征集工作，规划咨询团队根据雄安新区的规划背景和理念，迅速展开项目的研究工作，并思考多种解决方案，经过多轮沟通，确定规划的边界条件。前期研究和多方案比选是对规划背景的分析解读，避免后期国际方案征集在漫无目标的底图上作答。

---

[1] 王勇、郗研、杨弘毅，北京清华同衡规划设计研究院。本节图表除标明来源之外，其余均为约稿作者提供。

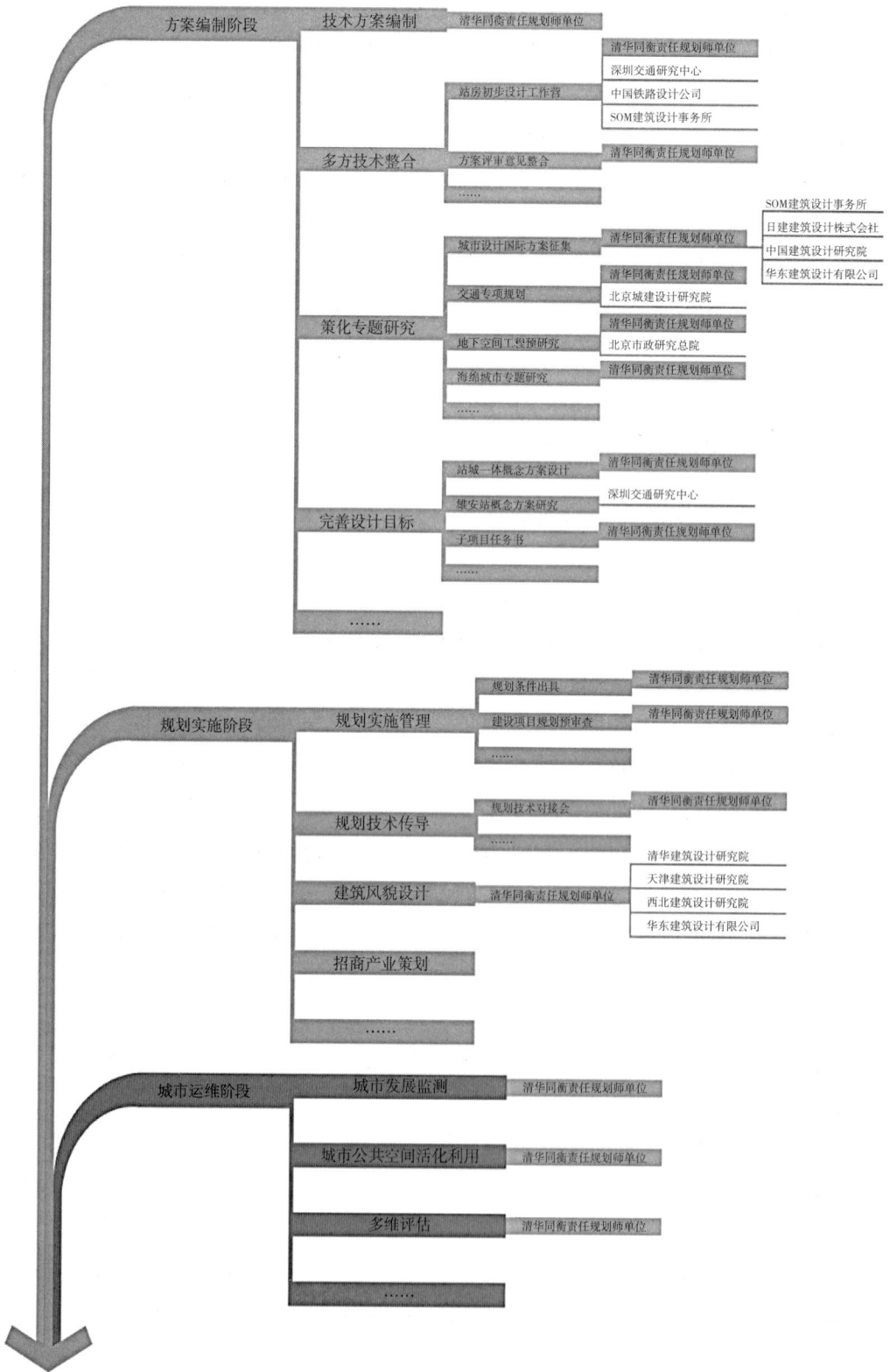

图3-4-1 责任规划师总牵头工作模式示意图

根据问题，策划专题研究，进行技术统筹。在规划方案设计编制阶段，充分研究规划实施时期会遇到的问题，直接面对，策划要开展的专题工作。在雄安站站城一体化设计方案和控制性详细规划编制阶段，为广泛征求站城一体的空间解决方案，举行了国内外方案征集。为解决枢纽站内外交通衔接的问题，专门编制了交通专项规划。为解决城市空间与站内空间具体结合方式、位置、宽度以及地下空间和各类管线、轨道交通等交织的复杂问题，专门编制了地下空间工程预研究。在工作统筹的基础上，进行技术整合。在国际方案征集过程中，面对参评各家设计方案的技术成果，整合优缺点，进行最终方案落实。在站城一体化过程中，责任规划师单位需要协同铁路线路、站场、信号、交通等多个专业和部门开展工作，对开展的各类专项规划进行技术统合，最终形成高质量的规划成果。

3.4.1.2 规划实施阶段：服务后展，保障落实

在规划编制审批通过后，需要继续跟踪规划落实，为规划能够精准指导后期建设保驾护航。此阶段工作主要解决规划的高质量传导，后期开发、招商以及土地出让如何衔接规划，在规划建设期各系统如何支撑城市建设等非常实际的问题。

2020 年 3 月，雄安站枢纽片区控制性详细规划正式获得批复，成为指导和管理该片区具体建设的法定文件。为了保障规划的顺利实施，责任规划师单位需驻地工作，协同新区规划管理部门共同完成规划传导和管控工作。在此期间，责任规划师单位需要根据实施过程中出现的新问题，继续深化工作。例如枢纽片区为了解决建设时期产业发展与重大项目落位衔接问题，与规划管理部门共同编制了片区开发策划；为解决城市门户地区的重要标志性建筑以及公共建筑的精细化管控问题，组织编制了枢纽片区建筑风貌设计；为解决片区重大项目落位和新区整体建设计划匹配问题，针对需求开发了重大项目管理平台。

这个阶段涉及大量的规划管理工作，包括开发项目的策划、工程项目的衔接协调以及土地出让文件的制定等内容，需要规划团队具备丰富的工程经验，持有更加开放包容的学习态度。

3.4.1.3 城市运营阶段：多维评估，参与运维

在未来城市建设基本完成后，城市运营将成为一个长期命题。规划时期的功能构想和产业策划在实际运营中会遇到什么样的问题，城市公共资产如何利用和运营，城市空间利用和各系统运转如何，城市发展状况如何等，这些都要继续跟踪评估。在城市运营阶段，同样需要对遇到的新问题深入分析，快速反应，形成解决方案，这也将成为全过程咨询框架的一部分重要工作。

雄安新区秉承融合和开放发展理念，在枢纽片区设计中城市地下一层空间将和下沉公共绿地有着便捷的交互界面，为建筑地下一层设置公共功能奠定了连通基础，所产生的大量城市公共空间成为新的潜力空间。它的管理与维护将增加城市的财政支出，所以这类城市公共空间的活化利用，将是新区未来必须考虑的问题。此外，雄安将是移民城市，未来新住民必将形成新的生活方式，社区的建构和组织也将成为社会治理的课题。城市营造是

一个漫长的过程，只有深入了解和主动参与城市空间才能真正把握问题的关键，进行前端反馈，从而形成完整的交互设计链条。

3.4.1.4　全过程技术工作框架的优势

全过程技术工作框架从原来城市规划专注于方案设计转变为面向规划实施全过程的技术支撑，是以城市空间营造为最终目标形成的工作方式，兼具倡导性规划和协作性规划的特点。

与传统规划工作相比较，全过程工作框架避免了传统规划实施过程经历多个部门、团队和实施主体后规划信息的丢失、规划方向习惯性调整的弊端，更有利于保障一张蓝图干到底。该工作框架包含从前期项目谋划、发展方向和设计理念确定，到规划方案编制主要意图、管控要点整合，再到建设实施时期遇到问题及时反馈、动态优化的整个过程，能够始终如一地坚持规划目标，确保信息在各个阶段保持传递的完整性，规划连续性好。该框架有利于形成正向反馈机制，针对实际运营中遇到的问题，迅速向前端反馈，及时纠偏。

雄安站枢纽片区规划不断深化的过程中，先后经历了站房一体化设计阶段、片区基础设施建设阶段和单体项目开发建设阶段。规划咨询团队在不同时期要与不同设计主体共同工作，在站房一体化设计阶段，规划咨询团队作为雄安新区的设计团队，与中国铁路设计集团就站城一体化设计中出现的重大问题协商沟通，最终形成了统一的设计成果；在片区基础建设阶段，规划咨询团队继续与一级开发主体设计团队就城市道路、市政管廊等问题进行深化设计，形成了2.0版本的深化成果；在单体项目开发建设阶段，规划咨询团队带着不断积累的设计成果，与二期开发主体进行沟通协商，指导具体的单体建设项目。未来在城市建成后，规划咨询团队还可以继续参与到城市的运营中，继续跟进城市空间的利用与维护。

在方案不断深化的过程中，规划咨询团队会面对大量空间整合、工程技术协调的局面，针对不同时期的不同需求，不断整合技术成果，拓展技术支持的纵深和广度，确保规划初心不改变、规划理念传承不断档、规划技术成果不丢失，最终保证方案设计蓝图得以实现。

3.4.2　面向实施的多专业协同工作需求

全过程综合咨询工作模式与传统规划工作比较，有着工作链条长、涉及范围广、专业跨度大的特点，需要从传统的案头工作向工程前沿、市场主体以及行政管理多种类型工作转变。责任规划师团队要涵盖规划、交通、市政、安全、智慧城市、风景园林、建筑设计等多个专业，而且根据不同需求，需要与其他多个单位协同工作。因此多专业多团队协同工作和技术平台搭建是新工作模式的核心要求。

3.4.2.1 多专业协同工作机制探索

此次雄安站站城一体化能够顺利推进的重要前提就是在工作前期就开始探索并构建了"站城一体，路地协同"的工作机制，使得铁路总公司与雄安新区能够在同一个层次形成对话，对一体化过程中遇到的重大问题能够及时判断，快速决策。

在整个工作推进的过程中三个协同（即设计协同、决策协同、审查协同）的工作机制起到了至关重要的作用，解决了以往路地双方职能和责任划分不同、路地双方工作组织模式不同、管理范畴分离而导致的站城难一体的问题。

（1）设计协同——建立设计工作营的设计方式

在我国现阶段国情和体制背景下，若站城一体，必路地合作。我国高速铁路之所以发展如此迅速，很大程度上在于铁路总公司具备高度完备的工作体系。全国铁路一盘棋，对线路规划、站房设计、工程建设都有明确的时间节点，统筹力强，推动迅速。2017年10月在雄安站选址确定不久，铁路部门就着手开展雄安站站房建筑设计相关工作，并确定了站房方案设计、初步设计、施工图设计、土地征收、施工进场等一系列工作节点，以确保雄安站按时建成通车。整个过程各阶段衔接紧凑、节点明晰、执行力强。因此，属地规划编制一定要及时介入到站房的设计流程中。

雄安新区为实现枢纽片区站城一体建设，在新区管委会的牵头下分别成立两次集中工作营，针对站房方案设计和初步设计阶段提出雄安新区城市规划方面的要求，在站房设计的关键窗口期，短时间内高效整合多专业设计成果，与铁路部门达成共识。在此过程中，工作营的协同设计方式和责任规划师单位负责制起到了设计平台的作用，顺利地将城市空间诉求反映到站房建筑方案设计中并予以落实。例如在雄安站进站形式的确定、场站的分布、城市通廊的布局与预留等一系列关键性要素和指标，都由路地双方共同协商确定，从而使得站城一体取得了突破性的进展（图3-4-2）。

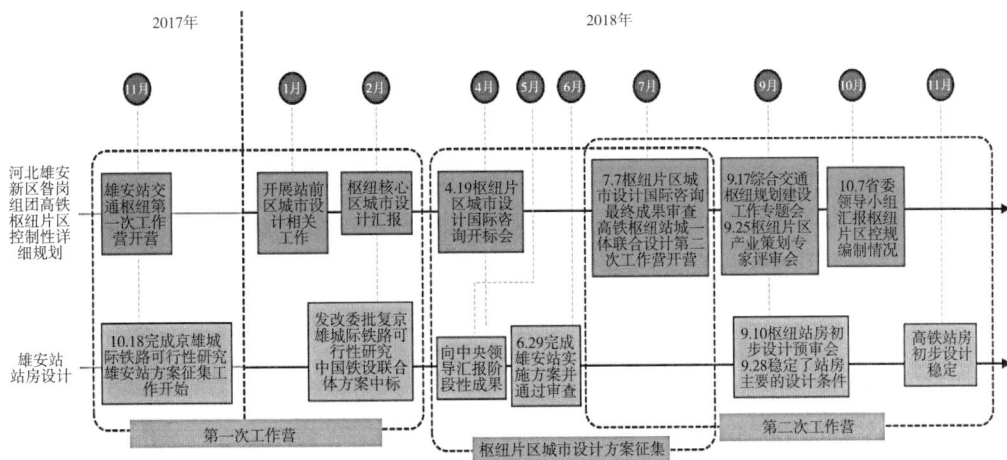

图3-4-2 雄安站站城一体规划设计编程流程示意图

（2）审查协同——形成明确的路地联审机制

雄安站站房由铁路总公司和雄安新区共同出资建设，奠定了站房初步设计路地联合审查的基础。路地双方共同作为枢纽站房业主，对站房设计进行联合审查。新区根据枢纽片区规划成果以及相关设计要求，在方案和初步设计阶段审查站房设计成果对新区要求的落实情况。同时，这一机制也有利于站房设计明确周边城市道路、市政管线接口及其他城市支撑系统。对于城市建设方面，则明确了站房各类功能接入情况，稳定片区各系统的设计基础，有利于城市规划工作的推进。

3.4.2.2　基于全过程的工作展开面

为保证雄安新区"一张蓝图绘到底"，提供全方位、多角度、长链条的规划落地实施服务，整个责任规划师团队要协助新区统筹区域层面"多规合一"，推动新区总体规划、控制性详细规划以及各类专项规划在责任片区内落地实施。从方案编制到实施成果把控，对新区政府部门全权负责，面向城市规划建设各阶段全面展开工作。各专业需要通过紧密的协同工作，及时解决规划实施中遇到的各种问题，指引项目推进。

（1）提供全程技术支撑

在方案设计研究阶段，责任规划师单位要协助新区组织方案征集、竞赛等设计工作，出具设计任务书及成果审核意见。在工程项目建设阶段，针对工程方案设计中建设单位提出的规划咨询要求提供技术指导。在城市开发阶段，需要责任规划师单位秉承规划理念与要求，统筹一级开发建设，形成切实可行的实施计划，并协助完善责任片区规划管控指标体系，建立管控数据平台。

（2）参与规划实施管理

责任规划师单位需要对所辖片区内全空间要素进行方案审查，包含建筑、景观、市政、交通、城市家具等对象，并提出建设性意见。对工程建设项目立项用地核提初步规划条件，为建设项目出具选址意见书，为土地出让合同提供规划条件和其他技术支撑。在工程项目建设许可阶段，对设计方案合规性和技术合理性提出预审意见。协助雄安新区规划建设局按程序开展责任片区控制性详细规划动态维护及规划优化、细化等工作。配合新区开展规划公示、宣传、培训、意见征集等活动，推进公众参与城乡规划的编制、实施和监督。

（3）制定综合实施方案

责任规划师单位要统筹、指导责任片区内街区风貌、建筑设计、交通、市政、景观等专项研究，参与新区土地供应管理工作，为责任片区一、二级土地开发提供技术支持，协助土地供应部门进行宗地划分、指标整理与核定，在城市建设期间根据实际情况参与制定责任片区建设实施方案。

（4）提供开发策划研究

雄安站枢纽片区是雄安新区最先展开建设的片区之一，根据实施要求，在规划编制完成后，雄安站枢纽片区就几乎同时开展了开发策划的编制工作。开发策划从全局综合盘点枢纽片区的优劣势，深入分析雄安新区的土地成本、各项基础设施与服务设施、区位与交通优势以及与北京通州城市副中心和大兴机场产业区的比较优势，形成面向实际、切实可行的开发策划方案，以应对片区产业招商需求。

3.4.2.3 面向实施的工作纵深

交通枢纽一体化建设地区的特殊之处，就在于需要在设计之初就同步解决好近期工程建设和远期规划预留的问题。由于高速铁路对周边地区工程条件要求十分严格，高铁站一旦建成通车，其周边地区尤其是地下空间的改动难度极大，所以如果要做到高质量的规划传导，就需要在城市规划编制阶段深入研究地下空间工程可行性，核心区地下空间规划必须做到工程深度，才能有效对接站房的工程要求，为以后工程实施留有空间。

（1）精细化地下空间研究

雄安站枢纽片区涉及立体化的场站、地下道路同步建设、地铁站厅与线位的预留，各种城市管廊、管线、地下人行通道、商业街等，地下空间极其复杂。因此，在雄安站站城一体方案编制过程中就同步编制了地下空间工程预研究，以解决地下空间平面设计与竖向设计综合关系，理顺地下空间的功能布局，通过轨道交通线路与站厅布局方式的推演确定结构工程预留和空间预留，提前考虑地下空间使用的消防、人防策略。

（2）工程实施统筹研究

为应对近期工程建设与远期空间预留，规划需要提出地下空间工程统筹实施建议。对建设时序、施工工法、地下水水位控制、开发模式提出解决方案，综合分析同步实施或预留预埋工程的技术可行性，以及做出经济性评价建议。工程可行性直接影响地下空间规划方案的可实施性，因此若站城一体衔接顺利，后期建设不影响规划实施，必须做到空间方案与工程方案相互支撑。在工程预研究的基础上确定地下空间主要设施，比如地下通廊、地铁区间、高铁站环隧以及城市管线的相对关系和高精度标高控制。

（3）对于实施细节的严格把控

在雄安站枢纽片区规划落实的过程中，责任规划师单位需要对各要素进行严格把控。例如在城市道路工程建设中，不仅要对道路断面、市政管线、交叉口形式进行把控，还要对诸如树种选择、桥梁样式、人行道铺装等城市家具的风格和整体协调性进行审查。传统各专业、各部门分头实施所产生的各要素不协调的情况很普遍，责任规划师单位从整体性出发，对城市空间内的全要素进行把控，可以有效避免实施管理部门"各管一摊"造成城市景观环境不协调的状况。

3.4.3 责权明晰的责任规划师保障机制

在雄安新区的规划建设中，责任规划师单位是城市规划管理中的新角色，其责任和权力的行使，需要和行政管理体制相结合，并通过有效的流程和机制，保证其工作的开展。

责任规划师单位开展工作需要从身份认定、合同保障和程序抓手三个方面入手，形成一套权责明晰的责任规划师单位工作的保障机制。

（1）身份认定

责任规划师单位具有一定属地管理性，责任重大，并具有一定的权力特征，必须进行身份和管理地位的认定才能有效开展工作。雄安新区在各片区城市设计和控制性详细规划编制开始之初，就初步确定了责任规划师单位。由于责任规划师需要负责的工作链条长，对上要衔接总体规划，传递规划理念和要求，对下要管理具体项目，落实规划要求，因此该片区的控制性详细规划编制单位具有先天的优势和工作基础。此外，新区通过资质认定、团队构成、业绩考核、工作评估等多种方式进行综合筛选，最后确定并公布责任规划师单位任命和负责地区。

（2）合同保障

责任规划师单位一般由市场化的咨询企业担任，需要遵循市场规律，有权责清晰的法律合同保障，明确工作任务，划定工作边界，确定标的物价格。责任规划师单位总牵头的工作模式下，担任该工作的团队必须在相当长的一个时期内专注于该片区的工作，期间工作量大、参与团队多、需要驻地工作，责任规划师单位投入巨大。因此，一个遵循市场规律的合同保障，是该机制运行的基础。

（3）程序抓手

雄安新区通过创新规划管理程序，将责任规划师单位技术审查融入规划管理程序，通过实施程序上的关键抓手有力传达规划要求（图3-4-3）。在建设项目行政许可流程中，通过规划设计条件、BIM审查结果以及责任规划师单位的审查意见三个关键要素作为主要抓手，有效保证规划成果的管控落实。

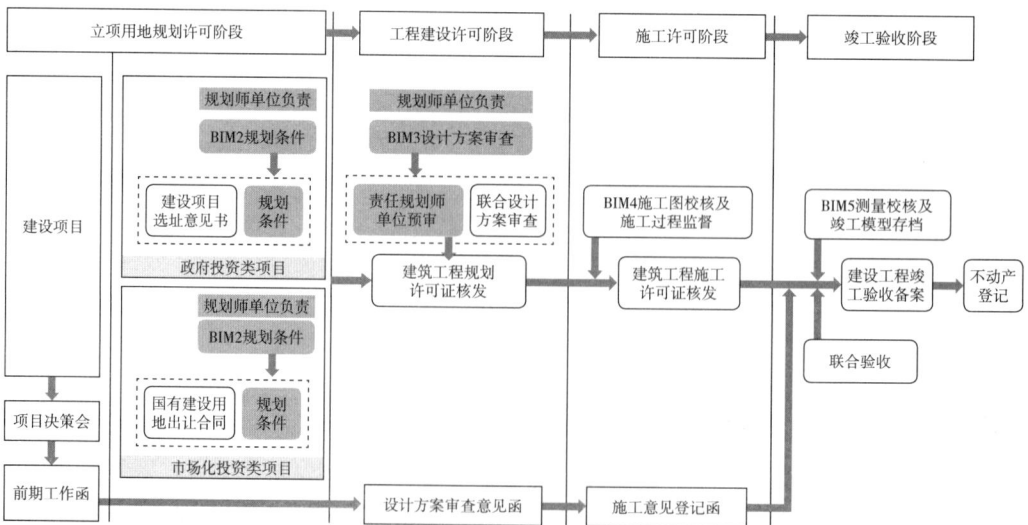

图3-4-3 责任规划师辅助管理流程示意图

在项目立项阶段通过拟定项目选址意见书和规划设计条件，明确规划的各项要求，通过刚性和审查性要求指明具体建设项目的方向和要求。在工程建设许可阶段通过BIM平台方案审查和责任规划师单位预审意见对项目具体建设方案进行审查，责任规划师单位预审意见作为规划建设部门核发方案设计审查意见函或工程规划许可证的必备条件之一。只有通过有力的行政抓手，才能保证责任规划师单位的意见能够得到足够重视和有效落实。此外，责任规划师单位还可以参与建设单位、设计单位的信用评定、评估考核、奖惩等工作，强化了其对工程方案控制的力度。

3.4.4 新需求下责任规划师单位的新要求

高质量的空间营造对责任规划师单位工作提出了新的要求，不仅要有传统的学科知识，还需要对宏观政策有深入研究，需要跨专业综合解决问题，还需要有深入实际工程、伴随式服务的意识。它不同于拥有正式制度权力的"政府规划师"，也有别于为一般企事业单位或开发项目服务的"执业规划师"。全新的角色要求责任规划师单位一定是以团队的形式出现，而这只团队需要应对变化，具备新的工作能力。

（1）宏观引领，整体把控

责任规划师单位要有宏观引领、对项目发展方向整体把控的能力，需要协助当地政府决策层把控发展方向和整体大局，在高处发声。他们要能够为决策者提供信息和智库服务，深入基层获得一手真实信息，把对空间营造和空间治理有价值的东西提炼出来，以达到信息充分掌握和解读；为决策者提供具有技术性或政策性的解决方案，寻找利益价值观正确、多元利益均衡的解答；为决策者提供一定时期的城市发展格局、重大问题的工作方法、应对机制的组织框架等系统性问题。这就要求团队要具备国家重大方针政策的深度解读能力、复杂问题的系统性分析能力以及在具体项目的整体把控能力，能够为决策提供前瞻性的、有战略价值的咨询服务。

（2）多专协同，平台搭建

责任规划师单位必须具备多专业协同工作的能力。在整个城市空间营造过程中，涉及社会、经济、工程等多领域知识体系，单一专业或小团体都难以解决当前面临的复杂问题，所以责任规划师单位必须学会组建多专业协同工作平台，充分发挥平台协作、资源引介等方面优势，解决综合性复杂问题。

在枢纽片区站城一体规划工作中，形成一条主线、多方协同的工作方式。在控规编制阶段紧紧围绕建设站城一体的高铁枢纽片区的核心目标，由责任规划师单位协同城市设计单位、铁路站房设计、城市市政交通工程设计等多家单位形成规划技术整合第一梯队，保证站房与城市空间融合，功能协同、交通一体。在规划实施阶段，又继续协同建筑设计、专项能源设计、智慧城市等多家支撑团队对实施过程中遇到的技术问题进行预研究，确保规划切实可行。

面对多专业协同工作的要求，责任规划师单位内部也必须要形成一个涵盖多个专业的技术支撑团队，包括交通、市政、建筑、景观、工程设计等。各专业内部紧密协调，共同工作，发挥各自优势，根据问题形成快速决策机制。遇到跨专业复杂问题，由责任规划师单位迅速调动内部资源形成有针对性的工作小组，提出解决方案，有效推动工作整体向前发展。

（3）知行合一，快速应对

责任规划师单位需要具有对问题发现的敏感性以及快速反应能力，有科学审慎的态度、求真务实的精神、多专业知识的储备，在实践中总结经验，积极参与决策过程，在学中干、干中学，知行合一。

城市规划的实施是一个复杂的过程，会不断遇到新问题。一个空间构想在实施中会受到多种条件的制约，需要规划师综合判断经济性、社会性、工程实施难度、制度制约等因素对空间效果、未来场景应用的影响。规划实施一定是一个多因素相互博弈的结果。在博弈的过程中，价值观的坚守、综合判断能力的增长、快速反应能力的提高就成了责任规划师单位的必修课。这也要求其能够具备不断提高总结经验教训的能力，寻求具体方案的改进策略，探索复杂问题的解决方法。

（4）专业精神，长期陪伴

全过程咨询要责任规划师单位能够"贴身"服务，有"驻地"工作的能力。这种"贴身"和"驻地"是一种与当地的政府部门、当时的项目需求的紧密伴随，实实在在走在需求的身边。这种伴随需要关注规划建设管理的整个流程，关注工程实施的进展和关键节点，既关注结果，又关心过程。

在全过程伴随的工作过程中，往往是以多种实际工程项目为对象，因此在烦琐的事务性工作中，要不忘初心，坚守规划的专业、科学精神和以人为本的价值观，为人民而设计。在不断深化的过程中，时刻保持底线思维，避免规划的"折腾"。在伴随中引领，主动参与到规划的决策环节，通过项目立项、任务书拟定、设计条件出具、工程方案审查等关键性抓手，引领规划实施朝着最初的目标不断前行。

第四章 智慧赋能城市发展

4.1 构建智能城市顶层设计

4.1.1 建设目标与原则

雄安新区构建了"1+4+26"的规划体系，包括1个纲要、4个综合性规划和26个专项规划。在26个专项规划中，新区制定了独有的《雄安新区智能城市建设专项规划》，提出了智能城市建设发展目标和原则。

（1）基本原则

创新驱动、智能引领。坚持把创新作为引领高质量发展的第一动力，积极探索前沿领域科技发展，深度应用智能化技术，加速城市各领域向网络化、数字化、智能化的跃升。

数据融合、开放共享。树立数据资源共享开放理念，创新数据资源管理体系，全面推动政务数据与社会数据的跨领域融合应用，使城市居民生活更舒适方便。

市场主导，政府引导。大力推进改革创新，充分发挥市场在资源配置中的决定性作用，更好发挥政府规划的战略引领作用，促进智能城市建设。

同步规划，同步建设。坚持智能城市与现实城市同步规划、同步建设、统筹规划建设智能基础设施，实现现实与数字城市、智能城市协同并进发展。

（2）发展目标

第一阶段：到2022年，初步建成智能城市，智能化应用深度开展；

第二阶段：到2035年，居民生活、企业生存和城市运行高度智能化，建成全球领先智能城市；

第三阶段：到21世纪中叶，建成全域高度智能化的社会主义现代化城市。

4.1.2 "一中心四平台"的基础设施体系❶

根据规划纲要及智能城市专项规划的建设要求，雄安新区要构建"一中心四平台"的智能城市基础设施体系，其中，"一中心"是指雄安城市计算（超算云）中心，"四平台"是指块数据平台、物联网统一开放平台、CIM平台和视频一张网平台。

---

❶ 本节图表除标明来源之外，其余均为中国雄安集团数字城市科技有限公司提供。

4.1.2.1 城市计算中心

雄安城市计算（超算云）中心（以下简称"雄安超算中心"）位于雄安新区悦容公园北侧，占地面积3万平方米，是以雄安云及超算为核心的城市计算战略性基础设施，包括互联网数据中心（IDC）、云平台、超算系统三部分建设内容，总建筑面积约39851平方米，分为地上三层、地下一层。其中，地上建筑面积14408平方米，地下建筑面积25443平方米；地上建筑中，超10000平方米为超低能耗建筑；为确保项目建筑物稳定不产生较大位移，地下基桩最深将达20米（图4-1-1）。

秉承"雄安数字城市之眼、雄安智能城市之脑、雄安生态城市之芯"的设计理念，雄安超算中心是雄安数字孪生城市运营服务系统的重要载体，该项目建成后主要"面向三类群体"：面向城市管理、创新产业和公众服务分别提供政务云服务、产业云服务和公众云服务；"融合三类资源"：将边缘计算、云计算、超级计算等三类资源进行统一部署管理；"提供三层能力"：在资源服务基础上，提供块数据能力、城市PaaS（平台即服务）能力，促进新区的信息化、数字化建设。

雄安超算中心采用"两地三中心"架构，打造永久数据中心和雄安云，实现感知数据实时处理和高效传输，满足高性能、大容量、复杂计算需求，天津、衡水分别设置超算中心节点，雄安设置同城双活中心与备份中心，通过统一的资源调度系统，对云资源、边缘节点和超算系统的能力进行集中调度，融合边–云–超一体化计算能力，支撑政府、企事业单位、公民的多元化智能应用。

雄安超算中心已于2020年10月开工建设，截至2021年4月已完成基础工程桩施工，目前正在清槽施工，预计2022年完工并投入使用。根据规划，2022年云主机池约有1970台服务器，可提供7万核vCPU计算力的云主机池、40TB云存储、200台高性能数据库服务器、

图4-1-1　雄安城市计算（超算云）中心效果图

400台大数据服务器等资源服务。将提供传统机架出租及计算、存储、网络等云基础资源服务，包括云主机、高性能计算服务器、大数据基础服务器、云存储、备份、互联网、专线等内容。

4.1.2.2 块数据平台

雄安新区块数据平台是城市开放式智能数据运营平台（图4-1-2），是雄安新区的数据汇聚中心、管理中心、服务中心和服务赋能中心，承担着采集汇聚、统筹管理新区全域数据，完成新区数据融合和创新应用的任务。

目前，块数据平台已完成一期建设，汇聚超过100亿条数据，对外提供79个共享服务接口，数据共享服务调用达1900万次，为新区管委会及集团公司各单位40多个业务系统提供运行支撑。如为中国雄安集团非招标采购管理平台提供审批数据、专家库数、采购数据、项目信息等融合分析，非招采购数据与智慧纪检关联比对分析；为征迁安置数字管理平台进行安置数据、补偿数据、合同数据等融合分析，掌握征迁进度、严防资金节流、挪用等违法行为；为中国雄安集团交通有限公司所管理的公务车、接驳车、临时CEC等多种业务的运营状态进行监测和特征分析；为智慧管廊项目提供管廊数据与智能城市建设数据融合分析，以及管廊运行的预警预测、数据主题分析等。

未来，块数据平台将打造成为新区数字孪生城市数据基底，夯实雄安数字基础设施，全面支撑新区数字孪生城市建设；赋能政务服务、城市治理、数字经济创新和智能应用，打造数字产业核心竞争力，培育数字产业和生态，为雄安成为全球智能城市典范奠定坚实基础，打造高质量发展的雄安样板。

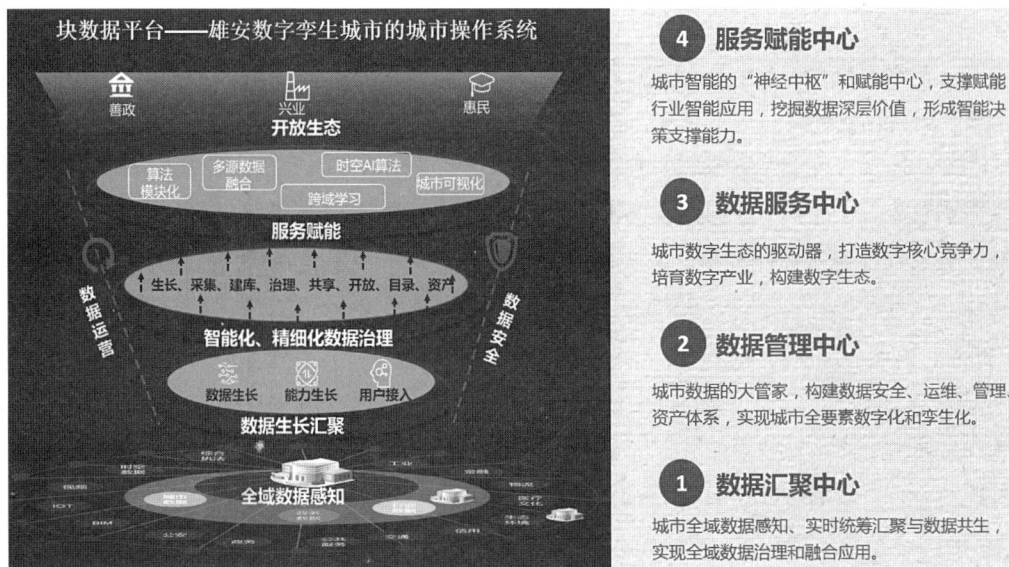

图4-1-2 块数据平台功能概念图

4.1.2.3 物联网统一开放平台

雄安新区物联网统一开放平台（XA-IoT平台）是雄安新区数字孪生城市的基础性支撑平台，平台以全域物联感知接入为基础，以资产统筹建设运维服务为核心，以开放共享应用赋能为理念，通过"统一设备标识、统一设备接入、统一物联数据标准、统一资源共享"，实现物联设备的全域感知、统筹管理与维护，确保物联数据实时汇聚共享，支撑数字孪生城市建设（图4-1-3）。

图4-1-3　物联网平台建设成果

物联网统一开放平台定位全国首个城市级IoT平台，是实现新区数字孪生智能城市的基础支撑平台，是城市超脑运行的底座，通过实现多维感知数据的融合汇聚，形成全域、全时、互联互通的感知体系，有效支撑城市生命线、城市部件、公共安全、生态环境、民生服务等重点领域，全面推进新区智能城市的建设。

物联网统一开放平台项目目前已基本完成平台功能的开发和部署，完成341种终端类型的调研汇总，提供清晰的设备物联感知；已接入气象站、毫米波雷达等23个典型行业终端，有效支撑城市智能计算；正在开展工程项目对接工作，将实现新区整体物联网态势感知。

4.1.2.4 CIM平台

数字雄安CIM平台（图4-1-4）作为雄安新区新型基础设施和数字城市建设的重要内容，是践行"同步规划建设数字雄安，努力打造智能新区"的重要工程，将充分发挥开放性、共享性、兼容性三大特性，围绕"1+N"（1个平台，N个业务系统）总体架构，通过GIS+BIM+IoT等技术手段，实现物理空间数字化，映射现实雄安各类信息数据，建立起三维城市空间模型和城市时空信息的有机综合体，为"数字孪生城市"建设奠定扎实基础。

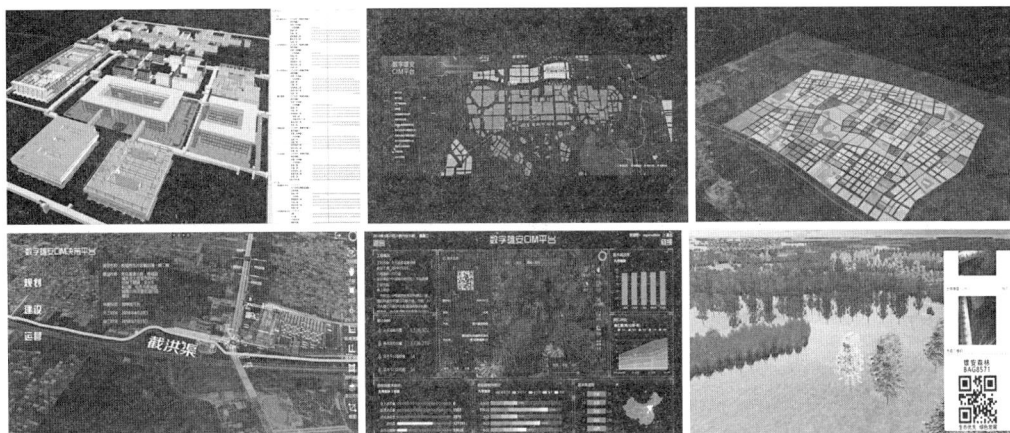

图4-1-4　CIM平台创新应用

CIM平台内已汇聚了新区全域1∶2000地形图、三维倾斜摄影、"记得住乡愁"、房屋单体化和容东安置区项目BIM模型等大量数据，已汇聚容东片区等约70个项目BIM模型。目前已为白洋淀引黄大树刘泵站工程等十余个项目提供数字化服务，并已开展截洪区一期项目等BIM审核业务。未来，将技术深入挖掘平台数据价值，为新区建设提供的GIS（地理信息服务）和BIM（建筑信息模型）审核、项目进度展示、多项目碰撞检测等服务。

4.1.2.5　视频一张网平台

视频一张网平台（图4-1-5）是为数字城市提供统一视频图像采集、专业视图结构化分析、赋能视图相关应用的基础性支撑平台，是雄安新区唯一具备能力融合、智能分析、迭代演进、开放统一的城市级"数字城市视频图像感知系统"。

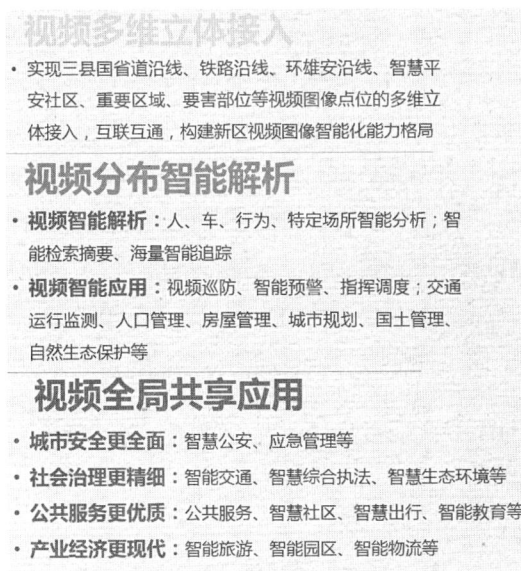

图4-1-5　视频一张网平台总体应用布局

视频一张网平台将实现全区三县省道、国道、重要卡口视频统一接入与统筹管理能力，面向交通运行监测、人口管理、房屋管理、城市规划、国土管理、自然生态保护等应用场景，提供视图数据采集、治理、共享、运维全生命周期管理能力。该平台为新区唯一的公共视频基础支撑平台，是视频统一采集、存储、设备管理、数据治理的应用平台。包括：①前端视频感知：在公共区域和社会场所布设高清智能前端视频传感设备，成为雄安新区的"眼睛"；②雄安城市光网：前端传感设备通过雄安新区的"信息高速公路"——覆盖雄安新区全域的雄安城市光网，将产生的视频、图片及结构化数据传输至雄安云存储中心；③雄安云：既是视频数据的存储中心，又是视频数据的结构化计算和处理中心，同时也是视频数据、比对数据和数据服务的共享中心；④公共视频图像智能应用平台：智能、高效利用视频数据，实现公共安全、环境监测、安全监管、交通管理、综合执法等各委办局的视频图像基本应用，尝试建立新时代城市综合治理新机制。

未来将成为支撑公共安全、社会治理、市政管理、环保水利、交通物流、科教文卫和商业创造等各业务领域的视频图像应用开发的核心引擎，为虚拟空间与现实空间的相互映射提供信息支撑，为社会服务治理、人民安居乐业、社会安定有序提供有力保障。目前，视频一张网平台已完成可研报告评审，即将取得可研批复。

4.1.3　基础设施体系的绿色创新特点[1]

以"一中心四平台"为基础搭建的雄安智能城市操作系统，坚持生态优先、绿色发展理念，紧扣新一代信息技术更迭机遇，赋能智慧应用，整体合力驱动新区创新发展的进程和成效。

（1）生态节能

雄安超算云中心搭载边缘计算、超级计算、云计算等设施，为"数字雄安"的大数据平台、区块链平台等提供网络、计算和存储服务，为新区的信息化、数字化、智能化建设赋能。作为"雄安新区首个新基建项目"，其生态节能的设计理念先驱性形成"5个首创"：国内首创大跨无柱IDC机房和"核中核"的机房空间布局；国内首创景观化隐蔽式城市计算中心；国内首创模块化集装箱机房大厅；国际首例园林化生态机房大厅；国内首创产、研、展复合机房大厅。推动非机房区域建筑实现超低能耗（PUE<1.1），引入"去压缩机"液冷散热技术，打造国内领先的创新型高性能数据中心，以建筑节能、生态机房特色亮点树立国内绿色数据中心标杆，高标准、高质量构建生态节能的数城之芯。

---

[1] 冯杰、杜鹏、李金、白莉莎、付瑞红，中国移动雄安产业研究院。本节图表除标明来源之外，其余均为约稿作者提供。

（2）全域共享

基于大数据技术和新一代人工智能技术的开放式智能城市大数据平台，是雄安新区城市大数据资源中心的实际载体，承担着汇聚新区全域数据、统筹新区数据管理、实现新区数据融合应用的重要任务，目前已完成逾173.9亿条数据汇聚，对外提供79个共享接口服务，数据共享服务调用2459万次，为49个信息化应用系统147个各类型数据库提供载体。

新区通过提供最优化的ICT服务管理，实现自动化无人值守的计算、存储、融合和共享服务能力，打造数据共享、数据交换的块数据平台，既能够满足安全、灵活可靠的需求，又能从设备能效、系统综合节能、运营管理等角度实现全生命周期绿色节能。

（3）高效治理

CIM平台及时察测雄安城市建设中的每一个环节，精细管理每一份资源，精准预判每一个决策，合理采用每一个创想。通过融会贯通规划、建筑、市政、园林、道桥等多个行业，实践出以对全周期生长进行反映，以"时间"为核心来记录雄安发展变化过程的模式；遵循全要素规则，以"空间"为坐标把所有规则进行贯通；融合全时空数据，以"算法"推动应用创新；开放治理全过程，以"共享"为理念进行原始创新为内容的"四新"路径，实现新区绿色宜居示范城市项目全过程信息化管理，集聚展示绿色宜居城市建设成效，以及多系统信息资源共享与协同应用，提升城市运行管理效率，从而推动新区绿色城区与智慧城市发展先行先试。

（4）集约共建

新区视频一张网平台通过建立统一的技术标准创新，实现视频摄像头一机多用、一机多能、一机多摄。除服务于交通、公安等重点领域，更多会服务于城市管理和公共民生的其他方方面面，是统一建设、统一部署的唯一平台。从集约建设的角度，推动公共资源智能化、高效化配置。

（5）全域感知

城市数字孪生的过程就是实体城市与数字城市的相得益彰。物联网统一开放平台（XAIoT）作为雄安新区数字孪生城市的基础，以打造城市全覆盖的数字化标识体系，实现感知设备统一接入、集中管理、远程调控和数据共享、发布为核心理念，通过多维感知数据的融合汇聚，形成全域、全时、互联互通的感知体系，有效提升城市治理现代化水平，改善民生服务、创建宜居环境，构建绿色低碳的现代化产业链体系，推动人文、智慧的绿色数字城市建设。

4.1.4 基础设施体系的智慧应用[1]

"一中心四平台"的建设已初具规模，实现了数据拉通，赋能上层应用。在应用层

---

[1] 冯杰、白莉莎、李金、付瑞红，中国移动雄安产业研究院。本节图表除标明来源之外，其余均为约稿作者提供。

面，大体分为四个领域：生态环保、城市治理、民生服务、产业经济。根据雄安发展现状，依照轻重缓急有序的建设原则，突出雄安绿色、创新、智慧的特点，建议以保障生态为原则，优化雄安治理及服务，为雄安科学治理、幸福生活、产业发展提供保障。

（1）生态环保领域

建设智慧环保系统。利用物联网、云计算、人工智能、互联网和5G等新一代信息技术，以数据为核心，把数据获取、传输、处理、分析、决策服务，形成一体化的创新、智慧模式，建设和工地监管信息化平台、移动环保系统等，通过构建智慧环保体系，将推动环境监控、监管指挥、城市布局、环境服务等方向的创新应用，实现环境智能监测、精准执法、精细监管、科学决策，服务便民。为环境管理和环境保护提供全方位的智慧管理与服务支持。

（2）城市治理领域

健全智慧交通系统。智慧交通以信息的收集、处理、发布、交换、分析、利用为主线，为交通参与者提供多样性的服务。建设动态导航，可提供多模式的城市动态交通信息，帮助驾驶员主动避开拥堵路段，合理利用道路资源，从而达到省时、节能、环保的目的；建设监控指挥中心、高清卡口子系统、电子警察系统等，通过各类传感器采集各类交通信息、发布各类交通信息、引导交通。各类采集到的交通信息将统一汇聚到城市交通信息系统中心，进行分析处理。通过对汇聚的数据进行处理和挖掘，可对道路交通拥堵状态进行分析，为交通管理部门进行决策提供帮助。

（3）民生服务领域

推广智慧社区建设。积极推广应用智慧社区综合服务平台，整合雄安人、事、地、物、情等信息，横向完成与部门之间的数据共享交换和业务协同，纵向完成与省级统一平台数据对接与信息汇总，构建社区基础设施融合能力、全场景全业务融通能力、社区综合治理融智能力。建立智能化社会服务模式，推动公共服务、商业服务、公益服务、志愿服务等在社区相互促进融合，全面提升社区治理和小区管理现代化，促进公共服务和便民利民服务智能化，提升平台核心价值，打造专业、高效的社区运营、管理、服务一体化平台，形成"可复制、可推广"示范性样板社区，打造便捷高效社区治理体系。

探索智慧楼宇建设。基于数字孪生城市理念，普及物联网技术在建筑产品终端中的应用，推进经济楼宇智能化改造。着力打造智慧互联特色，全面提升辖区楼宇互联孪生，构建与物理楼宇同生共存、虚实交互的示范级5G数字孪生楼宇。依托AI、物联网技术，推进雄安智慧化楼宇改造，实现对楼宇内设备进行标准化、一体化的全面管理，支持世界先进企业或知名品牌在区内设立区域性总部、体验店、连锁店，拓展高端消费服务功能。

（4）产业经济领域

构建数字经济大脑。运用云计算、大数据、人工智能、区块链等新一代信息技术，依托块数据平台，将资源要素数据、产业链数据、创新链数据、供应链数据、贸易流通数据等汇聚起来，融入数字经济大脑，对数字产业发展和产业数字化转型进行即时分析、引导、调度、管理，实现产业链和创新链双向融合，推动数字经济高质量发展。基于物联网统一开放平台（XAIoT）及块数据平台，打通政府数据库和企业端的产业数据库，推动数据汇聚共享，实现供应链创新链数据与公共资源数据互联互通，有效支撑多样化的经济数字化治理、产业数字化服务、数字产业化发展应用场景，提升政企协同能力。

4.2 建立智能城市标准体系

雄安新区智能城市标准体系是新区智能城市顶层设计的保障体系，也是打造高质量发展的智能城市样板的根本和关键。2020年5月，雄安新区智能城市建设标准体系框架（1.0版本）和第一批8项成果发布，这是雄安新区探索"新型智能城市基础设施+传统城市基础设施""双基建"模式的重要阶段性成果（图4-2-1）。

以现有国标、相关地方标准和行业标准为基础参考，结合新区智能城市建设目标和建设思路，雄安新区形成了包含基础设施和感知体系建设、智能化应用、信息安全三大类九个方面的智能城市建设标准体系框架，并规划了近百项需要制定的标准。首批8项标准成果分别为《雄安新区物联网终端建设导则（道路）》《雄安新区物联网终端建设导则（楼宇）》《雄安新区物联网网络建设导则》《雄安新区5G通信建设导则》《雄安新区建构筑物通信建设导则》《雄安新区数据资源目录设计规范》《雄安新区数据安全建设导则》和《雄安新区智慧工地建设导则》。

目前这些已发布的标准成果在项目中开展了实际应用。例如，新区建设的第一条数字化道路——容易线，根据《雄安新区物联网终端建设导则（道路）》，在实施建设的初期配备了智能化设施，这条物资运输通道共设置了13个车道的动态称重检测抓拍装置，覆盖全线主要入口，为以后新区的公路运输安全管理提供便利；容东片区G组团项目以《雄安

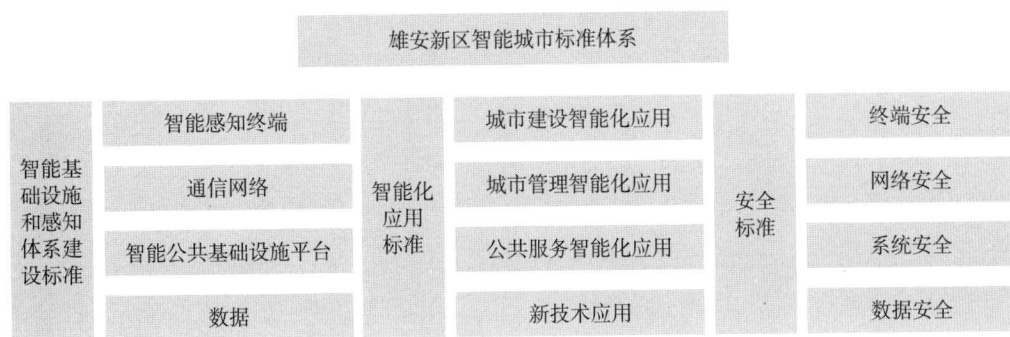

图4-2-1 雄安新区智能城市标准体系框架
（来源：中国雄安集团数字城市科技有限公司）

新区5G通信建设导则》和《雄安新区建构筑物通信建设导则》为依据，对G组团全域物联网及通信进行了智能化设计，通过室分和微站对5G信号进行深度覆盖和补盲补弱，最终实现通信信号对G组团120万平方米的建筑面积的全域覆盖，即使人在地下车库，也不会出现手机信号不好的困扰❶。

以下以《雄安新区物联网终端建设导则（道路）》《雄安新区建构筑物通信建设导则》两个导则为代表，简要介绍雄安新区智能城市标准体系成果。

（1）《雄安新区物联网终端建设导则（道路）》

依据《河北雄安新区规划纲要》《河北雄安新区总体规划（2018—2035年）》《中共中央 国务院关于支持河北雄安新区全面深化改革和扩大开放的指导意见》《河北雄安新区智能城市建设专项规划》等关于雄安新区交通的总体要求，为构建以公共交通为主的便捷、绿色的交通体系，打造交通安全、有序、畅通、绿色低碳的城市，创造良好的交通出行环境，需与交通枢纽、轨道交通、停换车等建设同步，部署用于调度、接驳、安检、安监、环境、运维等感知终端，打造人车路协同的智能化道路环境，实时分析、发布交通数据，及时预警交通事故、恶劣天气等特殊情况，识别预测车辆轨迹、道路路况、交通客流，自动调节信号灯配时，动态调配路权，有效疏导交通流量，实现道路本体状态的数字化、路面交通实施状况的数字化、交通环境状况（如气象）的数字化，引导雄安新区全面感知数据的共享融合，服务交通规划、组织、管理，服务市民出行，支持智能网联、无人驾驶的规模化测试和应用，特制定本导则。

《雄安新区物联网终端建设导则（道路）》描述的内容适用于城市道路中的快速路、主干路、次干路及Ⅰ级支路，包括其交叉路口，不包括居住用地及工业用地等的内部道路、高速公路、Ⅱ级支路（街坊路）、停车场等。该导则重点明确了道路物联网终端建设要求和道路物联网终端设备技术要求。

1）道路物联网终端建设要求

雄安新区道路物联网建设的目的是保障雄安新区的桥梁、隧道、道路的结构健康安全、无人驾驶的可靠性与安全性，提高道路交通运输的效率，通过车辆、车路信息交互共享，实现车辆和基础设施之间智能协同与配合，实现对道路及交通的智能化管理。

2）道路物联网终端设备技术要求

道路物联网感知设备可分为三类，分别是：道路基础设施状态感知、车辆行人及交通事件感知控制、道路环境状态感知。道路物联网感知设备选择和部署的总体原则为：同类型设备宜选取具有多功能集成功能的型号；道路感知设备的部署应遵循统筹集约部署的原则，共建、共享、共用，避免重复建设；以政府投资建设为主，所有终端全部接入城市物联网平台（视频终端接入视频一张网平台），统一调度、运维和管理。生产生活空间的感

---

❶ https://baijiahao.baidu.com/s?id=1666990552151774550&wfr=spider&for=pc

知终端部署以企业、个人投资建设为主，引导鼓励此类感知终端接入城市物联网平台和视频一张网平台；道路物联网感知设备宜优先选择符合新区直流供电标准的型号。

（2）《雄安新区建构筑物通信建设导则》

依据《河北雄安新区规划纲要》《河北雄安新区总体规划（2018—2035年）》《中共中央 国务院关于支持河北雄安新区全面深化改革和扩大开放的指导意见》《河北雄安新区智能城市建设专项规划》要求，坚持智能城市与现实城市同步规划、同步建设，统筹规划建设智能基础设施，为满足新区建筑物与构筑物全面实现智能化的建设需要，研究各类通信资源与建构筑物的深度结合基本思路，提出建构筑物的设计与建设过程中需要充分预留各类资源及空间的基本配置和配套设施要求，并最大程度上发挥集约规建和深度共享的基本方针。为新区建构筑物建设的全面感知和智能化提供重要参考性依据，特制定本导则。

《雄安新区建构筑物通信建设导则》是针对雄安新区建构筑物通信建设的导则，凡在雄安新区范围内的建构筑物通信基础设施建设，均应参照本导则。导则分为建筑物通信基础设施建设要求、构筑物通信基础设施、基础设施共建共享三部分。

1）建筑物通信基础设施建设要求

分信息通信建筑物、公共服务类建筑、交通枢纽类建筑、住宅楼宇类建筑四大类，根据不同类型建筑可能涉及的通信基础设施内容提出指引和要求。

2）构筑物通信基础设施

主要针对综合管廊通信设施、地下空间通信设施和标志物类通信设施三类提出相关要求。

3）基础设施共建共享

应发挥创新优势，充分整合资源，减少重复建设，提升通信网络共建共享水平和网络运行维护能力，助力新区信息基础设施建设成本，促进行业集约发展。包括基站天面共建共享，杆塔、机房、室分共建共享以及传输资源共建共享。

4.3　开展智慧社区示范建设[1]

容东片区G组团位于片区东北侧，总建筑面积约124.5万平方米，可容纳1.8万人。作为雄安新区最先启动的安置房建设项目，容东片区G组团融合绿色创新发展理念，将集中呈现雄安新区智能城市初步探索成果，建设以生活居住功能为主的宜居宜业、协调融合、绿色智能综合示范区。

---

[1] 王国建、郭红波，北京市住宅建筑设计研究院有限公司。本节图表除标明来源之外，其余均为约稿作者提供。

4.3.1 建设目标

容东片区G组团智能化建设秉承容东片区打造绿色智能示范区的总体理念及要求，以全面感知、互联互通、共建共享、标准示范为目标，以建设全面覆盖的感知体系为重点，以释放数据资源价值为核心，以完善体制机制为保障，以搭建一中心四平台为基础，将高标准打造"雄安容东智慧社区"，不断提升政府治理能力现代化和社区服务智慧化水平。

在绿色建筑星级上，坚持世界眼光、国际标准对项目进行高点定位，本着安全、经济、适用、美观、健康的设计理念，明确G组团居住建筑为绿建二星、公共建筑为绿建三星的标准，兼顾《绿色建筑评价标准》GB/T 50378—2019评分要求及《雄安新区绿色建筑设计导则》约束项要求（图4-3-1）。

图4-3-1 容东片区G组团安置房及配套设施项目G3标段施工现场（2020年6月）
（来源：http://www.xiongan.gov.cn/2020-06/20/c_1210668779.htm）

4.3.2 总体设计方案

根据国内外在智能城市建设的相关案例，结合新区的规划和定位，最终容东片区G组团项目确定了"十个功能模块+三个屏"的智能化建设框架。

该框架分为三个层面，从下至上分别为：居家级、社区级和城市级。其中居家级主要是家庭空间中的智能居家生活场景，通过三个屏来实现，分别为功能屏、移动屏和电视屏；社区级主要是社区空间的智能化场景，通过十个功能模块来体现，分别为能源市政、物业服务、公共卫生、便民服务、公共治安、公共安全、交通服务、家庭教育、家庭医疗

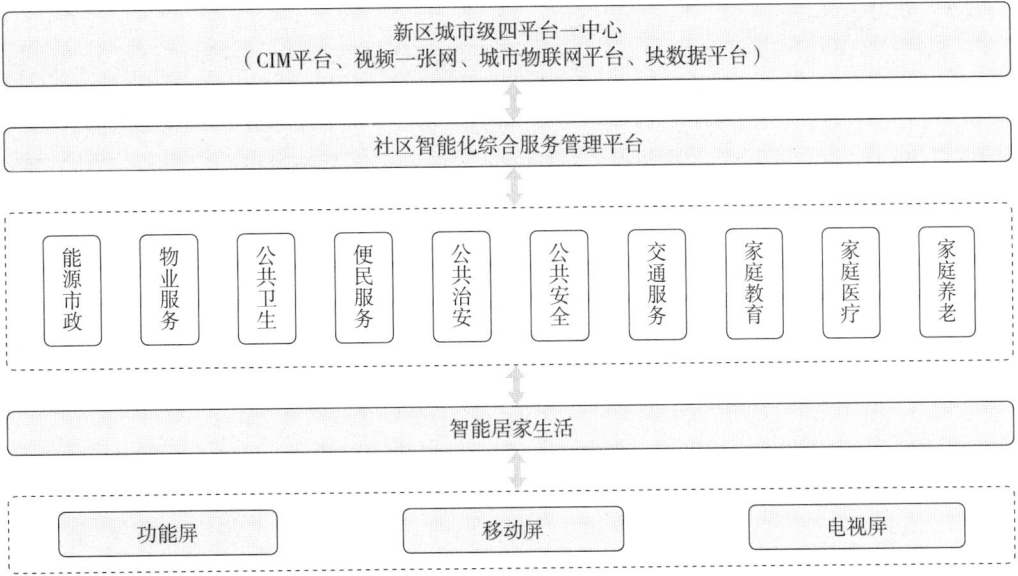

图4-3-2 社区级的数据与城市级的四平台一中心连接的智能化框架图

和家庭养老，并通过社区级的综合服务平台进行统筹管理；城市级层面，主要是社区级的数据如何与城市级的四平台一中心进行连接，实现社区和城市的相关联动。智能化框架如图4-3-2所示。

以下将对十个功能模块中的五个进行详细介绍。

4.3.2.1 能源市政

（1）多表合一

综合统筹自来水表、直饮水表、电表等五表集抄，减少基础设施重复建设。利用物联网通信手段，融合人工智能、大数据分析等技术，构建一体化的用能采集、能耗分析、运营管理，搭建社区级能源管理，并将数据传送至新区城市级物联网平台。

（2）光伏微网系统

通过发、储、用一体化的全直流生态和以交流电源经整流的直流母线为全直流负荷供电的绿色高效，共享物联的新型供用电系统。系统由光伏组件、储能蓄电池、智能电表、逆变器、家用电器组成，LVDC可应用于弱电智能家居、LED照明等场景。居民实现低压直流电的使用。

（3）5G通信

1）宏基站与建筑屋顶的外貌融合

全国首个全社区部署5G移动通信网络。顶层宏基站融合设计，形成风貌统一的建筑。通过设计16处宏基站实现社区全域5G覆盖，宏基站层对天线合理化排布，利用墙体开洞的区域传播通信信号。同时对各运营商的天线高度进行市场调研，并逐一确认。最终采用2.1m天线安装的方案，窗体部分为透波材质，保证信号覆盖范围。

2）5G设备的部署

优化内部空间，增加通信管井面积，并与建筑风貌融合。综合排布光纤入户和5G数据需求，并对6G设备安装进行一定考虑。合理设计管井的内部空间，实现比传统管井面积增加11.5%，预留了增容管路和设备空间，可灵活调整宏基站及设备的安装位置；强弱电分桥架走线，避免干扰；同时预留额外电力和数据传输线路空间，为将来扩容做准备；建筑楼梯间北侧出挑700mm空间，预留6G天线。

3）5G机房与建筑的融合

G组团内共建设2种通信机房：接入机房和小区机房，通过对计算节点统筹设计和机房的合理化布局，实现多家运营商和功能需求的深度共享，相应通信共建共享的发展原则。按照《数据中心设计规范》GB 50174—2017规定将接入机房定为B级机房，机房抗震等级为丙类，防涝等级为一级。

4）5G微站与社区景观的融合

微站深度覆盖、补盲补弱，提供精准高效服务。根据规划将杆柱分为ABCD四级，社区内适宜使用B级杆柱，结合场景功能打造不同细分等级，设计微站信息杆柱为B1级，无微站信息杆柱为B2级，纯照明灯杆为B3级，最后将数据整合后发送至物联网平台。通过功能的实现与景观的融合，增加居民的获得感和幸福感。

（4）建设城市信息模型

应用BIM、CIM构建持续更新、迭代的智能城市模型，助力构建数字孪生城市。以3D模型的方式呈现全场景的数字空间，以不同的视角查看设备运行情况。汇聚形成城市三维空间数据，促进规划、建设、管理各阶段数据的共享互通，实现空间规划精确模拟。

（5）物联感知网络

部署感知终端300余种，每平方公里约20万个感知终端。在社区搭建光纤预留接口，为实现感知终端建设提供网络预留条件。按照感知终端共建、感知数据共享的原则。科学测算并部署结构安全、道路管线的预留预埋，地上部署大气、环境、水电气暖计量等感知终端，形成全域覆盖的社区物联网络，并汇入雄安新区物联网平台。

4.3.2.2　物业服务

（1）卫生保洁

建设目标：实现社区街道垃圾桶社区垃圾转运站和城市垃圾的智能管理。

部署方式：智能全域监控，动态监测垃圾，自动形成保洁工单。

实施方式：利用全域覆盖的监控系统，通过图像锁定进行定位，并识别道路垃圾箱的实时状态，及时发布保洁工单，保洁人员根据工单及时反馈是否为垃圾。感知社区垃圾中转站的实时状态，数据上传至物联网平台，及时通知市政对接平台，综合调配清除转运。

（2）智能停车

建设目标：实现智能停车，并建设自动泊车试点示范。

部署方式：通过全域覆盖的安防摄像头，实现停车场的车位管理。

实施方式：利用停车管理系统、车辆识别系统、车位引导系统，实现对车辆的定位及寻车，方便居民出行的同时，大大提升停车效率；在0030地块商业停车区域，建设AGV自动泊车机器人示范区域。通过无线网络全覆盖，利用AGV机器人，根据停车场的布局和规划，实现自动停车。

4.3.2.3 公共卫生

建设目标：利用无接触的解决方案，如人脸识别、二维码等方式，解决社区最后一公里的公共卫生。

部署方式：在社区出入口设置无接触式自动识别设备（人脸识别/二维码/主被动探测）监测健康数据，识别人员信息并实时展示给社区管理人员。

实施方式：人员进出社区或单元楼时，通过人脸识别和红外摄像头等设备判别人员健康情况。通过添加微信公众号、微信小程序、APP、扫描二维码等方式对疑似或确诊患者进行跟踪管理和日常保健。确保在特殊时期预防接触交叉传染，实现人员无接触的智能管控。

4.3.2.4 便民服务

建设目标：通过线上无接触模式，实现居民各类生活工作的需求，为居民提供线上便利店、物业、菜市场、邮政等生活收寄服务。

部署方式：在社区各出入口部署便民服务软硬件设备，通过与政务服务数据的互联互通，为居民提供多元化的服务。

实施方式：通过与街道居委会政务服务平台互访实时数据，实时了解居民需求，居民通过便民服务可访问生活自助服务（缴费/房屋修缮）、线上电商（生活工作购物）、出行服务、情绪抚慰、医疗保险服务、资源均衡服务（婚姻登记/出生证办理）等，实现无接触式（在线支付）的生活工作期望。

4.3.2.5 公共安全

建设目标：实现对社区全局动态的管控，及时发现社区安全隐患，自动识别违法违规行为。

部署方式：在建筑物高点、社区周边、公共场所、社区边界机社区封闭地区（如住宅、学校等）布设视频摄像头。

实施方式：实现社区全景视频实景画面展示与查看，监测社区内部人员活动轨迹。实现黑名单预警、人群聚集预警、人像抓拍、特征分析等功能。

4.3.3 项目特点

该项目智能化设计包含12个业态，相关系统多达150个，智能化感知终端类型100余种、布置数量约10万个，是个复杂又庞大的智能社区系统。

本项目的设计亮点包含全域5G、全域物联、数字孪生和卫生安全四个方面。全域5G，根据《雄安新区建构筑物通信建设导则》，通过优化建筑空间，结合综合信息杆柱、建筑材料等手段，实现了5G信号的全覆盖；全域物联，根据《雄安新区物联网终端建设导则》，结合市政、公服局和运营方的要求，建设了全域覆盖的感知体系；数字孪生，结合BIM+CIM的平台，实现实体建筑与虚拟建筑的同步建设及运营管理；卫生安全，针对疫情等重大灾害，实现对公共卫生的预警。

容东片区G组团安置房及配套设施项目的智能城市建设方案，综合参考了新区智能城市顶层设计，借鉴智能城市前沿建设理论和实践经验，其智能化建设理念和系统搭建具有一定的前瞻性，该项目建设进展相较于其他组团更靠前，这为雄安新区智能城市建设的工作开展和系统搭建提供了良好的实践和借鉴意义。

4.4 完善基础设施全面保障

4.4.1 "天地淀"一体化环境监测："互联网+"智慧环保生态环境多元感知

生态环境治理与保护是新区工作的重中之重。新区生态环境部门组织编制了《新区生态环境智慧监测体系建设项目（一期）实施方案》，建立了"天地淀"一体化环境监测网络，全面提升以白洋淀水环境为重点的生态环境监测预警和监管保障能力，逐步实现科学布局、精准监测。

4.4.1.1 生态环境智慧监测体系建设项目的主要目标[1]

建设形成符合国家环境监测站设施建设指导标准的环境监测中心，建立并投入运转精准高效的环境监测质量管理制度体系，为确保其具备全要素手工监测技术能力，实现环境监测工作流程标准化建设目标，要首先使其满足国家二级监测站的建设指导要求，并确保其能够逐步满足国家一级监测站的建设指导标准，最终建造形成国际先进、国内领先、精准管控、精细物联、绿色共享，以及节能高效的标准化、智慧化的监测中心。

建设形成覆盖雄安新区全域的，包含一切要素的环境质量自动监测技术体系，以及污染源自动监测技术体系，实时、准确、全面地针对生态环境保护事业领域的各类基本要素展开监测干预，逐渐实现环境监测事业领域的自动化技术发展目标。

建设形成指向环境保护事业领域的应急以及执法监测保障机制，建立形成应急和执法监测制度体系，建设独立化的指挥调度中心，持续创新改良指挥调度工作实施模式。

---

❶ 王英俊. "互联网+"智慧环保生态环境多元感知体系发展分析［J］. 环境与发展，2020，2：171-172.

建设独立的共享中心，共享生态研究治理工作成果，打造雄安新区"生态环境建设"新名片；同时还要积极制定执行生态环境保护、科普知识培训，以及志愿者参与制度，发挥共享中心的"宣传阵地"作用，不断改善雄安新区广大社会公众的基本"生态环境意识"。

建设形成雄安新区，以及白洋淀流域环境监管大数据技术平台，支撑雄安新区生态环境治理决策工作开展过程中，能长期获取到最佳工作效果。

4.4.1.2　智慧环保生态环境多元感知体系组成❶

（1）水质监测体系

依托浮船站设备、水质自动监测站、实时预警站、水污染预警溯源站以及已有监测点的监测数据信息，建设形成水环境管理技术模块，实现水污染防治行动的过程管理、任务计划以及目标考核，实现对饮用水源地的综合监管目标。其中，饮用水源地环境管理技术功能、水环境管理综合展示技术功能将集成浮船站、水质自动监测站、实时预警站的监测数据、水污染预警溯源站数据，以及已有监测点位的监测数据，为功能应用提供基础数据支撑。

在线水质自动监测技术系统以自动监测技术设备（在线水质监测分析仪）为核心，可以有效地分析来水的各项水质技术参数，并对水样进行自动留样保存。同时开展水生态环境管理咨询服务，通过建立现场服务工作团队，以及专家会诊工作团队，应用环境大数据分析处理技术，对区域内部水环境污染发生状况进行综合化分析，全面掌握污染物实时分布的浓度状态、基本形成的原因，为区域水环境的持续改善，制定形成重点管控工作短期行动方案，以及中长期污染防治规划，提供科学减排评估。水样通过取样设备自动抽取到指定空间位置，由中控技术设备控制相应的管路组件和阀门组件，在对水样进行初步的预处理之后，再进行有针对性的分类处理，合理分配给相应的水质分析技术设备，水质分析技术进行技术分析测量，并将测量得到的结果传输到数据采集技术设备，最后由数据采集技术设备统一发送到远程服务器。在现场，中控技术设备通常可以对各个系统进行简单控制，并将测量数据结果实时显示在中控监视器设备上。功能先进的数据平台还能结合水质模型功能软件，对水质数据进行分析评估，以及预测与预警。地表水水质自动监测技术系统监测以下11个常规参数：水温、pH值、电导率、溶解氧、浊度、化学需氧量、高锰酸盐指数、氨氮含量、总磷含量、总氮含量、流量。

（2）无人机遥感监测

通过无人机遥感技术，采用不定时、不定点的技术方式开展覆盖全水域空间范围的监测，通过对监测获取的遥感图谱的初步解译，快速判断出水质动态变化情况，之后将移动船设备移动到异常水域点空间位置进行取样监测，对比遥感监测获取数据与监测船监测获

---

❶ 王英俊. "互联网+"智慧环保生态环境多元感知体系发展分析 [J]. 环境与发展，2020，2：171-172.

取数据，从而借由无人机遥感设备功能建立起水质预警技术系统。通过遥感监测技术过程中获取的影像结果可精确判断违法排污发生情况，同时对其进行遥感影像取证技术环节，移动监测船设备在遥感技术指引下能迅速到达特定事发区域，对实际发生的污染情况进行验证和取证，从而在源头上规避各类污染物进入水体环境。此外，通过采用无人机遥感技术还可对水体及水体周边环境展开全面巡查，利用遥感影像技术判断水体周边环境中分布的潜在污染源，协助环境监管工作参与人员对潜在风险开展系统化处置干预。

（3）大气移动走航监测车

大气移动走航监测车搭载多种先进光学大气监测设备，具备可移动特点，能对指定区域及厂界气体成分（颗粒物、温室气体、环境污染气体、腐蚀性气体、恶臭气体、挥发性有机物VOCs等），以及相关气象环境参数，实施在线自动连续监测。系统技术平台最大可以支持6套技术设备（走航SOF分析仪技术设备、便携式气体分析仪技术设备、便携式紫外差分分析仪技术设备、OP-FTIR定点监测分析仪技术设备、红外遥测分析仪技术设备、气溶胶激光雷达技术设备）同时开展监测作业技术环节。大气走航监测车除了能实时测量气象五参数外，还能够分析350多种气体成分，并可实现20种以上的气体组分同时测量。通过车载GPS定位系统和数据分析软件，可在地图上实时显示大气污染物浓度分布柱状图，帮助工作人员快速掌握走航区域大气污染情况，从而有针对性地查找污染源。

（4）水污染预警溯源站

水污染预警溯源站具有四个特点。污染溯源：能够判断污染类型，判别生活源、农业源，不同行业的污染排放源；针对性强：针对当地污水排口情况建立污染源指纹库，提高污染识别准确性；预警报警：灵敏度高，根据设定的预警阈值进行自动报警；污染留证：实现水样留存，可重现污染过程和证据。

在河北雄安新区生态环境建设工作的具体开展过程中，规划建设形成具备高精度特点、立体化特点，以及多元尺度特点的环境监测技术应用体系，并且逐步建构形成"互联网+"智慧环保生态环境多元感知体系。有助于实现对各类基本生态环境数据信息的开放共享技术目标，解决环境保护事业领域在信息资源共享工作开展过程中面对的多样化具体问题，为雄安新区生态环境治理体系建设工作的顺利开展，以及生态环境治理能力现代化发展水平的持续提升，创造和提供扎实且有效的保障条件。

4.4.1.3 "天地淀"一体化环境监测网络建设进展❶

截至2021年12月，已初步构建起以白洋淀为主的自动监测网络，在整合利用新区境内现有6个国考（淀区）和6个省控（跨市界）自动监测站点数据的基础上，结合模型分析进行新建站点布设，新建水质自动监测站6个、浮船站6个，均具备12项监测指标，建设空气质量微站、噪声监测站和扬尘监测站（片区站）。

---

❶ http://hebei.hebnews.cn/2020-12/01/content_8235745.htm?spm=zm1018-001.0.0.1.NBFkP7

下一步，计划将白洋淀淀区划分重点网格，加大网格化自动监测站点投入，根据情况增设水质自动站、预警站、溯源站，不断补充完善和规范"一张网"建设。科学优化布局视频监控网络，形成淀区、河道、小型污水处理站、秸秆焚烧控制点等重点区域的视频监控和在线监测全覆盖，为提高决策科学性提供翔实可靠的数据。

新区未来将从"天地淀"逐渐向"天空地淀一体化"生态监测网络建设迈进，拟引入卫星遥感技术，搭建白洋淀水系生态监测管理平台，实现白洋淀全域、全淀泊监测。另外，可以每周获取一次高分辨率遥感卫星影像生态环境专题图，通过对淀区水体叶绿素a、富营养化指数、藻类分布、总磷、总氮、COD等多项水质指标的遥感影像反演，摸清监测区域内水系生态整体状况和年度内变化趋势，提升水系生态管理水平与业务应用水平。

4.4.2　地下综合管廊：智能物流能源传送"大动脉"

雄安新区优先布局基础设施，在城市干路、高强度开发和管线密集地区，根据城市发展需求，建设干线、支线和缆线管廊等多级网络衔接的市政综合管廊系统。目前，容东片区、雄安站枢纽片区等各片区综合管廊建设全面展开，以下以容东片区综合管廊项目为例，介绍新区未来城市地下"大动脉"的建设进展与特点。

4.4.2.1　容东片区综合管廊建设情况[1]

（1）总体概况

容东片区内配套市政道路工程包括干路、支路、街巷路及市政随路管线工程，其中干路43.3km，支路63.7km，街巷道路31.0km；综合管网（管廊）工程包括地下干线管廊、缆线管廊及配套监控、巡检、照明、消防设施，其中干线管廊14.8km，缆线管廊44.2km。项目总投资约为127亿元。

2019年已启动建设干线市政道路43.3km（"六横七纵"共13条，"六横"为S333、E1、E2、E3、E4、奥威东路；"七纵"为N1、N2、N3、N4、N5、N6、N7）、桥梁30座、内部施工通道16.9km（7条），干线综合管廊14.8km、缆线沟及组合排管20.66km。

（2）干线市政道路、综合管廊简介

1）干线市政道路

干线市政道路总长约43.3km，道路红线分为28m、32m、40m。其中28m红线道路机动车道宽度7.25m，非机动车道宽度2.5m，人行道宽度1.75m；32m红线道路机动车道宽度7.25m，非机动车道宽度2.5m，人行道宽度1.75m；40m红线道路机动车道宽度10.5m，非机动车道宽度2.5m，人行道宽度2.5m。

---

[1]　本节内容除说明，其余均由中国雄安集团基础建设有限公司提供。

2）干线综合管廊

干线综合管廊（图4-4-1、图4-4-2）总长约14.8km，断面分为两舱、三舱、四舱、五舱、六舱。管廊标准断面为四舱，包括电力舱、综合舱、能源舱、燃气舱。电力舱纳入10kV、110kV、220kV电力电缆；综合舱纳入给水、再生水、回水及通信管线；能源舱纳入供热管道；燃气舱纳入天然气管线。

图4-4-1 容东片区综合管廊示意图

图4-4-2 容东片区综合管廊实拍图
（来源：中国雄安集团基础建设有限公司）

　　六舱综合管廊包括3个电力舱、综合舱、能源舱、燃气舱；五舱综合管廊包括2个电力舱、综合舱、能源舱、燃气舱；三舱综合管廊包括电力舱、综合舱、能源舱（或燃气舱）；两舱综合管廊包括综合舱（纳入水、电、信）、能源舱。

4.4.2.2　综合管廊建设创新特点❶

（1）创新共舱理念，实现管线集约建设运维共享

　　通过借鉴国外地下管廊建设经验和雄安新区综合技术安全、质量保障等因素，雄安新区创新共舱理念，实现了管线集约、运维共享，破解传统管廊独立舱室数量多、运维成本高等难题，将综合管廊给水管道、再生水管道、电力电缆、通信光缆、燃气次高压及中压管道等，整合成燃气舱、能源舱、高压电力舱和综合舱。同时，各终端管线采用统筹敷设原则，共用路由、检修井、全路网敷设，打破各种管线单独建设带来的地下空间资源浪费（图4-4-3）。

（2）创新技术贯穿地下综合管廊项目全流程

　　雄安新区在推广应用综合管廊新技术、以设计引领高品质建造等方面，起到了带头示范作用。在工程中大胆创新管廊滑移模架体系、绿色装配式护坡、台模早拆等新技术，既可保证施工的速度和质量，又降低施工成本，在管廊施工技术上的探索具有开创性，是建设工程科技示范的先试先行者。如容东片区综合管廊项目在国内首创管廊滑移模架体系，以最快的施工速度推进工期，相比传统模架施工，这种工艺不需要反复拆卸模架，通过创新采用定制铝模和铝合金滑移系统，只需一次组装便可长时间施工。

图4-4-3　雄安容东管廊RDSG-4标段物流廊道

（来源：https://pics7.baidu.com/feed/a71ea8d3fd1f4134e67b08c36a1e29cdd0c85ec3.jpeg?token=83989697396087fcc289d089fd247cc8&s=1B828C49C672E2660609C10D030070C3）

---

❶　http://www.xiongan.gov.cn/2020-11/10/c_1210880046.htm

绿色建造是雄安新区地下管廊规划建设的又一大亮点。作为新型、绿色、环保的施工技术，预制拼装已广泛应用于建筑工程领域，但因综合管廊标准化程度高，在管廊领域推广应用难。为此，雄安新区创新应用高水平预制装配营造技术，推进地下综合管廊主体结构构件标准化，提高工程质量和安全水平。此外，地下管廊施工现场没有现浇混凝土硬化路面，内部施工道路全部由可周转利用的钢板或预制板铺设，广泛采用可再生使用的新型复合材料模板，安拆便捷、周转次数高，还能保证施工高质量完成。雄安新区还在地下管廊建设中推广应用绿色装配式土钉墙支护技术，采用可回收利用产品取代混凝土，避免产生固废的同时还能降低施工成本，让施工更简便快捷。

（3）实体综合管廊和数字综合管廊同步规划建设

雄安新区地下管廊在规划设计阶段，就注重加强顶层设计，做到建管并重，实体管廊与信息技术协同融合，构建市政基础设施全过程智能管理系统。在综合管廊及管线建设中，同步布局建设智能感知和智能控制系统，实现实体综合管廊和数字综合管廊同步规划建设，将数字综合管廊融入城市物联网系统，使其成为智慧城市体系的重要组成和骨干载体。

未来，在地下管廊运维方面，新区将统一建设综合管廊智能运维管理系统，并按照两级管理、三级控制的原则，实现新区级和项目级智慧管廊的智能监控和运维管理。同时，通过应用大数据、云计算、人工智能等技术，实现智能分析控制、应急辅助决策、主动式维修保养、智能采购申请与考核评估等管廊运维智慧化管理。采用无线物联网+边缘计算技术，可以实现管廊内氧气、温湿度、有毒气体、结构状态和风机设备等无线控制，实现管廊环境与设备实时全方位监控，提高管廊安全性，降低运维成本。

雄安新区地下管廊未来将形成绿色智能建造标准，打造地下管廊"雄安样板"，引领我国综合管廊未来发展方向。

4.5 探索智慧金融创新模式[1]

立足于雄安自贸试验区发展新一代信息技术等高端高新产业和布局建设5G领域国家重点实验室及国家级创新平台的功能定位，中国农业银行河北雄安分行首次实现5G切片技术在金融机构的商用，建成全球首个真正意义上的"5G+场景"智慧银行网点，重塑银行传统经营模式、管理机制和业务体系，首创了创新引领、科技赋能、体验优良、服务高效的离行移动金融服务新模式。

（1）主要做法

首次搭建基于5G切片技术的网络基础平台。区别于其他金融机构在NSA组网基础上设

---

[1] 胡敏、王月辉，中国农业银行河北雄安分行。本节图表除标明来源之外，其余均为约稿作者提供。

立5G银行网点，中国农业银行河北雄安分行依托雄安新区率先搭建的5G切片试验网，在SA组网基础上实现了全球首个真正意义上的5G金融机构商用。

首先提出"5G+场景"离行移动金融服务方案。聚焦客户端、商户端、政务端，拓展智慧货架、金融扶贫、虚拟乡村等各类服务场景中的智慧金融业务。推出企业成长助力计划，运用5G、大数据、人工智能等技术，打造企业金融服务场景，精准匹配综合金融服务方案。

首创5G智能金融机构风险监管新模式。通过在银行凭证箱安装物联网芯片，实现凭证箱离行后开箱侦测、实时定位。利用人脸识别技术，加强驻点和其他有关人员的风险管控，针对频繁出入网点或驻留过久人员的有关行为进行预警推送。利用人工智能技术，优化客户信息保护和文明服务管理，前瞻防控各类声誉风险。

（2）实践效果

推动了5G技术在金融领域的商用。运用5G技术为代表的前沿金融科技，实现了银行个人开卡、电子签约等金融业务技术商用，推动了金融机构服务模式变革。利用增强现实及人脸识别技术，自动甄别客户类型、精准响应客户需求，实现了客户的无感识别和精准营销。

创新了客户服务体验。通过5G技术联动，打破银行现有办理模式，让老百姓足不出户即可享受便利金融服务。构建"云坐席"新型服务模式，客户只需在远程坐席人员视频指导下即可自助办理之前必须在柜面办理的复杂业务。通过在征迁现场设立金融服务站点、提供金融服务车入户服务，很好地解决了征迁居民搬迁、安置、恢复生产生活中遇到的困难。

加速了金融机构数字化转型。前瞻运用5G切片技术，打造智慧商圈、智慧货架、智慧企业金融服务等场景，让金融服务更便捷、更高效、更智能，实现了银行服务和客户需求的深度融合，为银行数字化转型提供了经验借鉴和复制推广的可能。

（3）下一步工作思路

完善现有5G银行网点服务。进一步完善技术运用、拓宽业务范围、丰富应用场景，在现有办理开卡、结算等业务基础上，将应用场景向线上融资、智能支付、跨境电商、数字贸易等领域拓展，实现从生活生产需求到金融综合解决方案的闭环服务。

开发更多离行业务功能。充分发挥5G技术大带宽、低时延的特点，结合雄安片区大规模开发建设和产业发展需求，加快探索派出型轻型网点建设，实现对公远程开户、离行开卡、后台监控等业务，力争在监管允许范围内，逐步实现传统物理网点业务全部"走出去"。

总结推广5G商用经验。及时总结极致客户体验、远程金融服务、智慧金融场景等业务模式的经验做法，探索在雄安片区乃至更广泛区域内的银行网点拓展5G商业应用，条件成熟时进一步复制推广到金融领域外的居家生活、智慧交通、商旅酒店等领域。

第三篇
环境友好

习近平总书记提出的新区建设七项重点任务的第一点便是"建设绿色智慧新城，建成国际一流、绿色、现代、智慧城市"。为此，雄安新区以环境友好、经济高效、生活舒适、生态良性循环、资源高效利用为基础，以资源再生、循环利用和无害化处理为手段，以经济社会可持续发展、人与自然协调发展和人类生活质量改善为目标，实现绿色生态创新发展。

良好的生态环境是雄安新区的重要价值体现，新区一直坚持生态优先、绿色发展，把生态环境保护治理作为新区建设发展的"生命线"，开展了一系列环境治理与生态建设项目的绿色实践。第五章聚焦新区推进白洋淀环境综合治理、"千年秀林"植树造林工程、大气环境综合治理等方面的最新工作进展，阐释具有雄安特色的环境保护与治理建设模式。新区持续推进白洋淀综合治理工作，充分发挥白洋淀水专项课题的特色智库决策系统平台的智力支撑作用，完善生态环境治理决策参考机制，颁布首部地方法规，全面规范白洋淀及其流域的规划管控、污染治理、防洪排涝、修复保护、保障监督等方面的动作，白洋淀治理取得显著成效。城市森林建设方面，以打造近自然森林为目标的"千年秀林"植树造林工程和北部森林后苑——雄安郊野公园建设均取得阶段性进展，并开始探索市场化运营机制。大气环境治理方面，新区开展创制、减煤、治企、降尘、控车的"组合拳"，空气质量明显改善，优良空气天数稳步上升。

推进资源全面节约和循环利用是我国生态文明建设的重要内容，是解决资源环境问题、倒逼经济发展方式转变、推动经济高质量发展的重要措施。第六章聚焦新区探索建设海绵城市典范、打造绿色智慧水厂样板、提速建设无废城市试点的实践。海绵城市建设方面，本章系统梳理了当前海绵城市建设背景及新区相关规划和标准对海绵城市建设的总体要求，通过雄安商务服务中心案例，介绍三级海绵城市体系设计方案和先进理念。水资源利用方面，通过起步区2号水资源再生中心工程和容东片区再生水工程两个案例，阐述新区再生利用及再生水厂工程的建设示范，推进新区节水型社会发展。固废利用方面，新区持续推进固体废物源头减量和资源化利用，一方面构建固体废物管理体系，明确管理目标、制度体系和路径，另一方面，深入开展无废城市建设试点创建，在历史遗存固废处理等八方面打造了亮点模式。此外，新区围绕生活垃圾专项整治、农村厕所革命及生活污水治理、村容村貌提升等开展整治，提升农村人居环境品质。

Part III Environmental and Eco-friendly

According to the guidance of President Xi Jinping, the first of the seven key tasks for Xiongan New Area is to build "a green and smart new city which is modern and internationally advanced". To this end, Xiongan New Area has been committed to green and ecological innovation, taking environmental protection, economic efficiency, comfortable living, ecological virtuous cycle and efficient use of resources as the basis; resource regeneration, recycling and harmless treatment as the means; and economic and social sustainability, harmony between human and nature and improvement of life quality as the goal.

"Ecological protection" is a "lifeline" and one of the key values of Xiongan New Area. Adhering to the philosophy of eco-first and green development, it has carried out a series of environmental management and conservation projects accordingly. Chapter 5 explains the progress of a few selected projects with Xiongan characteristics, such as the restoration of Baiyangdian Lake, Millennium Forest Project, and the comprehensive management of the air environment. In the case of Baiyangdian Lake, ecological management has achieved obvious results. The progress cannot be separated from the support of the characteristic think-tank decision-making system platform, the introduction of the first local regulation, and the comprehensively implementation of planning management, pollution management, flood control and drainage, restoration and supervision of Baiyangdian Lake and its watershed. With regard to afforestation, the "millennium" afforestation project, which aims to create a near-natural forest, and the construction of Xiongan Country Park, a forested backyard in northern Xiongan New Area, have both seen progress and begun to explore market-based operation. In terms of air management, the air quality has improved significantly with the number of good air days rising steadily, thanks to a series of measures such as improving environmental management systems, reducing coal, managing production pollution, reducing dust, and controlling vehicles in the Xiongan New Area.

Comprehensive conservation and recycling of resources is an important part of China's ecological progress, as well as a key initiative to solve resource and environmental problems, to transform the mode of economic development, and to bolster high-quality economic development. Chapter 6 is an introduction to the Xiongan's practices in Sponge City, Green and Smart Water Plant, and Waste-Free City. A systematic review of the background of sponge city and related planning, standards and requirements of Xiongan New Area is presented in this chapter, with a case study of Xiongan Business Service Center to illustrate its three-level sponge city system design scheme, among other advanced concepts. In terms of water resources utilization, the two cases of water reclamation projects in the Start-up Area and Rongdong District respectively are used to illustrate how Xiongan facilitates the development of a water-saving society. In terms of the utilization of solid waste, it is reported that Xiongan has adopted a two-pronged approach of resource utilization and source reduction. On the one hand, a solid waste management system has been constructed, with clear management objectives, institutional systems and paths. On the other hand, the pilot creation of a waste-free city construction has been carried out in depth, and a highlight mode has been formed in eight aspects, including the treatment of historical solid waste. In addition, a number of tasks were carried out to improve the quality of the rural living environment, mainly around the improvement of domestic garbage, rural toilet revolution, domestic sewage treatment, and village appearance improvement.

第五章 深化环境治理与保护

5.1 "华北明珠"白洋淀重绽风采

5.1.1 持续推进综合治理工作

2019年是《白洋淀生态环境治理和保护规划（2018—2035年）》实施的开局之年。2019年初河北省委、省政府根据《白洋淀规划》提出的近期治理目标，针对目前白洋淀存在的生态环境问题，对白洋淀生态环境治理各项工作实施进行安排部署，布局2019年唐河污水库污染治理与修复、白洋淀上游入淀河流水环境综合整治、淀区内环境综合治理、淀外环境综合治理、生态补水配套工程、生态环境监测能力建设等6大类47个治理项目，其中45个项目投入资金约186亿元。

同时，雄安新区制定了《河北雄安新区碧水保卫战行动计划（2019—2020年）》《河北雄安新区白洋淀生态环境治理和保护规划实施方案（2018—2022）》和《河北雄安新区白洋淀综合治理工程项目实施方案（2019年）》三个工作方案，明确了白洋淀治理工作时间表、路线图、责任单位和时间节点，为实施2019年白洋淀生态环境治理与修复项目提供保障。

目前，白洋淀生态环境治理取得良好成效（图5-1-1）。2020年，雄安新区建立以白洋淀监测为主的环境智慧监测"一张网"，在整合利用新区境内现有11个自动监测站点数据的基础上，结合模型分析进行新建站点布设，新建水质自动监测站6个、浮船站6个，实现5G/VR全景视频移动监控，提升了白洋淀水质监测能力，逐步构建雄安新区生态环境立体应急监测体系[1]。根据检测，白洋淀湖心区水质为Ⅳ类，有4个月达到Ⅲ类，实现"全域Ⅳ类、局部Ⅲ类，消除Ⅴ类"目标，白洋淀淀区主要污染物浓度实现总体下降，化学需氧量浓度同比下降9.5%；同时，白洋淀可观察到的野生鸟类也不断增加，2020年11月白洋淀野生鸟类种类记录合计达214种，同比2015年增加9种；2021年1—3月，淀区8个断面及湖心区4个断面月平均水质均达到Ⅲ类标准。

2021年，雄安新区将把白洋淀生态环境治理与修复摆在压倒性位置，在控源截污、内源治理上发力，启动实施生态空间建设、生态用水保障、淀外污染治理、淀区内源治理、淀区生态修复和管理能力6大提升工程，谋划实施6大类38个重点项目，确保淀区水质持续改善[2]。

---

[1] http://hbepb.hebei.gov.cn/hbhjt/xwzx/meitibobao/101611889253295.html

[2] https://mp.weixin.qq.com/s/9Bt-uryBt7Lm5SmiHY-DGw

图5-1-1 白洋淀实景图

（来源：https://mp.weixin.qq.com/s/aYGCPuidBmEruMI0Q6Z_uw）

开展白洋淀生态基线调查，摸清内源污染底数。对白洋淀360平方公里范围内底泥污染和水环境状况进行详细调查评估，开展淀泊水质、流场与水文过程和生态模型模拟与评估，为制定白洋淀内源治理工程、淀泊补水工程和生态修复工程措施提供基础数据。

科学稳妥实施淀区生态清淤。结合白洋淀生态环境基线调查成果，科学编制白洋淀全面清淤方案。根据内源污染释放强度，以污染鱼塘治理为核心，采取水质、水动力协同治理模式，适当兼顾村边水域隐性污染源治理、航道码头清淤和重沼泽化区域散点清淤，在白洋淀全域范围内分区分期精准施治，系统推进内源污染治理和水动力改善，确保白洋淀水质实现全域Ⅲ～Ⅳ类。

做好控源截污，全域所有农村完成生活污水治理和管控。继续开展白洋淀重点区域污染源排查整治、入河入淀排污口规范化管理、水生植物平衡收割及资源化利用等工作。推进农村环境综合整治，强化农村小型污水处理站运营管理，坚决杜绝污水直排入河入淀，继续开展农村黑臭水体排查整治，推进农村垃圾资源化利用和无害化处理。加强农业面源污染治理，推进农田生物拦截带建设。强化对畜禽散养户的管控，对畜禽粪便污水分户收集、集中处理。强化工业废水达标排放，开展涉水企业专项执法检查，提高涉水企业管控水平，所有涉水企业安装在线监测设备。

实施白洋淀生态环境修复，逐步恢复白洋淀生态功能和自然风光。推进白洋淀退耕还淀工作方案实施，确保2020年底前退出的稻田和藕田全部不反弹。

实施白洋淀水动力改善措施和科学补水。组织开展百淀连通工程，对白洋淀淀区内围堤围埝和水流阻水点进行拆除，疏浚水流通道，提升淀区水环境容量、恢复水流和水动力条件，逐步改善淀区整体水质。加强水资源调蓄能力建设，制定科学补水方案，利用清洁水源进补白洋淀。

实施城镇污染治理工程，持续开展城镇排水管网建设改造，新建容东、昝岗等片区排水管网全部实现雨污分流。推进实施非营运船舶清洁能源改造，严厉打击无营运执照船舶非法营运行为，严格管控入淀船舶污水和垃圾收集。落实上下游联防联控措施，建立水质保障应急处置机制，推进当地政府建立应急处置物资库，常备水质应急设备和物资。

5.1.2 源头治理取得显著成效[1]

白洋淀生态环境治理强调区域协同、流域综合治理，从源头上提升入淀水质，形成白洋淀生态缓冲区域，提高白洋淀流域水生态环境承载力，府河和孝义河是白洋淀入淀河流中常年有水的两条主要河流，府河河口湿地多年来承接上游地区污水处理厂尾水，注入白洋淀的子淀区藻苲淀；孝义河河口湿地，注入白洋淀的子淀区马棚淀。两条河共同承担着提升和改善上游入淀水质的重要任务，是上游河水入淀的最后一道生态屏障。

新区2019年在入白洋淀的府河、孝义河入淀口处启动人工湿地建设，2020年新区退耕还淀还湿先行示范项目——府河、孝义河河口湿地水质净化工程主体完工，为白洋淀恢复超过600公顷的湿地面积，成为华北地区规模和处理能力最大的功能性生态湿地，每天能净化入淀水45万立方米，相当于一个中等城市一天的污水排放量。

府河、孝义河河口湿地水质净化工程的建设，不仅发挥了重要的生态功能，同时也在扩大淀泊水面、恢复湿地生态系统、修复白洋淀生态方面实现了创新，为新区大规模推进退耕还淀树立了"雄安样板"。

5.1.2.1 工程概况

府河、孝义河河口湿地水质净化工程在白洋淀水质净化上有着相同的目标。一是进水水质达到河流Ⅳ类标准时，湿地出水水质主要考核总磷，非冬季总磷去除率高于40%，冬季高于30%，其他污染物浓度值不增加。二是进水水质达到河流Ⅴ类标准时，出水水质达到Ⅳ类。三是当湿地进水水质劣于地表水标准Ⅴ类时，非冬季总磷去除率高于40%，其他主要超标污染物去除率高于30%；冬季总磷去除率高于30%，其他污染物去除率高于20%。下阶段结合主淀区退耕还淀生态湿地恢复工程，实现总体目标——进水水质稳定达到河流Ⅳ类标准时，出水达到湖库Ⅳ类标准。

府河、孝义河河口湿地水质净化工程在具体的工程布局、方案设计等方面，因河口实

---

[1] 资料来源：中国雄安集团生态建设投资有限公司。本节图表、数据除标明之外，其余均为该公司提供。

际情况差异存在不同的侧重点。以下分别介绍府河、孝义河河口湿地水质净化工程概况及项目建设进展。

（1）府河河口湿地水质净化工程

1）工程概况

该工程位于白洋淀藻苲淀范围内（图5-1-4左），府河、瀑河、漕河三河入白洋淀河口区，主要建设内容包括：引配水工程、水质净化工程、配套设施及公共工程、智慧湿地工程，处理工艺采用"前置沉淀生态塘+潜流湿地+水生植物塘"的水质净化工艺，设计净化处理规模25万立方米每日，总占地面积约4.23平方公里。

2）工程布局

通过在三条河流上分别设置节制闸，并利用现状水系改造为连通渠，将上游来水引导至调蓄池，通过提水泵站配水进入湿地系统，净化完成后进入退水渠，回到治理后的府河河道；下一步在藻苲淀退耕还淀实施后，将通过漕家沟向主淀区配水，实现淀区水动力提升和生态环境恢复（图5-1-2）。

图5-1-2 府河河口湿地

（2）孝义河河口湿地水质净化工程

1）工程概况

项目位于安新县同口镇南，龙化乡北。项目主要建设内容包括：引配水工程、水质净化工程、配套设施及公共工程、智慧湿地工程，处理工艺采用"前置沉淀生态塘+潜流湿地+多塘系统"的水质净化工艺，设计净化处理规模20万立方米每日，总占地面积约2.11平方公里。

2）工程布局

通过四座提水泵站配水进入湿地系统，净化完成后进入退水渠，回到治理后的孝义河河道（图5-1-3）；下一步在马棚淀退耕还淀还湿实施后，将通过水生植物塘向主淀区配水，实现淀区水动力提升和生态环境恢复（图5-1-4右）。

图5-1-3　孝义河河口湿地

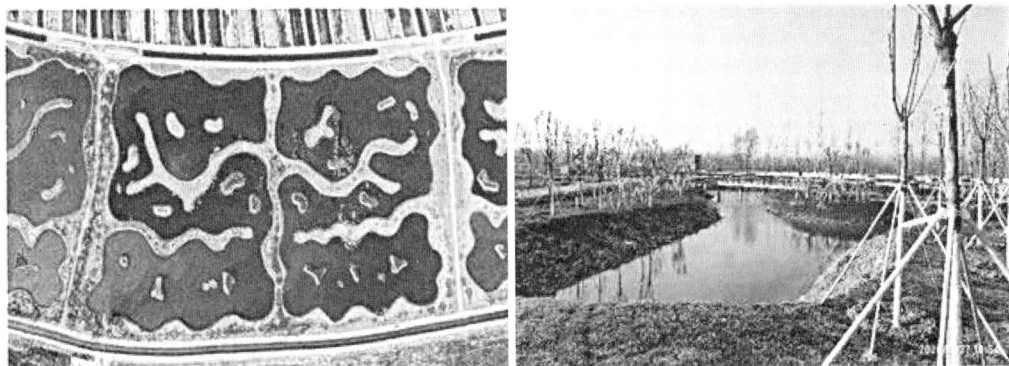

图5-1-4 藻苲淀近自然湿地示范工程（左）、马棚淀退耕还湿湿地示范工程（右）
（来源：https://mp.weixin.qq.com/s/GC3v-ZVI9fIMDCqoeSQzYA）

（3）进展与成效

两个项目均已全部完工。2020年7月进入调试期，工程调试期6个月，试运行期6个月，期间将持续开展技术研究和优化完善，并进入稳定运行期，稳定运行期2年。

自进入调试运营期以来，府河、孝义河河口湿地水质净化、生态恢复等功能对周边生态环境改善的效果凸显。区域的大水面、浅滩、岛屿等多样化的生境条件、良好的水生植物和水生动物等觅食条件，为越冬候鸟营造了良好的栖息觅食环境。2020年秋冬季节，府河河口湿地先后迎来了白天鹅、白鹭、苍鹭、黑翅长脚鹬等涉禽、游禽等野生动物栖息，为冬日的华北平原增加了许多灵动的感觉。

5.1.2.2 项目特点[1]

（1）一体化建设模式

考虑到水环境治理类项目的边界条件复杂、技术多元化、功能目标明确、运营维护要求高，为保障目标可达性及投资效益最大化，该项目采取EPCO（设计、施工、运营）一体化方式组织实施，从制度上解决以往治理中设计、采购、施工、运营等环节衔接不畅、责任不清等问题，提高治理效果，并科学制定考核办法，以绩效和目标为导向，严格做好项目建设运行管理。

（2）近自然水质净化工艺

创新性地采用"前置沉淀生态塘+潜流湿地+水生植物塘/多塘系统"的近自然水质净化工艺，通过培育水生植物、浮游生物、微生物，分级过滤、降解水中杂质和污染物，延长上游来水停留时间，提高水质净化效果。

前置沉淀生态塘为预处理单元，通过沉淀进水泥沙提高进水水质，减少下一环节处理的堵塞风险。作为核心处理单元，潜流湿地通过"基质—微生物—植物"的共同作用，对

---

[1] http://hebei.hebnews.cn/2020-07-28/content_8017413.htm

污染物进行强化净化，通过碎石、钢渣等基质的科学配比，发挥最优的去除总磷、总氮的效果。最后一道关是水生植物塘，中间设有若干仿自然隔堤小岛，降缓水流速度，确保上游来水在水生植物塘停留时间达到4.2天，保障出水水质达标。最后，脱掉泥沙和杂质的河水，轻快地回到河道，汩汩流入白洋淀。

（3）全生命周期智慧化建管

在项目管理上，通过加强全生命周期智慧化建管，实现项目本体与数字湿地同生共长。孝义河河口湿地目标建成一个智慧湿地，结合自动控制系统，根据水位监测数据，自动启闭湿地水泵，保障人工湿地的正常工作。智慧湿地系统包括在线监控中心、湿地运维管理、水雨情监测系统、水质自动监测系统、泵阀监控系统、视频监控系统等。除保障湿地正常运维，智慧湿地系统还将实时监测水雨情数据、水质数据、现场情况，确保防洪排涝预警，及时应对突发环境事件，保障淀区生态环境安全。同时，在孝义河河口湿地项目智慧展厅设置VR体验室，将整个工程全貌、治理工艺、未来效果等形象逼真地展示出来。

府河、孝义河河口湿地项目将以生态、智能、自动、协调为重点，精心打造智慧湿地，利用物联网、大数据等先进科学技术，对湿地进行全生命周期智慧化建管，实现项目本体与数字湿地同生共长，打造智慧水务水环境水生态综合治理示范中心（图5-1-5）。

图5-1-5　府河河口湿地水质净化工程模型

（来源：https://www.pweg.cn/newsshow.jsp?pcol=&scol=58&newsid=21164）

5.1.3　重大课题提供实施支撑❶

水体污染控制与治理科技重大专项（以下简称水专项）是根据《国家中长期科学和技术发展规划纲要（2006—2020年）》设立的16个重大科技专项之一。其中，在京津冀区域共部署了10个项目，重点针对区域水资源短缺、水环境污染和水生态退化等重大问题，构建永定河、北运河、白洋淀—大清河三条生态廊道，支撑雄安新区、北京城市副中心、冬奥会核心区、世园会园区的水质提升和水生态改善。

水专项在雄安新区共设立1个项目和2个独立课题，分别为"白洋淀与大清河流域（雄安新区）水生态环境整治与水安全保障关键技术研究与示范"项目（以下简称白洋淀项目），"雄安新区国家水环境技术转化体系构建与综合示范"和"雄安新区城市水系统构建与安全保障技术研究"2个独立课题。

白洋淀水专项开展以来，重点开展外源污染负荷削减、入淀河流—河口湿地—退耕还淀梯级生态修复、内源污染治理、坑塘分级分类治理等技术研究和集成工作，积极推进技术研发和示范工程的对接工作，主要进展包括：

（1）核算白洋淀生态水位和生态需水量，提出"多水源—多目标—多情景"生态补水方案和长效机制，研发上游山区水源涵养及入淀输水河道连通、农业种植结构调整与优化等水资源配置、生态需水保障技术。

（2）集成"入淀河流—河口功能湿地—退耕还淀梯级生态修复、淀中村污染综合治理、高标准污水处理厂、纳污坑塘分类治理"技术体系，技术支撑淀中村污染治理、河口湿地等工程示范，外源污染负荷有效削减，恢复入淀湿地生态功能。形成了《淀中村厕所改造提升与运行管理导则》《退耕还淀生态湿地恢复工程立项建议书》等成果报告。

（3）揭示白洋淀不同水质条件下沉积物污染释放特征，评估了沉积物生态风险，绘制了重点区域水下地形图，确定了内源污染综合治理试点区域和清淤深度，测绘了围堤围埝分布图，技术支撑精准生态清淤等3项工程示范，有效调控内源污染。形成《白洋淀精准生态清淤设计技术方案》《生态清淤底泥脱水技术规程》等技术成果。

该项目研究成果已应用于雄安新区白洋淀水质深层次治理工程，支撑府河、孝义河约6.3平方公里河口水质净化湿地建设，工程建成后，将实现近自然湿地生态功能恢复和水质净化功能提升，保障入淀水质主要指标提升至地表水环境质量IV类标准。

5.1.4　搭建新区特色智库系统

白洋淀生态环境治理事关重大，为了更好地对白洋淀生态环境治理提出前瞻性、建设

---

❶ https://mp.weixin.qq.com/s/C5SFJvrfd-wf5K2fsqim2w

性的建议，加强当前白洋淀生态环境治理智力保障，白洋淀水专项项目提出了搭建具有雄安新区特色的新型智库即白洋淀（雄安新区）生态环境治理智库支撑系统的建设要求。基于白洋淀（雄安新区）生态环境建设实际需求，为解决生态环境治理智库建设布局不合理、资政水平有待提升、高层次专家人才比较匮乏等问题，通过构建健全的专家智库框架，完善现代决策咨询制度，形成白洋淀（雄安新区）生态环境治理专家智库管理办法，优化智库人才结构，强化智库业务框架，提升智库参与决策咨询实效。通过智库系统的研究，对白洋淀生态环境治理提出前瞻性、建设性的建议，在雄安新区生态环境治理规划、布局和政策等方面发挥重要作用。

为实现这一目标，承建单位提出了以构建健全的专家智库框架、完善现代决策咨询制度、形成白洋淀（雄安新区）生态环境治理专家智库平台为抓手，同时优化智库人才结构、提升智库参与决策咨询实效的搭建路径（图5-1-6）。目前智库系统在雄安新区生态环境建设和白洋淀治理工作中发挥了重要作用，形成了新区特色。

（1）专家智库框架搭建完善，团队实力雄厚

白洋淀库平台决策系统依托多学科专家学者及专家技术团队，构建了完善的专家智库框架。专家学者团队由众多院士领衔，涵盖清华大学、北京大学、中国环境科学研究院等环境学科排名前十的知名高校及科研院所的近百名专家，并在智库平台系统之一的白洋淀水专项公众号，搭建"专家智囊"模块，实现专家信息的动态维护管理。

同时，吴季松院士团队、博士后科研团队以及河北大学王洪杰教授团队也作为专家技术团队为白洋淀流域重大项目及重点课题研究提供了有效支撑。

目前，通过专家数据库及专家技术团队建设，专家智库基本实现全过程参与白洋淀（雄安新区）生态环境治理，能够有针对性、有操作性、有时效性地为生态环境建设提供决策咨询及技术指导，充分发挥专家智囊作用，向新区生态环境建言献策。

（2）实体站建设成果丰硕，引智载体运行良好

智库平台决策系统根据专家研究学科优势、白洋淀生态环境建设需求，建立了1个院士工作站、2个专家工作站、3个高校及企业研究院、2个重点实验室等引智载体，从白洋淀水环境治理方面开展了课题研究、项目咨询、专家论证等，充分发挥了高端人才对雄安新区白洋淀生态环境建设的引领作用。

目前，已实现建设一线科技人才和创新团队的基本目标，在进一步提高自主创新能力、吸引高层次人才、引进转化一批高新技

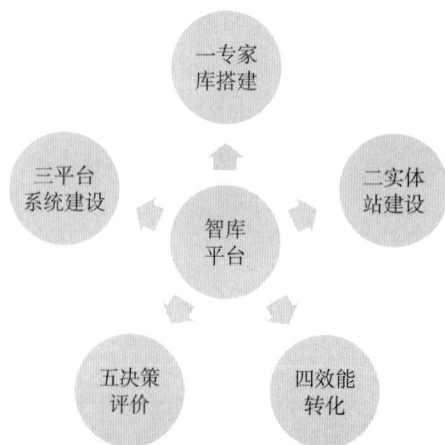

图5-1-6　水专项白洋淀项目智库平台系统构建
（来源：中国雄安集团生态建设投资有限公司）

术成果、攻关解决一批关键核心技术问题方面运行情况良好，能够提供有力的智力支撑，解决相应技术问题。

（3）平台站体系完整，科技创新成果传播有力

根据新型智库建设平台需求，搭建了区块链资金管理平台、京津冀成果集成平台、白洋淀生态大数据示范系统等信息化平台，形成了信息共享、协同创新、成果交流转化的创新机制，提高了课题科研管理效率，促进成果转化与动态展示、信息交流与学术研究。

此外，通过微信公众号、E方知库等宣传推广平台，有效提升了白洋淀水专项全社会影响力以及课题成果交流与信息共享。

（4）效能转化产出丰富，成果应用价值良好

依托水专项白洋淀项目，智库平台决策系统参与建设单位输出了大量科技成果，包括多篇国内外核心期刊论文的发表、2个行业一等奖的申报；结合项目下属课题的成果陆续产出，目前已完成5篇成果专报与政策建议，其中关于唐河污水库的治理思路专报得到中央领导的批示和生态环境部业务司局的认可；充分发挥各科研机构技术力量，深度参与白洋淀重大政策、项目前期演进及技术论证等；组织开展8期工作营，积极在各环节发挥白洋淀智库平台系统技术把关作用；组织开展多种形式的基础技能与理论培训，包括2期雄安集团创新大讲堂、2期雄安集团业务培训、8期基础技能讲座以及1次"长三角小流域水环境综合治理研讨会"、1次"白洋淀生态环境青年论坛"（图5-1-7）。

通过智库平台决策系统建设，组织完成了科研成果向决策咨询成果的转化，构建了智库专家向新区生态环境建言献策的渠道，实现了智库管理的基本功能。

（5）管理体系完善，目标考核明确

白洋淀生态环境治理智库平台决策系统搭建了"一个顶层设计+一个智库平台框架+一个管理办法+一个操作规范"的顶层制度体系，出台了相关政策文件；根据智库平台决策系统的顶层设计，有序开展课题七次季度及年度考核，全面考核了各项任务的完成情况；河北大学刘玲老师团队构建了一套完整的智库评价体系，形成了《白洋淀（雄安新

图5-1-7 "白洋淀（雄安新区）生态环境治理智库"系列培训与讲座现场

区）生态环境治理智库支撑系统研究》报告。实现了智库平台运行以目标为导向，以目标考核及实施评价为手段，对整体项目实施及工作进展情况进行宏观把控。

5.1.5 制定实施首部地方法规

近年来白洋淀水质实现了明显改善，但水质持续改善还存在不稳定因素，流域生态的修复工作仍然任重道远。修复好、保护好白洋淀，发挥白洋淀的生态功能、防洪功能，保障河北雄安新区防洪排涝和生态安全，促进河北雄安新区高标准、高质量建设与发展，仍需最严格的制度、最严密的规定、最严厉的处罚提供坚实的法治保障。

为建设蓝绿交织、清新明亮、水城共融的生态城市，落实河北雄安新区规划纲要、白洋淀生态环境治理和保护规划、河北雄安新区防洪专项规划中关于制定白洋淀生态环境相关地方性法规的要求，河北省制定出台了涉及雄安新区的第一部地方性法规——《白洋淀生态环境治理和保护条例》（以下简称《条例》）。

《条例》精细立法，开创了地方立法先河。本次《条例》的制定，征求意见之广、审议次数之多前所未有。多次公开征求意见，重点征求白洋淀流域38个县（市、区）和基层立法联系点的意见；多次召开立法论证会，邀请有关部委及高校专家进行论证研讨；协调推进京津冀晋协同立法，在雄安新区专门召开四省市征求意见座谈会。

2021年4月1日起，《条例》正式实施，共8章100条，从规划管控、污染治理、防洪排涝、修复保护、保障监督等方面对白洋淀及其流域进行了详细全面的规范，主要内容有：

一、明确立法原则和基本要求。条例明确了白洋淀治理保护范围、原则和基本要求，坚持生态优先、绿色发展，统筹规划、协调推进，遵循规律、保障安全，属地负责、协同共治的原则。强调科学治水节水用水，坚持补水治污防洪一体化建设。按照贯彻新发展理念、推进高质量发展的要求，强调山水林田草淀城系统治理和最严格保护，对完善防洪体系建设、流域共治体制机制等方面作出了规定。推动与京津、山西等建立流域协同治理机制和联席会议工作制度，强化联防联控联治联建，共同推进白洋淀生态环境治理和保护工作。

二、突出规划引领和刚性约束。条例将保障规划有序有效实施作为立法的重要任务，充分体现河北雄安新区总体规划和白洋淀生态环境治理和保护规划、防洪专项规划等规划要求，依法保障规划落地落实。完善规划实施统筹协调机制，加强实施监督和考核，保障规划有序有效实施。强化国土空间规划和用途管控，坚持以水定城、以水定地、以水定人、以水定产。严格落实"三线一单"制度，不得变通突破、降低标准。禁止新建高耗水、高排放的企业和项目，对现有高耗水、高排放的企业和项目应当依照有关规定改造、转型、关停或者搬迁。

三、全面规范环境污染治理。坚持全流域协同共治，落实属地责任，采取控源、截污、治河、补水等综合治理措施，全面加强白洋淀生态环境治理和保护。突出以水环境治理为核心，明确禁止污染水体的十项行为，规范排污许可管理和排污口设置，对工业、农业污染防治以及城乡生活污水处置等作出具体规定，严禁污水入河入淀。对白洋淀旅游、船舶污染防治和清除围堤围埝等专门予以规范，并对大气、水、土壤污染协同治理和突发环境事件应急处置作出规定。通过源头预防、过程管控、综合治理，全方位保护白洋淀生态环境。

四、加强雄安新区防洪排涝安全体系建设。设防洪排涝专章，并在总则、规划与管控、保障与监督等章节中，均在有关条款中充实增加防洪排涝相关内容。依托大清河流域防洪体系，落实防洪专项规划等要求，坚持流域防洪体系建设与雄安新区发展布局相结合，统筹水资源利用与防灾减灾、防洪排涝工程与生态治理和城市建设。坚持上蓄、中疏、下排、适滞的方针，分区域按照二百年一遇、一百年一遇、五十年一遇等标准要求建设防洪工程。强化洪涝风险意识，推进海绵城市、韧性城市建设，坚持河道清理整治、严格涉防洪项目管理、加强蓄滞洪区建设、完善流域防洪联动机制，构建雄安新区防洪排涝体系。

五、加强全流域生态修复与保护。坚持节约优先、保护优先、自然恢复为主，建立和完善相应的调查、监测、评估和修复制度，科学确定保护和治理、自然和人工、生物和工程等措施，加快恢复白洋淀流域生态功能。强化水资源利用保护，加强科学治水节水用水，建立生态补水多源保障机制，促进水系连通。优化区域生态安全格局，发挥太行山生态安全屏障作用，推进生态廊道建设、矿山综合治理。加强湿地修复，保护和恢复流域湿地面积和生态功能，构建以白洋淀为主体的自然保护地体系，开展白洋淀底泥、芦苇蒲草管护治理，强化生物多样性保护。

六、建立健全监管保障机制。明确政府职责，创新监管方式，提高治理能力。明确各级人民政府、雄安新区管委会、县级以上有关部门以及乡镇职责，强化河湖长制、林长制，实行白洋淀流域环境保护目标责任制和考核评价制度，推进智慧化管理，加强监督检查。加大多元化资金投入力度，健全市场化、多元化生态补偿制度建设。设立自然资源资产审计、生态环保督察、约谈等制度，强化人大监督。

七、从严设置法律责任。完善了非法排污、无证排污、妨碍行洪等方面的法律责任；新增违法修筑围堤围埝，擅自建设旅游设施，释放、丢弃、擅自引进外来入侵物种的法律责任；对造成环境损害或者生态破坏的应当承担生态环境损害赔偿责任。依照行政处罚法的规定，在上位法规定的幅度范围内，提高处罚下限，对违法行为严惩重罚，增强条例的刚性约束。

该《条例》的实施有助于促进区域协同立法、执法、监督，做到信息共享、政策统筹、应急联动，强化联防联控联治联建，增强白洋淀治理和保护的系统性、综合性、协同性，真正使法规成为刚性约束和不可触碰的高压线。

专栏5-1　雄安新区白洋淀景观格局特征分析[1]

雄安新区建设过程中，城市扩张和人类活动加剧会直接改变区域地表景观的结构和功能，白洋淀作为新区生态安全格局构建的重要生态源地，具有缓洪滞沥、蓄水灌溉、调节小气候等重要生态经济功能，被称为"华北明珠"，对于维持整个华北地区生态平衡也发挥着重要的生态安全屏障作用。保障其生态安全也成为新区建设发展的必要基础和重要任务，改善白洋淀的生态环境，恢复白洋淀的生态功能，是实现雄安新区"打造优美生态环境，构建蓝绿交织、清新明亮、水城交融的生态城市"这一功能定位的必要前提。开展关于白洋淀土地利用类型以及景观格局特征分析的研究，对雄安白洋淀的未来规划、生态保护区的设立以及生态环境的修复至关重要。

一、白洋淀景观格局特征

景观格局指数方法是研究景观格局的基本手段，通常从类型水平尺度和景观水平尺度进行分析，景观格局指数高度浓缩景观格局信息，是反映其结构组成和空间配置等方面特征的简单量化指标。

以新区三调数据为来源，在ArcGIS软件中Patch Analyst扩展模块中应用景观格局指数法，对苇地、荷塘、林地、鱼塘、湿地、淀泊、耕地、建筑用地等进行类型水平指数计算，得到数据对白洋淀景观格局特征进行分析。

在类型水平上选择总边缘（TE）、边缘密度（ED）、平均形状指数（MSI）、面积加权平均形状指数（AWMSI）、平均斑块分维数（MPFD）、面积加权平均斑块分维数（AWMPFD）、景观总面积（TLA）、平均斑块大小（MPS）、斑块面积标准差（PSSD）、斑块面积变化系数（PSCoV）、斑块总数量（Nump）共11个指数（表1）。

表1　景观格局指数概念

景观格局指数	描述
总边缘（TE）	景观总边缘长度
边缘密度（ED）	边缘长度与景观总面积的比例
平均形状指数（MSI）	衡量景观形状的复杂度，规则值为1

[1] 王庆慧，雄安城市规划设计研究院有限公司。本节图表除标明来源之外，其余均为约稿作者提供。

续表

景观格局指数	描述
面积加权平均形状指数（AWMSI）	景观形状复杂程度的度量
平均斑块分维数（MPFD）	衡量景观形状的复杂度
面积加权平均斑块分维数（AWMPFD）	度量景观形状指数
景观总面积（TLA）	景观中所有斑块总面积
平均斑块大小（MPS）	景观中斑块的平均大小
斑块面积标准差（PSSD）	景观中所有斑块大小的标准差
斑块面积变化系数（PSCoV）	所有斑块面积变化系数
斑块总数量（Nump）	景观中斑块的总数量

（一）斑块边缘指数

以TE和ED两个指数衡量白洋淀区域不同地类斑块的边缘长度和边缘密度指数，斑块密度反映景观总体的斑块分化程度或破碎化程度。边缘密度高，表明一定面积上异质景观要素斑块数量多，斑块规模小，景观异质性高。景观边缘密度是景观要素斑块形状及斑块密度的函数，反映景观中异质斑块之间物质、能量、物种及其他信息交换的潜力及相互影响的强度。人工斑块的边缘密度受人为活动方式的控制，自然斑块的边缘密度则表明斑块动态发展趋势，通过对景观要素边缘密度的分析，可以说明景观要素的动态特征。耕地、苇地和建设用地的边缘长度较长，边界较为复杂，由于林地和建设用地在白洋淀总土地面积的占比为4.43%，因此边缘密度指数较高（图1、图2）。

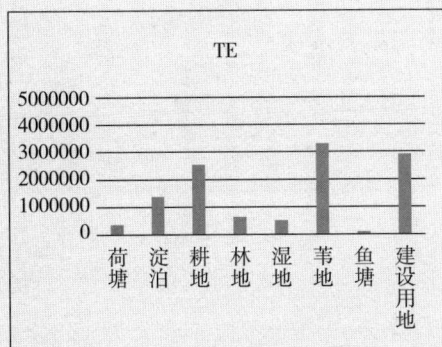

图1　白洋淀各地类总边缘

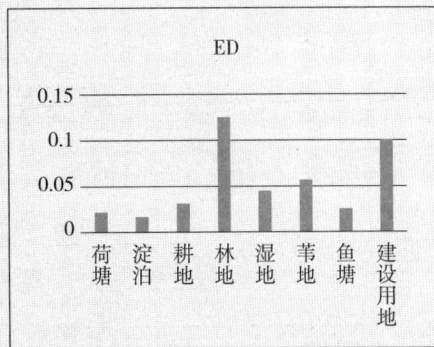

图2　白洋淀各地类边缘密度

（二）斑块形状指数

以MSI、AWMSI、MPFD、AWMPFD四个指数分析白洋淀区域各地类的斑块形状指数，面积加权平均斑块形状指数的值越大说明斑块类型的形状越复杂，该类型的景观空间格局也更加复杂（图3～图6）。可以看出白洋淀各地类形状均较为复杂，与现状实际较为符合，沟横交错，其中林地、苇地、荷塘、建设用地的形状相比其他地类较为复杂。

（三）斑块面积数量指数

以TLA、MPS、PSSD、PSCoV、Nump五个指数分析白洋淀区域各地类的斑块面积和数量指数（图7～图11）。通过斑块面积相关指数和斑块数量，根据每个斑块在相同面积或者相同数量上，衡量斑块的面积大小以及破碎化程度。在白洋淀区域

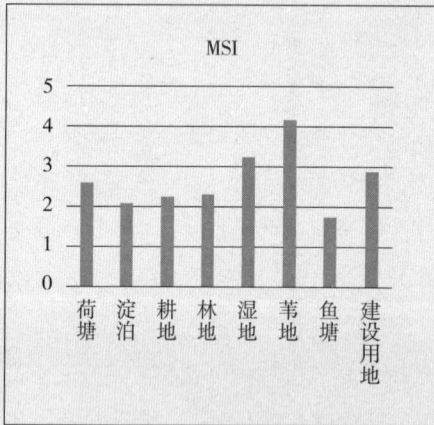

图3　各地类平均形状指数

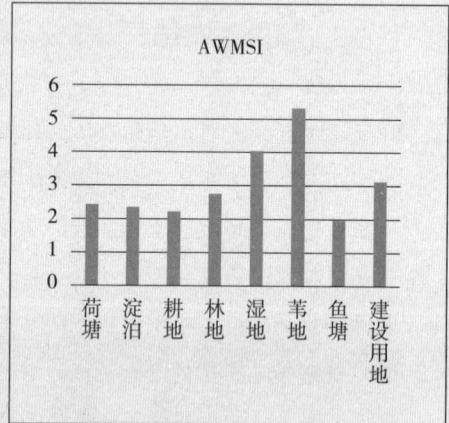

图4　各地类面积加权平均形状指数

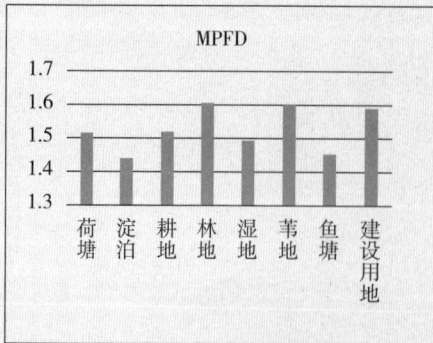

图5　各地类平均斑块分维数

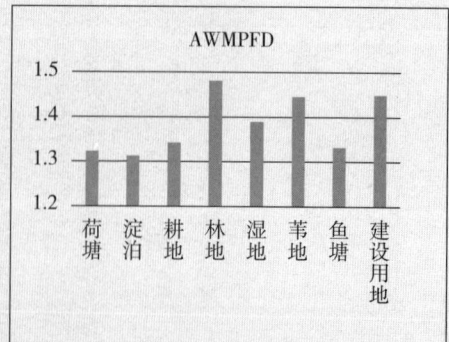

图6　各地类面积加权平均斑块分维数

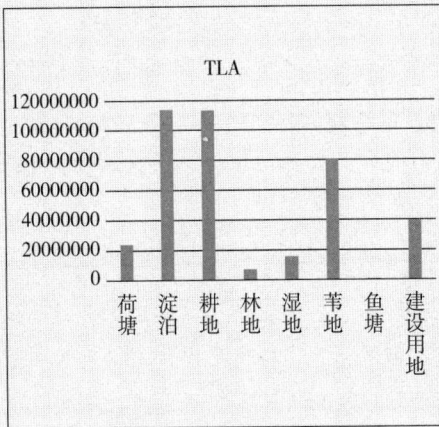

图7 白洋淀各地类景观总面积

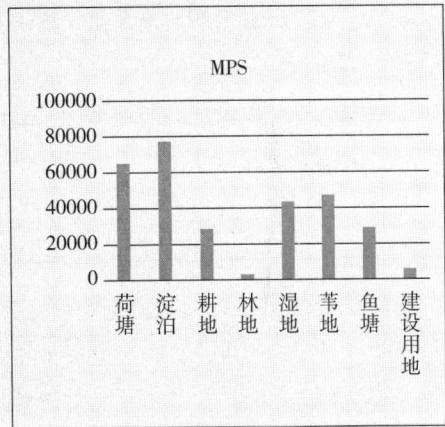

图8 白洋淀各地平均斑块大小

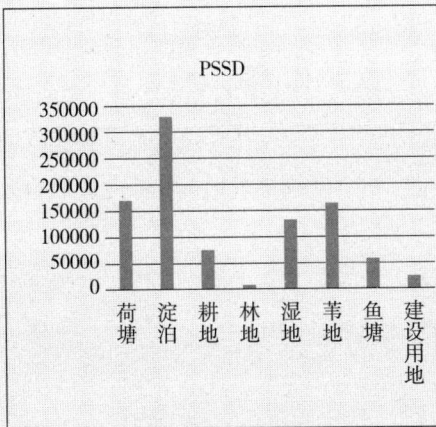

图9 白洋淀各地类斑块面积标准差

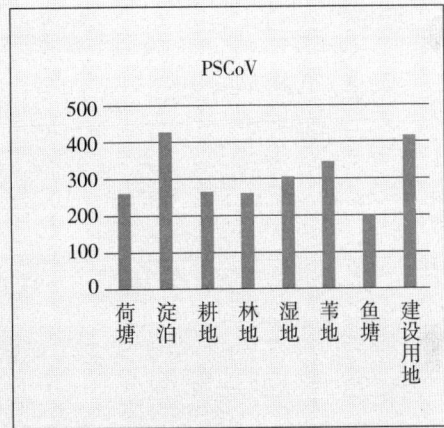

图10 白洋淀各地类斑块面积变化系数

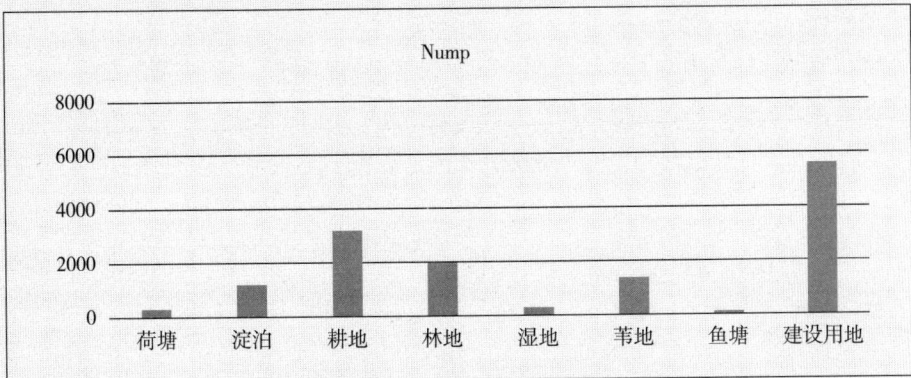

图11 白洋淀各地类斑块总数量

耕地和淀泊所占面积比例最高，建设用地面积比例较低，但斑块数量最多，因此平均斑块面积较小，分布较为分散。在斑块面积变化指数中，淀泊和建设用地的斑块面积变化系数较高，淀泊的斑块大小标准差指数也是最高的，说明斑块大小分布不均，大小淀泊相间分布。同时，苇地的面积也较大，但斑块数量较低，以成片分布为主，平均斑块面积的大小也较为均匀。

相关研究表明未来雄安新区平均降水量会有所增加，但是气温的升高会导致潜在蒸发量损失更多，使得区域会出现水资源相对不足的现象，可能会导致白洋淀湿地景观退化的风险。从新区建设历程上看，白洋淀生态环境建设作为雄安新区高质量发展的重要组成，会实施较大力度的环境治理和生态修复措施，对白洋淀景观格局变化起正向的主导作用。

二、分析与建议

通过对白洋淀景观格局指数的分析，从景观生态规划角度出发，提出促进白洋淀自然环境的良好循环及资源的可持续开发的策略，主要有以下几方面：

一是整合逐渐破碎化的景观斑块，提升斑块的生态特性以及加强斑块与斑块之间的联系，根据区域内不同生态廊道的类型，努力提高不同的廊道的稳定性和生态功能，确定白洋淀区域主要的生态基底，调整基底内部的景观布局；

二是保护集中成片农田，与风景林和防护林结合，构建生态廊道，发挥廊道对田间营养物汇聚的功能，增加农田斑块的可达性与连接线，并促成耕地、鱼塘、林地、湿地的立体景观镶嵌模式，提升基底自身的控制力和与其他景观要素的相互渗透作用，以提高农田基底的稳定性和生态性；

三是整合基底上的破碎斑块，疏通河道等生态手段能够保证基底的完整性，增加基底上水体与植被斑块之间的连通性，同时保证生物的迁移通道，恢复基底的自然肌理。

通过这些措施的实施，白洋淀景观规模结构将不断调整和优化，湿地、林草地景观得到改善，并朝着综合价值最大化的方向发展。在未来生态规划中以保护区域生态环境、保持区域的湿地生态稳定性和生物多样性等综合生态功能为主要目标，禁止一般生产利用，鼓励居民外迁，并给予政策和补贴支持，严格控制旅游资源的开发以及游人的涌入，避免人类活动造成本区域湿地面积的流失。同时，随着白洋淀湿地的生态恢复，未来关于区域景观格局优化和生态格局构建等方面有待深入研究。

5.2 森林城市雏形初现绿意盎然

5.2.1 "千年秀林"建设进展

（1）雄安新区森林城市规划情况

"千年秀林"与白洋淀生态治理和环境修复共同构成新区"蓝绿交织、清新明亮"的生态空间格局，未来蓝绿空间占比将稳定在70%。

雄安新区坚持生态优先、绿色发展，通过建设片、廊、环相连的森林生态系统，均衡分布的森林游憩空间，形式多样的森林文化载体，打造绿色、森林、智慧、水城一体的新区，把新区建成北部森林环抱，南部湿地相拥，城在林中，人在景中，鸟语花香，人与自然和谐的国际一流森林城市。新区森林城市总体定位为"蓝绿交织、千年林城"，森林生态空间的布局思路是"绿核为心，圈层展开，廊道联通，网络结构"（图5-2-1）。把森林作为绿色基础设施，构筑森林与城市相融共生的城市生命共同体，根据规划，雄安新区森林覆盖率要达到40%。

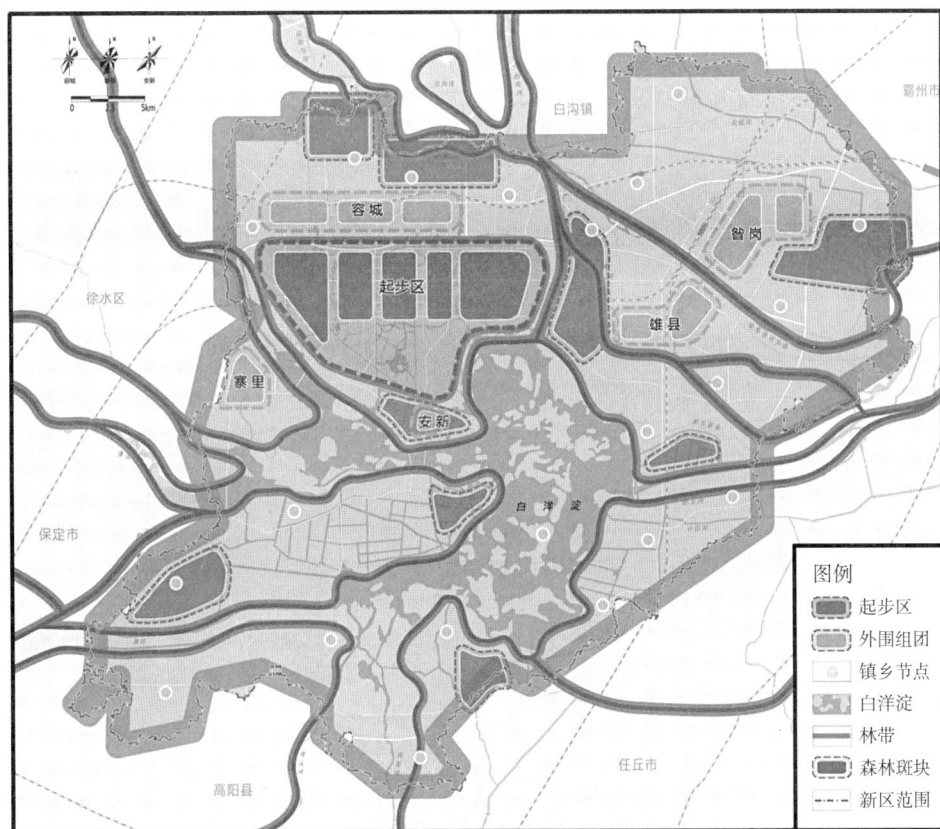

图5-2-1 "千年秀林"森林斑块和林带空间布局图

（来源：《河北雄安新区规划纲要》）

（2）"千年秀林"建设进展❶

按照"先植绿、后建城"的理念，"千年秀林"植树造林项目于2017年11月启动，目标是打造异龄、复层、混交的近自然林为主的森林体系。目前，已实施的造林项目主要包括：大清河片林一区造林项目、10万亩苗景兼用林建设项目、2018年秋季植树造林项目、2019年植树造林项目（春季）和2019年植树造林项目（秋季）、2020年植树造林项目。

2019年，在前期新造林11万亩基础上，新区继续高起点规划、高标准建设20万亩近自然森林。通过实施春季、秋季植树造林工程，圆满完成全年植树造林20万亩的目标任务。其中，2019年植树造林项目（春季）总面积约6.8万亩，项目分为苗景兼用林、生态林两部分建设；2019年植树造林项目（秋季）总面积约13.8万亩，分为生态游憩林和市场化绿化工程。

2020年，新区植树造林总面积10万亩，项目建设内容包括林地斑块、游憩林地、环淀绿化带及生态廊道的苗木栽植、微地形建设、灌溉系统建设、管护等，其中包括雄安新区郊野公园项目面积约2.68万亩。

雄安新区于2017年、2018年、2019年、2020年分别完成造林任务1万亩、10万亩、20万亩、10万亩，截至2020年底，新区已累计植树2000万余株，造林约41万亩（图5-2-2）。2021年预计完成2.5万亩造林任务。

（3）"千年秀林"生态功能和景观提升❷

除了有序推进造林建设之外，新区还启动两期"千年秀林"生态功能和景观提升工程项目，统筹考虑雄安新区生态公园整体空间结构及与周围组团的空间关系，结合区域路网、水系、林窗、微地形等要素，确定功能分区和景观提升方向等，打造以生态涵养、森林游憩、文化体验、都市休闲为特色功能的中央绿心公园。

图5-2-2　千年秀林现状

（来源：中国雄安集团生态建设投资有限公司）

---

❶　本节内容整理自中国雄安集团生态建设投资有限公司提供的植树造林工作报告。

❷　http://www.xiongan.gov.cn/2020-01/14/c_1210437677.htm

一期项目包含南部千年秀林、规划范围内2019年秋季造林项目、白沟引河入淀口区域3个区域。针对南部千年秀林，进行重点景观改造提升；统筹规划范围内2019年秋季造林项目，进行综合改造提升；结合白沟引河入淀口区域，打造李郎村南侧入淀口特色景观节点。

二期项目位于起步区及雄县之间，西临白沟引河，东至温白线，北至仇小王村和西槐村，南临李郎村和白洋淀。项目建设面积约655.1公顷，主要建设内容涵盖园林绿化、水系水景、土方、建筑、园路及铺装、电力电气、给水排水、智能监控工程等。

5.2.2 "千年秀林"市场化运营思考[1]

"千年秀林"植树造林项目有效贯彻落实习近平总书记生态文明思想，深入践行"绿水青山就是金山银山"理念，具有苗木供给、林间经济延伸和林业生态服务等多层次价值。植树造林项目的政府资金支持仅可满足其短期生态价值实现，为建构起生态价值实现长效机制，必须引入社会资本。

因此，需要根据新区建设发展时序，稳步推进体制创新、机制创新、融资创新和运营模式创新，算大账、算长远账、算整体账、算综合账。同时，聚焦经济功能，确立主导产业，谋划生态产业园区，引进龙头企业，构建绿色生态产业链，加强产业创新，强化政策和项目支撑，探索实现造林绿化企业主体多元化、运营机制市场化、参与主体社会化。通过区域平衡和长期平衡，加强新区造林绿化生态效益、社会效益与经济效益的相互促进和有机统一，对于推进雄安新区造林绿化长期可持续健康发展具有重要意义。

5.2.2.1 植树造林项目市场化运营原则

（1）生态性原则

坚持生态优先，绿色发展，坚持先植绿、后建城，将造林绿化作为事关新区生态文明建设大局的政治任务和先行项目优先建设，实现新区造林绿化长期可持续健康发展，有助于建设全国森林城市示范区和国家生态文明试验区，从而构筑雄安新区"蓝绿交织、清新明亮"的生态空间格局，为新时代新区的绿水青山助力。

（2）市场性原则

在坚持政府引导的前提下，充分挖掘市场资源，大力发展平台经济，加大培育新型农业林业经营主体，考虑引进林业产业发达区域先进技术、资金和人才资源，发挥市场在资源配置中的决定性作用。把项目和产业作为发展的生命线，通过优化政策、完善机制，撬动社会资本、激活市场活力，逐步实现新区造林绿化企业主体多元化、运营机制市场化、

---

[1] 吴靖雪[1]，李承尧[1]，石其旺[2]，李相成[2]，郭小军[1]。1.雄安城市规划设计研究院，2.中国雄安集团生态建设投资有限公司。本文图表除标明来源之外，其余均为约稿作者提供。

参与主体社会化。

（3）多样性原则

在确保生态效益、社会效益的基础上，结合规划林地的不同功能定位，发展多样性活动及运营模式，分地块制定造林政策，积极探索多元化造林绿化增收节支路径。生态廊道结合绿化景观可适当发展林下经济，游憩林地根据功能定位发展休闲游憩、文体健身、科普教育、森林康养、林田观光、农果采摘、自然体验等活动，产业林地结合规划打造规模化、产业化、科技化现代林业科技园和示范区。

5.2.2.2 推进植树造林项目市场化运营措施

（1）培育市场主体

大力培育孵化新型市场主体，积极引入社会力量参与新区绿色空间的建设和运营，实现造林主体多元化和运营市场化。新区管委会通过政府购买服务的方式，委托市场主体承担"千年秀林"植树造林管护任务。进一步与市场化造林意向单位对接，选择符合新区发展方向的项目试点，先行先试，分类施策，因地制宜大力发展都市型现代高效农业，建设现代农业设施园区和一二三产业融合发展示范区。探索"公司+农户"管护模式，鼓励社会资本、专业机构、合作社、林业大户等新型市场主体以独立投资、联合投资、合作造林等多种方式参与新区造林绿化。

（2）创新运营政策

完善政策制度。出台新区林业等生态建设产业支持政策，包括绿色低碳支持和鼓励政策，在不影响绿化景观和林带防风减污等能力的前提下，允许市场主体在森林中开展经营活动，拓宽营收渠道，弥补造林成本。不断完善雄安新区生态管理立法，研究建立有利于生态产品价值实现的补偿机制、价格机制、核算机制和金融机制，研究制定生态产品价值核算统计制度。主管部门、责任主体、企业和个人之间要建立完备的相互监督约束机制，并且要随着雄安新区生态价值实现路径的拓展不断完善。

构建运营机制。构建招商引资新机制，探索"片区+公司"招商运营机制，最大限度放权赋能，推动生态产业片区招商市场化、精细化、专业化。选择适宜片区，借鉴EOD运作模式进行开发，结合生态网络建设，建设基础设施配套，导入绿色生态产业，带动区域整体发展。

激发市场要素活力，创新优化激励机制，创建产权清晰、权责分明、机制完善、运行高效的新区绿色产业运营体系。推进业态创新升级，大力发展高端高新产业，发挥创新驱动作用，围绕绿色生态农业，大力发展以生物育种为主体的现代生物科技农业林业，打造一二三产业融合发展示范区。根据新区建设不同阶段和造林项目不同特征，建立适宜的造林项目资金基本平衡机制。

（3）促进林下经济

林下经济作为重要的新型林业发展形势，具有林下种植、林下养殖、林下产品采集加工、森林旅游等多样发展模式❶。结合雄安新区相关规划，在优化林分结构、保障森林健康生长的同时，引导鼓励社会资本和专业力量参与新区林下经济开发，以森林健康为前提，重点发展林药、林菌产业，拉长产业链、增强价值链，多元化提升林地经济效益，有效开发出经济林的附加价值，逐步引导林下经济向着企业化和规模化方向发展。

（4）开发林副产品

在保证规划森林功能和景观风貌的前提下，适度进行人工干预，科学开展森林抚育，适度发展高品质用材林。根据适地适树、优质丰产高效的原则，按经营方向和市场需求，选择市场前景好的名贵、彩色、经济类树种开展规模化种植，发展高效节水、绿色生态、富民增收的林果产业和复合农林产业。开发利用林副产品，发展绿色森林产品，积极引进林副产品加工企业，拉长产品产业链，增加经济收益。可以采用企业加农户的经营模式，形成一个稳定的合作关系，投入少、易操作、潜力大、见效快，既能保证农户的相关产物有销路，为农民的增收提供新渠道，维持稳定收入，也能为企业提供良好的、符合质量标准的无公害产品原料❷。

（5）发展绿色金融

绿色金融是在政策引导和鼓励下，将社会资金引导到支持环保、节能、清洁能源等绿色产业的一系列制度安排❸。引入在京金融机构，建设雄安新区绿色金融交易中心，支持在京企业设立绿色金融管理总部。将绿色金融理念纳入经济转型和建设生态文明工作，建立"绿色"评估机制，加强绿色金融的制度建设。通过金融政策和产品、服务创新形成新的金融发展范式，将绿水青山的隐性收益和污染的隐性成本显性化，重构资金的价格形成机制，通过政策和市场信号降低自然资源和碳密集型投资的经济价值，改变金融主体的行为偏好。

建立市场导向的绿色技术创新体系，重视市场化机制，靠市场的力量来发展绿色金融。充分发挥千年秀林生态潜能，构建符合新区功能定位和发展实际的绿色产品价格机制，积极开发绿色金融产品和服务，研发绿色金融衍生品，拓宽投资融资渠道，促进生产要素流转，推进生态效益评估，打造多元化的生态补偿制度和绿色资源配置机制。

（6）强化社会参与

近些年随着生活水平的提高，人们更注重身心的放松与亲身的体验，由此发展起来的森林疗养和生态旅游也呈逐年上升趋势，因此，要在保护生态环境的前提下，增加千年秀林建设的社会参与度，完成生态旅游与林下经济的有效融合，寻求长远发展。结合新区千年秀林建设情况，以千年秀林为基址，逐步开展森林康养、森林游憩、森林科普、森林文

❶ 袁军，石斌，谭晓风. 林下. 经济与经济林产业的发展［J］. 经济林研究，2015，33（02）：163-166+171.

❷ 徐湘江，薛秋生，李宏秋. 我国经济林产业发展现状与趋势［J］.中国林副特产，2013（03）：102-105.

❸ 安国俊，敖心怡. 中国绿色金融发展前景［J］.中国金融，2018（2）.

博、森林文艺、森林文教等森林经营活动，谋划生态旅游、科普教育、自然研究为一体的全域旅游，扩大社会参与。

同时，多举措扩宽植树造林资金渠道，扩大"千年秀林"品牌影响力，吸引科研机构、产业龙头企业，探索千年秀林林权、冠名权交易，制定林地的林权、冠名权等各项政策，创新发展众筹森林、冠名森林、共建森林、林木结缘等模式。

5.2.3 雄安郊野公园建设情况❶

按照规划纲要，未来雄安将镶嵌在蓝绿交织的生态空间之中，蓝绿空间占比稳定在70%。新区规划森林覆盖率由现状的11%提高到40%，起步区规划绿化覆盖率达到50%。

为此，雄安计划构建大型郊野生态公园、综合公园和社区公园，实现森林环城、湿地入城，让居民3公里进森林，1公里进林带，300米进公园，街道100%林荫化。

5.2.3.1 项目背景

雄安郊野公园是雄安新区北部绿色生态门户，新区南北周线北延伸段，也是新区"水—村—林—城—淀"城市空间序列的重要一级，紧密连接容东片区与南拒马河生态景观带，是以打造郊野游憩功能为主的京津冀地区生态旅游新标地、雄安新区北部森林后苑、城绿交融的特色村镇典范。

项目规划范围北起南拒马河南岸，南至容易线，西起贾光村，东至规划京雄高速，东西长约5.5公里，南北宽约3公里，总面积约2.68万亩。园内将建设八于体育特色小镇，布局特色体育服务、商务办公、居住及配套等功能，形成郊野公园的城镇功能核心区，将结合郊野公园生态空间和市政道路，布局林中美丽乡村，承担以特色旅游服务为主的城镇功能。到2035年，雄安郊野公园将全面建成，形成功能完善、设施健全、蓝绿交织、城绿融合、宜居宜游的城市生态片区。

5.2.3.2 项目概况

（1）区域定位

《河北雄安新区绿色空间专项规划》对该区域的定位为：依托地块的水陆基底，规划建设具备生态涵养、自然保育、科普教育和生态休闲功能的湿地游憩林。以有水则湿、无水则林为原则，以湿地生境修复和生态保育为基础，统筹林地建设与湿地保护，有机融合林地与湿地景观特色，并适度结合科普教育、湿地研究和生态休闲等多种功能（图5-2-3、图5-2-4）。

---

❶ 本节内容根据中国雄安集团生态建设投资有限公司提供资料整理。

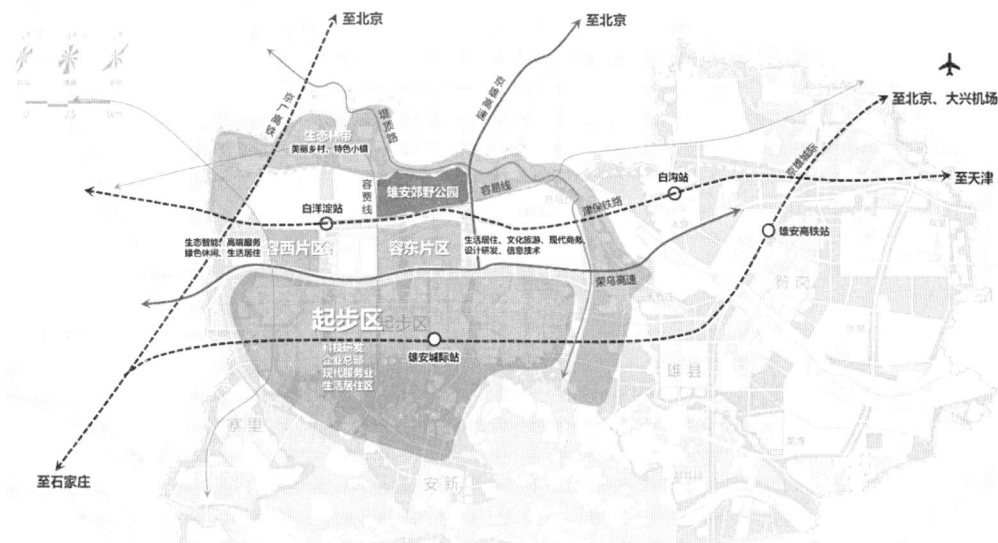

图5-2-3 雄安郊野公园项目区位图
（来源：https://mp.weixin.qq.com/s/NbLLu7nSGeYAKDL6Jc4IOQ）

图5-2-4 郊野公园总平面图
（来源：https://mp.weixin.qq.com/s/NbLLu7nSGeYAKDL6Jc4IOQ）

（2）生态基底

郊野公园范围内生态基底建设包括水域82.0公顷、林地1330.7公顷、基本农田75.2公顷。

1）14片城市森林

以"生态优先，适地适树，四季兼顾，突出特色"为原则，生态林、景观林、经济林相结合，种植建设定位以"大林小园"为建设方向，营造与城市共生的风景园林。14片城市森林中，石家庄、唐山、张家口、邯郸与雄安新区各1500亩，廊坊、承德、保定、沧州、邢台、衡水、秦皇岛各1000亩，定州、辛集生态林各600亩，约占整个园区内陆地面积的91%。

按照统一规划布局、统一施工设计、分市栽植管理的模式，建设14处特色春花林，主要有山桃、碧桃、樱花、山杏、海棠、榆叶梅、丁香等北方特色树种；建设11处特色秋叶林，主要有银杏、白蜡、五角枫、美国红枫、栾树、复叶槭、金枝国槐等北方特色树种；建设6处特色果林，主要有樱桃、柿子、山楂、核桃、梨、杏、枣等北方特色树种；建设16处特色常绿林，主要有油松、白皮松、侧柏、圆柏、华山松等北方特色树种。生态林、景观林、经济林相结合，充分发挥森林的生态、景观与经济效益。

2）水系工程

北部郊野公园整体地势北高南低、平原为主，场地地形总体较为平缓，整体水系规划结合实际地形，规划构建"三河、四湖、多溪"的水系格局。其中，"三河"指龙形水系南北轴引水渠、中央溪谷引水渠，河道面积43.39万平方米；"四湖"指龙形水系沿线的4个主要调蓄湖泊，湖泊面积2934万平方米；"多溪"指多条调蓄雨洪的旱溪。河湖水系互联互通兼具雨水调蓄、排涝、引水、景观塑造及休闲游憩等功能。

水系岸线总长度587公里，包括湖泊河流驳岸、溪流垒石驳岸、生态旱溪驳岸、湿地浅滩驳岸、栈道平台驳岸。水系的主要功能以湿地生境修复和生态保育为目的，兼顾防洪排涝功能。水流从北面南拒马河引入园内，南面排出园外。严格遵循雄安新区绿色空间专项规划"有水则湿、无水则林"的原则，以湿地生境修复和生态保育为目的进行水系设计，全园常态水域面积为82公顷（1230亩），季节性水域面积为45.5公顷（682.5亩），水面率为4.58%。

此外，在保持数量及控制变现不变的情况下，通过对基本农田的种植形式和种植品种的整理，形成以海浪和浪花为景观控制意向的麦田花海景观区。

（3）城市展园

郊野公园规划东部展园、西部展园、特色小镇、美丽乡村、现代农业、主题公园、露营地等多种业态。

东部展园位于公园东南部，是2021年首届河北省绿化博览会举办地，总面积约为3300亩，14个城市展园及雄安主场馆围环东湖而建，唐山园园林精品酒店、秦皇岛园海洋馆、辛集园儿童嘉年华、张家口园体育馆、沧州园武术馆、廊坊园生活美学馆、衡水园西洋音乐馆、定州园瓷艺馆、石家庄园红色经典、承德园动物园、邢台园养生馆、保定园国学馆、邯郸园中华文明展示馆、雄安园科技体验馆和5.3万平方米雄安主场馆集中展现各市文化特色。西部展园约7500亩，为2025年国家绿化博览会预留场地。

14个城市展园及主场馆围绕东湖而建，以"3+5+5+1"组团式布局，使14个展园既组团成景又各具特色。城市展园约占整个园区内陆地面积的9%，重点展示各市市树、市花、绿化成果、新优植物等内容，突出地方特色。

1）雄安园

雄安园位于东湖核心岛屿上，四面环水，利用栈桥与北部郊野公园主体连接，岛占地1.9公顷，展园与岛融为一体，展园面积约为774平方米。整个展园由若干岛屿及其周边河道组成，从园区入口通过下沉坡道进入半覆土展园智能展馆。展馆与周边环境融为一体，出展馆后可到达码头，展馆中感受数字雄安的建设成果。沿路的智能设施可感知周围环境的变化，游人可以沿路自由与之互动，体验数字雄安的便捷与魅力。在白洋淀荷塘苇海自然景观中展现雄安新区高科技智能数字系统建设成果。

2）雄安主场馆

雄安主场馆位于河北展园南部片区，总建筑面积达5万平方米，打造集展览、会议、商业、酒店、餐饮功能于一体的商业综合体。地上建筑面积2.8万平方米，地下建筑面积2.2万平方米。其中，展览面积1万平方米，会议3600平方米，商业11万平方米，地下停车场1.2万平方米，酒店1.3万平方米，客房约150间（图5-2-5）。

图5-2-5　雄安主场馆西北方向鸟瞰图
（来源：中国雄安官网）

5.2.3.3 建设及运营进展

按照工作部署，雄安郊野公园将于2021年4月底完成各项建设任务，随即开展验收工作，进入试运营阶段，并于7月1日正式开园（图5-2-6）。

在后续运营工作上，郊野公园将围绕雄安新区打造北京非首都功能疏解集中承载地总体要求，突出郊野公园资源特色，重点面向创新型、高成长性科技企业，科研机构和创新平台，京津冀优质文化艺术资源，美丽乡村建设与特色小城镇，文旅主题游乐度假等领域，于2021年5月启动从研学、青少年教育、商业娱乐综合体、无动力乐园、露营地、婚庆基地、现代农业、林下经济、花卉产业基地、萌宠乐园、户外运动公园、体育赛事等12个方面的项目招商，实现综合效益。

图5-2-6 雄安郊野公园邢台展园鸟瞰图
（来源：https://www.thepaper.cn/newsDetail_forward_12743288）

专栏5-2 雄安郊野公园项目开发建设思考❶

国内城市公园的开发经历三个发展阶段，即：粗放型开发模式（简单游憩设施，如北京龙潭公园）、居住型开发模式（游憩设施、住宅、社区型餐饮，如北京朝阳公园）以及城市型综合开发模式（多样的城市型载体、综合的休闲元素，如新西

---

❶ 雄安绿研智库，本文图表除标明来源之外，其余均为作者提供。

湖）。第三代城市型综合开发模式的城市公园，其生态价值、城市价值和文化价值三者融合，功能多元化，人群多样化，不仅成为时尚地标，更成为城市象征符号，是本地人休闲娱乐的首选，外地人的旅游目的地，对城市有持续增值效应。

雄安郊野公园属于第三代城市型综合开发模式的城市公园。雄安郊野公园功能综合，主体包括生态区及相关游憩设施，属于城市公园的一种内容，是为城市居民提供的、有实用功能的生态场所，也是城市文化的传播场所；同时项目规划会展、旅游、特色小镇和美丽乡村等内容，以及大量城市基础设施建设保障其高效运营，其城市价值属性大于自然价值属性。雄安郊野公园以稀缺的生态场地和资源，同步导入多业态产业，激发城市文化价值和生态价值，目标不仅要实现生态资产的持续发展，更将为城市带来了良好的社会效益、经济效益及环境效益，以点带面，推动雄安整个城市的发展建设。

一、项目开发建设运营模式挑战

当前，城市公园的投资运营模式可分为两种：其一为公益性质主导的非营利模式，另一种是政府决策、社会资本参与的营利模式。

公益性质主导的非营利模式。该种模式的特征为：政府作为投资主体，实施运营管理的主体也是政府或由政府招标的物业公司管理。在部分项目的操作过程中，也会有非营利组织参与进来，进行辅助的运营管理工作。此种模式一般运用于投资金额较高的大型公益性质城市公园，如北京奥体森林公园。

政府决策、社会资本参与的营利模式。该种模式下，政府与社会资本共同出资，项目建成后进行市场化运作，由社会方负责主要管理工作；政府负责相关决策并保留公园所有权，而不去过多参与管理工作。此种模式更多地运用于城市价值属性较高、规模适中的城市公园，如长沙梅溪湖公园在实际操作过程中即采取了此种模式。

同时，目前我国城市公园开发运营过程中普遍存在一些问题，如：

（一）主导产业不清晰，设计"泛园化"。未脱离传统开发模式，仍以景观园林为主导，没有导入有针对性的产业为公园的健康持续发展注入动力。

（二）配套设施不完善，功能缺失。忽视非正式交流、文化娱乐、商业消费场所的创造，缺少必要的配套服务设施。

（三）运营框架不合理，管理无序。运营管理团队主要为政府部门或地产公司，缺乏灵活性与专业性，未形成合理的组织框架，经常出现职能交叉或者管理空白，影响公园经营水平。

（四）投入产出不平衡，持久经营难。顶层政策设计缺乏，未建立联动补偿机制，业态单一，收入主要依托门票和财政补贴，维持持续高质量的运营水平困难。

雄安郊野公园属于城市型综合开发模式的城市公园，包含大量公益、准公益性及经营类项目，项目存在资产类型复杂，建设周期长，前期投资大、业态定位复杂、资金平衡周期长等问题，如何解决建设资金，建设高品质园区，同时确保后续运营、管理、养护的可持续性，实现"以产养园""以园促城"，进入良性的运行循环，是这类综合型开发项目的共同挑战。

二、项目开发建设工作建议

结合国内城市综合开发的实践与经验，以及郊野公园前期工作进展情况，建议以运营为导向，结合现有工作成果，建立和完善生态规划、产业规划、空间规划、投融资规划、运营规划和政策规划的"六位一体"统筹策划，通过生态规划驱动生态价值创造，通过产业规划明确产业方向，以空间规划落实开发条件，以投融资规划和开发模式规划作开发保障，以政策规划实现整体模式的可复制与推广（图1）。

（一）**生态规划**。生态文明建设背景下，片区开发定位和规划需尊重生态环境，同时考虑优质生态的价值创造和实现路径，包括：对项目及周边的综合环境做出诊断，构建生态指标体系，指导后续开发建设和运营；在"生态诊断先行，绿色导则引领"的原则下，以"环境导向（EOD）"为准则，提出产业和空间规划指引，区域生态空间控制要求；研究园区内优质生态资源评估和价值实现的实施路径。

（二）**产业规划**。在基本产业定位基础上，根据生态规划提出的产业发展导则，开展产业集聚要素研究，明确产业定位与形态，确定产业园区内具体产业配比和招商引进次序的具体规划方案。

综合型城市区域发展规划模型 （六位一体）					
产业规划	空间规划	生态规划	投融资与运营规划	开发模式与区域统筹发展规划	政策需求规划
产业聚集要素研究	控制性详细规划	生态评估	市场定位与研究	开发模式与创新	政策需求研究
产业发展研究	城市设计	生态指标体系	开发运营模式	土地平衡补偿模式	管理和服务体系
产业定位与形态	总体概念规划	生态空间规划	投资与财务状况分析	投资结构和任务	土地平衡政策
产品设计		生态资源评估与价值转换	融资与投资安排	开发次序和节奏	生态补偿机制
产业服务与配套			品牌营销与招商策略	融资与退出机制	区域碳中和示范
				城乡统筹和产城一体化发展	

图1　六位一体综合型发展规划模型

（1）对明确产业进行细分业态分析，梳理不同业态对环境、对载体、对人才、对资金等不同要素的需求程度，结合具体项目未来要素的可获得性，划分出具体细分目标产业发展的优先级。

（2）根据细分产业发展的优先级，结合项目的资源，以产业集群理论为指导，确定园区内重点发展的主产业及其集群业态，按照产业链共生关系理论指导，确定辅助产业；根据主辅产业不同发展阶段企业对技术、人才、信息、咨询等方面的需求，确定系列配套产业。

（3）根据确定的主、辅产业和配套产业的有机服务关系，结合项目的土地开发强度、总投资要求、土地投入产出要求等指标，确定合理的产业细分业态配比。

（4）针对主导产业的生产行为和从业人员行为开展需求分析，主要包括企业的工作时间、物流行为、能源需求、排放行为等客观行为；从业者成分、交流习惯、交通行为（上下班和园内生活）、餐饮习惯等。

（5）梳理产业规划目标和对空间的需求，落实到空间规划。

（三）空间规划。以现有雄安郊野公园控制性详细规划（用地规划）为基础，补充或完善城市设计、基础设施规划、景观系统规划，以及开发区域（800亩）的总体概念规划等。

（1）城市设计是基于片区整体的功能导向、成本导向和视觉导向，规划各组团各地块单体建筑的进深、层高、形态、立面风格等，使得片区整体建筑风格、功能和空间、建筑和景观相适应。

（2）空间规划的目的是确定城市形态、容量和实施方案，而基础设施规划要和用地总体规划同步编制同步实施。

（3）良好的景观系统，是串联园区建筑的活的灵魂，景观系统规划重点关注功能导向、均好性、公共空间与公共生活的人性化等方面。

（4）地块总体概念规划，是基于具体开发地块需求，结合土地、产业、功能、建筑、设施、景观等内容，对建筑功能、规模、形态及景观等进行规划设计，满足项目后期土地获取、项目详细产品设计等需求。

（四）投融资与运营规划。投融资与运营规划是从投资和运营角度，对项目策划结果进行分析、安排和调整的过程，从经济角度论证项目可行性的研究方法。投资规划是项目经济可行性的主要依据，也是对项目开发节奏、租售比例、资金安排、经营方略的指导性规划。一般包括市场定位与研究、开发运营模式确定，投资与财务状况分析、融资与投资安排、品牌营销与招商策略等。

（五）开发模式与区域统筹发展规划。明确区域开发运营模式与创新、投资结构和任务、开发次序和节奏、融资及退出机制，城乡统筹发展，产城一体化发展等相关内容及安排。

（六）**政策需求规划**。以郊野公园区域实现生态优先发展、践行"两山"理论为目标，围绕规划、投资、融资、建设、运营等相关领域的创新政策和机制的设计和实验，开展项目的政策需求规划，包括政策需求研究、区域管理和服务体系设计、区域土地开发平衡政策、区域内的生态补偿机制、区域碳中和示范支持政策等。

5.3 雾霾治理组合出击保卫蓝天

雄安新区位于京津冀地区大气污染的传输通道，受本地排放和周边污染物输送的共同影响，大气污染问题十分严峻。雄安新区自设立起，十分重视进行环境空气质量改善工作，切实解决突出环境问题，持续深入开展大气污染治理工作。

5.3.1 治理目标与成效

按照河北省治理目标要求，2020年雄安新区$PM_{2.5}$年均浓度降至53μg/m³以下，2035年$PM_{2.5}$年均浓度降至35μg/m³（国家二级标准）以下（图5-3-1）。

具体成效来看，2020年新区$PM_{2.5}$浓度52μg/m³，同比下降7.14%，超额完成省定53μg/m³的目标任务；新区优良天数为225.7天，占比61.8%，同比增加28.7天，已超额完成省定198天的（54%）目标任务。总体来说，雄安新区在过去几年空气质量明显改善，优良空气天数稳步上升。

图5-3-1 新区城市建设与生态发展规划目标
（来源：雄安新区生态环境局）

5.3.2 治理措施[1]

为保障大气污染治理目标的达成,打赢蓝天保卫战,雄安新区大气污染防治形成了创制、减煤、治企、降尘、控车的"组合拳"。

(1)完善防治工作机制

2019年,雄安新区将打赢蓝天保卫战三年行动方案进一步细化为"1+7"工作方案,包括《河北雄安新区2019年大气污染综合治理工作方案》《河北雄安新区2019年挥发性有机物污染治理专项工作方案》《河北雄安新区2019年扬尘污染防治工作方案》《河北雄安新区锅炉改造提升专项工作方案》等。

2020年,雄安新区制定了大气污染综合治理"1+5"政策体系,以《河北雄安新区2020年大气污染综合治理工作方案》为总指导,同步印发了扬尘污染防治、移动源污染防治、成品油整治、"散乱污"排查整治、臭氧污染防治5个专项方案,以"1+5"体系为依托,推进新区空气质量持续改善。

(2)持续推进清洁取暖

雄安新区坚持宜气则气、宜电则电、宜热则热,以"气代煤"为主,"电代煤"风险可控,坚决取消散煤,统筹利用各类清洁能源。同时采用人力巡查、无人机飞检、冒烟监控体系等综合手段,开展专项检查,及时发现和查处散煤复燃问题。2020年雄安新区共完成清洁改造任务75257户,其中完成气代煤改造63700户,完成电代煤改造11557户。

(3)"散乱污"企业"动态清零"

雄安新区严格按照河北省生态环境厅深度整治的要求,持续组织三县开展"散乱污"企业整治工作,严格整治标准、细化责任落实,2020年以来共清理整治"散乱污"企业25家,实现了"动态清零"。

(4)加强扬尘污染防治,实现"三个全覆盖"

针对工地扬尘问题,新区提出三个全覆盖。要求工地出入口冲洗设备处必须安装摄像头,进行实时监控;施工现场作业区在建筑起重机设备顶端、施工现场道路、材料堆放区、加工区等应安装摄像头,覆盖施工现场90%以上区域;施工单位应安排人员定期检修监控设备,监控资料应保留3个月以上备查。

2019年11月,雄安新区生态环境局搭建了工地扬尘综合管理平台,在所有重点项目施工现场设置"降尘缸",每半月对降尘量进行测量,将降尘监测结果录入平台进行分析,并对工地进行考核排名,以便摸清新区工地扬尘污染底数,为扬尘污染治理提供科学依据(图5-3-2)。此外,还建立了施工工地"红黄牌"管理制度,对扬尘污染严重的施工工地予以"黄牌"警示,对连续两次"黄牌"的予以"红牌"警示,取消其在新区建筑市场90

---

[1] 雄安新区生态环境局,《中国低碳生态城市发展报告2020》250-253页。

天的投标资格，2020年对5家施工企业进行了"黄牌"告诫，起到了警示作用。

（5）加强移动源污染治理，完善移动源低排放控制区建设❶

雄安新区进入大规模开工建设阶段后，建设工地热火朝天、各类作业机械加足马力运转，非道路移动机械也不断增加。对此，雄安新区发布《关于划定雄安新区移动源污染物低排放控制区的通告》，率先在全国完成低排放控制区划定：规定非道路移动机械应符合烟度限值Ⅲ类要求，不能有可见烟；重型柴油车不得低于国五排放标准，同时继续推进运营的公共汽车、环卫、通勤、物流等车辆实现新能源化。

同时，雄安新区在河北省率先实行非道路移动机械污染排放备案登记和标志管理制度，建立健全了非道路移动机械"检测—挂牌—贴标—定位"的"四位一体"新型管理方式。

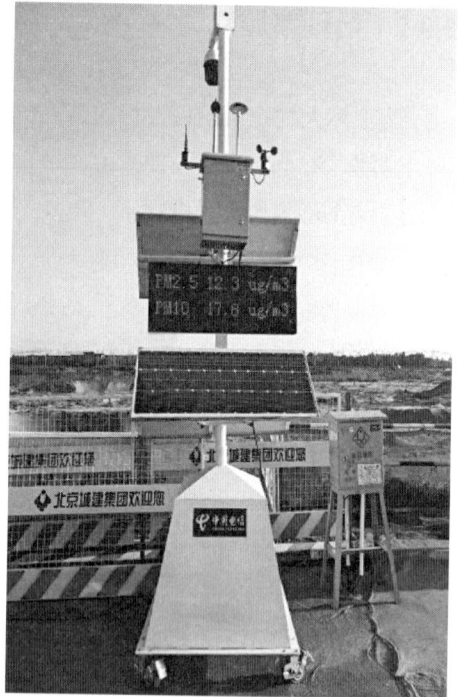

图5-3-2　雄安新区工地扬尘在线监测系统
（来源：http://www.zkzq.com.cn/uploadfile/2019/1125/20191125021739975.jpg）

2019年12月底，新区三县共完成非道路移动机械普查登记2200多台，实现了雄安新区非道路移动机械的监管全覆盖。

新区还开展了重型柴油货车尾气达标整治工作，建立重型柴油车尾气超标排放清单，对超标排放车辆进行逐车核查治理。针对重型柴油车，安装远程排放监控设备并联网，实现对油箱和尿素液位变化，以及氮氧化物、颗粒物排放情况的实时监控，并统一发放绿色环保标识，确保持证运行。严格开展路检路查，建设机动车综合检查站，对途径柴油货车开展尾气排放检验。

---

❶　http://www.xinhuanet.com/politics/2019-12/27/c_1125395690.htm

第六章　探索资源循环与利用

6.1　探索建设海绵城市典范

6.1.1　加强海绵城市建设的背景与要求❶

建设海绵城市是雄安新区践行绿色生态理念，构建绿色生态宜居新城区的重要内容。2015年12月，河北省发布《关于推进海绵城市建设的实施意见》，要求自2016年起，所有城市新区、各类园区、成片开发区和新建道路、广场、公园、绿地、水系等要按照源头减排、过程控制、系统治理的海绵城市建设要求进行规划建设；同时提出到2020年底，设市城市建成区20%以上面积完成海绵城市试点建设，试点区域雨水年径流总量控制率达到75%以上，并实现连片示范效应。

《河北雄安新区规划纲要》和《河北雄安新区总体规划（2018—2035年）》提出要建设海绵城市，尊重自然本底，构建河湖水系生态缓冲带，提升城市生态空间在雨洪调蓄、雨水径流净化、生物多样性维持等方面的功能，促进生态良性循环；同时，要综合采用雨水花园、下沉式绿地、生态湿地等低影响开发设施，实现中小降雨100%自然积存、净化，雨水年径流总量控制率不低于85%。

6.1.2　新区相关规划、标准制定情况

雄安新区公布的"1+4+26"规划体系中，虽没有新区层面的海绵城市专项规划，但编制了《河北雄安新区起步区海绵城市专项规划》。同时，《河北雄安新区规划纲要》《河北雄安新区总体规划（2018—2035年）》提出了雄安新区海绵城市建设的总体目标、原则和思路；截至目前，已公布的启动区、容东、容西、雄东、高铁站枢纽片区在各自的控制性详细规划中，结合片区实际对海绵城市建设提出片区建设目标，并提出了相应管控要求。其中，启动区控详规按照不同用地性质给出了不同的年径流总量控制率要求（表6-1-1）。

在标准规范制定方面，目前雄安新区尚无专门的海绵城市相关技术标准规范，但《雄安新区规划技术指南（试行）》、《雄安新区绿色建筑设计导则（试行）》等新区标准导则均涉及部分海绵城市规划设计内容。其中《雄安新区规划技术指南（试行）》对海绵城市

---

❶　章节6.1.1和6.1.2的图表除标明来源之外，其余均节选自绿研智库研究报告《雄安新区海绵城市工作推进建议报告》。

规划、居住区环境品质及雨水利用规划设计等方面做了明确规定，包括年径流总量控制率（85%）、下凹绿地率（50%）和透水铺装率（70%）等指标。同时给出了海绵城市规划指标取值范围，具体见表6-1-2。

表6-1-1　雄安新区已公布控制性详细规划中海绵城市相关要求

规划名称	片区海绵城市建设目标	地块级控制指标
河北雄安新区启动区控制性详细规划	启动区中小降雨100%自然渗透、自然积存、自然净化，雨水年径流总量控制率不低于85%	海绵城市系统规划图（明确地块年径流总量控制率范围）；雨水年径流总量控制率要求：建筑与小区不低于80%，道路广场不低于75%，绿地与公园不低于90%
河北雄安新区雄安站枢纽片区控制性详细规划	片区年径流总量控制率85%	海绵城市地块年径流总量控制率分布图、海绵城市地块径流污染控制率分布图
河北雄安新区容东片区控制性详细规划	片区实现中小降雨100%自然积存与净化，雨水年径流总量控制率不低于85%，年悬浮物总量去除率达到70%以上	—
河北雄安新区容西片区控制性详细规划	规划年径流总量控制率不低于85%	—
河北雄安新区雄东片区控制性详细规划	片区实现年径流总量控制不小于85%	—

表6-1-2　《雄安新区规划技术指南（试行）》中海绵城市规划指标取值范围

指标名称	指标值
年径流总量控制率	85%
生态岸线比例	90%
年径流污染控制率	80%
地表水功能区达标率	95%
雨水管渠设计重现期	3 ~ 20年，地下通道和下沉式广场 30 ~ 50年
内涝防治重现期	10 ~ 50年，重要敏感地区 100年一遇
非传统水资源利用率	20%

《雄安新区绿色建筑设计导则（试行）》在第4章中指出场地年径流总量控制率不应低于70%，且不应低于海绵城市专项规划对建筑场地的要求；第5章场地规划中对雨水设计提出如下约束性要求：充分利用场地合理设置绿色雨水基础设施，对大于5hm²的场地进行雨水专项规划设计；小于5hm²的场地应根据场地条件合理采取雨水控制利用措施；场地年径流总量控制率不应低于70%；下凹式绿地、雨水花园等有调蓄雨水功能的绿地和水体的面积之和占绿地面积的比例不应低于50%；合理进行场地竖向设计，衔接和引导道路雨水重力自流进入生态雨水滞蓄设施，并采用相应的径流污染控制措施。

6.1.3 人水和谐的三级海绵体系设计探索[1]

雄安新区自设立以来在规划建设过程中积极践行生态优先、绿色发展理念，一方面多次开展雄安新区海绵城市建设与管理专题研讨与交流，另一方面不断进行海绵城市理念的实践探索，在有力促进新区海绵城市建设顶层设计形成的同时，积极打造新区海绵城市建设典范项目。以下以雄安商务服务中心的三级海绵城市体系方案为例，介绍新区海绵城市建设的先进理念。

6.1.3.1 设计思路与目标

雄安商务服务中心结合项目竖向与整体空间条件，建设海绵空间布局，构建"园区级、道路广场级、建筑级"三级海绵体系，场地设置雨水花园、下凹绿地、透水铺装、生态树池、植草沟、屋顶花园、入渗转输沟、碎石蓄水池、中央景观湖等多种生态海绵设施实现雨水自然下渗、自然蓄存，场地年径流总量控制率为85.3%。同时利用园区中央景观湖水位的变化，实现海绵调蓄、雨水资源化利用及内涝防治功能，并以生态处理为主、物理过滤为辅的技术集成，综合运用水质六级管理，对入湖雨水及湖水进行循环水质维护，满足景观水体水质要求。

（1）设计思路

商务服务中心与容东片区绿色生态宜居新城区的定位相呼应，场地生态环境整体较好，但存在地下水超采、地下室开发量大等自然条件及建设条件短板，影响场地自然水文循环及水文流动。在项目海绵城市规划设计中，应对上位规划目标，结合场地情况，与建筑、景观、给排水相协调融合，合理组织雨水径流，在雨水通道及汇流点处因地制宜布设海绵城市设施，打造一个具备自然积存、自然渗透、自然净化能力的海绵城市化、生态化场地。

场地能够像海绵一样，在适应环境变化和应对自然灾害等方面具有良好的"弹性"，下雨时吸水、蓄水、渗水、净水，需要时将蓄存的水"释放"并加以利用。该项目技术体系主要采用"渗、滞、蓄、净、用、排"的技术手段，实现项目内良性水循环，提高对径流雨水的渗透、调蓄、净化、利用能力，恢复地块的海绵功能。其中，通过常规绿地和渗透设施的构建实现雨水的入渗，利用透水铺装、下凹式绿地、雨水花园等设施设置实现雨水的调蓄和延缓雨水径流的产生，利用中央景观水体实现海绵调蓄、雨水资源化利用，利用湿地、微生物处理系统、水下森林等实现雨水的净化和利用，具体见图6-1-1。

（2）设计目标

商务服务中心结合项目竖向设计与空间条件，构建"园区级、道路广场级、建筑级"三级海绵体系的生态海绵社区。结合上位规划要求、项目建设自然条件可设计海绵城市建设目标为年径流总量控制率不小于85%，内涝防治设计重现期30年一遇，场地实现雨污分流等。

---

[1] 史敬华、彭世瑾，深圳市建筑科学研究院股份有限公司。图表除标明来源之外，其余均为约稿作者提供。

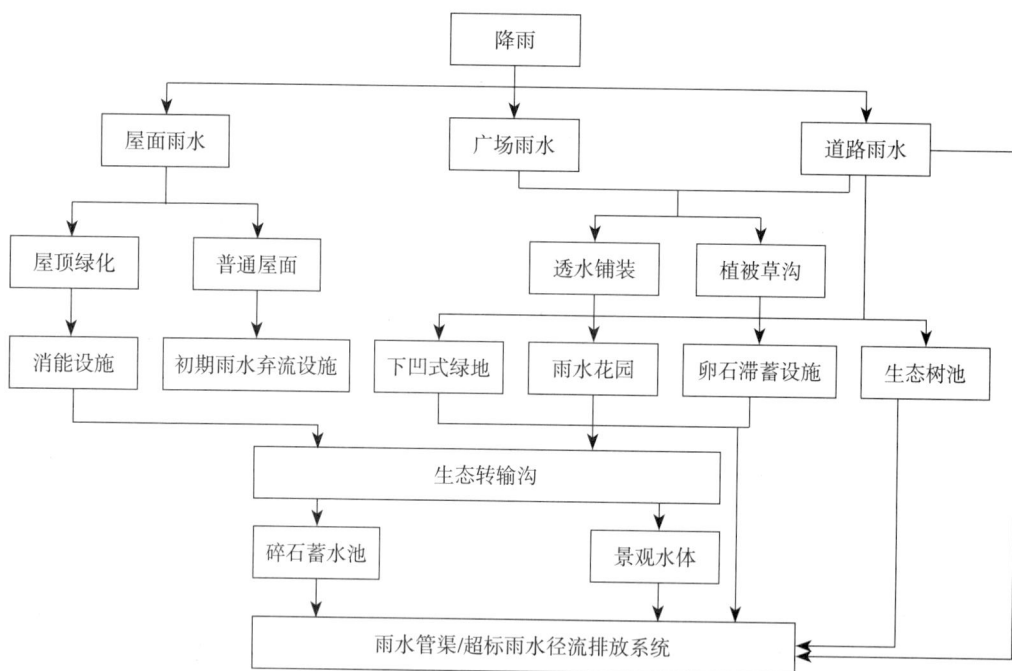

图6-1-1　本项目径流组织路线示意图

6.1.3.2　三级海绵城市建设方案

本项目海绵城市按三级海绵体系规划建设。

第一个层级为园区级海绵，即融景观、雨水资源化利用与防洪排涝多功能为一体的社区中央"芯"海绵体——中央景观湖，实现大海绵体的调蓄功能。

第二个层级为道路广场级海绵，以道路广场较大型公共绿地、活动广场、下沉式庭院等为载体，设置规模适度的复杂型海绵体，如透水铺装、生态树池、雨水花园等，有效控制道路广场径流雨水。

第三个层级建筑级海绵，通过对建筑周边海绵城市目标及指标分解，以各建筑屋面及周边空间为载体，利用建筑空间设计绿化屋面、下凹绿地、卵石滞蓄设施、碎石蓄水池、雨水花园等海绵技术措施，有效控制建筑场范围的径流雨水。

通过三级园区海绵体系建设，从而实现项目年径流总量控制率不小于85%的目标。

本项目总用地面积为217355平方米，其中屋面面积86787.71平方米，硬化铺装面积34866.29平方米，透水铺装面积38954平方米，透水铺装率52.8%，绿化面积48800平方米，绿地率为22%，水面面积7947平方米，根据《建筑与小区雨水控制及利用工程技术规范》GB 50400—2016，分别确定各下垫面的雨量径流系统，通过加权平均计算求得本项目汇水面积的综合径流系数0.6。根据场地综合径流系数，可以推算出本项目年径流总量控制率85%（所对应的设计降雨量为36毫米），实现雨水控制量为4695立方米，即应设置不小于4695立方米的调蓄容积。

根据场地内各汇水分区的雨水径流流向，分别在本项目设置水景调蓄池、雨水花园、卵石滞蓄设施、下凹式绿地、生态树池等具有调蓄容积功能的海绵技术措施，并按园区级、道路广场级和地块级三级海绵体系建设，实现场地综合径流系数0.6，年径流总量控制率85%的设计目标。

（1）园区级海绵技术措施

项目园区级海绵技术措施主要包括景观水体、下凹式绿地、雨水花园、植被草沟、透水铺装等。

1）景观水体

项目中央景观水体是本项目景观亮点之一，充分发挥其常水位及溢流水位之间的调蓄空间，收集项目场地汇流雨水，使场地在中小降雨期间雨水不外排，该景观水体也可作为场地海绵城市亮点之一。根据景观需求、场地100年一遇防洪安全要求及景观水体作为调蓄容积的调蓄水量要求等，设计景观水体不同的水位变化：高水位，即溢流排水水位；海绵调储水位（常水位），即保证24小时内有效释放空间，以及景观水体要求的常水位；雨水利用水位（设计低水位），平时雨水水位变化的最低水位，这部分空间可作为雨水收集利用空间，为景观水体提供补水；应急水位，即排涝水位，主要应对暴雨前，及时排空的水位。高水位与常水位之间的空间可作为场地景观水体对项目雨水控制的调蓄容积之一（图6-1-2）。

项目运营过程中，在降雨后需要通过景观水体自身水损耗或排空措施，在24小时内将水位降至常水位，以确保为下一场雨留足调蓄空间。同时，为保障场地水安全，需要设置联动措施，在天气预报预测大雨来临前，将景观水体雨水实现排空至低水位，为大雨留足防洪调蓄空间。在超过设计重现期暴雨来临时，及时采用水泵将超标雨水及时抽排至就近河道，减少场地水安全风险（图6-1-3）。

景观水体设计生态驳岸，留出海绵调蓄空间渗透区域，不仅增加景观水体亲水性、趣味性，实现景观水体海绵调蓄空间的渗透性，还可以充分利用植被拦截面源污染进入景观水体，在一定程度上保障景观水体水质（图6-1-4）。

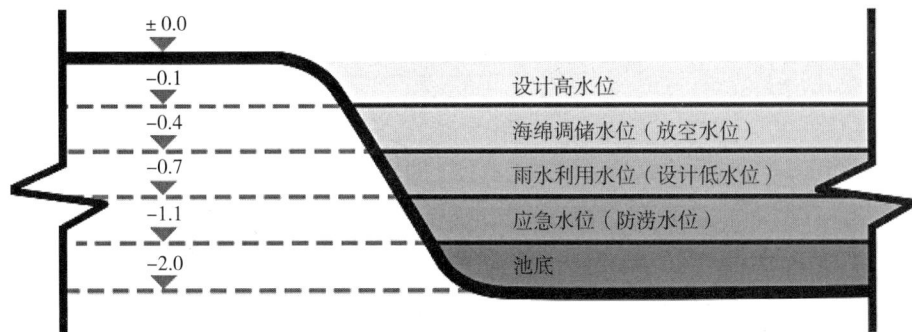

图6-1-2 景观水体各水位剖面图

兼并"保水"＋"渗水"需求

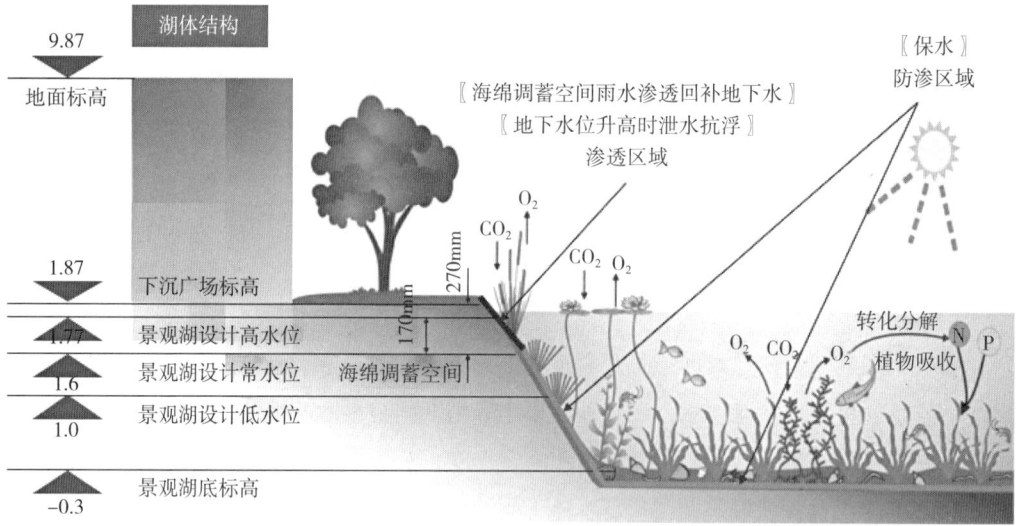

图6-1-3　海绵调蓄空间渗透区域示意图

图6-1-4　湿地驳岸打造示意图

2）下凹式绿地

城市下凹式绿地控制雨洪径流，利用植物截流和自身的净化和吸附能力，净化雨水。同时，土壤的微生物和孔隙度也有渗滤净化雨水，减少水污染的功能。充分利用径流雨量，加快雨水下渗的速率，补给地下水源，涵养地下水。也可对处理后的雨水加以收集利用，作为绿化浇洒、道路冲洗等杂用水源，缓解水资源短缺现象。

3）雨水花园

雨水花园有软化地表，分散地表径流，调蓄雨水的功能，其不仅可以促进雨水净化和下渗，而且对缓解洪涝灾害也有一定的作用。在雨水的下渗过程中，通过地形、植物、微生物和其他要素的共同作用，达到净水、蓄水等目的，减少了雨水径流污染；雨水花园与景观有机融合，生态景观效果好。

4）植被草沟

植被草沟是道路雨水渗滤的主要设施，当雨水流经植被草沟时，在沉淀、过滤、渗透、吸收及生物降解等共同作用下，径流中的大部分污染物被去除，达到雨水径流的收集利用和径流污染控制的目的。其结构简单、投资小、建设快、易维护，对小强度降雨径流有很好的净化处理效果，同时可有效削减径流峰值，还能营造良好的景观效果。

（2）道路广场级海绵技术措施

本项目道路广场级排水采用生态排水的方式，首先汇入道路绿化带及周边绿地内的海绵城市设施，并通过设施内的溢流排放系统与其他低影响开发设施或碎石蓄水池、雨水管渠等相衔接。

园区道路因交通压力小，荷载要求相对较低，可适当分解海绵城市目标。园区所有道路除荷载要求高、景观功能要求高的道路外，均采用透水铺装形式，透水铺装路面设计满足路基路面强度和稳定性要求。

其中，非机动车道设置透水铺装；部分道路断面设置入渗转输系统（卵石入渗带等）；道路和广场中的树池，设置生态树池，可以有效地调蓄雨水。入渗转输系统和透水铺装以渗透为主，减少径流系数，没有调蓄能力（图6-1-5）。

（3）建筑级海绵技术措施

对未通过园区级和道路广场层级实现的雨水控制量目标缺口进行建筑级分解。结合场地竖向情况、下垫面的情况、绿化空间等条件设置海绵设施，主要有雨水花园、下凹绿地、绿化屋面、卵石滞蓄设施等（图6-1-6）。

6.1.3.3 实施效果

本项目以"一芯、多环、多点"海绵空间布局的规划（图6-1-7），构建形成了"园区级、道路广场级、建筑级"三级海绵体系的生态海绵社区。在三级海绵体系的各层面上分解海绵城市年径流总量控制率指标，在设计初期率先考虑项目建成后的海绵城市监测方案，提前在设计时选择海绵城市设施、区域排口及水景的监测点位，预留监测条件。通过前期科学合理的设计及后期海绵城市三个层级的运营效果监测，全方位地保障项目海绵城市建设效果。

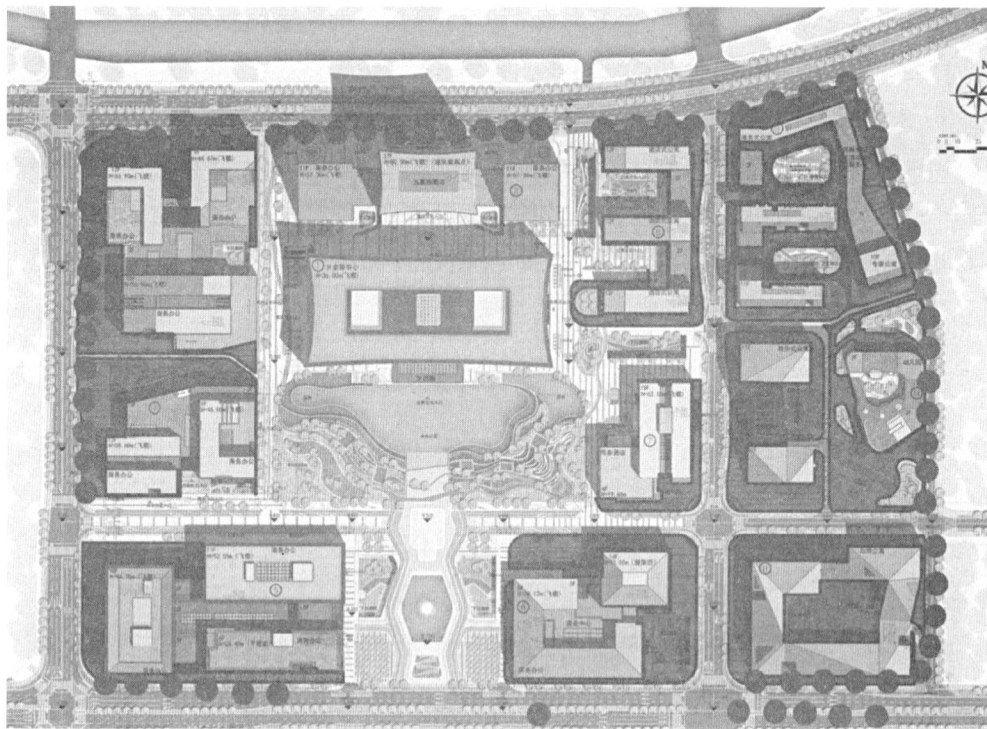

图例 ▇ 透水铺装 ● 生态树池

图6-1-5 透水铺装及生态树池布局示意图

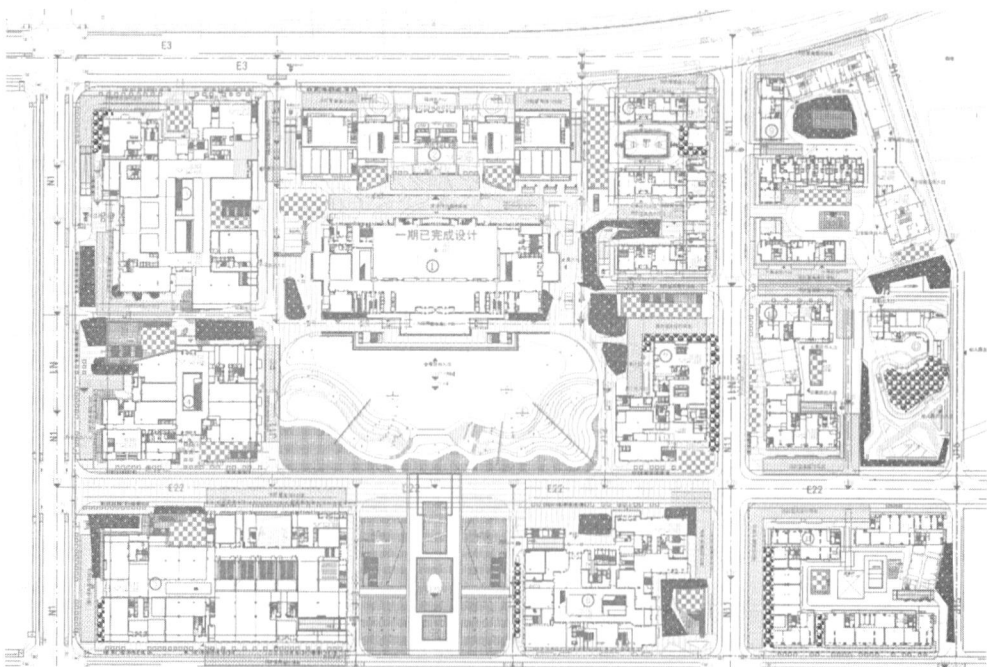

图例 ▨ 雨水花园 ▇ 下凹绿地 ▨ 绿化屋面 ▨ 卵石滞蓄设施

图6-1-6 建筑级海绵设施布局示意图

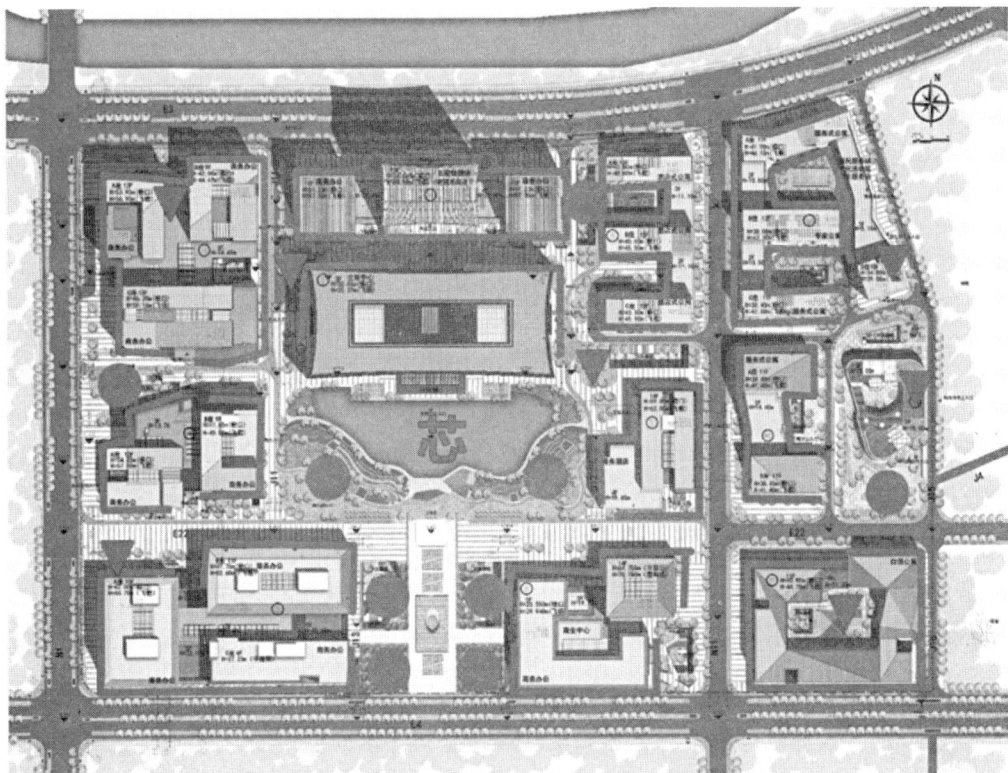

图6-1-7　"一芯、多环、多点"海绵空间布局

6.2　打造绿色智慧水厂样板

　　《河北雄安新区规划纲要》提出，按照以水定城、以水定人的要求，强化用水总量管理。未来，新区城市生活用水和工业用水将主要依靠南水北调中优质水源保障，城市生态环境用水主要依靠再生水、当地地表水和雨水保障，农业用水主要依靠地下水保障，白洋淀生态用水则主要依靠引黄入冀补淀水、上游水库水予以保障。

6.2.1　起步区2号水资源再生中心工程

（1）项目背景

　　雄安新区起步区作为雄安新区率先建设重点区域，承担着探索开发建设模式、先行先试政策措施、展现新区雏形等重任。目标为到2022年，启动区生态系统和交通路网骨架基本成型，重点市政基础设施和公共服务设施基本建成，重要功能节点建设有序推进，京冀密切协作，完善承接疏解政策，确保首批北京非首都功能疏解项目落地。

　　为保障雄安新区起步区城市服务，建设集约高效的供水系统，构建新区新型生态城市的基础，高水平打造优美生态环境，规划新建2座水资源再生中心，分别为1号水资源再生中心和2号水资源再生中心（本工程），提标改造的1座水资源再生中心为安新水资源再生中心。1号水资源再生中心位于起步区西南边界，2号水资源再生中心位于起步区东南边界，安新水资源再生中心位于起步区南边（图6-2-1）。其中1号水资源再生中心处理规模16万m³/d，预留4万m³/d规模；2号水资源再生中心处理规模15万m³/d，预留5万m³/d规模；安新水资源再生中心现状处理规模4万m³/d。

（2）项目概况

起步区2号水资源再生中心工程紧邻白沟引河，占地20hm²。项目为规划新建设施，建设形式为生态型全地下式，污水进厂采用2条管径DN1600的管线，出水执行《大清河流域水污染排放标准》中"核心控制区"排放标准。构建污水资源化综合利用系统，高标准处理起步区污水并再生利用。

起步区2号水资源再生中心工程2022年服务范围为启动区（即第四组团和第五组团的西部），2022年服务人口约为44万人；2035年服务范围为第四组团、第五组团和第三组团的东部，服务人口为60.50万人。

项目分两期建设。一期建设7.5万m³/d箱体一座，二期另建一座7.5万m³/d箱体。

起步区2号水资源再生中心工程属于循环再生的污水处理系统，建设中统筹考虑了污水收集处理和再生利用。污水处理后的循环再生利用是构建新区水源安全保障体系的

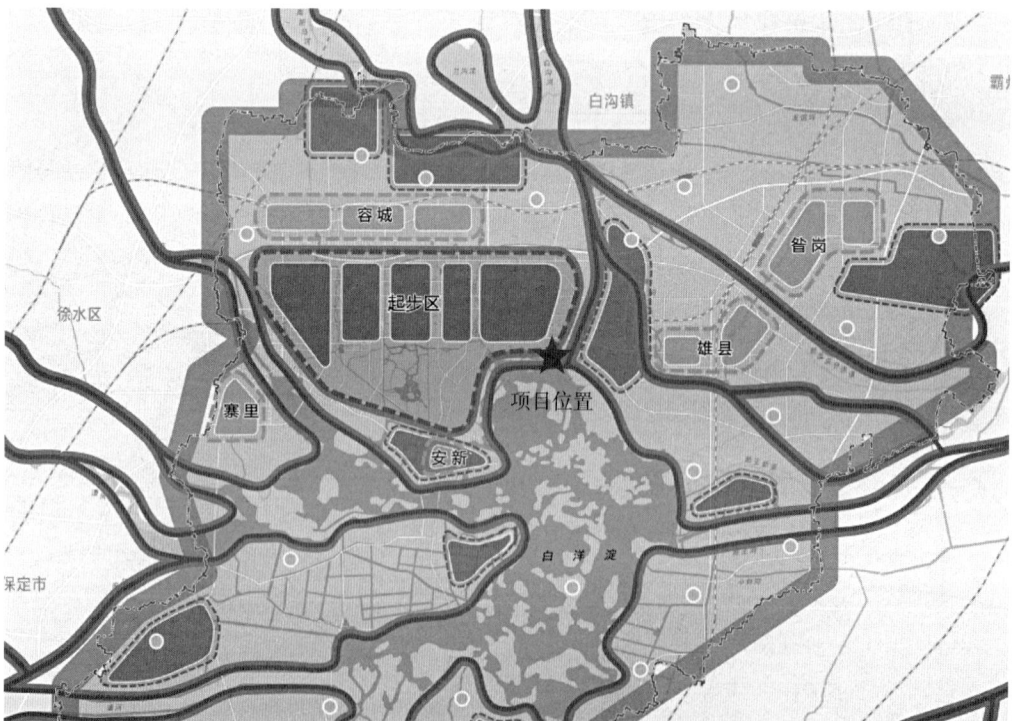

图6-2-1　起步区2号水资源再生中心工程位置示意图

重要组成部分。本工程的再生水将和新区的上游水、雨水、当地水共同完善供水网络，其中新区的绿化浇洒、道路冲洗、公建冲厕等市政杂用水主要由再生水供给。同时再生水还将与本地雨水、南拒马河补水及白沟引河补水形成多源补水机制，增加水流速度，提高水体自净能力，维持水生态系统稳定。以上的供水模式最终强化了新区水源互联互通，形成了多源互补的新区供水格局，激发了城市活力，实现了区域的健康可持续发展。

（3）地下式污水厂处理设计

起步区2号水资源再生中心工程采用地下式布置形式设计，与地上式水厂相比，地下式水厂具有以下优点：

1）占用空间少

在地下水厂设计中，考虑到地下空间和投资的限制，构筑物设计都比较紧凑，技术上也尽量选用占地面积小的处理工艺，此外，地下污水处理厂无需考虑绿化及隔离带等要求，因此，一般占地面积较少。

2）噪声污染小

地下水厂的主要处理设备均处于地下，许多机械的噪声和振动将对地面的建筑和居民基本不产生影响，有效地防止了噪声对周围居民生活与工作的影响。

3）环境污染小

由于处于地下全封闭管理，地下污水处理厂可以对产生的臭气进行全面的处理，对环境和城市居民生活不产生影响。

4）节省土地资源

地下水厂由于只有部分辅助建筑物建在地面，占用土地资源很少，节省了城市开阔空间，不会使周边土地贬值，对于周边区域的起步区未来发展没有障碍。地下污水处理厂上部空间利用价值亦较高，可用于绿化、公园等公益事业，也可用于商业开发。

5）温度较恒定

地下水厂由于处于地下，除受污水水质条件的影响外，基本不受外部环境因素的影响，特别是地下常年温差较地面温差要小，温度比较恒定，有利于各种污水生物处理工艺的稳定运行。

6）安全性高

地下建筑防灾能力强，防爆炸、防细菌及防外部火灾都能起到一定作用。

7）美观性好

由于地下再生水厂是不可见的，因此既不会对自然景观产生影响，也不会影响到周围建筑的整体视觉效果。

项目采用全地下式双层加盖的布置方式，景观效果最好，对周边环境无任何影响，不影响地上的景观布置，可以结合场地条件和功能需求，通过精心设计庭院及节点生态景观，营造出特色鲜明、环境良好、功能复合的绿化空间。该种布置方式可真正实现与周边环境的和谐统一。

表面看来，地下污水处理厂的投资成本较高，但是新区可利用的土地资源日趋减少，土地价格逐渐增高时，地下污水处理厂的价值就会显现出来。一般来说，将地面污水处理厂建设成本加上土地的价值，地下和地面污水处理厂的造价就相差无几，如果再考虑环境价值，地下污水处理厂的"性价比"明显要高于地面污水处理厂的"性价比"。

（4）工艺介绍

本工程确定总体工艺方案采用"AAO（Bardenpho）+磁混凝沉淀池+深床滤池+臭氧氧化"工艺（详见图6-2-2）。该工艺具有工艺成熟、国内运行经验丰富、运行费用相对较低等优点。

项目主要处理单元包括：预处理车间、初沉池、生物池、二次沉淀池、磁混凝沉淀池、深床滤池、臭氧接触池、加药间、污泥处理车间等。结合处理工艺考量，大部分处理单元集中布置在地下箱体中，少部分建筑需要布置在地上。

根据河北雄安新区管理委员会要求，起步区2号水资源再生中心工程的出水执行《大清河流域水污染物排放标准》中"核心控制区"排放标准。出水水质基本满足城市再生水的要求，出水可再生回用。根据规划，本工程的出水将用于新区的绿化浇洒、道路冲洗、公建冲厕等市政杂用水，同时出水也用于启动区水系的生态需水。本工程出水还设有一路退水管，即当本工程的再生水供水量大于区内的生态需水和再生水用户需水量时，本工程出水可排至大清河（表6-2-1）。

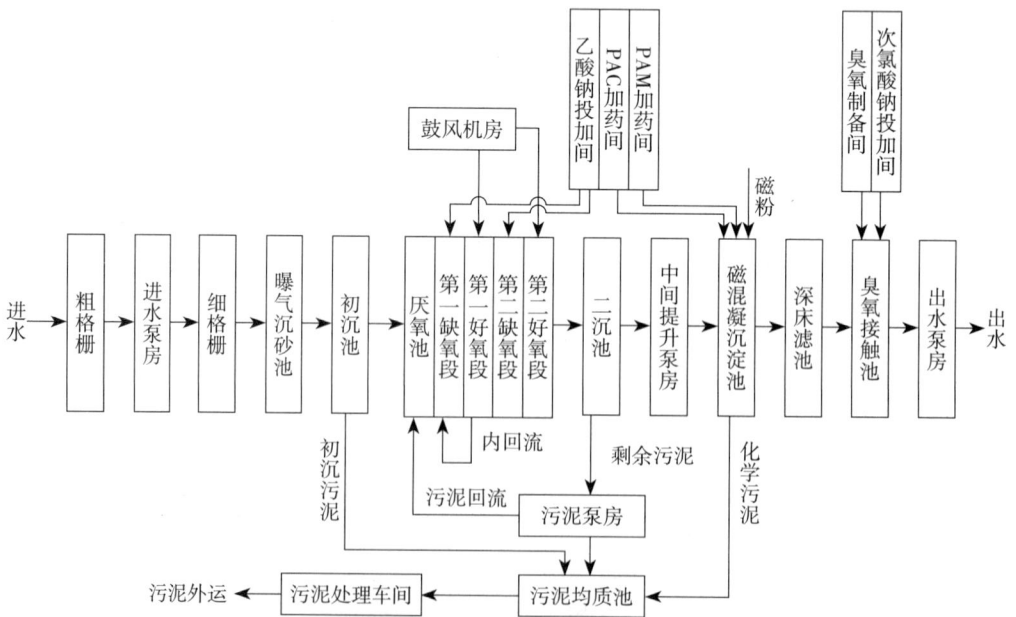

图6-2-2 项目处理工艺

表6-2-1 起步区2号水资源再生中心工程设计出水水质汇总表

项目	COD (mg/L)	BOD5 (mg/L)	SS (mg/L)	氨氮 (mg/L)	TN (mg/L)	TP (mg/L)	粪大肠菌群数 （个/L）
设计出水水质	20	4	5	1.0（1.5）	10	0.2	500

注：氨氮排放限值括号外数值为水温大于12℃时的控制指标，括号内数值为水温小于等于12℃时的控制指标。

图6-2-3 起步区2号水资源再生中心工程（初步设计阶段效果图）

（5）地上建筑和景观设计

项目一期用地面积11公顷，厂区建筑主要分为两部分，一部分为地下箱体，地面以上仅为景观公园及配套楼梯间、通风口等，另一部分为地上部分包括总变电站、臭氧制备间、综合楼（图6-2-3）。

污水处理厂内箱体采用双层埋地式的布置形式，将所有工艺处理构筑物集中布置在一座综合处理厂房内，其中水处理构筑物均位于箱体负二层之中，负二层构筑物加盖，盖板即为箱体负一层底板，绝大部分建筑物均位于负一层之中。另箱体顶部加盖并进行覆土绿化，地上设置相应的消防通道、入口引道以及绿化设施，绿化设施中包括地上设施与景观布置，使得污水处理厂与周围环境相协调，并且融入周围的环境中，将污水处理厂对周围环境的影响降到最低。

地上建筑设计在满足工艺要求的前提下建筑风格及色调上与周围环境相协调，使水厂的每一个建筑物成为休闲公园的一景，既满足功能的需要，又与其融为一体。

6.2.2 容东片区再生水工程

（1）项目背景

根据《容东片区控制性详细规划》，容东片区力求建设集约高效的供水系统，推进节水型社会发展，形成多源互补、分类分质的供水格局。各分区间设施集成共享、互为备用，提高供水效率。因地制宜推进雨水和再生水等各类非常规水资源利用，实现用水分类分质供应，采用管网分区计量管理，提高管网精细化、信息化管理水平，将管网漏损率控制在5%以下，有效节约水资源。

容东片区的主供水源为南水北调中线水源，片区内生活和消防供水系统采用分区供水、回水循环的方式，形成"三站六网"供水格局，龙头水质达标率100%。

统筹考虑容东片区和容城县城的污水处理和再生回用需求，建设容东污水再生处理厂，采用地下形式建设，收集处理容东片区和容城县城的污水。污水再生工程实行雨污分流制的排水体制，污水全部处理、再生回用，计划污水再生利用率达到99%以上，出水水质达到或优于地表水Ⅳ类标准。污水处理后全部再生回用于容东片区和容城县的绿地浇灌、道路浇洒、车辆冲洗、景观用水、河道补水等。

（2）工程基本概况

容东片区再生水厂位于片区东北角，靠近北部河道，为新建一座全地下式再生水处理厂。综合楼设置于地面以上，采用框架结构。水厂远期总规模8万m³/d，近期规模4万m³/d，旱季平均时规模4万m³/d，雨季平均时规模5.3万m³/d，雨季最大设计流量（考虑初雨叠加）为2892m³/d，再生水厂主要任务是污水处理及再生水回用，出水水质按照《大清河流域水污染物排放标准》中的"重点控制区"排放限值，准Ⅳ类标准。

（3）项目设计工艺

工程建设包括污水处理及再生水处理设施、污泥处理设施、除臭设施、再生水回用设施及厂内配套进出水管线。

工程为全地下式再生水厂，采用预处理+A2/O–A/O工艺+矩形二沉池+高效沉淀池+砂滤池+接触消毒池工艺，其中A2/O段深度脱氮依托于清华大学作为技术支持单位在国家重大水专项课题研发的成果技术"耦合厌缺氧MBBR的A2O复合深度脱氮工艺"。

污泥处理采用"离心脱水"工艺，污泥脱水干化至80%含水率以下后运往集中处理中心。对恶臭气体源进行封闭除臭，采用生物除臭方式。

再生水用于绿地浇灌、道路浇洒、车辆冲洗、景观用水、河道补水等。

（4）项目效益

容东片区再生污水厂项目的建设是构建雄安新区绿色市政基础设施体系的重要组成部分，属于循环再生的污水处理系统，建设中统筹考虑了污水收集处理和再生利用。

6.3 提速建设无废城市试点

6.3.1 搭建固体废物管理体系[1]

6.3.1.1 固体废物管理要求与目标

根据《河北雄安新区总体规划（2018—2035年）》中的有关要求，"雄安新区贯彻落实习近平生态文明思想，坚持把绿色作为高质量发展的普遍形态，按照减量化、资源化、无害化的要求，全面实施垃圾源头分类减量、分类运输、分类中转、分类处置，最终实现原生垃圾零填埋，收集、运输、处理全过程清洁化。生活垃圾分类收集率和无害化处理率达到100%"。构建先进的垃圾处理系统，促进垃圾资源再生利用，"加强城市垃圾分类收运与再生资源回收利用的衔接和融合，建设兼具垃圾分类与再生资源回收功能的交投点、中转站、终端处理设施、生态环境园，城市生活垃圾回收资源利用率达到45%以上"。为新区创造良好的人居环境，建设天蓝、地绿、水秀的美丽家园。

6.3.1.2 生活领域固体废物管理体系

固体废物管理工作涉及多方面，是一项系统工程，其中生活垃圾分类是一项重要而基础的工作。

（1）制度体系

2019年，为构建体现雄安标准的垃圾分类管理体系，雄安新区管理委员会规划建设局组织编制《雄安新区生活垃圾全过程分类管理体系研究报告》，课题综合考虑了新区"一主、五辅、多节点"的城乡空间布局，梳理分析了各片区现有规划环卫体系存在的问题，围绕全面实施源头减量、分类投放、分类收集、分类运输、分类处理的目标，分析借鉴了日本、韩国、新加坡等国家或地区的成功经验，初步构建了适合新区各发展阶段、各功能区域的生活垃圾全过程分类管理模式。

2020年，雄安新区开展《雄安新区生活垃圾分类实施方案（2021—2025年）》《河北雄安新区生活垃圾分类管理办法》《关于做好农村生活垃圾清理整治验收工作的通知》《雄安新区环卫智慧管理平台系统项目设计规范（征求意见稿）》《雄安新区环境卫生规划（初稿）》等文件政策编制工作。

2021年初，新区编制《雄安新区三县垃圾分类试点及新建区垃圾分类工作实施方案》《雄安新区垃圾分类收集设施参考样式》《雄安新区垃圾分类考核及奖励办法》《雄安新区加强塑料污染治理的工作要点》等文件，同时拟在新区内开展生活垃圾分类培训，加强环境保护宣传和专业技能教育，努力实现环境保护专业化、系统化、规模化和常态化。

---

[1] 过书婷、姜思远，雄安城市规划设计研究院有限公司。本节图表除标明来源之外，其余均为约稿作者提供。

目前，新区三县生活垃圾清运全部纳入城乡一体化管理，由第三方环卫公司负责生活垃圾收集处置，三县环卫主管部门进行监管。

（2）生活垃圾分类工作

目前雄安新区还处于大规模建设阶段，收运处理产业还不健全，日常产生的固体废物需运送至新区周边城市处理，如保定、辛集、霸州、廊坊等。同时由于疫情影响，垃圾综合处理设施还未建成，为避免前端分类，后端"混装混运"等问题打击群众参与垃圾分类的积极性，新区暂未推广开展垃圾分类工作。

6.3.1.3 其他固废领域管理体系

（1）工业领域

在制度体系方面，新区已完成《关于支持新区三县传统产业转型升级工作的指导意见》《关于促进传统产业转型升级的政策措施》《雄安新区传统产业转型升级专项资金管理暂行办法》的编制工作，正在推进《雄安新区工业固废全过程管理办法（征求意见稿）》《雄安新区工业废物操作规范和标准（征求意见稿）》《雄安新区工业废物操作规范和标准（征求意见稿）》的编制工作。在市场体系方面，将危险废物经营单位纳入环境污染责任保险覆盖范围，推动高污染高耗能产业的搬迁或转移。在技术体系方面完成遗存工业废物鉴别技术，将铝灰、钢渣、危险废物进行快速鉴别，铝灰资源储存稳定化技术应用，通过喷淋进入储存库的铝灰，抑制其挥发性，减少对大气、土壤的危害。

（2）农业领域

在制度体系方面新区目前已完成《河北雄安新区秸秆综合利用实施方案（2019—2020年）》《雄安新区农村"厕所革命"整村推进实施方案》《雄安新区农村人居环境集中整治专项行动实施方案》《雄安新区2019年秋—2020年夏农业结构调整推进工作方案》《雄安新区农药面源污染整治实施意见》的编制工作。在市场体系方面正在开展化肥农药押金制度试点工作，开发化肥农业实名制APP，继续推进畜禽粪类污企业转移退出工作。

（3）建筑领域

在制度体系方面新区已完成《雄安新区绿色建材导则（试行）》《雄安新区绿色建筑设计导则》《雄安新区绿色建造导则》的编制工作，正在推进《雄安新区绿色拆除与建筑刺激综合利用技术标准（征求意见稿）》《雄安新区绿色拆除工作中建筑垃圾处置工作意见（征求意见稿）》《雄安新区绿色建筑实施方案（征求意见稿）》的编制工作。在技术体系方面清淤底泥做土壤改良剂用于城市园林绿化；清淤底泥制作蓄水陶土建材，用于海绵城市、农业土壤改良、生态园林等方面。

（4）危险废物

在制度体系方面新区已完成《雄安新区工业废料废液等危险物规范化管理监督抽查工作方案》《2019年度雄安新区危险废物规范化管理监督抽查工作方案》《河北雄安新区医疗机构废弃物专项整治工作方案》的编制。在监管体系方面，印发《关于开展打击整治涉医疗废物违法违规行为专项行动工作的通知》，实施医疗废物三联单管理，实现医疗废物48小时转运（疫情期间24小时）。

（5）其他领域

新区已完成《雄安新区"无废城市"建设试点宣传方案（试行）》《雄安新区"无废城市"建设试点工作制度》文件编制，正在推进《雄安新区"无废城市"建设试点评价指南（征求意见稿）》的编制工作。

专栏6-1 雄安新区生活垃圾分类管理模式和思路

一、基本思路

提倡政府主导，坚持"管行业必须管垃圾分类"的原则，形成属地主动作为、部门协调配合、各方合力推动的工作格局，动员全社会参与垃圾分类。推动公共机构、企事业单位、居住区率先开展分类，建立生活垃圾分类工作示范引领区，发挥典型引领作用，促进分类水平整体提升，以世界眼光、国际标准为要求，建设地下垃圾分类收运和处理系统。

注重协同高效，坚持生活垃圾全过程分类、资源化利用和无害化处理等环节高效衔接，构建功能集约、布局合理的环卫设施体系；同时落实新区智慧创新的要求，搭建新区智慧环卫系统，实现生活垃圾分类工作的精细化管理。

考虑在新区施行城乡统筹，分类管理的思路，统筹考虑新建区、三县县城、特色小城镇和乡村现状及规划建设时序，分阶段推进垃圾分类工作。

二、工作目标

到2020年，新区环卫管理体系同步启动建设；到2022年，新区环卫管理体系基本建设完成；到2035年，新区建成与城市规划建设相协调、具有国际先进性的环卫设施工程和环卫管理体系。

三、合理确定分类类别

新区计划统一实行可回收物、厨余垃圾、有害垃圾、其他垃圾四分类标准，根据具体区域因地制宜，实现可回收物的精分细分。同时，建立餐厨垃圾、装修垃圾、大件垃圾、园林绿化垃圾及芦苇秸秆等专项固废分流体系。

新区专项固废分类标准：

餐厨垃圾：相关企业和公共机构在食品加工、饮食服务、单位供餐等活动中，产生的食物残渣、食品加工废料和废弃食用油脂。

建筑垃圾：工程渣土、工程泥浆、工程垃圾、拆除垃圾、装修垃圾等。

大件垃圾：重量超过5千克或体积超过0.2立方米或长度超过1米，且整体性强而需要拆解后再利用或处理的废弃物（如废家具）及各种废家用电器、电子产品等。

园林绿化垃圾及芦苇秸秆：景区公园绿化垃圾、林场苗圃绿化垃圾、沿街绿化垃圾。新区水域季节性产生的芦苇秸秆废物等。

四、引导推进源头减量

鼓励和引导新区实体销售、快递、外卖等企业落实限制商品过度包装的有关规定，避免过度包装，探索包装物押金制、以旧换新等措施加强产品包装回收。落实国家有关塑料污染治理管理规定，减少或者禁止部分一次性塑料制品的生产、销售和利用。倡导旅游、住宿等行业不主动提供一次性用品。餐饮经营单位倡导"绿色外卖""光盘行动"，引导消费者适量消费。运用经济手段促进餐饮单位控水控杂，减少厨余垃圾清运量。推行净菜和洁净农副产品进城，推广使用菜篮子、布袋子。鼓励使用再生纸制品，加快推动无纸化办公。

五、推行专项固废"大分流"

推动各类专项固体废物前端"大分流"，实现分流减量，完善废旧家具、家用电器等大件废弃物回收利用体系（图1），加强废旧家具、家用电器等的回收、拆解和再生利用工作，建立健全园林绿化垃圾、农贸市场易腐垃圾、建筑垃圾（含装修垃圾）等收集处置体系，促进资源化利用和无害化处置。

六、明确分类投放要求

规范居民分类投放行为。计划在新区实施生活垃圾"定时定点"分类投放，垃圾产生者或居民严格按照分类要求投放。公共机构和企事业单位按照可回收物、有害垃圾和其他垃圾三类投放；居民区按照可回收物、厨余垃圾、有害垃圾和其他垃圾四类投放；公共场所按照可回收物和其他垃圾两类投放。装修垃圾、大件垃圾、园林绿化垃圾等专项固废单独投放。

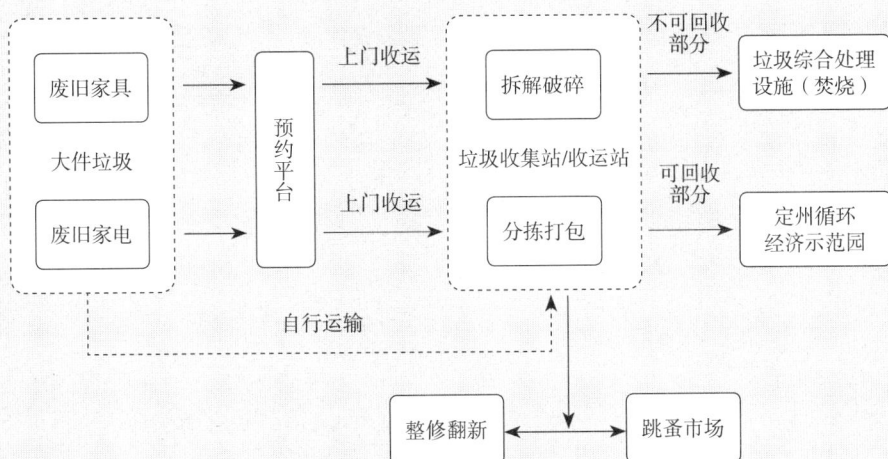

图1 大件垃圾收运流程

七、推行分类投放管理责任制

为更好地保障垃圾分类工作的顺利推进，通过借鉴国内垃圾分类先进城市经验，计划建立生活垃圾分类投放管理责任人制度，明确分类投放管理责任，分类投放管理责任人负责组织管理责任区域内生活垃圾分类投放工作，就生活垃圾分类的意义、政策、标准等知识加强宣传教育，引导居民或单位职工养成分类投放的良好习惯，督促并规范投放行为，做到精准投放、投放到位。

八、严格分类收集管理

建立健全与生活垃圾分类投放相衔接的收集体系，定时定点、日产日清，合理确定分类收集的站点、频次、时间和路线，配足、配齐分类收集车辆（船舶）。发挥居（村）民委员会在组织社区环境整治、无物业管理社区垃圾清运等方面的积极作用，加强与物业单位、垃圾收运单位之间的有序衔接，防止生活垃圾"先分后混、混装混运"。做好重大疫情等应急状态下生活垃圾分类相关工作。

建立健全生活垃圾分类收集责任制，明确单位职责，明确生活垃圾分类收集要求，加强分类收集日常监管。采取定点定时、上门收集、分类装运等方式，逐步减少固定垃圾桶，推广垃圾不落地收运模式。

九、加强分类运输管理

建立与生活垃圾分类相衔接的运输网络，统一运输车辆标识标志，配备可回收物和有害垃圾运输车辆（图2），推广厨余垃圾、餐厨垃圾直运系统（图3），可回收垃圾、有害垃圾、其他垃圾一级转运方式，大件垃圾、装修垃圾预约上门收运方式等。

合理布局生活垃圾分类转运站点，统筹有害垃圾暂存和可回收物分拣功能，规划兼具垃圾分类中转与再生资源回收的转运设施。加快推进各片区环卫设施建设，以技术先进、环境优先、效益兼顾为原则，打造环卫设施特色景观及风貌。

采取信息化手段加强运输车辆日常监管。规范生活垃圾分类运输许可，推行市场化分类运输服务，逐步壮大社会化、专业化分类运输服务队伍，提高生活垃圾分类运输效率。推动大数据、物联网和云计算技术在生活垃圾分类工作中的应用，推广"互联网+"智慧分模式，优化垃圾分类流程和运行组织方式，提高垃圾分类管理效能。

十、提高分类处理能力

按适度超前原则，合理布局生活垃圾分类处理设施。推动新区生活垃圾终端处理设施一期工程建设，尽快形成垃圾焚烧发电、有机垃圾处理等能力。尽快启动装修垃圾、园林绿化垃圾等专项固废处理设施建设。从生活垃圾中分类并集中收集的有害垃圾，属于危险废物的，严格按危险废物管理。

提高可回收物回收利用水平，推动新区现状再生资源回收利用行业转型升级，整合回收网点与环卫设施布局，加快健全再生资源回收利用网络和废旧产品回收体系，推进玻璃等低值可回收物的回收与再生利用。

图2 可回收物收运流程

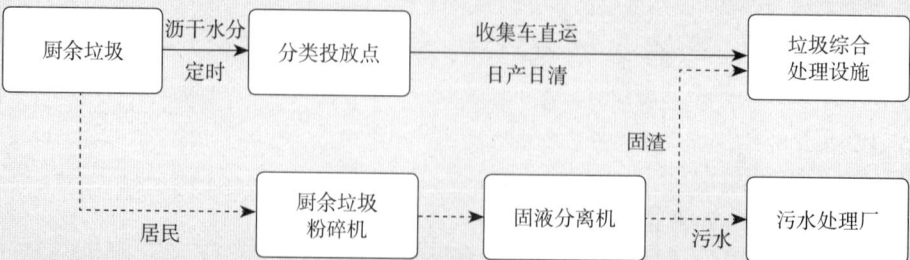

图3 厨余垃圾收运流程

加快厨余垃圾资源化利用技术研究应用，因地制宜探索厨余垃圾分散化处理模式与工艺，解决好堆肥、沼液、沼渣等产品在农业、林业生产中应用"梗阻"问题（图4）。

十一、推进农村生活垃圾分类

因地制宜开展农村生活垃圾分类。开展农村生活垃圾分类和资源化利用示范区（点）建设，针对三县农村自然条件、产业特点和经济实力等情况，选择适宜农村生活垃圾处理模式和技术路线，合理设置农村垃圾分类投放、收集设施布局，实现农村生活垃圾就地减量分类。

十二、加强宣传教育引导

开展垃圾分类知识普及，编制分类科普手册、制作公益宣传片，利用广播、电视、报纸、网络及现场推广等多种形式，全方位开展生活垃圾分类知识普及和公益

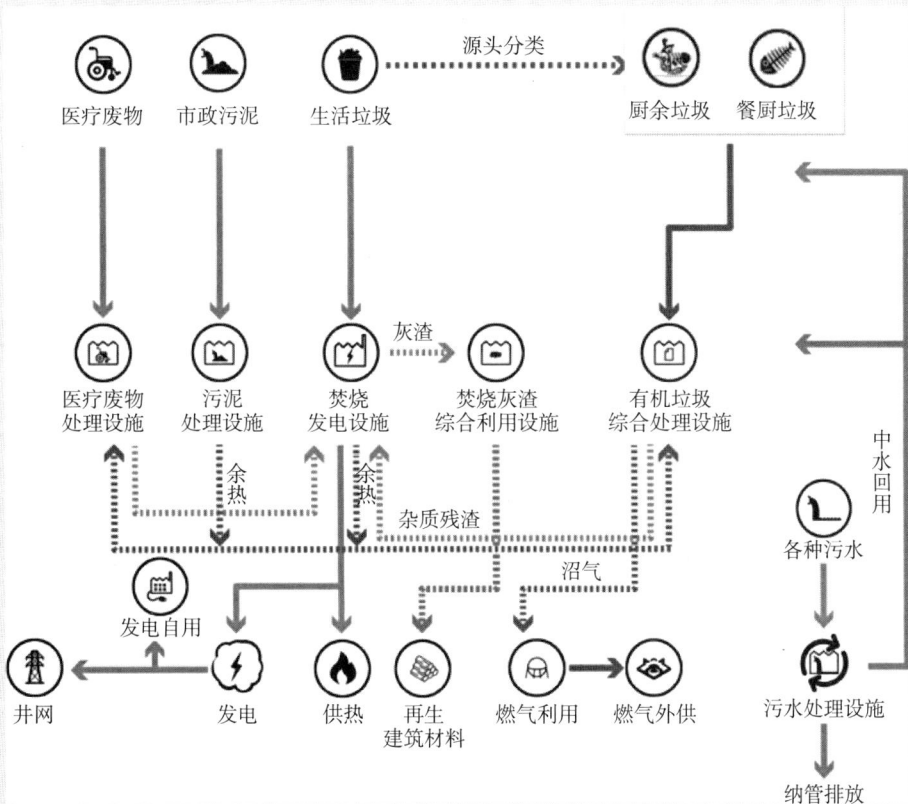

图4 固体废弃物能量循环图

宣传。推进生活垃圾分类进幼儿园、中小学校，把生活垃圾分类知识纳入学校教育，形成"教育一个孩子、影响一个家庭、带动一个社区"的良性互动局面。打造分类示范教育基地，发挥相关行业协会及社会组织作用，结合新建区环卫设施及新区垃圾综合处理设施一期工程，建设一批生活垃圾分类示范教育基地，加强行业培训，共同推进生活垃圾分类。

十三、建立协同管理机制

各有关部门共同将生活垃圾分类作为基层治理的一项重要工作来抓，环境卫生主管部门充分发挥牵头协同作用，各有关部门和单位按照职责分工积极参与，推行"管行业就要管垃圾分类"、归口管理和属地管理的原则，推动公共服务、社会管理资源下沉到社区，形成工作合力，使生活垃圾分类工作落到基层、深入群众，构建"纵向到底、横向到边、共建共治共享"的基层社区治理体系。

6.3.2 推进无废城市试点建设

"无废城市"是以创新、协调、绿色、开放、共享的新发展理念为引领，通过推动形成绿色发展方式和生活方式，持续推进固体废物源头减量和资源化利用，最大限度减少填埋量，将固体废物环境影响降至最低的城市发展模式。2018年底，国务院办公厅印发《"无废城市"建设试点工作方案》指出："开展'无废城市'建设试点是从城市整体层面深化固体废物综合管理改革和推动'无废社会'建设的有力抓手，是提升生态文明、建设美丽中国的重要举措。"2019年5月生态环境部确定全国首批"11+5"个"无废城市"建设试点城市，雄安新区作为5个试点地区之一，"无废城市"试点创建工作正式启动❶。

6.3.2.1 "无废城市"试点方案

雄安新区"无废城市"建设试点覆盖范围为新区全域，包括雄县、容城、安新三个县级行政区（含原任丘市鄚州镇、苟各庄镇、七间房乡和高阳县龙化乡），规划总面积1770平方公里。雄安新区有三点特殊：一是区位特殊，具有疏解北京非首都的功能；二是战略特殊，雄安新区要体现未来城市新模式、新发展的理念要求；三是建设任务特

---

❶ http://www.mee.gov.cn/home/ztbd/2020/wfcsjssdgz/wfcsxwbd/ylgd/202101/t20210108_816544.shtml

殊，雄安新区基本上是全盘重构重建，超前规划和布局。因此，在"无废城市"试点方案的设计上注重探索建立"无废城市"综合管理制度和技术体系，在固体废物重点领域和关键环节取得突破性进展。雄安新区"无废城市"建设试点方案紧紧围绕雄安新区建设进程和固体废物现状基础，并考虑未来产业布局、绿色空间布局、生活基础设施布局等情况，制定了"存量处理全量化、新区建设无废化、新区发展无废化"的总体目标（图6-3-1）。

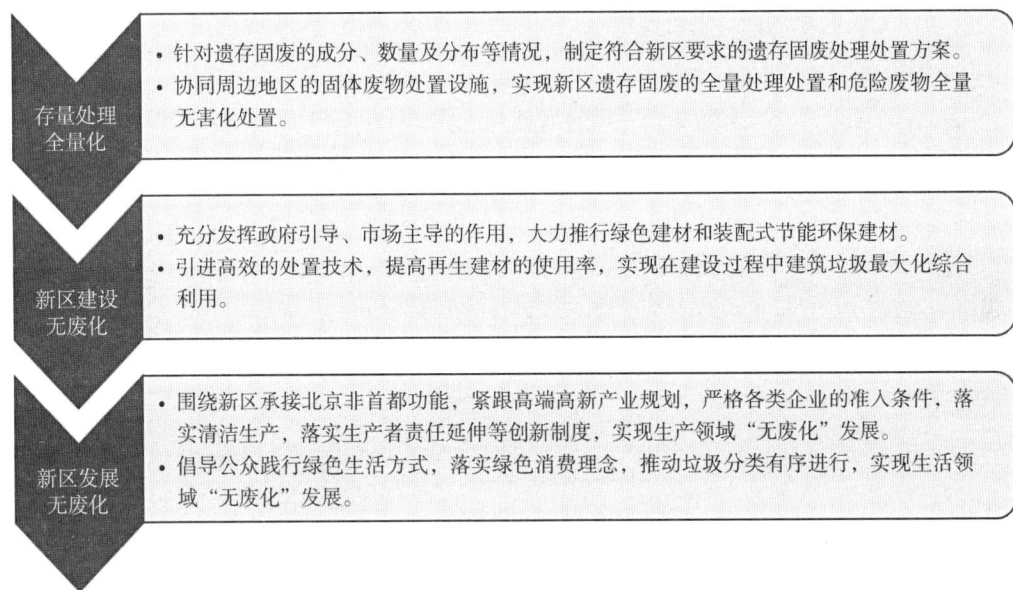

存量处理全量化
- 针对遗存固废的成分、数量及分布等情况，制定符合新区要求的遗存固废处理处置方案。
- 协同周边地区的固体废物处置设施，实现新区遗存固废的全量处理处置和危险废物全量无害化处置。

新区建设无废化
- 充分发挥政府引导、市场主导的作用，大力推行绿色建材和装配式节能环保建材。
- 引进高效的处置技术，提高再生建材的使用率，实现在建设过程中建筑垃圾最大化综合利用。

新区发展无废化
- 围绕新区承接北京非首都功能，紧跟高端高新产业规划，严格各类企业的准入条件，落实清洁生产，落实生产者责任延伸等创新制度，实现生产领域"无废化"发展。
- 倡导公众践行绿色生活方式，落实绿色消费理念，推动垃圾分类有序进行，实现生活领域"无废化"发展。

图6-3-1 雄安新区"无废城市"总体目标
（来源：作者根据《雄安新区"无废城市"建设试点实施方案》整理自绘）

6.3.2.2 典型经验——历史遗存固废处理[1]

雄安新区建设"无废城市"试点面临的首要问题就是解决历史遗存固体废物处置的问题，主要挑战在：一是雄安新区固体废物历史积存量大，据统计，雄安新区设立前积存生活垃圾526万吨，积存铝灰钢渣71.5万立方米，工业下脚料约33万吨。二是雄安新区传统产业较低端，三县传统产业以塑料、乳胶、制鞋、服装、羽绒、有色金属加工等一般制造业为主，具有大群体、小规模、工艺简单、管理粗放等特点。三是积存固体废物具有分布广、种类杂、历史久的特点，由于长期缺乏管理，生活和生产所产生的垃圾任意堆放在家庭式作坊周边坑塘，或家庭的房前屋后，同一个堆场可能有生活垃圾、建筑垃圾、有色废

---

[1] http://www.mee.gov.cn/home/ztbd/2020/wfcsjssdgz/wfcsxwbd/wfcsmtbd/202103/t20210305_823653.shtml

物等多种固体废物，分布在三县各个乡镇。四是固体废物处置能力不足，雄安新区三县各有一个填埋场，其中安新县和容城县已封场，雄县仅接收本县生活垃圾，新建的垃圾综合处理设施尚未建成，尚未形成垃圾管理及转运机制，处置难度较大。

针对以上问题，雄安新区以"存量处理全量化"为目标，以全域排查摸底为基本路径，以生活、生产分头抓为基本策略，通过"走遍雄安"活动，推进人居环境整治，开展铝灰钢渣处置项目、建立农村垃圾管理机制等措施，逐步实现遗存固废全域清理（图6-3-2）。

（1）雄安新区铝灰钢渣处置项目

1）历史背景

雄安新区安新县历史积存废渣主要涉及铝灰、钢渣及其他工业固废，铝灰主要来源于20世纪80年代后当地铝熔炼企业生产的废弃物；钢渣主要来源于20世纪80年代后当地人将

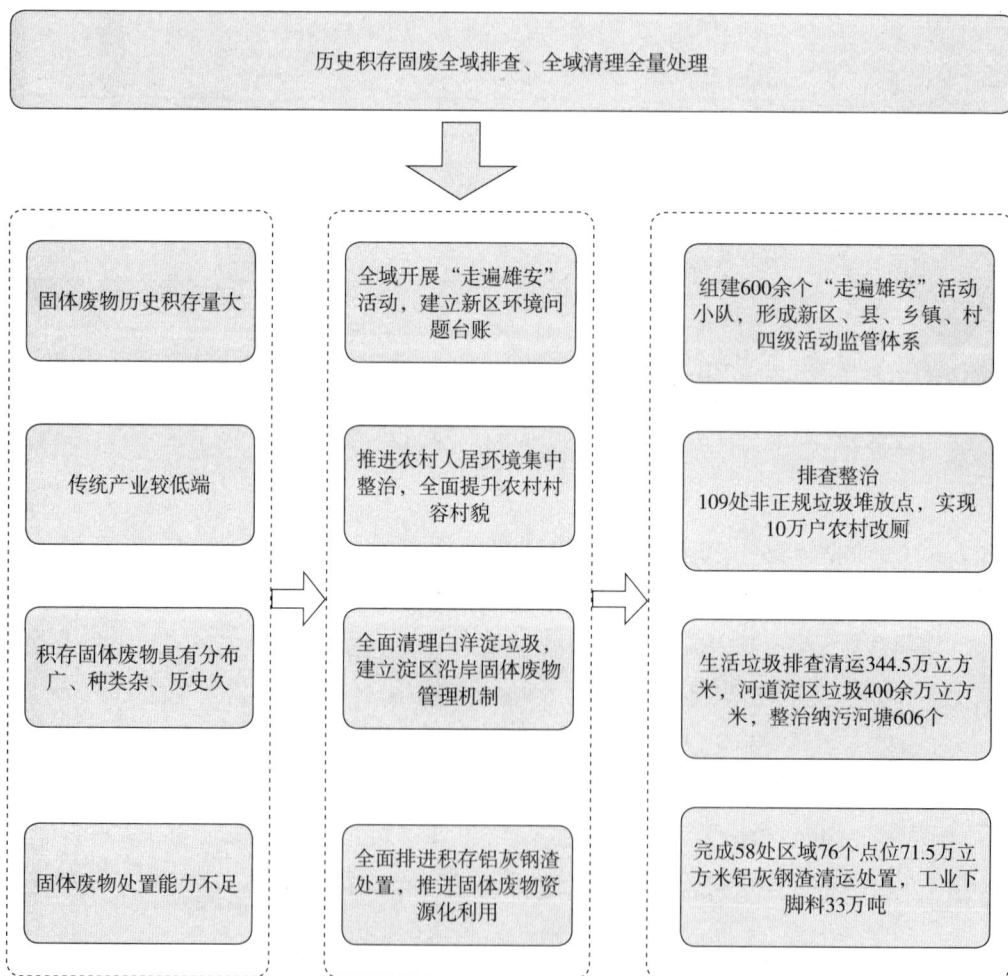

图6-3-2 雄安新区历史积存固体废物全域清理模式示意图

（来源：http://www.mee.gov.cn/home/ztbd/2020/wfcsjssdgz/wfcsxwbd/wfcsmtbd/202103/W020210305652596855422.jpg）

外地钢厂生产后的废渣购买后拉到芦庄乡进行再利用（主要是铁的筛选）产生的废渣。其他废渣主要包含工业过程排放的除尘灰、粉煤灰等工业废渣。上述废渣的产生及无序堆放至今已有30多年，均属历史遗留问题。而历史遗留工业固废具有堆存点位多、成分复杂、规模大的特点，主要分布在安新县老河头镇、芦庄乡、安州镇、同口镇等4个乡镇，共涉及24个村庄。需清理工业固危废（铝灰钢渣）共约71.5万立方米（图6-3-3）。

2）政策机制

结合安新县老河头镇、芦庄乡、安州镇、同口镇等4个乡镇（涉及24个村庄）历史堆存的铝灰钢渣情况，河北省及雄安新区有关部门共同组织专题研讨会，研究铝灰钢渣的处置方案及重点工作，明确任务目标和完成时限。同时，建立铝灰钢渣处置项目会议机制，压实项目单位、施工单位主体责任。印发《雄安新区铝灰钢渣处置项目后续工作整改方案》，明确全面清理堆存点积存、17号点危废外运处置工作、堆存点第三方验收、资源化封场存储安全隐患、堆存点绿化美化及沿线修复工作等问题具体要求。

在行动开展上，构建指挥联动机制。成立由河北省生态环境厅分管负责人及相关成员组成的铝灰钢渣处置项目督导专班，协调解决项目施工中遇到的难点。由雄安新区党工委、管委会统筹新区各相关单位，建立协调联动机制，从指挥决策层面到协调执行层面实行穿透式管理。

最后，系统制定项目各项支撑性方案。根据铝灰钢渣处置项目内容及项目处置路线，编制了铝灰钢渣固体废物性质鉴别方案、处置方案、一般固废清挖运输方案、17号点位固液共存危险废物清挖方案、危废转移验收方案等多个方案，层层分解每个环节任务细节，做好固废项目处置的技术支撑。

3）处置方式

首先确定处置技术路线。对安新县域内所有铝灰钢渣产生单位、存储场所、存储量进行三轮摸排，初步估算铝灰钢渣堆存点和积存量，编制完成《铝灰钢渣固体废物性质鉴

图6-3-3 安新县露天堆放的铝灰及钢渣
（来源：雄安城市规划设计研究院）

别方案》，并对全部堆存点组织开展勘察测绘工作。根据筛查和检测结果制定总体处置方案，并将铝灰钢渣划分为一般工业固废和危险废物，将危险废物外运至水泥窑协调处置，计划建立资源化储存场对其余铝灰钢渣分类资源化储存。

二是探索科学的清运模式。选择老河头镇沈家坯村30号危险废物堆存点位，探索铝灰钢渣清运处置实施路径，通过该点位的实验尝试制定成熟的固废清运施工方案，为新区其他特殊无边界固废施工提供方法，为后期固废清运提供经验。

三是强化主体施工要求。按照新区防控标准50年一遇洪水设计，100年一遇洪水校核建设资源化储存场，启动一般工业固废清运处置工作。将清运分为四大战区，按照各工作区需求常备380～420台运输车辆，24小时待命，最大限度保障项目进度。

四是保障清理环节工作质量。按照铝灰钢渣应挖尽挖的要求，在清运过程中严禁掩埋、遗撒、倾倒，清挖完毕后组织第三方检测机构、监理单位以及相关政府管理部门开展验收，并做好现场视频、照片留存。

五是科学建设资源化存储场。根据分区存储原则，建设资源化存储场分类存储铝灰钢渣，存储厂选址位于新区远期规划预留的生态环境园内，并充分利用现状场地条件，利用现有坑塘进行建设，大大减少了土方开挖运输成本。同时适当提高存储厂设计标准，并设置防渗倒排系统、渗滤液收集处理系统、环境监测系统等，降低环境风险，实时监测铝灰钢渣状态，待后期技术或条件成熟时，对其进行资源化利用。存储场上建设森林公园（图6-3-4），有效化解"邻避效应"，提高改善环境效益。

图6-3-4 铝灰钢渣处置项目森林公园建设效果图

（来源：http://www.mee.gov.cn/home/ztbd/2020/wfcsjssdgz/wfcsxwbd/wfcsmtbd/202103/W02021030565 6922598461.jpg）

（2）容城县填埋场腾退工程❶

1）项目背景

原容城县生活垃圾填埋场位于县城东4km的马庄砖窑旧址，现雄安市民服务中心以东800m，设计垃圾处理规模为150t/d，于2010年10月建成投入使用，2018年9月停止接收垃圾。因其填埋场密闭作业水平较低，对周边产生了较大的环境影响。除此之外，新区设立之后，因该填埋场位置位于容东片区未来规划的住宅用地范围内，与远期规划情况不符，制约了容东片区的建设。因此，综合考虑该填埋场现实情况，为消除环境影响，恢复土地利用价值，为容东片区的建设打下良好基础，新区于2019年对容城县填埋场进行腾退，之后对其土地进行修复与再利用。

2）技术路线

应急除臭。垃圾填埋区表面仅进行简单覆盖，填埋气体无组织排放，导致周边恶臭气味较为明显，且填埋气体中甲烷含量较高，存在火灾或爆炸风险，因此首先对填埋场现有导气井进行改造，建设气体收集管路，将气体汇集至气体处理设施，并采用移动式密闭火炬车对填埋气体进行焚烧处理。除此之外，加装防渗层和基础层，对填埋区整体进行密闭覆盖，并设置降水井收集渗滤液，增强气体导排效果，为输氧曝气阶段做好基础。

输氧曝气。由于填埋区有机质含量较高，因此需采用输氧曝气工艺，加速垃圾达到腐熟状态。输氧曝气即将氧气加压后注入垃圾深处，参与垃圾中有机成分好氧降解，同时将产生的二氧化碳等气体抽出。运用此种方法，填埋场内部形成了良好的好氧微生物生长环境，加速微生物复活繁殖，分解有机物，提高垃圾降解速度，降低堆体内甲烷气体及恶臭气体浓度，快速达到垃圾堆体稳定化。

渗滤液处理。因填埋场腾退后作为住宅用地开发使用，因此本项目采用临时渗滤液处理装置对本项目产生的渗滤液进行无害化处理。其处理工艺为"调节过滤+砂滤+两级DTRO"处理工艺，运行中无恶臭气体产生，设备运行过程中无需更换滤膜滤料，操作便捷。

开挖筛分。分层、分单元开挖，确保退敌稳定，开挖、运输、筛分三过程能力相互匹配，避免筛分场地垃圾堆积过多。采用"一次筛分+破碎+二次筛分+磁选机+风选+三次筛分"组合工艺，将腐熟垃圾分为轻质物（塑料、木制、衣物）、腐殖土、筛分骨料（建筑垃圾、石块等）、金属（磁选金属）四类物质，根据不同物质特性进行分类资源化处理，现状无法处理的运输至雄县暂存点进行短暂存储，后续用于焚烧发电。

生态修复。筛分工序产生的腐殖土及骨料经检验合格后，用于雄县暂存点内现状土坑

❶ 姜思远、过书婷，雄安城市规划设计研究院有限公司。本节图表除标明来源之外，其余均为约稿作者提供。

的回填造地与坑塘治理，同时对修复土坑的底部及四周进行防渗处理，避免腐殖土及骨料回填造地后因大气降水淋溶作用渗入地下污染地下水环境，同时上部覆土种植高品质林木，充分恢复自然生态系统。容城县填埋场腾退完成后根据容东片区建设时序进行土地修复与再利用。

6.3.2.3 典型经验——唐河污水库土壤资源化利用项目

唐河污水库于1977年11月投入使用，位于雄安新区安新县西南部，在唐河行洪主河道内距南、北两堤约150m分别加筑小堤，形成"三河四堤"狭长的南北两个新建污水库，是为处理保定市区工业污水而采取的临时性措施。原计划1979年停用，但是直至2017年6月底才实现彻底截污，超期运行近40年。

（1）一期工程推进污染治理与生态修复

唐河污水库现存约14万m^3汽车与电线电缆拆解废弃物和冶炼渣等固体废物、约15万m^3高浓度工业废污水。2018年5月，唐河污水库治理工程开工，治理工程涉及八个污水坑治理。河北省将唐河污水库污染治理与生态修复工程列为重点工程，雄安新区将其列为水环境治理一号工程和样板工程。

作为水环境治理一号工程，唐河污水库污染治理与生态修复工程是新区推进白洋淀治理的一项重要举措。一期工程内容涵盖污染治理与生态修复两部分：一是北库上游7.5公里库内疑似爆炸物挖掘、清理及外运处置，存余高浓度污废水原位达标治理，固体废物清理、外运与处置，地下水污染监测、库区防护围挡、信息化应用等环境风险防控；二是在南、北库库区各17公里暂以"草花植被"为主开展生态修复与恢复。2019年底，唐河污水库污染治理与生态修复一期工程正式竣工，并取得明显成效。

（2）二期工程因地制宜消除污染土壤❶

随着唐河污水库一期工程的完工，污水库内垃圾和存余污水成为了历史。2020年，唐河污水库二期工程以保护下游白洋淀水质安全和保障人体健康为出发点，重点对北库上游污染区域土壤、底泥和地下水进行修复治理，有效消除唐河污水库对白洋淀及周边环境的潜在威胁。

二期工程的总体治理思路是分层分类治理，因地制宜消除污染土壤。施工单位将依据场地现状和新区建设时序安排，采用工程治理与生态修复相结合的方式，优先消除重污染区域风险，妥善防治轻污染区域，分重点有计划实施治理工程。具体而言，对于项目区重金属砷污染严重的坑塘，施工单位将参照危险废物管理方式，将含砷重度污染土壤挖出，并外运进行安全处置。对于中度污染土壤的坑塘，对人体健康有一定风险，工程将在库区进行原地固化稳定化处理，并采用异位阻隔填埋方式，将表层覆土置换成干净土壤。而对

---

❶ https://baijiahao.baidu.com/s?id=1671022220880248673&wfr=spider&for=pc

于二期工程西侧部分区域表层的轻微污染土壤，满足建设用地二类用地标准，仅存在生态风险，不会引起人体健康风险，可进行资源化利用。为此，施工单位积极对接新区防洪治理和新建道路工程，以外运轻度污染土壤的形式，将其用于防洪堤地形塑造或路基材料。后续将加强对该部分土壤资源化利用效果评估及风险评估，确保不浪费资源、不转移污染。

6.3.2.4 典型经验——容东再生建材厂[1]

（1）项目背景

为保障新区大规模开发建设的土地供应，需要对现有村庄进行大规模拆除，村庄拆迁将会产生大量建筑垃圾，若不及时处理及利用，随意填埋或堆存，将会对雄安新区的生态环境安全造成严重影响。《河北雄安新区总体规划（2018—2035年）》提出，要坚持生态优先、绿色发展，提升资源综合利用水平，推进资源节约和综合利用，开发选用有利于旧物利用和废弃物再生的建材。因此，建筑垃圾的再生利用是新区在规划建设中亟须考虑的问题。

为探索符合新区要求、具有新区特点的建筑垃圾管理模式，新区于容东片区内建设一处再生建材厂，开展新区建筑垃圾资源化试点工作，将拆迁产生的建筑垃圾进行资源化处理，将产生的再生骨料回用于新区建设，实现新区绿色发展。

（2）项目技术路线

1）预筛分及破碎。筛除建筑垃圾中夹杂的部分渣土，之后将筛分后的建筑垃圾进行一级破碎，并通过除铁器及人工分选筛除其中夹杂的金属及杂物，之后进行二级破碎形成物料。

2）筛分及浮选。将物料按照粒级大小进行筛分，并经水力浮选分离轻质杂质，形成再生骨料。

（3）项目特点

本项目产生的工程渣土运至各处表土堆场进行暂存，之后用于新区土方工程建设；产生的再生骨料之后可根据其不同性质，用于基坑回填、场地修复、堆填造景、路基辐射及水稳层等不同工程项目；产生的轻质可燃物运至生活垃圾焚烧设施进行无害化处理；产生的废旧钢铁可作为再生金属产品直接利用，实现了建筑垃圾再生利用率95%，无害化处理率100%的目标。容东再生建材场的建设为正处于大规模建设期的雄安提供了新的资源利用思路，可实现在建设过程中的建筑垃圾最大化综合利用，为拆迁区建筑垃圾的就近消纳模式提供了参考。

---

❶ 姜思远、过书婷，雄安城市规划设计研究院有限公司。本节图表除标明来源之外，其余均为约稿作者供稿。

6.3.2.5 典型案例——"无废乡村"试点示范[1]

雄安新区以"无废城市"建设为契机，在新区各乡村积极推行了多个环保"新招"，其中具有代表性的是雄县龙湾镇胡各庄村，在促进塑料袋源头减量、垃圾分类及积分管理方面进行了有效探索。

（1）源头入手，努力实现垃圾减量

为了有效控制垃圾总量，胡各庄村委会向每户居民发放一个印有姓名的二维码提篮，居民可带着提篮到超市购物，减少塑料袋使用（图6-3-5）。每次购物时由超市负责人用积分APP扫码，为村民积分。村委会针对村民积分情况给予相应的奖励。因此，胡各庄形成了一种新的购物方式，同时注入了生态文明的种子。胡各庄村近一半村民践行提篮购物，每月减少塑料袋使用量近1万个。

（2）过程优化，因地制宜推行垃圾分类

胡各庄村积极吸引社会资本购置了1200个垃圾桶发放到各户。配备了两名环卫工人，并与第三方公司合作投资建设了一体化生物餐厨垃圾处理站。村委会专门制定了《胡各庄村垃圾分类要点》，宣传到每家每户，并给每家每户发放两个印有"雄安因我更美丽"的白色垃圾桶。两个垃圾桶分可回收和不可回收两类。每天环卫工人按时上门收垃圾，

图6-3-5 胡各庄村村民提篮购物

（来源：http://www.xiongan.gov.cn/2020-04/04/1210544293_15859713047951n.png）

---

[1] https://baijiahao.baidu.com/s?id=1679064297977186032&wfr=spider&for=pc

检查垃圾桶内存放物是否合规，并将收集情况评价为"好、中、差"等级，纳入积分系统❶。

2018年9月开始试运行垃圾分类，要求每户居民对餐厨垃圾、可回收垃圾、不可回收垃圾进行分类。可回收垃圾由居民自行销售；不可回收垃圾由环卫公司清运至垃圾填埋场；餐厨垃圾由环卫工人每天上午收集，转运至餐厨垃圾处理站进行处理。不可回收垃圾年产约150t，餐厨垃圾年产约70t，餐厨垃圾通过一体化生物餐厨垃圾处理站处理成沼渣和沼液，经过处理后，用于"千年秀林"和村集体花卉产业。

（3）末端控制，确保垃圾全程可溯

胡各庄村联合回收公司打造"互联网+回收"的方式，实现可回收垃圾回收网络化智能管理，具有可全面量化数据，可视化展示垃圾分类效果，实时更新展示和智能回收设备统一监管的功能。通过大数据分析分户行为，辅助村委会制定无废村庄管理决策，让所有的可回收垃圾不浪费，切实做到方便居民、源头可溯、去向可寻、风险可控、数据可析、实惠环保（图6-3-6）。

图6-3-6　胡各庄村再生资源回收驿站
（来源：https://pics4.baidu.com/feed/6f061d950a7b0208363003051101abd4552cc8bc.
jpeg?token=581dca7f63c0759b1cc8adbe04997399）

---

❶ http://www.xiongan.gov.cn/2020-04/04/c_1210544293.htm

6.3.3　建设新型垃圾综合处理设施[1]

（1）项目背景

为实现上位规划中对新区要求的生活垃圾无害化处理率达到100%、原生垃圾零填埋的基本目标，新区于2019年推进雄安新区垃圾综合处理设施建设，用于对新区近远期产生的生活垃圾、餐厨/厨余垃圾、医疗废弃物、粪便等垃圾进行集中处理。

雄安新区垃圾综合处理设施一期工程是雄安新区首个垃圾综合处理项目（图6-3-7），位于雄县龙湾镇马务头村南侧，项目占地约500亩，以BOT模式运作，涉及总投资估算约人民币28亿元，光大环境占股46%。本项目是目前国内外首个大规模、全工艺、半地下的垃圾综合处理设施，埋深最深，跨度最大，顶部负荷最重。雄安新区垃圾综合处理设施一期工程作为新区较为重大的民生保障性市政工程，坚持生态优先、绿色发展理念，坚持以世界眼光、国际标准、中国特色、高点定位的标准进行设计及建设，引入和创新适合我国国情的固体废弃物处理和污染物控制技术，探索形成可复制、可持续的垃圾绿色处理模式。

（2）项目规模

垃圾综合处理设施一期工程的建设内容主要包括：垃圾焚烧发电设施2250t/d（预留750t/d）、炉渣综合利用设施570t/d（预留190t/d）、飞灰熔融设施50t/d、有机垃圾综合处理设施600t/d（预留600t/d）、污泥处理设施300t/d（预留100t/d）、医疗废物处理设施10t/d

图6-3-7　雄安新区生活垃圾焚烧处理设施规划效果图

---

[1]　姜思远、过书婷，雄安城市规划设计研究院有限公司。本节图表除标明来源之外，其余均为约稿作者供稿。

（预留10t/d）、污水处理设施1000m³/d（预留1000m³/d）、环卫停车库及基础设施配套工程，根据实际垃圾处理量增长情况决定垃圾综合处理设施预留项目建设时序，但所有厂房均一次性建成，保留生产设备放置空间。

（3）生产工艺

项目垃圾焚烧系统采用3台750t/d的炉排式焚烧炉，以柴油作为燃料，每台焚烧炉设置1套点火燃烧器及2套辅助燃烧器；飞灰熔融系统采用高温熔融法对焚烧飞灰进行无害化处置；有机垃圾处理系统采用湿式厌氧消化进行资源化利用；污泥处置系统采用圆盘干燥进行无害化处理；医疗废物处理系统采用高温蒸汽处理，待完全灭菌后经破碎送入垃圾焚烧系统内焚烧；同时设置污水处理设施，采用"生物曝气滤池+多介质过滤器+超滤+反渗透"工艺进行中水处理，采用"多介质过滤+活性炭过滤+RO+EDI"进行除盐水制备；采用"SNCR炉内脱硝+炉内干法喷射（备用）+预除尘 +半干法脱酸+干法脱酸（备用）+活性炭喷射+布袋除尘器+湿式除尘脱酸塔+SCR脱硝"的处理工艺进行烟气净化，确保烟气排放达到标准。

（4）项目特点

1）垃圾处理静脉产业园区。垃圾综合处理设施的建设实现了生活垃圾、有机垃圾、污泥、飞灰炉渣、医疗废物、污水处理等产业的毗邻共建，有利于固体废弃物处理的各种产物获得最大限度的相互利用与协同处置，上游生产过程中产生的废物成为下游生产的原料，减少因设施分散造成的能源及资源损耗，达到相互间资源的最优化配置。

2）零填埋。本项目过程中产生的所有废弃产物均可进行资源化处理，其中，垃圾焚烧产生的飞灰经高温熔融无害化处理后制成玻璃体熔渣，焚烧炉渣经破碎、筛分、分选等处理后作为再生骨料，均可作为建筑材料进行二次利用，真正实现所有资源循环利用，园区清洁生产。

3）高标准环保设计。工程对各类易产生臭味的设备及产房均进行密闭设计，将收集后的恶臭气体进行统一处理，最大程度避免臭气无组织排放，同时，高标准的烟气净化设计使本项目最终气体排放中各项指标均低于欧盟标准，最大程度减少对大气环境的影响。

4）资源协同利用。本项目以循环经济角度出发，综合考虑各类设施的节能消耗及资源回收利用。垃圾焚烧产生电力，在满足自身电力热力供应的同时还可并入电网，用以辐射周边地区的电力供应，同时，焚烧产生的余热还可用于医疗废物的高温蒸煮、污泥处理的高温干化、有机垃圾处理等过程，减少资源消耗。有机垃圾处理设施产生的沼气经净化后可作为燃气进行再生利用，项目产生的污水经净化处理后可作为中水用于冷却水补水、生产用水、绿化浇灌、景观补水等，整体上实现了水资源的循环利用。

5）隐藏式建设。本项目采用半地下式设计建设，所有垃圾处理设备均隐藏于地下，在地表构建生态公园与景观水体，将垃圾处理设施隐于山水林田之中，同时利用垃圾焚烧产生的热能，形成"冬季不冻、四季恒温"的山水林草微环境，同时利用工程设计产生的坡道在屋顶构建滑雪场，并配备温室乐园、环保教育基地等设施，打造公园式垃圾处理设施，变邻避效应为邻利效应，实现固体废弃物处理与周边环境和谐共生的绿色发展要求。

6.3.4　开展农村人居环境整治

乡村环境改善提升是高起点规划、高标准建设雄安新区的必然选择，是白洋淀生态环境治理和保护的必然要求。2019—2020年，雄安新区重点推进农村人居环境集中整治，聚焦农村存在的垃圾、污水、厕所粪污、村容村貌等最突出问题，针对不同类别的村庄，确定重点任务、整治目标、建设标准和技术模式，从制度、监管、工作三个层面，开展生活垃圾专项整治、农村厕所革命及生活污水治理、村容村貌提升等工作。

制度层面。2019年，雄安新区印发《雄安新区农村人居环境集中整治专项行动实施方案》，推进雄安新区农村人居环境整治，三县以及各乡镇配套制定了各县农村人居环境整治实施方案，逐步建立了三级联动的制度体系，明确责任、目标、主要任务，推进农村人居环境整治各项工作开展。

监管层面。建立了由雄安新区主要领导任组长的农村人居环境整治工作领导小组，统筹推进农村人居环境整治各项工作，制定并印发了《雄安新区农村人居环境集中整治督导检查工作方案》《河北雄安新区农村人居环境集中整治考核办法》，压实属地责任，有效推进各项工作开展。开通农村人居环境整治工作监督举报热线和举报邮箱制度，切实加强群众监督。

工作层面。重点围绕农村生活垃圾治理、"厕所革命"与污水处理、公共基础设施建设三方面开展工作。

（1）农村生活垃圾治理

推进农村生活垃圾治理，以生活垃圾清理整治推进会的形式，对生活垃圾清理整治工作做了要求与部署，并印发《关于做好农村生活垃圾清理整治验收准备工作的通知》《关于开展农村生活垃圾清理整治检查的通知》等文件，加快推进三县集中清理或专项行动。通过的自查、互查、抽查的形式，对街道清扫、村庄日常保洁、村庄垃圾收集、运输车辆管理、监管体系运行等方面进行检查，对109处非正规垃圾堆放点进行整治，建立复核台账，基本完成农村垃圾的清理。

建立生活垃圾收运机制。按照"政府主导，市场运作，乡村参与，公司运营"原则，将垃圾清运和处理交由第三方环卫公司负责，三县环卫主管部门负责监管的模式，基本建立三县生活垃圾清运城乡一体化管理机制，新区环卫市场化率、生活垃圾处理体系覆盖率达100%，基本实现生活垃圾日产日清（表6-3-1）❶。

---

❶　https://www.cenews.com.cn/subject/2020/hxlz/hyhd/202104/t20210419_973651.html

表6-3-1 雄安新区三县生活垃圾一体化项目情况

区域	运营公司	运营范围	处理处置方式
雄县	北京环卫集团	251 个行政村	采用"分村收集、统一转运、集中处理"和"桶对车直运"的两种作业模式，统一收运至雄县垃圾填埋场处理，日均处理垃圾 310t
	河北天朗环境工程有限公司	39 个行政村	采用闪蒸矿化的处理方式，清运量约为 90t/d
容城县	启迪桑德公司	144 个行政村	统一收集后外运处理，清运量约为 185t/d
	北京轩昂环保科技股份有限公司	13 个城中村	统一收集后外运处理，清运量约为 150t/d
安新县	启迪桑德公司	旱区 145 个村	统一收集后外运处理，清运量约为 220t/d
	北京首创股份有限公司、北京首创环境投资有限公司联合体	白洋淀南片（23 个村）	实施白洋淀农村污水、垃圾、厕所等环境问题一体化综合系统治理，采用特许经营模式，经营期 20 年。白洋淀南片、中片分别外运至涿州、霸州进行处置，白洋淀北片运至辛集，清运量均为 50t/d
	长安园林、北京桑德、徐州科融环境资源股份有限公司、长沙玉诚环境景观工程有限公司联合体	白洋淀中片（27 个村）	
	北京排水集团、北京城建、启迪桑德联合体	白洋淀北片（28 个村）	

注：雄县有12个乡镇290个行政村，容城县有8个乡镇127个行政村，安新县有13个乡镇223个行政村，包括78个淀中村。

（2）"厕所革命"与污水治理

有序推进农村"厕所革命"，制定《雄安新区农村"厕所革命"整村推进实施方案》，坚持农村改厕与新区建设、征拆迁、污水治理等工作统筹考虑、整村推进，明确农民和政府各负其责，充分发动群众，大力开展农村户用卫生厕所建设和改造，同步实施厕所粪污无害化治理、资源化利用，倡导健康文明生活方式。2019年，安新县白洋淀农村污水垃圾厕所一体化工程完工，容城县对农村中小学校厕所进行改造提升，雄县开展大清河32个傍水村庄生活污水治理工程、鄚州镇7村庄雨污分流及生活污水治理工程。

（3）村容村貌整治

推进村容村貌整治。结合村庄清洁行动，全面开展"五清三建一改"活动，推动由村庄面上清洁向屋内庭院清洁、村庄周边清洁延伸，同时大力推进道路硬化、村庄绿化、街道亮化、庭院美化的基础建设，确保洁净常态化、美丽再升级。农村交通基础设施建设是实现乡村产业兴旺的关键，雄安新区规划先行，编制《雄安新区农村公路网实施规划》，重点开展城乡交通一体化示范创建，优化农村公路网结构，雄县按照"建、养、管、护"的工作要求，拓宽雄州镇马蹄湾、常庄、董庄、南马庄、十里铺等村之间的通村公路并铺设沥青，绿化两侧路肩（图6-3-8）；2019年，安新县完成29个村农村电网改造工程，实施革命老区道路维修项目，完成同芦线、龙化乡至任丘界道路改造，提升乡村百姓出行条件；容城县亮灯、植绿，美化庭院、强化保洁，完成3条县、乡公路维修养护❶。

2021年3月，雄安新区印发《全面推进乡村振兴加快农业农村现代化的实施方案》（以

图6-3-8　整治后的雄县黄湾村街巷

（来源：https://mp.weixin.qq.com/s/6h8soRv0tiDX4KoZdMofRg）

---

❶　数据来自《容城县2020年政府工作报告》《安新县2020年政府工作报告》。

下简称《方案》),《方案》提出了实现巩固拓展脱贫攻坚成果同乡村振兴有效衔接、率先基本实现农业现代化、实施乡村建设行动、不断深化农村改革、加强党对"三农"工作的全面领导五大领域工作任务要求。其中,实施乡村建设行动方面明确提出,实施农村人居环境整治提升五年行动持续推进农村改厕、生活垃圾处理和污水治理,健全处理长效机制,加强乡村公共基础设施建设。2019—2021年,雄安新区乡村建设成效显著,根据方案要求,新区将在2022年完成除近期征迁村以外全部农村卫生厕所改造。2021年年底,实现新区农村生活污水治理全覆盖,污水收集率达100%,常态化开展农村黑臭水体排查整治行动,实现纳污坑塘、黑臭水体动态清零等,乡村人居环境将有更高水平提升。

第四篇
低碳循环

绿色、低碳、循环，是新区发展的新动能。新区将推广绿色低碳的生产生活方式和城市建设运营模式，在绿色交通出行、能源转型与高效利用和绿色建筑高质量发展方面开展先行先试。

　　交通是落实新发展理念的先行官和解决"大城市病"问题的关键一环。自雄安新区设立以来，新区交通建设发展工作稳步推进，在交通政策顶层设计、重大交通工程项目建设以及交通服务和管理等方面积极探索新理念、新模式、新路径，为新区建设发展奠定良好基础。第七章推行绿色交通与出行，首先探讨了新区基于"90/80"绿色交通目标开展的政策顶层设计，系统解读"90/80"目标内涵，对新区交通政策基本原则和整体框架进行了详细论述。在顶层设计的指引下，新区为落实交通强国建设试点的相关任务，开展了一系列绿色交通探索，积累了丰富的实践经验。雄安在国内首次提出"城际轨道"概念，建设联系北京和雄安的轨道R1线系统；提出构建四级综合交通枢纽体系，并已在雄安站对站城一体理念进行了实践探索；提出"窄路密网、开放街区"的道路空间结构，保障街道为绿色出行提供更多的空间、更优先的通行权。此外，新区在创新绿色交通服务和管理模式上也进行了积极的探索，创新性地提出按照MaaS（出行即服务）理念打造新型一体化公共交通系统，构建"以静制动"的交通需求管理模式等。

　　《河北雄安新区能源发展十四五规划》提出到2035年，雄安新区基本建成绿色低碳、安全高效、信息智能的高水平社会主义现代化的能源体系，成为推动能源高质量发展的全国样板之一。第八章打造能源发展新高地，基于"双代"（气代煤、电代煤）清洁取暖改造工程和燃煤锅炉治理两方面，阐述新区在能源消费结构调整的具体工作；围绕顶层政策构建、规程标准建设、动态监管机制建立，介绍新区在地热资源可持续开发利用的超前部署；电能发展方面，介绍了基于国内外电能发展趋势的新区电网发展挑战，同时，通过介绍雄安站屋顶分布式光伏发电示范项目等3个项目，阐述新区在绿色电网高质量发展的实践；最后以雄安商务服务中心开展的低碳高效能源系统规划为例，概述多种能源示范的综合优化能源利用方案。

雄安新区发布了《雄安新区绿色建筑高质量发展指导意见》，提出要加快推动雄安新区绿色智慧新城建设，推进绿色建筑在更广范围、更深程度、更高水平上实现高质量发展。第九章高质量发展绿色建筑，围绕新区在规模化建设绿色建筑、开展高星级绿色建筑示范技术集成、全范围推广绿色建材等方面所开展的探索展开。规模化建设绿色建筑方面，以安置房及配套设施项目、雄县第三高级中学、绿色建筑展示中心等为例，详细阐述雄安新区绿色建筑设计理念与整体应用情况。高星级示范技术集成方面，展现了被动式技术、主动式技术在雄安商务服务中心应用与实施情况。全范围覆盖绿色建材方面，介绍了新区积极贯彻落实《雄安新区绿色建材导则》，在推广大宗建材集采服务平台、推进绿色建材数字管理与服务等方面的尝试。

Part Ⅳ   Low Carbon and Recycling

Green, low-carbon and recycling is the new driving force for Xiongan New Area. Xiongan has undertaken a wide range of early and pilot measures to facilitate green and low-carbon production, lifestyles and urban operations. Several key areas of focus include green transportation and mobility, energy transformation and efficient use, and high-quality development of green buildings.

Transportation is the entry point for implementing the new development concept and a key part of solving the problem of "big city disease". Since its establishment, Xiongan New Area has been actively exploring new ideas, new models and new paths in the top-level planning of transportation policies, major transportation projects and transportation services and management, thus laying a good transportation foundation for its development. Chapter 7 discusses the top-level policy design of Xiongan New Area based on the "90/80" green transportation goal with a detailed explanation, and elaborates on the basic principles and overall framework of its transportation policy. Under the guidance of the top-level design, Xiongan has carried out a series of green transportation exploration and accumulated rich practical experience in response to the country's call for "Strong Transportation Power" pilot projects. To give some examples, Xiongan has proposed the first "intercity rail" concept in China and built the R1 rail line connecting Beijing and Xiongan; planned a four-level integrated transportation hub system and practiced in Xiongan integrated station-city development, and designed a spatial structure of "narrow roads, dense networks and open neighborhoods" to ensure that roads provide more space and priority access for green mobility. In addition, Xiongan has been actively exploring innovative green transportation services and management models, with MaaS, or Mobility as a Service, and flexible and adaptive transportation demand management model being created to enable an integrated public transportation system.

According to the *14th Five-Year Plan for the Energy Development of Xiongan New Area in Hebei*, by 2035, Xiongan will primarily establish a high-level energy system that is green and low-carbon, safe and efficient, digital and intelligent. It will also serve as one of the national models for promoting high-quality energy development.

Chapter 8 is a summary of the green energy development in Xiongan. First, the chapter describes the efforts in restructuring energy consumption, including the clean heating renovation project with gas instead of coal and the treatment of coal-fired boilers with electricity instead of coal. This is followed by a depiction of Xiongan's future-ready plans for the sustainable development and utilization of geothermal resources, including how it designs top-level policies, regulation standards, and dynamic regulatory mechanisms. On the power side, grid development challenges for Xiongan are outlined in light of domestic and international power trends. Three projects, including a rooftop distributed photovoltaic power generation demonstration project at the Xiongan High-speed Rail station, are presented to demonstrate the practices of high-quality green grid development in Xiongan. The final part of the chapter gives an overview of the integrated and optimized energy use scheme for multiple energy sources, using the example of the low-carbon-efficient energy system planning carried out in the Xiongan Business Service Center.

Following the *Guidance on High Quality Development of Green Buildings in Xiongan New Area*, Xiongan is taking up the pursuit of high quality application of green buildings on a wider, deeper and higher level as part of its efforts to foster a green and smart new city. Chapter 9 is centered on the exploration carried out by Xiongan in scaling up the construction of green buildings, integrating green building demonstration technologies with a high star rating, and extending green building materials across the whole range. In terms of scaled construction of green buildings, the design concepts and overall application of green building in Xiongan are elaborated in detail, taking the resettlement housing project, the Third Senior High School in Xiong County and the Green Building Exhibition Center as examples. The application and implementation of passive and active technologies in the Xiongan Business Service Center are also presented to illustrate the integration of high-star demonstration technologies. In addition, this chapter profiles the proactive response of Xiongan to the *Xiongan New Area Green Building Materials Guidelines*, including its efforts to promote a bulk building materials collection service platform, as well as digital management and services for green building materials.

第七章 推行绿色交通与出行[1]

7.1 "90/80"绿色交通政策设计[2]

7.1.1 明确"90/80"总体目标

《河北雄安新区总体规划（2018—2035年）》（以下简称"新区总规"）明确提出把绿色作为高质量普遍形态，推广绿色低碳的生产生活方式和城市建设运营模式。交通方面，提出构建公交、自行车、步行为主体的出行模式，起步区实现"90/80"目标，即全方式中绿色出行比例达到90%，机动化出行中公交占比达到80%（图7-1-1）。

对比全世界先进城市，这是一个极高的目标。雄安新区主任特别顾问赵鹏林先生一针见血地指出："90/80"目标必须依靠"规划+政策"双轮驱动来实现。在赵先生的大力倡议和推动下，新区举办了交通政策系列论坛，邀请国内外众多资深专家贡献真知灼见，交通政策工作的重要性和迫切性逐渐形成了共识。在新区改发局、交通专班的大力推动下，经过1年多的认真研究与反复讨论，2019年12月，《河北雄安新区关于交通工作的指导意见》正式印发（以下简称"《交通工作指导意见》"）。作为新区交通政策顶层设计的纲领性文件，《交通工作指导意见》明确"90/80"目标的实施路径和具体任务，有力指导新区交通工作高质量全面开展。

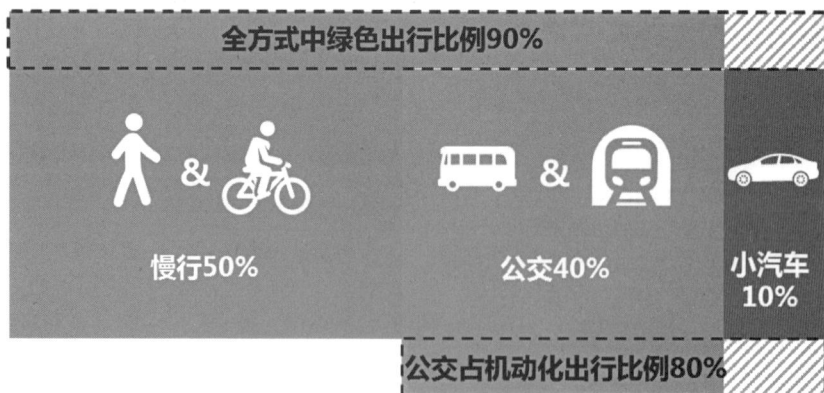

图7-1-1 "90/80"目标释意

---

[1] 本章由深圳市城市交通规划设计研究中心股份有限公司和雄安城市规划设计研究院有限公司编制。

[2] 江捷，深圳市城市交通规划设计研究中心股份有限公司。本文图表除标明来源之外，其余均为约稿作者提供。

7.1.2　"90/80"内涵解析

准确解析"90/80"目标内涵，是促使各方达成共识的基础。纵观国际先进城市，普遍把推广绿色交通、降低小汽车依赖作为面向未来可持续发展的重大城市战略，在满足短期需求与实现有竞争力的经济、高质量生活和可持续环境等长期目标之间取得平衡。"90/80"不能简单理解为分担率指标，它代表了不依赖小汽车的交通出行模式，是生态文明时代绿色低碳生产生活方式的重要组成部分，蕴含着对城市与交通可持续发展的深刻理解。

首先，"90/80"以集约高效的空间交通关系为基础。传统城市之所以很难达到"90/80"，土地交通"两张皮"，职住分离、城市蔓延是基础性原因。新区总规提出构建组团布局、职住平衡、窄路密网的宜居城市，城市功能围绕多级枢纽体系布局和沿骨干公共交通廊道拓展，以控制通勤距离，并为便捷可靠的公交组织提供有利条件。控制出行距离和围绕枢纽发展是新空间交通关系的核心（图7-1-2）。"90/80"里面慢行占比达到50%，国内大部分步行出行在1km内，自行车在3~5km内，控制出行距离意味着尽可能扩大5km以内的慢行优势客流数量。一般平均出行距离超出5km，机动化方式的比例快速增长，如果不能做到公交导向的土地开发，每5次出行中要让人们选择4次坐公交，困难之大显而易见。

其次，"90/80"以"低碳、安全、公平、经济"为核心特征。绿色交通发展能带来显著的社会效益，实现多维度的可持续发展。新区应对标国际一流城市，争取实现零排放和零死亡愿景，并保障全体居民都能享有充分、均等的绿色交通移动性和可达性，公平地参

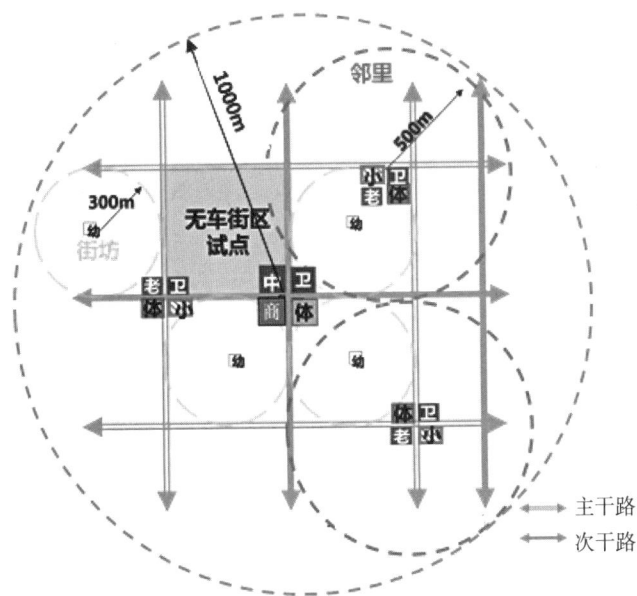

图7-1-2　新区社区生活圈示意图

与各类社会活动。各种提倡发展的绿色交通方式和模式，在产生良好社会效益的同时，也必须具备基本的财政可行性。基于以上维度建立综合评价模型，对步行、自行车、电动自行车等慢行交通方式，轨道、定线公交、需求响应公交等各类公共交通方式，基于互联网技术的共享交通等新交通组织模式，小汽车包括公务车、私家车等个体机动化方式，货运方式以及新能源、燃油车等不同能源结构车辆的绿色属性进行全面评价，为制定交通政策提供依据。

最后，"90/80"以人民满意为根本宗旨。深圳市城市交通规划设计研究中心股份有限公司对导入人口、三县居民包括安置居民进行了大量的调研访谈（图7-1-3）。总体上，导入人口大部分处于绿色出行习惯塑造的窗口期，具有绿色出行意识，但对绿色出行品质要求较高。三县居民小汽车依赖程度较大，对出行费用比较敏感，绿色出行观念需要培育引导。现阶段应充分考虑导入人口、三县居民等不同人群的行为习惯，制定差别化的施政策略，通过新建区引领示范逐步带动老县城改造提升。政策制定和执行过程中应充分调研居民诉求，运用正向激励与负面清单相结合的"政策组合拳"，采取社会治理的办法与居民充分沟通，建立常态化的沟通对话机制，力争达成最广泛的理解与共识，形成"人人自觉践行绿色出行"的良好氛围。

图7-1-3　走访调研新区人民绿色出行观念及需求

7.1.3　基本原则与政策框架

按照国际眼光、世界标准、中国特色、高点定位的总体要求，充分利用新区"一张白纸"优势，紧紧围绕"90/80"目标，确立六个方面的基本原则。从基本原则出发，明确交通发展策略方向，构建新区交通政策体系。

（1）遵循绿色交通优先原则

按照各种交通方式的绿色属性特征，明确功能定位、优先规则、组织方式与资源配置，通过"推拉结合"的组合政策形成理想的出行结构。

打造全民适应、全域畅行的慢行系统，让慢行成为全体居民交通出行的基本选项。荷兰阿姆斯特丹是公认的全球慢行友好城市典范，慢行网络发达且连续、平整、舒适，5km以内的出行中慢行分担率超过80%，5~15km的出行中慢行（主要是骑行）分担率依然达到50%~60%（图7-1-4）。新区处于华北平原地区，已按照"窄路密网"理念规划了高密

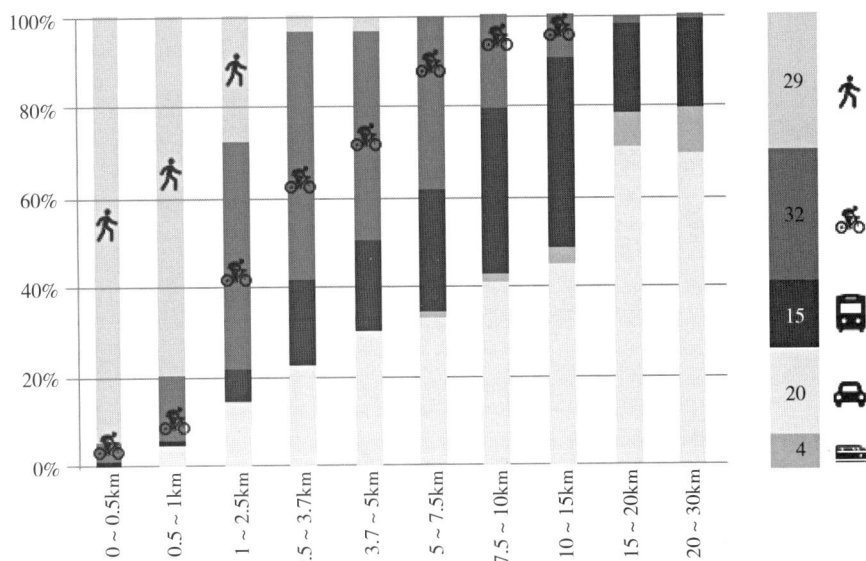

图7-1-4 阿姆斯特丹出行距离与交通方式分担率

度的慢行网络，具备打造世界一流慢行环境的基础。将社区生活圈打造为慢行优先单元，主要面向短距离出行，关注各类人群特别是弱势群体需要，全面推广无障碍、稳静化和全天候设计，提升慢行系统的通用性与舒适性。融合骑行道网络与绿道网络，提供全域无阻的骑行条件并预留充足便利的停放条件，不仅是组团内部，跨组团之间也能获得良好的骑行体验。

建立优质多元、一体化服务的公共交通系统。从线网模式、服务标准、管理体制三个方面全面创新，提供可靠易达、轻松自如的公交出行体验，打造比肩小汽车服务的新型公共交通系统。巴塞罗那以高频、精简为导向对公交线网进行重构，将原有大量低频、重复线路，整合成少量高频干线，这种做法虽然增加了换乘系数，但是由于显著提升了发车频率、可靠性和易用性，并利用窄路密网降低换乘阻抗，使得大部分公交出行时间都明显缩短，在没有新增配车数的情况下公交客流实现增长。按照达甘索的理论分析模型，这种网络换乘型线网模式适用于出行距离适中、出行离散度较大的情况，符合雄安新区2025年的出行特点。增设便捷换乘和灵活到发的轻枢纽站点，合理利用底商推广"枢纽+驿站"的品质化设计，进一步提升出行幸福感。初期发挥需求挖掘和培育作用，重点满足生活圈多样化出行。公交管理方面，率先成立政府主导的公交MaaS平台公司，为乘客提供专业化、个性化的一站式出行服务，并利用数据和场站资源促成不同运营主体的合作共赢，避免形成各自为战的利益藩篱（图7-1-5）。

探索以静制动、用者自付的需求管理政策。小汽车需求管理是绿色交通优先原则的"一体两面"，秉承"适度简约、低碳健康"的绿色生活观念，培育"可选择、但有节制"的用车习惯（图7-1-6）。以小汽车停放环节为主要切入点，建立经济手段为主、行政手

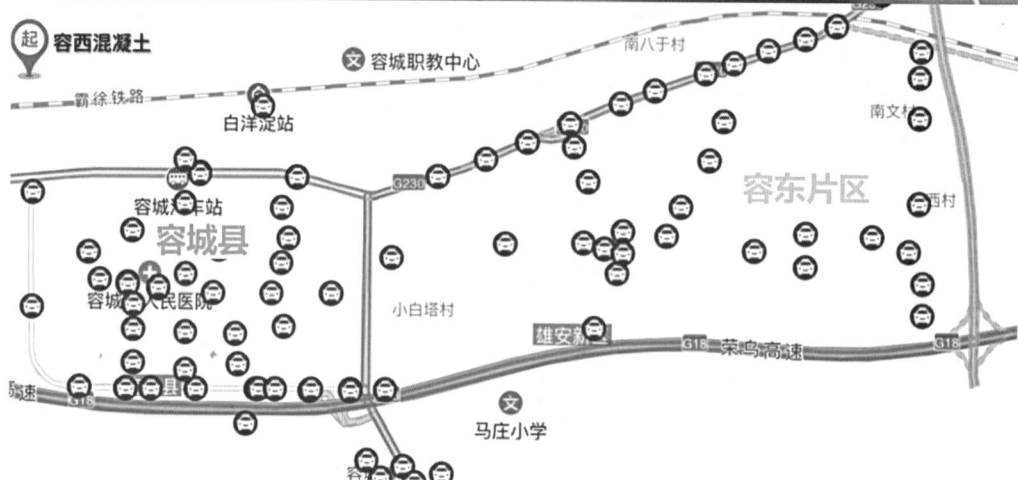

图7-1-5　新区弹性公交车辆设备及站点分布示意

段为辅，覆盖车辆购置、使用、停放、报废全过程的需求管理政策体系，引导小汽车理性拥有和使用。停车位供给方面，控制商业办公等就业类出行车位规模，适度满足住宅类基本车位供给，合理降低轨道公交发达地区配建指标。建立分类分时差别化的停车收费政策及价格动态调整机制，探索停车费减免等优惠措施鼓励长期停驶，利用价格杠杆维持停车供需总体平衡。探索停车管理模式创新，建立停车收费反哺绿色交通发展的可持续财政机制，实现小汽车负外部性内部化。

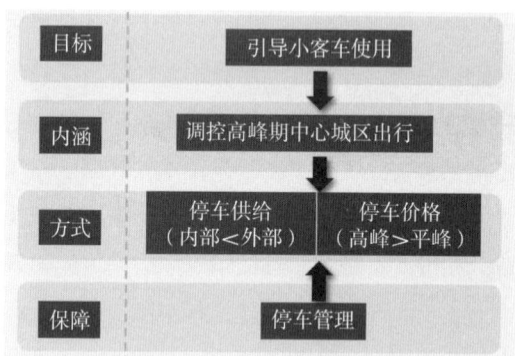

图7-1-6　小汽车需求管理思路

（2）遵循土地交通协同原则

以枢纽为核心、以公交走廊为骨干、以职住空间资源配置为载体，促进交通与土地利用在功能、等级、规模、时序等方面的全面协同。主要策略是"控距"和"集核"。一方面基于新区特有的住房结构优势，按照组团内职住均衡原则对各类住房布局和配置政策提出具体要求，能够有效控制出行距离。另一方面合理提升单元/社区枢纽300m内开发强度，打造枢纽为中心的公交街坊，增强公交使用便利性。未来15年，按照规划新区将经历小城市、中等城市到大城市等不同发展阶段，不同时期城市发展重心、轴线可能出现变化，应着眼建立土地交通协同规划和管理体制机制，应对未来的不确定性并始终保持土地交通的融合发展。

（3）遵循区域差别化原则

新城区全面落实新政策、新标准要求，充分发挥引领示范作用；安置区在交通管理方面考虑一定的过渡期，老县城逐步提升交通硬件和管理水平。导入人口大部分处于绿色出行习惯塑造的窗口期，具有绿色出行意识，但对绿色出行品质要求较高。三县人口小汽车依赖程度较大，对出行费用比较敏感，绿色出行观念需要培育引导。对于原三县城镇化地区，在逐步改善道路、公交和慢行条件的基础上，配套相应的交通管理政策，面向非机动车和机动车驾驶人员等全体交通参与者，通过执法的刚柔并济和政府社团的表率作用，与交通参与者达成新的行为规范。例如电动自行车管理方面，对合规非机动车，以实名制登记为突破口实现"一人一车一牌"的规范管理，对于违规电动车给予一定的过渡期政策逐步退出。

（4）遵循鼓励新能源的原则

与燃油车相比，新能源车辆在运行过程中噪声更低且没有污染物排放，在"窄路密网"情况下优势更加显现。新区已经明确了2035年实现新注册车辆100%使用清洁能源的目标，为此需要高标准建设充电桩等新能源配套设施，广泛运用先进的新能源装备和技术，率先在公交车、出租车、公务车领域普及新能源车辆。试点设立"零排放区"，与片区内居民签订公约，对燃油车辆的进出实施必要的管制措施，在区域外围设置换乘停车场，为燃油车停车换乘提供便利。逐步扩大"零排放区"范围，引导社会车辆能源结构转变。依托新区企业和个人信用平台，构建总量控制、自由交易的碳积分管理机制。探索碳积分与公共服务优惠政策挂钩机制，提升绿色出行获得感。

（5）遵循客货运协调发展的原则

货运物流同样是绿色交通的有机组成部分，新区将长期处于边建设、边发展的状态，生产性货运需求将持续维持高位，生活性货运也将快速增长，应避免出现"重客轻货"倾向，实现两者协调、兼容、有序发展。针对新区大规模集中建设的特点，按照客货分离组织原则，优化集中建设区内外的货运组织，尤其是错峰集约组织建设区内部交通，把客货冲突降至最低。创新物流设施供给模式和共同配送模式，探索物流与公交在场站空间、通行路权方面的合理共享，促进行业降本增效。

（6）遵循充分释放科技与制度红利的原则

作为数字孪生的智慧城市，目前新区全面推进"一中心四平台"智慧城市操作系统和智慧道路建设工程，数据全面感知、统一汇聚和算力超期部署已经基本落地。在此基础上，进一步构建"人–车–路–环境"全要素完备交通大数据体系，高标准建设新区交通大脑。通过全景大数据融合分析、人工智能及交通模型仿真技术，实时动态把握新区交通需求变化特征，精准研判交通问题及成因，支撑交通管理决策的科学化、精细化。结合智慧道路建设，鼓励车路协同技术优先与公交、物流等绿色交通结合，提升绿色出行的竞争力。

同时，建议构建政府、市场、社会共同治理的现代化交通治理体系，为实现"90/80"奠定坚实的制度环境（图7-1-7）。政府层面，建立交通规划建设全过程咨询审查机制，通过交通工程师负责制保障"90/80"理念从规划设计一直贯穿到工程竣工和长期运维；市场层面，建立服务细分、合作共赢的市场参与机制，区分公益、准公益和市场化服务，让市场机制在提升绿色出行服务质量方面发挥决定性作用；社会层面，建立线下线上常态化公众参与机制，扩大绿色出行者的话语权。

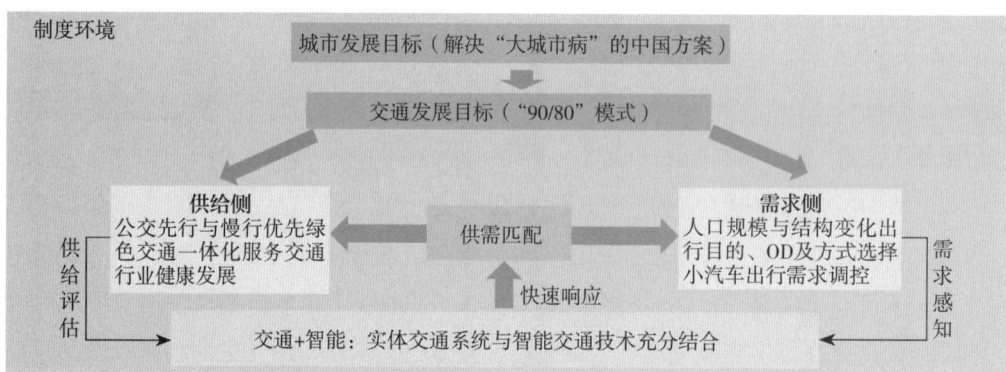

图7-1-7 政府、市场、社会共同治理的交通体系

雄安范例，政策先行。自新区设立以来，深圳交通中心抽调十余名骨干成员常驻新区，全程参与交通专班工作，务实推动新区交通发展顶层设计不断深化，绿色智能交通系统建设在以容东、高铁站等为代表的片区初见端倪、逐步落地，交通运营管理体制机制不断完善。这其中，关于"90/80"的内涵解读尤为关键，冰冷简单的数字转变为理念和准则的过程，恰恰也是绿色低碳交通出行模式达成共识、深入人心的过程。"90/80"目标的提出展示了新区践行高质量发展样板，带动全国城市转型发展的决心，希望新区交通工作能够朝着目标坚定前行，披荆斩棘，结出累累硕果。

7.2 交通强国建设试点整体方案[❶]

党的十九大作出建设交通强国的重大战略部署，雄安新区作为贯彻落实新发展理念的

---

❶ 安颖、黄黎晨，雄安城市规划设计研究院有限公司。本文图表除标明来源之外，其余均为约稿作者提供。

创新发展示范区、区域交通一体化的样板区、现代综合交通运输体系的试验区，在交通强国建设中具有先行先试的条件和优势。以交通强国建设试点为抓手，加快推进雄安新区现代化综合交通运输体系建设，助力构建绿色交通系统。

2020年6月17日交通运输部印发《关于河北雄安新区开展智能出行城市等交通强国建设试点工作的意见》（交规划函〔2020〕410号），明确雄安新区交通强国建设试点的七个任务要点。力争用1～2年时间取得试点任务阶段性成果，用3～5年时间取得相对完善的系统性成果，形成一批特色鲜明、世界一流的品牌工程和一批具有代表性、典型性的标准规范、管理办法、实施细则、指导意见。

随后，新区相关部门成立工作营，专题研究试点工作，对交通强国建设试点任务逐条梳理细化，形成《雄安新区交通工作项目库》和《雄安新区交通政策清单》，实行清单管理、动态调整、滚动实施。成立交通工作领导小组，建立决策机制，统筹协调新区交通强国建设全局性工作，同时，成立交通专家咨询委员会，建立决策咨询机制，为相关决策提供专业技术咨询服务。

7.2.1 试点任务

雄安新区交通强国建设试点任务共七项，分别是打造智能出行城市、通道资源综合利用、打造现代综合交通枢纽、智慧高速公路建设运营、点对点全程快递物流服务、绿色交通发展、新业态新模式培育。各试点任务同时明确了任务类型（规划编制、专题研究、平台系统、示范工程）、试点单位、试点内容及实施路径、预期成果等内容，确保各项工作按期推进。

（1）打造智能出行城市

搭建智能交通出行体系，构建实时感知、瞬时响应、智能决策的新型城市智能交通体系。在容东片区推进自动驾驶示范应用，建设开放式智能网联区域。推进共享化智能运载工具应用，发展定制化公共交通系统，实现城市公交和共享汽车资源的智能化配置。打造全局动态、数据驱动的交通管控系统，实现交叉口通行权智能分配。推动服务性数据资源开放，建立市场化出行信息服务运行机制。推广电子客票，完善客运"一站式"联程联运服务，推进移动支付广泛应用。

（2）通道资源综合利用

集约利用交通通道线位资源，统筹铁路、轨道、公路、市政道路与综合管廊线位立体规划，加强廊道建设与城市规划衔接，充分利用地下空间，做到线路、车站工程与周边土地综合开发同步规划、设计，具备条件的同步开工建设，引导城市空间有序拓展。

（3）打造现代综合交通枢纽

以雄安高铁站、雄安城际站等项目为依托，推广枢纽综合开发理念，推动站城一体化发展。组建枢纽联合体，明确主体责任，有效协调建设运营目标。优化进出站客流组织，减少重复安检，实现一体服务。推动轨道、城市道路、公交系统等与综合客运枢纽紧密衔接，实现多种交通方式顺畅换乘、无缝衔接。依托综合客运枢纽设置周边机场异地候机楼，在行李托运、安检、进出关等方面提供陆空一体化服务。创新交通运输管理体制机制和管理模式，制定现代化治理体系和治理能力发展规划，明晰交通建设与运营管理职责权限、新区相关部门与平台机构交通管理职责范围。

（4）智慧高速公路建设运营

以京雄高速公路等项目为依托，建设数字化智能交通基础设施，推广应用北斗导航、高速无线通信、先进传感、移动互联、智能控制等新技术，探索电动汽车无线充电，打造适应自动驾驶、车联网技术的智慧高速公路，实现车车、车路协同和区域路网协同管理，满足全天候快速通行需求。

（5）点对点全程快递物流服务

统筹建设物流分拨中心、配送中心、货物集散站、智能快件箱等物流节点设施，以公共交通专用通道、综合管廊和轨道交通为依托不断拓展物流配送功能，发展高品质、智能化的物流配送服务。探索在相对封闭的社区推广自动驾驶物流车，在人口较分散的淀区推广无人机递送。

（6）绿色交通发展

绿色出行。以公共交通为骨干、自行车交通和步行为主体推广绿色出行模式，提高绿色交通出行比例。减少私人小汽车出行，合理管控停车。

绿色枢纽。贯彻节能环保低碳发展理念，推动被动式超低能耗绿色建筑技术应用，推进节能灯具和照明智能控制、供暖制冷智能控制、自然光利用、太阳能光伏应用、雨水收集利用、生态环保建材应用等。

绿色公路。推动新区所有公路按照绿色公路要求进行规划、设计、建设和运营管理，推动生态选线、绿色服务区、污水循环利用、旅游服务设施、耐久性路面、标准化施工、BIM技术等新理念新技术广泛应用。

新能源清洁能源装备。全面推广新能源和清洁能源运输装备，除新增注册特殊车辆外全部采用新能源车辆，既有车辆逐步更换为新能源车辆。对白洋淀内已有燃油船舶进行升级，对具备改造条件船舶进行清洁化改造，不具备改造条件船舶统一退出，合理增置燃气船、电动船等环保船舶，科学合理规划建设加气站和充电设施，打造全国绿色船舶示范区。

（7）新业态新模式培育

积极探索交通运输向上下游关联产业延伸，推动与制造业、旅游业、电子商务等产业的融合发展。推动投融资创新，探索交通廊道综合开发新模式，打造"以产补路、以产养路"的路产融合模式，吸引更多企业参与新区综合交通开发建设。

7.2.2　重点工作

7.2.2.1　突出政策引领，明确试点实施路径

（1）抓住体制机制创新和新技术变革机遇，研究出台《关于推进交通工作的指导意见》，形成新区交通工作的纲领性文件，明确了"90/80"目标（绿色出行比例达到90%，公共交通占机动化出行比例达到80%）的实施路径和具体任务（图7-2-1），对公共交通、慢行系统、小汽车管理、交通枢纽、物流发展、智慧交通六大板块进行政策性指引，完成新区交通政策顶层设计，为高标准、高质量打造新区绿色交通体系提供依据。

（2）细化交通强国试点任务，印发《雄安新区交通政策清单》，并根据实际情况定期滚动修改完善，严格把控交通政策研究的阶段性目标、责任分工和进度安排，为绿色交通、便捷枢纽、高效物流、智能出行、道路建设等方面做好政策支撑（图7-2-2）。分区

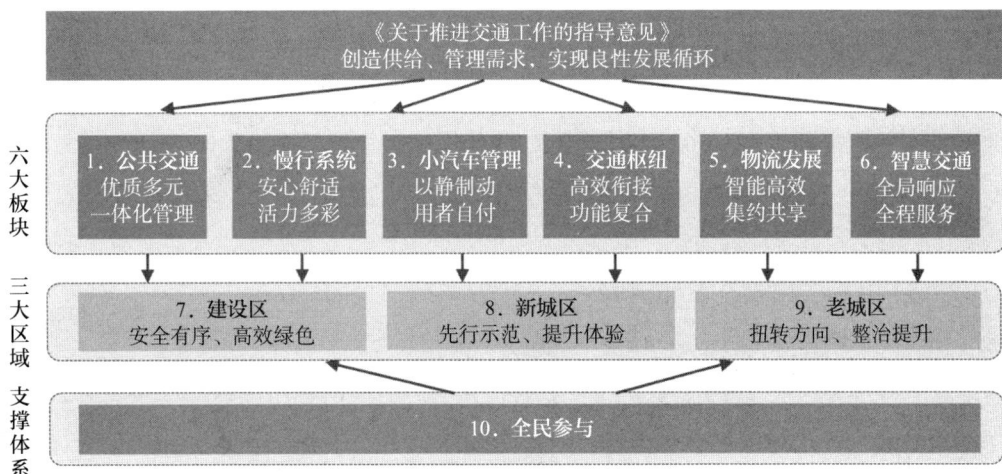

图7-2-1　新区交通政策顶层设计框架
（来源：《关于推进交通工作的指导意见》）

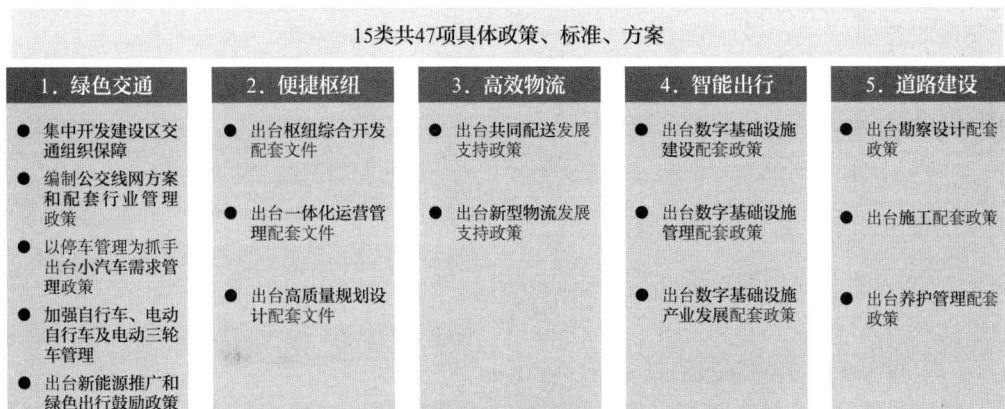

图7-2-2　交通政策清单内容
（来源：《雄安新区交通政策清单（2020年9月版）》）

分阶段提出15类共47项具体政策、标准、方案，其中2020年实施22项，2021年实施20项、储备5项。主要内容包括五个方面：一是绿色交通，重点加强集中开发建设区交通组织保障，根据片区开发时序编制公交线网方案和配套行业管理政策，以停车管理为抓手出台小汽车需求管理政策，加强自行车、电动自行车及电动三轮车管理，出台新能源推广和绿色出行鼓励政策，启动老城区交通整治提升工作；二是便捷枢纽，重点出台枢纽综合开发、一体化运营管理和高质量规划设计相关配套文件；三是高效物流，出台共同配送和新型物流发展支持政策；四是智能出行，出台数字基础设施建设、管理和产业发展配套政策；五是道路建设，出台勘察设计、施工、养护管理配套政策。

7.2.2.2 完善规划体系，支撑交通建设发展

（1）编制重点专项规划。结合新区交通运输建设发展要求，在省交通运输厅的指导下，相继编制了《河北雄安新区智能交通专项规划》《河北雄安新区综合立体交通网规划》《河北雄安新区物流体系布局专项规划》《白洋淀水运交通专项实施规划》等专项规划，做好交通运输各细分领域的整体谋划。

（2）研究项目实施方案。面向重点项目及复杂工程建设实施，研究编制《起步区东西轴线铁路和道路基础设施专项实施规划》《雄安新区农村公路网实施规划》《道路管养设施专项实施规划》等专项实施方案，充分衔接上位规划，支撑项目高标准、高质量建设。

（3）细化各类项目具体建设组织方案。针对性深化研究有力推进项目进程，研究编制《荣乌快速路走廊改造方案》《新区部分骨干道路项目建设方案》《雄安中心广场概念设计方案》《雄安城际站、小里站及金融岛枢纽交通组织研究》等方案，指导项目具体建设（图7-2-3）。

7.2.2.3 加快项目建设，提升综合运输服务

为有序推进交通强国试点任务，坚持以项目实施为重点，按照"系统谋划、整体推进、急事急办"原则，印发《雄安新区交通工作项目库》，依年度计划按期逐项对照落实，保障重点项目实施进度。

（1）有序推进道路交通项目。容易线（新区段）一期工程建成通车，京雄高速、荣乌高速新线、安大线

交通专项规划体系
- 《河北雄安新区智能交通专项规划》
- 《河北雄安新区综合立体交通网规划》
- 《河北雄安新区物流体系布局专项规划》
- 《白洋淀水运交通专项规划》
- 《河北雄安新区轨道交通专项规划》
- 《容东新型一体化公共交通系统规划》
- 《河北雄安新区现代综合交通枢纽专项规划》
- 《河北雄安新区交通大脑顶层设计及建设规划》
- 《河北雄安新区农村公路建设实施规划》

实施性规划体系
- 《起步区东西轴线铁路和道路基础设施专项实施规划》
- 《雄安新区农村公路网实施规划》
- 《道路管养设施专项实施规划》
- 《雄安新区淀南路网加密实施规划》

图7-2-3 交通专项规划及实施性规划体系

等一批雄安新区对外骨干路网加快实施。新区内骨干道路、近期开发片区市政道路全面建设，目前新区在建（含已完工）道路交通项目共计49项，总里程约530公里，总投资约494亿元。

（2）不断完善枢纽配套及公交场站项目。荣乌高速皮家营收费站（图7-2-4）、大营收费站开通运营；雄安站枢纽市政配套及周边开发建设项目持续推进，雄安站城市综合交通枢纽雏形显现；容东片区公交场站、雄东片区公交场站等一批城市交通枢纽项目顺利实施，雄安绿色交通枢纽体系初步构建（图7-2-5）。

（3）建设智能交通设施体系。开展片区间新建骨干道路、片区内新建市政道路、轨道交通、交通枢纽共68个交通基础设施项目中的基础设施智能化专项建设（图7-2-6）；实施雄安站枢纽片区、容东片区数字智能交通建设工程，提供硬件保障，探索城市交通大脑、智慧出行服务（MaaS）系统的示范应用，助力实现城市交通的便捷服务、高效管理（图7-2-7）。

图7-2-4 皮家营收费站   图7-2-5 容东1号CEC

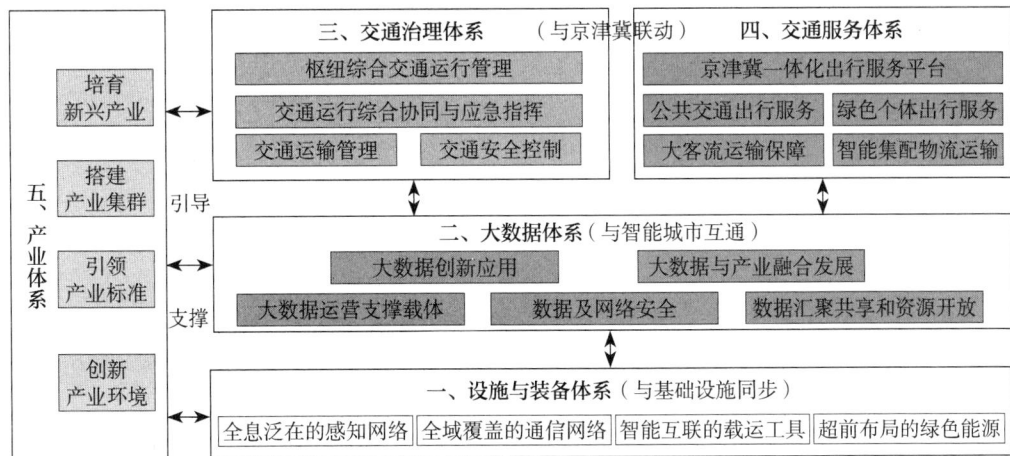

图7-2-6 雄安新区智能交通系统架构

（来源：《雄安新区交通大脑顶层设计及建设规划调研报告》）

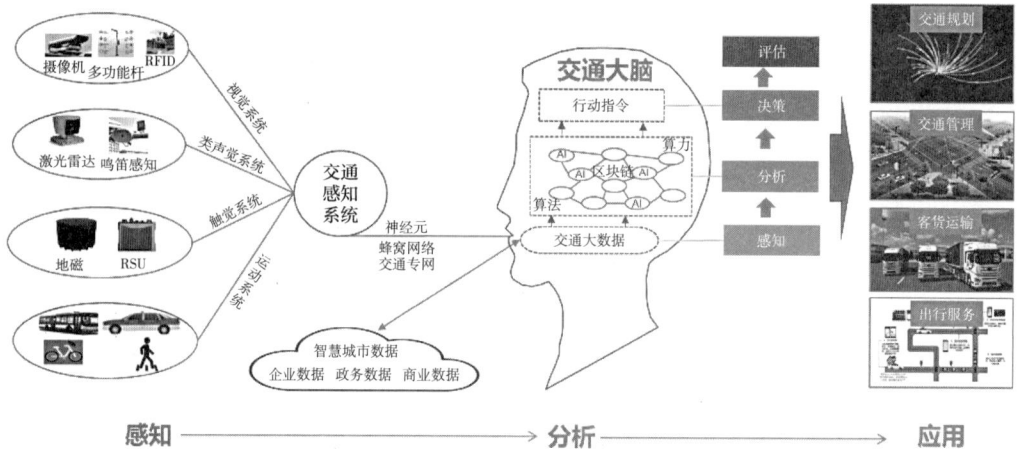

图7-2-7　交通大脑功能示意

（来源：《雄安新区交通大脑顶层设计及建设规划调研报告》）

（4）探索建立高效物流体系。有序推进容东分拨中心建设，结合地块开发建设物流配送中心，逐步探索市场主导的物流共同配送运营服务。

7.2.2.4　加强运输管理，保障交通治理有序

（1）落实国三柴油汽车淘汰任务。成立国三柴油汽车淘汰工作专班、制定实施方案、明确淘汰清单、商请媒体宣传、

图7-2-8　河北省国三及以下排放标准营运柴油货车淘汰工作视频会议

建立"一站式"服务大厅，有序推进落实车辆淘汰工作，力争2021年6月底前完成任务（图7-2-8）。

（2）切实做好城市交通运输保障。一方面，持续提升现有城市公共交通、城乡客运服务水平。另一方面，创新"政府+平台+市场"运营管理模式在城市交通运输领域的应用。结合实际客流需求试点开展弹性接驳公交、定制公交等差异化运输服务，做好工作人员日常通勤出行保障（图7-2-9）；开通雄安高铁站至容城、雄县巴士线路以及雄安高铁站至高阳、任丘、文安、白沟等长途客运线路，新增服务新区全域的新能源出租车，做好雄安高铁站配套城市客运保障。

（3）加强交通运输安全生产管理。落实《雄安新区安全生产专项整治三年行动方案》，印发《雄安新区交通运输突发事件应急预案》《雄安新区水上交通事故应急预案》等相关文件，指导三县安全生产工作；对在建道路工程项目开展全面质量安全督查（图7-2-10），出现问题的及时督促整改到位。逐步推进常态化督查巡查工作，建立高效的质量安全管理机制体制。

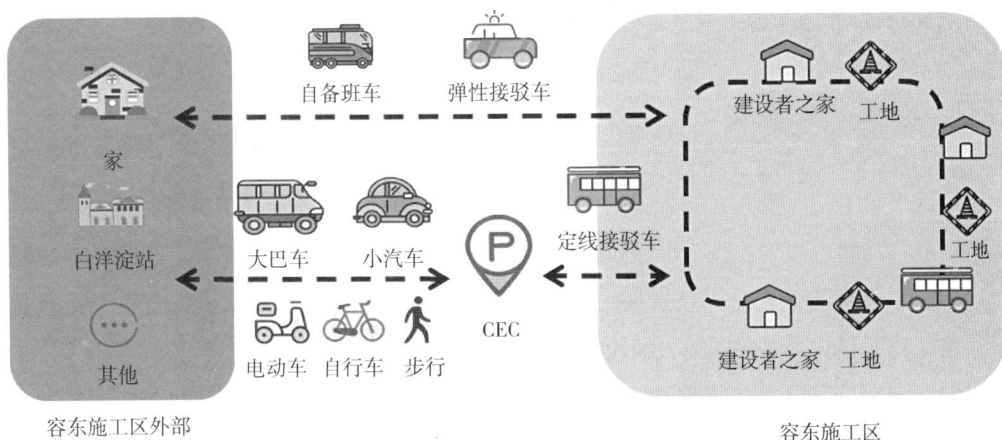

图7-2-9　容东建设区交通运行方案
（来源：中国雄安交通有限公司提供）

图7-2-10　道路工程质量安全督查

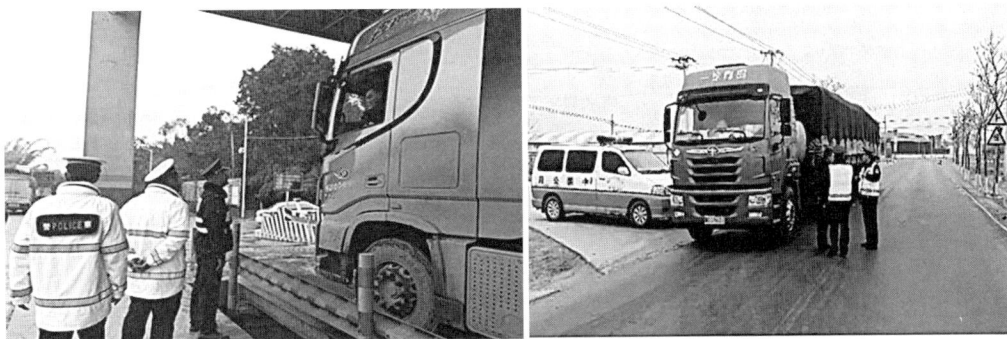

图7-2-11　超限超载治理

（4）进行超限超载系统治理。印发《关于雄安新区车辆超限超载现代化治理的通知》，逐步构建以治超信息系统为引领，固定检测站、路面非现场、流动检测和源头末端监管等治超手段为依托的全方位、立体化治理超限超载网络（图7-2-11）。

7.3 R1线绿色发展实践与应用[1]

7.3.1 R1线战略意义

习近平总书记在十九大报告中指出：以疏解北京非首都功能为"牛鼻子"推动京津冀协同发展，高起点规划、高标准建设雄安新区。坚持世界眼光、国际标准、中国特色、高点定位，坚持生态优先、绿色发展，构建快捷高效交通网（图7-3-1）。在这样的大背景下，雄安新区至北京大兴国际机场快线（R1线）应运而生。

R1线是雄安新区总体规划"四纵两横"区域轨道交通网的"一纵"，也是雄安新区综合交通专项规划"一干多支、互联互通、灵活编组、不断生长"城市轨道交通快线网的重要组成部分（图7-3-2）。与北京大兴国际机场线贯通运营，1小时可从雄安新区启动区到达北京金融街和丽泽商务区，并融入北京城市轨道交通网，可与7条地铁换乘，一次换乘可通达北京轨网超20%的车站，基本覆盖北京中心城区所有重点功能区，对于实现京雄的"同城化"，疏解北京非首都功能有重要意义，在一定程度上来说，R1线是雄安新区的生命线，也是新区承接非首都功能疏解的动脉线。

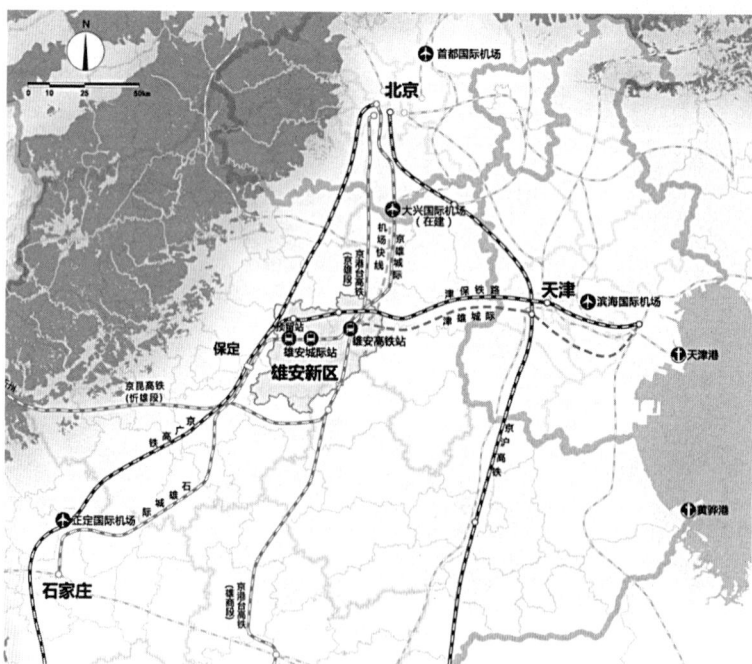

图7-3-1 "四纵两横"区域轨道交通网

---

[1] 袁野，雄安城市规划设计研究院有限公司。本文图表除标明来源之外，其余均为作者提供。

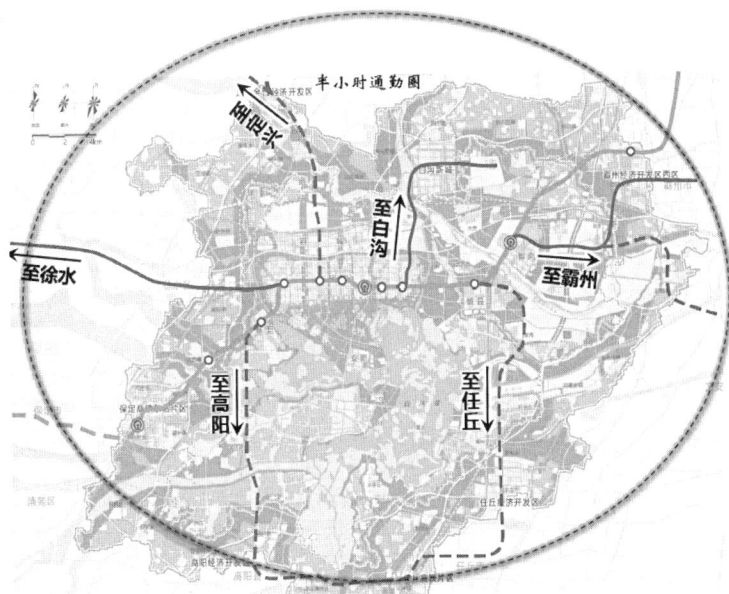

图7-3-2　R1线"一干多支"空间示意图

专栏7-1　我国城市群发展与轨道交通现状[①]

一、城市群发展

目前，中国城市化已经进入2.0时代，即由单一、独立发展的点状城市，向互相连通的城市带转移，这个时代的特点是，重点发展"城市群+都市圈"。

城市群发展作为城市化的第二个阶段，形成了多中心、多层级、多节点的网络型结构，这对于城市群的交通而言，提出了更高的要求：既要融入进城市的交通，又要超出城市的交通网络，延伸到其他城市和周边城镇，这种特点是适配于轨道交通这种形式的，未来衡量距离不是空间概念而是时间概念，基于此特征，就要求城市群的交通方式既要有城际铁路的速度，还要有城市轨道的便捷，要与沿线城市有多点融合，也要和各种交通工具无缝衔接，打破时空概念的局限性，带动城市群区域协调发展。

[①] 袁野，雄安城市规划设计研究院有限公司。本文图表除标明来源之外，其余均为作者提供。

2019年2月，国家发展改革委《关于培育发展现代化都市圈的指导意见》中提出，要求打造轨道上的都市圈，要统筹考虑都市圈轨道交通网络布局，构建以轨道交通为骨干的通勤圈。2019年9月，国务院发布《交通强国建设纲要》，要求建设城市群一体化交通网，强化城市轨道交通与其他交通方式衔接、提高城市群内轨道交通通勤化水平。2020年10月，《国民经济第十四个五年规划和2035年远景目标的建议》中要求，以优化提升京津冀、长三角、珠三角、成渝、长江中游等城市群为抓手，建立健全城市群一体化协调发展机制，优化城市群内部空间结构。在提到京津冀、长三角、粤港澳大湾区三大城市群时，又分别明确提及了轨道交通：基本建成轨道上的京津冀；加快粤港澳大湾区城际铁路建设；实现长三角地级及以上城市高铁全覆盖。

分析发现，城市群和都市圈发展的思路一般为依托网络化的轨道交通织补形成网络型的空间布局结构，从而带动区域的整体发展，形成"城市群+都市圈+轨道网"的发展理念（图1）。

二、轨道交通现状

伴随着中国经济社会的快速增长，我国的城市轨道交通建设得到了迅猛发展，特别是近年来建设规模与速度世界罕见，从1969年中国第一条地铁——北京地铁1号线开通的23.6公里到今天，已发生了翻天覆地的变化。截至2020年12月31日，中国内地累计有45个城市开通城轨交通，运营线路达7978.19公里。

在我国城市轨道交通系统大规模、高速度发展的形式下，如何实现从"城轨大国"到"城轨强国"转化，推动现代信息技术、绿色节能技术、物联网、人工智能、大数据等技术在城市轨道交通行业的应用起着关键作用，作为"智慧城市+绿色城市"重要组成部分，"智慧轨道+绿色轨道"的建设，必将推动轨道交通行业的生产

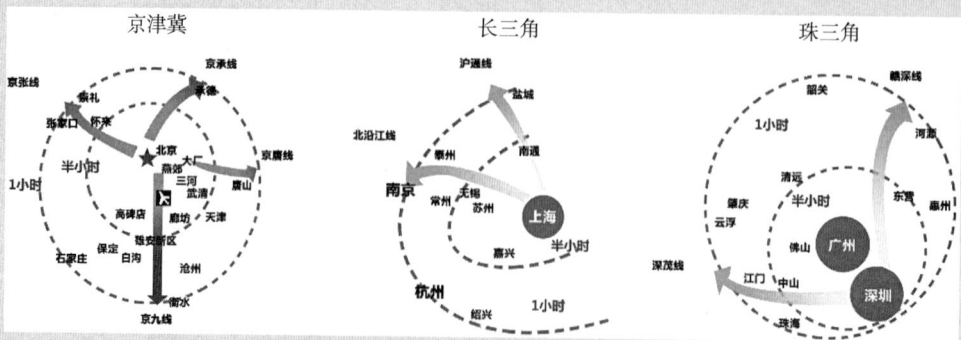

图1 城市群+轨道交通布局示意图

方式创新、组织形态创新、管理理念创新和商业模式创新。

城市化进程的快速推进，对轨道交通提出了更高的要求。结合"创新、协调、绿色、开放、共享"五大发展理念，围绕"以人为本，安全第一"的宗旨，以"绿色建造、智慧运维"为目标，不断推动城市轨道交通的技术创新与发展。

7.3.2　R1线绿色发展实践

绿色交通发展目标的实现，需要多样化的保障措施。其中构建综合服务水平高于私人机动化出行的城市公共交通体系是必要条件之一，在雄安新区规划空间布局和交通需求下，单纯依赖地面公共交通体系难以完全实现对私人机动化的竞争优势。

规划建设城市轨道交通系统，与其他公共交通子系统共同构建高效率的城市公共客运体系，使得公交出行成为新区居民的主动选择，才能真正形成绿色交通出行的发展基础。R1线作为"一主多支"轨道快线网的重要组成部分，在每个组团均设置有站点，在服务北京、大兴机场、雄安的客流的同时，也提供了新区内部各个组团，尤其是起步区各个组团之间的公共交通联系，在城市建成初期及时提供公共交通供给，通过轨道站点集聚城市资源，引导市民出行和城市开发以站点为中心进行集散，是对"90/80"目标的重要支撑，也是新区绿色交通出行的基础。

7.3.2.1　R1线的可持续生长模式

R1线作为"一干多支"中的一干，在城市发展初期支撑新区的绿色交通出行，服务串联昝岗、雄县、寨里及起步区内部各组团，后续通过"多支"服务周边区域，分别向徐水、霸州、白沟、定兴及任丘等地延伸，提供新区起步区与周边主要城镇的快速联系，实现雄安与周边城市的协同发展。R1线这个"大树"，结合城市布局形态，通过不断地"开枝散叶"，进而将整个区域覆盖，这是空间上的"不断生长"，是与整个城市的"共同生长"。

R1线与新区分散组团式的空间布局相适应，带动了城市中心的发展，促进了起步区发展轴的形成，也引导了土地利用的集约化，与城市"同生同长，互为依存"。随着轨道交通线网的不断生长，相关交通形态也会随之演变，当线网密度达到一定规模时，轨道网就成了骨架，常规公交可以作为接驳线，轨道交通+常规公交共同构成了理想的公交模式，从而提高可达性，吸引大量客流，提高公交出行比例。

"不断生长"理念，并不仅仅是局限于空间上的延伸，还包括模式、形态、机制等多维度、多层次的生长，包括其他交通方式、城市元素的耦合生长，是一个绿色、协调、包容、可持续的生长理念。

7.3.2.2 R1线的高质量运营服务要求

根据不同圈层及不同断面客流出行需求，分阶段提出多样性差异化服务。R1线作为服务"三级圈层、四类客流"的复合功能线路，兼顾机场专线和城际快线的功能，第一级圈层为京津冀区域的宏观圈层，以北京、新机场、雄安为核心的生活圈层，疏解北京非首都功能，半径100公里；第二级圈层为雄安新区协调区的中观圈层，以雄安为中心，延展至保定、霸州、徐水、定兴、白沟、任丘等近郊城镇的通勤圈层，半径50公里；第三级圈层为雄安新区内部的围观圈层，串联起步区各

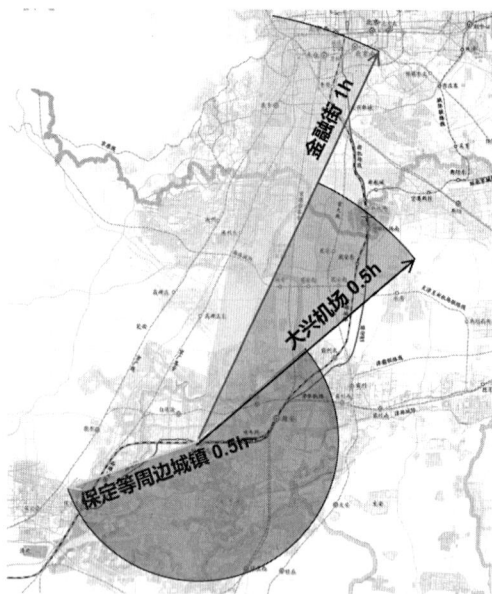

图7-3-3　R1线服务范围示意图

组团、雄县、雄东、昝岗、寨里等外围组团的通勤圈层，半径15公里（图7-3-3）。

对应三级圈层，又有四类客流组成，第一类为雄安新区与北京市区的联系客流，疏解北京非首都功能，打造"双城生活"，同时兼顾沿线城镇与北京间的联系，主要需求为通勤和公务、商务等高端出行，要求高速度和高舒适度，1小时可达丽泽商务区，坐席比例大于67%，弱化在轨时间，更加强调"门到门"和"城轨网到网"的时间。第二类为雄安新区与大兴机场间的出行客流，保障雄安新区及保定、霸州等地市的对外航空出行需求，要求高水平服务，对标北京新机场的服务水平，提供行李托运等服务，半小时可达大兴国际机场，更加强调主客源地的直达服务，强调航空功能的实现，关注行李系统作业流程和行李车的运用交路。第三类为雄安新区与周边城镇间的联系客流，连接保定、霸州、徐水等近郊城镇，要求便捷的换乘衔接以及必要的行车间隔。第四类为雄安新区内部组团间的联系客流，服务起步区以及雄县、昝岗、寨里等各个组团，要求大能力、小间隔、密覆盖，随到随走的特点。

根据不同圈层的客流出行需求，按照不同阶段提出多样性差异化服务，合理确定站停及编组方案，提升航站楼服务水平，促进京津冀同城化，机场直通化，周边组团便捷化。

雄安新区是一个逐步建设发展的城市，R1线也应不断拓展、近远结合。初期运营阶段，考虑快慢车结合，按照机场/京雄客流与市域客流分别组织行车，前者对标大兴机场服务水平，不超2人每平方米，后者参考市域线标准，不超4人每平方米，在列车编组方面，进入大兴机场线的列车采用8辆编组，带行李车、商务车；市域客流不组织进到机场的，在雄安站折返，采用4辆编组；近期运营阶段，徐水支线、霸州支线建成，支线客流以市域客流为主，不组织直通北京的列车，结合客流量级，均以4辆编组列车在雄安圈层

内运行。远期运营阶段，随着各支线建成，创业大道轴线建成，干支线体系建立，分工更为明确。直达、快车、慢车等多种列车服务，多样化的站停方案，为不同OD（起讫点）的乘客提供了差异化服务。每日服务时间不小于18小时，并宜具备通宵运营的条件。

从宏观、中观、微观层面为各圈层客流提供差异化高质量服务，结合初期、近期、远期为列车运营设置科学化集约化模式，对于提高新区轨道交通资源合理配置，最大程度上保证运营效率具有重要意义，使区域协调与交通发展更加绿色化、经济化。

7.3.2.3　R1线的复合化TOD理念

R1线深入城市内部，且与多条支线相连，因此场站TOD一体化设计要以"站城一体化"为重点发展目标，在场站周边引入城市多元功能和公共空间，与城市生活紧密结合，同时TOD发展结构要与城市发展结构相契合，最终形成功能一体化、交通一体化、景观一体化的TOD发展圈层，有效促进沿线城市间的内部联动。

借助轨道场站对城市发展带来的正外部性，场站周边以高强度、复合化开发模式为主，使土地价值得以最大化释放，场站与周边各功能建筑一体化打造，地上地下空间联动开发，各功能之间紧密相连，创造连续性、紧凑性的复合城市空间。同时，以场站为核心规划高效便捷的交通接驳系统，场站本身的交通流线简洁化设计，考虑与其他交通方式的接驳功能，利用先进的环境技术，建设站城空间，规划立体化步行网络，增加无风雨接驳等设施，打造一体化无缝换乘的交通枢纽。考虑到R1线客流的属性以及城市人民日益增长的文化需求，对站点周边的空间环境品质都提出了更高的要求。因此鼓励站点周边用地高效利用，保留地面绿地、增减公园以及运动文化场所，创造舒适生活环境和公共空间，对交通场站进行城市目的地营造。

依据场站所在区域，将R1线场站分为五类。第一类为特殊站点型，包括城市航站楼站，为机场旅客提供值机和行李托运服务，强化窗口效应，完善交通服务，营造具有标志性的空间场所。第二类为市区节点型，包括金融岛站、起步区各组团站。此类站点城市空间密度较高，土地开发价值大。因此，TOD开发应注重功能的复合性，营造城市活力节点，提供多样化的公共空间以及完善的地下空间体系。第三类为铁路枢纽型，包括雄安高铁站、城际站，强化站点与铁路枢纽之间的便捷联络，同时借助枢纽经济效应，强化商务职能和展示职能。第四类为市郊组团型，包括霸州开发区站、雄县站、永清站等，在周边城市组团设站，应注重标杆化的营造，强化对区域的整体带动作用，同时结合站点所在地区的在地资源，因地制宜，形成特色鲜明的TOD节点。第五类为场段开发型，包括咎岗车辆基地，通过上盖综合开发利用，"一地两用"符合集约节约利用土地要求，实现对土地这种不可再生资源的集约节约利用，增加雄安土地资源储备，更好地实现站城融合，提高周边用地开发效率、带动片区整体发展。

以R1线轨道交通场站为发展核心，在周围的理想步行范围内配置紧凑发展、多元土地使用的功能空间，并结合可持续设计理念，打造以人为本的生态公交社区空间。促进城市交通、土地利用、经济发展、社会活动、生态游憩等各项功能的融合，从而带动雄安区域的可持续发展，最终形成绿色、开放、集约、高效的站城一体复合空间。

7.3.2.4　R1线的环保智能建设技术创新

轨道交通相对于其他城市交通工具而言，具有安全舒适、快速环保、运力大和能源消耗少的特点，因此得到快速推广和发展。按照同等运力比较，轨道交通的能耗只相当于小汽车的1/9，公交车的1/2，而且占地小，成本低。因此，选用轨道交通方式作为未来城市公共交通的主要形式，本身就具有重要的节能意义，有利于建设资源节约型、环境友好型社会。

通过选用环保型设备系统，降低能耗，充分利用地下空间，施工工法及建筑选材等方面遵循绿色环保设计要求，以有限的能源消耗取得最大的经济利益为目标，充分调动各方面积极因素，把能耗计算、节能分析、节能措施紧密结合起来，达到地铁线路、行车组织、建筑形式、车辆、供电、通风空调、给水排水、低压配电和机电设备监控等专业综合节能的目的。

从线路设计方面，R1线采用了较大的曲线半径，平均站间距约12公里，达到了经济合理、节约能源的目的；在车辆设计方面，选用了调频调压控制的交流牵引系统，并且选用了轻体车型，对列车节能运行模式进行了特别设计；在供电系统方面，牵引供电系统、动力照明系统、车站综合UPS电源系统等均有节能设计，运用先进的程序化、智能化设计手段，充分利用新能源，实现资源共享；在通风空调系统设计方面，设置全高封闭型站台门的通风空调系统，结合工程实际情况及新设备、新技术、新产品的成熟，进一步推进新型节能空调系统，在不同季节充分发挥各自的节能优势，实现通风空调系统的全年节能运行。同时，配备能源管理系统，在系统产生的翔实能耗数据基础上采取针对性强的节能技术和管理措施，全面提升轨道交通运营的能耗管理，降低成本、提高运行效益。

环保智能的轨道交通建设技术贯穿于规划、设计、施工及运营维护全过程，基于全寿命理念，结合绿色管理，通过技术集成、创新优化，最终实现轨道交通的资源节约、效率优化、和谐相生、统筹共享、智慧运营、修复再造。

7.3.3　R1线引导城市绿色生长

R1线的规划设计理念与交通强国提到的"四个一流"完全契合。

首先是一流设施，R1线作为北京大兴机场线的南延，与北京大兴机场线互联互通，实现启动区30分钟直达大兴机场、1小时直达北京丽泽商务区，融入北京城市轨道交通网。

其次是一流技术，R1线创新了"城际轨道"新模式，最高运行速度200km/h为国内最高，信号系统及相关基础设备技术在高速领域的重大突破，既有地铁随到随走的特点，又有机场专线的高品质服务。

第三是一流服务，对标世界先进运营水平，服务大兴国际机场，启动区设置雄安城市航站楼一处，可以实现值机、行李托运等航空功能，预留提供7×24小时全天候服务的条件。

最后是一流管理，投融资采取政府投资建设、市场参与运营的PPP模式，引入社会资本，与沿线城市利益共享、风险共担，既减轻了政府债务负担，又能保证项目尽快开工建设。可以说，R1线的诞生，对于雄安新区甚至是轨道交通行业都有里程碑式的重大意义，不仅于此，R1线也在潜移默化地影响着城市的绿色生长。

R1线提供了直达北京疏解地和目标地点对点的交通服务，在新区建成初期为人们提供了与小汽车相比更有竞争力的公共交通供给。在可靠性方面，受外界干扰小、准时性高，相较于道路交通易受堵车、恶劣天气、交通管制等因素干扰，优势十分明显。在乘坐舒适性方面，提供了多样化车厢，更加注重私密性，可在途中完成工作、小型会议等多种活动。R1线为旅客优先选择绿色出行方式奠定了基础。

在引导市民采用绿色出行方式的同时，R1线本身也在与新区这座城市一起"绿色生长"，从可持续的生长模式、高质量的运营服务要求、复合化的TOD理念、环保智能的建设技术创新等方面都体现了R1线绿色、共享、智能、和谐的特点，也将持续不断地为雄安新区描绘绿色脉络，谱写这座绿色城市的崭新华章。

7.4 四级综合交通枢纽体系搭建❶

《河北雄安新区规划纲要》《河北雄安新区总体规划（2018—2035年）》《河北雄安新区综合交通专项规划》等上位规划提出"综合布局各类城市交通设施，构建综合交通枢纽，形成'三主两辅'枢纽格局，依托高铁、城际站，强化路网对接和多种交通方式衔接，实现多种交通方式的顺畅换乘和无缝衔接，打造便捷、安全、绿色、智能交通体系。"

《河北雄安新区起步区控制性规划》《河北雄安新区启动区控制性详细规划》提出合理布局城市道路系统、公共交通系统、步行和自行车交通系统及各类交通枢纽场站，构建起步区以公共交通为骨干、步行和自行车交通为主体的出行模式，鼓励绿色出行，实现绿色交通出行比例90%的目标，全面实施无障碍环境设计，推进交通基础设施数字化和交通运营服务智能化，构建便捷、安全、绿色、智能、高效的交通体系。

按照"世界眼光、国际标准、中国特色、高点定位"和网络化布局、智能化管理、一体化服务要求，高起点规划、高标准建设、高质量发展雄安新区综合交通系统，全力打造便捷、安全、绿色、智能交通体系和交通强国先行区。

---

❶ 安颖，雄安城市规划设计研究院有限公司。本节图表除标明来源之外，其余均为约稿作者提供。

7.4.1 交通枢纽规划策略

（1）规划目标

至2022年，实现综合交通枢纽体系的常态化、实质性运作，基本满足内外交通出行需求，起到疏解北京非首都功能的"先行官"作用。

至2035年，现代化综合交通枢纽系统完备，形成"三主两辅"的枢纽格局，构建形成便捷高效的交通网络，实现多种交通方式的顺畅换乘和无缝衔接，对落实疏解北京非首都功能、带动京津冀区域协同发展发挥重要作用。

至本世纪中叶，全面建成国际领先水平的现代综合交通枢纽体系，现代综合交通服务成为促进京津冀协同发展的新亮点，现代综合交通枢纽成为带动区域经济发展的新增长极，交通运输现代化水平在全国前列，示范引领效应充分发挥。

（2）规划理念

统筹布局：充分考虑城市空间、人口分布、产业布局及既有枢纽等因素，统筹各类枢纽，促进合理分工。

突出功能：强化枢纽交通功能，保障交通资源供给和分配，合理布局枢纽内部单元。

预留规模：考虑雄安的"牛鼻子"功能与发展潜力，枢纽功能规划要有预留，设施资源规划留有"冗余"。

融合发展：支持综合开发，实践站城融合，以城养站的发展思路，有效支撑城市功能布局和空间拓展。

实施有序：充分结合新区"一主五辅"开发建设时序，合理推进枢纽建设，助力各分区高效、均衡发展。

7.4.2 交通枢纽规划体系

构建高效衔接、功能复合的城市交通枢纽体系。以公交和慢行便捷高效组织为核心，明确枢纽体系功能布局要求，兼顾物流配送功能，促进枢纽与城市公共服务空间耦合布局，打造城市活力中心。

7.4.2.1 "三主两辅"枢纽格局

依托高速铁路、城际铁路站点，强化路网对接和多种交通方式衔接，构建"三主两辅"枢纽格局，实现多种交通方式的顺畅换乘和无缝衔接。其中"三主"为雄安站、雄安城际站、预留小里站，"两辅"为既有的白洋淀站、白沟站。高铁站点按照打造站城一体、绿色交通方式主导的综合交通枢纽战略定位，实现车站与周边城市空间紧密融合、枢纽功能与城市功能互联互通。

高铁雄安站布局在昝岗组团，依托国家高速铁路网，便捷联系全国。它是新区的高铁门户车站，站城一体化开发，打造集约布置对外多种交通方式，内外交通衔接转换顺畅的综合交通枢纽。

雄安城际站布局在启动区，实现与京津冀核心城市直连直通，小里站布局在起步区第一组团，为预留站点。雄安城际站和小里站均进行站城一体化开发模式，集多种交通方式于一体，是起步区面向京津冀主要城市的对外交通服务中心。

白洋淀站、白沟站依托既有铁路，预留建设综合交通枢纽的条件，服务新区北部外围组团，兼顾货运物流，白沟站规划新建综合物流基地，服务新区货物运输，承担生产生活性高铁货运功能。

7.4.2.2 二级城乡公交枢纽

依托骨干道路，形成城乡干线和城乡普线两级网络。城乡干线主要联系一、二级公交枢纽，服务起步区与外围组团、交通枢纽、特色小城镇之间客流联系，并与城市公交快线衔接；城乡普线主要依托二级枢纽布设，重点沟通特色小城镇和美丽乡村，实现公交全面覆盖。

7.4.2.3 三级城市公交枢纽

以乘客为中心，按照枢纽与城市功能耦合布局、一体化开发的模式，建设城市型、组团型公交枢纽。根据生活圈灵活布局单元/社区型公交换乘中心，与社区中心布局相耦合，承担组团内各社区之间联通与集散功能。

城市型公交枢纽是城市功能核心服务节点，实现区域对外交通和城市公共交通之间的交通转换，保障城际绿色出行和城市绿色出行的无缝衔接。同时兼顾城市内不同公交（轨道）制式之间，以及公交（轨道）线路之间的转换。

组团型公交枢纽是组团内外交通换乘节点，一般位于对外干路和城区路网衔接处，承担公交车辆维修保障、夜间停放、发车调度等功能，其中主要对外联系道路附近的公交枢纽配套设置长途客运功能。通过枢纽立体开发和智能运营调度，提供便捷高效的外来小汽车和城市公共交通换乘服务，为新区制定灵活的小汽车政策提供设施空间。

单元/社区型公交换乘中心根据各组团的用地规模和空间布局灵活设置，与社区中心集约共建，服务组团内公共交通换乘，兼顾社区物流配送，综合布局公交首末站、物流配送站、自行车停车场等设施，预留共享交通、需求响应式公交等场站空间。

7.4.2.4 公交驿站

公交驿站与定线公交、需求响应式公交停靠站位置一致，优先选址公共服务设施建筑以及有复合功能的商业建筑建设（图7-4-1）。空间紧缺的，可利用路侧绿

图7-4-1 公交驿站示意图
（来源：《雄安新区交通政策研究》深圳交通中心）

带空间，建设小型室内候车设施。

7.4.3　交通枢纽体系规划特征

雄安新区综合交通枢纽规划体系具有功能一体化、服务人性化、出行绿色化三大规划特征。一是功能一体化，统筹城市空间结构、功能布局和产业布局，集约节约布置，共享开放空间；二是服务人性化，以人为本，提升运输服务品质，打造智慧立体型综合客运枢纽和多式联运综合货运枢纽，提供多样、舒适、生动和创新的综合配套服务；三是出行绿色化，积极引导枢纽利用绿色生态交通接驳方式，构建多层级、广覆盖、重协同的可持续枢纽规划体系。

7.5　站城一体化规划与交通组织❶

7.5.1　雄安站枢纽片区简介

雄安站枢纽片区是以雄安高铁站为核心，按照产城融合、站城一体的原则划定4.9平方公里范围，与高铁站房同步规划、同步设计、统一建设，形成以综合交通枢纽为主要功能及其产业配套、设施配套的城市建设区。雄安站枢纽片区定位为车站的综合服务配套区、交通特色鲜明的经济区、站城一体发展的示范区。

雄安站枢纽片区规划地上总建筑面积约750.2万平方米，提供就业岗位约13.1万个，规划3.8万常住人口，配套公寓可提供2.4万外来人口居住。规划到2025年，枢纽片区基本建成，为车站和新区配套的综合服务功能充分显现，雄安站快速直达北京、连接周边城市、通达全国的重要交通枢纽及城市门户作用充分发挥。

雄安枢纽片区在规划建设之初就明确以站城一体为目标，站城一体化开发模式有助于实现轨道交通站点周边的土地混合利用模式、聚集高品质创新要素，打造内场外联交通系统和完整慢行空间，提升公共交通（特别是城市轨道交通）和慢行的出行比例，减少私人小汽车出行比例，从规划阶段即为雄安"90/80"目标实现奠定基础。

❶ 刘永平[1]，安颖[2]，李磊[1]，陈胜波[1]．1. 深圳市城市交通规划设计研究中心股份有限公司，2. 雄安城市规划设计研究院有限公司。本文图表除标明来源之外，其余均为作者提供。

专栏7-2　国内外典型城市站城一体化策略[❶]

一、日本横滨

自新干线设站后，新横滨地区在50余年内逐步由农田地区发展成为IT产业中心和横滨市的新中心。新横滨开发重视城市基础设施建设和支柱产业发展，打造城市特色、提升城市品质，避免功能趋同性；以站点为核心高密度开发，通过功能复合，引入商业、文化等方式打造充满活力的城市空间；打造步行生活圈，多种交通方式联动发展。新横滨的站城一体化开发不断提升城市对居民的吸引力，实现了使人群从"工作在新横滨"到"生活在新横滨"的转变。

二、中国香港

香港港铁公司按照"以人为本、高品质生活环境、现代化高效率生活方式"原则，将轨道站作为区域中心或社区中心，以站点为中心与周边地区一体化开发。在轨道交通站点区域，采用"轨道交通+土地综合利用"模式，充分利用地下空间，提高土地利用价值，制定了因地制宜的轨道交通运作模式、补贴方式、支持政策等，不仅形成了世界上少有的盈利性轨道交通模式，更是实现了地铁与物业一体化、轨道交通站点与区域一体化发展。

三、中国深圳

深圳前海合作区在规划阶段对城市用地和轨道车站统筹考虑，打破土地政策制约、轨道周边街坊交通组织独立、轨道交通设施与建筑融合度低的发展约束，构建以枢纽车站为核心的具有聚集性、便利性、象征性、生态性的站城一体化城市空间。从宏观、中观、微观三个层面总结前海合作区的站城一体化发展策略：解放土地政策，将单一性质用地调整为综合发展用地，土地向轨道站点高度聚集和复合；注重轨道车站与地块的一体化交通组织，形成多元立体、便捷成网的空间出行通道网络；将轨道交通附属设施与周边建筑物统筹设计（表1）。

[❶] 刘永平[1]，安颖[2]，李磊[1]，陈胜波[1]. 1. 深圳市城市交通规划设计研究中心股份有限公司，2. 雄安城市规划设计研究院有限公司。本节图表除标明来源之外，其余均为约稿作者提供。

表1　轨道交通站城一体化发展策略及代表站点/区域

策略类型	具体做法	代表性轨道交通站点／区域
土地政策	用地性质重划，土地向轨道站点高度聚集和复合，提升轨道站点服务半径内的容积率	深圳市前海合作区
城市化空间尺度	交通空间的开放与共享，多元化城市功能复合（如商务办公、商业、文化、酒店、公寓住宅等）	香港九龙新客站、伦敦国王十字火车站、日本九州轨道交通综合枢纽、日本上州福冈站
连续性空间设计	整体化设计手段，通过地下或空中多种设施形式连通轨道交通割裂的城市空间	日本东京汐留车站、荷兰乌得勒支火车站
一体化交通组织	多种交通要素联动发展，完善综合交通系统功能，构建便捷高效的接驳换乘体系，注重公共交通和步行的友好性	深圳前海合作区、伦敦国王十字火车站、日本新横滨、日本东京汐留车站、日本九州轨道交通综合体
综合化商业开发	集中、多元的商业业态	北京地铁西直门枢纽站、香港地铁中环枢纽站、深圳前海合作区、伦敦国王十字火车站、日本新横滨
支柱产业	结合轨道交通综合交通枢纽优势，发展时间敏感性高、注重信息流传递的高新产业，差异化发展、避免趋同性、彰显城市特色	日本新横滨
保障机制	节点规划与时间管理，协调各利益相关者之间的关系（政府部门、轨道公司、开发商、站点沿线地区相关企业、人民群众）	日本新横滨

7.5.2　雄安站枢纽片区站城一体化规划方案

7.5.2.1　整体性规划结构，圈层式布局

枢纽片区构建"一轴、两带、一环、四片"的空间结构（图7-5-1）。"一轴"即依托高铁站和地铁M1线形成东西向发展轴；"两带"即新月公园和玉带公园；"一环"即利用片区内公园、街头绿地形成的休闲活力环；"四片"是将枢纽片区分为中部高铁站枢纽站区、西部高铁经济区、东部综合服务区、南部商住混合街区。

与Schutz（1998）、Pol（2002）等人提出的"三个发展区"模型类似，雄安站枢纽片区以高铁站为核心，向外形成三个圈层（图7-5-2）：第一圈层为综合交通枢纽，主要布局轨道车站及综合服务配套功能；第二圈层为高铁经济圈，主要布局与综合交通枢纽联系密切的商务办公及会议、展览、酒店等商务配套功能；第三圈层为城市功能区，要布局公寓、住宅区、商务办公、科研、商业及配套服务设施。

7.5.2.2　土地混合利用，TOD式开发

强调各个片区内功能多元以及地块尺度的混合开发，保证片区的活力和开发弹性，鼓励土地混合利用，提升土地利用效率。单一用地性质的兼容：鼓励大类用地中的中类用地

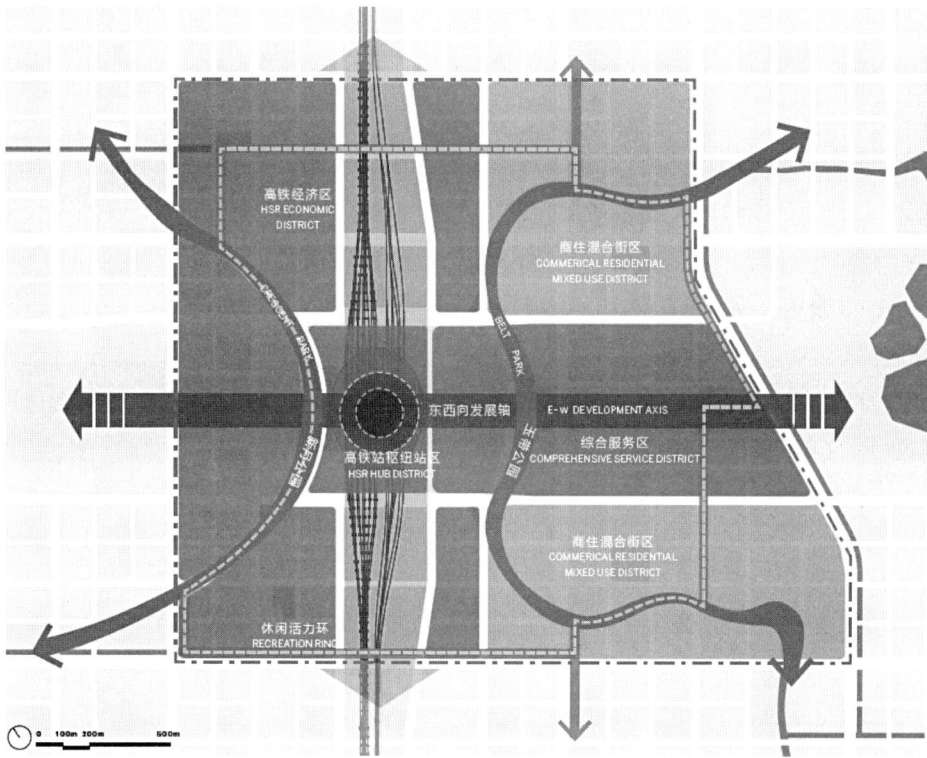

图7-5-1 枢纽片区规划结构图
（来源：雄安站枢纽片区城市设计）

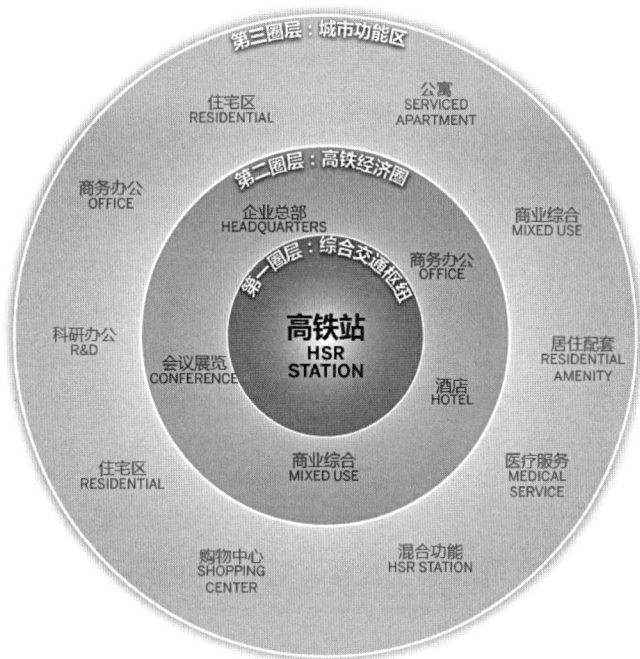

图7-5-2 枢纽片区圈层式布局
（来源：《雄安站枢纽片区城市设计》）

的兼容使用；多种用地性质的混合：在充分保障各类公共设施建设规模和使用功能的基础上，鼓励位于大容量公共交通运输节点的用地混合，形成城市综合功能体，促进城市职住平衡。

结合公共交通导向型开发（TOD）理念，依托雄安站枢纽、地铁站点等公交便利可达的区域布置开发强度较高的商办功能，最高容积率不超过9.5，典型商业商务地块的容积率约为3.5~4.5，住宅及住宅混合用地的容积率约为2.1~2.3（图7-5-3）。

7.5.2.3 聚集高品质创新要素，发展高端产业

在城市核心功能轴两侧集中布局创新研发、创新企业总部、会议会展设施，打造创新要素集聚区。聚集创新要素，发展高端产业，打造创新高地，实现土地价值的最大化，发挥高铁经济的引擎作用，形成与启动区差异化发展的城市门户先发区域。

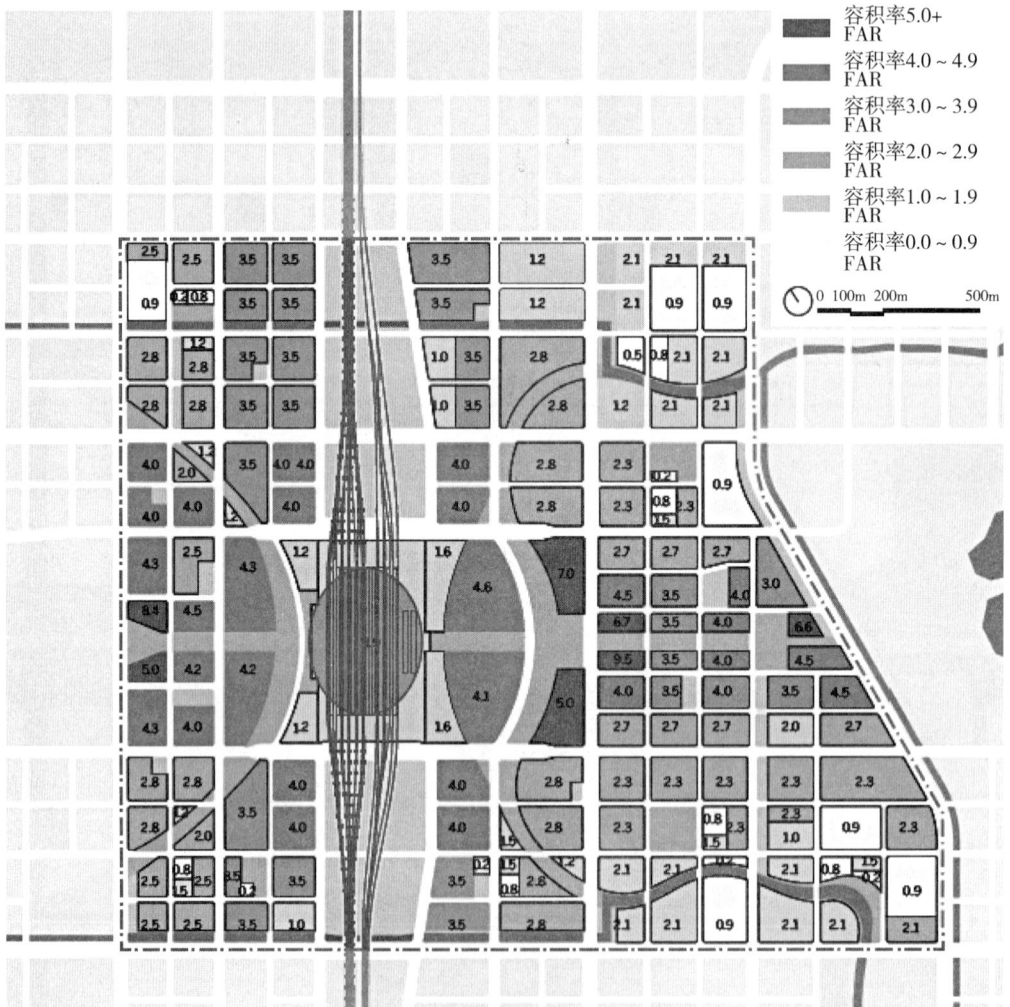

图7-5-3 枢纽片区土地开发强度
（来源：《雄安站枢纽片区城市设计》）

图7-5-4 枢纽片区功能主题
（来源：雄安站枢纽片区城市设计）

枢纽片区划分五大功能主题（图7-5-4）。站东综合商业区聚焦零售业和酒店业，打造城市商业商务服务核心；站西会展总部区结合会议会展、文化服务、政务服务等公共设施，打造京津冀企业总部集群；临站科创、商务服务区重点布局科技商务服务功能，发展创业孵化、技术转移转化、信息服务等功能；综合商务区汇聚高端商办要素，导入金融、法律、咨询服务等高附加值行业；创新研发区结合研发创新办公与文化设施，打造创新研发集群。

7.5.2.4 内外畅联交通系统，完整慢行空间

枢纽片区对外交通集散组织坚持"远近分离、快进快出"的组织原则。利用"两横三纵"主干路网，并通过K1联络线连接K1线实现由高铁站向外围组团间的联系。片区对内形成以人为本、尺度宜人的城市街道和开放活力的城市街区，坚持公交优先，构建多层次一体化公交系统，规划特色公交高铁接驳专线，承担公交换乘中心与高铁站间的直达公交服务。

城市道路两侧保障多等级慢行道通行空间，衔接慢行专用路，沿公交站点周边设置方便快捷、灵活控制规模的自行车停放设施。通过慢行专用路和三级慢行道（图7-5-5），创造系统、连续、安全的步行和自行车出行环境。慢行网络设施与公交站点布局整合设置，确保形成"公交+慢行"的完整出行链空间衔接。此外，利用公共连廊等设施也能有效缝补被车站割裂的东西两侧城市区域（图7-5-6）。

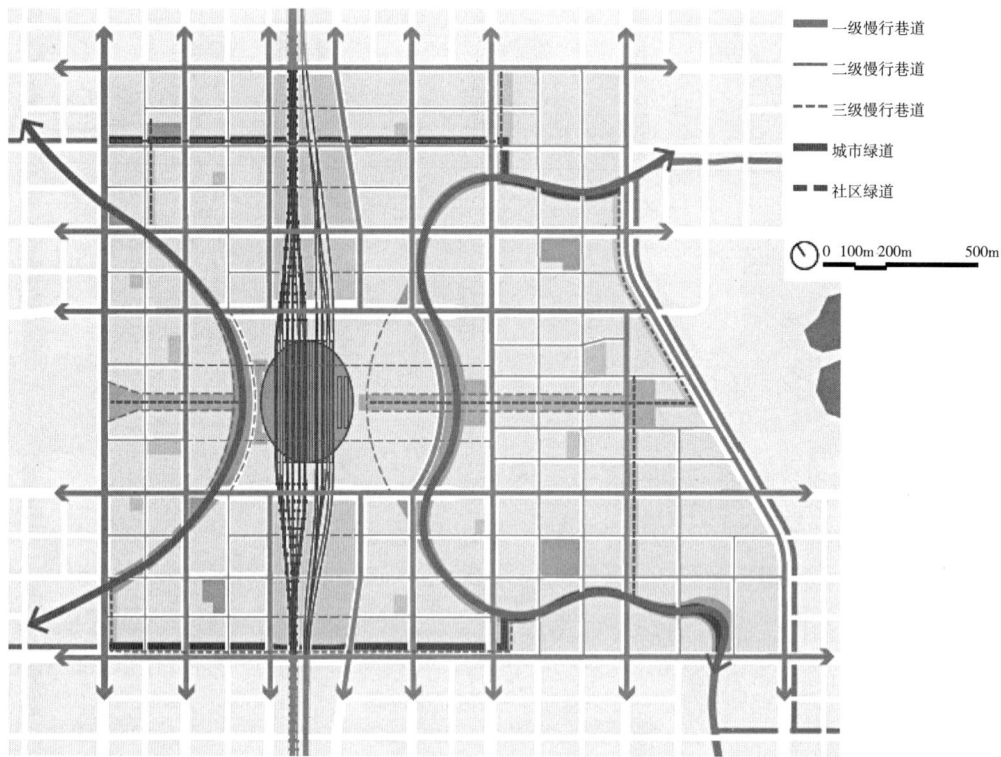

图7-5-5　枢纽片区慢行系统
（来源：雄安站枢纽片区城市设计）

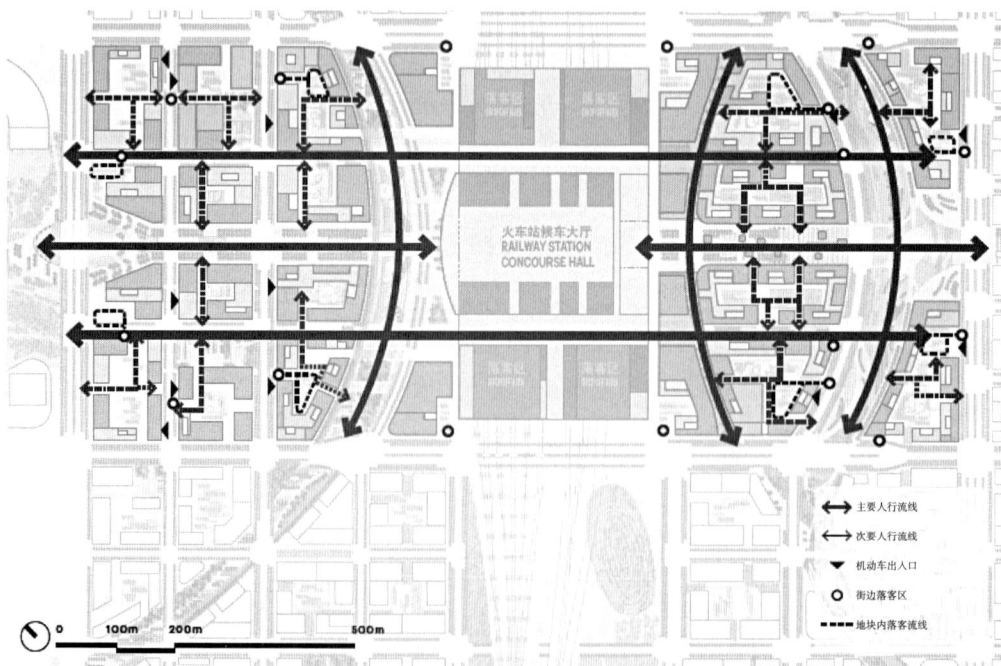

图7-5-6　公共通廊连通车站东西两侧
（来源：雄安站枢纽片区城市设计）

7.5.2.5　立体化车站布局，零换乘流线组织

雄安站综合交通枢纽遵循"公交优先、到发分离、立体布局、分区分层"的布局原则和"人车分流、分块循环、管道组织、右进右出"的交通组织原则。公交车场、出租车场及大巴车场等公交场站紧邻枢纽站房布置，减少旅客步行距离；小汽车停车场在外围布置，但地下一层为小汽车提供远距离即落即走的落客位，地面一层提供近距离小汽车即落即走场（图7-5-7）。

车站内部采用下进下出与上进下出相结合的进出站模式，工程主体共5层。其中，地面层为高铁进站层候车厅；地上二层（夹层）为出站层、R1线地铁站厅层，预留与周边楼宇的连接通道，并预留作为室内步行通道的可能性；地上三层为国铁、城际、R1线、机场线站台层；地上四层为高铁候车厅；地下一层为M1线站厅层；地下二层为M1线站台层。各类交通接驳场站主要位于地面层和地上二层，布置在临近铁路站房的南北两侧桥下空间（图7-5-8、图7-5-9）。

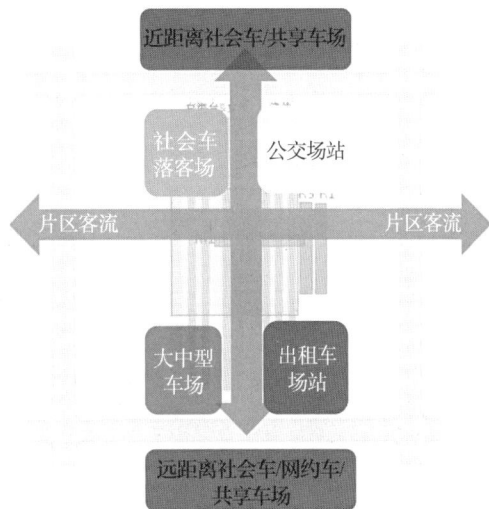

图7-5-7　接驳场站布局
（来源：雄安站综合交通枢纽概念性规划）

图7-5-8　雄安站站房俯瞰效果图
（来源：中国铁建项目部）

图7-5-9　雄安站站房模型分层侧剖面图
（来源：中国铁建项目部）

7.5.2.6　地上地下一体建设，统筹管理

地上地下空间混合利用，延伸地面功能，拓展城市空间容量，优化城市空间品质。地下空间总体结构与区域城市空间结构相协调，以轨道交通为支撑，高铁站点为核心，功能片区为节点，发展高铁枢纽地区地下空间"一轴，三心，多节点，立体化，网络化"的地下空间总体布局结构。结合高铁站、地铁站、公共服务中心和商业设施集中的区域，构建供地下一层、地面层和地上二层的步行连接，打造"地下步行通道+地上慢行体系+地上二层连廊"的立体化公共空间。

枢纽片区坚持地上、地下空间统筹规划，重点开发地区整体设计、统一建设。建立以权属管理为核心、规划管理为条件、运营维护管理为品质、安全使用管理为保障、数据信息管理为基础的综合管理体系；建立地下空间开发利用的管理协调机构，全面协调相关部门职能，建立精简集约的综合行政审批体系；制定地下空间开发利用鼓励政策，鼓励地下公共设施的整合建设，鼓励地下互连互通，引导社会资本开发建设运营投资。

7.5.3　雄安站枢纽交通一体化组织方案

（1）提升旅客体验，制定交通一体化服务标准

积极落实高起点规划、高标准建设雄安新区的理念，充分参考航空旅客服务标准，积极借鉴国内外先进枢纽经验，积极提升旅客出行体验，制定雄安站枢纽交通一体化服务标准（表7-5-1）。等候时间方面，针对停车场出入、售取票、安检、出租车及公交等时间提出明确要求；衔接时间和距离方面，针对城市轨道换乘、各种交通方式间衔接提出时间和距离要求，并为此作为枢纽总体布局和交通组织设计的基本原则。

表7-5-1 枢纽交通一体化服务标准

分类	序号	服务指标要求
等候时间	1	停车场出入等待时间应满足 95% 的车辆等待时间不超过 3 分钟
	2	售取票等候时间应满足 95% 的旅客等待时间不超过 3 分钟
	3	安检等候时间应满足 95% 的旅客等待时间不超过 5 分钟
	4	出租车候车时间应满足 95% 的旅客等待时间不超过 3 分钟
	5	公交候车时间应满足 95% 的旅客等待时间不超过 10 分钟
衔接时间	6	城市轨道间换乘时间不超过 3 分钟
	7	各交通方式之间的换乘时间不超过 5 分钟
衔接距离	8	公交上落客区到枢纽出入口距离不超过 150 米
	9	枢纽内部主要功能点之间的步行距离、各交通方式之间的换乘距离宜控制在 300 米以内

（来源：雄安站综合交通枢纽概念性规划）

（2）绿色交通理念为导向，引入多种新型绿色交通方式

积极落实雄安新区绿色交通理念，满足"90/80"目标，雄安站枢纽充分利用三层场站空间，在常规交通接驳方式基础上，积极引入多种新型绿色交通方式。一方面，按照枢纽片区站城一体化开发理念，将形成枢纽为核心圈层式建筑空间布局，为提升枢纽与综合开发无缝高效连通，枢纽引入小运量轨道交通（图7-5-10），实现站城一体高品质衔接；另一方面，通过引入响应式公交、共享汽车等交通方式，提升旅客多元接驳体验。

（3）优先枢纽集散，分离区域过境及片区对外交通

枢纽站城一体化开发核心解决的问题就是枢纽交通集散与开发片区交通的组织。雄安站枢纽片区提出优先保障雄安站枢纽交通集散，因此枢纽进出交通需与过境交通、片区对外交通和片区内部交通进行分离。雄安站枢纽设计引入与K1快速路直连直通且枢纽独

图7-5-10 雄安站小运量轨道预留示意图
（来源：雄安站综合交通枢纽概念性规划）

立使用的进出通道，实现与过境交通分离；枢纽临近道路功能降低为城市次支路网，实现与片区对外交通和内部交通的尽量分离，减少相互干扰（图7-5-11）。

（4）采用远近分离、快进快出等原则提升枢纽对外集散效率

雄安站作为雄安新区最核心、最重要的对外铁路枢纽，辐射范围较广，其中起步区等远距离交通流量占比较大，昝岗及雄县等中短距离交通流量占比较小。为满足不同尺度旅客差异化特征和要求，采用远近分离、快进快出等差异化原则，提升

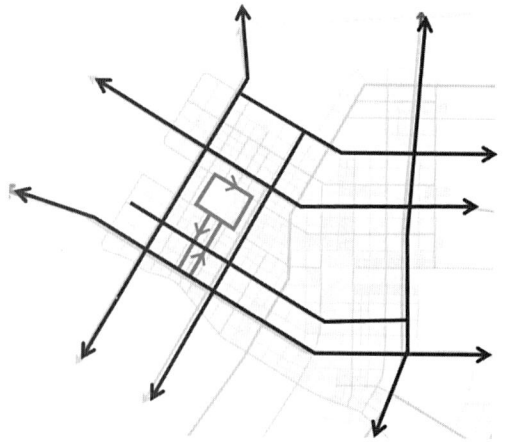

图7-5-11　雄安站交通分离原则示意图
（来源：雄安站综合交通枢纽概念性规划）

不同范围旅客便捷体验（图7-5-12）。远距离交通主要采用K1快速路及枢纽南侧独立进出匝道（图7-5-13）快速进出枢纽，枢纽南侧场站主要布置为满足快进快出功能的小汽车即停即走区及停车场、出租车网约车上落客区、大巴车上落客区等；短距离主要采用枢纽北侧城市主干道进出枢纽，枢纽北侧场站主要布置为公交车上落客区、短距离小汽车落客区。

（5）采用人车分流、分区循环、管道化等原则提升枢纽内部组织效率

多种交通接驳方式通过多个通道汇聚到枢纽，这也对枢纽内部组织提出极大的挑战。雄安站枢纽采用管道化原则，不同交通方式通过不同的"管道"独立进出枢纽，避免不同

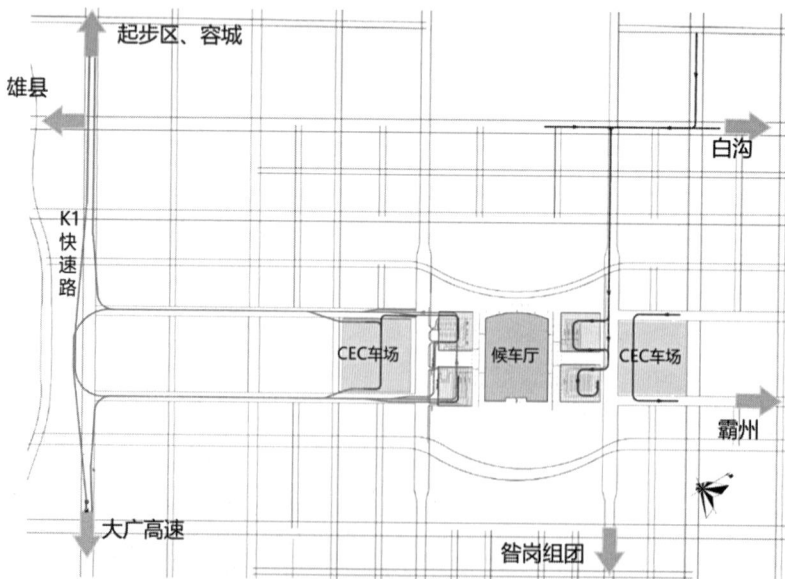

图7-5-12　雄安站对外交通组织示意图
（来源：《雄安站综合交通枢纽概念性规划》）

图7-5-13 雄安站与K1快速路连通匝道
（来源：中国铁建项目部）

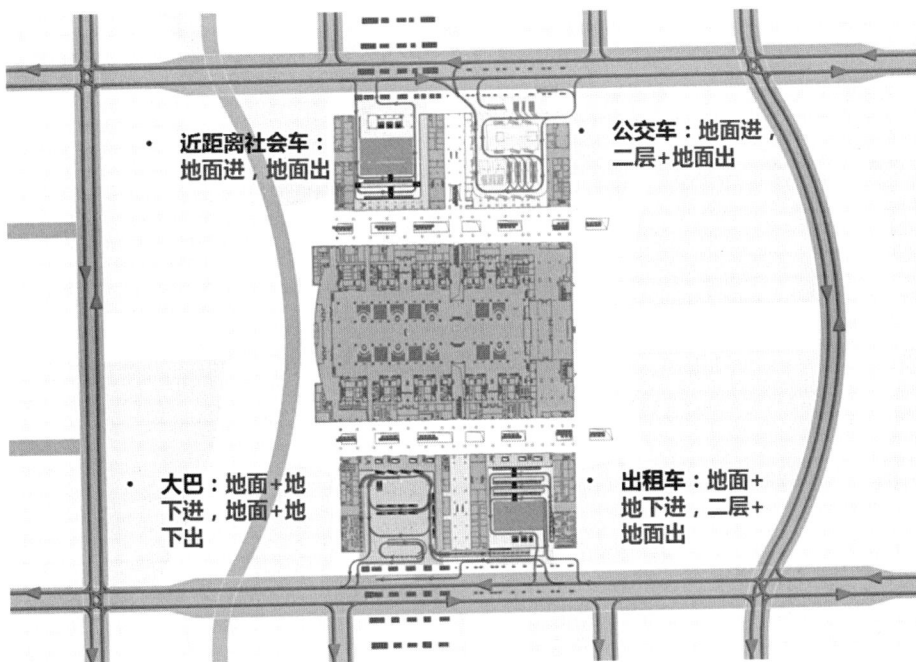

图7-5-14 雄安站内部交通组织示意图
（来源：《雄安站综合交通枢纽概念性规划》）

交通方式间的相互干扰；采用立体化原则，实现枢纽到发分离，实现场站落客与铁路进站同层，场站上客与铁路出站通风，最大限度缩短乘客步行换乘距离；采用分区循环的原则，将公交车、出租车、小汽车、大巴等不同交通方式以枢纽为核心分区分块布置，独立使用，指向明确；采用人车分流的原则，设置旅客独立封闭的人行空间，并与车辆行驶空间分离，保障旅客高品质旅客体验（图7-5-14）。

（6）分阶段合理启用枢纽设施空间，适应"不同生长的雄安"

雄安新区的规划建设是不断生长的，人口规模也是逐步增加的，雄安站初期仅开通京雄和京港台车场，远期预留津雄车场。因此，雄安站提出"不断生长的枢纽"适应"不断生长的雄安"，分阶段合理启用枢纽设施空间，提高枢纽利用价值（图7-5-15）。结合客流规模及路网建设计划，建议2020—2022年主要采用南部场站，主要利用K1快速路和西侧干道组织进出交通，2023—2025年，启用枢纽北侧公交车场和小型车场，2025年后启用全部场站，并利用完整路网组织枢纽进出。

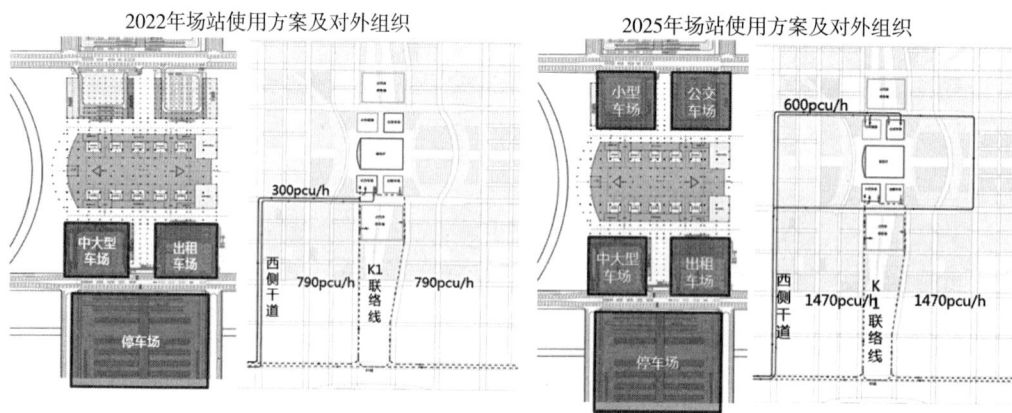

图7-5-15　雄安站初期场站利用示意图
（来源：《雄安站综合交通枢纽概念性规划》）

7.6　"窄路密网、开放街区"交通设计[1]

在新区"90/80"绿色出行目标下，街道必须提供更多的空间、更优先的通行权，确保慢行交通和公共交通相对于小汽车交通的竞争力和吸引力。街道设计需统筹完整街道空间，平衡交通与活动需求，以绿色交通优先为原则，紧扣"窄路密网、开放街区"空间结构特点，进行人性化、精细化、品质化设计。

7.6.1　特色解读

（1）职住平衡的规划布局

新区总体规划提出在城市社区层级构建社区、邻里、街坊三级城市生活圈，通过密集

❶ 王超、陈一铭，深圳市城市交通规划设计研究中心股份有限公司。本文图表除标明来源之外，其余均为约稿作者提供。

的街道网络将市民所需的日常生活设施、公共服务设施、公共交通设施和公共开放空间联系起来，使人们可以在15分钟步行范围内获取绝大多数日常生活所需的服务（图7-6-1）。此外，新区住房以租赁住房为主要形式，就近住房政策将进一步促进职住均衡，这决定了未来新区的出行和活动以中短距离为主，慢行将成为日常出行中最常使用的交通方式之一，需要重点考虑相关需求。

（2）"窄路密网、开放街区"空间基底

"窄路密网"模式下，新区路网密度达到10～15km/km²，支路平均间距约150m，道路网络可达性提高，但流线交织更多、街道空间有限，需从网络、组织、设施等层面保证绿色交通优先。"开放街区"模式下，街道与院落之间的壁垒被打破，成为市民日常活动的主要场所，街道红线内步行空间与红线外建筑前区需按照一体化理念统筹设计、加强衔接（图7-6-2）。

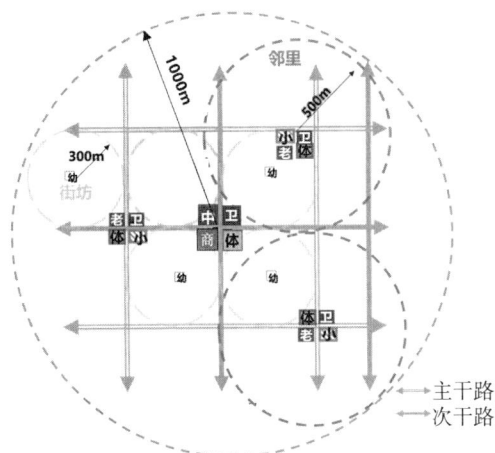

图7-6-1 社区生活圈示意图

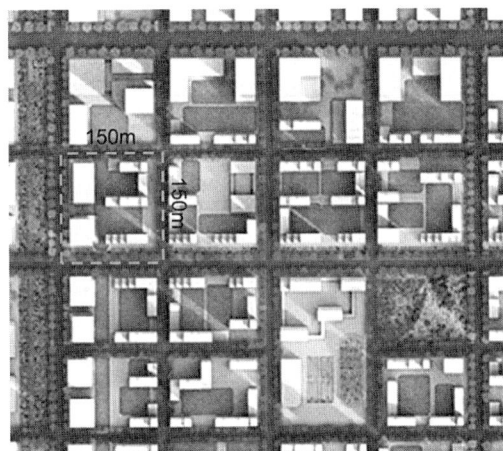

图7-6-2 雄安新区"窄路密网、开放街区"形态

7.6.2 设计基本思路

（1）秉承完整街道理念

秉承功能差异化、空间一体化原则，统筹设计完整街道，适应"窄路密网，开放街区"。高密度路网条件下，按照传统的"主-次-支"道路等级对街道进行划分难以有效适应多元交通出行需求，应从网络层面统筹考虑公交、小汽车、慢行等交通方式的骨干通道布局，结合道路等级、两侧用地属性等因素区分街道的主要服务功能，形成完整的街道分类体系，通过差异化设计构建更加高效的交通网。"窄路"条件下，街道红线内空间有限，而"开放街区"下街道承担大量活动需求，需要更大空间来满足，因此应融合红线内外空间（图7-6-3），根据街道类型、街道活动形态及活跃程度进行一体化设计。

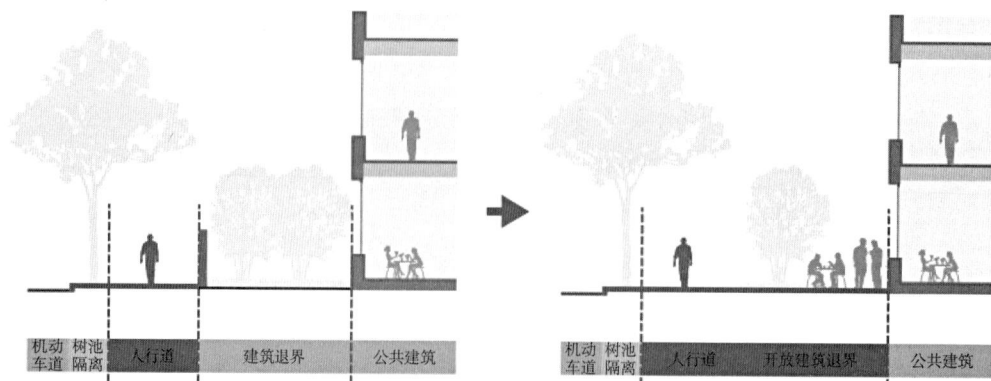

图7-6-3　道路红线内外空间融合

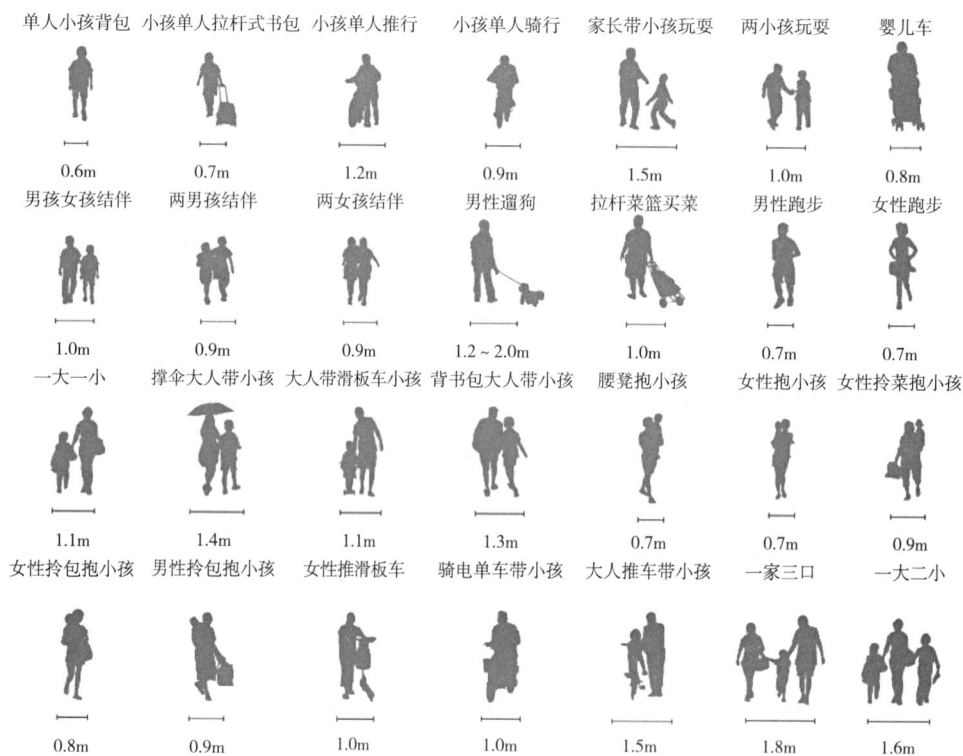

单人小孩背包	小孩单人拉杆式书包	小孩单人推行	小孩单人骑行	家长带小孩玩耍	两小孩玩耍	婴儿车
0.6m	0.7m	1.2m	0.9m	1.5m	1.0m	0.8m
男孩女孩结伴	两男孩结伴	两女孩结伴	男性遛狗	拉杆菜篮买菜	男性跑步	女性跑步
1.0m	0.9m	0.9m	1.2～2.0m	1.0m	0.7m	0.7m
一大一小	撑伞大人带小孩	大人带滑板车小孩	背书包大人带小孩	腰凳抱小孩	女性抱小孩	女性拎菜抱小孩
1.1m	1.4m	1.1m	1.3m	0.7m	0.7m	0.9m
女性拎包抱小孩	男性拎包抱小孩	女性推滑板车	骑电单车带小孩	大人推车带小孩	一家三口	一大二小
0.8m	0.9m	1.0m	1.0m	1.5m	1.8m	1.6m

图7-6-4　不同步行形态出行空间需求

（2）落实绿色交通优先

多层面提升绿色交通优先级，确保"窄路密网"下公交慢行出行优势。网络层面，适度布置公交专用路、公交专用道、自行车快速通道、慢行专用路，保证公交慢行通行效率。交叉口节点层面，通过公交绿波、公交信号优先、限制小汽车转向等方式提升公交慢行通行优先级，通过增设非机动车等候区、安全岛等方式保障慢行安全。断面空间层面，综合考虑不同步行形态（图7-6-4）、非机动车类型（图7-6-5）的出行需求，在生活区、

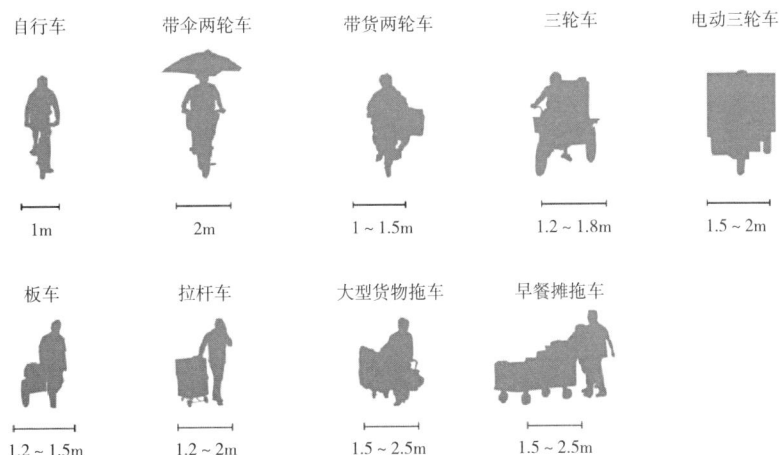

自行车	带伞两轮车	带货两轮车	三轮车	电动三轮车
1m	2m	1～1.5m	1.2～1.8m	1.5～2m

板车	拉杆车	大型货物拖车	早餐摊拖车
1.2～1.5m	1.2～2m	1.5～2.5m	1.5～2.5m

图7-6-5　不同非机动车出行空间需求

办公区、商业区等不同片区因地制宜确定通行区断面宽度。

（3）突出品质设计为魂

协调不同交通方式设施布局，实现换乘接驳无缝衔接，提升各出行环节设施品质，全面提高绿色交通吸引力。步行方面，广泛应用无障碍设计，关注视障、身障、老人、儿童等弱势群体出行需求，打造适应多元人群多样化需求的步行空间。自行车方面，在商场、景点等大型公建出入口附近设置停车区，提高骑行可达性；精细化设置行驶、歇脚、停放等骑行全链条所需的配套设施（图7-6-6），全面提升骑行体验。常规公交方面，公交站点尽量靠近交叉口，缩短换乘距离；近距离布置自行车停车区，提供便捷接驳服务；结合路内外空间条件，打造室内化公交驿站系统，适度提供附加便民服务，提高候车、休憩体验。

图7-6-6　临时停车脚蹬（左）、倾斜垃圾桶（右）

7.6.3　雄安设计实践

（1）编制完整街道设计导则，统
筹U形街道空间与功能

新区规建局组织编制了《雄安新
区完整街道设计导则》，基于规划道路
条件和用地属性，从交通功能、活动
功能等角度对街道类型进行划分，以
绿色便捷、全龄友好、活力宜人、亲
近自然、体验多彩为目标，针对每类
街道的空间分配、环境配置、设施设
计、交通管理等方面提出差异化的设
计指引（图7-6-7），内容覆盖完整街

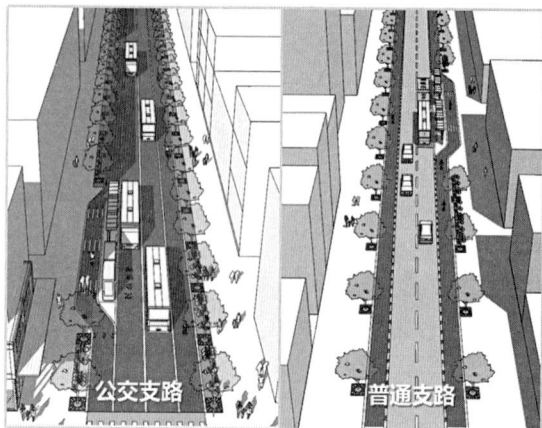

图7-6-7　同等级道路差异化定位交通功能

道（图7-6-8）。此外，结合新区工程建设许可阶段的审查流程，导则建议从提出申请、
方案审查、红线接口核查三个环节出发，逐步建立交通设计方案审查机制，以保障相关设
计要求有效落实。导则已指导了容东片区的学径设计和部分道路方案优化，未来将全面指
导新区街道设计工作。

（2）保证慢行空间充足、连续，实现绿色交通优先组织

在部分片区规划编制过程中，支路标准断面方案采用了道路红线内步行通行宽度1米
的形式。虽然结合建筑退界可提供更大通行空间，但退界空间涉及土地权属等问题，未来
是否可作为通行空间使用具有不确定性。为避免步行空间预留陷入被动，通过取消机非分
隔带（改用护栏等占地较小的方式），在红线内满足步行基本通行宽度要求，并明确红线
内外一体化管理机制，在后续地块出让时予以明确（图7-6-9）。

广泛分布的沿河绿道是新区未来通勤和休闲的重要通道，但与市政道路、桥梁相交处
易产生断点，节点连续性需特别关注。容东片区集中设计阶段，交通专班与各组团设计单

图7-6-8　不同区域街道场所营造示意

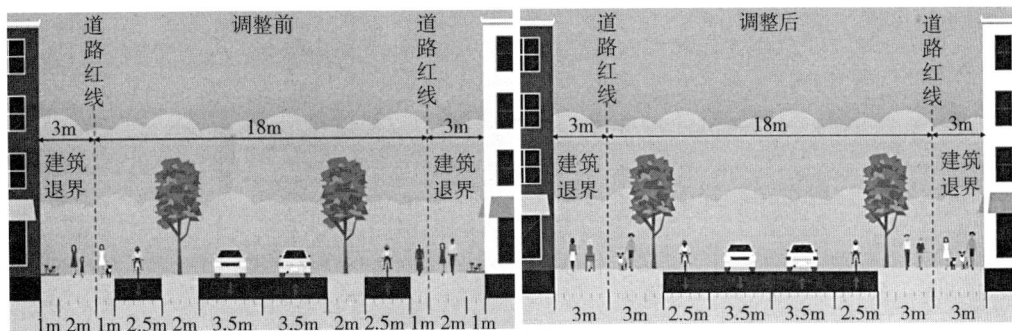

图7-6-9 调整前后道路断面

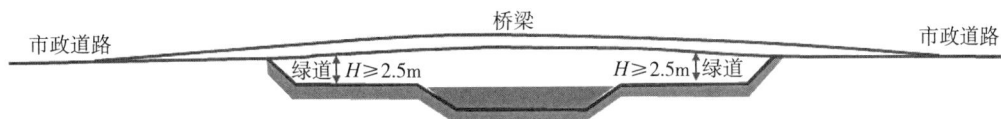

图7-6-10 绿道净高要求示意图

位多次研讨，促成落实了对7条干路桥梁进行抬高处理，从而保证了绿道内自行车道在常水位下不低于2.5m的净空高度，避免与干路平交降低骑行效率，同时提升了安全性（图7-6-10）。

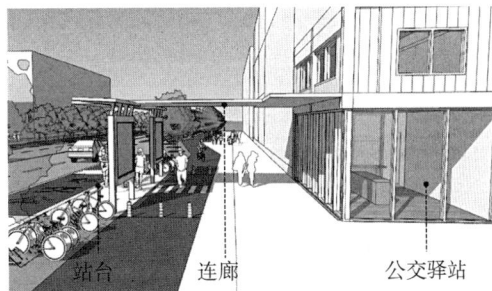

图7-6-11 结合建筑首层设置的公交驿站示意

（3）精细化设计各类街道设施，提供高品质出行体验

新区交通设计过程全面考虑慢行、公交出行体验，充分应用无障碍设计、稳静化措施，精细化布局各类配套设施，提供全链条高品质出行体验。以公交驿站为例，为解决冬夏两季长时间室外候车明显不适的问题，提出构建全天候、人性化、多功能的驿站体系，提供休憩、候车、补给等功能。通过打造全天候室内化候车空间，实现冬季取暖、夏季阴凉的候车服务；构建人性化驿站环境，针对不同时段使用需求弹性设置休憩、办公及其他附属设施，降低候车焦虑感，并配套非机动车停放、维修设施，提供便捷非机动车接驳服务；灵活设置快递自提柜、早餐零食售卖等设施，提供顺路的多功能便民服务（图7-6-11）。结合容东片区的建设，对公交驿站的功能、分类体系、布局和设施选型等核心设计要点提出了系统性的指引，并结合底商等空间规划预留了数十个公交驿站，为未来高品质公交出行服务提供有力支撑。

7.6.4 小结与展望

雄安新区将绿色作为高质量发展的普遍形态，交通设计践行绿色优先、以人为本的基本理念，逐渐形成一整套的设计方法。网络层面，细化街道功能，统筹完整街道，通过功能差异化、空间一体化设计满足交通及活动需求；组织层面，保障绿色交通路权优先、空间充足，确保绿色出行具备较强吸引力和竞争力；设施层面，充分考虑多元人群的多样化需求，精细化设计和布局配套设施，提升出行体验，引导群众主动绿色出行。

当前，部分新型交通设计理念已在新区落地生效，但仍需进一步探索将相关设计要点程序化、制度化，避免优秀设计理念及实践随设计单位变更而断层。未来，随着新区部分片区建成投用，交通设计将根据实际情况进一步完善，并在后续建设片区应用，通过新区的成功实践，"窄路密网，开放街区"下交通设计方法也将逐步成熟，为全国新一轮新城交通设计提供示范，充分发挥先行先试的引领作用。

7.7 一体化公共交通服务模式创新❶

研究发现，"窄路密网"的设计能有效减少城市割裂、改善宜居性并促进商业繁荣。但窄路密网中如果小汽车过多，易诱发拥堵并产生交通事故、噪声和污染，影响其带来的好处。新区各项规划均明确优先发展公共交通的政策方向，未来在雄安，以公共交通、步行、骑行为主体的绿色交通方式将成为人们可信赖的首要出行选择，这既是新区总规明确提出的目标，亦是我国城市交通治理能力现代化的重要体现。

雄安作为一座绿色智慧新城，在公共交通领域必须较传统城市有更优越的出行效率和体验，更细致的服务质量管理并更及时响应居民不断变化的需求。在充分借鉴国际先进城市公交服务、管理模式和新技术应用经验基础上，新区将以乘客出行最便捷为中心，从一开始即按照MaaS（出行即服务）理念打造新型一体化公共交通系统，探索一条"平台化管理、多模式服务、一体化整合"的新路径。

7.7.1 雄安公共交通发展诉求

（1）需要更优越的出行效率和体验

公共交通最大短板是不能实现"门到门"服务。根据北京市数据，公交乘客平均每次

---

❶ 沈帝文、张冰玉、张程瀚，深圳市城市交通规划设计研究中心股份有限公司。本文图表除标明来源之外，其余均为作者提供。

出行中有1/3的时间耗费在车外的接驳、候车和换乘环节。与小汽车出行相比，公交乘客的出行链条不连续、不可靠、不舒适，是导致公交竞争力不足的重要原因。雄安作为中等规模城市，须从充分挖掘有限资源潜力着手，通过做好不同交通方式的分工协作、资源共享和便捷换乘，让更多乘客通过公共交通快速、体面地抵达目的地。

（2）需要更细致的服务质量管理

我国各地城市交通行业普遍按照公交公司、地铁公司、单车公司、出租车公司等不同交通工具和业务划分、各自为战、缺乏合作，导致乘客出行不便和资源重复投入；一旦对不同主体进行简单合并，又容易导致垄断经营、缺乏比较、效率降低。公共交通行业陷入分而又合、合而又分的不断更替，而乘客最关心的发车间隔、可靠性、换乘衔接等服务质量指标的提升却十分缓慢。雄安要避免重蹈覆辙，须从体制机制变革入手，提出促进企业合作的机制和管理服务质量的新解决方案。

（3）需要更快响应不断变化的需求

雄安要吸引高学历高素质的人才，而这类人群的交通出行需求十分复杂多变。以深圳为例，2019年的一项调查显示超30%居民每天出行活动次数在5次以上。在挪威奥斯陆，即使公交客运总量保持稳定，每年都有10%的乘客被新的乘客取代；英国曼彻斯特轻轨系统每三年的乘客更替率更是高达50%。雄安作为一个边建设、边发展的新城，需要更精准响应居民多样化需求并响应需求的快速演变，确保公交服务持续不断具有吸引力。

专栏7-3 国际先进地区一体化公共交通系统[1]

一、创新服务模式，激发网络效应

2012年，西班牙巴塞罗那对公交线网进行了大规模重构，按照地铁系统的理念打造了由8条横线、17条纵线、3条对角线组成简单易用的"地铁式公交"（Metrobus）网络（图1）。乘客出行时，不需要记复杂的公交线路和时刻表，而是只需登上街道上同方向的任何一辆公交车，通过在交叉口处精心设计的换乘站，一次换乘就可抵达任何想去的目的地。这样一体化的公共交通网络充分发挥了网络效应，通过鼓励乘客在不同线路之间穿梭，使公交出行变得简单可靠——巴塞罗那在财政投入不变的情况下公交客流增长19%。

---

[1] 沈帝文、张冰玉、张程瀚，深圳市城市交通规划设计研究中心股份有限公司。本文图表除标明来源之外，其余均为作者提供。

图1　巴塞罗那公交换乘枢纽

二、改革管理机制，促进合作共赢

针对公交行业低效竞争、缺乏合作、客流下降的困境，欧盟城市20世纪70年代探索出了"公共交通运营联盟"的合作型公共交通管理架构（图2），成为世界各地公交管理体制改革的标杆。这些城市由中央政府授权，通过立法形式组建了专业化的公共交通管理公司，统一规划公交线路、制定服务标准并做好换乘衔接设计，并通过购买服务等方式将日常运营事务托管给多家经验丰富的市场主体。相对于传统公交集团的大包大揽，这种管理模式更清晰界定了政府与市场的边界并明确了市场规则，已经在伦敦、苏黎世、斯德哥尔摩、首尔、新加坡以及我国佛山等地运用，改革后普遍实现成本节省15%～20%。

图2　苏黎世公交联盟职责

三、运用先进技术，满足多样需求

2013年，芬兰推出了世界首个MaaS（出行即服务）平台Whim，通过大数据研判不同类型用户的出行需求和支付意愿，将公共交通、共享单车、出租车和汽车租赁组合为不同等级的出行套餐（图3）。数据显示，相对于单一交通方式而言，这种MaaS套餐可以更好满足居民多样化的出行需求，更受用户欢迎——Whim用户平均小汽车出行次数较全市平均降低38%。雄安目前已形成了共享单车、常规公交、弹性公交、出租车、网约车、城际铁路等多种交通方式，初期每种交通方式的市场规模均不大，MaaS有潜力在改善居民出行、节省重复投入方面发挥重大作用。

	都市月票 €59,7 / 30 days	周末月票 €249 / 30 days	无限月票 €499 / month	按次支付 Pay as you go
公交	无限	无限	无限	照价支付
共享单车	无限	无限	无限	—
出租车 (限5km)	10欧元/次	85折	无限	照价支付
租车	49欧元/天	周末免费	无限	照价支付

图3　芬兰MaaS套餐类型

7.7.2　雄安一体化公共交通服务实践

在公共交通行业谋求改革发展大背景下，雄安已经走在路上。《交通强国建设纲要》进一步提出，要实现基于移动智能终端技术的出行即服务（MaaS），鼓励引导绿色公交出行，大力发展共享交通，为新区公交改革发展明确了方向。2019年河北雄安新区管委会印发的《关于推进交通工作的指导意见》中，2020年交通运输部发布的《关于河北雄安新区开展智能出行城市等交通强国建设试点工作的意见》中，已经明确了将构建多元化、一体化公共交通和出行及服务体系作为新区近期交通工作的重点。

雄安努力从一开始就建立符合出行即服务（MaaS）的一体化公共交通系统。抓住新区"一张白纸"的历史机遇，转变以往城市"先成立多家不同运营企业，再逐步推动服务整合"的传统路径，探索"先组建一个运营管理统筹平台，再生长出不同交通方式和运营主体"，创新公共交通管理、服务和技术手段，将以公共交通为核心的各种出行方式进行整合，促进不同运营主体之间相互协作、资源共享，使乘客从一开始就享有界面统一、无缝衔接的优质服务（图7-7-1）。

（1）推进组建高水平公共交通管理平台公司

对标欧盟等国际先进城市经验，新区已组建了公共交通管理平台公司——中国雄安集团交通有限公司（下称"交通公司"），初步具备公交服务质量管理、枢纽场站建设运营、智慧出行平台搭建、物流配送体系研究和骨干路网养护等业务能力。目前，交通公司已配合有关部门开展容东片区接驳车和停车场服务考核、雄安站枢纽接驳班车服务、容东等片区公交首末站和场站建设等保障新区大规模人员流动的重点工作。未来，交通公司有望进一步探索成为新区以公共交通为核心的专业MaaS服务商，以大数据为底座为乘客提供骨干公共交通、响应式公共交通、合乘交通等多种出行方式为一体的新型一体化公共交通服务。

（2）示范高频公交、弹性公交等新型服务模式

市民服务中心是雄安新区设立以来的第一个成规模大型建筑群，承担起新区行政办公、公共服务、规划展示、临时办公、生态公园等多项重要服务功能。连接容城县城与市民服务中心的奥威东路，初期仅是一条双向两车道的普通道路。为保障交通高效运转，市民服务中心率先践行绿色交通理念，通过在容城县城P1停车场设置城市交换中心（CEC）并提供高频次、24小时接驳车服务，换取了市民服务中心内部安全舒适、通畅可靠、井然有序的出行环境。

数据显示，在高峰期间通过接驳车运行，使得奥威东路凭借两条车道发挥了六条车道高速公路的通行能力，是我国首个在城市在建设过程中即提供较高水平的公共交通服务的案例，为新区未来公共交通服务积累了经验。目前新区已开设容东工地接驳、市民服务中心游客接驳、工作人员接驳三类接驳车服务，接驳车辆共计41台，司机合计77人，接驳规模平均每天8500人次（图7-7-2）。

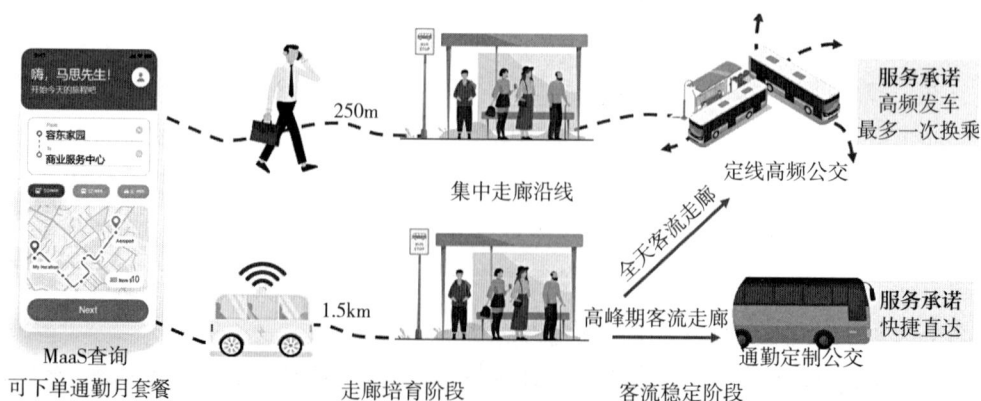

图7-7-1 多种交通方式整合示意

通过手机预约车辆、动态响应需求的"弹性公交"也已成为新区公共交通的新名片（图7-7-3）。目前容城组团内开展的弹性公交示范已取得了一定的成效，已有运营车辆20辆，配备司机38名，服务规模平均每天超过800人次。为鼓励合乘出行，新区弹性公交建立了以促进合乘为导向的票价动态调整策略，随着合乘人数的增加提供票价折扣，逐步培养合乘共享出行的习惯。目前，弹

图7-7-2 市民服务中心节假日期间客流疏散

性公交在普遍采用4座小客车的条件下初步实现了1.7人/车的合乘效率，其中高峰期合乘率已部分达到3～4人/车，显著缩短了等候时间、减少了私人小汽车出行。

（3）打造智能整合的"雄安行"智慧出行系统

2020年5月，集多种交通方式于一体的"雄安行"APP上线试运行，首期主要为公务车、企业用车业务，后续逐步提供定线接驳车、弹性接驳车、公务车、CEC停车服务等统一预约和支付的入口，满足容东片区交通运输保障、运营企业考核需求，以及面向雄安集团公务车预约、监管服务需要，初步建成"一站式"智慧出行系统（图7-7-4）。系统主要包括"雄安行"APP、六个业务支撑子系统、交通服务管理及考核子系统、交通出行块数据平台建设。

截至2021年4月，"雄安行"公务用车完成订单超3000个，企业用车完成超1300个，定线接驳车完成26.6万人次运输服务，弹性接驳车完成7.8万人次运输服务，CEC停车场完成服务31.5万车次，初步取得了良好的效果。

随着雄安站枢纽投入使用和未来容东片区等先期开发建设地区居民入住，"雄安行"有望进一步拓展服务种类，有望以雄安站枢纽、容东片区为基础向建成区域逐步拓展生

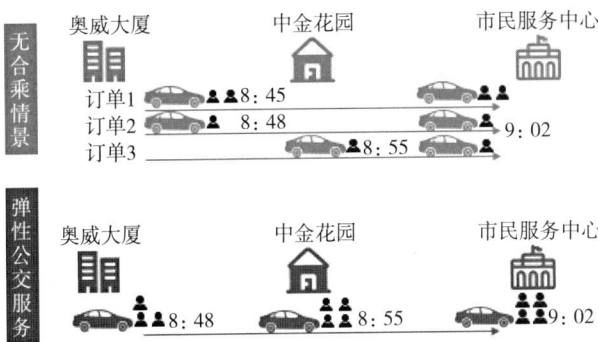

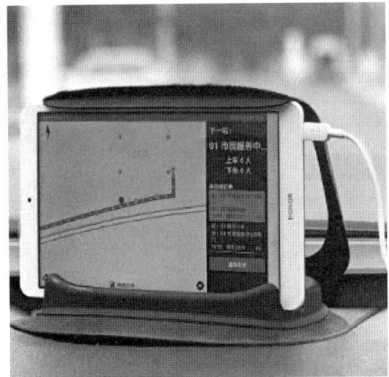

图7-7-3 弹性公交典型合乘场景

图7-7-4　新区智慧出行系统后台

长，逐步纳入城乡公交、轨道快线R1线、县际道路客运班线和各类新型共享交通工具，使居民通过手机一键下单可以快速抵达新区及周边各个目的地，基本形成与小汽车更具竞争力的新型一体化公共交通出行体验。

7.8 "以静制动"交通需求管理模式❶

　　小汽车需求管理是新区实现"90/80"绿色出行模式的一体两面。总结国内外先进城市的实践经验，交通需求管理主要从小汽车拥有、使用、停放、淘汰四个环节综合施策。国家"十四五"规划提出加快推动汽车等消费品由购买管理向使用管理转变的要求，新区应肩负改革创新的重任，应综合运用法律、经济、行政、科技等多种手段，在引导小汽车理性使用方面探索出一种新的管理模式。

　　停车是小汽车使用的关键环节，诸多国内外城市实践证明，通过建立需求管理导向的停车政策，能够有效引导小汽车购买和使用。新区总体规划、交通工作指导意见等上层次文件明确提出了以静制动、用者自付的政策导向。

7.8.1　面向需求管理的停车政策体系

（1）构建供给、价格、管理三位一体的停车政策

为倡导适度简约、低碳绿色的生活方式，在尊重居民出行选择权利的基础上，坚持停

---

❶　曾文创、孙正安，深圳市城市交通规划设计研究中心股份有限公司。本文图表除标明来源之外，其余均为约稿作者提供。

车用者自付的原则，充分发挥政府在停车资源的统筹作用和停车价格杠杆的调节作用，培育居民"理性节制"的小汽车使用习惯。

借鉴伦敦、东京等国际大都市以及我国香港、内地北上广深等大城市的成功经验（表7-8-1），停车政策主要利用停车供给、停车价格和停车管理三个方面的措施来发挥交通需求调控的作用。协同新区土地和住房政策，构建停车配建管理为基础、以价格调控为重点、管理机制为保障的三位一体的停车政策体系，通过"经济+行政"综合施策、刚柔并济，引导小汽车有偿有限理性使用，助力新区高标准、高质量打造绿色交通体系，支撑实现"90/80"交通发展目标。

表7-8-1 国内外大城市停车政策的定位和主要措施

城市	需求管理的根本政策	组合政策	停车政策主要措施
伦敦	拥堵收费	低排区+停车政策	低配建+高收费+严执法
东京	自备车位	停车政策	高收费+严执法
新加坡	拥堵收费	车辆配额制度+注册税+燃油税+停车政策	低配建+高收费+严执法
香港	高额购车税	燃油税+停车政策	低配建+高收费+严执法
北上广深	小汽车限购限行	停车政策	低配建+高收费+严执法

（2）实施"公交导向"的停车配建管理

国内外许多大城市在机动化快速发展过程中，试图通过大规模停车设施建设以满足小汽车停放和使用，不仅难以解决"停车难"问题，而且引发交通拥堵、事故频发、空气污染等大城市病。为构建新区不依赖小汽车的绿色交通模式，从源头上管理小汽车交通需求，应实行分类、分区差异化的停车供给策略。

适度满足住宅类基本停车，严格控制商业办公类出行车位，形成与新区公交布局设施精准协同的停车供应布局体系。一般住宅类停车按不超过"一户一位"配建，适度降低轨道站点500米范围内的一般住宅以及机构租赁房、公共租赁房的停车配建标准。严格控制商业办公类出行车位，引入公交可达指数（PTAL），公交可达性越高，停车配建标准越低。商业办公类配建实行"低上限、无下限"标准，借鉴伦敦瑞士再保险总部大楼的成功做法，允许商业办公项目实行停车"零配建"。

（3）建立供需平衡的停车定价动态调整机制

国家陆续出台停车价格指导意见，要求发挥停车价格杠杆对停车供需关系的调节作用，但从国内各大城市停车收费管理实践来看，普遍存在调控失灵问题，根本原因在于停车收费定价与停车管理模式脱节。通过实行分区分时分类差异化停车收费策略，保障基本车位停车需求，重点调控高峰时段中心区域出行需求，形成停车供需匹配的停车收费定价机制。

制定分区分时分类差异化停车基准价收费标准。按照"用者自付、价格调控"的原则，运用经济手段，实行分区分时分类差异化定价策略，原则上中心区域高于外围区域、重点区域高于一般区域，高峰时段高于平峰时段，出行车位高于基本车位，重点调控中心区域高峰时段小汽车出行需求。

探索与泊位利用率挂钩的出行车位动态调整定价机制。中共中央、国务院出台价格改革意见，要求在价格形成机制、调控体系、监管方式上探索创新，尊重基层和群众的首创精神，推动价格管理由直接定价向规范价格行为、营造良好价格环境、服务宏观调控转变。落实国家价格改革方向，在停车收费基准价的基础上，出行车位实行按时收费，实行与泊位利用率挂钩的动态调整定价机制。借鉴旧金山停车定价创新模式（图7-8-1），实现浮动停车价格，当停车位利用率处在合理区间时，则保持现行价格；当停车位利用率较高甚至饱和时，则提高价格，抑制部分停车需求；但停车位较富余时，降低价格，但不能低于基准价。

（4）推行一体化停车运营管理模式

为保障雄安新区停车价格杠杆机制能够精准有效地实施，打破传统城市分散经营的停车管理格局，推行区域一体化停车运营管理模式。结合雄安土地与住房特点，政府产权的停车设施率先实行统一管理，实施面向需求管理的停车定价，逐步带动其他停车场价格机制的形成。接入汇集不同产权各类停车场的数据，统一停车数据标准，开放共享停车数据，实时监测停车位占用信息和周边道路交通运行情况，建设"全区域管理、泊位级动态调控、精准服务"的新区智能停车系统。通过停车时空资源合理分配、动静态交通协同管理、运营服务整合集成三大功能建设，全面赋能"以静制动"停车政策精准落地落实，推动数字化、智能化、专业化新型停车管理运营服务模式。

（5）构建共管共治的违法停车查处机制

实行严格停车执法管理是停车需求管理最后一道防线，也是国内外先进城市共同的特

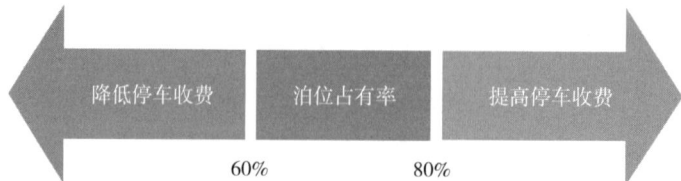

降低停车收费　泊位占有率　提高停车收费

60%　80%

动态调整： 泊位利用率＞80%，提高价格

泊位利用率＜60%，降低价格，不能低于基准价

累计调整： 在上一次价格的基础上调整，无上限

图7-8-1　出行车位收费动态调整思路（旧金山示例）

点。日本东京对违章停车一次罚款高达2万日元，并利用高科技监控手段严密监控违法停车，使得违法停车很难逃脱法律制裁。深圳是国内第一个由交警部门委托法定机构违停执法的城市，解决了中国大部分城市开展停车管理时面临的警力不足问题。

为落实新区总体规划严格管理路边停车的要求，培养市民良好停车习惯，坚持政府主导、全民共治、科技执法原则，创造雄安新区有序停车环境。首先，建立违法停车委托取证制度，改革违法停车查处机制，采取授权、奖励等手段，引导停车场运营方、普通市民等社会各界人士积极参与违法停车取证，广泛调动社会力量，实现全民共管共治。其次，加大违法停车处罚力度，使得违法停车罚款显著超过合法停车成本，有效抑制违法停车行为。再次，规范路内停车秩序，严格禁止新区路内占道停车，推动老县城定期评估路内停车对道路交通运行的影响，协调路内停车与路外停车的关系，优化路内停车布局和规模，择机实行路内停车收费管理。最后，推广普及智慧警勤技术，普及应用违法停车智慧警勤执法技术，完善道路违法停车电子监控设施，利用人工智能等新技术手段，实现智慧执法系统全覆盖和实时响应，强化非现场执法能力。

7.8.2　雄安停车管理初步实践

（1）严格执行低停车配建标准

随着容东片区、昝岗片区等5个片区先后启动建设，雄安新区进入大规模集中建设阶段，停车配建政策通过设计单位和建筑师承诺制在各片区各项目中得到切实落地。如容东片区安置房按照不超过"一户一位"标准配建停车，适度满足基本停车需求，并采用上限标准，改变周边城市采用完全满足停车需求的下限标准（表7-8-2）。雄安商务服务中心是容东最大规模体量的建设项目，是集办公、酒店、公寓、商业、会议展览于一体的建筑群，总建筑面积82万平方米，为严格控制小汽车出行，配建停车严格按照不高于0.35位每百平方米标准，是周边城市配建标准的一半以下。新区低上限的配建停车供给模式为整个"以静制动"的停车政策奠定了坚实的基础。

表7-8-2　容东片区与周边城市停车配建比较

方案	二类分区住宅	二类分区商务办公	二类分区商业
容东片区	1（上限）	0.35（上限）	0.5（上限）
北京	1.2（下限）	0.35 ~ 0.5	0.5 ~ 0.7
天津	1.2（下限）	1.2（下限）	0.8（下限）
石家庄	1（下限）	0.8（下限）	0.8（下限）

停车供给管理方面不仅通过控制停车规模抑制小汽车使用，在停车布局上也采用绿色交通优先的策略（图7-8-2）。雄安站是汇集高铁、城际铁路、城市轨道、慢行、公交、出租和小汽车多种交通方式转换的综合交通枢纽，在城市交通接驳配套设施布局上，最靠近进出站的区域优先安排公交场站，体现了公交优先的发展理念。

（2）雄安站停车场收费管理实践

利用价格杠杆调节停车需求是新区调节小汽车交通需求最核心的手段。2020年12月27日，京雄城际铁路雄安站正式开通运营，作为京雄之间交通大动脉的城市交换中心，雄安站吸引大量小汽车停车换乘需求。为引导市民理性选择小汽车接驳雄安城际铁路，雄安站配套的停车场于2021年4月开始实行停车收费管理，停车场收费标准根据停车需求分为白天和夜间两个时段，夜间（20：00—次日7：00）停车需求小，停车定价相对较低，小汽车为1元/半小时；白天（7：00—20：00）停车需求大，停车定价比较高，小汽车为1.5元/半小时，全天最高停车收费达到61元，落实了出行车位长时停车的高收费政策，引导利用绿色交通方式换乘接驳。同时为鼓励绿色清洁能源，新能源比燃油车停车更加优惠，新能源车停车1小时内免费，其余车型停车半小时内免费，使用停车场内充电桩充电的新能源车辆，2小时免费停放。随着造城逐渐扩大，未来雄安新区将布局不同级别的CEC停车场，并利用智慧停车平台，将雄安站CEC停车场打造成为城市交通调节的重要手段。

（3）路内停车管理实践

随着新区的建设和老县城改造，停车管理工作不断深入推进。容东片区安置房即将建成投入使用，"小街区、密路网"路网结构基本形成，按照交通工作指导意见的要求，路内没有设置停车位，为容东道路交通和居住环境奠定了良好秩序。老县城路边也在加强路边停车秩序的管理工作，例如容城县近年来在建设临时停车场的同时，也颁布了《关于设

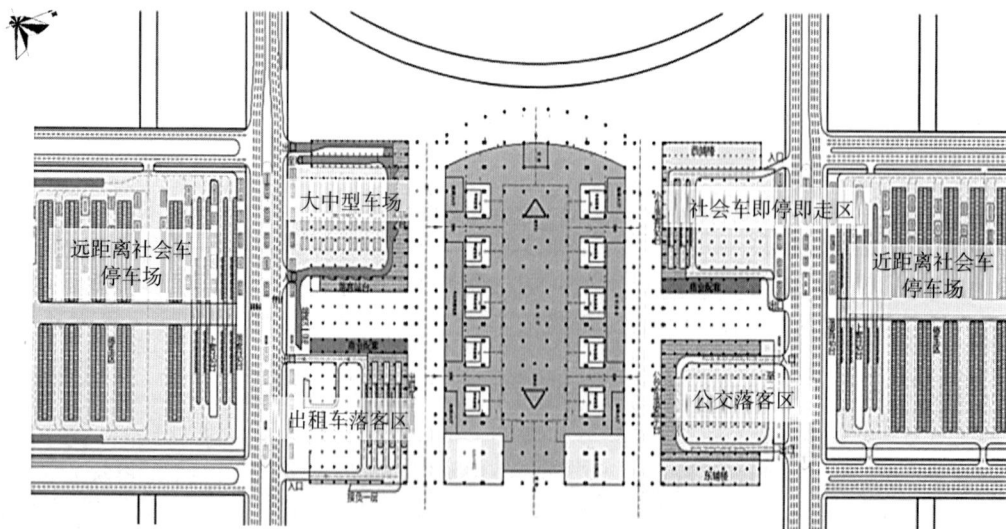

图7-8-2　雄安站配套停车场布局图

置停车规范管理街加强车辆停放管理的通
告》，制定了明确的管理办法。自2020年6
月5日起，在奥威路、金台路、板正大街施
画了规范的路内停车泊位，要求机动车、非
机动车必须停车入位，不得在人行道范围内
乱停乱放，不得占压盲道，不得妨碍行人正
常通行。管理实施以后，县城内金台路等道
路乱停乱放现象明显改观（图7-8-3）。

图7-8-3　金台路停车秩序

7.8.3　小结与展望

新区充分发挥"一张白纸好作画"的优势，以改革创新为动力，制定了停车供给、价
格、管理三位一体的"以静制动"停车政策。目前新建项目配建停车规模严格控制，停车
场开始逐步收费，停车入位管理试点推行，停车政策稳步推进，实施效果初步呈现。下阶
段结合新区实际，进一步探索实施与停车泊位利用率相挂钩的动态调整机制和面向需求管
理的区域一体化停车管理制度，有效引导居民理性使用小汽车出行，开创城市交通与停车
治理的新模式。

7.9　超大规模集中建设区交通管理[1]

容东片区是雄安新区首个启动的以本地拆迁居民安置功能为主的建设区域，范围约
12.7平方公里，总规划人口17万人，其中安置人口约7万人。为了让安置居民第一时间拥
有新家园，容东建设区内约70余个工程项目目前已同步开工建设，形成了超大规模集中建
设片区，在全国乃至世界范围内尚属首次。容东建设区内部共设有7条临时运输通道，总
长约16.9公里。尽管建设区已采取封闭管理等手段以降低对周边区域影响，但大量建设人员
和物资的出行和运输需求，仍然对建设区周边以及内部交通组织和管理提出了新的挑战。

7.9.1　超大规模集中建设片区主要特征

在国内新城建设发展过程中，采用大规模集中开发建设的模式十分普遍，例如深圳前

---

[1]　罗天铭[1]，安颖[2]．1．深圳市城市交通规划设计研究中心股份有限公司，2．雄安城市规划设计研究院有限公
司。本文图表除标明来源之外，其余均为约稿作者提供。

海深港合作区、天津滨海新区中心商务区等。一方面，大规模集中开发建设模式可以充分整合和利用各类建设资源，实现对建设成本的合理控制。另一方面，大规模开发建设普遍持续时间较长，会对周边临近地区日常生产生活产生较大影响。目前，既有研究缺乏对大规模集中建设区足够的关注，尤其对交通组织和管理模式仍缺少系统的思考和梳理。雄安新区超大规模集中建设片区建设规模大、任务重、工期紧、要求高，导致货运和客运需求均呈现与一般施工区域较为明显的差异化特征：

货运需求强度高、种类多样、持续时间长。超大规模集中建设片区货运总量较大，运输强度较高，货运类型包括钢材、石材、水泥等建筑材料，渣土、废弃物等建筑垃圾以及油气等危险品等不同种类，总体上建材运输约占总量60%左右。初步测算新区建设高峰时期需要约6.1万pcu/d完成货运需求，同时整个建设高峰期持续时间较长，在2035年以前新区整体上都将处于大规模开发建设时期。

客运需求规模大、出行时间相对集中。超大规模集中建设片区由于需要大量的建设工人和工程管理人员参与建设，会带来大规模进出片区以及片区内部的通勤出行需求。以容东建设区为例，建设高峰期约有10万建设工人和近1万管理及后勤人员参与工程建设。经初步测算，若仅有一半管理人员开小汽车通勤，即使既有通道资源拓展一倍，在客货需求共同作用下，仍难以满足各类出行需求。此外，建设工人工作时间相对固定，每日早晚高峰出行需求约1.22万人次/h，因此大规模集中出行亦是片区客运需求最显著特征之一。

大规模客货需求为集中建设区交通组织与管理带来两方面的问题与挑战。一是安全问题，无论是在集中建设区外围还是内部通道，客货运输均处于高度混行状态，部分通道更缺乏机非分隔设施，大型货运车辆与非机动车和行人混行带来严重安全隐患。二是拥堵问题，一方面集中建设区内部通道资源有限，运输高峰期主要通道拥堵常发，严重影响运输和建设效率。另一方面由外围运输通道进出集中建设区过程易形成通道瓶颈，并对运输沿线居民日常生活产生较大影响。

7.9.2 超大规模集中建设片区交通组织与管理优化思路

按照高标准高质量建设雄安新区的总体要求，结合大规模集中建设区客货运主要特征和实际面临的主要问题，总体上按照"客货分离，保障货运畅通高效，促进客运安全集约"的思路，制定货运交通组织和管理方案，从空间和时间两个维度适度分离客货交通，保障建设区客货运输有序高效组织。具体从以下五个方面开展交通组织与管理优化：

（1）构建多流向专用通道接入的客货分离运输组织模式

结合外围货运主要流向，开辟新建货运通道，引导大型货运车辆在外围运输通道行驶，降低货运对临近的城镇密集地区交通干扰（图7-9-1）。按照"永临结合"的原则，在进出集中建设区的瓶颈节点打通货运专用通道，分散货运进出集中建设区运输需求，避免货运车辆在单一通道集中与客运混行，保障运输安全效率。目前，在容东片区西侧已新建大水互通立交，作为荣乌高速至容东建设区货运专用出口，引导西侧方向货运经大水大街、容易线等外围通道绕行至容东建设区，极大缓解货运交通对城区内部影响。同时，在片区北侧已新建两条临时货运专用通道，可通过容易线直接进出容东建设区，显著缓解了原通道进出交通拥堵状况。

图7-9-1 新建货运专用互通立交分离客货交通

（2）根据不同类型货运时效性差异，精细化组织内部货运车辆错峰通行

容东建设区货运需求主要包括钢材、石材、砂石、水泥、渣土、建筑废弃物、油气等。不同类型货运在其运输时效性上体现一定差异性，其中钢材石材、砂石水泥等大批量基本建材由于在工程作业中存在刚性需求，对运输时效性要求较高，需优先保障运输需求。而渣土、废弃物、油气等建筑垃圾及危险品运输时效性相对较低。因此，针对容东建设区施工过程中运输时效性要求较低的货运实施精细化错峰通行组织，合理安排渣土、废弃物等利用夜间或非高峰时段完成运输，并考虑高峰期限制通行，从而提高通道资源利用效率，实现内部运输通道资源错峰共享。

（3）采用"CEC+公交接驳"模式，集约化组织客运交通

解决集中建设区内部大规模建设人员集中出行需求，降低车辆人员冲突，探索试行"CEC+公交接驳"客运出行服务。除工程用车、物资供应车、指定接驳车等经批准后可在片区内通行外，禁止小汽车、自行车等社会车辆进入集中建设区内部，上述车辆人员可通过在临时CEC（City Exchange Center，城市交换中心）换乘定线接驳车，采用集约化出行方式进出集中建设区（图7-9-2），从而为货运留出通道资源。考虑到定线公交主要服务建设人员，总体对出行费用相对敏感，因此实施普惠低票价。此外，为满足多样化、差异化出行需求，也同时为集中建设区提供点对点直达、优质的弹性公交接驳服务，收费标准总体高于定线公交。

目前，容东片区1号、3号和4号CEC已正式投入使用，片区内部开通了3条定线公交线路，投入近百台定线和弹性接驳公交车辆，累计运营里程已超过10万公里，缓解了片区内建设者出行与货运交通的人车矛盾，为片区内建设者提供了更安全便捷的出行服务。容东片区"CEC+公交接驳"的集约化出行模式作为新区未来枢纽换乘组织模式的雏形（图7-9-3），目前仍存在车辆信息更新不及时、等车时间过长等问题，未来在换乘体验、新技术应用等方面仍有较大提升空间。

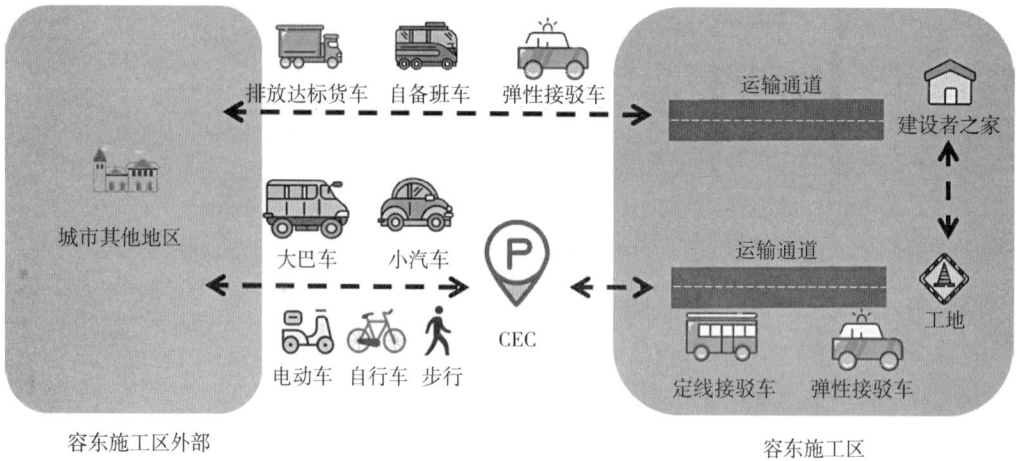

图7-9-2　集约化客运组织模式示意

图7-9-3　容东建设区1号CEC和定线接驳公交

（4）完善接驳客运配套服务设施，提升全链条出行服务体验

结合定线公交线路，在各项目工地、项目管理部布设可循环利用的临时公交驿站。临时公交驿站秉持"经济实用"原则，基于既有集装箱进行改造，其三分之一长度为开敞空间，内部布置简易座椅及取暖

图7-9-4　容东建设区临时公交驿站

散热设施，为出行人员提供室内化、全天候的候车和临时休憩空间（图7-9-4）。临时公交驿站建设费用出自企业工程建设费用中的交通相关费用，同时鼓励企业对其所管理的公交驿站开展适度经营，获取一定收益，反哺驿站运营管理。目前，容东片区内已有34个临时公交驿站落地，在为建设者提供良好的候车体验的同时，也为新区探索驿站设计、施工

和运营管理积累了宝贵经验。

（5）创新"政府+企业"共治模式，落实施工企业管理主体责任

不同于一般施工区域由企业内部管理，由于集中建设区同时存在多个施工主体，共同利用建设区内部运输通道、换乘候车设施等公共资源，因此需要政府和企业共同做好建设区内部交通运输管理工作。政府交通管理部门结合"CEC+公交接驳"组织模式，对准入车辆实施通行证管理制度，严格控制车辆准入。同时，考虑到政府公共管理资源有限，建议通过建立交通安全管理和企业诚信考核体系联动机制，设立企业运输诚信考核黑白名单，对严重违法违规行驶车辆所在运输企业或施工单位实施台账管理，并将考核结果与企业申请新区其他工程建设项目资格挂钩，以此落实企业在管理中的主体责任。

7.9.3　小结与展望

超大规模集中建设片区交通组织与管理模式已在雄安新区容东片区迈出探索的第一步，在多重措施共同作用下，容东建设区客货运输效率和服务水平得到了显著提升，推动了超大体量、超大规模施工建设的顺利进行，为2021年6月首批安置居民入住提供了有力保障。今后，随着新区启动区、容西等片区陆续进行集中建设开发，在货运错峰通行组织、企业管理主体责任落实等方面的交通管理措施仍需不断完善，相关交通组织和管理的经验也将更加成熟，新区也将为打造大规模集中建设片区交通管理样板工程持续探索与示范。

第八章 打造能源发展新高地

8.1 推进能源消费结构调整优化[1]

2018年4月，《河北雄安新区规划纲要》提出"开展环境综合治理。改善大气环境质量，优化能源消费结构，终端能源消费全部为清洁能源。巩固农村清洁取暖工程效果，实现新区散煤'清零'"。

《国务院关于印发打赢蓝天保卫战三年行动计划的通知》（国发〔2018〕22号）《国务院关于河北雄安新区总体规划（2018—2035年）的批复》（国函〔2018〕159号）提出了关于优化能源结构、建设绿色低碳之城的决策部署和打赢"蓝天保卫战"的要求。雄安新区三县自2016年以来从"双代"（气代煤、电代煤）清洁取暖改造工程和燃煤锅炉治理两方面持续发力推进新区能源消费结构调整。

（1）双代改造工程

河北雄安新区冬季清洁取暖工作领导小组分别于2019年6月24日、2020年9月8日印发《雄安新区2019年农村地区冬季清洁取暖工作实施方案》《雄安新区2020年农村地区冬季清洁取暖工作实施方案》，要求对新区三县范围内暂不拆迁且尚未进行清洁取暖改造的农村燃煤用户纳入清洁取暖改造范围。

2019年新区三县共完成"双代"（气代煤、电代煤）清洁取暖改造174981户，其中气代煤172759户，电代煤2222户。2020年新区三县"双代"（气代煤、电代煤）清洁取暖改造任务数为76242户，其中气代煤64685户，电代煤11557户。自2016年新区开始清洁取暖改造以来，截至2020年底，新区三县共完成"双代"清洁取暖改造345614户，其中气代煤311749户，电代煤39347户。

根据相关监测数据统计，2017—2018年秋冬季（2017年10月1日—2018年3月31日）$PM_{2.5}$浓度为85μg/m³，同比改善26.72%，2018—2019年秋冬季$PM_{2.5}$浓度为85μg/m³，与2017—2018年秋冬季持平，2019—2020年秋冬季$PM_{2.5}$浓度为69μg/m³，同比改善18.82%。2020年10月至2021年2月，新区$PM_{2.5}$浓度为61μg/m³，同比改善19.74%。

根据解析结果显示，2018—2019年秋冬季燃煤对新区$PM_{2.5}$的贡献为27%，2019—2020年秋冬季燃煤对新区$PM_{2.5}$的贡献为23.6%，较2018—2019年秋冬季下降3.4个百分点；2020年10月至2021年2月，燃煤对$PM_{2.5}$的贡献为18.3%，同比下降6.1个百分点。

---

[1] 雷捷，雄安城市规划设计研究院有限公司。本文图表除标明来源之外，其余均为约稿作者提供。

（2）燃煤锅炉治理

2018年，雄安新区共淘汰35蒸吨以下燃煤锅炉2台，共36蒸吨（1台20蒸吨、1台16蒸吨），截至2018年底，新区域内工业企业燃煤锅炉已全部清零。

8.2 加快地热资源高效开发利用[❶]

8.2.1 超前部署资源勘察

雄安新区地热资源丰富，埋藏浅、温度高、水质好、易回灌，科学开发利用地热资源，对优化新区综合能源结构，打造绿色生态宜居城区、提前实现碳达峰、碳中和目标具有重要作用。

为摸清雄安新区地热资源的总体储量，自然资源部中国地质调查局实施"雄安新区地热清洁能源调查评价"工程项目，完成了新区浅层地热资源、水热型地热资源全面调查和综合评价，初步查明地热资源储量，摸清地热资源家底，满足了地热矿业权划定需求，有力支撑了新区地热资源开发利用专项规划编制和后期科学开发利用。

雄安新区辖区内有牛驼镇地热田、高阳地热田和容城地热田三大地热田，主要热储层为蓟县系裂隙岩溶型热储和新近系馆陶组砂岩孔隙型热储。其中，蓟县系基岩热储埋深小于4000m的分布面积有1256km²，厚度600~200m，热储温度50~110℃，水量丰富，易回灌，是新区主要的开采利用层位。地热流体总储存量377亿m³。在采灌均衡条件下，地热流体可开采量为4亿m³/a，可利用热能量为10104万GJ/a。经测算，可供建筑供暖面积达1亿m²。

依据规划建设时序，为满足采矿权出让所需资源量要求，新区2020年超前部署十余个重要建设片区地热资源勘查评价工作（图8-2-1、图8-2-2），已完成容东片区、大营–北沙口、晾马台等地热资源勘查，具备了采矿权出让的资源条件，正在稳步推进起步区、容西片区、昝岗–雄东片区、安新组团等片区地热资源勘查工作。

图8-2-1 地热资源勘查

[❶] 本节内容根据雄安新区综合执法局提供资料整理。

图8-2-2　地热厂矿权挂牌出让

8.2.2　政策规划顶层构建

2019年，国务院发展研究中心《加快推进雄安新区地热资源高效开发利用的若干意见》明确指出，要从建立标准体系、健全矿业权制度、推进科学开发和高效利用、创新监管体制机制、建立财政税收价格等惠民政策、研究建设特色小城镇、建立大数据管理机制等方面，可持续开发利用雄安新区地热资源。

为贯彻落实党中央决策部署，推动雄安新区地热资源高质量发展，打造全国地热资源开发利用示范样板，坚持先行先试、率先突破，新区组织编制《雄安新区地热资源保护与开发利用规划（2019—2025年）》，并与2019年底正式发布。

《雄安新区地热资源保护与开发利用规划（2019—2025年）》中提出：

坚持整体布局、科学谋划。按照"世界眼光、国际标准、中国特色、高点定位"的整体要求，落实"安全、绿色、高效"的能源发展战略，充分发挥地热资源优势，坚持保护优先、节约集约、示范引领、创新发展的理念，在"一主五辅多节点"规划建设区全部规划了地热开采区块，以建筑供暖为主，主要开采蓟县系雾迷山组基岩热储地热资源，供暖尾水全部回灌；环绕白洋淀的部分特色小镇建设区，可利用新近系馆陶组砂岩热储地热资源进行一般农田设施农业供热和温泉康养项目建设，严格控制开采总量，加强尾水资源化利用。

坚持资源安全、高标准建设。规划中完善了地热动态监测系统，充分运用自动数据采集与传输、大数据分析等新一代信息技术，全面监测区域地热资源动态变化特征及开发利用实时信息，作出分析和预警，服务新区"数字城市"和能源安全建设。

坚持大胆创新、先行先试。为发挥地热资源在综合能源利用中的优势，在新区首个规划建设的容东片区建立多能互补供热示范工程；为加强地下热储空间的创新利用，将充分利用蓟县系雾迷山组热储巨大储水空间，在夏季地热开采井和回灌井闲置期，结合太阳能利用，将白洋淀汛期排涝水加以净化加温处理储至地下热储空间，实现人工增储，建设地下热储空间创新利用与保护示范工程。

8.2.3 规程标准体系建设

新区本着"高起点、高标准、大共享，急用先编、边试边改"的思路，对标周边发达地区地热勘查及监测技术经

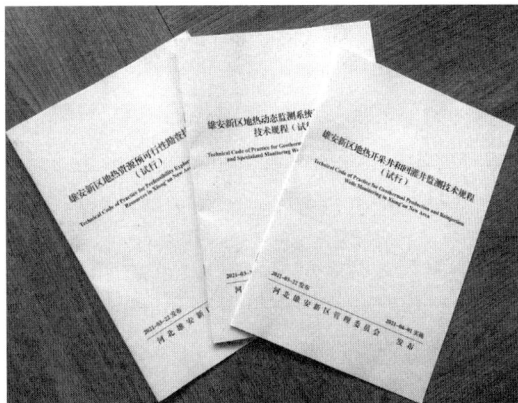

图8-2-3 地热相关技术规程

验，满足现状条件下的工作需求及未来多要素监测功能一体化需求，发布《雄安新区地热资源预可行性勘查技术规程》《雄安新区地热动态监测系统和专用监测井技术规程》《雄安新区地热开采井和回灌井监测技术规程》，达到国内示范性技术规程水平，为后续新区地热资源的科学高效有序开发利用和管理提供了技术依据（图8-2-3）。

8.2.4 规范动态监管机制

自2019年起，新区每年投入资金，开展全区地热资源动态监测，对水位、水量、水温、水质等指标进行统测和重点监测，初步掌握全区地热储层地下水位和开发利用动态变化特征，为进一步规范和加强自动化动态监测工作奠定了基础。

为保证新区地热资源的合法合规科学开采利用，新区履职尽责、主动作为，严厉打击违法违规行为，坚决遏制无序无度开发，建立规范有效的监管机制，历经两年多，全面关停了违法开采、不回灌开采，高质量完成了违规地热井整改。

8.3 建设高标准电网基础设施[1]

8.3.1 新区电能发展分析判断

8.3.1.1 国内外电能发展趋势

从全球范围来看，电能占终端能源消费比重呈逐年上升的趋势。2005年《巴黎协定》

---

[1] 李津、侯磊、马涛、刘洋，国网河北省电力有限公司雄安新区供电公司。本节图表除标明来源之外，其余均为约稿作者提供。

提出，将全球平均气温升高控制在2℃内，并为把温度升高控制在1.5℃之内努力。要实现这一全球温控目标，关键是加快推动全球能源结构的清洁化进程，大幅削减化石能源消费产生的温室气体排放。全球各国围绕全球气候治理和能源转型进行了一系列积极探索。图8-3-1展示了过去20年来可再生能源和数字化方面的关键里程碑事件。

全球各国电能占终端能源消费比重将不断上升。美国、日本、法国、德国等发达国家的电能占终端能源消费比重平均比20世纪70年代初提高了10个百分点，印度、巴西等发展中国家的电气化水平也显著提升，全球电气化水平呈单调递增趋势。我国煤炭占终端能源消费的比重远高于其他国家，1980—2018年，中国煤炭占终端能源消费的比重一直保持在30%以上，随着我国清洁替代、电能替代战略的不断推进实施，煤炭占终端能源消费的比

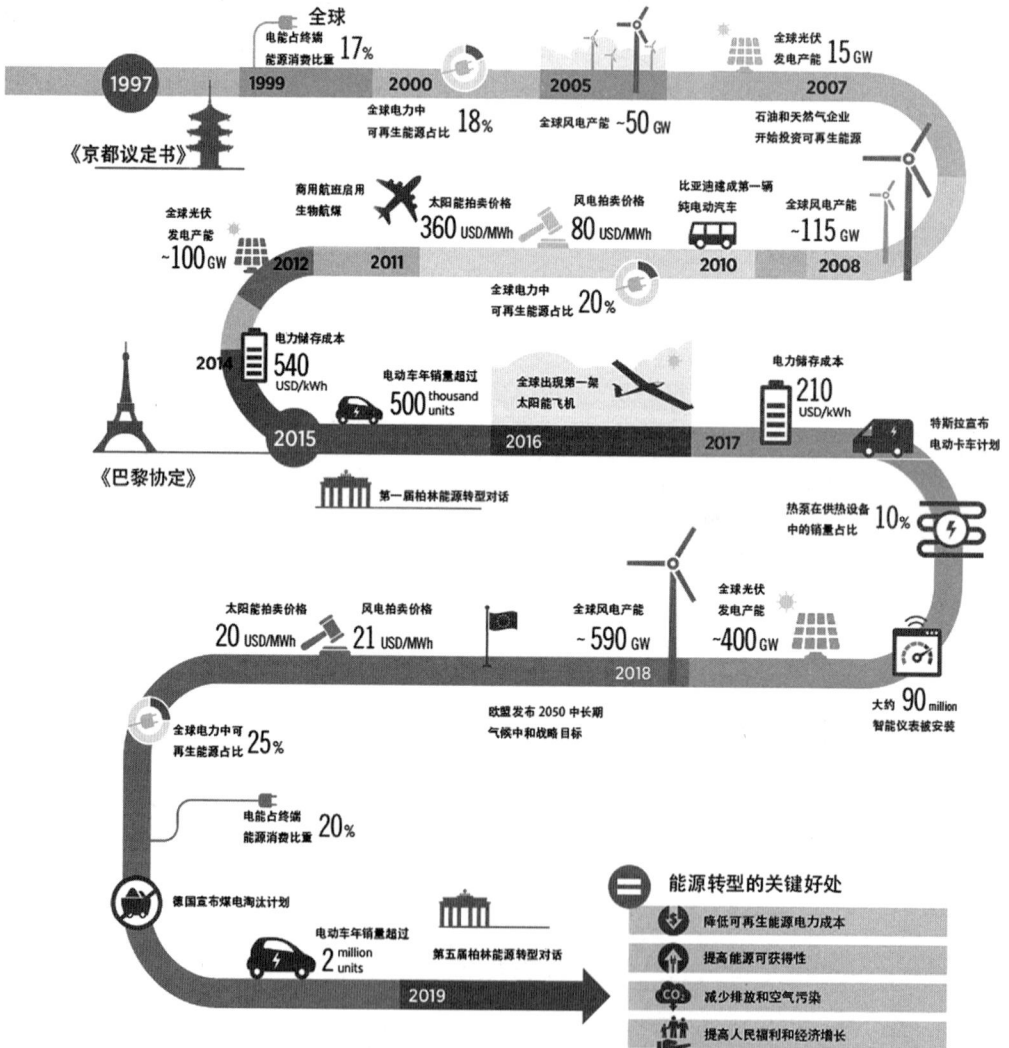

图8-3-1　可再生能源和数字化方面的关键里程碑事件

（来源：国际可再生能源署IRENA能源转型最新进展）

重将逐步降低，电能占终端能源消费比重将不断上升。

电动汽车成为未来发展主流，将加大对电能的使用需求。交通能耗在各国均是能源消费的主要领域，在各国一次能源消费中占比为25%～40%。电动汽车相对于由化石燃料驱动的汽车而言具有诸多优势，包括更低的燃料成本和车辆维护成本、更节能、不产生尾气、低音环保。随着各国新能源支持政策的推动以及油耗法规日益趋严，全球电动汽车市场发展都进入了快车道，将进一步加大对电能的使用需求。

未来30年内，预计全球电力需求持续较快增长，增速约为一次能源需求增速的3倍。2014至2050年，预计全球电力需求将由2014年的22.1万亿千瓦时增至2050年的68.9万亿千瓦时，年均增长3.2%，增速与1980至2014年期间的增速基本持平，较一次能源需求增速快2.2个百分点。

"30/60碳中和"目标将加速我国"以电为主"能源转型趋势。习近平总书记在2020年9月22日召开的联合国大会上提出："中国将提高国家自主贡献力度，采取更加有力的政策和措施，二氧化碳排放力争于2030年前达到峰值，争取在2060年前实现碳中和。"这一目标的提出将加速中国电能替代的步伐。电能生产的高效性、传输的便捷性、终端的多样性、使用的清洁性等诸多优势，决定了电能将成为终端能源消费主导。

8.3.1.2　新区电网面临挑战与发展关键

《河北雄安新区规划纲要》提出新区要落实安全、绿色、高效能源发展战略，突出节约、智能，打造绿色低碳、安全高效、智慧友好、引领未来的现代能源系统，实现电力、燃气、热力等清洁能源稳定安全供应，为新区建设发展夯实基础。该目标的提出顺应了国际应用绿色能源大变革的潮流，对新区内能源发展特别是电力设施的发展提出了更高的要求。

（1）雄安新区电网面临的挑战

1）新区内可控电源容量持续降低。雄安新区城市内部可控电源占比低，大规模依赖外来电供给。按照城市发展规律，未解决城市内部占比问题，未来内部电源占比将进一步降低，增加电网的调控难度。

2）电网调峰难度增加。随着新区的建设发展，企业和居民用电需求不断增长，使用电负荷的峰谷差进一步拉大，不仅加大了电网调峰难度，还使得消费者用电成本高昂。

3）新建电力基础设施可能导致局部过载现象。对标深圳特区和上海浦东新区，未来雄安地区将寸土寸金，城市内新建线路和变压器的成本高，建设数量有限，负荷增长将会导致局部过载现象发生。

4）为满足峰值用电需求电网建设投资巨大。平均电量需求是远低于高峰时期用电需求的，为满足少数高峰时期用电需求新建一次设备，而新建的设备在大多数时期将处于闲置，成本高且造成资源浪费。

5）分布式能源对大电网的冲击。相对于大规模集中式的发电或供热项目，分布式能源系统因其一次能源效率高、环保效益高等优势，成为现代能源发展的重要方向。然而，分布式可再生能源具有间歇性和波动性的特点，随着未来分布式可再生能源占比提高，会使得电网面临较大的不可控性，大面积停电风险增大。

6）新基建将进一步加大用电负荷等矛盾。随着电动汽车、5G等新的交通、通信基础设施的新建和使用，新区内部的用地难、充电难、电压过载等矛盾将更加凸显。

（2）电动汽车充电面临的问题

1）随机性充电行为对电网产生冲击。根据新区交通规划，未来电动汽车充电负荷占比较大，依据雄安新区规划的社会经济指标及"90/80"出行目标进行计算，在地面公共交通领域，未来雄安新区将具有约7500～10000标台的公交车辆，达到15～24标台/万人，远高于文明城市创建所规定的8标台/万人。根据上述数据进行预测，新区地面公交充电负荷将达到250～330MW，因此纯电动公交的充电负荷将急剧增长。在乘用车领域，未来新区将拥有约25万辆私人电动汽车，峰值充电功率巨大，因此未来新区交通用能需求巨大。同时受公共交通运营组织和乘用车个人用车行为的影响，电动汽车电能补充存在较大的随机性，将极大地影响新区电网的安全稳定运行。

2）现有车网互动（V2G）技术响应电网的能力弱。传统的车网互动（V2G）往往聚焦于单车单桩的有序充放电控制，一个充电桩的容量对电网影响微乎其微，而大量分散电动汽车的充放电控制难度较大、成本较高，难以在充电高峰时缓解电网压力，主动调节能力弱，且受限于电池充放电次数、用户参与意愿等因素，目前难以大规模实施。

3）为满足峰值充电需求电网一次设备投资巨大。随着雄安新区未来电动汽车的逐渐普及，为满足电动汽车的充电需求，需要在现有电网规划中增加大量的一次设备投资。目前充电负荷的一次设备建设容量为峰值容量乘以同时率，但配变的平均利用率低，造成大量的投资浪费。

（3）解决"均衡"是破解新区电力使用管理的关键

1）时间均衡。当前，白天是用电高峰，晚上是用电低谷，具有明显的时间峰谷差。基于一天的负荷曲线，对历史数据和实时数据进行分析，并对未来某个时段的用电进行合理预测，利用S2G等技术的利用将能够转移的高峰期负荷延期调整到其他时刻，增加对低谷时期的电力需求，从而缩小日内用电负荷峰谷差。

2）空间均衡。实时监控发电侧和用电侧的电能水平，将电流从高负荷区域向低负荷区域实时动态传输，实现空间分布上的错位均衡，实现电能资源的有效配置。基于电力供给和需求的空间分布不均衡，可以通过S2G技术及电力的跨区输送进行解决。

3）储能均衡。搭建储能系统，通过锂电池等高放电倍率，仅需建设较小的储能容量，在一定时间内可提供较大的输出功率，在充电容量欠缺这一短时段内有效响应充电需求，降低电网侧用能负担。储能系统可参与配网末端电压调节、多时间尺度间歇性负荷平抑、波动性削峰填谷等负荷调节与运行决策，实现台区下储能多元化运行的优化控制。

8.3.2 站网互动智慧主动式柔性充电站示范工程

8.3.2.1 能源层级网格化构建

能源层级网格化是指将一个区域内电网设备按层级分类，各个层级按一定标准划分网格单元，实现问题逐层排查、逐层解决、上下联动的能源管理新模式。而电网的变电站-开关站-配电台区架构符合能源层级网格化的架构。能源层级网格化管理模式，主要通过构建Station网格结构，最基础的设施在于运用站网互动技术（Station to Grid，简称S2G），实现将整个充电站作为一个整体接受电网的实时调度。

（1）构建Station网格结构

Station是最基层的网格结构，通过对内部用电需求进行整体的柔性调控，实现对外部电网调度指令的快速响应。未来雄安的充电网络将在主城区部署350～530个基于S2G技术的充电站，实现最高2.5万枪线充电能力，支撑每日25万辆乘用车快速充电需求，日充电量顶峰达到750万千瓦时，通过配置大容量储能，为充电站提供动态能源支撑，单站配变容量削减三分之二，降至1000千伏安，电网侧削峰填谷效益显著。

（2）基于直流充电母线的可控充电基础设施

在充电设施内部，构建直流充电模块母线和车辆充电母线，通过母线切换矩阵的快速动作，通过自动功率分配，构成高可控充电基础设施，即直流母线充电堆。

直流母线充电堆具有三大特点。一是充电堆可实现全站动态调控，二是结合大功率储能设备和充电堆的高可控特性，其输出上限大幅扩大，降低一次变配电设施的投资规模。三是相较于传统的群充群控系统，充电堆不仅对车辆的充电需求进行响应，还能与电网的调峰调频需求进行双向动态响应。

（3）运用站网互动技术

站网互动（S2G）是将充电站作为一个整体，由充电设备、储能设备、站控级能源管控系统（SEMS）构成，对内平滑用电负荷，通过大功率储能系统，在短时间内使充电站具备数倍于配电容量的充电能力；对外通过SEMS灵活柔性的功率分配控制策略，使充电站成为用电功率稳定的优质负荷，同时能够在用电尖峰时段利用储能设施向电网输送电能（图8-3-2）。

通过构建能源层级网格化设施，可实现如下效果：

（1）大幅降低电网侧投资，通过S2G对站内的充电功率动态柔性控制，无需在车位附近建设充电桩，只需预留和充电枪连接的充电母线，节省了充电设施的建设成本。将原有单一快充车位的固定充电容量，变成实际充电容量动态可调。而配电容量小于总充电容量，电网侧一次设备投资相应降低，为雄安新区的充电领域建设提出了新方案与新模式。

（2）Station内部的动态调配，能够在不同设备间进行智能的调整，同时响应外部的需求。在站内管理层面，所有电动汽车的充电优先权是按照其电池SOC（电池的荷电状态）

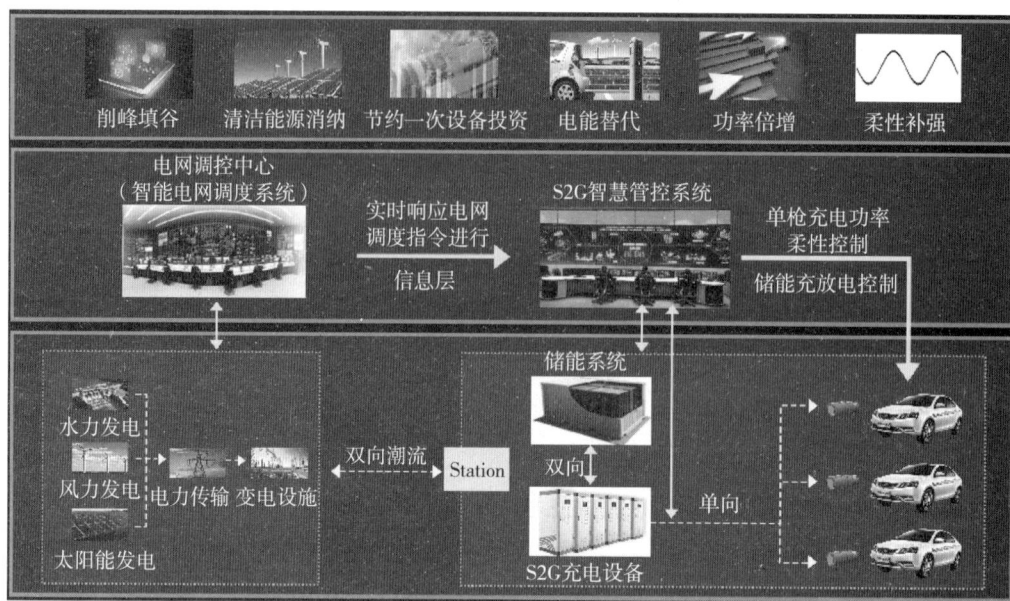

图8-3-2　S2G技术原理图

以及车主的充电需求来确定的，并通过充电服务费的动态调整进行需求匹配。通过基于一致性的管理策略，实现整站功率的柔性控制。

（3）Station的调节能力使调度系统能够对多充电站实现统一对电网侧输出功率调节。首先，基于电动汽车排队行为分析和电池充电现状行为分析，计算各充电站可控容量。其次，根据可控容量约束和站内层面电池充放电控制策略，实现S2G模式下电站参与电网调度。最后，充分考虑经济性因素，建立充电站调度成本和调度指令可行性封装模型，为上级调度机构实现全网层面的优化调度提供依据。

（4）可预测性。将充电站视作Station其本身就具备一定的柔性和稳定性，由于Station不受单个车辆的充电行为影响，因此可基于过去几年相同月份的整个电网和Station的用电情况，结合外部数据，对充电需求进行预测，从而预先配置Station、储能、电能等，实现电能的供需匹配和电网可靠安全运行。

8.3.2.2　雄安绿色能源的创新地标——容东（剧村）变电站项目

220千伏容东（剧村）变电站（图8-3-3）是新区投产的第一座枢纽变电站，由国网河北省电力有限公司和国网雄安新区供电公司通过统一规划，在剧村变电站打造雄安绿色能源的创新地标。项目创造性地提出剧村变电站"1+5+X"的能源发展模式。"1"代表电力能源核心（变电站本体）；"5"分别代表智能充放电站、边缘计算中心、综合能源服务中心、能源应急保障中心和游泳馆；"X"代表低压直流、5G基站等特色利用。

容东（剧村）变电站与体育公园设计上景观融为一体，形成空间错落有致、功能共享开放的能源公园体验区，同时通过"1+5+X"建设，变电站全面展示能源互联网发展关

图8-3-3 容东（剧村）变电站与体育公园效果图

键技术和业务场景，探索雄安新区地下空间综合利用新模式，更好地为城市服务，满足人民群众美好生活需求。

充电站是容东（剧村）变电站"1+5+X"的核心工程，剧村S2G充电站是雄安首个基于S2G理念的充电站，基于未来雄安地区电网特征和需求以及当前充电发展现状和趋势，采用S2G技术，实现充电站的主动式柔性调节，为雄安新区更好地适应新能源汽车迅速发展、打造国际一流绿色智能电网提供先行示范（图8-3-4）。

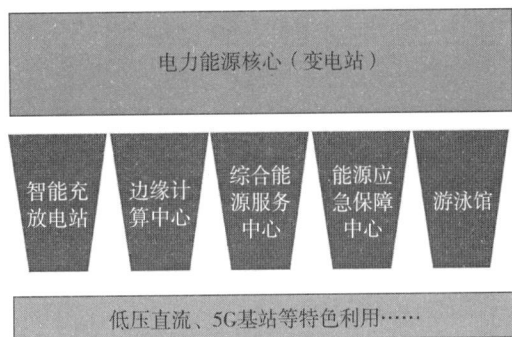

图8-3-4 "1+5+X"能源发展模式示意
（来源：本书作者根据供稿绘制）

充电站位于剧村变电站周边覆土空间地下二层，建设面积约1600平方米，一共配置了42个S2G充电车位，通过SEMS对配电设备、S2G设备以及储能设备进行统一管控，保证每一枪充电功率可实现15～150千瓦的动态调整，平均充电功率达到60千瓦。当充电负荷大的时候，储能设备将发挥核心作用，在短时间内实现大功率输出，数值将达到配变容量的2倍，显著降低尖峰时段充电负荷对电网的冲击；当电网负荷大时，整站会按照调度指令要求，切断或降低充电负荷，通过储能向电网反向提供短时电源支撑，实现充电站与电网双向柔性互动。

充电站配置两种智能机器人，一种是移动抓枪式充电机器人，该机器人能够自动完成充电枪抓取、充电枪插入充电口、充电枪拔出和充电枪复位等操作动作，另一种是AGV智能功率分配机器人，该机器人能实现车辆的接取、运载以及充电车位匹配，通过两类机器人的应用，可使充电过程无人化和智能化，减低车主因充电过程造成的时间浪费，提升充电效率。

为了满足不同车主的充电需求，充电站内还设置数字货币充电设备、无线充电设备，通过多种模式充电的综合利用，增强车主充电体验，提升公共服务水平。

剧村变电站建设具有以下特点：

（1）采用能源层级网格化管理方法和S2G技术，可在电网建设的过渡期实现无需在新区内部新建电厂，利用现有电力基础设施即可解决新区内部的电能问题，避免重复建设造成的资源浪费；

（2）基于更快速、精准的负荷曲线引导用户侧合理安排用电时间，降低负荷高峰，填补负荷低谷，提高电网资源利用效率，降低用电成本；

（3）提高电网动态调整能力，满足未来城市发展带来的用电负荷的进一步增长；

（4）逐步形成标准，随着能源层级网格化管理方法和S2G技术的成熟及普及，新区将逐步建立能源层级网格化管理标准、S2G技术标准、规划设计标准、运营标准等，打造国内领先的典型示范项目，最终建立切实可行的国内一流的绿色智能电能层级网格化运营体系，为中国其他城市电网建设树立样本。

8.3.3　屋顶分布式光伏发电示范项目

新区太阳能资源丰富，应充分利用该地区清洁的太阳能资源，把太阳能资源的开发建设作为今后经济发展的产业之一，带动新区清洁能源的发展，促进人民群众物质文化生活水平的提高，推动城镇和农村经济以及各项事业的发展。

雄安高铁站是新时代雄安新区首批标志性重点工程，是新时代中国铁路京津冀一体化发展的重大项目，是绿色低碳雄安形象的窗口。国家电网公司基于雄安高铁站能源互联网基地建设，于雄安高铁站屋面建设光伏发电系统，充分利用本地可再生能源资源和输入的绿色电能，优化区域能源结构，加快形成绿色生产和消费方式，减少二氧化碳、二氧化硫、氮氧化物等污染物排放，助力新区"双碳"战略目标实现，促进生态文明建设和可持续发展。

（1）屋顶光伏建设概况

高铁雄安站站房屋面（图8-3-5）采用水滴状椭圆造型，椭圆长轴和短轴将屋面分为四个区域，光伏组件布置区域与屋面四个区域保持一致。在高架候车厅屋面，该区域较为平整，在采光天窗两侧对称布置光伏组件，形成阵列式布置方式，既满足了建筑采光的功

图8-3-5　雄安站光伏屋顶效果图（左）与现场图（右）

能要求，又显得雄浑大气。在站房站台屋面，屋面高度逐渐降低，光伏组件的布置沿椭圆长轴方向逐渐由密到疏。从屋面上方来看，可以充分体现建筑风格的流动性，与整体建筑造型相匹配。从屋面下方来看，又可以使站台由人工采光逐步过渡到自然采光，自然光投射到站台上，形成一道道光柱，当列车开动时，呈现出灵动的光影效果。

雄安站站房屋顶分布式光伏工程的光伏组件布置容量为5.9976MW光伏（MWp），采用350瓦多晶硅电池组件。采用分散逆变、一级升压、集中并网方案，多晶硅电池组件数量17136块。通过对逆变器进行技术与经济比较，工程选用24台225千瓦组串式逆变器（1500伏）。太阳能电池组件经日光照射后，形成低压直流电，电池组件串联后的直流电送至组串式逆变器；逆变后的交流电引至就地升压变（箱式升压变电站）。太阳能电池阵列整体由2个1.47MW和2个1.5288MW电池单元阵列组成。根据光伏组件电池组件25年衰减率，按照分段线性衰减，第1年衰减2.5%，第2～25年每年衰减率0.7%，整个生命周期组件总衰减19.3%。经计算，高铁站屋面光伏系统年平均发电小时数为976.9小时，年平均发电583.0万千瓦时。

（2）核心理念与设计思路

结合高铁雄安站能源规划及消费结构，项目形成打造以电为中心、多能互济的高铁雄安站能源互联网示范基地的能源建设总体目标：通过"两个构建、一个引领"，将高铁雄安站打造成新区最具特色、适度超前的能源互联网示范基地，聚焦多能控制、协同互补，对外展示国家电网公司新战略、新模式、新技术，形成可复制、可成长的建设轨迹。

构建能源生态。打造资源要素聚集、数据要素聚集、价值要素聚集的能源互联网生态。

构建全能基地。打造全场景展示区、全功能融合区和全模式呈现区的全能园区。

引领技术潮流。响应国家能源技术革命战略，引领能源发展变革，引领城市能源建设潮流，引领未来技术发展方向。

高铁站能源互联网示范基地基于"绿色低碳、安全高效、互动共享、融合智联"的理念，以高铁站坚强可靠的交流配电网为能源骨架，打造以屋顶光伏发电为主要能源供给元素的低压直流配电网，实现站区清洁能源供电为负荷提供安全、高效、经济的接入环境，同时，以CIEMS为能源大脑，建立三层级、十项支撑的核心实施路径，实现能源流、信息流、业务流合一（图8-3-6）。

城市智慧能源管控系统（City Intelligent Energy Management System，CIEMS）是作为雄安新区政府信息模型（City Information Modeling，CIM）中的能源模块，服务新区能源运营。CIEMS是面向城市能源互联网，运用物联网、大数据等技术，实现能源互联网的实时感知和信息反馈，进行能源生产、传输、消费、管控等全过程管理应用，实现多种形式能源的高效生产、灵活控制以及智能化应用的能源管理系统。

CIEMS系统中的能源监测模块依托实时能源监测数据的采集，实现能源运行状态的全景展示，包含对管理区域内的分布式能源系统的可视化监测、设备监测、运行监测、能耗监测、用能监测等多个维度，支持对关键设备运行状态进行实时监测、开关控制和故障预警，保障设备安全高效运转。

CIEMS系统中智慧运维模块将实现多场景下综合能源的统一运维管理。基于资产管理、故障告警、精准定位，实现故障抢修、计划检修等运维业务功能，实现运维调度可视化，结合APP应用，通过对业务的全过程监控，实现智能化、移动化、网格化运维，提升能源运维效率。智慧运维实现对运维服务的全流程管理，包括运维资产管理、故障管理、运维人员管理、维保管理、任务工单管理、工作票管理和运维资源管理等七个二级模块，通过CIEMS智慧运维模块可有效减少项目运营成本。

在本项目实际应用中，可以根据光伏并网电站现场设备，把所监控的数据传输到雄安城市综合能源智慧系统（CIEMS系统）中，从而实现对电站的实时监控。有助于推动针对雄安新区开展泛在电力物联网CIEMS综合示范区专项建设，打造多场景多模式的

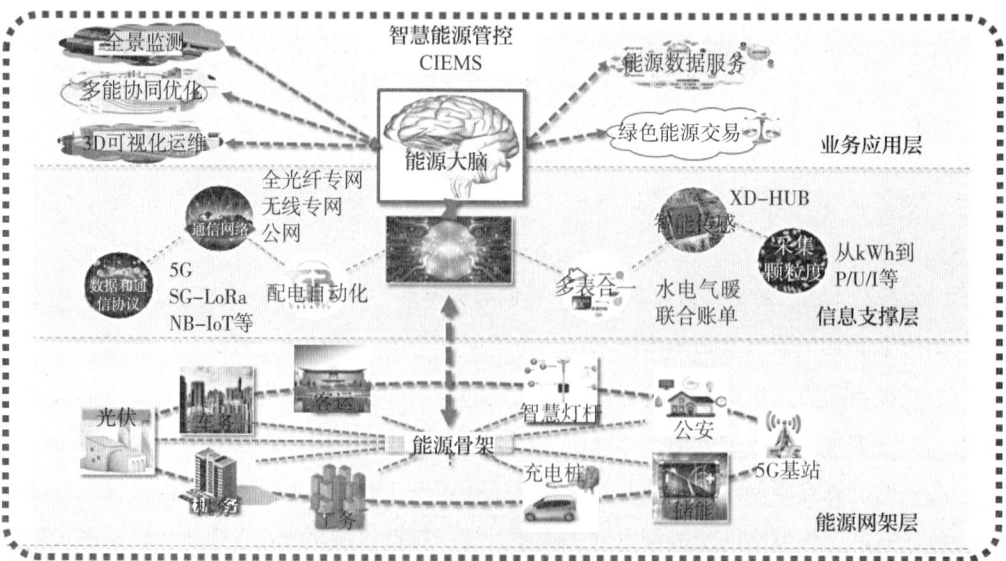

图8-3-6　CIEMS技术架构

综合能源服务体系，支撑综合能源服务业务的现状从而有助于实现以下相关区域建设目标。

（3）光伏上网模式

结合铁路部门及雄安新区供电公司的意见，本项目最终采用"自发自用，余量上网"的并网模式，即：光伏所发电能将尽可能在负荷侧消纳，仅在发电功率超过负荷的场景下，余电输入电网，既可保障项目的经济效益，对余电上网可能会带来负荷的影响也在可控范围内。

（4）项目综合效益分析

高铁雄安站屋顶光伏项目的建设对于雄安新区的环境保护、减少大气污染具有积极的作用，并有明显的节能、环境和社会效益。与相同发电量的火电厂相比，本工程每年可为电网节约标准煤约1793.31吨（火电煤耗按2019年全国平均值307.6克/千瓦时计）。相应每年可减少燃煤所造成的多种有害气体的排放，其中二氧化硫1.17吨，氮氧化合物1.11吨，烟尘0.23吨，减轻排放温室效应性气体二氧化碳4928.26吨。

（5）创新建设运营一体化工程模式

高铁雄安站屋顶光伏项目创新地采用合同能源管理（EMC）模式。为保证项目的顺利实施，项目由国网雄安综合能源服务有限公司牵头、投资，上海电力设计院有限公司负责项目设计，许继电气股份有限公司负责设备生产与集成、项目施工，晶科电力科技股份有限公司负责项目运营管理、运维监控、设备清扫及其他设备清扫及其他运营工作，形成了建设投资、规划设计、设备生产与项目工程实施、项目运维的强强联合团队，由国网雄安综合能源服务有限公司联合体与雄安高速铁路有限公司签订雄安高铁站BIPV建筑一体化屋顶光伏项目合同能源管理合同。

（6）雄安首笔碳资产全球交易

2021年7月29日，国网雄安综合能源服务有限公司与澳大利亚YNIWM公司签署完成《国际可再生能源证书（I-REC）项目购买协议》，将雄安站明珠光伏项目2021年1—5月份67.5万千瓦时绿色发电量形成的碳资产出售给对方。这是雄安综合能源公司首笔碳资产全球交易，也是雄安新区首笔国际绿证业务。

经国际绿证机构认证，雄安综合能源公司获得了675张国际绿证，可抵消二氧化碳排放约465吨。本次碳资产交易创新了光伏发电商业模式，提升了光伏发电项目商业价值，为雄安新区即将开展的分布式光伏整县推进提供了典型示范。

本次交易探索建立了从项目注册开发、绿证签发、销售和中和抵消的全链条碳资产管理商业模式，填补了雄安新区能源交易领域的市场空白，是新区碳资产市场坚持"世界眼光、国际标准、中国特色、高点定位"的生动实践。

8.3.4 多能供应综合能源站示范项目

（1）项目概况

高铁雄安站片区能源站供热（冷）工程是新区首批多能供应综合能源项目。1号能源站（图8-3-7）是昝岗片区投运的第一个片区级能源站，率先保障高铁站核心区域2020—2021年度供暖。工程由中国雄安集团基础建设有限公司投资，工程统筹规划集中供热与分布式供热（冷）模式，践行绿色节能、清洁低碳、多能互补、安全高效的能源规划理念，供热（冷）包括燃气锅炉、燃气三联供、"浅层地温供热+水蓄能"和"电锅炉+固体蓄能"四种形式。

（2）能源站系统组成

根据新区电力专项规划，雄安新区形成"北交南直、北风南水"的受电格局，风、光、水多能联合互补运行，大量使用绿色电力，供电稳定性高。根据新区天然气专项规划，高铁站片区天然气保障度高，采用天然气锅炉和燃气冷热电联供供热，高效利用燃气，可实现低排放。本项目的供热（冷）全部采用清洁能源，以天然气作为供能保障能源，同时充分利用浅层地热，因地制宜地利用绿电、余热等可再生能源和可利用能源。

1）能源站项目具体供热方式包括：燃气锅炉（供热）、燃气三联供（发电、供热、供冷）、浅层地温供热+水蓄能（供热、供冷）和电锅炉+固体蓄热（供热）方式。

燃气锅炉，安装3台46MW燃气热水锅炉，供热能力138MW，烟气余热回收热泵供热能力为10.5MW，锅炉及余热回收热泵总供热能力为148.5MW。

燃气三联供，配置2台800千瓦燃气内燃发电机组，余热供热为1752千瓦。余热供热工况，优先接入二级供热管网，满足末端用户需求。多余部分与高温供热系统串并联接入一

图8-3-7　1号能源站项目示意图

次管网，充分消纳发电余热。

电锅炉+蓄热方面，电锅炉装机容量为20MW，固体蓄热体80MW时。

2）能源站项目具体供冷方式包括：制冷采用能源站、综合热力站多点集中制冷方式，即燃气三联供（发电、供热、供冷）、浅层地温供热+水蓄能（供热、供冷）。

燃气三联供，配置2台800千瓦燃气内燃发电机组，余热供冷工况，冷水接入二次供冷管网，优先利用余热制冷及可再生地源热泵供冷，不足部分通过电制冷进行补充。不平衡部分通过水蓄能设置进行储能。余热利用不充分运行不经济时选择停机。

浅层地温制冷+水蓄能方面，地源热泵系统容量2.1MW，为最大限度利用可再生能源，利用蓄热水池进行夜间蓄冷，蓄冷量根据运行进行调节，以降低运行费用。

（3）能源站BIM可视化智能监控系统

1号能源站建立全系统可视化数字信息模型，设立热网监控中心（包括调度大厅和数据机房），保证调度运行人员相对集中，为智慧供热提供支撑，保证热网安全、高效、智慧运行。监控平台系统以云计算平台技术为基础，使各系统相互间能更好地融合为一体，打穿各系统间的数据壁垒、不再私有化的分散运行，建立各系统相关性联络，真正地实现智能供热的需求。

（4）能源大脑CIEMS系统

1号能源站管理系统接入雄安城市综合能源智慧系统（CIEMS系统），包含了全线监控、智能监测、运行分析、绿色能源、智慧用能五大模块，实现"水、电、冷、热、油"多能一体化，具体包括：

全线监控。聚焦全线实时数据，实现配电、供水、供热管网的实时监测。

智能监测。聚焦全线仪表，实现电表、水表、热量表的监测、统计、查询。

运行优化。聚焦全线设备，实现水泵、风机、暖通空调等关键设备关键参数的运行优化。

绿色能源。聚焦全线能源沟通、新能源形式比例及社会效益分析。

智慧用能。聚焦能耗统计、分析、对标，梳理能源流向，提供用能指导。

（5）项目创新点

雄安新区昝岗片区1号能源站采用多种能源、多热源联网运行模式。利用浅层地热资源，采用多种能源耦合供能系统，清洁供热比例100%，可再生能源供能比例为37.0%，环境效益显著；通过"源网站线户"智慧控制，以用户为核心，实现"五位一体、一键管控、一网融合、一卡支付"。

8.4 低碳高效能源系统创新实践[1]

雄安商务服务中心作为非首都功能疏解承载区、容东先行建设项目、新区建设配套服务保障基地，是新区首个标志性城市建筑群。雄安商务服务中心项目通过对建筑能源需求特点和可再生能源资源潜力进行详细的逐时分析和预测，并对不同用地功能组合情景下的多种能源方案进行技术经济对比分析，提出了暖通空调系统、可再生能源与储能系统的综合优化能源利用方案，项目中还进行了超低能源建筑示范、直流建筑示范、电动车有序充电控制和智能微网示范。

8.4.1 规划原则与目标

（1）规划原则

项目能源系统规划遵循"绿色低碳、安全可靠、高效节约、智慧共享"的原则，即：

绿色低碳：优先利用本地清洁能源和可再生能源，降低能源系统碳排放。

安全可靠：构建外部输入与就地取能相结合、集中供应与分布式相结合、多能互补、多级互联、协同供应的能源供应体系，提高能源供应安全性与可靠性。

高效节约：采用集中与分布式相结合、多能互补的能源系统形式，确保能源供给与需求时空动态匹配，从而降低区域能源系统设备容量及投资成本，同时提高能源系统利用效率，实现节能效益和经济效益综合最优。

智慧共享：城市、园区和建筑的多级能源系统智慧互联、协调优化。

（2）规划目标

根据上位规划目标和本项目周边资源条件，确定本项目规划目标为：本地可再生能源电力＞4%；本地清洁能源供暖＞50%；本地可调节负荷比例＞10%；单位用电成本减低＞10%。

8.4.2 规划关键技术

8.4.2.1 区域建筑群用能负荷时空动态预测

本项目通过对区域不同类型建筑用能负荷的时空动态预测，在详细分析各类单体建筑用能负荷时间特性的基础上，充分利用不同类型建筑负荷的多样性和参差率，进行区域不同功能混合比例情景下的建筑用能负荷时空分布特性叠加分析，以降低区域建筑用能负荷峰谷差，同时降低了区域能源系统的容量及其投资成本和运行成本，实现了最佳经济效益。

---

[1] 孙冬梅、李雨桐、康靖，深圳市建筑科学研究院股份有限公司。图表除标明来源之外，其余均为约稿作者提供。

（1）单体建筑冷热负荷预测

图8-4-1是不同类型建筑典型日用能负荷曲线。从图8-4-1可知，办公建筑和会展中心的冷热负荷主要集中在7：00—18：00，公寓建筑的冷热负荷主要集中在17：00—次日8：00，与办公和会展建筑用能负荷具有较好的互补性，酒店建筑全天用能负荷基本稳定。

（2）不同建筑组合情景下建筑群冷热负荷预测

由于各类单体建筑的负荷特点不同，不同功能混合情景下的建筑群冷、热负荷存在较大的差异，进而影响区域供暖、空调系统设备容量选型。本项目进行了三种建筑组合情景下的建筑群冷热负荷特征分析，具体见表8-4-1。

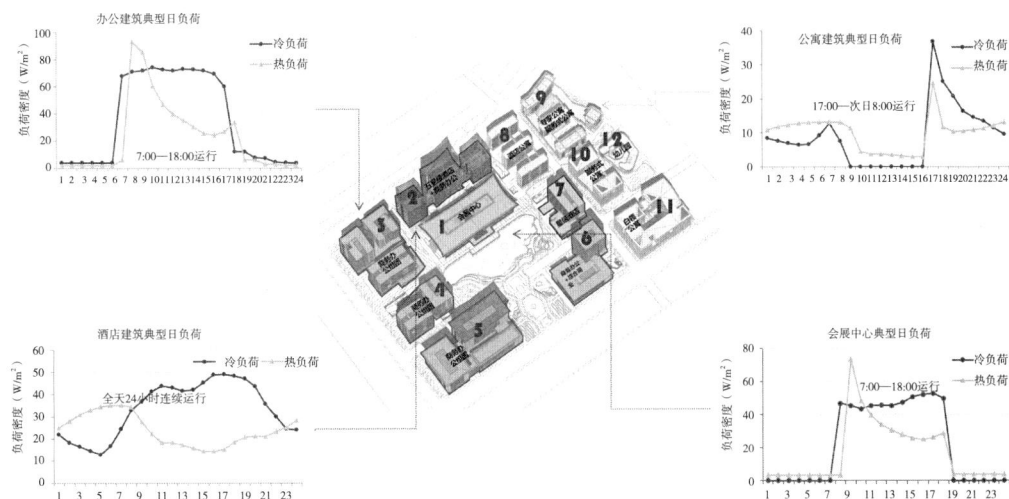

图8-4-1　各类建筑典型日用能负荷

表8-4-1　情景设置

情景1： 1号至8号建筑组合	情景2： 1号、3号至5号建筑组合 2号、6号、7号、8号独立	情景3： 各建筑均独立

图8-4-2为情景1的逐时冷热负荷曲线及负荷延时曲线。从图8-4-2可知：

1）当1号至8号建筑群的区域建筑空调峰值冷负荷为33MW，全年逐时冷负荷达到75%

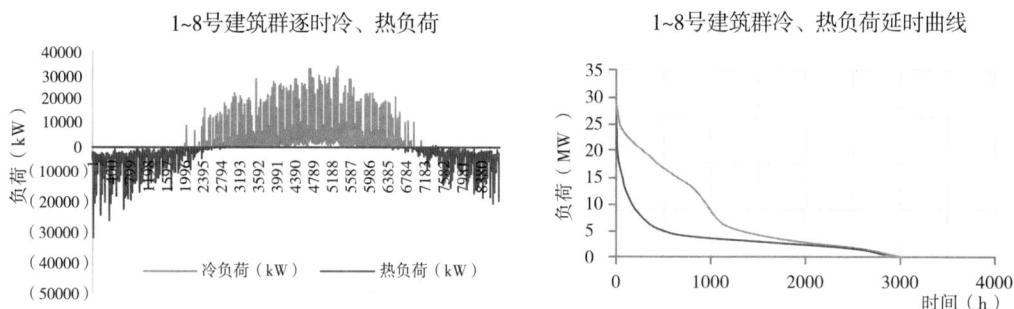

图8-4-2 1号至8号建筑群逐时冷、热负荷及负荷延时曲线

的峰值负荷以上（≥25MW）的时间仅占5%，达到50%的峰值负荷以上（≥16MW）的时间仅占23%，达到25%的峰值负荷以上（≥8MW）的时间仅占35%。可见，全年65%的时间区域建筑空调冷负荷低于25%的峰值冷负荷，全年大部分时间处于"大马拉小车"状态，空调冷源能效低下。

2）当1号至8号建筑群的区域建筑空调峰值热负荷为30MW，全年逐时热负荷达到75%的峰值负荷以上（≥22MW）的时间仅占0.4%，达到50%的峰值负荷以上（≥15MW）的时间仅占3%，达到25%的峰值负荷以上（≥7.5MW）的时间仅占11%。可见，全年89%的时间区域建筑热负荷低于25%的峰值热负荷，空调热负荷负荷率低下，导致空调热源能效低下（图8-4-2）。

图8-4-3为情景2中1号与3号至5号建筑群的逐时冷、热负荷及负荷延时曲线。从图8-4-3可知：

1）1号与3号至5号建筑群的空调峰值冷负荷为22MW，全年逐时冷负荷达到75%的峰值负荷以上（≥16MW）的时间占15%，达到50%的峰值负荷以上（≥11MW）的时间占56%，达到25%的峰值负荷以上（≥5.4MW）的时间占74%。相比情景1，空调冷负荷的负荷率显著提高，部分负荷运行状态得到明显改善。2号、6号、7号、8号各建筑的峰值冷负荷叠加之和为15MW，加上1号与3号至5号建筑群集中供冷负荷，情景2下的区域峰值总冷负荷为37MW。

2）1号与3号至5号建筑群的空调峰值热负荷为22MW，全年逐时热负荷达到75%的峰值负荷以上（≥16MW）的时间仅占1%，达到50%的峰值负荷以上（≥11MW）的时间仅占7%，达到25%的峰值负荷以上（≥5.5MW）的时间仅占23%。可见，全年87%的时间区域建筑热负荷低于25%的峰值热负荷，全年大部分时间处于"大马拉小车"状态，空调热源能效低下。2号、6号、7号、8号建筑的峰值热负荷叠加之和为12MW，加上1号与3号至5号建筑群集中供热负荷，情景2下的区域峰值总热负荷为34MW（图8-4-3）。

图8-4-4为情景3（各建筑独立时）的典型日冷热负荷曲线。从图8-4-4可知：当各建筑独立时，将各建筑峰值冷/热负荷叠加，得到的区域建筑空调峰值冷负荷为41MW，区域建筑空调峰值热负荷为36MW（图8-4-4）。

1号、3~5号建筑群逐时冷、热负荷

30000
20000
10000
0
负荷（kW）
(10000)
(20000)
(30000)

—— 冷负荷（kW） —— 热负荷（kW）

1号、3~5号建筑群冷、热负荷延时曲线

25
20
15
负荷（MW）
10
5
0
0   500   1000   1500
时间（h）

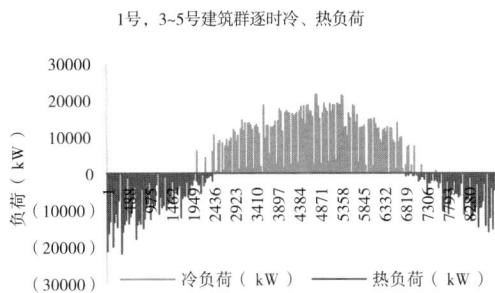

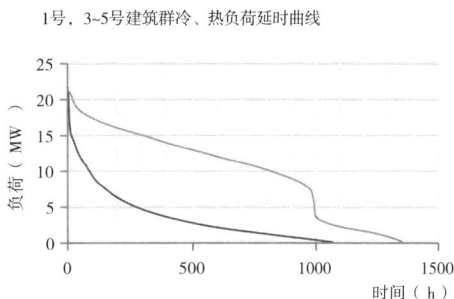

图8-4-3　1号与3号至5号建筑群逐时冷、热负荷及负荷延时曲线

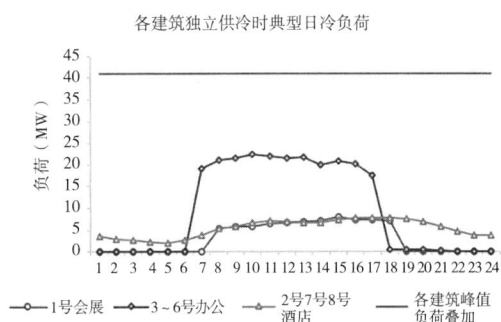

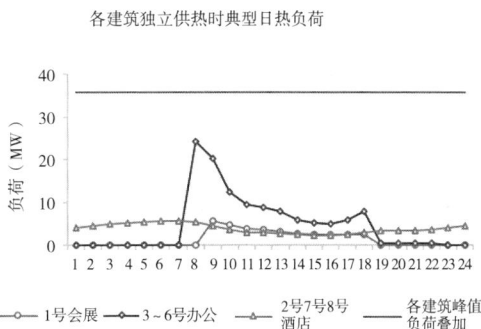

各建筑独立供冷时典型日冷负荷

45
40
35
30
25
负荷（MW）
20
15
10
5
0
1 2 3 4 5 6 7 8 9 10 11 12 13 14 15 16 17 18 19 20 21 22 23 24

—○— 1号会展　—◇— 3~6号办公　—△— 2号7号8号酒店　—— 各建筑峰值负荷叠加

各建筑独立供热时典型日热负荷

40
30
20
负荷（MW）
10
0
1 2 3 4 5 6 7 8 9 10 11 12 13 14 15 16 17 18 19 20 21 22 23 24

—○— 1号会展　—◇— 3~6号办公　—△— 2号7号8号酒店　—— 各建筑峰值负荷叠加

图8-4-4　各建筑独立时的区域建筑冷、热负荷曲线

对比三种建筑组合情景下的区域建筑峰值冷、热负荷，见图8-4-5。从图8-4-5可知，情景1的区域建筑峰值冷负荷、热负荷最低，分别比情景3降低20%、17%，情景2（1号与3号至5号建筑组合，2号、6号、7号、8号建筑独立）的区域建筑峰值冷负荷、热负荷分别比情景3降低10%、6%。可见，在区域层面利用不同功能建筑用能负荷的不同步性，可以显著降低区域冷热负荷峰值（图8-4-5）。

（3）园区常规用电负荷预测

园区常规用电负荷（扣除供暖、空调用电）在不同季节呈现出不同的用电负荷变化规律，见图8-4-6。根据各类建筑的用电负荷设计指标，估算得到整个项目用电容量约为56000kVA（图8-4-6）。

（4）充电桩用电负荷预测

调研表明，充电桩用电负荷具有较大的随机波动性特点，逐时充电负荷仅占充电桩额定功率的2%~26%。园区共有3000个停车位，假设按照停车位的10%、20%和30%三种情景配置电动车充电桩，交流充电桩和直流充电桩按照4：1比例配置，交流充电桩功率为10kW/个，直流桩功率为60kW/个，同时使用系数取0.5，计算得到园区充电桩总功率在3375~10125kW。不同情景下的充电桩总功率见表8-4-2，不同情景下的充电桩功率变化见图8-4-7。

不同建筑组合情景区域建筑峰值冷、热负荷

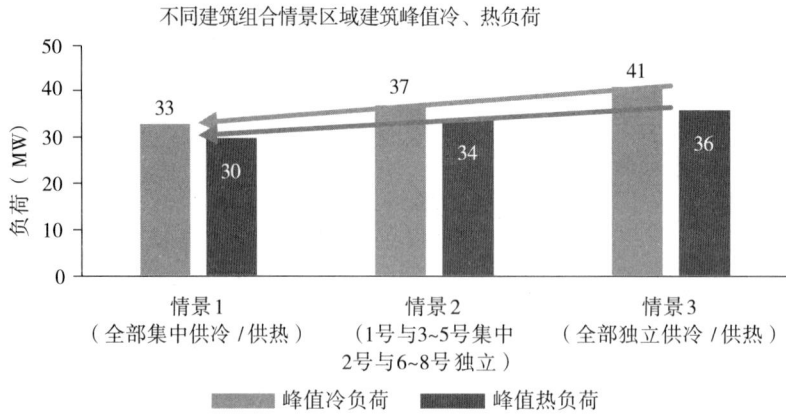

图8-4-5 不同建筑组合情景区域建筑峰值冷、热负荷

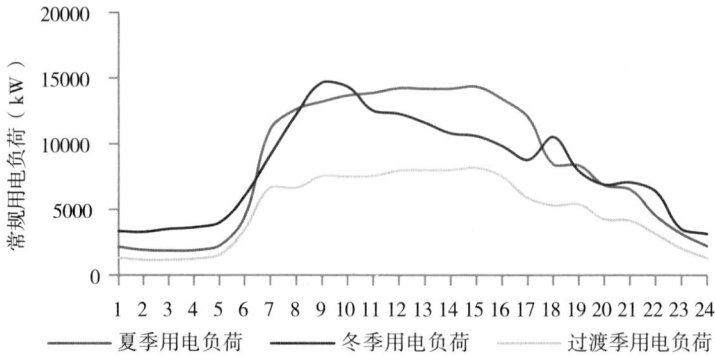

图8-4-6 雄安商务中心园区典型日建筑常规用电负荷

表8-4-2 不同情景下充电桩功率

充电桩配置比例（%）	交流桩数量（个）	直流桩数量（个）	充电桩总功率（kW）
情景1：10%	225	75	3375
情景2：20%	450	150	6750
情景3：30%	675	225	10125

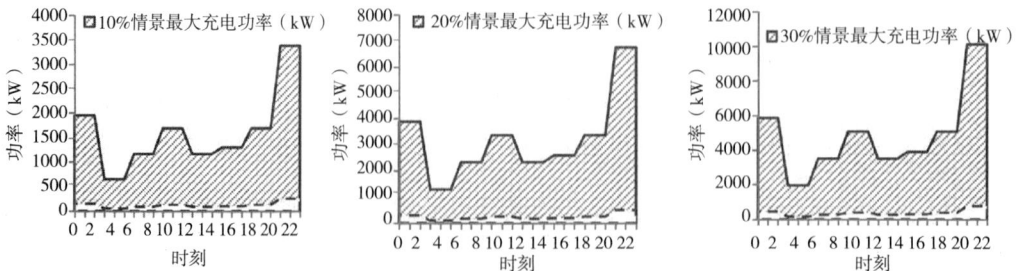

图8-4-7 不同情景下典型日充电桩功率波动

8.4.2.2 区域能源系统规划方案

（1）空调供冷、供热系统规划方案

空调冷热源系统形式与服务范围的确定应遵循以下原则：有利于降低设备装机容量，减小设备、机房初投资；有利于系统能效提升，减小用户用能费用；有利于招商和运营管理，清晰的管理界面和用户接入意愿。

基于以上原则，本项目采用"装机容量、平均耗电输冷比、大于等于50%的峰值负荷的时间比例和大于等于25%的峰值负荷的时间比例"四个指标来判断系统是否适宜采用集中式系统。对应上小节三种不同建筑组合情景，分别采用三种供冷系统方案，并对三种不同供冷方案的四个指标分别进行对比分析，见表8-4-3。

表8-4-3 供冷方案情景

方案1： 1号至8号集中供冷	方案2： 1号、3号至5号集中供冷 2号、6号至8号独立供冷	方案3： 各建筑独立供冷

冷源设备装机容量：空调冷源设备容量按照保证最大冷负荷需求选取。根据上小节预测的空调冷负荷，方案1的冷源设备容量为33MW，比方案3的冷源设备容量41MW降低20%；方案2的冷源设备容量为37MW，比方案3降低10%（图8-4-8）。

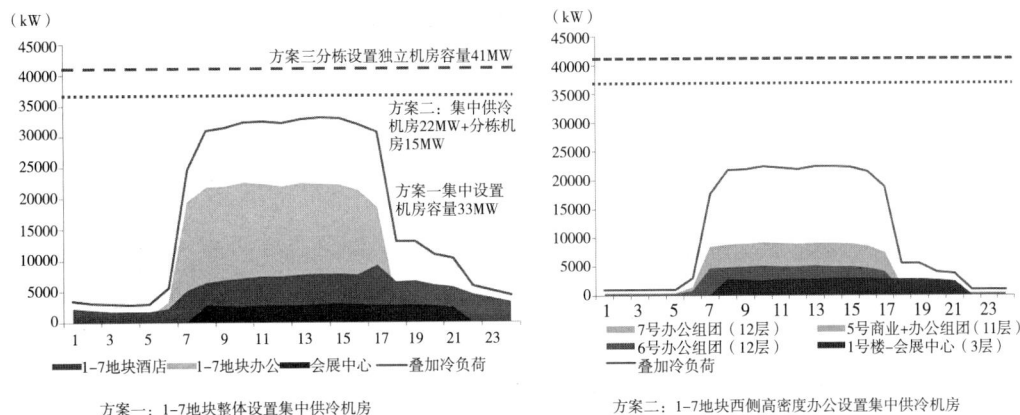

图8-4-8 三种方案冷源设备容量对比

平均耗电输冷比：由于方案1和方案2均可采用大型冷水机组，机组能效无明显差异，因此主要对比系统的输配能效，即耗电输冷比。部分负荷运行时间和输送距离是影响耗电输冷比的重要因素。根据上小节预测的不同情景下的空调冷负荷分布，计算得到方案1和方案2的耗电输冷比分布，见图8-4-9。从图8-4-9可知，方案1的平均耗电输冷比为0.0357，方案2的平均耗电输冷比为0.0169，方案2比方案1的输送单位冷量的能耗降低53%（图8-4-9）。

部分负荷时间比例：方案1的空调冷负荷大于等于50%的峰值负荷以上（≥16MW）的时间比例为23%，大于等于25%的峰值负荷（≥8MW）的时间比例为35%。方案2空调冷负荷达到50%的峰值负荷以上（≥11MW）的时间比例为56%，达到25%的峰值负荷以上（≥5.4MW）的时间比例为74%。可见，方案2比方案1的空调冷负荷的负荷率得到显著提高，部分负荷运行状态得到明显改善（图8-4-10）。

对上述三个方案的指标分析可知：

方案3比方案1和方案2的空调系统设备容量提高了10%～20%，将导致空调冷源系统投资显著增加，经济性较差，不建议采用。

方案2与方案1相比，虽然方案2的空调系统设备容量提高了10%，但是输送单位冷量的能耗降低53%，且大于等于50%峰值负荷的时间比例显著提高，系统能效显著高于方案

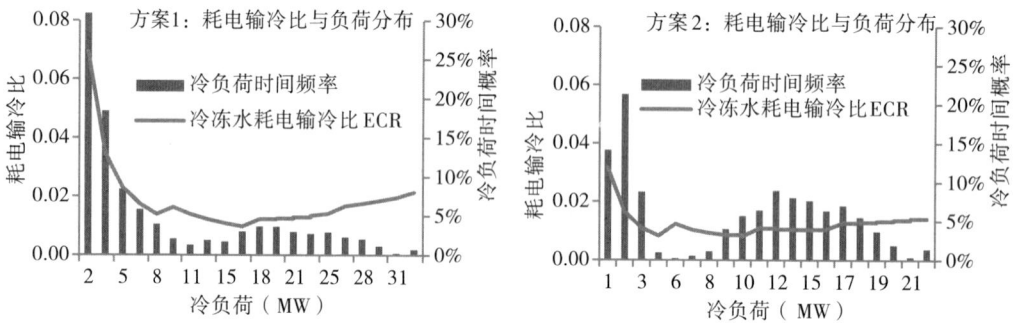

图8-4-9 不同方案的冷负荷分布和耗电输冷比

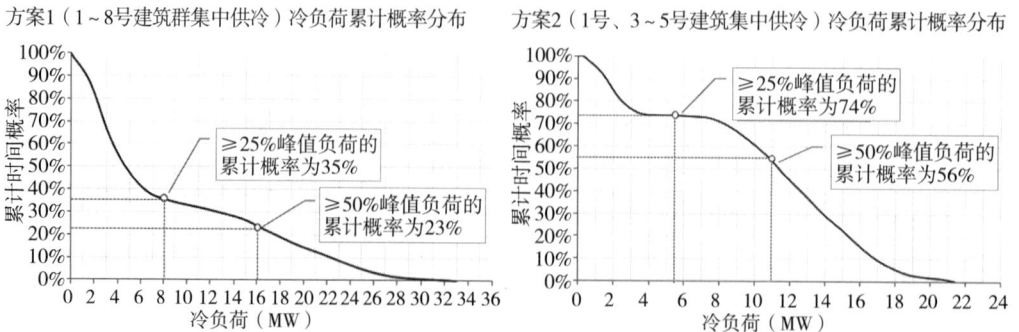

图8-4-10 不同方案的空调冷负荷部分负荷时间分布

1。综合考虑系统经济性和系统能效，方案2更具综合优势。因此，本项目空调冷源采用方案2，即：1号与3号至5号建筑群集中供冷，2号与6号至8号建筑独立供冷。

本项目空调冷热源充分利用项目周边的浅层地热、深层地热，为项目提供优质、高效的可再生能源保障；根据不同建筑功能和用能特点，集中与分散供应相结合，多级互联的能源供应体系。空调冷热源系统架构图见图8-4-11、图8-4-12。

（2）空调冷热源选型配置

1）1-7卫星站冷热源配置

地块1-7卫星站位于会展中心地下机房，负责地块1-7一次热网接入和区域供冷。卫星站内配置包括一次热网换热器、地源热泵、磁悬浮冷水机组和动态冰蓄冷系统。

2）1-7卫星站采用冰蓄冷系统经济性分析

地块1-7昼夜空调负荷波动大，有利于大温差供冷，且夏季尖峰电价、两蓄电价峰谷电价比达3∶1，适宜采用冰蓄冷系统。对地块1-7分别采用冰蓄冷系统和常规集中供冷系统的设备初投资、运行费用、投资回收期等指标进行对比分析，见表8-4-5。从表8-4-5

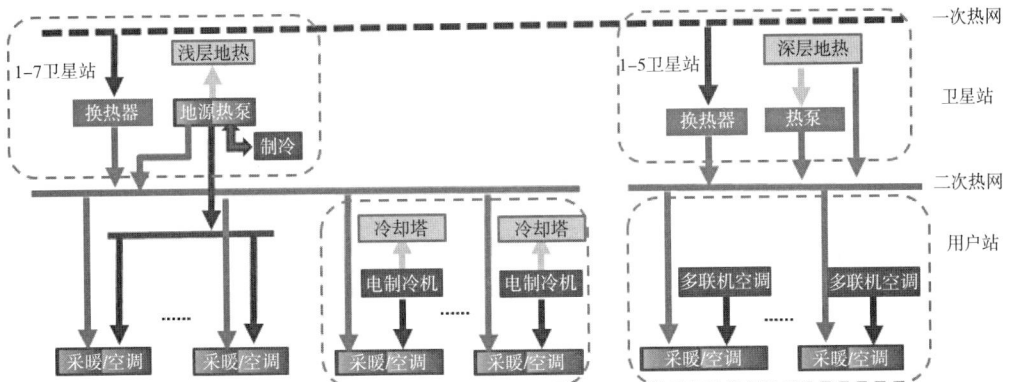

图8-4-11 雄安商务服务中心冷热源系统架构图

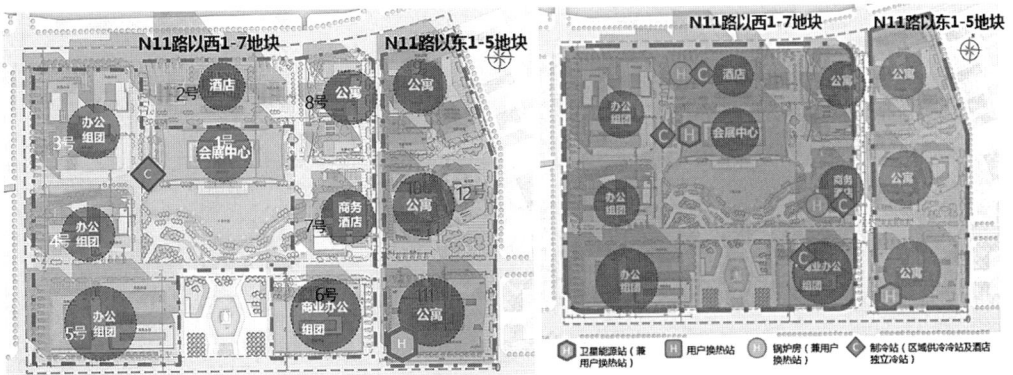

图8-4-12 空调冷热源服务范围

可知，冰蓄冷系统比常规制冷系统总投资增加18%，单位冷量运行费用降低27%，增量投资静态投资回收期为3.7年，动态投资回收期4.4年，具有较好的经济性（图8-4-13、表8-4-4）。

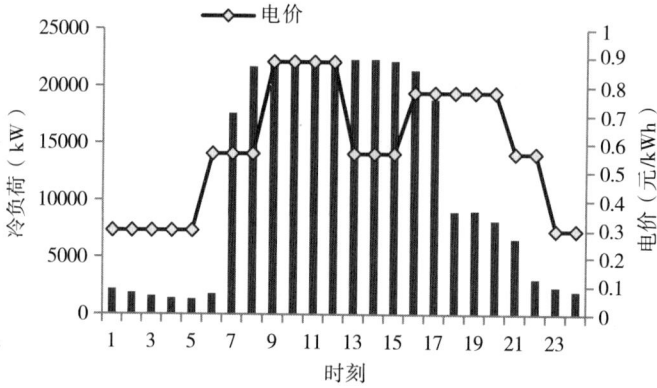

图8-4-13 地块1-7逐时冷负荷、逐时电价

表8-4-4 冰蓄冷系统与常规空调系统经济性对比

制冷机房投资测算	蓄冰系统	常规系统	变化率
制冷设备初投资（万元）	2467	2083	−18%
度电电费（万元）	242	327	26%
基本电费（万元）	66	83	20%
总运行电费（万元）	307	410	25%
单位冷量电费（元/kW/h）	0.19	0.26	27%
增量成本静态投资回收期（年）	3.7	—	—
增量成本动态投资回收期（年）	4.4	—	—

注：变化率=（蓄冰系统–常规系统）/常规系统

3）1-7卫星站采用集中供冷系统经济性分析

地块1-7卫星站采用集中供冷系统时，满负荷工况下系统年运行费用为610万元，单位冷量成本为0.39元/kWh，比各建筑独立供冷时的年运行费用和单位冷量成本降低30%，具有较好的经济性。

集中供冷系统的负荷率对供冷系统的经济性具有重要影响。本项目分别对不同负荷率情景下集中供冷系统的运行成本进行测算，见图8-4-14。从图8-4-14可知，当负荷率高于50%时，集中供冷系统的运行成本低于各建筑自建机房独立供冷的运行成本（图8-4-14）。

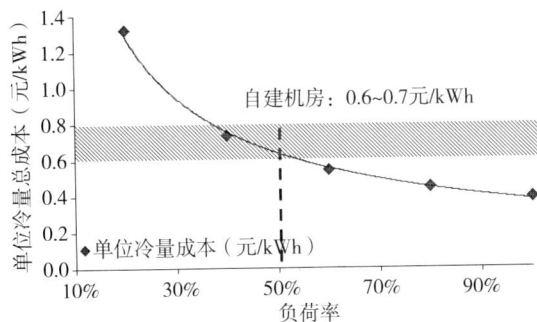

图8-4-14 不同负荷率下集中供冷系统经济性

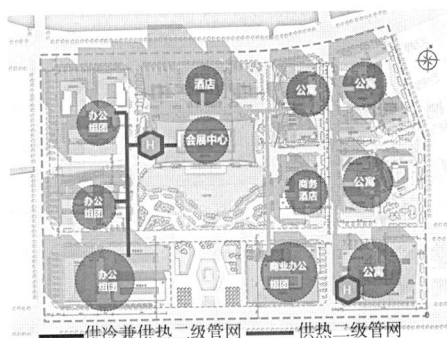

图8-4-15 雄安商务服务中心冷热源管网

（3）冷热源管网方案

在管网方面，根据地块1-7和1-5不同建筑类型的供能需求差异，分别配置两套管网。地块1-7布置二级管网采用环状布置，供冷、供热共用一套管网，水力工况稳定性高，可以适应不同冷热源方案接入，具备良好的备用功能。地块1-5沿主要道路布置支状二级供热管网，管网形式简单，易于水利平衡（图8-4-15）。

8.4.2.3 "光储直柔"系统规划方案

（1）太阳能光伏容量测算

本项目采用距离雄安较近的北京气象站典型气象年太阳辐射数据进行太阳能资源评估分析。典型气象年年辐射总量为5043GJ/（$m^2 \cdot a$），年峰值日照小时数为1401，各月日照小时数大于6的天数最大值与最小值的比值为2.6，属于太阳能资源较丰富、较稳定区域，适宜开发利用太阳能资源。

本项目太阳能资源利用以太阳能光伏为主，并主要采用光伏建筑一体化形式，光伏板铺设在办公类、会展类建筑屋顶。经测算，地块1-7光伏系统总装机容量为3.5MW，预计年发电量367万kWh。

（2）储能系统容量测算

本项目储能系统容量配置以最大化利用太阳能光伏发电为目标。经测算，过渡季光伏全天最大余电量为3671kWh，选择储能装机总容量为3.7MWh，储能功率为1.85MW。

采用"储能+光伏系统"，夏季最大负荷削峰23%，冬季最大负荷削峰19%，过渡季38%的最大负荷削峰（图8-4-16）。

采用"储能+充电桩"，储能运行中可抵消75%由充电桩产生的波动负荷（图8-4-17）。

（3）光伏直柔系统方案

1）光伏与储能系统集成利用

园区整体按照超低能耗建筑规划，选择可再生能源比例高、经济效益较高的4号办公建筑和8号酒店式公寓建筑开展近零能耗建筑示范（图8-4-18）。

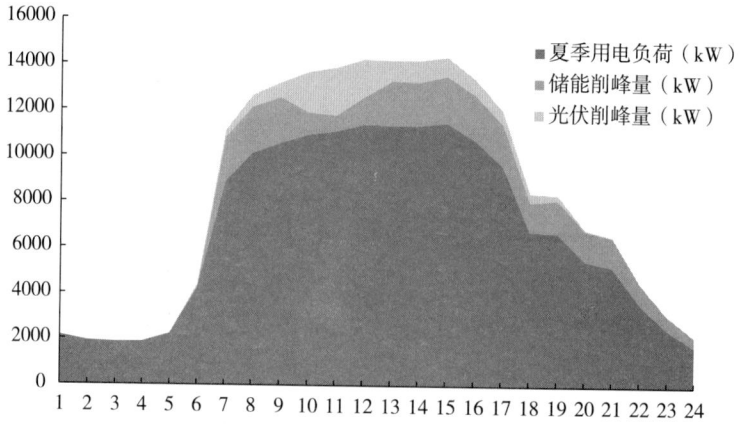

图8-4-16　夏季用电削峰运行逐时变化

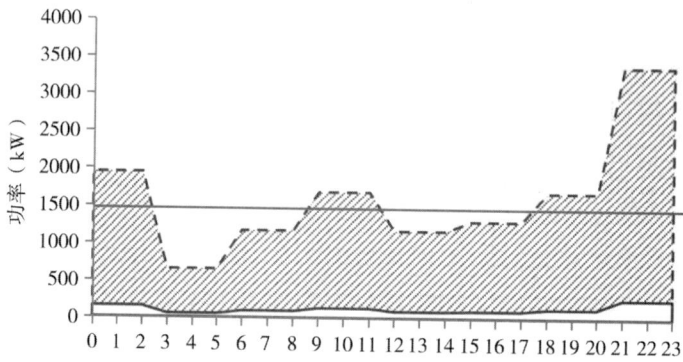

图8-4-17　储能+充电桩削峰运行逐时变化

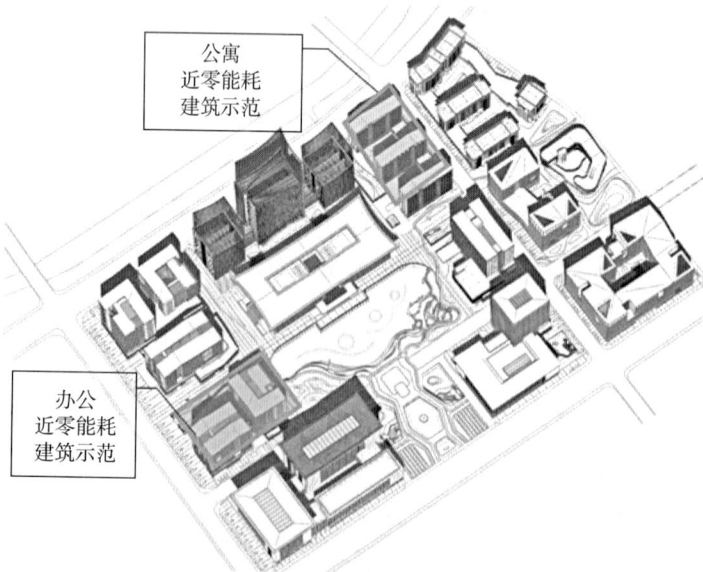

图8-4-18　超低能耗建筑示范

2）直流建筑技术示范

结合商务中心近零能耗建筑示范，选取4号办公建筑和8号酒店式公寓建筑开展直流建筑示范，充分发挥直流配电易调控、高安全性特点（图8-4-19）。

3）电动汽车有序充电控制

在园区配电所变压器低压母线配电室安装台区电动汽车有序充电控制器，可根据变压器负载情况对所接入充电桩进行有序调度，降低充电尖峰负荷50%。园区内所安装的电动汽车充电桩需具备与台区控制器的双向互动能力；商务中心综合能源管控平台可根据各变压器的负载情况进行充电调度和引导，以平衡充电负荷合理分布（图8-4-20）。

4）智能微网技术示范

本项目根据楼宇内交直流负荷容量、供电可靠性要求的不同，灵活选择新能源交流/直流并网形式；电网故障时，通过快速开关切除一般负荷，保证重要负荷供电；电网/园区经济运行（削峰填谷、临时削峰）；参与电网互动，参与电力辅助服务及需求响应运行。通过对终端用能负荷、储能装置、分布式能源的监控和调度，实现"源–荷–储"协调运行和供需平衡，提高能源利用效率（图8-4-21）。

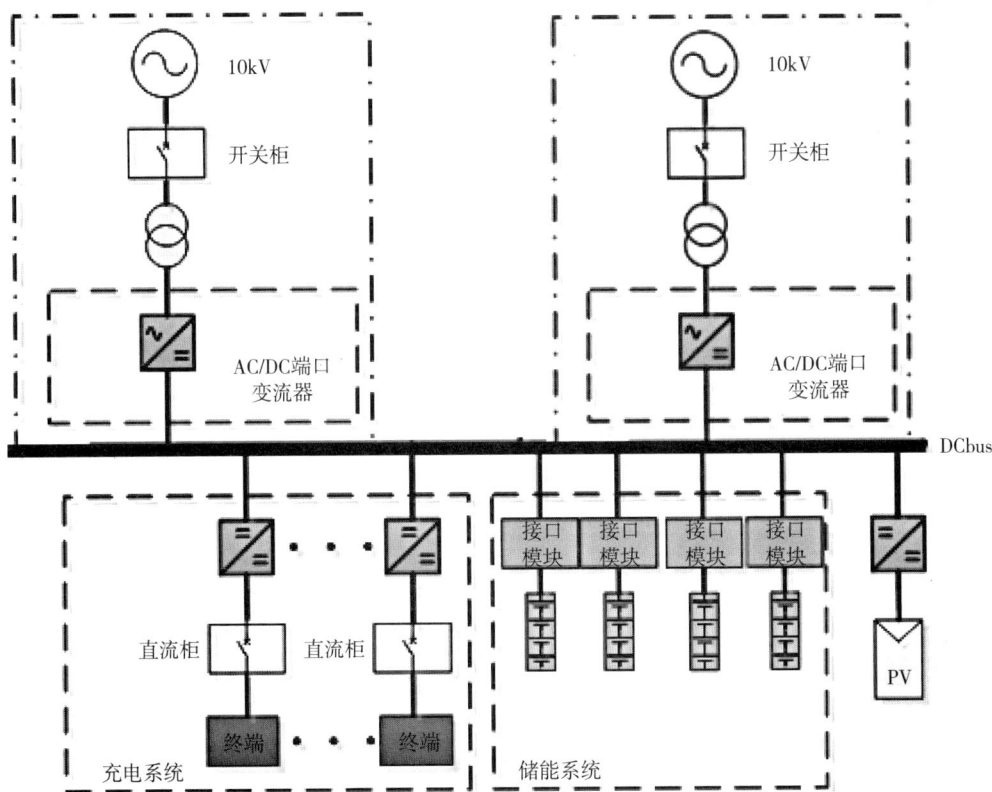

图8-4-19 直流建筑配电系统架构图

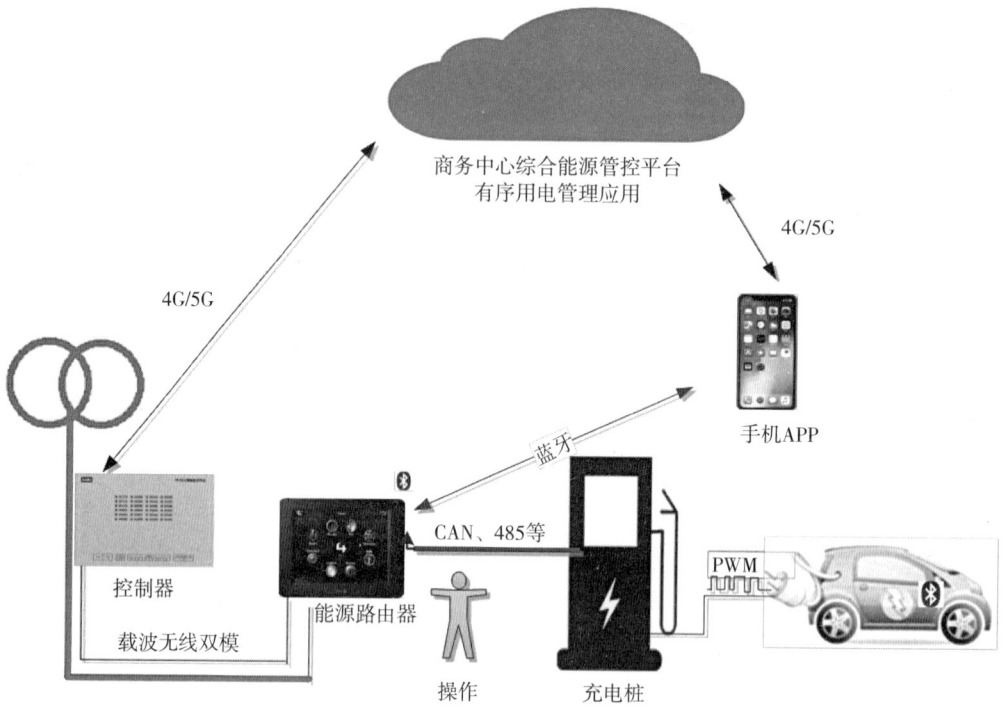

4G/5G

商务中心综合能源管控平台
有序用电管理应用

4G/5G

手机APP

蓝牙

控制器

CAN、485等

能源路由器

PWM

载波无线双模

操作

充电桩

图8-4-20　电动汽车有序充电控制

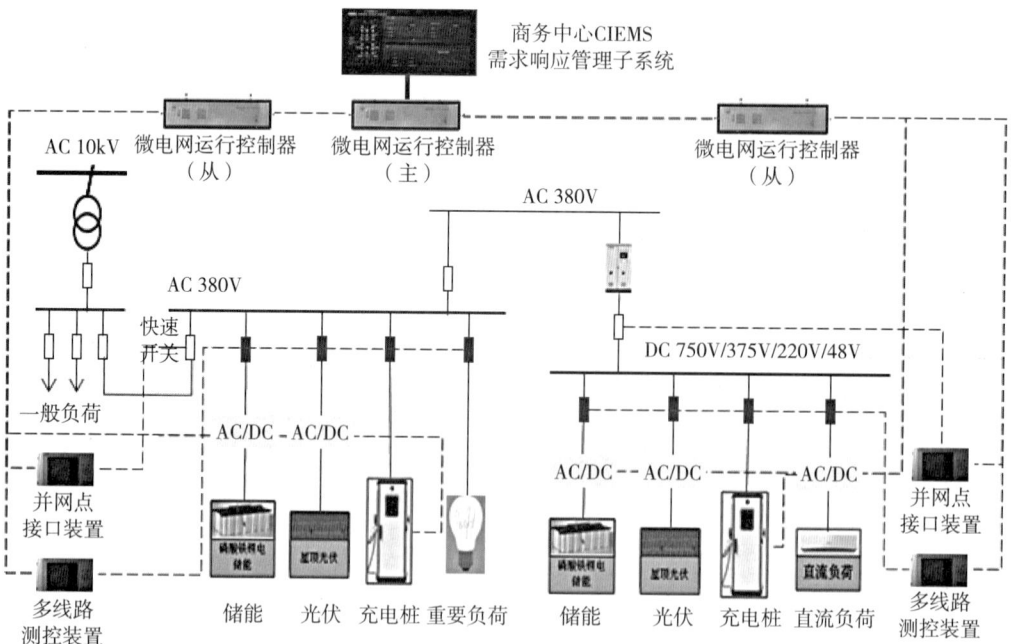

商务中心CIEMS
需求响应管理子系统

AC 10kV

微电网运行控制器
（从）

微电网运行控制器
（主）

微电网运行控制器
（从）

AC 380V

AC 380V

DC 750V/375V/220V/48V

快速
开关

一般负荷

AC/DC AC/DC

AC/DC AC/DC AC/DC

并网点
接口装置

并网点
接口装置

多线路
测控装置

储能　光伏　充电桩　重要负荷

储能　光伏　充电桩　直流负荷

多线路
测控装置

图8-4-21　园区需求响应管理子系统架构示意图

8.4.3　项目实施效果

本项目通过采用浅层地源热泵+集中式磁悬浮离心机组相结合的方式，本地清洁能源供暖比例达55.7%，达到本地清洁能源供暖＞50%的规划目标；通过充分利用太阳能光伏发电，本地可再生能源电力比例达6.25%，达到本地可再生能源电力＞4%的规划目标；采用储能系统（冰蓄冷系统、蓄电池），提高本地负荷可调性，本地可调节负荷比例达到12.6%，达到了本地可调节负荷比例＞10%的规划目标；利用峰谷电价差，单位用电成本减低了11.6%，达到了单位用电成本减低＞10%的规划目标值。

第九章 高质量发展绿色建筑

9.1 规模化建设绿色建筑

9.1.1 安置房及配套设施项目绿色建筑整体评估[❶]

安置房建设作为雄安新区建设的重要支撑工程，关系着新区整体建设顺利展开的大局。雄安绿研智库组织了容东片区部分组团及雄东片区某单元安置房及配套设施项目实施方案设计阶段的技术审查工作，根据审查情况，对新区安置房绿色建筑的设计情况进行总结及评估，形成主要绿色建筑技术措施体系，并提出优化设计管理工作建议，提升质量把控，促进实现"设计同标准、配套同功能、建设同质量"，保障绿色安置房及配套设施工程规模化、高质量发展，打造建设精品工程、样板工程、安全工程、廉洁工程。

9.1.1.1 总体评估

参照《绿色建筑评价标准》GB/T 50378—2019（以下简称"新国标"）、《雄安新区绿色建筑设计导则》、《雄安新区绿色学校要求（试行）》等标准，对方案设计阶段容东片区和雄东片区的安置住宅及配套商业服务设施项目绿色建筑设计情况进行总体分析。各个组团安置住宅及配套设施预评价分数均超过70分，达到绿色建筑二星级标准，学校建筑、社区服务中心和商业中心等独立的公共建筑超过85分，达到绿色建筑三星级标准，但存在各组团设计深度不统一，技术路线有差异、增量成本有区别等情况。

9.1.1.2 主要技术措施

为保障各组团设计同标准，保证建设进度，从技术经济性和合理性总结容东和雄东片区安置房及配套设施、学校建筑、社区服务中心和商业中心的主要绿色技术措施，形成了雄安新区安置房绿色设计技术措施体系，如下：

（1）安置房及配套设施

结合气候、环境、资源、经济及文化等特点，分别从安全耐久、健康舒适、生活便利、资源节约、环境宜居、提高创新六方面采用适宜的技术，提升建筑使用品质，降低对生态环境的影响，实现建筑的绿色、智能、创新。

1）安全耐久：运用防护栏杆、封闭阳台、楼梯地面防滑、人车分流、小区步行道夜景照明，在场地安全、建筑结构与围护结构安全、设备设施安全以及人员的安全防护方面进行精细化的高标准设计，更置及强化安全设计带来更高质量的绿色建筑。采用耐久性高

的部品部件和装饰装修材料，实现绿色建筑的高质量及长寿命。

2）健康舒适：通过采用绿色装饰装修材料、对室内污染物浓度预评价、应用成品水箱、设置地下车库一氧化碳浓度监测等措施，结合室内声环境、室内光环境、室内热湿环境的优化设计，实现健康舒适的室内环境。

3）生活便利：充分考虑安置区居民的生活习惯及使用便捷，设置连贯的无障碍系统、无障碍停车位、亲民的健身空间，配置用水远传计量、能源管理系统，从交通、公共设施、全龄化设计、健身、智能化服务等进行全方位设计，保证功能适用、出入便捷，满足居民的多元化需求。

4）资源节约：集约利用土地，合理利用地下空间，采用高热工性能的围护结构，土建与装修一体化施工，选用二级节水器具，设置用水分项计量，充分利用可再生能源、可再循环材料、利废建材。在保障雄安安置区建筑使用功能和居民使用需求的同时，通过节能、节水和节材相关技术措施，最大限度地节约资源，实现低碳社区。

5）环境宜居：根据新区安置区的气候条件特点，进行气候适应性布局，保障充足的日照，户外活动场地乔木、凉亭、花架等遮阴面积比例达到50%，下凹式绿地比例大于50%，设置透水铺装地面、年径流总量控制率不低于70%，同时通过场地生态保护设计、热岛强度控制、海绵社区等设计，营造良好的室外环境，实现人与自然和谐共生。

6）提高创新：在充分保证绿色建筑五个性能实现的同时，考虑文化传承，彰显雄安特色，体现雄安的本地化特点，同时应用碳排放分析、BIM技术等创新手段，保证绿色建筑性能实现，实现全寿命周期绿色建筑。

（2）学校建筑

结合雄安地区气候，贯彻落实低碳、共享、健康、通用的雄安绿色学校建设总要求，从安全耐久、健康舒适、生活便利、资源节约、环境宜居等方面全方位构建新区基础教育服务设施的绿色建设要求体系。

基于绿色建筑三星级技术体系，学校建筑主要关注室内热湿环境、公共空间全龄化设计、建筑智能化、资源节约、场地生态环境及室外物理环境等方面的综合、高效设计。除绿色建筑二星级技术体系以外，学校建筑绿色建筑三星级建议采用的技术有：建筑结构的减隔震技术、室内热湿环境的维护、公共区域全龄化设计，室外声环境（达到2类声环境功能区标准限值）进行进一步的优化设计，采用高性能围护结构、高效能源设备，绿色建材、一级节水器具，通过屋顶绿化，打造绿色教育基地，同时配置空气质量监测系统、水质在线监测系统、智能化服务系统，营造活力健康、低碳节约且注重绿色教育的校园环境。

（3）独立的社区服务中心、商业中心

结合雄安地区气候，分别从安全耐久性设计、室内空气品质、水质、室内热湿环境、智能化、资源节约、场地环境及环境噪声等方面对社区服务中心及商业中心进行综合、高效设计。

通过功能布置、可再生能源、绿色建材、高效设备等多个方面，打造安全舒适、绿色低碳、智能高效的社区服务中心和商业中心。除绿色建筑二星级技术体系以外，独立的社区服务中心、商业中心绿色建筑三星级建议采取的技术有：提高建筑部品部件的安全防护措施及耐久性，采用提升建筑适变性的措施，配置空气质量监测系统，监测室内$PM_{2.5}$、PM_{10}浓度，选用5类以上绿色装饰装修材料，保障室内热湿环境，安装水质在线监测系统、智能化服务系统，选用高性能围护结构、高效空调系统、一级节水器具，分级计量水表，提高绿色建材应用比例，进行生态补偿和修复，优化声环境，噪声值不高于2类声环境功能区标准限值。

9.1.1.3 后续工作建议

通过对容东、雄东片区安置房及配套设施项目方案设计阶段绿色建筑设计成果的评估分析，为规范设计成果，提升评审效率，推动新区绿色安置房规模化、高质量发展，提出以下建议：

统筹各组团设计管理工作，明确各阶段绿色建筑设计文件编制技术规定，提高评审效率，拉齐设计进度。

结合前期设计工作，形成雄安新区安置房绿色建筑的统一技术体系，助力绿色建筑规模化高质量发展。

统一各组团绿色建材和产品标准要求，统筹安置房绿色设计管理工作，有效控制投资成本。

推动新区部门完善雄安新区绿色建筑标准体系工作，推进后续绿色建筑项目的高效实施。

9.1.2　安置房项目绿色建筑示范——容东片区D2组团[1]

9.1.2.1　项目概况

容东D2组团安置房项目位于容东片区，主要功能为安置住宅、商业、公寓、公服配套、学校，服务于容城西部片区及南部起步区（图9-1-1）。项目建设用地为49.26万平方米，总建筑面积为111万平方米，地上建筑面积70.72万平方米，地下建筑面积40.28万平方米。

容东D2组团安置房及配套设施项目在充分考虑雄安新区气候特点、建筑功能特点以及国家和新区的绿色建筑标准导则，以安置住宅、商业、公寓等达到国家绿色建筑二星

---

[1]　李晓瑞、吉淑敏，深圳市建筑科学研究院股份有限公司。本节图表出标明来源之外，其余均为约稿作者提供。

级，学校达到国家绿色建筑三星级为建设
目标，最大限度建设人与自然和谐共生的
高质量建筑。项目从使用者的角度考虑设
计、施工、运营，将建筑作为一个有机的
整体，关注建筑的安全性、适用性、舒适
性、健康性、环境性以及经济性，突出了
建筑的整体效能，为新区安置区的绿色建
筑设计提供了良好的实践和借鉴意义。

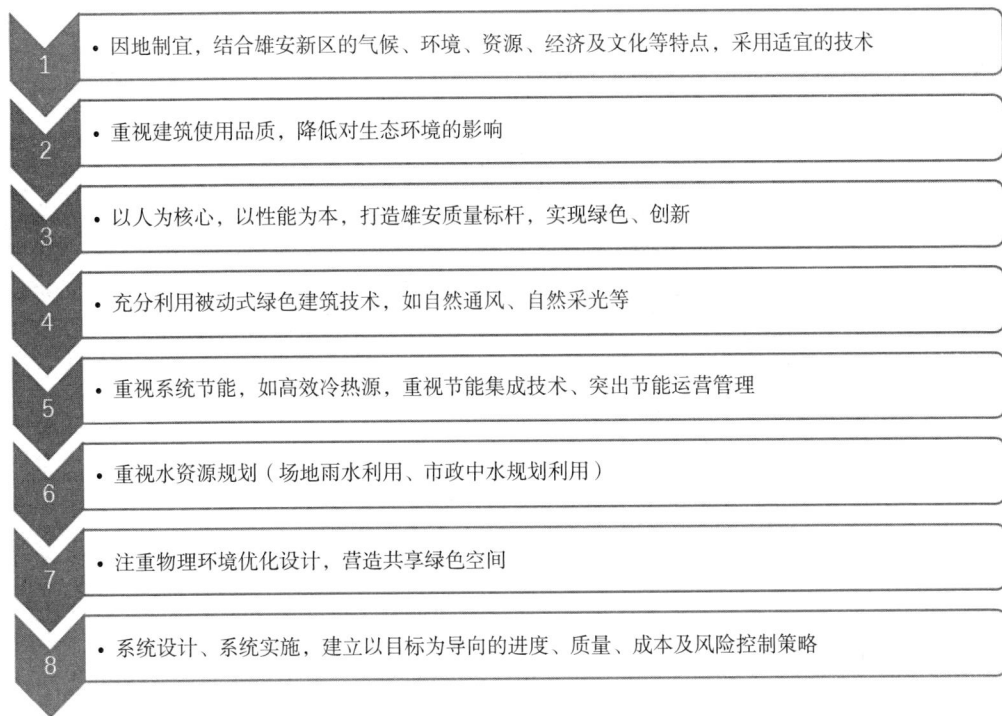

图9-1-1 容东D2组团区位图

9.1.2.2 绿色建筑技术实施策略

本项目具有开发强度大、功能业态较
多的特征，采用常规的绿色技术手段难以
在短时间内解决众多矛盾和问题。在充分理解目标定位，"寒冷地区"气候特点、规划要
求以及"绿色建筑"设计特点及不同功能建筑的用能特征基础上，遵循以下原则制定绿
色建筑技术策略，体现技术和建筑的有机集成，突出项目的整体性和单体建筑的差异性
（图9-1-2）。

9.1.2.3 绿色建筑适宜技术应用

在绿色建筑技术层面，本项目采用了衔接城市的区域层面的绿色建筑技术和建筑本体

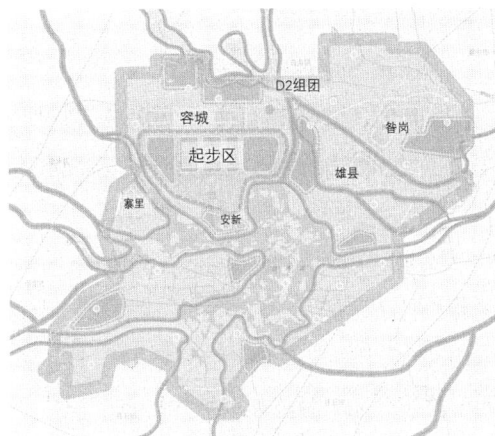

1 • 因地制宜，结合雄安新区的气候、环境、资源、经济及文化等特点，采用适宜的技术

2 • 重视建筑使用品质，降低对生态环境的影响

3 • 以人为核心，以性能为本，打造雄安质量标杆，实现绿色、创新

4 • 充分利用被动式绿色建筑技术，如自然通风、自然采光等

5 • 重视系统节能，如高效冷热源，重视节能集成技术、突出节能运营管理

6 • 重视水资源规划（场地雨水利用、市政中水规划利用）

7 • 注重物理环境优化设计，营造共享绿色空间

8 • 系统设计、系统实施，建立以目标为导向的进度、质量、成本及风险控制策略

图9-1-2 绿色建筑技术体系实施原则

方面的绿色建筑技术。

（1）区域绿色建筑技术

区域层面技术体系主要从地域适宜性、气候适宜性和经济适宜性等方面进行统筹考虑，主要从空间布局、绿色交通、公服配套、海绵园区、能源利用等方面选择适宜技术。

1）空间布局

容东D2组团安置房项目在规划时，严格落实规划要求，既满足近期搬迁安居需求，又着力打造宜居宜业、绿色智能的城市功能区，避免成为功能单一的集中安置地；本项目采用"十字轴-双中心"空间结构，十字轴主要功能为底层商业和休闲空间，十字轴连接四个口袋公园，且连接商业中心和邻里中心，既体现自身特色，又在城市风貌和色彩格调上与起步区、启动区规划有机协调；既建设相对独立完善的功能设施，又实现与起步区、启动区的融合发展和重大市政交通设施、生态廊道的贯通衔接（图9-1-3）。

2）绿色交通

便捷的公共交通体系。组团形成"两横一纵"公交专用道，私家车限时通行，方便内部居民的公交出行。定线公交站点结合邻里中心、下沉式广场、学校等居民较易聚集点设置，满足组团内定线公交站点道路300米距离全覆盖。弹性公交站点是对定线公交站的补充，主要满足组团居民公交出行需求以及各街区居民就近乘车需求，保证每个街区出口至

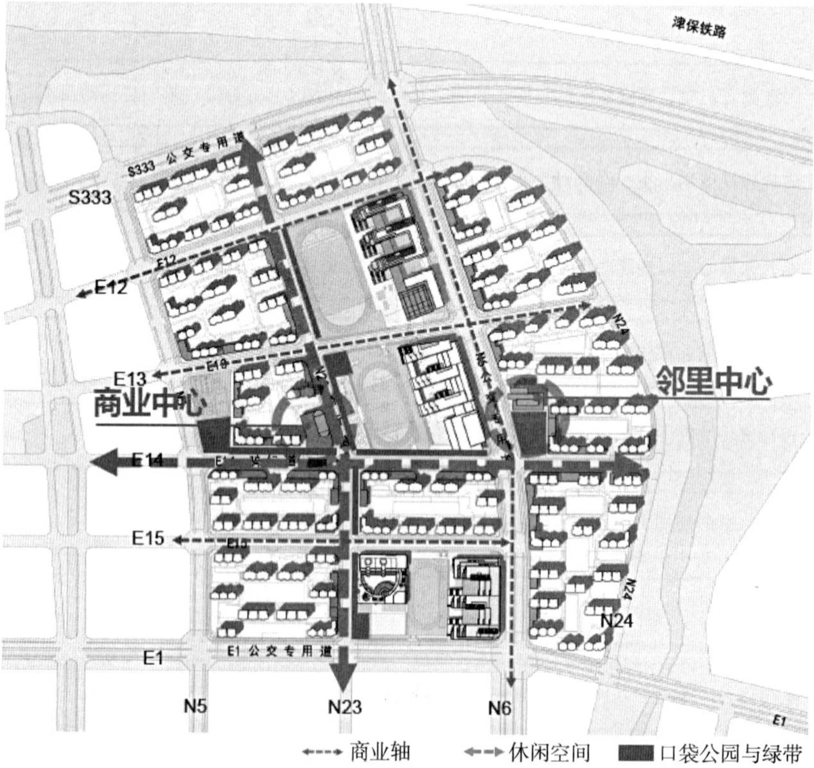

图9-1-3　空间布局示意图

少有一个公交站点，弹性公交站点+定线公交站点结合满足组团内所有站点道路100米距离到达（图9-1-4）。

舒适的慢行系统。"慢行优先"理念贯穿全域，地面最大程度留给行人。依托街坊内部道路、生态空间形成步行、骑行慢行系统。慢行系统贯通重要公共服务设施以及工作点，满足非机动车出行交通需求，实现3公里"门对门"最快出行目标。非机动车库主要沿着支路设置，一般位于小区主要出入口处，方便居民的出行。

3）公服配套

设置多元共享的生活配套。项目内商业服务功能完善，满足全龄段需求。邻里中心、体育设施服务半径为300米，学校服务半径为500米，社区中心服务半径为1000米，打造5分钟、10分钟、15分钟生活圈。

设置步行可达的公共空间。项目内设置多种体育公园、社区邻里空间、儿童公园、特色街区等开放空间类型，增加公共绿色空间的丰富性，更好地为全年龄层社区居民服务。

4）海绵园区

坚持海绵城市理念，打造社区雨水管理体系。源头层面，合理控制下垫面径流系数，利用小区绿地系统（下沉式绿地、雨水花园、植草沟、生态树池等），促进雨水滞留、蓄存、渗透，最大限度实现原位下渗，使小区内初期雨水不外排。中途控制部分，充分利用

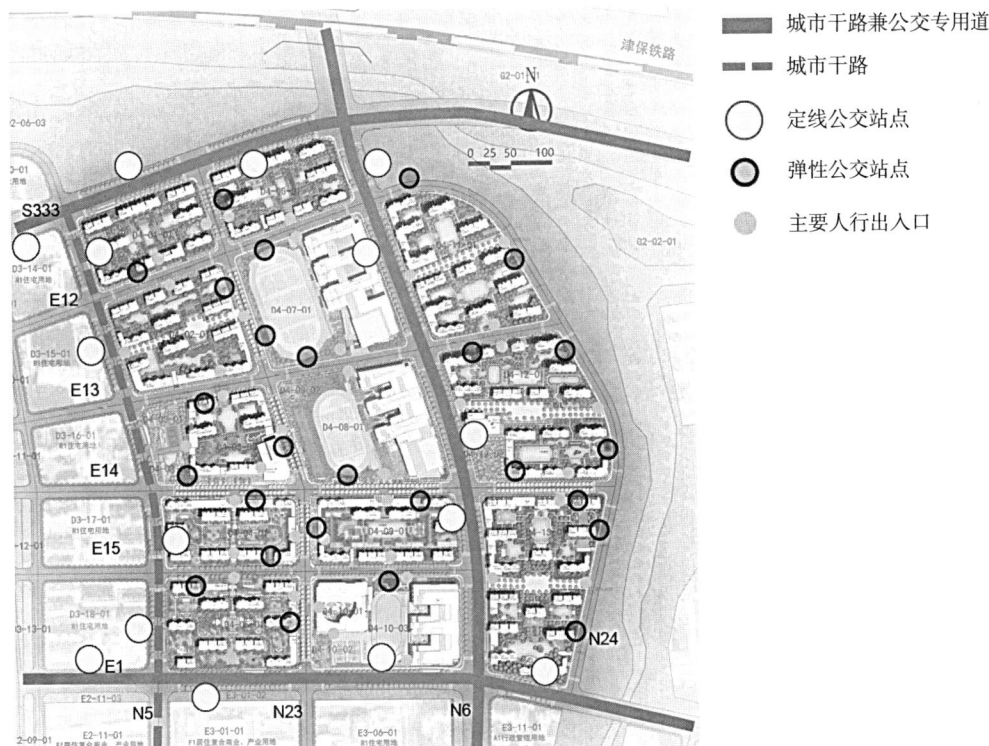

图9-1-4　公交站点布置示意图

道路侧分带及两侧绿化带，布置下沉式绿地，利用路缘石豁口将路面雨水引入下沉式绿地，同时设置溢流雨水口连接市政雨水管渠；人行道、小型车路面、停车场等采用透水铺装，降低道路径流系数。在雨水资源利用方面，结合绿色建筑建设，合理设置雨水调蓄和处理设施，雨水就近引入绿地入渗，满足雨水资源回用需求。通过海绵城市设计，实现中小降雨自然积存与净化，小雨不湿鞋，大雨不积水的生态海绵社区，形成具有北方小区特色的海绵社区风貌。经计算，本组团各地块的年径流总量控制率均为85%以上。

5）能源利用

组团充分利用雄安新区区域能源条件，新区供热规划中供热系统分三级，包括中心站、卫星站、用户站。区域热源包括中心站燃气锅炉和中深层地热同时提供热源。根据容东片区供热专项规划，D2组团设有2个供热卫星站，9个供热用户站。安置住宅部分供暖系统采用中心站锅炉和中深层地热同时提供热源，一次线敷设至卫星站，在卫星站设置换热器，换热后二次水供至用户站，在用户站内设置分集水器，接至各楼用户。

（2）建筑本体绿色建筑技术

容东D2组团安置房单体建筑的绿色设计分别从安全耐久、健康舒适、生活便利、资源节约、环境宜居五个方面为使用者提供有幸福感的高品质绿色建筑和有获得感的绿色社区。

1）安全耐久

项目在场地安全、结构与围护结构安全、设备设施安全以及人员的安全防护方面进行精细化的高标准设计，带来更高质量的绿色建筑。重视人员安全防护，如设置雨棚防止高空坠落，选取安全防护配件及防护产品，进行室内外地面防滑设计。从建筑的适变性、建筑部品部件的耐久性、建筑装饰装修材料的耐久性方面进行精细化的高标准设计，从而确保绿色建筑的高质量和长寿命。增加建筑适变性，使安置住宅实现室内居室灵活转换。选取高标准配件、管线、建材、涂料等，增加建筑耐久性。

人员安全防护：商业中心、邻里中心上人屋面的临空防护设施高度应不小于1.3米；防护栏杆垂直杆件净间距不大于0.10米；建筑物出入口设置雨棚，雨棚材质选用夹层钢化玻璃，降低防坠物风险并实现遮阳、遮风或挡雨功能。

防护产品、配件：本项目采用具有安全防护功能的玻璃；采用具备防夹功能的门窗，疏散楼梯上的所有防火门扇装闭门器，双扇门装顺序器；人流大、门窗开合频繁的部位，如大堂入口门、旋转门、电梯门等设置可调力度的闭门器或具有缓冲功能的延时闭门器。

防滑设计：商业中心、邻里中心、公寓标准层、住宅电梯厅、前室、公共走道、裙房公区、地下室（公寓大堂、地下合用前室）防滑等级达到Bd级，静摩擦系数0.6≤COF<0.7；公寓（卫生间、厨房）、裙房（卫生间）达到Bd级，静摩擦系数0.6≤COF<0.7和Bw级，湿态防滑值60≤BNP<80；汽车坡道、楼梯踏步防滑等级达到Ad级，静摩擦系数COF≥0.70。

建筑适变性：商业中心、邻里中心采取大开间、灵活可变的使用空间设计；公寓楼柱网布局模数化，隔墙采用轻质隔墙可实现2户变1户。

部品部件耐久性：洗脸盆、洗手盆、洗涤池（盆）采用陶瓷片等密封、耐用、性能良好的水嘴。水嘴的使用寿命均超过产品标准寿命要求的1.2倍，阀门的寿命需超过产品标准寿命要求的1.5倍。商业中心、邻里中心配电干线采用低烟低毒阻燃性线缆、矿物绝缘类不燃性电缆、耐火电缆等。

2）健康舒适

室内空气污染物浓度控制：本项目通过对每栋住宅、公寓的代表性房间、公共建筑的公共区域进行装修污染物浓度预评估，且室内氨、甲醛、苯、总挥发性有机物、氡等污染物浓度不高于现行国家标准《室内空气质量标准》GB/T 18883规定限值的70%。

一氧化碳浓度监测：本项目地下车库设置与排风设备联动的一氧化碳检测装置，排风机可根据一氧化碳浓度控制风机开启的数量和启停时间。

绿色装饰装修材料：本项目选用3类以上符合国家标准的绿色装饰装修材料，包括人造板和木质地板、涂料、防水与密封材料、陶瓷砖等。

室内声环境优化：安置住宅采用地板辐射采暖，且为木地板；主要功能房间的室内噪声级、围护结构的空气声隔声性能及楼板撞击声隔声性能达到现行国家标准《民用建筑隔声设计规范》GB 50118中的高要求标准。住宅底商、商业中心、邻里中心的主要功能房间的室内噪声级、围护结构的空气声隔声性能及楼板撞击声隔声性能达到现行国家标准《民用建筑隔声设计规范》GB 50118中的高要求标准与低限要求的平均值。

自然采光：通过对室内采光模拟分析，住宅建筑室内主要功能空间至少60%面积比例区域，其采光照度值不低于300lx的小时数平均每天不少于8小时。

自然通风：安置住宅及公寓的外窗可开启面积不小于所在房间地板面积的1/15，自然通风效果较好。

3）生活便利

该项目充分考虑安置区居民的生活习惯及使用便捷，从交通、公共设施、全龄化、健身、智能化服务等方面进行全方位设计，保证功能适用、出入便捷，满足居民的多元化需求。

新能源停车位：本工程住宅按照配建停车位的8%设置电动汽车充电位，100%预留充电设施安装条件；商业、配套用房安装配建停车位的100%设置电动汽车充电位。

4）资源节约

在保障安置区建筑使用功能和居民使用需求的同时，通过节能、节水和节材相关技术措施，最大限度地节约资源，打造低碳社区。

节地：项目通过集约利用土地、合理利用地下空间等措施实现土地节约。

节能：围护结构在节能标准基础上提升10%；冷源方面，安置住宅部分单元式分体空调采用一级能效；采用节能风机，通风空调系统风机的单位风量耗功率比现行国家标准《公共建筑节能设计标准》GB 50189的规定低20%；住宅公共区域、邻里中心和商业中心采用节能高效光源及灯具（LED灯及T5灯管），照明功率密度值满足国家标准规定的目标值；水泵效率满足现行国家标准《清水离心泵能效限定值及节能评价值》GB 19762的节能评价值要求；配电变压器满足现行国家标准《三相配电变压器能效限定值及节能评价值》GB 20052规定的节能评价值要求；照明光源、镇流器、LED模块控制装置、照明用配电变压器的能效等级满足国家现行有关能效标准规定的2级；低压交流电动机能效等级满足现行国家标准《中小型三相异步电动机能效限定值及能效等级》GB 18613规定的2级。

节水：所有卫生器具冲水量水嘴0.125L/s、双挡坐便器5/3.5L、小便器3L、大便器冲洗阀5L，淋浴器0.12L/s，满足2级用水效率等级的要求；公共场所卫生间的洗手盆采用感应式水嘴或自闭式水嘴等限流节水装置；公共场所卫生间的小便器均采用感应式或延时自闭式冲洗阀；采用微喷灌和滴灌高效节水灌溉方式；并利用湿度传感器等对绿化灌溉水量进行自动调控。

节材：凝土结构中梁、柱纵向受力普通钢筋全部采用不低于400MPa级的热轧带肋钢筋，且400MPa级及以上高强受力普通钢筋不低于钢筋总用量的85%；安置住宅采用土建装修一体化设计和施工。

5）环境宜居

充分尊重安置区居民原有生活习惯，尊重自然，根据新区安置区的气候条件特点，进行气候适应性布局，同时通过场地生态保护设计、热岛强度控制、海绵社区等设计，营造良好的室外环境，实现人与自然和谐共生。

日照优化设计：建筑整体呈南北朝向；安置住宅、公寓建筑满足《城市居住区规划设计规范》GB 50180—2018及《住宅设计规范》GB 50096—2011的日照标准，住宅居室满足大寒日窗台以上满窗日照有效时间不少于2小时，且未降低周边建筑的日照标准；底商、商业中心、配套公服满足城乡规划的要求。

室外风环境优化：场区建筑整体呈南北朝向，空间布局在西侧和东北偏东侧形成开口，开敞处夏季可引入西南风。夏季基本无涡流，冬季场地内整体风速在2.5m/s以下，利于行走（图9-1-5）。

有效降低热岛强度：户外活动场地有乔木遮阴，安置住宅（含底商）区域不低于50%，商业中心、配套公服、公寓区域不低于20%，实现居住区夏季逐时黑球温度不大于33℃，夏季平均热岛强度不大于1.5℃。

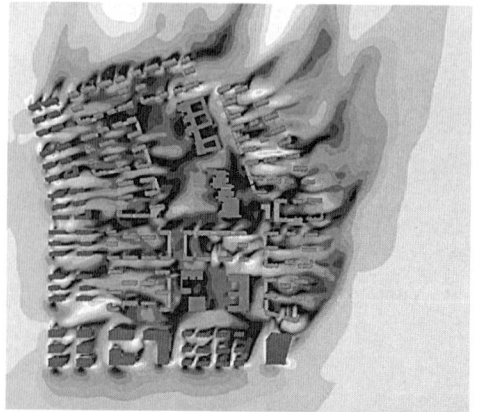

图9-1-5 场地风环境模拟分析

人性化标识设计：标识系统设置醒目、合理，与周边环境相协调。夜景照明设计无光污染，把控光环境舒适度，在达到照明亮度标准的同时，有效防止眩光，减少光污染，保护周围生态环境与栖息地。

9.1.3 第一个绿色建筑三星项目——雄县第三高级中学[1]

雄县第三高级中学（以下简称"雄县三中"）是新区第一所按照绿色建筑三星级标准建设的中学项目，也是新区首个以EPC（设计—施工—采购）模式发包的永久性公建类新建项目。项目按绿色建筑三星级标准规划、设计、施工和运行，并全程采用智慧工地的建筑模式，在环境保护、资源节约等方面，符合新区发展的整体理念和要求。

图9-1-6 雄县三中航拍图
（来源：https://mp.weixin.qq.com/s/yCKUYmAQBHZenzKnVDgHyw）

雄县三中总建设面积为4.4万平方米，共建设人文楼、报告厅、科技楼、教学楼等10个单体建筑，办学规模为高中16轨，48个教学班。按照班容量为每班40人计算，可容纳在校生1920人（图9-1-6）。

（1）三星级绿色建筑

雄县三中项目按绿色建筑三星级标准规划、设计、施工和运行，并全程采用智慧工地的建筑模式。

突出绿色建设理念。校园建筑采用框架混凝土结构和钢结构，外墙选用新型珍珠岩和保温板一体结构，内墙为成型的ALC条形板。

应用装配式建筑。教学楼、风雨操场采用装配整体式钢结构，装配率为30%，不仅减少了湿作业，而且大大缩短工期、节约劳动力、更能减少建筑废弃物与扬尘。

应用海绵城市理念。结合雄县当地降水及地表情况，该项目采用"下凹绿地、雨水花园、屋顶绿化、透水铺装、雨水调蓄池"等海绵城市理念和措施，实现了在环境保护、资源节约以及节水与水资源利用等方面的建设目标。

（2）能源智慧大脑

雄县三中引入被称为能源"智慧大脑"的校园智慧能源管控系统（校园CIEMS），采用"云边端一体化"技术架构，通过IoT-HuB将各类智能传感终端接入云端CIEMS，实现校园内电、水、气、热等多种能源的全面感知，并通过"云-机"调控指令，云端CIEMS

[1] https://mp.weixin.qq.com/s/yCKUYmAQBHZenzKnVDgHyw；https://mp.weixin.qq.com/s/GacTrHUufmOT6WyY2SJK4g

可对校园内的配电终端、智能照明、新风空调等设备进行元件级和机组级调控。

同时，云端CIEMS还能对每栋建筑进行能耗分析，并给出更加科学的综合用能方案，引导用户形成良好用能习惯。后续，雄县第三高级中学CIEMS还可接入雄安城市信息模型CIM，通过全局协同优化，实现全区域综合能源的智能化管理、运营和服务。

图9-1-7　通信基站与标志塔融合实景图
（来源：https://mp.weixin.qq.com/s/yCKUYmAQBHZenzKnVDgHyw）

（3）"塔城融合"的建设模式

雄县三中基站坐落在校园的最高标志物——钟楼上，外侧为装饰格栅玻璃钢，内部夹层为上下两层天线，既满足了校园及周边5G移动通信覆盖的需求，外观上也实现了基站与钟楼的完美融合（图9-1-7）。这座塔摒弃了高塔宏站的传统建设思路，在规划之初，就将通信基站作为基本元素融合到建筑物设计之中，依托与整个城市的同步规划、同步设计和同步施工，最大限度地保持了建筑物的原有风格和风貌，实现了通信基础设施与周边环境的和谐统一。

当前，雄安新区大规模开工建设已拉开序幕，雄县三中的通信基站与建筑物融合的方式将为新区未来"塔城融合"的建设模式提供新的样板。

9.1.4　绿色建筑创新生态圈——绿色建筑展示中心项目[1]

9.1.4.1　项目概况

雄安新区绿色建筑展示中心（图9-1-8）位于雄安新区容城县配套辅助区西北角，津海大街以东，站前街东沿线以南，S333省道以北，是一栋以展览、会议、办公为空间载体，将绿色建筑研发、设计、服务、展示的产业生态整合嵌入的建筑。雄安绿色建筑展示中心按照国家新国标三星级高标准设计和建造，且其中一栋为近零能耗建筑。本项目已于2020年下半年开工建设，项目建成后，将有效承接北京非首都功能疏解，汇聚全球顶尖资源，成为新区大规模建设期间绿色建材、绿色工艺、城市家具展示平台。

作为雄安新区大型公共建筑群，绿色建筑展示中心充分运用了建筑在开放性、透明性、高效性、交互性、绿色、可持续性方面的设计策略，并将营造优美、健康、舒适的室

---

[1] 吴晓亮，华润集团雄安新区专项工作小组。本节内容除标明来源之外，其余均为约稿作者提供。

图9-1-8 雄安绿色建筑展示中心效果图

内环境作为首要目标，旨在打造一个节能、健康、舒适、全龄、人性化的绿色建筑群，成为雄安新区高质量建设的典范，为河北实现碳达峰，碳中和提供有力支撑。

9.1.4.2 技术特点

绿色建筑展示中心总用地面积37480平方米，地上建筑面积56220平方米，地下建筑面积19000平方米。项目将可持续、以人为本作为设计原则，在充分研究建筑所在区域的地理气候条件基础上，结合主动、被动节能技术，实现建筑全生命周期内的资源高效利用。

绿色建筑展示中心采用了多维立体绿化策略，将城市绿化融入地块内部。通过建筑留白，预留通风路径，以实现良好的场地风环境。通过下沉庭院实现地下空间自然采光，充分利用太阳能光伏板发电等可再生能源降低能源消耗，编制雨水综合利用方案，全过程采用BIM正向设计进行科学规划建筑布局。在建筑外部设置连贯的无障碍步行系统，场地人行出入口500米内设有公共交通站点，实现建筑与公共绿地、城市道路等相互连接与便利通行。

绿色建筑展示中心建筑内部的非结构构件、设备及附属设施等连接牢固并能适应主体结构变形，其抗风压性能和水密性能应符合《铝合金门窗》GB/T 8478—2020、《建筑幕墙、门窗通用技术条件》GB/T 31433—2015中规定的等级要求，保证建筑的安全耐久性能。绿色建筑展示中心建筑室内采用智能科技监控技术，实现室内、外空气温湿度，室内二氧化碳、一氧化碳与$PM_{2.5}$等空气污染物进行在线监测及发布，并实现新风、空调系统的联动。项目采用全过程BIM正向设计，建设过程积极采用智慧工地、绿色建造等技术提升项目管理水平，后期采用智慧园区技术进行运维管理。

打造绿色发展示范引领。项目5号楼为近零能耗建筑，建筑能源消耗由可再生能源产能实现，极大限度地提高建筑的保温、隔热和气密性能，通过新风系统的高效热（冷）回收装置将室内废气中的热（冷）量回收利用，从而显著降低建筑的采暖和制冷需求。

9.1.4.3 小结

绿色建筑展示中心在保证生活舒适度的情况下实现建筑低能耗运行，以绿色建筑展示中心为起点撬动产业发展循环，逐步布局研发、智造、服务、体验等产业节点，形成完整的产业发展链条，真正地将运营经验与新型技术有机结合构建创新亮点，致力打造成为别具特色的技术创新与运营创新双标杆。

9.2 高星级集成先行示范[1]

本节以雄安商务服务中心项目为例，充分考虑雄安地区的气候条件、地形地貌、风俗特点及用能特点等因素，探索在雄安地区开展高星级、高标准的绿色建筑集群的整体实施路径。

9.2.1 项目概况

雄安商务服务中心项目位于容东片区西部、雄安市民服务中心北侧，是承接北京非首都功能疏解的功能区，重点定位在商务、金融、服务外包、自贸试验区相关产业，打造集总部经济和科技创新于一体的产业集聚区。雄安商务服务中心建成后，将与雄安市民服务中心一起为雄安新区建设发展提供全面的服务保障和支持。

项目总用地面积约为24公顷，总建筑面积约为82万平方米。项目主要包含会展中心、五星级酒店、商务酒店、商务办公公寓、服务型公寓、幼儿园、集中商业及地下环廊等，配备有电影院、泳池、健身房等各类配套设施。项目整体定位为100%实现国家绿色建筑三星级全覆盖，并在局部进行超低能耗建筑试点。

该项目是首个实施新区各项政策、导则、BIM/CIM平台审批的大型综合性项目，实行建筑师负责制下的全过程工程咨询，实施"运营前置"和"建营一体化"的运营思路，办公及公寓两栋建筑是超低能耗被动式建筑，能耗水平远低于常规建筑（图9-2-1、图9-2-2）。

---

[1] 孙延超、牛润卓，深圳市建筑科学研究院股份有限公司。图表除标明来源之外，其余均为约稿作者提供。

图9-2-1 商务服务中心项目效果图

图9-2-2 雄安商务服务中心会展中心投入使用

9.2.2 以目标为导向的全过程技术控制

本项目作为雄安新区首个大型建筑群，具有如下特点：

上位规划要求高。从《河北雄安新区规划纲要》《河北雄安新区总体规划（2018—

2035年）》到《河北雄安新区容东片区控制性详细规划及专项规划》，均强调绿色生态的概念；雄安商务服务中心紧邻新区管委会，承担着新区绿色技术实施探索及集成创新示范的排头兵作用；

规模大：总建筑面积80万平方米，多种类型建筑：会展、酒店、办公、公寓、教育等功能；

室内环境要求高：项目办公区均需达到5A级写字楼标准，酒店要达到五星级酒店标准，幼儿园要达到儿童健康舒适的要求。用能特点显著，对能源系统设计提出更高的要求：1栋会展对环境要求非常严格，用能需求变化量大；办公、幼儿园对工作环境要求高，用能需求昼夜差别大；酒店：用能大且稳定，24小时运行；公寓对生活热水、供暖需求大。

结合目标定位分析、寒冷地区气候特点、上位规划要求、绿色建筑设计特点及用能特征分析等方面，项目主张采用建立以目标为导向的全过程技术控制策略，具体如图9-2-3所示。

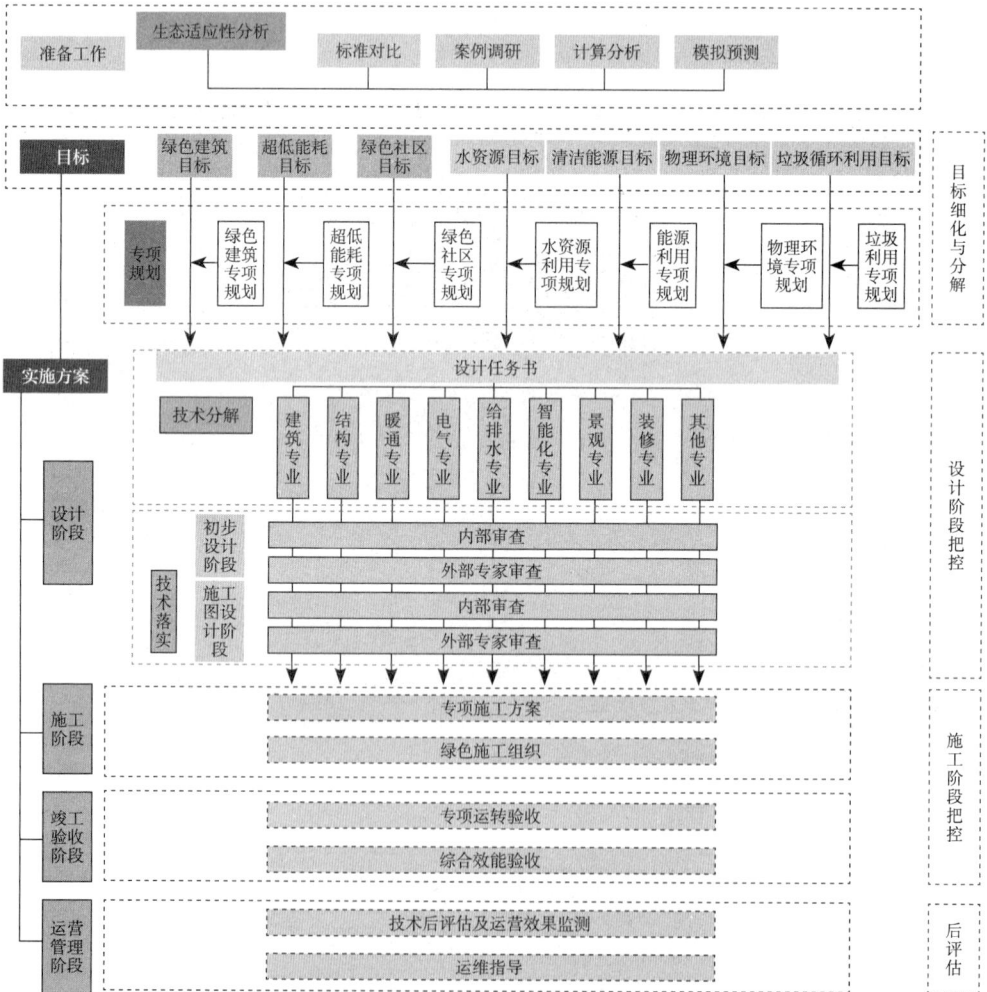

图9-2-3　全过程技术控制示意图

首先针对项目进行生态本底适应性的分析，确立技术的方向；对标国内外先进案例，通过计算分析及模拟预测，确立专项技术规划的目标，专项技术包括：清洁能源专项、水资源利用专项、物理环境专项、垃圾循环利用专项。通过四个方面的专项规划，将绿色技术在区域层面固化。

根据本项目的各项目标，如：绿色建筑、超低能耗、绿色社区、健康建筑等，按照区域层面及建筑群及建筑层面分解到各个专业，并通过专项任务书进一步落实到单体的施工图设计阶段；初步设计及施工图设计阶段通过外部及内部专家审查确保设计质量，并通过施工阶段的专项施工方案进行落实；竣工验收阶段通过单项验收及综合性能验收两个阶段保证项目的最终完美呈现；并通过后评估及优化，保证项目的长久良好运营。

9.2.3 关键技术

9.2.3.1 被动式技术

（1）场地风环境优化

本项目地处寒冷地区，具有冬季寒冷、夏热炎热的特点，故在建筑方案设计深化阶段，重点是解决冬夏两季迥异的室外环境需求。项目拟通过物理环境模拟分析方法，对方案进行不断优化，使建筑夏季通风宜人，冬季减少冷风侵袭（图9-2-4、图9-2-5）。

通过场地风环境模拟分析，得出如下方案：通过商务办公路13.5m屋面平台北侧设立9m高挡风墙，冬季局部风速可由2.81m/s下降到0.94m/s；将专家公寓西侧裙楼局部断开作为通风廊道，此处夏季静风区将减小或消失；建议在服务公寓北侧设置9m高挡风墙，南侧打开6m高缺口导风，此处冬季局部风速由3.00m/s下降到米/秒，夏季静风区消失。

（2）场地声环境优化

本项目多数房间为研发办公、酒店以及公寓，对于区域的声环境以及建筑室内声环境

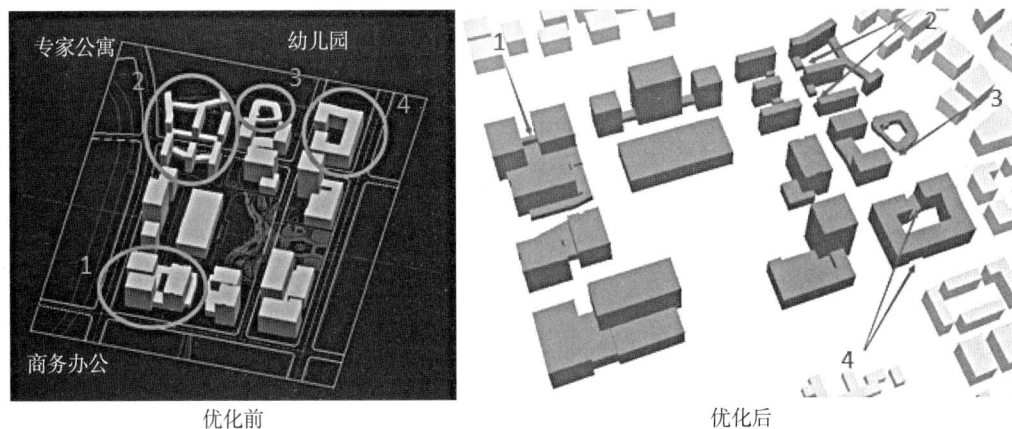

优化前

优化后

图9-2-4 模型优化示意

雄安室外通风分析——冬季NNE风向

风速（m/s）　　　　　　　　冬季局部风速由2.81m/s下降到0.94m/s

雄安室外通风分析——夏季SSW风向

风速（m/s）　　　　　　　　夏季静风区减小或消失

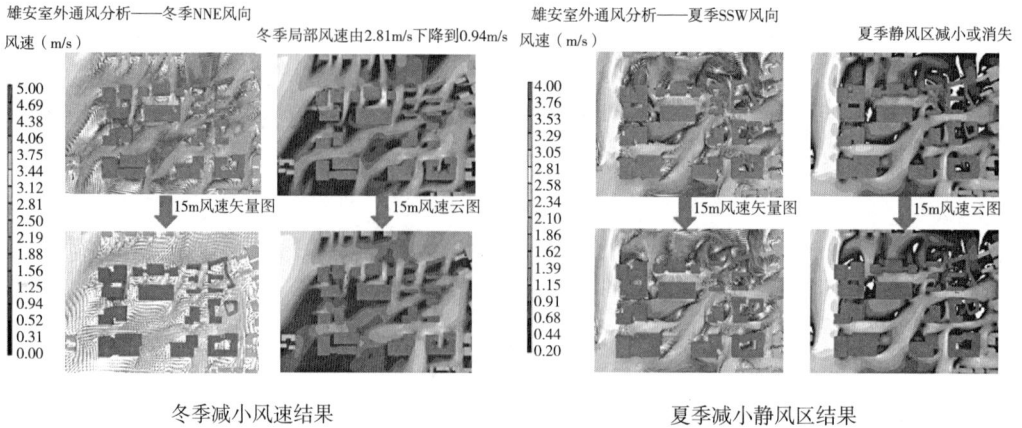

15m风速矢量图　　　　15m风速云图　　　　　　　15m风速矢量图　　　　15m风速云图

冬季减小风速结果　　　　　　　　　　　　　夏季减小静风区结果

图9-2-5　模拟优化分析示意

要求较高。通过模拟分析，可以针对噪声较大的区域，进行精准的道路及建筑隔声设计，营造良好的声环境（图9-2-6～图9-2-8）。

本项目场地声环境主要受道路交通噪声的影响，项目北侧主干路道路噪声较高，在道路两侧设置隔声复层绿化带等隔声设施，以起到对交通噪声的遮挡作用；场地北侧商务办公、五星级酒店、专家公寓8层以下的临道路外窗，场地西侧及南侧5层以下的临道路外窗采用8+12A+8的Low-E玻璃，其余临道路外窗采用6+12A+6的Low-E玻璃，以避免交通噪声的干扰。

（3）建筑群微环境优化

项目地处寒冷地区，太阳辐射的遮挡对于冬季热负荷的分布影响非常显著。常规的空调设计没有考虑到楼与楼遮挡所对负荷的影响，但冷热分布不均却极大的影响到人的切身感受。

由于未考虑楼宇间的遮挡，建筑冷热负荷设计往往存在取值过大的情况，这不但会影响人体的热舒适，而且还耗费能源。本项目用地近20万平方米，容积率高，用地相对紧

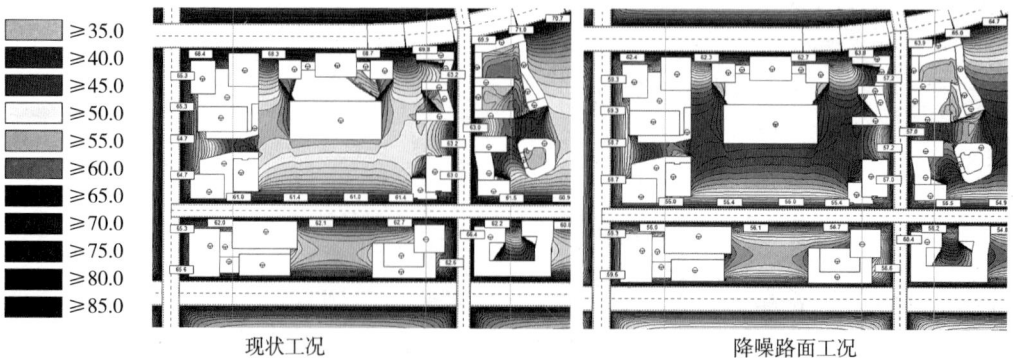

现状工况　　　　　　　　　　　　　　　降噪路面工况

图9-2-6　昼间环境噪声分布图

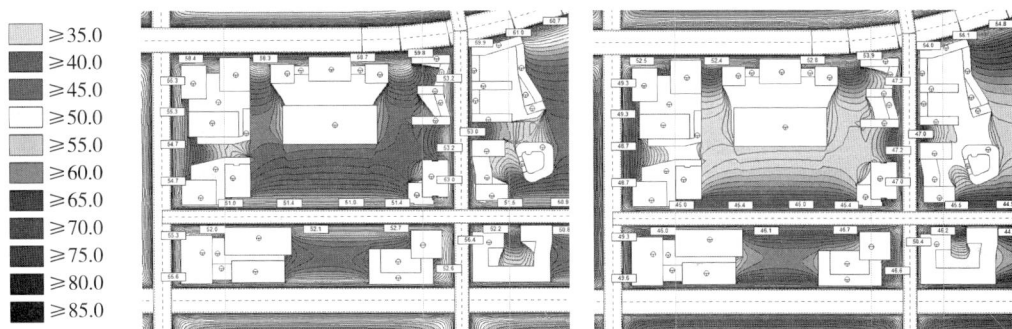

图9-2-7 夜间环境噪声分布图

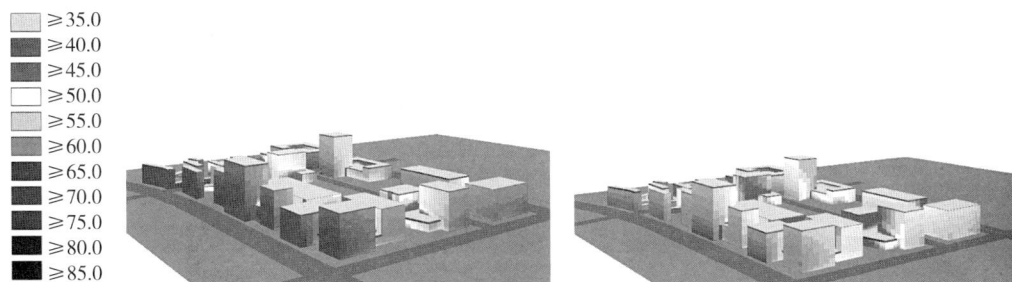

图9-2-8 立面噪声模拟结果

凑，各栋之间存在明显遮挡。从精细化设计的角度出发，对建筑方案的楼宇遮挡问题进行深入研究，并在暖通设计中考虑此影响，优化建筑微观热环境（图9-2-9）。通过模拟分析，在有遮挡区域削弱遮阳措施，并加强墙体保温；空调设计时充分考虑有遮挡区域的遮阳因素，修正负荷分布及室内末端的分布。

9.2.3.2 主动式技术

（1）高效机电设备

项目2、6、7、8号楼采用COP≥6.482，部分做到6.82的超高效磁悬浮离心机，均超过绿色建筑三星级最高要求；所有水泵效率均大于85%；末端采用直流无刷低噪声风机盘管机组，3000m³/h风量以上风柜均采用全热交换段，所有空调柜均采用EC直流风机；所有湿膜段加湿采用水泡石加湿，无循环水，避免二次污染；冷却塔均采用变频机组；1、3、4、5号楼采用区域冷站供冷，配高效水泵；8、9、10、11、12号楼采用一级能效冷暖型分体机或VRV机组；项目所有变压器均为节能变压器，所有灯具均为节能灯，室内主要灯具为LED灯，照明功率密度为国家标准的40%。

（2）围护结构节能

项目位于寒冷地区，围护结构保温尤为重要：外墙采用优于国家标准20%的保温体系，外墙采用200mm保温岩棉，外窗采用精级断桥铝合金型材或铝合金断热型材，传热系数小于1.6，优于国家标准20%以上。

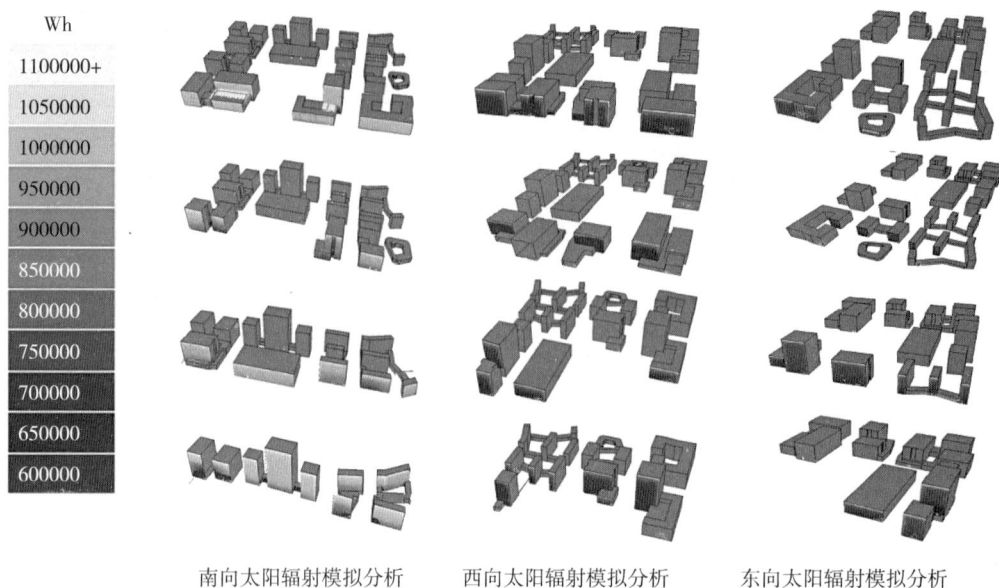

南向太阳辐射模拟分析　　西向太阳辐射模拟分析　　东向太阳辐射模拟分析

图9-2-9　各朝向太阳辐射模拟分析

（3）超低能耗技术

雄安商务服务中心项目4号楼B座商务办公、8号楼C座公寓为被动式超低能耗建筑，两栋楼分别从高性能保温体系、节能门窗、无热桥设计、连续的气密性、带热回收功能的新风系统等方面进行设计实施，8号楼C座全年单位面积能耗（按一次能源）约57.81kWh/m²，4号楼B座全年能耗比现行公共建筑节能标准节约50%以上。

（4）可再生能源规模利用

2、7、8、10、11号楼生活热水均采用深层地热能供应生活热水，大幅降低了生活热水的热源需求；项目在1、3、4、5、6、8号楼屋顶设置了总面积约13192.9m²碲化镉薄膜光伏发电板，总并网装机容量约1865kW，每年发电量约192万kWh。

（5）空气净化措施

项目所有风柜均采用两级过滤（粗效过滤+静电除尘），达到PM_{2.5}过滤效率95%；其中酒店客房风盘采用微静电风盘过滤装置，PM_{2.5}一次性过滤效率达到97%。

9.2.3.3　实施效果

通过技术应用，本项目可以实现以下目标：

一是整体能耗水平相比国家标准降低20%以上，局部楼宇降低达到23%，相当于年节约用电834万kWh；项目光伏系统每年发电约192万kWh；

二是项目采用多级高效PM_{2.5}过滤系统，即便是在室外PM_{2.5}达到300μg/m³，PM_{10}浓度达到405μg/m³的情况下，室内PM_{2.5}浓度仍小于25μg/m³，达到优良级水平；

三是项目严控环保质量关，利用全过程污染物控制平台（深圳建筑科学研究院股份有限公司研发）使验收时室内甲醛浓度小于$0.08mg/m^3$；苯浓度为$0.0012mg/m^3$，TVOC浓度为mg/m^3，均优于《室内空气质量标准》GB/T18883—2002 20%以上；

四是项目共种植各类乔木1200棵，还有各类灌木、片植灌木、水生植物等，共计约$34043m^2$；

五是项目年节约用电共计1100万kWh，相当于节约标准煤1340t，减排二氧化碳10870t，相当于固碳2967t，换算成森林，相当于$6800m^3$的森林蓄积量，加上项目本身的乔木和灌木等绿植，相当于$21800m^3$的森林蓄积量，换算成草坪，可覆盖本项目80%的场地。

雄安商务服务中心项目作为建筑师责任制下的全过程咨询管理项目，面临建筑行业项目建设新挑战。针对项目建设时间长、多方协同效率低、穿透监管难及证据风险大等项目管理的重难点，建信筑和透明建造平台为该项目提供基于区块链的跨组织可信协同平台，构建从甲方视角、面向过程、基于信用、流程闭环、目标驱动支持多方协调的场景式存证区块链综合解决方案；协助甲方解决工程项目建设过程中跨组织的协同问题，打破信息壁垒，更好地对项目全生命周期的进度、品控、质量、安全进行监控，形成一张庞大的监控网。"去中心化"的功能特点能够过滤人为因素的干扰，协助甲方实现对过程+结果的监控。建信筑和透明建造平台提供完整的监控规范和评判准则，让每一步的监管、处罚、评分都有依有据，让监控做到客观、公平、公正，并将结果数据储存到区块链，让内容不可篡改，责任可追溯。以下将简要介绍雄安商务服务中心项目的基于区块链的透明建造解决方案。

专栏9-1　可信协同的透明建造方案[1]

一、建筑业信息化的应用背景

相比于发达国家，中国的建筑信息化水平还存在较大成长空间。《2019—2025年中国建筑工程行业市场调研及投资方向研究报告》显示，我国建筑施工企业信息化投入占总产值的比例约为0.08%，而发达国家则为1%，中国仅约为发达国家的1/10。假设到2025年国内建筑行业信息化投入与发达国家目前水平相近，约为

---

[1]　宋飞虎、王宇、袁婷、杨丕展，深圳市建信筑和科技有限公司。本节图表除标明来源之外，其余均为约稿作者提供。

0.5%，随后几年总产值维持5%增速，且根据上述研究报告预测，未来十年内，信息化管理将每年节省建造施工阶段（0.7～1.2）万亿美元的成本。

近年来，国家在建筑业信息化发展方面也出台相关支持文件。2020年7月3日，住房和城乡建设部等部门联合发布《关于推动智能建造与建筑工业化协同发展的指导意见》，旨在推进建筑工业化、数字化、智能化升级，加快建造方式转变，推动建筑业高质量发展；2021年3月22日，住房和城乡建设部印发《绿色建造技术导则（试行）》，提出有效采用BIM、物联网、大数据、云计算、移动通信、区块链、人工智能、机器人等相关技术，整体提升建造手段信息化水平。

目前建筑行业的数字化、信息化管理还存在以下问题：

首先，建筑行业企业对数字化发展模式认知不足，认为"堆人"就可以快速见效。建筑业企业对数字化升级难度低估，遇到内外部全面的挑战时举步维艰；对数字化转型成本预估不足，用传统企业的生产利润远不能支撑数字化持续创新和升级的资金需求。同时，协同效率低、穿透监管难、证据风险大等仍旧是行业数字化过程中面临的最主要矛盾。

协同效率低：由于建筑工程项目参建单位众多、分散不集中，项目信息、数据、文件又多又杂，各参建方难以实现高效率的协同，易导致项目工期拖延、协同效率低等问题。

穿透监管难：在不同阶段，建筑工程项目的施工安全和质量检测等方面存在问题项数量多、整改流程多管理人员难追踪、施工现场作业安全隐患难识别等问题，需要实时监测与预警。

证据风险大：几十年来，建筑行业缺乏问责制一直是一个持续存在的问题。由于施工过程中没有全过程的证据留痕，导致各方推卸责任，再则项目过程中资料繁多，即使有据可循也要花费大量的时间成本，证据留存成为各方自证的关键环节。

第二，建筑行业龙头企业对数字化充分认知并已展开广泛布局，相比之下，数万家小微企业对产业数字化仍在认知阶段，各自为战。彼此孤立、无序、同质化的传统组织，难以与大型企业竞争资源，导致企业间内卷严重，没有形成相互信任共同发展的企业联盟。

第三，建筑行业信息化应用入门难、壁垒高。由于工程项目的复杂性非常高，涉及施工现场的实时监控数据、施工进度的更新、质量检测的反馈、工程物料价格浮动等。传统数字化企业无法短期内深入理解建筑行业知识和行业面临的实际问题，造成大量数字化应用流于形式，并没有切实解决建筑行业的痛点。

同时，建筑行业项目周期长，数字化过程中需要专业人员运营维护。根据数据显示[1]，中国数字人才的主要技能集中在数字技能方面，而欧美国家数字人才在传统行业（比如医疗管理、房地产、建筑工程等）比例高于中国。精通行业知识和数字化的跨界人才储备不足，导致行业难以持续创新。

二、基于区块链的透明建造解决方案

1. 建设目标

区别于传统的工程项目管理工具，雄安商务服务中心项目创新应用"透明建造"平台，兼容其标准化、信息化和流程化能力的同时，提供基于区块链实现的项目全过程安全、高效、可信的协同网络，增强多方互信，实现工作量自证；运用大数据、VR和BIM等技术，融合IoT设备，自动生成项目报告、项目预警和全局作战指挥大屏，为全局提供多度数据透视服务。解决企业间因信任壁垒造成的项目透明难、多方协同难和问题追责难等长期困扰建筑行业的痛点，从根本上提升多方协同效率。

2. 详细解决方案

（1）多方跨组织协同管理

雄安商务服务中心项目由于参建单位众多、分散不集中，对跨组织协同需求量大，而跨组织沟通流程节点多，涉及人员众多，导致多方协同容易产生责任纠纷，对各组织各部门角色管理权限不清。

解决方案：区块链通过时间戳证明、首尾相连记账规则、哈希加密算法、共识机制等技术应用，从源头防止记录篡改，减少许多因权力集中而衍生的不公正行为。每个流程节点以时间链的方式记录，每个任务节点责任到人、通知到人、落实到人，有效解决现场管理难、事后追责难、责任推诿等问题，保护各方合法权益。同时，区块链可以提供完整信息流，在区块链上的节点可以根据交易时间戳、交易内容和交易顺序对需要进行溯源的记录进行追索（图1）。

（2）文档审批存证与管理

在雄安商务服务中心项目建设过程中，由于涉及多个组织，彼此之间数据流通只能依靠邮件、社交工具等，传输不方便还有限制，加上文件种类多，大量文件审批时间也长。

---

[1] 根据清华大学互联网发展与治理研究中心对全球31个重要创新城市（地区）所有领英用户中近4000万数字人才分析。

图1　多方跨组织协同管理关系图

解决方案：将项目文件全过程上链能够实现多方同时审批，通过CA数字签名技术，线上检验与审核文件，操作方便且受法律保护。基于区块链的不可篡改的特性能够有效保障文件真实性，将文件与项目事项关联，储存至区块链上，项目全过程留痕，可追溯，省去来回验证审批的时间成本。同时能够对项目信息、数据、文件进行不同级别的数字加密保护，并对文件生成唯一的哈希摘要上链，确保文件的唯一、真实、不被泄露，在项目内搭建数据共享空间（图2）。

（3）品控质量安全管理

对全过程咨询单位来说，建筑效果品质管控是核心工作，同时施工现场作业安全隐患需要实时监测与预警，而项目问题项数量多，整改流程也多，导致管

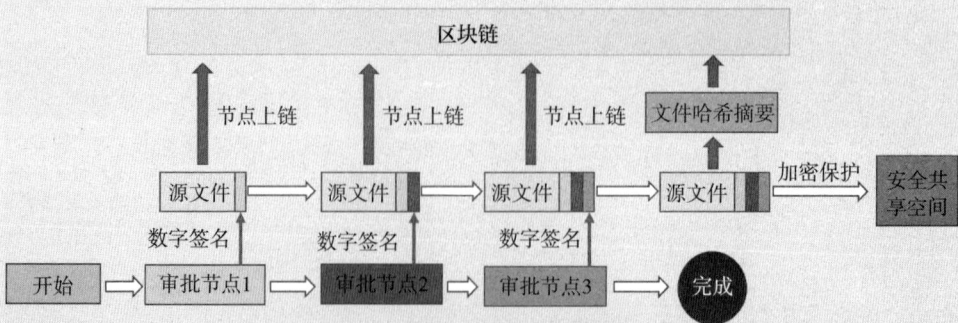

图2　项目文件区块链存证闭环图

理人员难以追踪问题是否整改，检查过程中的数据又多又杂，难以进行归总统计。另外，材料检测与进场的验收过程通常也很难完全透明，容易出现"货不对板"、质量安全等问题。

解决方案：建筑品控把关重在过程，建筑师除设计交底外，可以全过程持续、反复地跟踪施工过程，直接对施工过程进行指导，还可以采取必要的设计措施使施工质量受控，并对施工结果是否准确落实设计意图进行品质管控的确认验收。

通过智能摄像头、监控、VR全景等设备，进行BIM可视化验收管理，首先对危险源进行排查分析，根据智能监控（风力、扬尘、天气、湿度等）提供的数据，分析每个施工作业的安全隐患，对现场潜在的隐患风险给出预警，并发出安全作业预警。同时，在区块链上能够对问题整改全过程进行跟踪，责任到人，配合强提醒督促相关人员尽快执行整改、检验，并输出整改率和整改速度分析。针对材料的检测和进场验收实时记录存证，结合资金流向监管，提高资金使用率，避免了"货不对板"的质量问题。

3. 应用成果

截至2021年7月底，建信筑和透明建造平台已服务雄安商务服务中心项目超900天，参建单位超40家，共800多项目人员在透明建造平台完成可信流程10000多条，上链文件超2000GB。帮助来自不同参建单位的工程管理人员，在区块链上执行跨组织的可信智能合约超过10万次，用户涵盖建设单位、全过程咨询联合体单位（设计单位、监理单位）、造价单位、施工单位、勘测单位和各专业分包单位等。

实现项目内跨单位、跨区域和跨专业的流程协同和信息透明，促进业务协同，资料归档，解决参建单位多、项目多标段、资料安全性问题。协同多单位在基于区块链的系统上进行累计超过2万张图纸、模型的修改提交。支持线上BIM轻量化模型，可视化汇报设计工作。将各节点信息、审批文件、图纸文件加密上链，确保文档唯一性、安全性与真实性，明确知识产权，避免责任推诿，方便文件溯源。

施工全过程上链留痕，实现300多次品控安全质量检查，超30次VR云检，自动生成各项报告1000余次，责任明确，自动催办，自动闭环，全程上链可追溯。对不合格项一键流转到问题整改，结合CA电子签章在线检验验收，极大提升全过程咨询管理的工作效率。施工现场对设计深化、设计需求、设计交付、材料进场、抽检和验收全过程链上多方见证记录，对甲方全程公开透明可溯源，提升流程协同效率。

区块链技术遇见建筑行业，不仅可以对项目全过程实施文件共享、工程量申报、质量安全、绩效考核等全场景"俯瞰"，而且能有效点亮原先项目管理和工程结算上的"盲区"，"事前任务分布-事中实时监督-事后责任追溯"自此形成了高效协同的有机闭环。

透明建造平台能够确保项目实施过程中流程流转和信息流转一一对应、项目全程可追溯，不仅是区块链在建筑行业中的项目管理流程再造，更是新型"全场景"式管理模式下的信用生态重塑（图3、图4）。

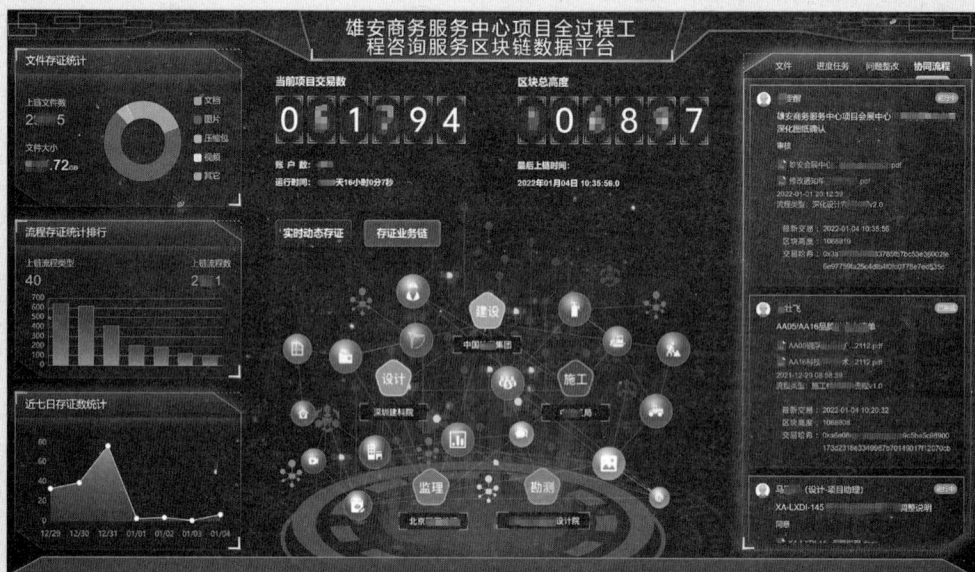

图3　透明建造平台展示

图4　商务服务中心项目VR云检效果图

9.3　全范围覆盖绿色建材

9.3.1　大宗建材集采服务平台

大规模开发建设极大地提升了建材需求量，为保证建材供应质量，促进建材行业发展，雄安新区大宗建材集采服务平台成为主管部门监管建设项目建材质量的重要途径，助力雄安高质量发展。

9.3.1.1　平台建设内容

雄安新区大宗建材集采服务平台（图9-3-1）是指雄安新区范围内政府投资类建设项目中主要建材集中采购的服务平台，其中主要建材是指列入新区集采目录中的钢材、水泥、混凝土等大宗建材以及装饰装修、专用材料、机电设备等，具体材料范围及相关规定，按集采目录执行。同时鼓励社会投资类建设项目的主要建材在本平台实施集中采购。

大宗建材集采平台按照"政府搭台、企业交易、公开公平、全程监控"的原则，展示新区建材集采目录、建材采购公告、中标公示等内容，并直连社会化交易平台为建材采购方提供优质交易环境❶。

大宗建材集采工作主要围绕"一套标准、一套目录、一套制度、一个平台"展开。

"一套标准"一共包含两个部分，即建材标准及供应商标准。以国际标准和新区绿色建材导则为基准，对照国际标准和国内发达地区标准，按照关键性的指标提升，结合绿色

图9-3-1　大宗建材集采服务平台网站

（来源：http://www.xiongajc.com:8088/mall/index.htm）

---

❶　http://www.xiongan.gov.cn/2020-08/31/c_1210779250.htm

节能、安全持续保障供应和观感效果，对指标适当地进行一个相应的提升，形成了建材的质量指标体系。供应商的标准是在充分市场调研的基础上，结合企业的资质可信，信誉良好，管理规范、绿色生产、科技创新等要素，形成了企业的指标体系。

"一套目录"即集采目录，也就是满足指标体系前提下的一个供应商的库。以新区集采目录入围指标体系为基础，根据新区工程建设时序，按照急用先行、依法合规、公开公平的原则，参考招标投标的办法，开展建筑品类供应商的征集。然后，对征集名单进行社会公示，并与平台签署承诺书。供应商的来源以社会公开征集的方式为主，根据征集公告的要求，每个品类的供应商可以根据自己的情况，进行相应的材料填报，同时以相关的职能部门、行业协会及使用单位民主推荐为辅。另外，这个供应商名录并不是固定的，而是根据相应的淘汰机制，黑名单机制及评级机制，进行动态管理。

"一套制度"即管理制度。在材料采购阶段，由采购方在大宗建材集采服务平台公开发布采购公告，然后优先从集采目录中通过招标选取相应的供应商，并签订合同。然后，通过集中采购管理暂行规定和供应商管理细则，实现平台对供应商的管理；建设单位通过合同及相应的质量要求，对供应商进行管理。实现行政监管、平台管理和合同制约三位一体的管理机制。

"一个平台"即集采平台。大宗建材委托相关单位进行了一个相应的平台开发，共涉及三大功能模块，包括门户网站、后台管理和数据汇集汇入，所有涉及大宗建材的交易需要在这个平台上完成。

目前，大宗建材集采服务平台已有包括混凝土、钢材、防水材料、砌体材料等在内的13大类，21小类，共930家供应商登记入库（图9-3-2）。

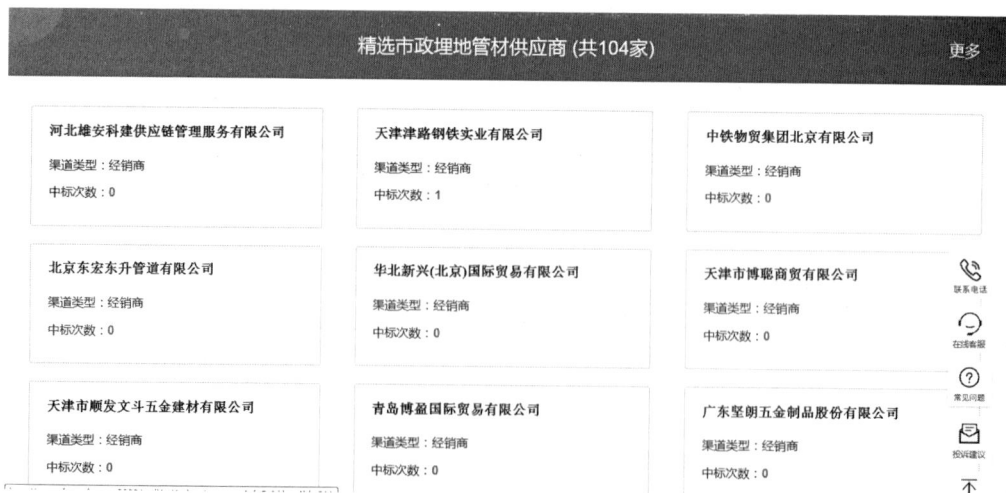

图9-3-2　供应商名录示意图
（来源：http://www.xiongajc.com:8088/mall/ucVariety/jicaimulu2.htm）

9.3.1.2 平台指标体系

雄安新区大宗建材集采平台指标体系是由雄安新区管委会提出，由中国建筑材料联合会、河北省建筑材料工业协会以及广联达科技股份有限公司组成的联合体共同组织和编制的。指标体系一共分为四大部分：总则、适用范围、建材指标要求（产品的指标体系要求）及企业准入条件。

（1）总则

根据供应商管理细则，提出了一些基本要求、法律法规及规范性文件。主要从企业的履行能力、供应和质量的把控能力、社会信誉风险防控等方面，对厂家和经销代理商做了一些基本要求。同时，总则当中对促进绿色生产、绿色消费，推动经济社会的绿色发展，还有支持高新技术企业的发展方面做了一些条款约束。

（2）适用范围

适用范围是指在大宗建材约束范围内或者在大陆建材约束范围内，只要符合设计的标准及产品源标准，即可在新区进行交易和采购。

（3）建材指标要求

建材指标要求分为两部分：基础要求和提升性要求。基础要求就是符合产品原有对应的国标，同时也符合地方标准。提升性要求就是说在满足产品原有的标准基础上，还要符合所提升的部分要求。例如，提倡优先选用国家绿色产品认证相关的，促进绿色建材在新区应用的部分条款。

提升性要求主要为品质的性能，包括使用的可靠性、绿色节能和效果等。其次，结合新区的建筑设计标准及气候环境等方面，对指标体系制度做了一些提升。

（4）企业准入条件

企业准入条件主要是对企业的具体资产总额、生产能力以及能源整合能力等方面做了一些基本的要求。

9.3.2 绿色建筑构件生产基地[1]

雄安钢材加工配送中心项目位于雄安容西绿色建筑构件生产基地内。雄安容西绿色建筑构件生产基地规划用地面积76.35万平方米，总建筑面积22.57万平方米，承担各类雄安新区建设所需绿色建材产品的研发、制造、生产、养护等职能。主要生产装配式混凝土构件、综合管廊构件、成型钢筋加工构件等，为雄安新区建设提供基本建筑产品的供应保障。绿色建筑构件生产基地规划如图9-3-3所示。

---

[1] 根据北方工程设计研究院有限公司《河北雄安钢材加工配送中心可行性研究报告》整理。本文图表除标明来源之外，其余均为北方工程设计研究院有限公司提供。

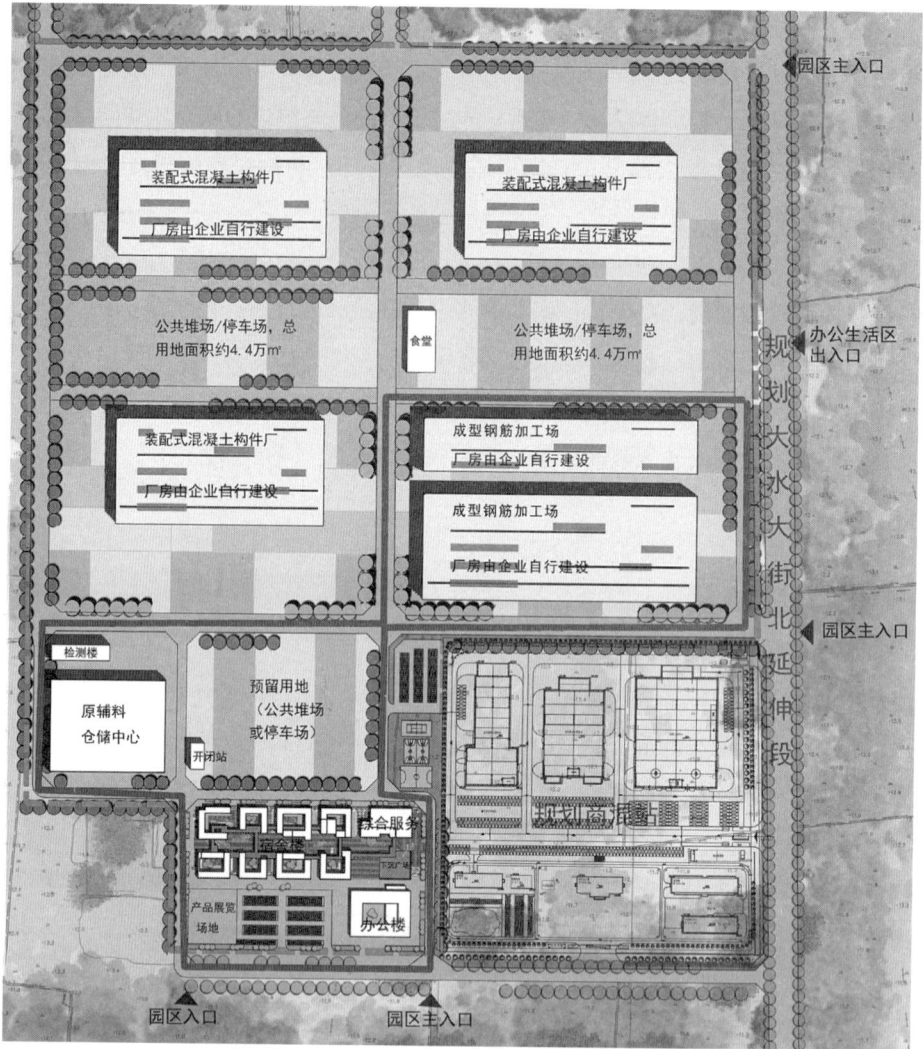

图9-3-3　绿色建筑构件生产基地（过程方案）

　　此项目建设的首要任务是满足新区未来建设发展对各类钢材的需求。随着新区建设步入快车道，新区的各类建设物资需求被提上日程，尤其是以钢材为代表的基础建材。到2035年新区规划总建筑面积达到2.5亿平方米，新建2.3亿平方米，住宅占80%，公共建筑占20%。规划道路面积7000多万平方米，管廊340公里，轨道交通290公里。未来15年，新区规划项目需要钢材2500万吨，平均每年200万吨。由于大部分项目在建设过程中不允许钢材进行施工现场加工，为此，需要承载能力大、生产标准高、运营效率好的钢材加工基地。

　　（1）雄安钢材加工配送中心产品定位

　　1）产品用途

　　经加工后的成品钢材可广泛应用于工业、民用建筑、公路、铁路、桥梁、机场、地铁、隧道等诸多领域。

2）产品构成

项目以钢筋深加工为主，依托信息平台、物流平台、电商平台、金融平台，集新型环保建筑材料研发、生产加工、仓储、物流运输为一体。通过虚实融合系统，融合机械制造、环保电能、自动化以及企业信息管理系统，从钢筋原材料进料到调直、裁切、弯箍、焊接、质量检测控制、成品包装、出库配送等环节均实现数字化控制生产，建成以"工业4.0"为标准，实现"中国制造2025"为要求的"智慧工厂"。

3）产品种类

线材：调直、弯曲、剪切、打包；

棒材：剪切、锯切、套丝、弯曲、打包；

钢筋笼、焊接网片的定制加工。

（2）主要原材料与市场

1）主要原材料

项目主要原材料来源于河北省及周边主要钢铁生产企业，其中以河钢集团、首钢、新兴铸管、太钢、包钢、凌钢等企业产品为主。金属公司与河北省主要钢铁生产企业均有长期稳定合作关系，年经营钢材1000万吨，拥有完善的物流服务能力，能够充分保障原材料的组织供应。

2）产品市场

项目首先服务于雄安新区建设，为新区建设方、施工方等提供系统的、整体的集原料采购、生产组织、物流配送、金融服务等为一体的钢筋成型产品供应解决方案。在满足新区建设的前提下，可辐射周边市场，服务于京津冀经济圈建设。

（3）生产工艺流程

成型钢筋的生产流程可分为：原料储运与处理、钢筋上料、钢筋棒材定尺剪切、钢筋棒材弯曲成型、盘条钢筋加工、钢筋网加工、钢筋焊笼加工等。

（4）集成运营模式

运营过程通过生产管理中心信息化平台予以整合实现。管理中心信息化平台下达钢筋原材备料采购任务，钢筋原料采用公路运输，经系统核准入库后直接进入配送中心钢筋原材备转区，生产加工车间根据不同项目的钢筋型材使用需求进行系统的套裁计算后组织生产，全程采用条码及信息网络技术进行系统管控，由全自动设备完成流水线生产，成品材进行分类打包后进入成品备转区后按不同客户需求进行成品的公路转运。

钢筋加工配送模式下，上游钢厂只需直接面对由配送中心搭建的供应链平台，从而大大降低了供应链中各个环节管理难度和中间成本。而通过供应链平台所发出的及时、准确、可预见的订货需求又便于上游钢厂安排生产计划、降低库存，从而节省成本，为上游钢厂提供更多的增值服务，使钢厂从中受益。

9.3.3 绿色环保高品质建材基地[1]

河北南水北调雄安调蓄库废弃渣综合利用工程（图9-3-4）位于保定市徐水区义联庄乡东庄村的雄安调蓄库内，将打造成为新区绿色建材的供应基地、雄安新区的"骨料仓"。在调蓄库项目建设过程中，会产生大量废弃土石方，仅是雄安调蓄库下库的开挖，预计就会产生弃渣约4亿吨。为了将弃渣资源利用好，弃渣综合利用工程应运而生，弃渣资源大部分被加工成建筑骨料产品，运往雄安新区，供新区各项目建设使用。根据初步测算，调蓄库建设过程中产生的这些弃渣如果生产成为砂石骨料，预计每年能生产2500万吨砂石骨料，可满足新区10~15年的建筑骨料需求，同时帮助破解矿山修复难题。

雄安调蓄库废弃渣综合利用工程主要包括骨料加工系统及调蓄库下库开挖、荣乌互通西黑山收费站及连接线、长胶运输系统（含中转料仓）三大部分。

骨料加工系统及调蓄库下库开挖。骨料加工系统生产工艺采用"粗碎颚式破碎机+中碎圆锥破碎机+细碎圆锥破碎机"三段破碎，骨料生产产生的废水进入水处理系统，处理后回收利用，实现废水零排放。该系统年设计规模2500万吨，运营期16年，总量约4亿吨，每小时处理能力为5500吨。骨料加工系统是雄安调蓄库弃渣综合利用项目的轴心，可将调蓄库下库开挖弃料中的可用料加工成不同粒径的建筑骨料产品，为新区建设提供优质砂石原料，全力保障新区建设需要。

荣乌互通西黑山收费站及连接线。采用半菱形互通形式，连接调蓄库与荣乌高速，与已通车的新区大水大街（容城西）收费站呼应，依托荣乌高速公路联通新区外，搭建便捷

图9-3-4 雄安调蓄库废弃渣综合利用工程建设现场
（来源：https://mp.weixin.qq.com/s/YS9WRq5MF3jzrYOrW8lFrw）

---

[1] https://mp.weixin.qq.com/s/R-yPn58qvyrIMiTo-HNESQ https://mp.weixin.qq.com/s/qMafGMyf3VXF_RjbSsJd_g

通达的建材运输通道。

长胶运输系统（含中转料仓）。长约4.5公里，从骨料加工系统西侧沿地势架空而成，下穿一段长约240米隧洞，直至中转料仓，由7条胶带机及14个出料仓组成，可以保障砂石骨料从容易线建材通道运输至新区。相比于修建公路的方案，这一方案可以节省近十亿元的建设运维资金，兼具环保及节能的功效。

雄安调蓄库砂石骨料第一条生产线已于2020年8月开始试运行，11月中旬正式向雄安新区容西混凝土搅拌站供应砂石骨料，2020年年底前，8条砂石骨料生产线全部投入运行（图9-3-5）。砂石骨料的生产全过程都贯穿着节能环保的理念及无尘、无废、无污染的设计标准，从调蓄库下库开挖的降尘处理，到全封闭的骨料加工系统实现粉尘全收集，再到专属的运输通道，实现了环保措施全覆盖。

（1）无尘处理

2020年10月31日，雄安调蓄库启动了现场第一次爆破开挖，采用了带有自动粉尘收集系统的钻机造孔，并利用数字化微差挤压爆破技术和矿山多功能抑尘车进行爆破降尘作业，实现爆破零污染。不仅如此，施工现场各作业面严格按照环保标准作业，每台挖机配备专用雾炮车，开挖作业的同时进行洒水抑尘。

同时，为满足产能需求和环保要求，雄安调蓄库骨料加工系统主要设备均为进口先进设备，各车间均采取全封闭措施，同时配有高效除尘器，严格执行国家环保标准，最大程度保证降尘、减噪。

（2）无废处理

骨料生产产生的废水进入水处理系统，处理后回收利用，实现废水零排放。

（3）无污染处理

在工程建设过程中，项目探索引进首台无人驾驶纯电动矿卡车，不仅节能减排，而且"零排放"、绿色环保。

雄安新区推广绿色低碳的生产生活方式和城市建设运营模式，推广绿色建筑，使用绿

图9-3-5　雄安调蓄库骨料加工系统

色建材，积极稳妥推广装配式、可循环利用的建筑方式，对新区建筑发展提出了更高的要求。现代木结构建筑具有：节约工期、节约人力、清洁环保、绿色健康、节能降耗、结构安全、文化传承、提档升级、舒适宜居、造型美观、构件质量可控等显著优势，开展雄安新区现代木结构建筑推广及应用，可有效提升新区建筑建造品质，是探索新区碳中和、碳达峰的重要举措，对实现雄安新区绿色高质量发展具有重要意义。同时，现代木结构建筑与传统钢材、混凝土建筑相比，更加符合《雄安新区建筑风貌导则》提出的"中西合璧、以中为主、古今交融"的建筑本体风貌要素要求。以下，通过梳理总结现代木结构的应用示例，以期为雄安新区现代木结构建筑的应用提供参考。

专栏9-2　雄安新区现代木结构建筑应用前景分析[1]

一、我国现代木结构建筑发展现状

（一）政策现状

在我国大力推动装配式建筑发展的宏观背景下，现代木结构的发展也迎来了较好的发展机遇。相关政策包括：

- 2014年：住房和城乡建设部发布的《关于大力推广现代木结构建筑技术的指导意见》提出，"到2020年，现代木结构建筑在整个建筑业的市场份额的目标要达到8%"。

- 2015年：工业和信息化部、住房和城乡建设部联合发布的《促进绿色建材生产和应用行动方案》中指出，"促进城镇木结构应用，推动木结构建筑在政府投资的学校、幼托、敬老院、园林景观等低层新建公共建筑，以及城镇平改坡中使用"；"旅游区重点推广木结构建筑"；"农村自建住宅、新农村居民点建设重点推进木结构农房"。

- 2016年：发展改革委、住房和城乡建设部联合发布的《城市适应气候变化行动方案》指出，"加快装配式建筑的产业化推广。在地震多发地区鼓励政府投资的学校、幼托、敬老院、园林景观等新建低层公共建筑采用木结构"。

- 2016年：国务院发布的《关于进一步加强城市规划建设管理工作的若干意见》指出，"在具备条件的地方，倡导发展装配式木结构建筑"。

---

[1] 秦亦可、宋天祺，加拿大不列颠哥伦比亚省林业创新投资中国代表处。本文图表除标明来源之外，其余均为约稿作者提供。

- 2017年：住房和城乡建设部《"十三五"装配式建筑行动方案》中强调"制定全国木结构建筑发展规划明确发展目标和任务，确定重点发展地区，开展试点示范"。

（二）标准与规范现状

近年来，我国制定和完善了一系列与木结构建筑和木材产品相关的标准规范，较为完备的技术标准体系已完成搭建。在木结构建筑设计、施工、验收各阶段以及材料选择等方面，均有相应技术标准规范支撑，已基本满足国内木结构工程建设需求。

同时，随着我国木结构的快速发展和对木结构日益增加的社会需求，为适应市场需要，我国陆续制定颁布了《装配式木结构建筑技术标准》GB/T 51223和《多高层木结构建筑技术标准》GB/T 51226，对装配式木结构建筑以及多高层（主要针对6层以下木结构建筑，6层及以上木结构建筑的防火设计应进行论证）木结构建筑的结构设计、防火设计、安装施工、竣工验收等进行了规定，进一步提高木结构建筑工业化的技术要求，满足市场需要。为雄安新区应用现代木结构建筑奠定了坚实的标准与规范基础。

（三）宣传与推广

现代木结构的运用在实现碳中和、促进绿色发展中的贡献被广泛认可。为进一步加快现代木结构建筑技术在雄安新区的协同发展，推动新型建筑工业化的全面落实，加拿大木业联合中国房地产业协会、雄安绿研智库有限公司，于2020年11月11日在雄安新区成功举办"中国木建木构行业雄安行"活动（图1）。

图1 "中国木建木构行业雄安行"交流现场

多位来自国家及雄安新区政府相关部门、科研机构、央企国企及建筑设计机构领导、专家、学者及相关从业者参与到此次活动中。活动从政策导向、雄安新区规划解读、先进现代木结构技术分享等多维度探讨、交流了现代木结构建筑形式在雄安新区的广阔应用前景。现代木结构建筑与传统混凝土建筑相比，更能够满足建筑本体风貌设计要求，也进一步拓宽了未来现代木结构建筑在雄安新区的推广应用。

二、现代木结构建筑的优势

（一）固碳

木材产品在生产过程中的能量消耗远低于混凝土和钢材，更重要的是木材是唯一可再生的建筑资源。木材的应用对林业的可持续发展和采伐后的次生材开发、新材地的种植等均具有积极意义。生长1立方米木材可吸收约1吨二氧化碳，释放3/4吨氧气，二氧化碳以碳的形式储存在树木中，生长活跃的幼木林相比成熟林木能吸收更多二氧化碳（图2）。

（二）节能

木材重量比钢材和混凝土重量小，易于在现场施工，且木材在运输过程中消耗的能源也较少；现代木结构建筑可以实现工厂预制，现场装配，这不仅有利于建筑工业化的实现，而且可以减少一部分因现场施工带来的噪声、废气、废水、固体废弃物等的排放；现代木结构建筑自重轻，可以减少基础施工的用材量；另外现代木

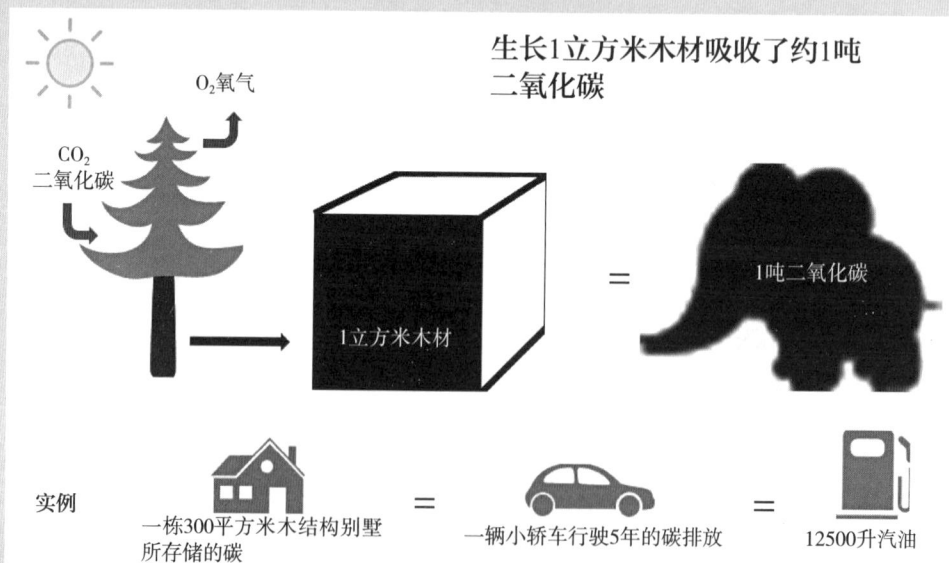

图2　木结构建筑碳排放示意图

结构优异的保温、隔热性能使建筑在运行过程中大大降低了能耗。

　　清华大学和北京工业大学共同开展了一项研究，对同一栋建筑分别使用木、钢材和混凝土在50年使用寿命内的生命周期做了比较。该研究着重分析了三种建筑材料的生产阶段和建筑物的试用阶段整栋建筑采用的能源和材料，以及产生的废气、废水和有害固体废弃物的排放。研究结果显示，木结构建筑在整个生命周期内比钢或混凝土建筑节能约25%。研究表明，与建筑在长期使用过程中消耗的能源相比，建筑材料本身在生产阶段所消耗的能源也是至关重要的。此外，改善建筑的保温隔热、气密性能及采取其他节能措施也能提高建筑物的节能性能（图3）。

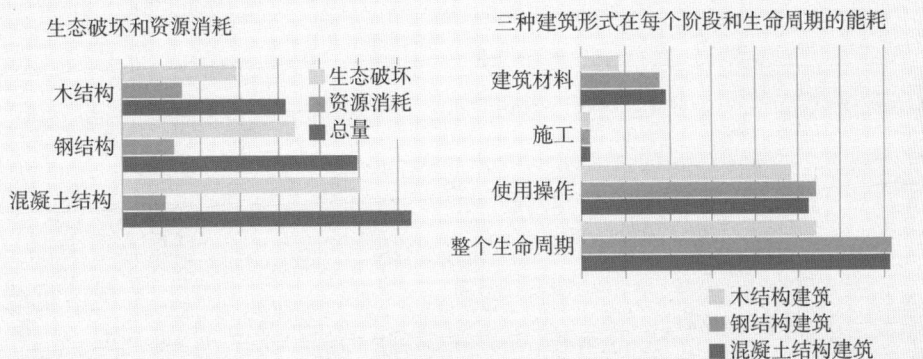

图3　木结构建筑全生命周期节能示意图

三、雄安新区现代木结构建筑应用前景分析

（一）特色小镇游客中心

　　建议项目体量范围为20～50平方米（可根据实际建筑要求调整），适用于雄安新区郊野公园项目游客中心、公共服务用房等建筑，施工难度较低，建设速度快，展示效果好。木结构建筑可在突出公园特色主题的同时兼顾舒适性、健康性及美观性，为雄安新区提供了独具优势的建筑形式选择。借鉴案例：上海杨树浦滨水驿站–人人屋（图4）。

　　《雄安新区规划技术指南》作为雄安新区规划编制技术依据文件，针对特色小城镇规划提出相应的技术要求：新区用地强度共设五级分区，特色小城镇的用地强度适用近零建设区、低强度建设区和中低强度建设区；新区建筑高度采取六级分区的控制方式，特色小城镇应以二级、三级分区为主，建筑高度主要在45米以下（表1）。

图4 上海杨树浦滨水驿站–人人屋实景图
（来源：景观中国）

表1 雄安新区用地强度分区管控指引表

强度分区	强度特征	区位特征	强度意向
强度Ⅰ区	近零建设区	绿地（G）与农业与生态用地（E）等集中成片的生态绿色地区，以低影响建设为原则，严格控制建设行为	
强度Ⅱ区	低强度建设区	临淀、生态环境良好和风貌特色突出的地区	
强度Ⅲ区	中低强度建设区	城市主要居住、就业地区与生态空间的过渡区域	
强度Ⅳ区	中高强度建设区	城市主要居住、就业地区	
强度Ⅴ区	高强度建设区	中心节点地区或轨道交通站点周边等其他有必要进行较高强度建设的地区	

在特色小城镇、美丽乡村和重要文物遗址周边，应避免大体量、突兀的建（构）筑物对整体风貌造成不利影响。特色小城镇和美丽乡村建筑的空间组合应自然和谐，避免布置成简单的行列格局。鼓励原有乡土建筑及宅院形式的传承发扬，保持风格材质与原有整体风貌的协调统一，最大限度地利用当地建筑材料，形成鲜明的地域特色。

可以看出，新区强调保持特色小城镇宜居尺度，不盲目盖高楼，建筑高度和体量适宜，建设小尺度开放式街坊住区。《雄安新区规划技术指南》中针对特色小城镇提出的"建筑高度上不宜过高、建筑风貌上传承中华建筑文化、建筑形态上鼓励原有乡土建筑及宅院形式、建筑材料上最大限度利用当地建筑材料"等规划要求，在现代木结构建筑上均可以做到良好的体现。

（二）养老中心 特色酒店

建议项目体量范围为800～6000平方米（可根据实际建筑要求调整），易发挥现代木结构建筑优势，结构安全，体验舒适。借鉴案例：北川红枫敬老院（图5）。

（三）教育办公 公服用房

建议项目体量范围1000～6000平方米（可根据实际建筑要求调整），易发挥现代木结构建筑优势，结构安全，体验舒适。借鉴案例：都江堰向峨小学（图6）。

图5　北川红枫敬老院实景图

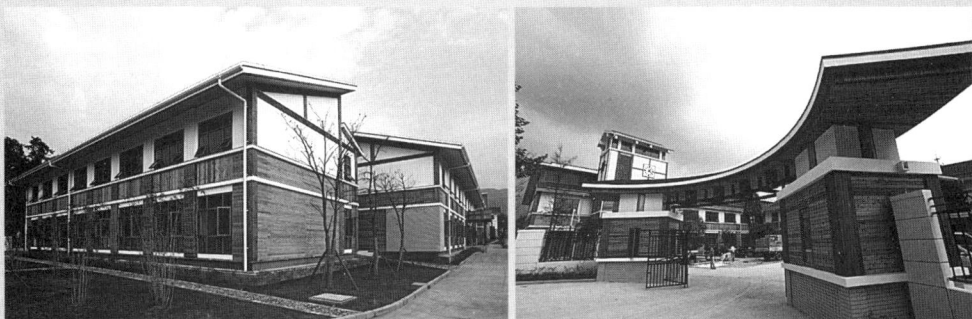

图6　都江堰向峨小学实景图

（四）商务办公展示中心

建议项目体量范围300平方米以上（可根据实际建筑要求调整），体量大，易发挥现代木结构建筑优势，结构安全，造型美观，体验舒适，绿色节能。借鉴案例：河北中加低碳节能建筑技术交流中心（图7，现为河北省建筑科学研究院办公地）。

图7　河北中加低碳节能建筑技术交流中心

第五篇
绿色人文

雄安新区的设立承载着探索中国生态文明背景下的城镇化下半场转型发展路径的重要使命，坚持世界眼光、国际标准、中国特色、高点定位，统筹城市建设与软实力同步发展，探索城市治理体系和治理能力现代化的科学路径。

在全面深化改革、构建新发展格局的战略大背景下，创新管理体制机制是雄安新区激发创新活力、引领全国城市治理样板的题中之意。发展成为"绿色生态宜居新城区、创新驱动发展引领区、协调发展示范区、开放发展先行区"，亟须推进雄安新区在行政、社会、经济、生态环境等管理方面的体制机制创新。新区以规划建设的全方位、立体式制度需求为目标，探索生态环境、住房开发、科技创新、基层治理、行政改革等领域的新体制和新思路，深化管理体制机制创新，确保城市管理体制机制能够紧跟新区发展趋势，满足居民日益增长的城市管理需求。第十章管理体制与机制创新，重点阐述了新区在行政管理体制机制改革和生态环境保护机制建立与基层社会治理试点推动的三方面工作。行政管理方面，《河北雄安新区条例》出台，明确了雄安新区管委会法律地位，赋予管理职权，为新区行政管理体制机制创新发展提供有力的法律依据；生态环保方面，新区创建国家生态文明试验区，开创地方生态立法先河，发布《白洋淀生态环境治理和保护条例》；基层治理方面，新区因地制宜，充分发挥在地组织及居民的积极性，形成各具特色的基层治理模式，如白塔村"共生、共建、共享、共赢"模式等。

推动形成绿色发展方式和生活方式是贯彻新发展理念的必然要求，新时代中国特色社会主义的绿色发展之路，需要生产生活和文化领域的绿色革命、全面转型，绿色发展人人有责，需要政党、政府、企业、社会组织、公众等各方知行合一，身体力行。第十一章从多方参与、实践活动、媒体宣传三方面阐述了新区在绿色生活与文化的实践经验。多方参与方面，新区积极培育绿色发展多元主体，通过行业协会带动产业协同发展，推动第三方智库赋能绿色雄安，鼓励科研机构深度开展工作坊等形式探索新区绿色发展路径。实践活动方面，通过学术论坛、环保实践活动等形式，整合多方力量，鼓励多主体参与，壮大新区绿色发展参与主体规模，引导居民形成绿色发展理念；媒体宣传方面，新区聚合媒体资源，运用官方媒体、自媒体等多种媒介，向公众传播绿色发展理念，树立绿色雄安形象，使绿色发展深入人心。

Part V Green Humanity

Aiming to explore the transformation and development path of the new urbanization in the era of ecological civilization, Xiongan New Area was established at a high position with global vision, international standards and Chinese characteristics. During the establishment, efforts have been placed on both the urban construction and the increase of soft power, and on exploring the path of developing governance capacity and modernizing the urban governance system.

In order to deepen reform and build new development pattern in a strategic way, innovative institutional mechanism is the key to stimulate innovation and vitality in Xiongan New Area and set a model for the national urban governance. Developing Xiongan New Area into "an ecological and livable urban new area, a leading area driven by innovation, a demonstration area of coordinated development, and a pioneering area of open development" requires the institutional innovation in the administrative, social, economic, and ecological management. In order to build an all-round and multi-level system for planning and construction, many explorations on new systems in the fields of ecological environment, housing supplement, scientific and technological innovation, primary-level governance and administrative reform are being conducted. Innovations of institutional mechanism are being encouraged to ensure that the urban management system and mechanism can keep pace with the development of Xiongan and meet the residents' growing demand on urban management. Chapter 10 illustrates the efforts of Xiongan in three aspects, including the reform of the administrative system, the establishment of the ecological and environmental protection mechanism and the pilot program of primary-level governance. In terms of administration, the introduction of the *Hebei Xiongan New Area Regulations* clarifies the legal status of the Xiongan New Area Administrative Committee and grants its administrative power, providing a strong legal basis for the innovative development of the administrative mechanism of Xiongan; In terms of ecological protection, Xiongan has established a national ecological civilization pilot zone, pioneered local ecological legislation by introducing the *Baiyangdian Ecological Environment Management and Protection Regulations*; In terms of primary-level governance, Xiongan has given a full play to the local organizations and residents to form distinctive governance models.

Promoting green development and lifestyle is important in the implementation of the new development concept. The green development with Chinese socialist characteristics in the new era requires a green revolution in the field of production and life and culture, and a comprehensive transformation. Green development is everyone's responsibility, therefore, all the stakeholders in the society, including the political party, governments, enterprises, social organizations and the public, should take actions. Chapter 11 describes the practical experience of Xiongan in green lifestyle and culture from three aspects: multi-party participation, activities and publicity. In terms of multi-party participation, Xiongan is actively working with partners with diversified backgrounds, creating synergy in the industries through industrial associations, promoting the development of think tanks to empower green development and encouraging scientific research institutions to carry out various forms activities, like workshops, to explore the green development path. In terms of activities, organizing academic forums and environmental activities is an effective way to integrate resources, involve different stakeholders, facilitate the growth of stakeholders in Xiongan, and help residents form a green development concept. In terms of publicity, Xiongan has gathered media resources and used various media such as official media and self-media to spread the concept of green development to the public and establish the image of green Xiongan, so that green development will be deeply rooted in people's minds.

第十章　创新管理体制与机制

10.1　区域行政管理体制改革

阶段性是行政管理体制机制创新变革的重要特征。新区在开发初期，规模小、人口少、城市功能不完善，为集中力量搞发展，经中央机构编制委员会办公室批复，成立了中共河北雄安新区工作委员会与河北雄安新区管理委员会，为河北省省委、省政府的派出机构，同时接受京津冀协同发展领导小组办公室指导，负责新区统一领导规划、统筹协同和组织实施。当新区进入全面建设阶段，需要统一行政区划，且随着人口聚集不断增多与城市功能不断扩大，将形成不同类型的功能区，需要设立功能区管理机构，同时要优化行政区与功能区的关系，实行扁平化管理。当新区步入成熟运行阶段，将需要建成副省级雄安新区行政建制，回归常态政府架构，正式建立区委、区政府、区人大和区政协，形成两级或三级管理体系，强化社会管理与公共服务[1]。

行政管理的良性运转需要法律的授权，以法治化为导向是增强行政管理体制创新、减少改革阻力的保障。2021年7月29日，《河北雄安新区条例》（以下简称《条例》）由河北省第十三届人民代表大会常务委员会第二十四次会议审议通过，这一标志性事件表明法律层面明确了雄安新区管委会行使国家和河北省赋予的省级经济社会管理权限的体制性安排。

在此之前，新区管委会作为省政府派出机构，不是一级行政主体，不具备独立执法主体资格。当前，雄安新区已经进入大规模开发建设与承接北京非首都功能同步推进的阶段，部分在京部委所属高校、医院和央企总部将分期分批向雄安新区疏解转移，高端人才引进、高新企业落地、城市建设等迫切要求雄安新区具备相应的行政管理权限和强大的社会治理能力。《条例》主动回应改革需求，明确新区管委会是省人民政府派出机构，参照行使设区的市人民政府的行政管理职权，行使国家和河北省赋予的省级经济社会管理权限，有利于从法律层面突破城市建设管理权限缺失这一瓶颈制约，有利于理顺体制，实现"雄安事，雄安办"，有利于雄安新区加快推进城市建设、有序承接北京非首都功能疏解[2]，为新区改革创新先行先试提供了法律支持。

2019年发布的《中共中央 国务院关于支持河北雄安新区全面深化改革和扩大开放的

---

❶　孟卫东，吴振奇，司林波. 雄安新区管理体制机制创新研究——基于对浦东新区与滨海新区的经验分析 [J]. 当代经济管理，2018，40（4）.

❷　https://mp.weixin.qq.com/s/g-UvbmrEWiEQ0p1NEQlS8g

指导意见》（以下简称《指导意见》）明确指出，逐步赋予雄安新区省级经济社会管理权限。河北省政府分三批向雄安新区管委会先后下放了195项行政许可事项。随着雄安新区城市功能逐步形成，浙江大学雄安发展中心主任、浙江大学公共管理学院石敏俊教授认为，"从长远看，雄安新区向设区市转型过渡势在必行，拥有省级经济社会管理权限的设区市，在我国现行体制下基本上与五个计划单列市类似。因此，《条例》的出台可以说是雄安新区迈向拥有省级经济社会管理权限的设区市的一个过渡性制度安排"❶。

　　《条例》共计10章80条，聚焦于雄安新区"北京非首都功能疏解集中承载地""河北省创新驱动发展引领区"的功能定位，重点从管理体制、规划与建设、高质量发展、改革与开放、生态环境保护、公共服务、协同发展、法治保障等，从法律层面上全方位、多领域规范雄安新区规划建设方略，雄安绿研智库梳理《条例》与《指导意见》等政策文件的共同点与新提法，旨在深入领悟《条例》精神，指导后续新区建设工作。

专栏10-1　《河北雄安新区条例》解读❷

一、新变化

　　《条例》根据《指导意见》《河北雄安新区规划纲要》《河北雄安新区总体规划（2018—2035年）》等文件制定，与新区顶层规划及政策一脉相承，并进一步深化，本专栏对比梳理了24条新提法、新变化以及对既往政策文件的深化延展内容（表1）。

表1　《河北雄安新区条例》新增内容梳理

章节	序号	新增内容
管理体制	1	第六条 雄安新区管理委员会是省人民政府的派出机构，参照行使设区的市人民政府的行政管理职权，行使国家和省赋予的省级经济社会管理权限，领导雄安新区规划范围内各级人民政府的工作，根据雄安新区功能定位和建设目标，依法有序推进规划建设管理和发展
	2	第十条 对雄安新区内县级人民政府有关部门作出的行政行为不服的，可以向该县级人民政府申请行政复议；对雄安新区内县级人民政府、雄安新区管理委员会所属机构作出的行政行为不服的，可以向雄安新区管理委员会申请行政复议；对雄安新区管理委员会作出的行政行为不服的，可以向省人民政府申请行政复议。法律、行政法规另有规定的，从其规定

---

❶　http://caifuhao.eastmoney.com/news/20210812091227982813710

❷　https://mp.weixin.qq.com/s/7zd6v0soatw89kkzZm4i_w

续表

章节	序号	新增内容
规划与建设	1	第十二条 雄安新区管理委员会应当完善规划实施决策机制，**建立雄安新区规划委员会**，履行组织协调和规划审查职能
	2	第十三条 雄安新区规划一经批准，任何单位和个人**不得擅自修改**。确需修改的，按照法定程序报请原审批机关批准。雄安新区管理委员会应当对规划实施情况**定期组织评估**，并向原审批机关提出评估报告
	3	第十四条 雄安新区管理委员会应当加强国土空间用途管制，实施**国土空间规划许可制度**，逐步推进建设用地预审、选址意见书、使用林地审核、建设用地规划许可、建设工程规划许可、乡村建设规划许可等审批事项合并办理，提高审批质量和效率
高质量发展	1	第二十一条 提出建设"创新型雄安"，新增"**促进数字经济和实体经济深度融合**"要求
	2	第二十三条 提出"雄安新区管理委员会应当**制定产业发展指导目录并向社会公布**"的任务要求
改革与开放	1	第二十九条 明确提出"在土地、住房、投融资、财税、金融、人才、医疗等方面先行先试"
	2	第三十六条 雄安新区应当建立智慧、**便捷的税费服务体系**，为纳税人、缴费人提供法律宣传、业务咨询、在线办理、权益保护等服务
	3	第三十九条 提出"完善企业投资服务机制，促进投资贸易便利化，构建开放型经济体系"
	4	第四十五条 雄安新区应当在中国（河北）自由贸易试验区（雄安片区）推进制度集成创新，开展首创性、**差别化改革探索，积极推进雄安综合保税区建设**，促进外向型优势产业发展
生态环境保护	1	第四十八条 提出"建立绿色低碳循环发展经济体系，加快碳达峰碳中和进程"
	2	第五十四条 提出建立健全"**生态环境保护责任清单**"等制度
公共服务	1	第五十六条 雄安新区应当加强政务服务建设，**推行证明事项告知承诺制**，推动政务服务标准化建设，实现"一网通办、一窗核发"。除法律、法规另有规定或者涉及国家秘密等情形外，政务服务事项应当纳入政务服务平台办理。 雄安新区应当运用现代信息技术，**推进政务信息共享和业务协同**，提高政务服务信息化、智能化、精准化、便利化水平
	2	第五十八条 提出构建体系完整、分工明确、功能互补、优质高效的"**立体化卫生应急体系**"
	3	第五十九条 雄安新区应当建立以居家为基础、社区为依托、机构为支撑，居家社区机构相协调、医养康养相结合的**养老服务体系**，满足多层次、多样化的养老服务需求
协同发展	1	第六十四条 提出"雄安新区管理委员会应当根据功能定位和人口需求，**编制公共服务发展规划**"的工作要求
	2	第六十八条 提出"雄安新区应当加强**军地共建**共用重大科研基地和基础设施建设"
法治保障	1	第七十条 雄安新区应当坚持依法决策、依法行政，严格规范执法行为，营造公平公正的法治环境，构建符合高质量发展要求的法治保障制度体系，推进**法治雄安和廉洁雄安建设**
	2	第七十一条 雄安新区应当依法保护各种所有制经济组织、公民的财产权和其他合法权益，保护企业经营者人身和财产安全。 严禁违反法定权限、条件、程序对市场主体的财产和企业经营者个人财产实施查封、冻结和扣押等行政强制措施；依法确需实施前述行政强制措施的，应当限定在所必需的范围内。 加强产权司法保护，依法严惩侵犯产权的各类刑事犯罪，严格规范涉案财产处置

章节	序号	新增内容
法治保障	3	第七十四条 雄安新区应当按照鼓励创新的原则，对新技术、新产业、新业态、新模式等实行**包容审慎监管**，针对其性质、特点分类制定和实行相应的监管规则和标准，确保质量和安全
	4	第七十五条 提出"雄安新区应当加强社会矛盾纠纷多元预防调处化解工作，畅通和规范公众诉求表达、利益协调、权益保障通道，**完善信访制度和人民调解、行政调解、司法调解联动工作机制**"
	5	第七十七条 明确"雄安新区应当支持律师事务所、法律援助机构、公证机构、司法鉴定机构、仲裁机构、调解组织等创新建设发展，鼓励各类社会组织在法治宣传、权益维护、矛盾纠纷化解等方面提供**法律服务**"
	6	第七十八条 提出"明确适用于容错纠错的具体情形和认定程序"的工作要求

二、新亮点

（一）明确雄安新区管委会法律地位，赋予管理职权

《条例》第二章"管理体制"，全章从管理机构、管理权限、用人制度、综合行政执法体制、行政复议机制等方面，详细阐述雄安新区全新的制度设计，明确雄安新区管委会法律地位和管理职权。

在《指导意见》关于科学设置雄安新区管理机构任务的基础上，《条例》明确，雄安新区管理委员会是省人民政府的派出机构，参照行使设区的市人民政府的行政管理职权，行使国家和省赋予的省级经济社会管理权限。同时，雄安新区管理委员会应当依据国家和省有关规定构建灵活高效的用人制度，按照规定享有统筹使用人力资源的自主权。另外，《条例》第十条明确了行政复议机关职责，这对于保护公民、法人和其他组织的合法权益，保障和监督行政机关依法行使职能具有重要的意义和作用。

（二）将规划上升为法律，着重加强国土空间规划管理

《条例》首次提出了"建立雄安新区规划委员会，履行组织协调和规划审查职能"，赋予规划以法律性质，并强化了规划的刚性约束，规定"雄安新区规划一经批准，任何单位和个人不得擅自修改"。此项举措，可更切实保障规划实施落地，确保一张蓝图干到底。

另外，《条例》在规划与建设方面，加强了对国土空间的法律约束。例如，规定"雄安新区管理委员会应当加强国土空间用途管制，实施国土空间规划许可制度，逐步推进建设用地预审、选址意见书、使用林地审核、建设用地规划许可、建设工程规划许可、乡村建设规划许可等审批事项合并办理，提高审批质量和效率"，《条

例》聚焦于土地利用的全生命周期管理，从操作实施层面上更详细的约束国土空间开发利用流程与程序。

（三）建设"创新型雄安"，实现高质量发展

世界眼光、国际标准、中国特色、高点定位——设立河北雄安新区，其意义不仅在于建造一座城，而是给中国的城市高质量发展探索未来路径。《条例》延续《指导意见》关于"强化创新驱动，建设现代化经济体系"重点任务，深化新区新产业、新人才建设要求，明确提出要建设创新型雄安，强化创新驱动，推进供给侧结构性改革，大力发展高端高新产业，构建现代产业体系，推进高质量发展。同时，《条例》结合《中共中央关于制定国民经济和社会发展第十四个五年规划和二〇三五年远景目标的建议》，在建设创新型雄安的内容中，与时俱进地提出"促进数字经济和实体经济深度融合"，体现了《条例》编制的时代性、创新性。

另外，《条例》延续《指导意见》关于深入实施人才优先发展战略的目标任务，首次提出建立与高质量发展相适应的"五湖四海"选人用人机制。有利于新区拓宽选人用人视野，放眼各条战线、各个领域、各个行业、各个层级，广纳贤才、英才，唯贤是举、选贤任能，形成具有国际竞争力的人才制度优势，为创新型雄安建设夯实人才基础。

（四）提升服务机制，助力新区改革发展

建设雄安新区没有先例可循，新区肩负着打造体制机制新高地的重任，改革开放越是深入，越需要法治保障。《条例》详细列举了土地、住房、投融资、财税、金融、人才、医疗等近二十项改革举措，从这些规定可以看出，改革开放程度是前所未有的。

《条例》创新提出"雄安新区应当建立智慧、便捷的税费服务体系，为纳税人、缴费人提供法律宣传、业务咨询、在线办理、权益保护等服务"；"促进投资贸易便利化，构建开放型经济体系"等。另外，依托于中国（河北）自由贸易试验区（雄安片区）的建立，《条例》还规定了"推进制度集成创新，开展首创性、差别化改革探索，积极推进雄安综合保税区建设，促进外向型优势产业发展"。这些条例旨在提升政府服务机制，以智慧化和便利化的改革措施，促进新区经济社会与优势产业的发展。

（五）加快双碳进程，创新生态环境保护体制机制

结合2021年国务院《政府工作报告》中扎实做好碳达峰、碳中和各项工作要求，《条例》提出"创新生态环境保护体制机制，建立绿色低碳循环发展经济体系，加快碳达峰碳中和进程，实行最严格的生态环境保护制度"。

《条例》规定，确立水资源开发利用红线，加强白洋淀生态环境治理和保护，推进补水、治污、防洪一体化建设，发挥白洋淀的生态功能、防洪功能，实现以淀兴城、城淀共融。在生态文明建设目标评价考核方面，《条例》首次提出了"建立健全生态环境保护责任清单"，确定生态环境保护责任落位。

（六）深化公共服务建设，让城市公共服务更具人性化

针对公共服务发展，《条例》要求，雄安新区管理委员会应当根据功能定位和人口需求，编制公共服务发展规划，从而深化公共服务建设发展工作。

打造幸福城市，要立足以人为本的理念，让城市的公共服务更有温度、更人性化、更接地气。对比发现，《条例》除了延续《指导意见》"创新公共服务供给机制，提高保障和改善民生水平"重要任务中关于教育、文化、社会保障与就业创业等方面的建设要求外，在政务服务、医疗卫生服务、养老服务方面进一步深化创新，回应公众实际需求。

政务服务方面，《条例》深化《指导意见》关于"构建'互联网+政务服务'体系，推动各类政务服务事项'一网通办、一窗核发'"要求，在第五十六条提出："推行证明事项告知承诺制，推动政务服务标准化建设，实现'一网通办、一窗核发'。除法律、法规另有规定或者涉及国家秘密等情形外，政务服务事项应当纳入政务服务平台办理"。并且，"雄安新区应当运用现代信息技术，推进政务信息共享和业务协同，提高政务服务信息化、智能化、精准化、便利化水平"。

公共卫生方面，新冠肺炎疫情"大考"让公众深刻认识到城市公共卫生应急管理体系重要性。结合新区城市建设实际需求，《条例》在《指导意见》关于"探索建立高度共享、优质高效的整合型医疗卫生服务体系"要求的基础上，提出构建体系完整、分工明确、功能互补、优质高效的整合型医疗卫生服务体系和立体化卫生应急体系。及时、有力地回应城市公共卫生应急管理建设需求。

养老服务方面，《条例》首次明确提出新区养老服务体系建设要求：雄安新区应当建立以居家为基础、社区为依托、机构为支撑，居家社区机构相协调、医养康养相结合的养老服务体系，满足多层次、多样化的养老服务需求。雄安新区第七次全国人口普查数据显示，雄安新区常住人口中，60岁及以上人口占总人口的18.07%，其中65岁及以上人口占13.05%，《条例》增加养老体系建设需求，充分体现新区结合实际，应对人口老龄化的积极态度。

（七）建设"法治雄安"，强化营商环境的法治保障

习近平总书记在主持中央全面依法治国委员会第二次会议上强调，法治是最好的营商环境，要以立法高质量发展保障和促进经济持续健康发展。《条例》中，"法

治保障"自成一章，从财产权、知识产权保护、信用体系公共法律服务等方面，对法治保障提出要求。

除了《指导意见》曾提出的保护知识产权、完善社会信用体系等方式，《条例》新增了保障财产权和其他合法权益，包容审慎监管新技术、新产业、新业态、新模式等新途径，并细化、完善法律服务相关内容，为提升营商环境提供法治保障。

保障财产权及其他合法权益方面，《条例》提出，雄安新区应当依法保护各种所有制经济组织、公民的财产权和其他合法权益，保护企业经营者人身和财产安全。严禁违反法定权限、条件、程序对市场主体的财产和企业经营者个人财产实施查封、冻结和扣押等行政强制措施；依法确需实施前述行政强制措施的，应当限定在所必需的范围内。从而打造让企业家、创业者安心干事创业的发展环境，更为新区优化营商环境提供了遵循依据。

包容审慎监管方面，《条例》提出：雄安新区应当按照鼓励创新的原则，对新技术、新产业、新业态、新模式等实行包容审慎监管，针对其性质、特点分类制定和实行相应的监管规则和标准，确保质量和安全。

法律服务方面，《条例》基于《指导意见》关于"法治社会建设，努力建设及时、精准、普惠的公共法律服务体系"的要求，进一步明确解决社会矛盾纠纷、提供公共法律服务方面的法治服务要求。如加强社会矛盾纠纷多元预防调处化解工作，畅通和规范公众诉求表达、利益协调、权益保障通道，完善信访制度和人民调解、行政调解、司法调解联动工作机制。

在加强公共法律服务体系建设方面，提出：雄安新区应当支持律师事务所、法律援助机构、公证机构、司法鉴定机构、仲裁机构、调解组织等创新建设发展，鼓励各类社会组织在法治宣传、权益维护、矛盾纠纷化解等方面提供法律服务。

10.2 生态环境保护机制建立

建立完善的生态环境管理体制机制是建立"绿色生态宜居新城区"的重要载体。一方面，开展新时代城市生态文明建设创新实践，在开发建设过程中严守生态红线，增进城市生态红利和居民生态福利；框定总量、限定容量、盘活存量、做优增量、提高质量，提高城市发展的可持续性、宜居性；另一方面，开创地方生态立法先河，用最严格的制度、最严密的法治、最严厉的处罚保护区域生态环境，从法规层面加强生态优先，确保一张蓝图绘到底。

10.2.1　创建国家生态文明试验区

《指导意见》提出要推进雄安新区国家生态文明试验区建设，创新生态文明体制机制。雄安新区落实国家政策要求，深入谋划和推进国家生态文明试验区创建，努力打造新时代生态文明典范城市。

在报审方面，雄安新区于2019年8月组织推动《国家生态文明试验区（雄安新区）实施方案》的编制工作，聚焦打造贯彻落实新发展理念的创新发展示范区和创造"雄安质量"，深化细化主要目标和重点任务，旨在从构建生态文明城市制度体系、建立健全绿色发展新机制、推动白洋淀生态环境治理和保护、推广绿色生产生活方式、打造有力度的国际合作和竞争优势等方面为全省和全国生态文明建设作示范、作贡献。

在组织机制方面，河北省成立生态文明建设领导小组，定期召开领导小组会议，深入学习贯彻习近平生态文明思想和党中央决策部署，听取河北省生态文明建设工作情况汇报。2020年8月，审议了《河北省生态文明建设领导小组工作规则》等文件稿，强调要深入谋划和推进雄安新区国家生态文明试验区建设。

在具体行动方面，雄安新区继续紧抓白洋淀生态环境治理，深入推进唐河污水库治理等重大工程建设，科学稳妥开展内源污染治理，完善常态化补水机制，加快恢复"华北之肾"功能；开展绿色智慧新城建设，积极推进数字雄安、智能雄安建设，高标准建设海绵城市、无废城市、森林城市等；落实无废城市建设实施方案，以"遗存废物全量处置、增量废物全面规划、政策机制全新构建"为基本路线，推进实现"存量处理全量化、新区建设无废化、新区发展无废化"的总体目标，目前，已在打造固土协同资源化利用模式、遗存工业固废处理处置、白洋淀底泥资源化利用、传统产业转移转型、芦苇平衡收割资源化利用、管理平台、"无废乡村"试点示范、建筑垃圾资源化利用等方面形成建设试点亮点模式。

10.2.2　开创地方生态立法先河

近年来，雄安新区在白洋淀流域扎实开展水污染防治、河道整治、生态补水、防洪排涝等一系列工作，环境综合治理取得了显著成效，白洋淀水质稳定达到Ⅳ类标准。作为涉及雄安新区的第一部地方法规，《白洋淀生态环境治理和保护条例》（以下简称《白洋淀条例》）于2021年4月1日起正式实施，《白洋淀条例》共8章100条，从规划管控、污染治理、防洪排涝、修复保护、保障监督等方面对白洋淀流域生态环境保护和治理进行全面规范，以修复好、保护好白洋淀，保障雄安新区防洪排涝和生态安全为目标，健全完善了白洋淀生态环境治理和保护的基本制度。《白洋淀条例》的制定一方面是贯彻落实党中央及省委重大决策部署、深入推进雄安新区高质量建设的生动实践，另一方面也是及时将已有成熟经验、有效做法总结提炼为法定措施、确保在法治轨道上推进雄安新区高质量发展的重要举措。

《白洋淀条例》审议次数之多、立法过程之细，开创了河北省地方立法先河，为打造高质量法规奠定了重要基础。省委、省人大常委、省政府及有关部门、省政协四大班子多措并举、合力推动，对《白洋淀条例》制定的重视程度非常之高；《白洋淀条例》积极对接全国人大和国家部委有关要求，省人大常委会领导带队，多次赴全国人大常委会请示汇报、听取意见建议，全国人大环资委、财经委，全国人大常委会法工委和国家京津冀协同办、生态环境部、水利部、住房城乡建设部等有关部委对条例提出具体指导意见，给予大力支持；《白洋淀条例》广泛汇聚社会各界民意、凝聚兄弟省市共识，多次公开征求意见，将条例草案在河北日报等主流媒体全文刊发。多次召开立法论证会，邀请有关部委及高校专家进行论证研讨。推进京津冀晋协同立法，在雄安新区专门召开四省市征求意见座谈会；《白洋淀条例》充分发挥人大常委会组成人员和人大代表主体作用，先后提请省人大常委会四次审议，并专门召开部分省人大代表意见建议座谈会，两次书面征求所有省人大代表意见，代表、委员逐条研究，提出反馈意见200余条。

《白洋淀条例》用最严格的制度、最严密的法治、最严厉的处罚保护白洋淀生态环境，真正使法规成为刚性约束和不可触碰的高压线。《白洋淀条例》规定白洋淀流域应当实行最严格的生态环境保护制度，落实生态保护红线等要求，推进上下游、左右岸、淀内外等全流域治理和保护。《白洋淀条例》严格落实监督管理制度，建立健全服务保障机制。科学划定白洋淀生态保护红线、环境质量底线和资源利用上线，制定生态环境准入清单。提倡加大多元化资金投入力度，健全市场化、多元化生态补偿机制建设。同时，对自然资源资产审计、生态环保督察、约谈等监管制度进行了规定。《白洋淀条例》从严设置法律责任，增强法规刚性约束。一是规定了政府及其有关部门未履行职责，滥用职权、玩忽职守、徇私舞弊等行为的法律责任；二是水污染法律责任更加严格，坚持严惩重罚，提高了处罚下限；三是细化了防洪法律责任；四是完善了非法排污、违法采砂、违法修筑围堤围埝的法律责任；五是明确了拒绝、阻挠、妨碍监督检查行为的法律责任等❶。

10.3 基层社会治理试点推动

精细化、现代化的基层治理是社会管理体制机制创新的必然趋势。统筹推进乡镇（街道）和城乡社区治理，以增进人民福祉为出发点和落脚点，以加强基层党组织建设、增强基层党组织政治功能和组织力为关键，以加强基层政权建设和健全基层群众自治制度为重点，以改革创新和制度建设、能力建设为抓手，建立健全基层治理体制机制。雄安新区因

---

❶ https://mp.weixin.qq.com/s/fVXPNKNaJliUvoh7fZuawA

地制宜，以党建为引领，鼓励在地组织、企业、居民等多元主体参与，形成多个具有本地特色的基层治理模式，从而推动政府治理同社会调节、居民自治良性互动，提高了基层治理社会化、法治化、智能化、专业化水平。

10.3.1 党建引领、乡村振兴——白塔村

容城镇白塔村将党建引领作为推动乡村振兴的"第一抓手"和"红色引擎"，以精神文明、村容村貌和社会治理等为着力点，以绿色实践活动为途径，积极探索乡村治理新模式。自2019年起，白塔村以基层联合党建形式，借助深圳市建筑科学研究院股份有限公司等企业力量，深化容城镇"补短板、树品牌、做示范，全面提升社会治理和服务水平"的党建工作目标，举办多场绿色实践活动。经过两年的探索，形成了以党建为引领的"共生、共建、共享、共赢"现代化社会治理新格局（图10-3-1），是雄安新区当前建设阶段

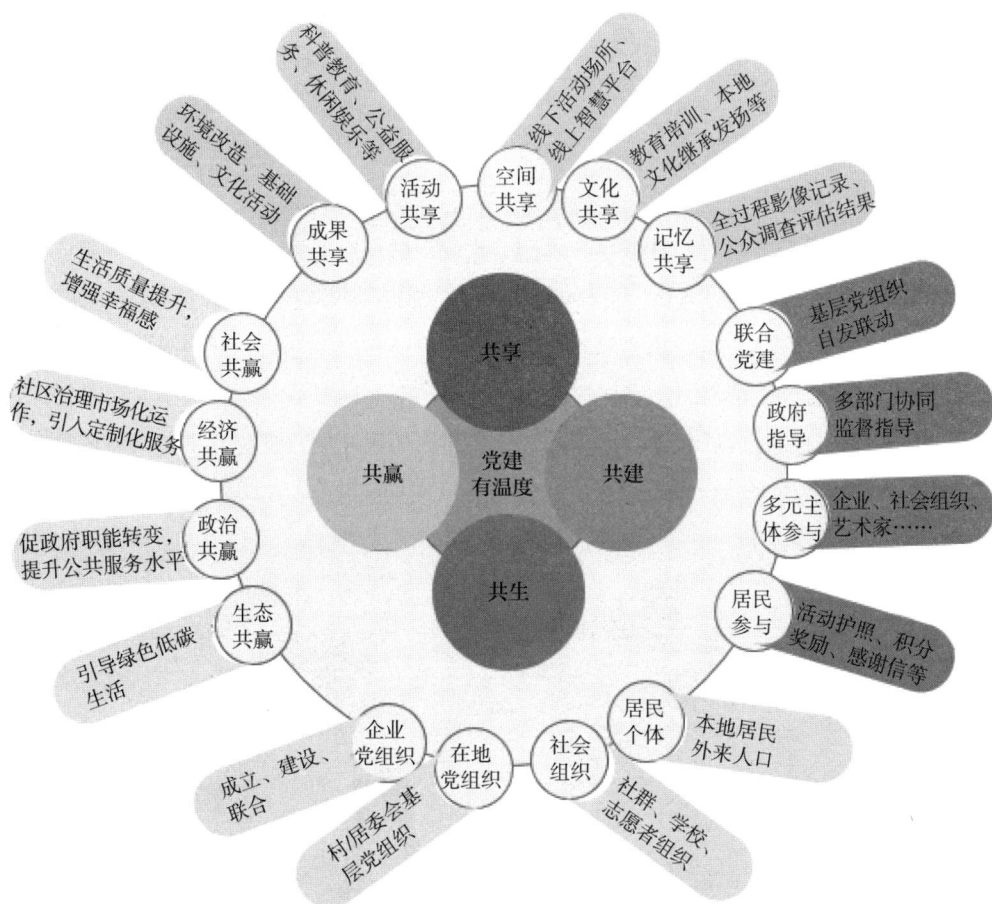

图10-3-1 白塔村"共生、共建、共享、共赢"基层治理模式
（来源：深圳市建筑科学研究院股份有限公司、雄安绿研智库有限公司）

的特色基层联合党建模式。2020年，雄安新区两村获得"河北省第六届全国文明村镇"荣誉，白塔村凭借其特色基层治理模式及治理成效，获此荣誉。

以下简要介绍白塔村"共生、共建、共享、共赢"基层治理模式。

共生，即多主体共同生活在同一社区，并能够和谐共融。雄安新区容城县白塔村全村人口3089人、1076户、党员95名。目前，白塔村已有外驻企业30余家，流动人口2300人左右，约占村内总人口的43%。雄安新区建设为白塔村促使企业、社会组织等多元主体入驻，为白塔村引入了新资源、新动力、新思想、新人才。白塔村以党建为引领，以文化为媒介，以活动为平台，为在地居民提供各类合作交流平台，并通过组织各类团体与居民共同编修村规民约，形成乡村共同文化，增强外来居民的归属感、荣辱感，提高本地村民对外来人口的接纳度，从而形成多主体和谐共生的良好局面。

共建，即社区内多元主体联合互助，共同建设美丽社区、美丽乡村。共建以党建为引领，通过基层党组织调动多元主体力量，推进在地基层党组织、企业、社会组织、居民共同参与乡村建设。2020年，白塔村通过志愿服务等联合党建活动，组织志愿者参与种植花草、美化墙面及垃圾桶等环境改造义务劳动，改善村容村貌，累计有6个党支部、12家企业、2个社会团体、百余名党员、群众参与活动，居民环保的主人翁意识得到增强（图10-3-2）。

共享，即共享美丽乡村建设成果，具体分为成果共享、活动共享、空间共享、文化共享、记忆共享。成果共享，主要指乡村改造提升的环境成果共享，通过白塔村共建，完成村内三条道路的改造升级、园林绿化、墙面美化，乡村环境得到明显改善提升，其成果由居民共同享有；活动共享，白塔村中的驻村企业，如深圳市建筑科学研究院股份有限公司、雄安绿研智库有限公司、招商局等企业，立足白塔村，定期组织开展绿研沙龙、公益课程进校园等联合党建活动，丰富居民生活，活动均对居民开放；空间共享，白塔村通过联合共建形式，打造村内联合党建活动中心，想村内居民开放；文化共享，白塔村整合文化资源，请驻地艺术家结合乡村风貌，打造"雄安花田文化"，在白塔村民宅墙面进行艺

图10-3-2 志愿者参与白塔村环境改造提升
（来源：深圳市建筑科学研究院股份有限公司、雄安绿研智库有限公司）

图10-3-3 白塔村联合党建活动现场
（来源：深圳市建筑科学研究院股份有限公司、雄安绿研智库有限公司）

术绘画，提升乡村风貌，绘制过程中，本地村民及驻村企业员工积极参与墙面绘制，感受文化艺术魅力，形成社区文化认同感；记忆共享，白塔村在改造过程中，注重影视资料记录，定期开展居民感知小调查，了解居民对白塔村变化感知，并将影视资料、调查数据等梳理保存，留住白塔村共建记忆（图10-3-3）。

共赢，即通过社会治理创新，调动居民参与乡村建设积极性，整合驻地企业及组织资源，改善乡村人居环境，降低政府的社会治理成本，在共建过程中，实现本村多元群体的融合，吸引更多群体入驻白塔村实现新的经济增长及居民创收，从而提升乡村居民对本村的认同感、自豪感以及居民自身幸福感、获得感，实现社会、经济、生态等多方面共赢。

10.3.2 多元参与、应对疫情——安新镇

2020年6月，面对北京新发地市场的安新县经营者感染确诊的突发事件，雄安新区安新县安新镇政府迅速采取严格的疫情防控措施，积极发挥民生服务职能，镇内村村互助，

调动居民参与性，充分发挥志愿服务在基层服务治理的积极作用，以"政府牵头、居民参与"的形式组织开展义路"船"递、战"疫"助农等工作，保障居民物资供应等问题。

基层政府充分发挥服务职能，全力做好民生工作。安新镇的郭里口村在新发地经营人员多，受新冠肺炎疫情影响较大，又位于白洋淀内，水路成了该村重要的物

图10-3-4 义路"船"递

（来源：http://xiongan.hebei.com.cn/system/2020/06/24/100360693.shtml）

资补给通道，为保障村里防疫物品充足，让村民能够吃上新鲜的瓜果蔬菜，用上所需的生活日用品，安新镇党委、政府成立了抗击疫情后勤保障组，开辟援助郭里口村生活物资专线通道——义路"船"递（图10-3-4）。同时，为保障广大农民的"钱袋子"，让蔬菜、水果等农产品顺利销售，安新县各级党委、政府以多种举措为农产品销售打通绿色渠道，安新镇政府充当"菜农"，在镇政府大厅打造微型"菜市场"，将蔬菜码放整齐，群众可以自助扫码付款购买。

村村互助。疫情期间，安新镇郭里口村以外的其他村积极调动资源，踊跃向郭里口村捐献物品，援助郭里口村。据安新镇统计，北联街村收集了3000多斤生活必需品，大张庄村捐献了6000余斤新鲜蔬菜、50箱方便面和400个口罩，1000多斤面条❶。

志愿者积极参与。本次抗疫充分调动居民参与，召集志愿者参与乡村抗疫工作，主要负责居民健康状况统计及进出入管理。同时，部分团体自发形成抗疫组织，共克时艰，如安新镇"辣妈团"通过微信等社交媒体，带货农产品，针对因疫情滞销的农产品，开展助农活动。安新县广大党员干部也纷纷利用朋友圈当起了"销售员"，县委组织部2位工作人员通过微信群、朋友圈、抖音等平台，发起"共克时艰，战'疫'助农"爱心葡萄认购接龙活动，第一天就卖出30筐。

抗击新冠肺炎疫情，从多个方面对新区基层治理进行了一场摸底考，安新镇迅速反应，理顺上下权责关系，由政府牵头，引导多主体参与，通过义路"船"递、微型菜市场、朋友圈爱心助农等创新方式，妥善解决疫情期间居民需求，既有效做好疫情防控，又让群众感受到实在的暖意。

10.3.3　村企共建、脱贫攻坚——南张镇

南张镇是容城县第二大乡镇，有5万余人，经济相对活跃，劳动力密集且比较稳定，

---

❶ http://xiongan.hebei.com.cn/system/2020/06/24/100360693.shtml

南张镇位于容西片区，域内有中铁二局、上海宝冶等10家施工单位以及家友吊装、友邦钢材等16家地方企业入驻❶，区位优势明显，同时，本地企业在仓储、物流、机械设备等方面有基础，是建筑大镇，机械租赁、钢材加工等有得天独厚的条件。

图10-3-5　西牛爱心食堂
（来源：https://mp.weixin.qq.com/s/RP8II4a55eniyoNiQUbadw）

新区设立以来，南张镇紧抓雄安新区建设机遇，通过政府健全机制保障、财政资金支持，企业主动推进，实现村企共建，打赢脱贫攻坚战。

健全机制保障。为有效推进村企共建工作，南张镇成立了"地企共建、融合发展领导小组"，以服务、融合、发展为宗旨，强化地方和在地企业间协调沟通和联系，服务群众就业，保障企业用工，共同实现新区快速高质量建设和发展；与雄鼎商务服务中心合作，通过南张镇就业创业服务中心，对接就业岗位，解决个人就业，截至2020年6月，南张镇就业创业服务中心解决170余人就业问题❷。

财政资金支持产业扶贫。南张镇采用财政资金入股、分红资金扶贫形式解决居民贫困问题。2019年10月，财政扶贫资金入股保定津海服装股份有限公司户数135户、251人，入股股金12710元/人，年分红达到1525.2元/人❸。

企业主动推进。企业主要通过提供就业机会、捐助物资两种形式支持南张镇脱贫攻坚工作。提供就业方面，企业结合建设用工需求及南张镇建筑大镇优势，与南张镇形成有效沟通机制，提供就业岗位，同步实现自身用工问题，加快施工进度，顺利推进工作，造福百姓；捐赠物资方面，主要通过相关组织机构或贫困户定点捐赠为主。如西牛村的爱心企业通过西牛爱心食堂（图10-3-5），组织多种形式的爱心互助活动，不定期慰问本村老人，捐赠物资；农行容城县支行定期向贫困户赠送爱心慰问品，为贫困孩子送去书包、书籍等暖心礼物及寄语卡片，让贫困户和孩子们感受到组织温暖。

---

❶ https://mp.weixin.qq.com/s/QMtb9I1XHOvu1Kmrs81oGw

❷ https://mp.weixin.qq.com/s/PvfayGfBHk3MejDeGAq9bA

❸ 《中共南张镇委员会南张镇人民政府2019年工作总结和2020年工作思路》

第十一章　引导绿色生活与文化

11.1　多方参与构建绿色文化

树立和践行绿水青山就是金山银山的理念，要将绿色发展理念融入雄安新区经济建设、政治建设、文化建设、社会建设各方面和全过程，加快形成政府推动、企业践行、多方参与的绿色文化建设局面。随着雄安新区规划建设进展推进，技术支持及行业指导需求增长，各类企业和社会组织继续积极参与新区绿色发展建设，通过串联企业、群众等多元主体整合资源，提供技术支撑及政策建议，打造多种多样的社会性绿色建设平台，推动绿色发展横向扩大到边、纵向延伸到底，有效回应新区建设发展需求。

11.1.1　行业协会带动产业协同发展

行业协会作为非政府、非营利组织，在促进行业自律、行业发展等方面具有独特的功能及优势。目前，雄安新区在地社会组织、行业协会已达160余家，通过提供技术支撑、政策建议、资源整合等形式支持雄安新区发展，对本行业产品和服务质量、竞争手段、经营作风进行严格监督。当前，雄安新区现有行业协会呈现蓬勃发展阶段，以下以河北雄安新区生态环境保护协会等3家行业协会为例，介绍其目前成立和发展情况。

（1）河北雄安新区生态环境保护协会

河北雄安新区生态环境保护协会由与生态环境保护相关的各类企事业单位和各界人士自愿结成，秉承生态优先、绿色发展的理念，积极协助新区政府共同推动生态环保事业发展，加强会员同政府部门之间、会员同会员之间的交流与合作，致力于为新区生态环境保护事业开创新局面，提供新方案、新模式❶。

聚合资源参与雄安绿色建设。2020年，河北雄安新区生态环境保护协会与中国华能、国家能源、国家电投、中国大唐、中国华电、中国铁工投资、中国电力、中建八局、中建路桥、中电建、中铁一局、中交二公局共十三家单位联合发起雄安新区红绿联盟，践行生态优先、绿色发展的理念，将红色文化党建和绿色生态环保紧密结合，强调"红色传承——不忘初心讲政治，绿色发展——生态文明建雄安统揽全局"，集结各方资源联合联动，形成合力助推雄安新区高质量绿色发展。

公益活动传播环保理念。河北雄安新区生态环境保护协会通过组织专业环保志愿者进

---

❶ https://mp.weixin.qq.com/s/rMiXTcS728piaXDZjzJT6g

学校、进工地、进社区，科普环保知识，充分发挥广大环保志愿者宣传、引领、示范、指导、服务、监督作用，调动公众参与环保工作的积极性。2020年9月，河北雄安新区生态环境保护协会主办的"党建引领 生态文明"公益课堂（图11-1-1）走进了雄安新区步康宇周转学校，为在校学生讲解自然常识及环保知识，增强学生们的绿色环保意识，鼓励学生做新时代保护环境的实践者与理念传播者。

（2）雄安新区工程质量协会

雄安新区工程质量协会由河北省建筑科学研究院有限公司发起，重点开展三项工作：一是为行业主管部门提供必要技术和团队支撑；二是为新区建设行业提供交流学习平台，推动建立统一、规范的"雄安标准"；三是引领新区建设参与者更好地为新区建设服务。雄安新区工程质量协会设立以来，发布了《河北雄安新区工程质量协会行业自律倡议书》，举办"雄安质量"大讲堂活动，承办雄安新区建设工程质量安全培训（图11-1-2），

图11-1-1 公益课堂

图11-1-2 雄安新区建设工程质量安全培训

（来源：http://www.hpcpdi.com/WebSite/Info.aspx?ModelId=1&Id=27052）

以提高新区工程质量服务水平。雄安新区工程质量协会积极倡导行业自律，引导会员单位和人员依法从事建设活动，提供咨询、培训、技术等服务，向相关部门提出改进工作的意见和建议等，为"雄安质量"护航。

（3）河北雄安新区勘察设计协会

河北雄安新区勘察设计协会是由致力于雄安发展建设的工程勘察设计咨询及其关联业务行业相关的企事业单位、社会组织及相关人士自愿结成，由中国建设科技集团股份有限公司、上海同济城市规划设计研究院有限公司等13家单位联合发起成立，旨在为雄安新区建设提供一个勘察设计服务平台，发挥政府和勘察设计单位之间的桥梁纽带作用，促进雄安建设的持续健康发展❶。

搭建学术平台，提供技术及人才支撑。河北雄安新区勘察设计协会、中国建设科技集团、同济大学、雄安新区规划研究中心联合发起"雄安设计讲坛"（图11-1-3），希望在雄安打造长期的设计、创新、交流为一体的平台，为雄安建设提供世界智慧，为"雄安质量"提供理念输出及专家支持。

图11-1-3 "雄安设计讲坛"海报

11.1.2 第三方智库赋能绿色雄安

第三方智库属于高端现代服务业，以人力资本为主要投入品，以专业化服务为主要产品，为城市发展提供技术、智力等服务支撑。绿色是雄安新区发展的底色，雄安绿研智库有限公司、雄安绿研检验认证有限公司、深圳市城市交通规划设计研究中心股份有限公司河北雄安分公司等企业，紧紧围绕新区绿色发展建设需求，分别从绿色城市、工程质量、

---

❶ http://www.xiongan.gov.cn/2020-08/13/c_1210751199.htm

绿色交通等方面为新区提供咨政研究、技术支持以及资源平台，为"绿色雄安"建设提供强有力的技术支撑。

（1）雄安绿研智库有限公司

自2017年成立以来，雄安绿研智库有限公司（以下简称雄安绿研智库）始终致力于成为"城市绿色发展的推动者"，深度参与雄安新区建设，为绿色雄安的城市、产业和社会发展提供理论、政策和技术研究的高端智库服务。

1）绿色发展研究成果丰硕

作为雄安新区的第一家研究机构，雄安绿研智库三年来围绕新区建设开展了大量政策、技术、管理等方面的课题研究与咨询，紧密结合雄安新区规划建设工作进度，以政策、课题、项目等多类型技术研究和沙龙活动等形式，配合雄安新区改革发展局、规划建设局、综合执法局、公共服务局、生态环境局、宣传网信局和中国雄安集团组织开展了涉及规划设计、能源利用、绿色建筑、海绵城市、低碳生态、碳排放与评估、知识产权保护与开发利用、住房政策、产业规划、建设管理、社区治理以及社会人文等多领域研究，多项高质量的研究成果及时准确且实施性强，获得省及新区各级领导的好评和高度重视，有效指导了新区相关政策制定、项目建设和社会管理。

目前，已出版《雄安新区绿色发展报告（2017—2019）——新生城市的绿色初心》，完成各类报告及成果80余份，绿研观点40余期，其中，公司多项研究成果10次全文刊登入选新区内参文件《决策咨询》（图11-1-4）。同时，2018年起，雄安绿研智库以独立第三方研究机构身份，以新区民生为出发点，对雄安新区持续开展多次、多类型大型公众调查，累计收集问卷36600余份，跟踪了解新区公众对新区建设关注度、民生变化感知及城市发展诉求等，为新区规划建设工作提供参考（表11-1-1、图11-1-5）。

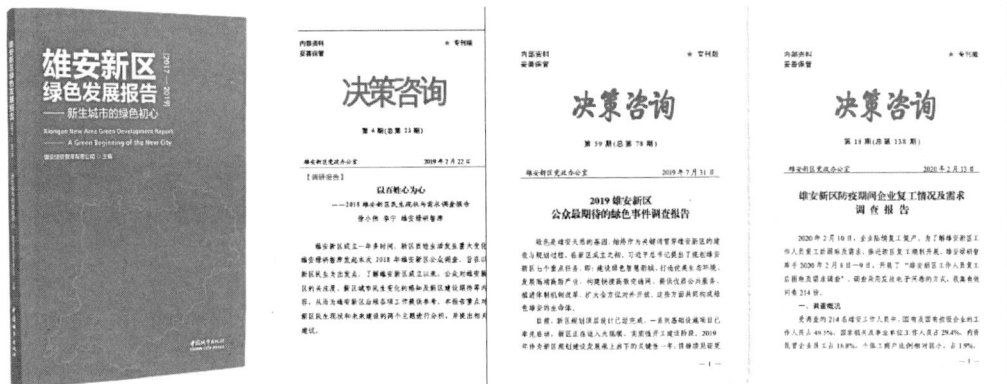

图11-1-4　雄安新区绿色发展报告（左）及《决策咨询》刊登文章（右）

表11-1-1　雄安绿研智库已经开展的调查活动

序号	调研时间	调研内容
1	2021 年 6 月	雄安新区住房需求调查
2	2021 年 1 月	融入雄安（2020 雄安新区公众调查）
3	2021 年 1 月	民生篇（2020 年雄安公众调查）
4	2020 年 8 月	雄安新区全面建成小康社会"百城千县万村"调查
5	2020 年 7 月	雄安居民环保知识情况调查
6	2020 年 5 月	雄安新区居民生态环保意识调查
7	2020 年 2 月	雄安新区安全复工情况及需求调查
8	2020 年 2 月	雄安新区工作人员复工后困难及需求调查
9	2019 年 12 月	公民环境与健康素养测评调查
10	2019 年 11 月	2019 年雄安公众调查（营商环境篇）
11	2019 年 11 月	2019 雄安新区公众调查问卷
12	2019 年 5 月	2019 年度畅想绿色雄安调查
13	2019 年 4 月	企业入驻雄安新区需求调研
14	2019 年 3 月	雄安市民服务中心工作与生活服务满意度调查
15	2019 年 3 月	雄安市民服务中心观光游览满意度调查
16	2018 年 10 月	2018 年度雄安新区公众调查

2）创新的综合咨询和技术审查服务

目前，雄安绿研智库已承接雄安新区范围内的各重大项目可行性研究报告技术审查、方案设计审查、初步设计审查等服务案例10余项，项目总投资规模在76亿元以上。考虑到雄安项目规模大、功能复杂、重视程度高的特点，以及处于疫情防控的特殊时期的现状，创新采取"现场评审+远程视频""会前预评审+正式评审会""建筑规划主会场+专业技术分会场"相结合的评审模式，大大提高了评审效率，保障评审质量。

图11-1-5　居民环境健康素养调查现场

3）推动绿色城市交流与宣传

雄安绿研智库积极发挥绿色城市领域的研究和资源整合能力，重点推动雄安新区的绿色城市科研交流、资源整合和绿色生活方式的文化传播。绿研沙龙是雄安绿研智库旗下的活动品牌之一，主要面向雄安新区以及在雄机构，定期邀请国内外专家及学者共同参加的技术交流，涉及规划设计、清洁能源、绿色建筑、生态环境、碳排放与评估、住房政策、建设管理、公共文化与教育等领域，探讨绿色创新发展、传播绿色文化。目前绿研沙龙已经成功举办90余期，内容涉及广泛，形式多样，参与人数超过万人。

举办多场大型会议活动，助力提升新区发展软实力。参与组织新区3次国际性论坛，吸引大批专业人士与公众共同参与新区绿色城市建设与发展：2018年9月雄安新区管委会主办、雄安集团承办、雄安绿研智库协办新区首个国际性论坛——2018雄安新区超低能耗建筑国际论坛；2019年9月，雄安绿研智库与德国商会在市民服务中心共同举办"德国智造、跑进雄安"国际高峰论坛；2019年10月，雄安绿研智库参与协助承办第23届世界被动房大会专项分论坛——"以性能为导向，重新定义绿色建筑和城市"（图11-1-6）；2020年1月，由中国城市科学研究会生态城市研究专业委员会和雄安新区生态环境局主办、雄安绿研智库承办的"2020雄安新区应对气候变化挑战与适应"学术论坛（图11-1-7）在雄安新区召开。

（2）雄安绿研检验认证有限公司

雄安绿研检验认证有限公司（以下简称"雄安绿研检验"）作为雄安新区建设企业，是雄安新区工程质量协会的主要会员企业，围绕"雄安质量"，制定标准，为建设工程的质量安全提供公正、科学和及时的检验检测数据，为雄安新区高质量建设贡献力量。

制定标准，提供技术支持。雄安绿研检验主编或参编了多项行业、全国性团体机构的标准，包括《民用建筑室内空气质量监测仪》T-CSUS02—2019、《合成材料运动场地面层质量控制标准》CECS 593—2019、《房屋建筑与市政基础设施工程检测分类标准》（在

图11-1-6　2019年承办"以性能为导向，重新定义绿色建筑和城市"专项分论坛

编）、《空气质量术语》（在编）、《建筑安全风险分类标准》（在编）、《建筑中人员安全防护设计标准》（在编）、《红外热像法检测建筑外墙饰面层粘结缺陷分级与数据处理标准》（在编）。

提升专业服务水平，提供技术保障。雄安绿研检验初创时期，重点完善人员、设备、资质等资本储备，逐步实现常态化运行。随着新区建设全面开展，工程量增加，新区建筑检验检测市场需求增长，雄安绿研检验业务量迅速增加，于2020年实

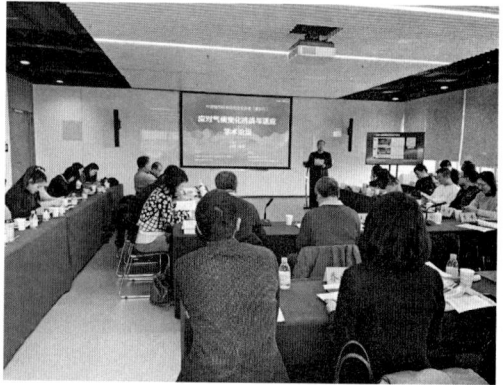

图11-1-7 "2020雄安新区应对气候变化挑战与适应"学术论坛

现扭亏为盈，绿研检验进一步扩项升级，检测人员由20人增至80余人，主要检验检测仪器设备约800台。为进一步保障"雄安质量"，雄安绿研检验于2021年增加质量技术部，负责公司质量技术运作。

（3）深圳市城市交通规划设计研究中心股份有限公司河北雄安分公司

深圳市城市交通规划设计研究中心股份有限公司河北雄安分公司成立于2019年5月，按照新区"90/80"绿色出行目标的要求，为新区提供咨政服务，先后开展《雄安新区交通政策研究》《雄安新区完整街道设计导则》等多个交通规划、政策研究类项目，支撑了《雄安新区关于推进交通工作的指导意见》出台，有力推动了绿色交通理念在新区各个层面的宣传和推广。在容东片区的建设过程中，深圳市城市交通规划设计研究中心股份有限公司河北雄安分公司在公交运营服务、交通组织管理、交通设施品质提升等方面围绕提升绿色出行体验进行了一系列的实践探索，为雄安新区绿色交通发展贡献了力量。

11.1.3 工作坊创新多元参与方式

雄安新区设立以来，吸引大批高校智库关注，各高校积极参与新区建设，发挥战略研究、政策建言、人才培养、舆论引导的重要功能，目前已有中国科学院雄安创新研究院、中国传媒大学雄安新区发展研究院、东南大学雄安创新研究院、同济大学雄安未来城市研究院、河北大学雄安新区研究院、河北大学雄安生态环境研究院等一批以雄安新区为研究对象的研究型机构成立，新区建设拓宽了思路。

工作坊是城市与建筑设计中常用的手法，组织一批设计力量，就某个特定的区域，在有限的时间内，通过观察、调查、设计，提出解决问题的设计方案，这类工作方式已成为吸引多方主体为新区规划建设提案献策的重要方式。

2019年9月，由雄安绿研智库有限公司承办，由日本庆应义塾大学、天津大学、河北

工业大学、天津城建大学四所高校组织了为期三天的"雄安新区圈头村2050——中日四校联合研究设计工作坊"，本次工作坊的主题为"圈头村2050"，意为畅想2050年的圈头村发展方向。

11.2　实践活动引领绿色生活

推动绿色发展需要全民参与，全民共治。雄安新区注重绿色发展理念及生活方式的人文引导，通过绿色实践活动引领居民绿色生活，通过绿色积分制度创新探索个人参与绿色雄安建设的积极性，让绿色低碳、生态环保成为新区居民新的生活方式，使公众切实成为绿色发展和生态环境的建设者、保护者、受益者。

11.2.1　实践活动类

（1）大型活动及赛事宣传绿色健康生活理念

雄安新区在绿色出行方面进行有力宣传引导。雄安新区将构建"公交+自行车+步行"的出行模式，起步区绿色交通出行比例达到90%，公共交通占机动化出行比例达到80%，雄安新区通过投放共享单车、运行智慧公交、改善绿色交通道路环境等方式，引导居民绿色出行。雄安新区绿色出行环境改善，绿色生活理念深入人心，为倡导绿色出行的实践活动提供便利。连续举办四届雄安马拉松比赛（图11-2-1），旨在展现"创新雄安、活力雄安、时尚雄安"的国际开放形象，打造城市名片，带动体育、旅游和文化等产业的发展，塑造城市精神文化和健康生活方式，引导居民体验慢行生活，为绿色出行理念奠定群众基础。

（2）创新开展全民生态文明宣传教育活动

各层次绿色生活宣传提升居民环保意识。雄安新区建立绿色生活宣传和展示平台，开

图11-2-1　2020年雄安马拉松
（来源：https://www.thepaper.cn/newsDetail_forward_12309168）

展以绿色生态为主题的浸入式、互动式教育，充分结合新媒体，利用世界环境日、世界地球日、森林日、水日、海洋日、生物多样性日、湿地日等节日集中组织开展环保主题宣传活动。2019年"六五"世界环境日，雄安新区将"走遍雄安"提升年活动与世界环境日相结合，举行世界环境日主题宣传咨询活动。通过摆放宣传展板，播放环境保护相关宣传片，发放"走遍雄安"活动宣传页、禁止露天焚烧等科普宣传册以及"走遍雄安·我是行动者"徽章、环保购物袋等宣传品，增加居民环保常识，提升居民环保意识。2020年"六五"世界环境日（图11-2-2），雄安新区生态环境局创新形式，以"美丽雄安，我是行动者"为主题，以抖音平台为载体公开征集抖音短视频，号召雄安新区群众积极参与拍摄雄安特色抖音短视频作品，以不同视角全方位展示雄安新区建设进展、生态环境变化改善、历史人文以及个人在新区发展建设进程中的梦想、激情、执着与感动，进一步提升雄安新区生态环境传播力、引导力、影响力和公信力。

（3）多形式绿色行动调动居民绿色实践积极性

雄安新区积极推动生活方式绿色化的志愿者队伍，充分发挥居民和社会组织的积极性、主动性和创造性，发挥典型示范引领作用，激发全社会践行绿色生活的热情，注重引导青壮年群体践行绿色生活方式。充分调动志愿者力量，号召动员热心社会公益事业，具备参加志愿服务相应的基本能力和身体素质的居民、村民，机关、企事业单位干部职工，学校学生，来容务工经商人员和驻容各企业员工注册成为志愿者，引导"红马甲""小红帽"等志愿者特色活动，如"清洁县城、点亮风景"志愿服务活动（图11-2-3）。

充分调动企业及社会组织力量，丰富公众绿色实践形式及渠道。如雄安绿研智库有限公司通过组织的雄安"Plogging"活动，通过慢跑、捡垃圾的形式，践行绿色出行理念；

图11-2-2　2020年"美丽雄安，我是行动者"抖音视频活动
（来源：https://mp.weixin.qq.com/s/zaGTmNWkYA_c27mAhxk61w）

图11-2-3 "清洁县城、点亮风景"志愿服务活动
（来源：http://xiongan.hebei.com.cn/system/2020/03/31/100258687.shtml）

图11-2-4 义务植树造林活动
（来源：http://k.sina.com.cn/article_2810373291_a782e4ab020020dzq.html）

为践行生态优先、绿色发展理念，号召全民参与到义务植树活动中来，进一步弘扬"奉献、有爱、互助、进步"的志愿服务精神，中国雄安集团于2021年3月组织志愿者在雄安新区容东片区在建项目金湖公园开展了2021年义务植树造林活动（图11-2-4）。

11.2.2 学术论坛类

雄安新区充分调动社会力量，以学术论坛的形式，开展绿色思想文化传播，提升新区建设主体及公众关于绿色发展及生态文明的学术素养。雄安新区学术论坛以大型学术会议、学术沙龙为主。

大型学术会议，受到政府部门、学界、媒体的关注较多，起到传播绿色理念、整合优质资源、树立绿色雄安形象等作用。2020年12月，雄安新区生态环境保护协会主办"2020中国雄安生态文明论坛"，近500人参会，参会人员包括政府、企业代表、专家团体、媒体等多领域人员。论坛中，主办方特别邀请了生态保护科技领域的相关院长、专家，与企业家、工程建设者、教育工作者、艺术工作者等社会各界代表，共同发布"雄安新区生态文明自律公约"，将生态文明的思想意识，融入全社会各行各业之中，为雄安新区与中国所有城市的绿色未来助力[1]。此次论坛发挥了学术交流、资源整合、理念推广等功能，为新区绿色城市形象推广起到积极作用。

学术沙龙，以规模相对较小的系列型学术研讨交流会、课堂讲座为主，具有连续性、专业性特征，有较高的群体粘合力，雄安新区设立以来，新区企业、行业协会积极跟进新区建设及研究需求，打造了一批高质量的品牌沙龙，如绿研沙龙、水专项沙龙、雄安设计讲坛、工程质量大讲堂等。

绿研沙龙是由雄安绿研智库有限公司主办的，以雄安绿色发展为主题的系列学术沙龙。2019—2021年，雄安绿研智库共开展绿研沙龙62期，根据内容可划分为绿色技术、绿色发展理论、绿色生活三类，沙龙嘉宾来自荷兰、德国、美国、日本等多个国家，包含城市规划、建筑技术、公共艺术、能源、金融等多个领域，并形成一批固定的沙龙会员团体，为传播绿色生态理念提供群众基础，为绿色发展提供技术、路径及建议等智力支持（表11-2-1）。

表11-2-1　精品绿研沙龙主题清单

期数	主题	单位
36	《生物多样性和生态系统服务的政府间科学政策平台（IPBES)全球性评估的总览——面向决策者的总结报告》	联合国全球契约组织
39	国内外主动式建筑的理论与实践	中国建筑学会
41	室内环境中的风险因素	雄安绿研检验
45	建筑光伏储能一体化系统开发与探索	上海交通大学
46	国家级新区绿色发展和绿色治理的实现路径	北京林业大学生态文明研究院
55	从城市空间到室内微环境的空气品质控制策略探讨	美国雪城大学
56	科学利用清洁资源，建设新区高效供热系统	中石化绿源地热能开发有限公司
58	雄安的包容性城市发展	鹿特丹伊拉斯姆斯大学 中国城市科学研究会生态委
61	走进雄县，学习地热利用雄县模式	中石化绿源地热能开发有限公司
79	中国木建木构行业雄安行	加拿大木业 / 中国房地产业协会

水专项沙龙属于白洋淀水专项项目内容，由生态环境部归口管理，中国雄安集团有限公司牵头承担。截至2021年7月，白洋淀水专项工作组围绕水安全、湿地治理等领域，组织开展9期学术沙龙（表11-2-2），得到水专项领域专家关注，为雄安新区生态治理提供专业技术支持及理论支持。

---

[1] http://www.rmzxb.com.cn/c/2020-12-29/2749686.shtml

表11-2-2　水专项沙龙主题及嘉宾名单

期数	主题	演讲嘉宾
1	千年古淀，水润雄安	河北省水利科学研究院雄安分院院长 朱永涛
2	雄安白洋淀生态环境治理规划解读和治理思路	中国科学研究院生态环境研究中心 单保庆
3	雄安新区河湖湿地生态修复：原理、技术与实践	南京大学生命科学学院教授、博士生导师 安树青
4	雄安新区无废城市构想与城市垃圾全过程分类管理体系	国内环卫固废知名专家 卫潘明
5	雄安新区水安全系统构建及建设实施探讨	中国城市规划设计研究院雄安研究院总工程师 高均海
6	近自然湿地生态修复	北京林业大学 张盼月
7	新时期河湖治理的系统思维	河海大学 崔广柏
8	《白洋淀生态环境治理和保护条例》解读	河北省人大常委会法工委法规二处处长 杜海
9	白洋淀生态环境青年论坛	河北省水利科学研究院雄安分院院长朱永涛、电建生态华北分公司副总经理毛战坡、河北大学教授王洪杰等

“雄安设计讲坛”作为河北雄安新区勘察设计协会的常态化交流活动，每月在雄安设计中心召开一次，旨在雄安打造长期的设计、创新、交流为一体的平台，为雄安建设提供世界智慧。截至2021年7月，“雄安设计讲坛”已开展9期（表11-2-3），获得广泛赞誉。

表11-2-3　“雄安设计讲坛”主题及嘉宾清单

期数	主题	演讲嘉宾
1	从建筑、城市规划、文遗保护和博物馆多维视角看建筑师的文化传承与发展	故宫博物院原院长、中国文物学会会长单霁翔
2	城市风貌特色的塑造策略	北京建筑大学建筑与城市规划学院院长，清华大学建筑学院教授、博士生导师 张杰
3	建筑遗产与中国故事	中国建筑设计院有限公司总规划师、建筑历史研究所名誉所长 陈同滨
4	美好城市的空间逻辑	上海同济城市规划设计研究院有限公司院长、同济大学教授、全国工程勘察设计大师 周俭
5	城市特色风貌的形成与设计营造	中国工程院院士 王建国
6	山水之城	MAD 建筑事务所创始合伙人 马岩松
7	面向市政基础设施新需求的设计实践与思考	全国工程勘察设计大师 张韵
8	后人文数字建造未来	同济大学建筑与城市规划学院教授、博士生导师、副院长 袁烽
9	雄安新区规划设计实践探索与创新	中国城市规划设计研究院总规划师 朱子瑜

雄安新区工程质量协会自2020年11月设立以来，为有效推进雄安新区工程建设，保障"雄安质量"，开展了两期"雄安新区建设工程质量安全培训"（表11-2-4），为加强雄安新区工程建设项目安全质量管理工作，提升管理人员的现场管理水平和素质，实现创造"雄安质量"、确保施工安全提供专业培训资源。

表11-2-4 "雄安新区建设工程质量安全培训"主题及嘉宾清单

期数	主题	演讲嘉宾
1	预拌混凝土及混凝土冬期施工	国家建筑材料工业技术监督研究中心主任闻宝联
	高支模作业	河北省二建质量技术部副部长 李军巧
	建筑施工机械设备	河北省建工集团雄东项目安全总监 解金甫
	建筑施工电气	河北省建设工程质量研究会副会长 王振国
	深基坑	河北省建设集团石家庄分公司总工 杨冰
2	《河北雄安新区建设工程质量检测管理暂行办法》和检测实验室相关管理要求	河北雄安新区建设指挥部办公室工作人员
	介绍雄安新区大宗建材集采政策要求及集采目录入围指标体系	新区大宗建材集采平台建管组工作人员
	主体结构、使用功能、市政工程、道桥管廊质量控制及验收要点	河北省建设工程质量研究会副会长王振国
	建筑节能、室内环境、建筑幕墙、建筑门窗检测技术	深圳市建筑科学研究院顾问总工程师任俊
	见证取样、钢结构、地基基础检测技术	河北省建筑科学研究院副总工程师武海蔚

《河北雄安新区规划纲要》提出雄安新区要"推广绿色低碳的生产生活方式"，就需要政府、企业、个人等多元主体都参与到绿色低碳行为践行中。绿色积分是推广绿色低碳的生产生活方式的一种重要的工具和手段。它着眼于社会主体在生产、消费中产生的资源和能源消耗，通过有组织、有意识地采取节能减排和环境友好行为，降低自身碳排放、资源消耗，形成"减排量"，通过量化核算或统一的规则生成积分并赋予一定的价值，可进行相应的兑换或使用，从而将政府、企业、个人连接起来，推动全社会参与绿色减排，绿色可持续发展。

11.3　媒介矩阵营造绿色氛围[1]

雄安新区设立四年来，其媒体报道的规制与活动管控不同于以往的国家级新区，不少

---

[1] 金强、郭朝阳，河北大学新闻传播学院。本节图表除标明来源之外，其余均为约稿作者提供。

新举措新手段得以应用和实施。官方媒体对雄安新区的报道呈现出了阶段性特征，并不断紧密贴合国家在雄安新区建设中的总要求而发生调整，规划感和联动性都较强。同时，社交媒体也对官方媒体报道起到了不可或缺的助益作用。雄安新区的绿色发展理念，对媒体的整体发展提出更高要求，如提升媒介环境营造、媒体人的工作能力和精神状态以及媒体实务的操作技巧等。新城市孕育新文化，新文化滋养新媒体，反过来，新的媒体也促进文化多渠道和多样呈现，并塑造更加丰满和立体的城市形象。雄安新区各方面的绿色发展，也应该更多呈现在和谐的媒体观念营造上，注重与周边县市及北京的协同联动，在京津冀融合发展中做好先锋和表率；在原有县级宣传系统基础上开展提升，与其上一级媒体的相关环境和生态交互感应。雄安新区必须超越和引领现有的媒体绿色发展理念，在国家层面去谋划未来媒体生态的可行性景观。

11.3.1 媒介环境营造的重点与难点

11.3.1.1 重点

（1）政治标准为先，服务发展大局

"新闻媒体作为向社会提供公共精神产品的专业机构，具有政治与传播的双重属性，其政治属性是本质属性。"[1]政治定力和发展格局，是雄安新区媒体统筹报道与新闻实践的根本遵循，应在政治主张和发展理念上与党、政府和国家保持一致。针对新区颁布的政策法规如空间布局规划、人口积分落户等政策，官方对于建设雄安新区的定位与未来希冀，都要做好传通和解释工作。对官方部署和政策方针，首要任务是及时报道和实时回应，在内容策划上，要充分激发政治敏感和新闻嗅觉，抓住核心要点进行详细阐述与延展。新闻语态也要贴合受众，以用户为导向做好话语转换工作。新闻产品的生成与分发阶段，应以传播渠道的技术特质和平台属性为导向，产出适配的可视化、沉浸化、便易化的文图、短视频和H5等融媒作品。雄安的媒体在新闻实践中要加强阵地意识，建构坚固的新闻宣传堡垒。在新媒体时代，阅听方式的改变、互联网公司成为集收发渠道与用户流量为一体的网络平台，大量的商业媒体、娱乐媒体、自媒体及匿名媒体内容充斥网络空间，内容质量千差万别，在此背景下作为党和政府的喉舌要占领新闻传播阵地，不能让第一发声权流于他人。建设与巩固主流意识形态，代表最广大人民群众的利益，凝聚社会共识服务发展大局，是雄安媒体的首要责任。

（2）深耕本地资源，形塑文化精神

"文化资源是城市文化个性和历史文脉最直观的体现，同时也是城市可持续发展的重

---

[1] 曹劲松. 新闻媒体的政治属性与传播属性［J］. 南京社会科学，2016（02）：123-127.

要源动力。"❶雄安位于京津冀津冀的交汇
点，是燕赵文化、京味文化、津门文化三
地文化相接相通之处。生态资源上，有着
被称为"华北之肾"的白洋淀，抗日时期
以活跃在白洋淀的雁翎队为代表的红色文
化资源，及依托于白洋淀以孙犁为代表的
荷花淀派。历史资源上，有宋辽古战道、
雄县古城墙、黑龙口燕长城为代表的东周

图11-3-1 《乡愁·雄安》纪录片

燕文化，以及宋辽军事遗迹等。此外，还有鹰爪翻子拳、雄州古乐、安新圈头古乐会，雄
安有着精湛的工匠技艺与丰富的非物质文化遗产。伴随着雄安新区建设进程的加快，对现
有本土资源的梳理归纳、保护传承，调动已有文化资源，加速融入新区建设之中成为媒体
工作的重点。技术方面，尤其可以通过VR、AR、MR技术将文化资源数字化、虚拟化、
可视化。如已拍摄的《乡愁·雄安》纪录片（图11-3-1）将西河大鼓、保定老调等文化
遗存传承与推广出去，在更新内容形态的同时提升传播力与影响力，以科技为手段，媒介
为载体，人文情怀为牵引，梳理文化脉络、整合本土资源，塑造文化精神使其服务于新区
建设。

（3）更新城市形象，践行绿城理念

"城市形象是人们对城市的主观印象，通过大众传媒、个人经历、人际传播、记忆以
及环境等因素的共同作用而形成。"❷新闻媒体对城市形象的塑造及在互联网中的传播，服
务于雄安新区的健康有序发展。从纵向传播而言，对比深圳特区"改革之都""活力之都"
的城市形象，浦东新区"金融之城""梦想之城"的城区形象，媒体对雄安新区的形象塑
造与定位，要以战略规划为指导，立足于"世界眼光、国际标准、中国特色、高点定位"
的理念，广泛利用新媒体技术赋权城市形象塑造与传播。从横向传播而言，雄安新区的形
象塑造，要以文化资源为底蕴与特色，提炼与整合可供选用和传播的要素禀赋，优化叙事
元素与表现形态。以智能科技赋权生态资源，践行绿色发展理念，在中国城市形象单一
化、趋同化的背景下，立足文化个性，倡导自然理念，注重创新与传承的连接与融合，在
本土文化、高新技术、绿色生态的三元张力中，建构绿色智慧的城区形象。

11.3.1.2 难点

（1）协调报道关系，组配报道力量

从中央级媒体到省级媒体、市级媒体再到县级媒体，构成了层次分明的媒介生态系
统，以雄安新区为报道主题，需要各方力量通力合作进行采访和报道。不同层次的媒体机

---

❶ 范周，亓冉，田卉. 新时代雄安新区建设"文化之城"的思考 [J]. 西安财经学院学报，2019, 32（03）: 30-37.

❷ 何国平. 城市形象传播：框架与策略 [J]. 现代传播，2010（08）: 13-17.

构各有其报道策略,其面向的人群、运作的理念、能够链接到的媒介资源都各有差异。基于差异性的媒介理念,其媒体的站位立场和新闻框架也都有所不同。不同权属的媒体机构,在进行同主题报道时,如何调试和处理相互间的关系定位,相关的调度和统筹由谁来在什么时机下进行何种程度的协调,并没有一成不变的公式。其次,各级媒体都有上级管理部门,要想做到媒体间的思想统一与行动协调,需打破不同机构间的交流壁垒以实现联动。媒体机构内部建立融媒体中心,要重构生产流程、配置人员及协调各方利益,同时也要进行出资和投入的匹配。不同媒体如何放下包袱和顾虑来合作,各自管理部门间关系的处理和权衡仍需要一套有效的协调机制。加速信息在不同媒体间的交流互转,做到信息保真提效,既尊重大媒体的权威,也重视小媒体的灵活,因此新闻报道实践中的流程联动,都需一一面对和解决。

（2）处置舆论事件,回应多方关切

雄安新区作为在我国经济增速降缓并步入新常态背景下建立的国家级新区,承载着疏解北京非首都功能、推动京津冀协同发展、打造区位发展新极点的战略任务。通信技术的更新迭代,带来传播权力的下放,受众到用户的身份转变,意味着信息流通的多向性与传统媒体分发权的削弱。微博、微信、抖音等社交类、娱乐类软件成为集渠道、用户、内容为一体的媒介平台,由此大众传播时代走向分众化、小众化、圈层化,分众走向、实时传播的用户使得舆情难以测度、舆论突发且变化极快,应把握信息流动规律,抓住核心问题与主要矛盾。

（3）关注本地民生,做好影像记录

2017年,雄安新区设立的消息由新华社首先发布,在官方信息基本阙如的情形下,随即便出现了炒作房价、户口迁移、产业转移等多方面的讨论,关于设立雄安新区的种种揣测与疑问,一时间言论纷纷。在回应问题与阐述事实方面,发挥影像产品直观、立体的特点,转变文字思维,以影像记录传递事实真相,保证在传播过程中的信息完整性,且便于用户解读与理解。在对外信息传播方面,将传播力、影响力、引导力和公信力有效结合、协调联动,将多个维度、多个面向的信息汇聚而拼凑出完整的事实图景。发出响亮而坚定的声音且分工要明确,防止出现家家都想管,最后没管好的局面。随着雄安新区建设成果的不断涌现,这方面的解疑释惑工作还将接续出现,这对雄安媒体的运营能力和效率都是严峻考验。

11.3.2 已有媒介资源和媒介特征

11.3.2.1 媒介资源整体发展情况

新区设立前,原三县的新闻媒体以电视、广播、报纸等传统媒介为主体,社交媒体的发展保持在一般县级水平。雄县广播电视局包含广播电台与电视台,广播电台有新闻、文艺、广告三类栏目设置。雄县电视台既播送自制的《雄县新闻》亦转播中央电视台、河北省电视台的节目，同时由模拟信号升级为数字信号并扩大了有线网络的城乡覆盖率。1999年，国家广电总局批准设立了容城县电台和电视台，容城县广播电台有"容城人民广播电台"和"北方广播"两个频率呼号。自电视台设立起，该台陆续完善了机构设置、更新优化了硬件设施，在内容生成上也提升了自主的生产和制作节目的能力。安新县依托于白洋淀生态和文艺资源，设立了地方报刊《白洋淀时讯》，用以推广白洋淀文化，同时注重本土特色，立足文化底蕴来丰富节目类型。在未设立雄安新区前，三县皆为县级行政级别，县级媒体域外的覆盖人群有限、关注度不高，同时也缺乏专业性人才，设备欠佳、内容制作能力亦相对有限。在此背景下，三县在微信、微博等新媒体平台上开设的账号与栏目，继续延承传统媒体的运行观念和内容模式，更新频率偏低且影响力和传播力有限。

新区设立后，媒体建设接受来自新华社、人民日报、河北日报等中央和省级媒体的协助，从通信设施、VR、AR新媒体技术支持到人员调配、运行理念进行指导，旨在加快建立雄安新区自有的高水平和高级别媒体体系。目前，已经建立起以雄安新区自有全媒中心为主要框架，以中央级、省级、市级媒体分社或记者站为辅助支撑，以雄安三县媒体为基础底座，层级分明、资源丰富、结构合理的媒介体系。雄安全媒中心由人民日报社承建，生产视频、音频广播、文字新闻、图集及融媒等全媒介形态产品，雄安TV的媒介产品则包含热点、纪实、秒拍、航拍等多种视频类型；河北日报报业集团运营"雄安发布"官方微信和官方微博；中国雄安官网则由新华社负责设立，并开设中英文两种版本；"雄安天下"客户端由人民日报社搭建，承载新闻、政务、便民服务等多项业务于一体。媒介渠道方面，从微博、微信、客户端到短视频平台、热榜热搜等，已经构建起相对全面的全媒体传播矩阵。

除建立雄安新区自有媒体体系外，中央级省级等媒体多根据规划设立了驻雄安的分社或记者站，如人民网运营的"人民雄安网"、长城新媒体集团雄安记者站运营的"雄安快报"和"长城网雄安频道"、保定日报社主办的"雄安新区专刊"等（图11-3-2）。

11.3.2.2 专业类媒介发展情况[1]

除了官方媒体之外，雄安新区成长起一批以雄安绿色发展为主题的专业媒体，以新媒体形式为主，创办主体以专

图11-3-2 雄安媒体平台搭建
（来源：http://hebei.hebnews.cn/2018-01/16/content_6750223.htm）

---

[1] 雄安绿研智库有限公司整理。本节图表除标明来源之外，其余均为雄安绿研智库智库有限公司提供。

业协会、智库研究机构为主，主体的专业性为媒体信息的专业度提供保障。

科普及学术平台类。雄安绿研智库公众号是雄安绿研智库有限公司以绿色城市领域研究及绿色发展理念传播为目标搭建的绿色研究交流平台。截至2021年7月，雄安绿研智库公众号（图11-3-3）获得7821位读者关注，发表825篇推文，推文内容立足雄安新区，紧紧围绕"绿色发展"，包含低碳城市、白洋淀治理、绿色建筑等绿色热点问题，为读者提供全面、专业的绿色发展信息。

图11-3-3　雄安绿研智库公众号页面

行业专题类。以白洋淀水专项、雄安勘察设计XDA公众号为代表，推送信息以专业领域学术观点为主。白洋淀水专项以宣传白洋淀项目最新工作动态、展示白洋淀项目科技成果，充分发挥新型智库在雄安新区生态环境治理工作中的支撑作用。雄安勘察设计XDA致力于为雄安新区建设的勘察设计单位提供相关建设信息和服务，并持续为行业提供国内顶端、国际一流的"雄安设计讲坛"（图11-3-4）。

图11-3-4　雄安勘察设计XDA（左）、白洋淀水专项（右）公众号页面

活动展览类。以直观的论坛、展览等形式，为公众呈现雄安新区绿色发展现状及前景，宣传绿色发展理念。2019年6月，由中国新闻社、中国新闻周刊主办的"绿色发展·低碳生活"公益展在雄安新区举办，公益展在雄安新区市民服务中心向公众开放，为期两周，全景呈现中国绿色发展进程，给公众带来了一场兼具知识性、互动性和趣味性的影像展（图11-3-5）。

11.3.2.3 绿色雄安媒体宣传❶

媒体宣传引导对绿色雄安城市形象塑造、传播发挥了不可替代的重要作用。绿色雄安的媒体宣传呈现主体多元化、内容层次化、形式多样化的特点。宣传主体包括国家与政党的宣传部门、专业或行业机构、自媒体等。截至2021年8月，百度可搜索的"绿色雄安"主题的信息为3160万条（图11-3-6），信息

图11-3-5 2020年"绿色发展·低碳生活"公益展
（来源：https://www.chinanews.com/gn/2019/06-20/8870661.shtml）

来源包含中国雄安官网、央广网、新华网、人民网等官方权威网站，也包括绿色中国网、中证网等专题类网站，同时，也存在一批微博、公众号自媒体；不同宣传主体针对不同受众对绿色雄安进行不同角度的解读分析及信息输出，从而为不同的受众提供层次化、定制化、专业化信息输出；形式多样化主要体现在"绿色雄安"主题相关的文字、图片、音频、视频等宣传形式均受到关注，且分别形成一定受众群体（图11-3-7）。

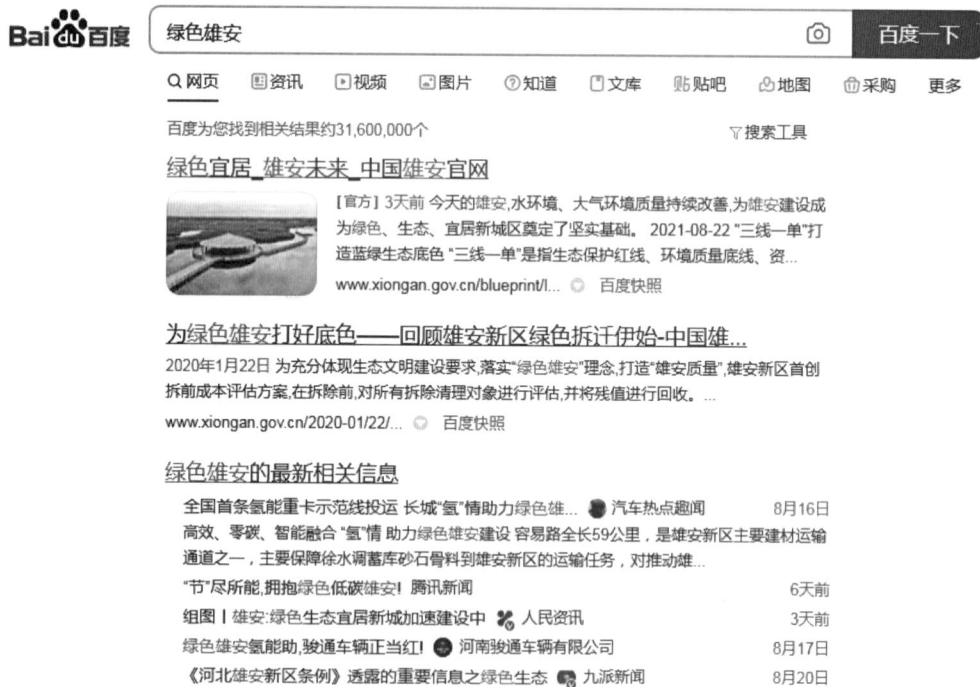

图11-3-6 百度搜索"绿色雄安"页面

---

❶ 雄安绿研智库有限公司整理。本节图表除标明来源之外，其余均为雄安绿研智库智库有限公司提供。

图11-3-7　绿色雄安主题小视频页面

11.3.3　媒介文化引领的绿色生态观思考

11.3.3.1　媒介文化引领的基本理念

媒介文化指人们运用传媒技术在特定社会环境下进行的文化产品的生产、流通和消费的活动与过程[1]。雄安新区着力打造数字之城、智慧之城，实现高时速、低时延、低能耗5G基站的规模铺设，也将云计算、大数据、人工智能、物联网嵌入城区布局设计及经济、交通、文化各个领域，新媒介与智能技术高水平互通，构成雄安新区媒介文化的载体。

新城市孕育新文化，新文化滋养新媒体。雄安新区建设为绿色之城要求坚持生态优先、绿色发展、完善生态功能，探讨人、自然、社会三者间的关系，以绿色发展观为引领创造健康的城区生态。雄安新区建设为文化之城，应着力营造多元、开放、自由的文创氛围，激活现有文化资源，传承历史文脉，合理有序地进行规划、保护开发。提升文化包容力、影响力、创新力，建构符合新区发展理念的文化体系。雄安新区实现绿色、文化、数字智慧城区的战略规划与未来定位，应该创造出包容多样的文化生态，以滋养出绿色发展、充满活力的媒介文化。

---

[1]　隋岩. 媒介文化研究的三个路径［J］. 新闻大学，2015（04）：76-85.

雄安新区媒介文化的引领需要激发智能科技与城区环境融合交汇的积极想象，将新区的历史资源遗存、精神文明积淀与城区建设水平、生态环境梳理与整合，融汇成具有新区特色的话语元素与叙事素材，建构成雄安新区媒介文化的资源储备

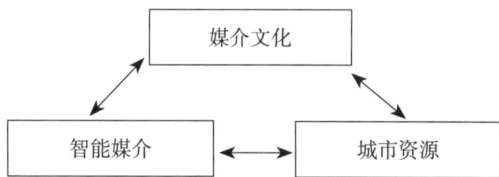

图11-3-8 "媒介文化-智能媒介-城市资源"关系框架

与深厚底蕴。推进以智慧互联为特征的媒介技术嵌入雄安新区建设，注重科技与人文、生态的耦合，顺应自然发展理念，以智慧科技赋权媒介产品与呈现形态，使绿色科技、人文科技构成媒介文化的外在表征。媒介文化是智能科技表征与雄安新区特色话语资源库的复调叙事，绿色生态、科技之城的雄安新区孕育出自由、包容的文化环境，智慧科技、充满人文关怀的媒介文化反哺新城区、新文化的建设发展（图11-3-8）。

11.3.3.2 践行绿色媒介生态观的现实路径

（1）立足社会实践与引领时代新风

习近平总书记在全国宣传思想工作会议上提出增强"四力"的要求，即脚力、眼力、脑力、笔力。强调社会实践在宣传工作的重要性，惟有走近群众、体验生活、贴近现实，才能创作出优秀的、能引起共鸣的好作品。媒体工作者在报道雄安时，对于街道街区的空间布局、城区的文化氛围、本地居民的生活状况、外地人员的感受和境遇、建设工人的想法观念等等，需要深入观察和实地走访去了解和掌握，用事实讲述雄安新区的建设发展，以真挚的现实关怀赢得信任与认同，以媒体人的专业理念与感性思维为主导，生产有温度、有关怀的媒体产品。同时，媒体机构人员从事相关报道与策划工作时，思想理念、眼光界域要进行革新，使高标准、高定位、健康发展的理念内化于行为逻辑中。

（2）增强媒体联动与实现角色互鉴

雄安新区媒体层次丰富而立体，要保证行动协调、目标统一，首先应集中于两点。第一点，应建立权威高效的上层推进机制，新区管委会、三县政府、媒体管理部门应共同发挥作用，互通有无，要能协调具体新闻实践工作的开展；第二点，在各媒体工作人员间建立扁平化的便捷联动机制。具体说来，应减少信息传递的环节，以增加传播速度，需要加速磨合媒介人员，使其在日常联系中增进彼此的了解和默契，以强化行动协调。

合理有序的角色分工，媒体角色的有序安排，应以不同媒体的硬件设备、人才资源、传播能力为前提，针对传播需求与宣传目的，从深耕本土做好雄安报道，到面向全国展现发展态势，再到国际传播塑造新区形象，多面向的传播目标，要求主体多元的媒介环境建设为分工有序、良性运转的媒体体系，应秉持绿色发展的生态观，建构符合新区发展特色的媒体运作模式。

（3）改善新闻生产关系与明确传播目的

加快新闻生产力发展的同时，要改善新闻生产关系。升级传播意愿，构建良性发展的

内容分发、回馈、再生产的循环式传播链条，促进传播态度转变并突出用户导向；提升和优化传播技巧，借由大数据分析掌握用户行为习惯与喜好偏向，增强产品内容的可扩展性与参与性，以引动自发式传播扩大信息触达范围；把握新闻生产力与新闻生产关系及其相互作用，推动新闻媒体的持续发展与稳态产出。

新闻产品承载着反映事实、凝聚共识、传播知识、引导舆论等多重目的，在推进媒介产品与技术融合的进程中，借助技术外力，增强媒介产品的呈现形态，优化用户的体验感受，提升传播效果。如，VR、AR产品带来的沉浸感、交互感、现实感，3D全景图片的全方位展示，无人机航拍的大气磅礴等。

（4）坚持以人为本与助力青年成长

人才是机构运作发展的动力之源、活力之源，媒体体系机制的持续健康发展离不开专业人才的参与和支持。于雄安三县原有媒体人员而言，转变以往传统媒体的运行思路和观念，适应当下融媒体平台的规则与逻辑，掌握集采编发于一体的生产流程，是必然的进路。同时，吸收新生力量以充实不断扩大的媒体机构，建立完善的人才吸纳、培养、储备机制，依托雄安新区的政策吸引力，建构完善的人才招收机制。以开放、包容、自由的工作环境与文化氛围，来提升人才的留存率，优化岗位配置及多元人才结构，以保障相应的人才资源在适当的位置发挥作用。

第六篇
调查展望

雄安新区要打造新时代全国高质量发展的样板，高质量不是用单一经济维度来衡量的，还要兼顾生态效益、社会效益、文化价值等。"十四五"开局之年，新区逐渐从"塔吊林立"变成了"塔楼并立"，如火如荼的建设场景见证着日新月异的变化，新区进入承接北京非首都功能疏解和建设同步推进的重要阶段。经过四年多的发展，新区建设已在各个方面取得了阶段性进展：白洋淀碧水初现、城市森林绿意盎然、蓝天白云日日可见、征拆安置高品质推进、基础设施智慧智能等，绿色雄安的蓝图逐渐呈现。

　　时刻关注公众对绿色雄安的感知、理解与期待是新区规划建设的重点把握方向。在过往的四年多期间，雄安绿研智库一直关注新区民生热点，定期组织开展年度调查和专题调查，跟踪了解新区公众对新区建设变化感知及城市发展诉求等，目前已开展16次调查工作。

　　第十二章将围绕2020年以来雄安绿研智库携手专注新区发展的研究者共同开展的公众民生感知、社会融合现状、生态环保意识、绿色交通出行体验等方面专题调查，以及专家学者近两年围绕新区开展的学术研究热点，进行分别阐释，以期逐步呈现人民眼中的"绿色雄安"。2020年度民生观察和社会融合调查，由雄安绿研智库独立发起，围绕新区形成新形象、建设新功能、发展新产业、聚集新人才、构建新机制的"五新"发展目标，梳理总结公众的民生关注、民生变化感知、社会融合状况，以期真实记录反馈民生舆情，为雄安新区建设发展提供参考；"雄安新区居民生态环保意识调查"，由雄安新区生态环境局与雄安绿研智库联合开展，围绕新区居民环保意识、环境道德培养开展调研，旨在为下一步的环保宣传工作提供参考；针对新区居民的绿色出行体验与参与意愿调查，由雄安绿研智库联合海内外青年学者共同发起，旨在为新区后续绿色交通出行管理与引导提供支撑与参考；研究热点方面，围绕国内外学术文献资料，分析新区的近年研究热点变化情况。

"十四五"时期是我国全面建成小康社会、实现第一个百年奋斗目标之后，乘势而上开启全面建设社会主义现代化国家新征程、向第二个百年奋斗目标进军的第一个五年，是京津冀协同发展向远期目标进军的新起点，也是雄安新区大规模开发建设向纵深发展的关键时期。《河北省国民经济和社会发展第十四个五年规划和二〇三五年远景目标纲要》第六章对雄安新区提出："统筹推进城市整体开发建设、有序有效承接北京非首都功能疏解、高质量推进创新发展、深化体制机制创新、强化对全省辐射带动作用"五项目标要求。第十三章结合新区建设现状和绿色发展要求，对新区持续推进城市绿色低碳发展、高质量推进城市建设和运营、稳妥有序承接北京非首都功能疏解三方面工作进行展望，并对三方面工作中可能遇到的问题及挑战展开思考。

Part VI Surveys and Prospects

As a national model for high-quality development in the new era, the quality of Xiongan New Area is not only measured by economy, but also by its ecological, social and cultural values. In the first year of the 14th Five-Year Plan, many buildings in Xiongan has built up, and Xiongan has entered a stage of simultaneous development of large-scale construction and operation, which is also an essential stage to take over the non-capital functions from Beijing. After more than four years of development, the construction of Xiongan has made progress in many aspects: the return of clear water in Baiyangdian Lake, the increasing forest coverage in urban area, the blue sky and white clouds which can be seen everyday, the high quality work on land expropriation and residential housing, and the establishment of intelligent infrastructure, etc. The blueprint of green Xiongan is being embodied gradually.

Paying close attention to the public awareness, perception and expectation on green Xiongan is the key direction for the planning and construction of Xiongan. During the past four years, Xiongan Green Development Research Institute has been paying attention to the issues of the people's livelihood in Xiongan, regularly organizing annual and thematic surveys to track the residents' perception of the changes and their demands for urban development. Sixteen surveys have been conducted so far.

Chapter 12 focuses on the public perception, social integration, ecological and environmental awareness, mobility experience, as well as the research on hot spots conducted by experts and scholars in the past two years, with a view to presenting the "Green Xiongan" in the eyes of the people. The 2020 survey on people's livelihood and social integration initiated by Xiongan Green Development Research Institute focuses on the Five New Development Goals of Xiongan-Building a New Image, Adding New Functions, Developing New Industries, Gathering New Talents and Constructing New Mechanisms, and describes the public opinions on livelihood and changes in people's livelihood and social integration, in order to record down the public opinion and to provide reference for the construction and development of Xiongan; The "Xiongan New Area Residents' Ecological and Environmental Protection Awareness Survey", jointly conducted by the Xiongan New Area Ecological and Environmental Bureau and

Xiongan Green Development Research Institute, focuses on the residents' awareness of environmental protection and the education on environmental ethics, with the aim of providing a reference for the further publicity work on environmental protection; The survey on the green mobility experience and residents' willingness to engage was initiated by the Xiongan Green Development Research Institute together with young scholars from home and abroad, aiming to provide support and reference for the subsequent management and to provide guidance for green mobility in Xiongan; In terms of research on hot spots, the changes of research hot spots in Xiongan in recent years are analyzed based on domestic and international academic literature.

The "14th Five-Year Plan" period is the first five-year period after the establishment of a moderately prosperous society and the completion of the first 100-year goal. It starts a new journey towards a modern socialist country and the second 100-year goal, marks a new starting point for Jing-Jin-Ji synergistic development to march towards the long-term goal, and is a critical period for the development and construction of the Xiongan New Area to scale up. The Chapter 6 of the *Outline of the 14th Five-Year Plan and 2035 Vision for the National Economic and Social Development of Hebei Province* proposes five targets to Xiongan New Area: "Coordinating the development and construction of the city, orderly and effectively taking over the non-capital functions from Beijing, promoting innovation and development with high quality, deepening the innovation of institutional mechanisms, and strengthening the pilot role to drive the development of the province". Chapter 13, based on the current situation of the construction and the requirements of green development in Xiongan, provides an outlook on three aspects of the works: the green and low-carbon development of the city, the high quality urban construction and operation, and the steady and orderly take-over of non-capital functions from Beijing, and illustrates the problems and challenges that may be encountered in the works.

第十二章　雄安调查

12.1　延续年度民生观察[1]

12.1.1　基本情况

本次调查自2020年12月31日正式开展，历时2个月，采用电子问卷方式进行，累计回收有效问卷1004份。此外，通过"线上+线下"相结合的方式，对10名雄安常住居民进行补充访谈，其中，本地户籍人口5名（征迁安置人口2名），外来常住人口5名。

12.1.2　三个提升

2020年，雄安新区紧抓疫情防控工作，有序推进大规模建设进程，民生服务渐进式发展，公众切实享受到新区建设福利，公众关注度与建设信心迅速回升，城市环境、社会治理水平等方面呈现显著提升。

（1）关注度与建设信心迅速回升

自新区设立以来，公众对雄安新区发展始终保持高度关注及充足信心，期间略有波折，整体呈现向好趋势。2019年，新区还处于顶层设计刚完成和即将进入建设阶段，可见可感的建设成果相对较少、就业岗位不足，公众对新区关注度及信心出现小幅回落。2020年，雄安新区各个片区全面开工建设，形成"塔吊林立、热火朝天"的建设场面，雄安商务服务中心、容东安置房、雄安高铁站等项目建设成果显著，就业岗位增加，民生和社会保障持续改善，公众对新区关注度和发展信心迅速回升。同时，在2020年的新冠疫情防控背景下，公众仍对新区建设呈现较大信心，66%的受调查者认为新区的疫情防控措施有力有效，总体建设发展未受较大影响（图12-1-1）。

（2）城市环境持续提升

2018—2020年，新区城市环境领域的"城市绿化""市容市貌""空气质量"连续三年改善明显（图12-1-2）。2020年，通过对619条公众对雄安变化感知的主题留言词频分析发现，"环境（98次）"出现频次最高（图12-1-3），内容以环境改善/变好、环境治理为主，"绿化"出现16次。2020年，雄安新区持续开展"千年秀林"造林工程，深化旧城改

---

[1] 本节选自雄安绿研智库公众号推文：《调查报告｜2020雄安年度公众民生调查报告》。https://mp.weixin.qq.com/s/sGLcQp-qxGt3cE1JLdv5yQ

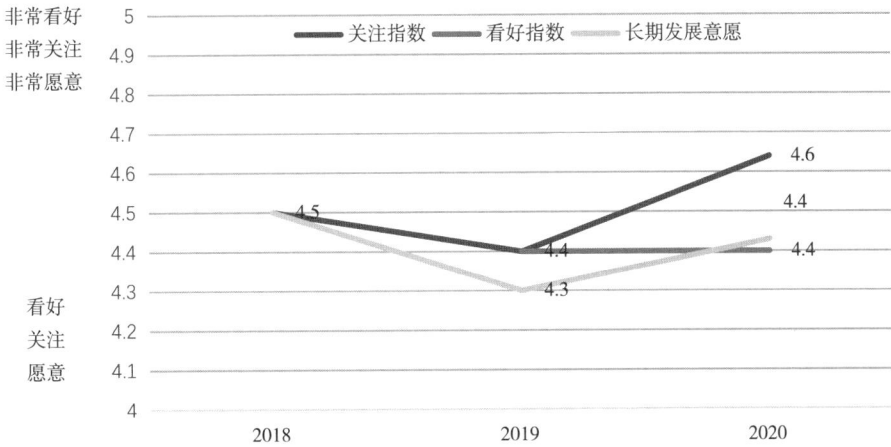

图12-1-1 2018—2020公众对雄安新区关注指数、看好指数、长期发展意愿情况

注：由于本图数据保留2位有效数字，因此，折线存在同数值未重合情况

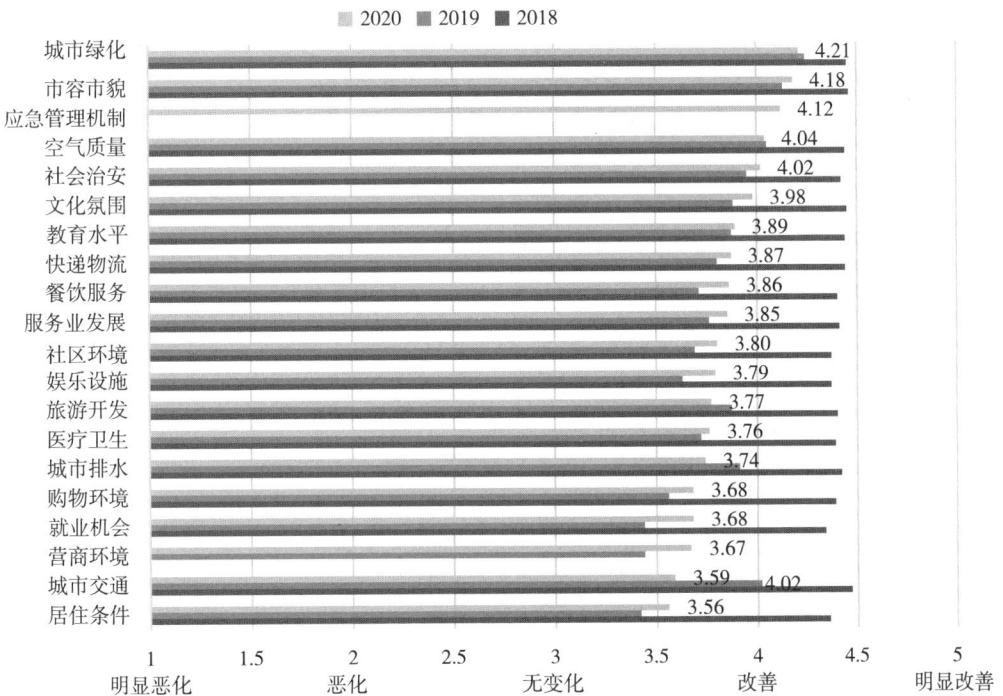

图12-1-2 公众对雄安新区20项内容变化评价

造，实施漫生活街区、安新县旅游路改造提升等民生工程，使新区"城市绿化""市容市貌"进一步改善；持续开展生态治理，雄县、容城县实现清洁取暖全覆盖；狠抓扬尘污染管控，2018—2020年，新区$PM_{2.5}$浓度持续下降，空气质量优良天数由190天增长至223天。

随着新区城市规模逐步形成，新区应进一步挖掘自身"城市最佳卖点"，围绕绿色城市、智慧城市等定位，借助抖音、公众号平台等新媒体，做好"城市营销"，提升新区城市热度与吸引力，从而实现新区"新形象""新人才"目标。

（3）疫情防控下的社会治理水平提升

2020年新区社会治理领域的"应急管理机制"（4.1分，代表"改善"）"社会治安"（4分，代表"改善"）改善明显。2020年初新冠疫情暴发，新区一手抓疫情防控，一手抓项目建设，有序复工复产。2020年6月，北京新发地市场的安新县经营者出现确诊病例，新区迅速调动政府、企业、社区（乡村）、学校、医院、工地等各方面干部群众力量，实现网格化管理，联防联控、群防群控有效落实，保障了建设

图12-1-3　2020年公众对雄安新区变化感知留言词频图

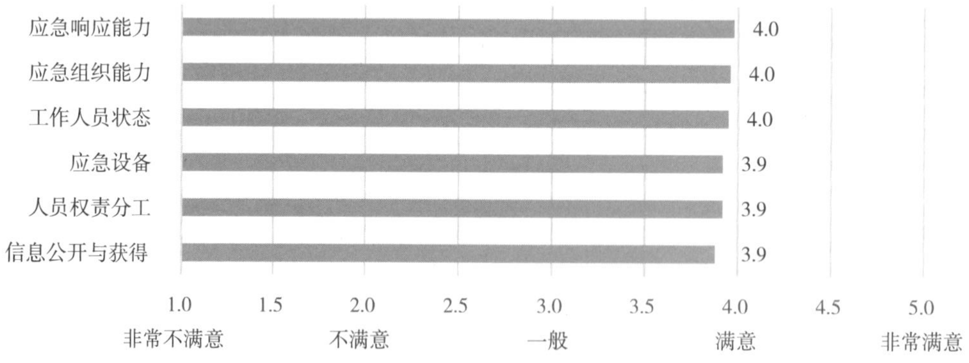

工地"零感染"。在新区疫情防控工作中，涌现出一大批先进单位和先进人物，例如：白洋淀志愿者及民兵队伍积极担当，为群众发放防疫物资；安新"船递小哥"启动义路"船"递，打开援助郭里口村生活物资专线通道，解决了隔离居民"菜篮子"问题；安新镇"辣妈团"朋友圈"带货"，帮助农民销售因疫情滞销的农产品，将疫情防控工作做到有效果、有温度，得到当地群众的支持和认可。2020年，新区常住居民对新区应急管理机制评价满意度较高，如图12-1-4所示。

图12-1-4　公众对新区应急管理机制满意度

12.1.3　五个改善重点

2021年，新区提出的"五新"目标与民生紧密相关。2020年公众调查结果显示，公众始终对公共服务高度关注，其中教育、城市交通、就业服务等现实民生问题始终存在，为

此，在实现"五新"目标过程中，建议关注以下五个民生重难点。

（1）整体公共服务水平亟需提升

2020年，公众对雄安新区教育、医疗、养老、交通等公共服务评价"一般"，未达到"好"，外来人口对新区公共服务评分总体低于新区户籍人口，与其迁出地相比，雄安新区公共服务水平存在差距。新区自设立以来，积极对接京津冀优质资源、实施民生项目工程，持续改善新区民生和社会保障，但原有县级公共服务承载力有限，历史欠账多，服务仍难以满足新区本地人口与外来人口逐步增长的服务需求，服务水平有待跨越式提升。

公共服务能力对基本民生具有决定性的作用，是新区产业和人才吸引力的关键要素。应加快提升基础设施配套和公共服务功能，构建符合高质量发展要求和未来发展方向的公共服务制度体系，既要加大政府公共服务投入，提高新区公共服务能力，又要构建公共服务供给的社会参与机制，通过政府购买公共服务的方式，发挥社会组织、机构和企业在公共服务生产中的积极作用，改善公共服务数量、质量和效率，满足居民日益增长的多样化公共服务需求，实现基本公共服务效能最大化，从而增强新区公共服务的承载力、集聚力和吸引力，打造宜居幸福的雄安新区。

（2）教育服务水平仍有差距

从近两年看，雄安新区的"教育水平"持续成为最受公众关注的内容（表12-1-1）。577条公众对雄安新区期待的留言中，"教育"词频仅次于"建设"，排第二位，共出现47次，内容以教育水平提升、重视教育为主，具体如图12-1-5所示。随着新区建设推进、人才流入、产业转型升级，新区三县户籍人口对子女教育更加重视，观念正由"上学不如去（服装/鞋）厂里打工赚得多"转变为"不好好学习就会被新区淘汰"，教育服务需求扩大。但公众对新区公共教育的教师资源、基础设施的综合评分整体较低，未达到"良好"水平。居民对教育服务的提升需求显著，这对新区培育、引入高质量教育人才及培训机构提出了更高要求。

表12-1-1 2018—2020年雄安新区受公众关注的内容排名

排名	2018	2019	2020
1	就业环境	教育水平	教育水平
2	建设进度	社会福利与保障	住房保障
3	生态环境	发展前景	医疗条件↑2
4	发展前景	就业环境	社会福利与保障↓2
5	社会福利与保障	医疗条件	发展前景↓2

从长远看，教育水平是城市综合实力的重要体现，直接影响城市精神内涵和吸引力，是孵化产业、吸引人才、提升城市竞争力的关键要素。在新区新功能打造过程中，建议通

过引入京津冀优质资源，进一步加大教育资金投入，加强学校建设，提高教师待遇等，形成尊崇知识、重视教育、尊重教师的良好风尚，提升教育服务水平，实现雄安新区城市教育的跨越式发展。

（3）城市交通环境面临较大挑战

2020年，常住居民对"城市交通"的变化评分较低，与2019年相比下降明显，常住居民对交通总体评价为"一般"（见图12-1-6）。2020年，受调查的新区常住居民的主要使用的四类交通工具依次是：私家车（60.6%）、电动车（35.3%）、步行（32.4%）、自行车（26.1%）（图12-1-7），受新冠疫情等因素影响，公交车等公共交通使用率较2019年下降12%，私家车使用率增长8%。

图12-1-5　公众对雄安新区期待主题留言词频图

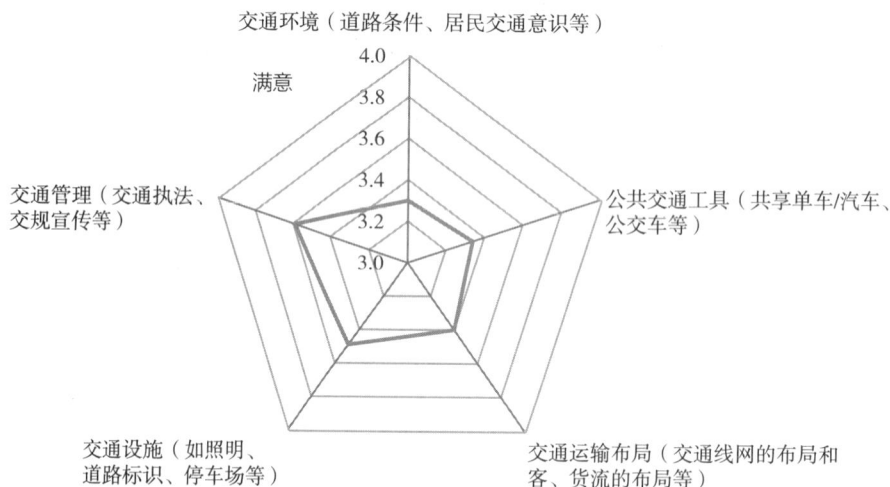

图12-1-6　公众对雄安新区城市交通评分

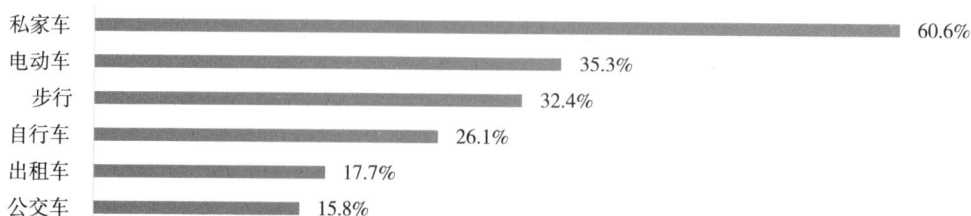

图12-1-7　2020年雄安新区常住居民主要交通工具排序

随着新区建设全面开展，工程车辆增加，建设者大量涌入，交通需求量急速增大，现有道路交通容量不足、原有县级交通道路结构功能不完善、停车设施不足、街道改造提升工程影响正常交通、部分居民交通意识不足等问题突出。另外，排水等基础设施不完善，暴雨天气易形成"公路看海"情况，居民交通体验感较差。

便捷高效的交通路网是城市发展的重要前提。新区设立以来，持续开展道路改造工程，如白洋淀大道安全设施提升，容城古城路、文化街城区道路修整，雄县司法街北段等6条小街巷改造等，但原有交通基础薄弱，城市路网的完善和提升仍需一段时间。短期来看，建议从以下三个方面进行改善。

一是优化交通管理。统筹各类车辆通行管理，工程车辆错峰、分流，交通高峰时段，加强路口重点管理；加强监控设施、公安交通指挥平台系统建设，增强道路交通安全管理科学化水平。

二是完善交通设施。增设行人隔离护栏，规范行人有序过街，改善信号灯、地面标线等基础设施，重要、复杂路口增加信号灯，优化信号灯模式，提高交通管理效率，有效引导人车分流、机动车与非机动车分流。

三是做好居民教育引导。加强交通安全宣传，充分利用新闻媒体、互联网、宣传牌等形式，加大道路交通安全法规宣传教育力度，引导行人文明行路、非机动车安全文明骑行，劝导杜绝闯红灯、逆向行驶等行为；鼓励绿色出行，倡导公交优先。

（4）生活成本上升影响居民幸福感

58%的受调查常住居民认为，2020年生活成本有所提高，其中，食材餐饮、日常生活用品、房租及物业等基础的食住用行生活费用增长明显。新区三县户籍人口对日常生活用品、文化教育、健康医疗防疫的费用增长感受更明显，外来人口对交通出行、房租及物业费用增长感受明显。另一方面，2020年居民的收入水平变化平稳，51%的受调查者表示收入水平"没有变化"，认为收入增长人口仅占14%。因此，居民感受到"收入没增长，但东西越来越贵，花钱越来越多"。

新区大规模建设如火如荼，十万多名建设者来到新区，带来原有消费需求、消费结构、消费市场的升级重构，如健身、休闲娱乐、商务餐饮等服务业增长明显。另一方面，本地居民市民化进程加快，由农村生活转向城镇生活，生活方式转变，消费结构升级，消费支出随之增长。市场需求增长及消费结构转型带来的物价上涨，如房租，导致居民生活成本增长。另外，访谈发现，部分服务产品性价比不高，"北京价格，县城水平"的服务加大居民对消费支出增长的不满。

对于生活成本上升的问题，宏观来看，应增强新区的服务承载力，避免供需失衡导致的物价上涨，聚焦经济功能，加快产业发展，增加就业岗位，保障居民收入水平不下滑。短期来看，应编制居民市民化生活引导手册，引导居民合理消费，帮助居民尽快适应城市生活及消费方式；加大招商引资，引进一批标杆服务品牌，建立免税店、奥特莱斯等，通过市场竞争提质量、降价格，刺激、引导本地服务业水平提升，提高消费服务产品性价比。

（5）就业招聘市场供需不匹配

由于新区产业结构调整升级，传统产业劳动力亟待转移，而新区建设发展继续的高层次人才相对短缺。2020年，建设项目规模扩展，建设者涌入，新区建设类、居民服务类岗位增加，疫情期间，保定奥森制衣有限公司、雄县家进无纺布有限公司等传统服装企业通过转型生产口罩、防护服等防疫物资并出口，实现新市场开拓及扩大生产，增加就业岗位，居民就业问题有所缓解。但是，就业问题始终存在，30%受调查者因新区散乱污企业整治面临再就业难题，29%的受调查者因新冠疫情影响而就业困难，个体工商户受疫情影响最明显。为此，建议顺应新区建设的劳动力需求及直播带货、快递物流等新业态发展，加大本地人口的就业创业培训，精准搭建本地居民再就业平台，通过村企共建等形式，帮助居民实现再就业。

另一方面，22.6%的受调查者反映市场人力需求增大，招聘较困难，这一群体以国有及国有控股企业、民营企业、事业单位为主。从《2020年雄安新区急需紧缺人才目录》看，2020年雄安新区191家用人单位发布1131个工作岗位和7565条急需紧缺人才信息，医药卫生、教育培训、规划建筑、通信电子、计算机互联网等行业引才需求旺盛。规划建设、高新技术产业、公共服务领域人才需求量不断增大，加快聚集新人才重要性凸显。调查发现，55%以上受调查的外来人口对住房、人才引进、户籍制度表示期待，为此，应尽快出台户籍、住房等一揽子政策措施，增强新区人才吸引力，让现有人才留得住，外地人才愿意来。

12.2 初探社会融合现状[1]

12.2.1 研究背景

随着大规模建设和征拆安置的推进，近年来雄安新区人口发生较大变化，《河北省第七次全国人口普查公报》显示，2020年底新区常住人口120.54万人，较新区设立初期的109.8万人，增长了10.74万人。同时，根据新区2019—2020年征迁安置统计数据，两年内已有约8.5万人完成征迁。新区的人口变化使新区社会融合问题逐步显现，对于外来人口，社会融合是迁入人口逐步接受和适应迁入地的社会文化，对于本地人口，社会融合是一个市民化过程，行动者对周围环境变化做出主动和被动的调适。

本次研究重点关注三方面：一是外来人口在新区经济、保障、社交及文化、心理四方

---

[1] 本文选自雄安绿研智库公众号推文《雄安新区四周年系列：2020年雄安新区社会融合现状调查报告》，https://mp.weixin.qq.com/s/OspuQ5YvrY_pBmetbsg8YQ

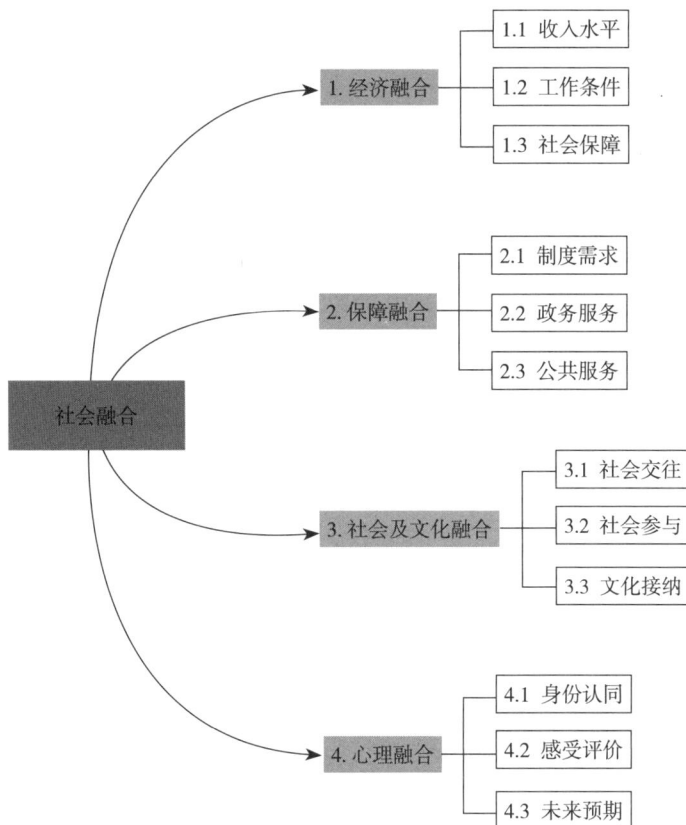

图12-2-1 雄安新区社会融合研究框架

面的适应融合；二是本地人口（本文提到的本地人口即具有新区三县户籍的人口，包括征迁安置人口及非征迁安置人口）对新区建设及城市生活的适应融合，以及对外来人口的接纳；三是本地人口中的征迁安置人口市民化过程。调查组结合以上三方面，从经济融合、保障融合、社会及文化融合、心理融合四个维度对雄安新区社会融合现状进行调查，具体研究框架如图12–2–1所示。

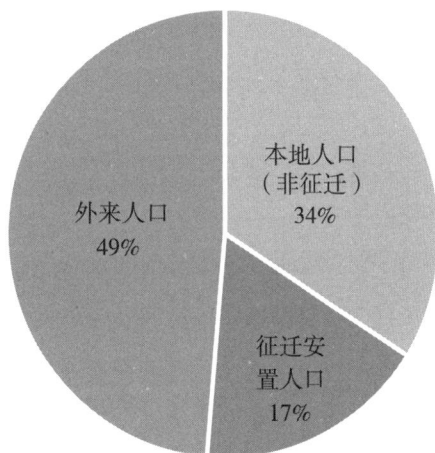

图12-2-2 受调查样本情况

本次调查自2020年12月31日正式开展，历时2个月，以问卷调查、访谈两种方式为主，针对雄安新区外来人口、本地人口、征迁安置人口三类人群的社会融合现状进行调查。共回收有效问卷621份，其中，外来人口占49%，本地人口占51%（其中非征迁安置人口34%，征迁安置人口17%），具体如图12–2–2所示。共访谈10位受访者，其中，本地人口5名（含征迁安置人口2名），外来常住人口5名。

12.2.2　外来人口融合现状及需求

新区外来人口呈现年轻化、高学历、就业稳定等特征。在经济、保障、社交及文化、心理四方面的融合中，外来人口在就业稳定、收入水平等方面的经济融合程度高，政策及政务服务保障方面的融合需求高，社会交往及文化接纳程度高，但对"雄安人"的身份认同及驻雄感受等方面的心理融合程度偏低。

（1）社保和住房保障是促进经济融合的关键

外来人口工作稳定性及收入水平方面融合度高，中高收入人口比重占35.2%，高出本地人口30.2个百分点，稳定工作的人口占84.3%，高出本地人口27.1个百分点。但是，外来人口的在新区本地缴纳社保比例偏低，62%的受调查外来人口在新区以外地方缴纳社保，主要原因在于新区住房、户籍等政策不明朗、现缴纳地各项服务更完善、不了解社保迁入政策。

从以往经验看，外来人口倾向于流入就业机会较多和公共服务较好的大城市，其经济融合面临高房价、低水平就业和消费不足三大困境，然而，与以往研究不同，雄安新区外来人口主要是为响应新区建设政策号召、看好新区发展前景，从设施完善的城市迁入基础设施相对薄弱的雄安新区投身建设，其就业稳定性及收入水平相对高于本地人口，低水平就业及消费不足的影响力较小，住房因素影响力相对凸显。当前，新区住房政策尚不明晰，随着大量外来机构和人员的涌入以及征迁安置人口增多，新区的房屋租赁需求增大，造成区域性房屋租赁价格上涨。因此，新区需要尽快出台住房政策，妥善处理外来人口住房问题，促进外来人口的经济融合。

（2）人才引进政策及政务服务水平有待完善

63.2%的外来人口认为，新区对人口引进政策不明朗影响其融入新区，44.7%的外来人口认为，新区缺乏安全感，缺乏相应的配套保障措施。总体来看，保障融合的不足主要体现在两方面。

一是配套政策不明朗。目前，新区住房、户籍政策尚未明晰，39.4%受调查的外来人口因此不愿在新区缴纳社保。户籍制度作为城市公共福利体制的载体性制度，一直是影响外来人口去留的重要因素，户籍及其配套政策不明朗降低了外来人口对"雄安人"的身份认同。60%以上外来人口期待新区住房政策（76.9%）、人才政策（66.2%）、户籍政策（64.1%）尽快出台（图12-2-3）。2021年，雄安新区"五新"目标提出，加快聚集新人才，出台户籍、教育等一揽子政策措施，有力回应了外来人口的制度保障需求，有利于深化外来人口的制度保障融合。

二是政务服务有待完善。外来人口的政务服务需求明显，50%以上的外来人口需要住房租赁（57.5%）、居住证办理（50.8%）的相关政务服务，30%以上人口需要异地就医（47.4%）、社保办理（34.2%）、就业创业（33.1%）的相关政务服务，23.3%的人口需要人

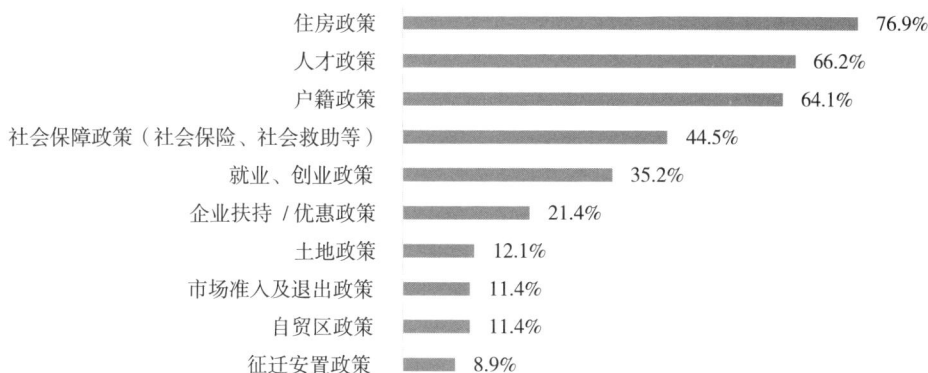

图12-2-3 外来人口关注政策排序

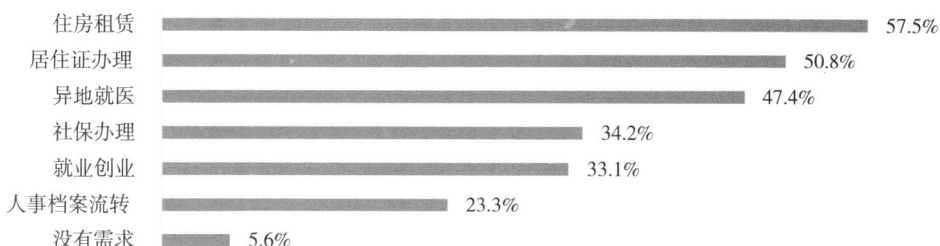

图12-2-4 外来人口政务办理需求

事档案流转的相关政务服务（图12-2-4）。然而，新区对外来人口的相应服务有待提升。

调查发现，针对外来人口的政策宣贯及事务办理流程成为影响外来人口迁入社保和办理居住证的重要影响因素，21.2%的外来人口因不了解社保迁入政策，未在新区缴纳社保，50.7%外来人口因不了解新区居住证政策未办理居住证，20.1%外来人口认为居住证办理流程复杂，从而放弃居住证办理。

为此，新区应在加快出台户籍、人才引进等政策的同时，加大相关政策宣传，提升社保、居住证办理等外来人口政务服务水平，适当简化办理流程，完善电子政务服务功能，拓展政务咨询平台，减少办事信息填报、材料提交、跑腿次数，实现办事流程最优化，办事效率最高效，使政务服务更有人情味，使外来人口"宾至如归"（图12-2-5）。

（3）现有民生服务难以满足外来人口现实需求

50%以上的外来人口因看好雄安发展前景（53.4%）、响应政策号召（50.8%）入驻雄安新区。但是，外来人口的实际民生需求不应被忽视，与外来人口迁出地相比，雄安新区现有教育、医疗等民生服务水平较低，难以满足外来人口长期居住需求，除了社会治安，新区的生态环境、工作环境、居住环境、交通条件、文化氛围、休闲娱乐等方面均与外来人口迁出地存在一定差距（图12-2-6）。

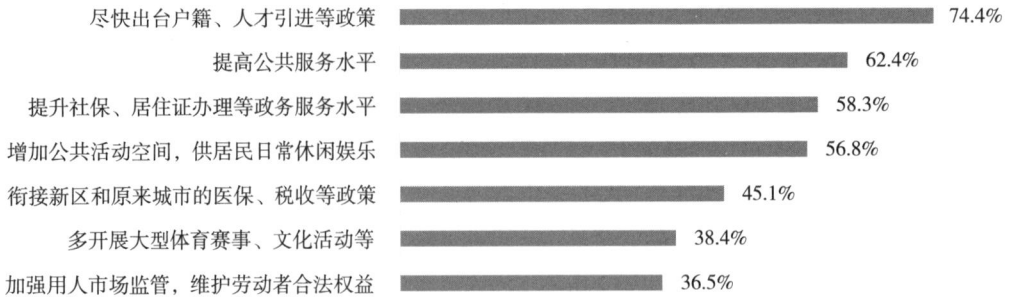

图12-2-5　提升外来人口获得感、归属感建议

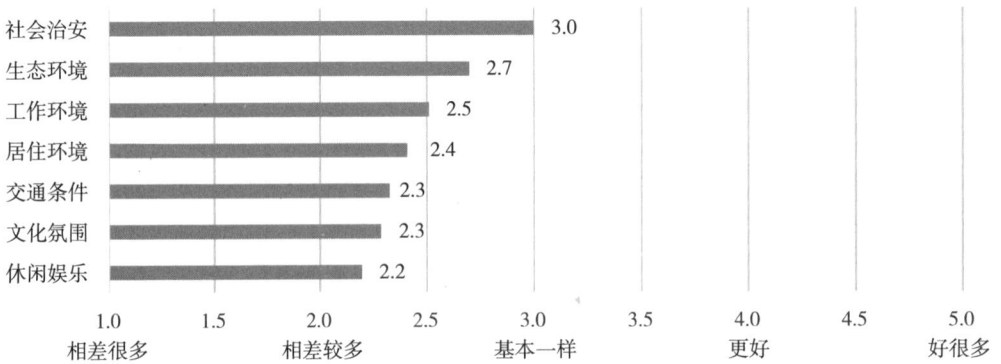

图12-2-6　外来人口迁出地与雄安新区基础条件的差距比较

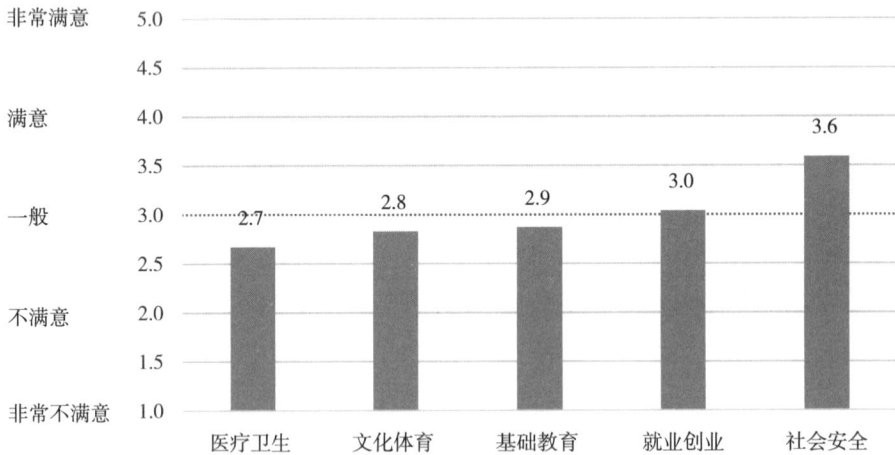

图12-2-7　外来人口对新区公共服务评价

　　同时，外来人口对新区公共服务中的医疗卫生、文化体育、基础教育评价均低于"一般"水平（图12-2-7），42%的无落户积分计划的外来人因"新区配套公共服务有待提升"而不愿在新区积分落户。子女教育、社会保障等公共服务是决定外来人口是否留下的重要

因素，新区建设是千年大计，建设周期长、任务重、工作强度大，要在建设过程中，完善配套公共服务，让外来人口与新区居民共享建设成果，提高居民生活满意度，提升外来人口归属感与获得感。

（4）社会交往与参与意愿高，相应平台和组织还不到位

外来人口在交往意愿、沟通顺畅程度、文化接纳度、社会参与意愿四方面整体高于本地人口，高出"一般"水平。交往意愿方面，外来人口愿意与本地人口创业、工作、交朋友、一起参加活动，但结婚/结成亲戚的意愿最低，子女同班学习方面，意愿略低于本地人口（图12-2-8）。新区设立以来，通过对接京津冀优质资源、完善基础设施（如智慧校园）、吸引优秀师资等方式，使新区基础教育水平显著提升，但由于历史欠账多，与外来人口迁出地存在差距，致使外来人口对子女在新区接受教育存在较大疑虑。

沟通方面，58%的外来人口与本地人口沟通顺畅，34%的外来人口与本地人口沟通顺畅度一般，仅8%的外来人口与本地人口沟通不畅，文化程度差异是沟通不畅的重要原因；外来人口对本地文化适应性接近于"适应"水平。

社会参与意愿方面，新区设立后，大量人口涌入，征迁工作推进，加强了常住居民非组织化、流动化，外来人口与本地人口在思想理念、行为方式、利益诉求、意见表达等方面呈现多元化特征，社会组织作为参与社会管理和服务事务的重要主体，对新区搭建交流平台，丰富居民业余生活，促进社会融合具有重要功能。调查发现，外来人口对兴趣团体/机构等社会组织的参与意愿最高。新区设立后，形成了一批运动、学术等兴趣团体及行业协会，但部分团体存在组织分散、缺乏长效运营机制、资金不足、凝聚力不强等问题，为此，如何培育雄安新区高质量的社会组织，促进居民社会融合，值得进一步深入研究。

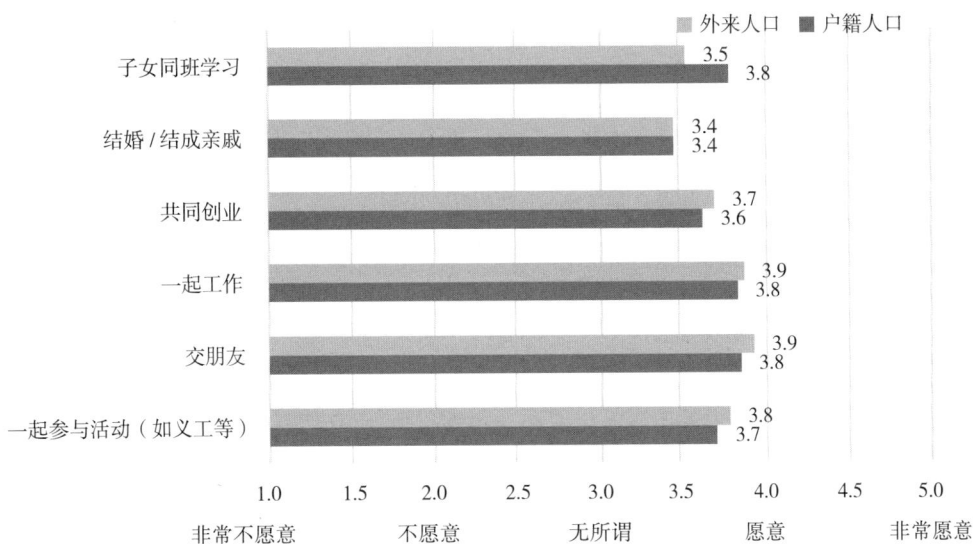

图12-2-8　雄安新区外来人口及本地人口与对方交往意愿

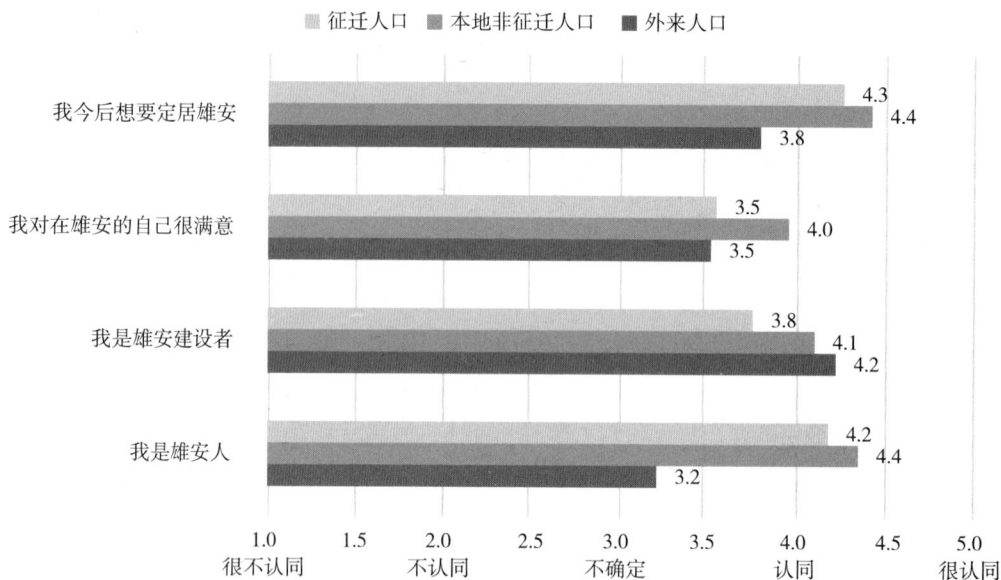

图12-2-9　雄安新区常住人口自我身份认同情况

（5）"雄安人"身份认同度低，"雄安建设者"认同度高

外来人口的身份认同程度低于本地人口，对"雄安人"身份认同感、定居雄安意愿、在雄安的自我满意度显著低于本地人口，归属感略低于本地人口，新区外来人口的户籍、住房等配套政策不完善是重要原因。另一方面，外来人口对"雄安建设者"的身份认同感显著高于本地人口，符合外来人口参与雄安新区建设的初衷，具体如图12-2-9所示。

12.2.3　本地人口融合现状及需求

新区设立以来，新区本地人口由三县居民向雄安新区市民转变，其社会融合主要体现在对新区各方面变化的适应性。本地人口中，非征迁安置人口作为外来人口与征迁人口的"夹心层"，与二者均有较多的沟通交流机会，在经济、社会保障、社会及文化、心理四方面融合水平较均衡，心理融合度最高，比较而言，征迁人口的融合度相对较差。总体来看，本地人口市民化过程主要呈现两个特征。

（1）生活支出增长影响融合

调查显示，新区设立后，本地人口日常支出有所增长，增幅在10%左右；收入水平有所下降，降幅在10%左右，本地人口感到"钱没多挣，但花得越来越多"。80%以上的本地人口认为外来人口为雄安新区带来了"物价上涨"的消极影响（图12-2-10），一定程度上影响本地居民对外来人口接纳度，不利于社会交往融合（图12-2-11）。

本地人口对生活收支变化的适应程度直接影响其经济融合度。新区大量外来人口涌

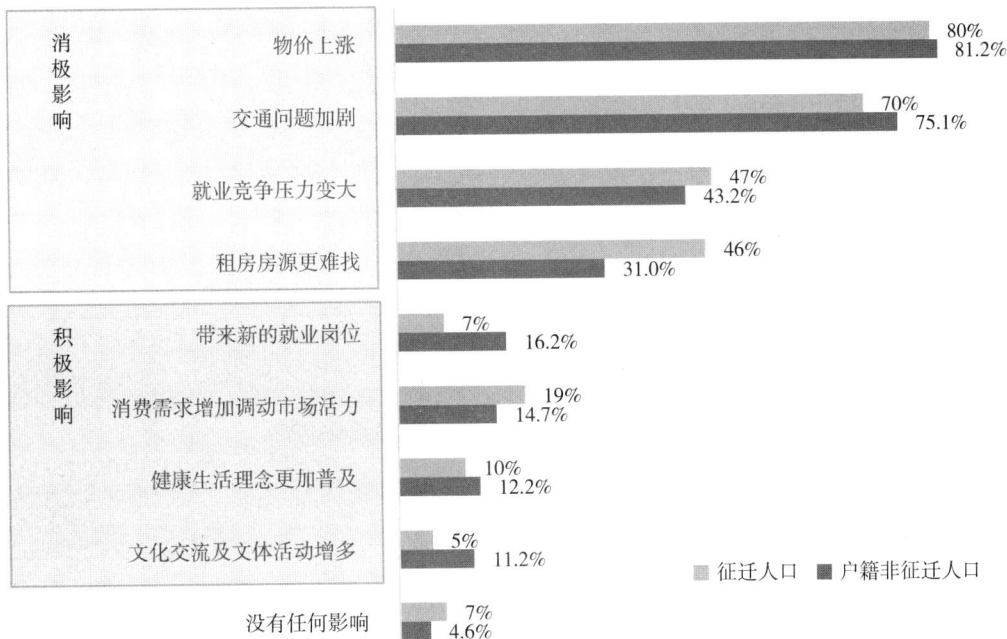

图12-2-10 本地人口对外来人口入驻新区带来影响的变化感知

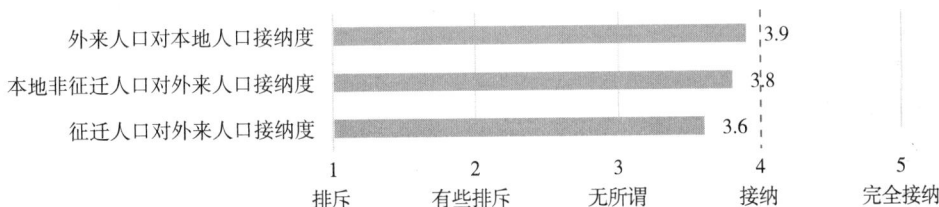

图12-2-11 新区外来人口对本地人口及本地人口对外来人口心理接纳度

入，消费需求增速超过市场供给，消费价格上涨，需求变化带动消费市场结构调整。大部分本地人口的生活环境被动地由农村社区转向城市社区，致使其生活方式转变及消费观念转化，进一步带动居民消费，增加生活支出。为保障本地人口经济融合，应探索拓展居民增收渠道，结合新区建设阶段劳动力需求，加大本地人口就业指导和服务力度，实现劳动力有效转移，使其在新区发展中不脱节、不掉队，避免与建设者和疏解人口形成"两张皮"和阶层化。

（2）对雄安新区设立后变化适应性一般

本地人口对新区设立后的转变适应趋于"一般"，对社会关系、教育水平、休闲娱乐、医疗服务的适应性评分为2.2之间，仅为"一般"水平；对消费结构、交通出行适应性评价低于"一般"水平（图12-2-12）。访谈发现，对消费结构转变的不适应主要体现在消费支出增长，消费内容增多，如征迁安置人口的临时安置的房租支出；对交通出行的

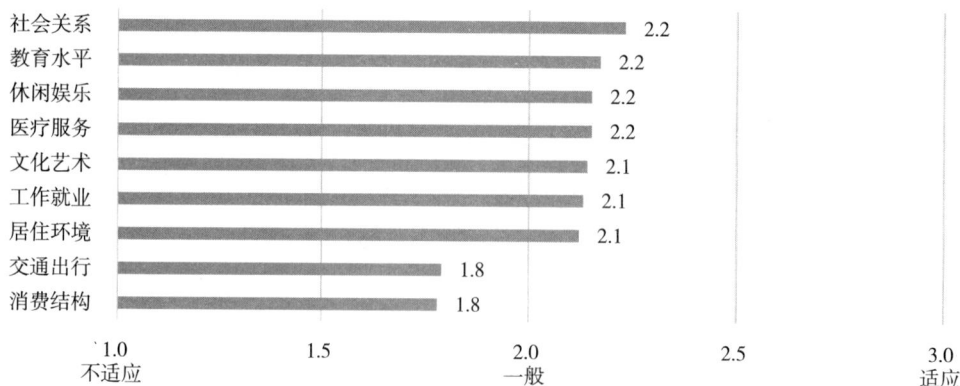

图12-2-12　本地人口对新区设立后的转变适应情况

不适应主要在于交通拥堵、安全问题的凸显，其原因与新区原有交通承载力及交通需求增长不匹配有关。

12.2.4　征迁安置人口融合现状及需求

征迁安置人口以农村户籍人口为主，经历了农村生活向城市社区生活的快速过渡，融合度显著低于本地居民中的非征迁人口，社会融合程度总体较差，主要体现在三方面。

（1）经济融合度低

比较而言，征迁安置人口中低收入群体（20.6%）及工作单位不稳定的人口（70%）比重最高，对新区设立后的工作变化适应度、收入水平变化的适应性最低，收入下降幅度显著大于非征迁安置人口。39%以上征迁安置人口未能适应工作新变化（图12-2-13）。访谈发现，新区设立后，原有服装、玩具、制鞋工人再就业，由原有的家庭作坊式工作模式向企业八小时工作制转变，计件工资转为"计时"工资，到点下班使其业余时间增多，加班有了加班费，但工作模式更加规范化、标准化，工作强度有所增加，部分居民需要重新

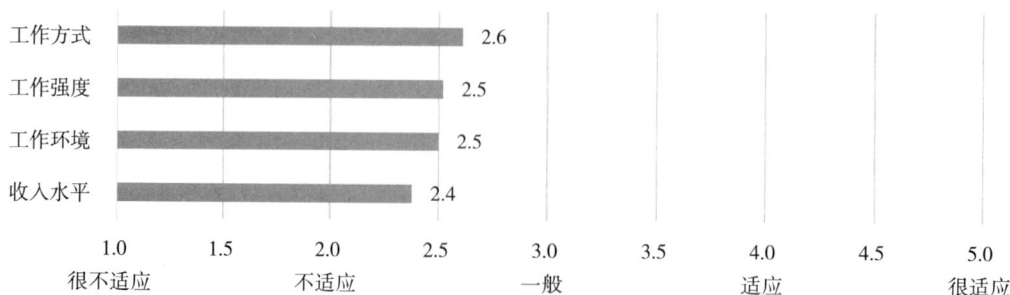

图12-2-13　征迁人口对雄安新区工作环境变化评价

适应（图12-2-14）。

　　征迁安置人口对就业/创业政策有较高需求。以容东片区首批征迁安置人口为例，其就业行业以其他服务业人口（35.1%）、毛绒玩具相关（25.1%）、务农（22%）为主（图12-2-15），劳动密集型行业比重高。劳动人口中，82.2%为初中及以下学历，总体学历较低。征迁后，原有劳动密集型企业转型搬迁，农民土地被征收，其就业转型压力大。因此，应及时做好针对征迁安置人口的职业技术培训、就业平台搭建等就业服务保障工作。

　　（2）安置保障服务提升空间大

　　32%的受调查的征迁安置人口对子女教育安置表示满意，满意度最高，约20%的受调查征迁安置人口对住房问题、社会保障、医疗卫生服务、就业/创业指导安置服务满意。但表示满意的人口比例均低于35%（图12-2-16），安置居民安置服务存在较大提升空间。

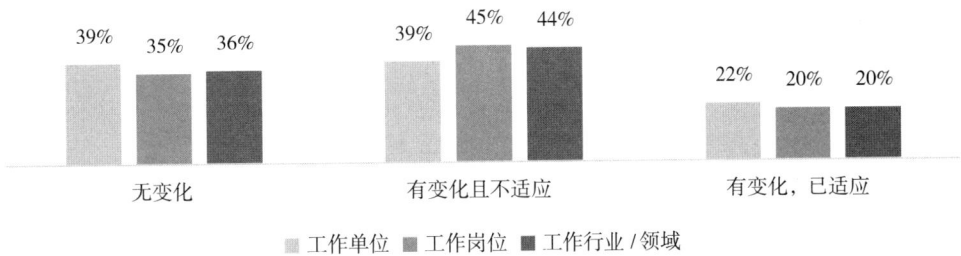

图12-2-14　征迁安置人口工作变化适应状况

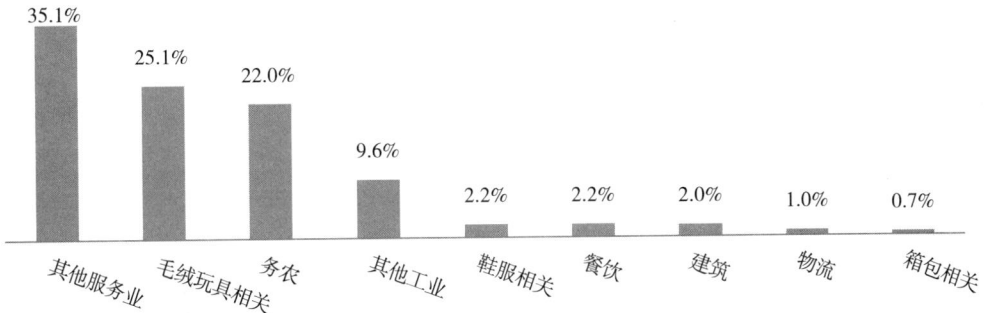

图12-2-15　容东首批征迁人口不同行业领域的就业人口分布

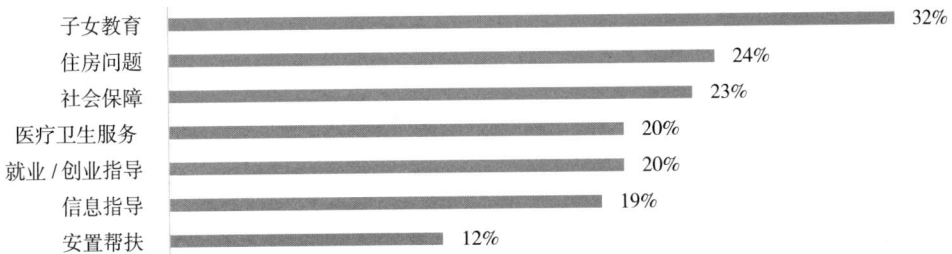

图12-2-16　征迁安置居民对安置保障服务满意度情况

（3）新区建设参与感有待提高

与其他人口相比，征迁安置人口对新区未来发展看好指数、"雄安建设者"身份认同度、新区归属感、认同感评分最低，征迁安置人口离开故土，配合征迁工作推进，是新区建设的重要贡献者，却对新区建设各方面认同感最低。究其原因，一方面，征迁安置人口在一年多时间内，经历拆迁、过渡安置等阶段，由农村生活向城市生活场景转变，与其他人口相比，生活转变更大，部分征迁安置人口因面临就业转型、居住改变方面的问题，产生迷茫不安情绪，担心自己被发展中的新区淘汰，因此，征迁安置人口的市民化融合需要更多时间。另一方面，征迁安置人口中，面临居住地搬迁、就业转型、子女教育等多重基础民生问题，综合问题多，有待妥善解决。

12.2.5　结论及建议

2020年，雄安新区建设进度加快，外来人口涌入为新区社会融合提出新挑战。总体来看，外来人口经济融合、社会及文化融合程度较高，对"雄安建设者"的身份认同度高。但是，由于户籍、住房等政策未实施，外来人口对"雄安人"的身份认同度低，本地人口对雄安新区市民生活融合程度"一般"，对新区交通出行、收入水平的融合度低于"一般"水平，其中，征迁安置人口在经济、社会及文化、心理融合程度最低，征迁安置相应社会保障提升空间较大。

2021年，新区建设发展迎来了关键节点，进入到滚石上山、爬坡过坎、攻坚克难的新阶段，雄安新区提出加快形成新形象、建设新功能、发展新产业、聚集新人才、构建新机制的"五新"目标，是促进雄安新区社会融合的一副对症良药，针对当前雄安新区社会融合现状，在实现"五新"目标，促进新区社会融合过程中，调查组提出五点建议。

一是加快健全外来人口政务服务体制，尽快出台人才、住房等一揽子政策，让外来人口平等获得新区各项服务。

二是推进新区公共服务设施跨越式发展，通过引入整合京津冀优质资源，加大公共服务投入，完善公共服务体制机制，增强新区的承载力、集聚力和吸引力，提升外来人口归属感、获得感。

三是做好居民市民化生活指导宣传，如交通知识科普、合理消费理念、城市社区生活规范介绍等，帮助居民尽快适应新区变化，更好地融入新区生活。

四是创新社会治理模式，充分调动社会组织、群众的社会参与积极性，构建共生、共建、共享、共赢的社区空间，为外来人口及本地人口提供交流沟通平台，实现居民共融、共赢。

五是落实落细征迁安置政策，强化征迁安置工作监督考核，引入第三方评估机构，评估征迁安置政策落实情况，严肃责任追究，定期反馈征迁居民感受及诉求。

12.3 摸底生态环保意识❶

12.3.1 基本情况

本次调查时间为2020年5月21日至2020年5月31日，以线上问卷调查为主，两千余位居民参与了本次调查。调查内容主要包含：居民对新区生态环境变化感知、生态环保知识宣传需求、生态环保意识与行为。

受调查者中，女性占39%，男性占61%；城镇人口占47%，农村人口占53%，具体如图12-3-1所示。

年龄方面，18~45岁人口比例最高，占87.1%，18岁以下人口占2.8%，46~65岁人口占10%，65岁以上人口占0.1%；学历方面，本科人口比例最高，占46.4%，其次为高中/大中专/职高学历人口占36.5%，硕士研究生占8.4%，初中及以下占6.9%，博士研究生占1.9%，具体如图12-3-2所示。

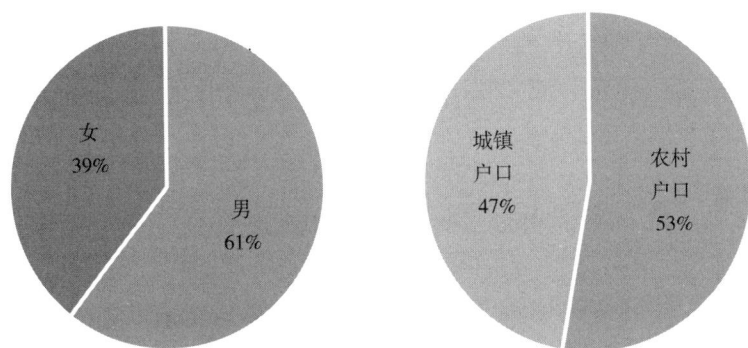

图12-3-1 受调查者性别、户口情况

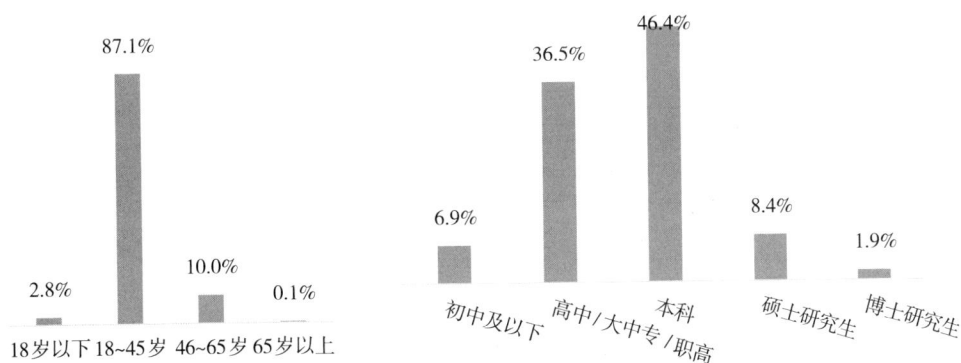

图12-3-2 受调查者年龄、学历情况

❶ 本文选自雄安绿研智库公众号推文《绿研观点 | 雄安新区居民生态环保意识调查报告》，https://mp.weixin.qq.com/s/-hrSLIvwT0kj-cFNP3kJmQ

12.3.2 生态环境变化感知

受调查者对2020年雄安新区的生态环境改善状况评分为4.5分（4分代表"改善"，5分为最高分，代表"明显改善"）。

受调查者认为，2020年雄安新区生态环境改善最明显的四方面是："千年秀林工程，森林覆盖率显著提升""白洋淀水质明显提升""清洁取暖，气/电代煤""生活垃圾及时清运"。另外，受调查者对"白洋淀鸟类增多""原有垃圾堆放点得到清理""小、散、乱、污企业得到治理""生活污水的统一排放"方面的变化感受也较为明显（图12-3-3）。新区设立三年以来，坚持生态优先、绿色发展，将淀水林田草的保护与修复作为城市文明根基的成效已经初步显现。新区坚持系统施治，实施千年秀林植树造林工程、白洋淀综合治理工程、大气污染防控、无废城市建设等一系列重大环境改善提升项目，生态环境得到明显好转。

在对新区未来环境改善重点上，受调查者认为仍有待提高的前三位是："施工场地表土覆盖，扬尘管控""空气质量有待提高""垃圾清运不及时"，公众对大气环境的关注度较高（图12-3-4）。2019年开始，新区进入实质性建设阶段，各项大规模工程建设项目激增，重型运输车辆穿梭裸露的地表，极易产生扬尘，在大风天气更可能造成严重空气污染，未来对施工现场的扬尘管理防护必须持续加强管控，坚决守护新区蓝天。

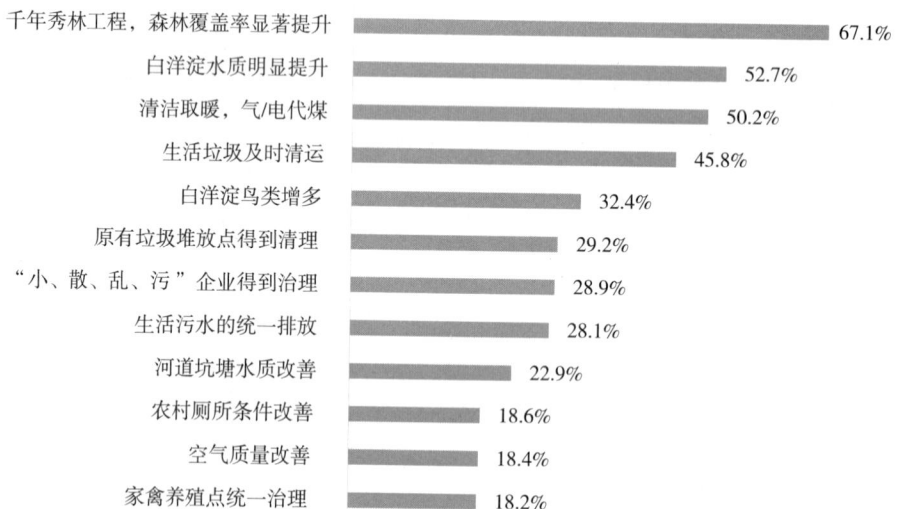

类别	百分比
千年秀林工程，森林覆盖率显著提升	67.1%
白洋淀水质明显提升	52.7%
清洁取暖，气/电代煤	50.2%
生活垃圾及时清运	45.8%
白洋淀鸟类增多	32.4%
原有垃圾堆放点得到清理	29.2%
"小、散、乱、污"企业得到治理	28.9%
生活污水的统一排放	28.1%
河道坑塘水质改善	22.9%
农村厕所条件改善	18.6%
空气质量改善	18.4%
家禽养殖点统一治理	18.2%

图12-3-3 受调查者对新区生态环境变化感知情况

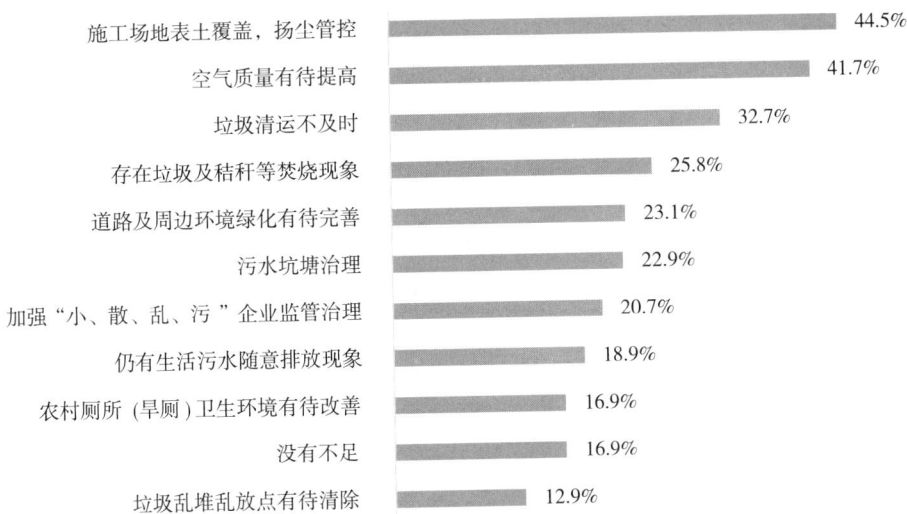

施工场地表土覆盖，扬尘管控　44.5%
空气质量有待提高　41.7%
垃圾清运不及时　32.7%
存在垃圾及秸秆等焚烧现象　25.8%
道路及周边环境绿化有待完善　23.1%
污水坑塘治理　22.9%
加强"小、散、乱、污"企业监管治理　20.7%
仍有生活污水随意排放现象　18.9%
农村厕所（旱厕）卫生环境有待改善　16.9%
没有不足　16.9%
垃圾乱堆乱放点有待清除　12.9%

图12-3-4　受调查者对新区生态环境改善重点工作期待

12.3.3　生态环保知识宣传需求

（1）知识需求类型

调查结果显示，受调查者对环保相关法律法规知识（如施工单位一年因施工环境治理不力被红牌警告两次，将被停止市场投标资格等）及环保生活常识（如充电后拔掉充电器能减少用电等）的信息需求较为迫切，具体如图12-3-5所示。未来，在生态环保宣传的形式及内容上，新区可重点增加环保相关法律法规、政策及生活常识等操作性知识，提升居民环保意识和行为。

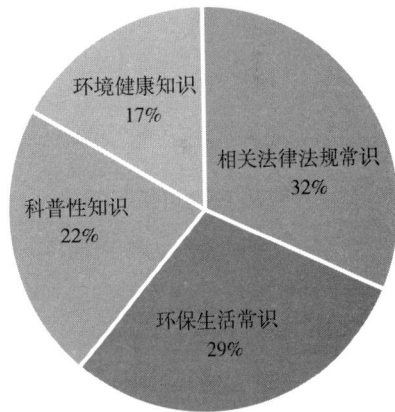

环境健康知识 17%
相关法律法规常识 32%
科普性知识 22%
环保生活常识 29%

图12-3-5　居民生态环保知识需求的类型

（2）知识宣传渠道

调查发现，受调查者对"微信公众号""抖音/快手/西瓜小视频""纸质宣传册"三种宣传渠道的接受度很高（图12-3-6），未来应多借助新媒体、采取新形式进行环保宣传，提高信息的宣传效率及公众接受度。同时，针对新区环保工作重点，设计通俗易懂、生动简明的口袋宣传册进行投放。

（3）新区生态环保宣传改善需求

调查结果显示，受调查者对生态环保宣传改善需求的前三项是："增强宣传方式趣味性（如通过小视频、动画等方式宣传）""扩大宣传渠道与平台（如拓展抖音、微信等线上平台）""完善校园环保教育，从娃娃抓起"（图12-3-7）。宣传方式的趣味性、渠道的

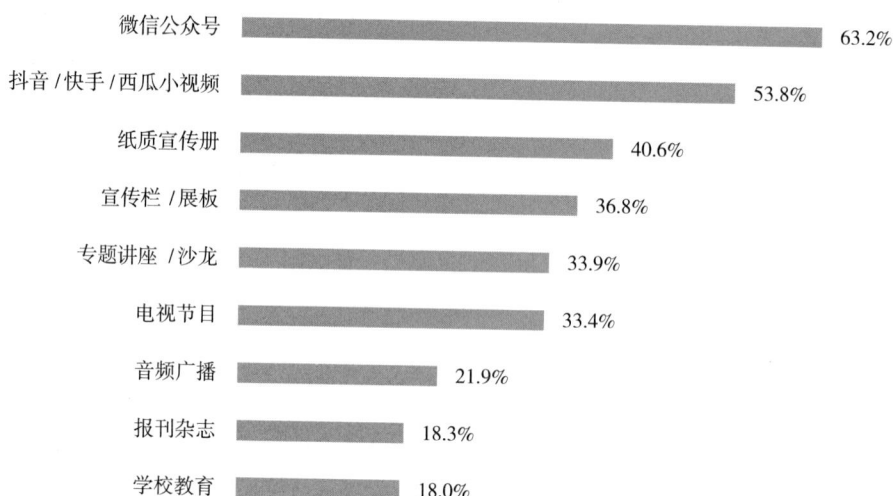

图12-3-6 居民对生态环保宣传渠道需求及期待

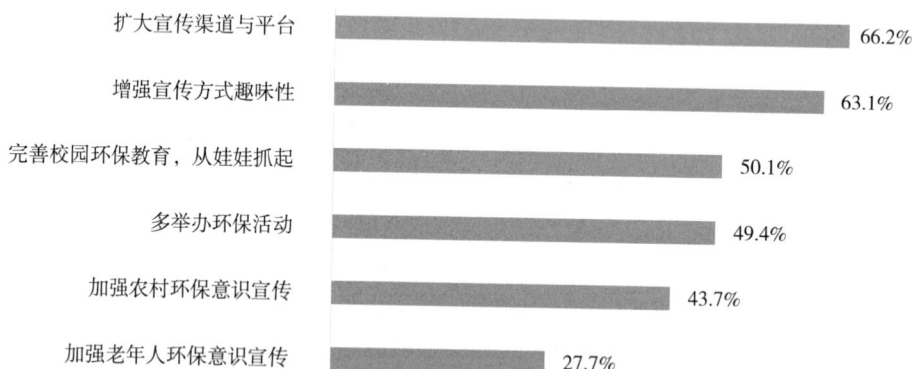

图12-3-7 新区生态环保宣传改善需求

多元性及易得性是环保宣传提升的重要方向，同时，多渠道的环保科普教育得到了较大的关注与期待。

12.3.4 生态环保意识与行为

（1）生态环保意识

调查结果显示，受调查者对18项环保理念和行为都很支持，均高于4分（4分代表"支持"，5分为最高分，代表"非常支持"）。支持度最高的五项观念依次是：保护空气环境、保护野生动物、保护森林资源、保护土壤环境、不吃野生动物。减少使用私家车、不用一次性餐具、积攒洗涤用水冲厕所等排名相对靠后（图12-3-8）。

总体来看，新区居民具有较高的环保意识，从环保理念认知到个人行为支持都有较高

■城镇户籍　■农村户籍　■总体

| 保护空气环境 |
| 保护野生动物 |
| 保护森林资源 |
| 保护土壤环境 |
| 不吃野生动物 |
| 保护环境 |
| 保护水资源 |
| 将废旧衣服投入衣物回收箱 |
| 收集废电池统一处理 |
| 废纸分拣，二次利用 |
| 检举违规排放污水企业 |
| 不随意挖土、取土 |
| 不过量使用化肥 |
| 不使用尾气排放不合标准车辆 |
| 实行垃圾分类 |
| 积攒洗涤用水冲厕所 |
| 不用一次性餐具 |
| 减少使用私家车 |

1.0　1.5　2.0　2.5　3.0　3.5　4.0　4.5　5.0
非常不愿意　　不愿意　　无所谓　　支持　　非常支持

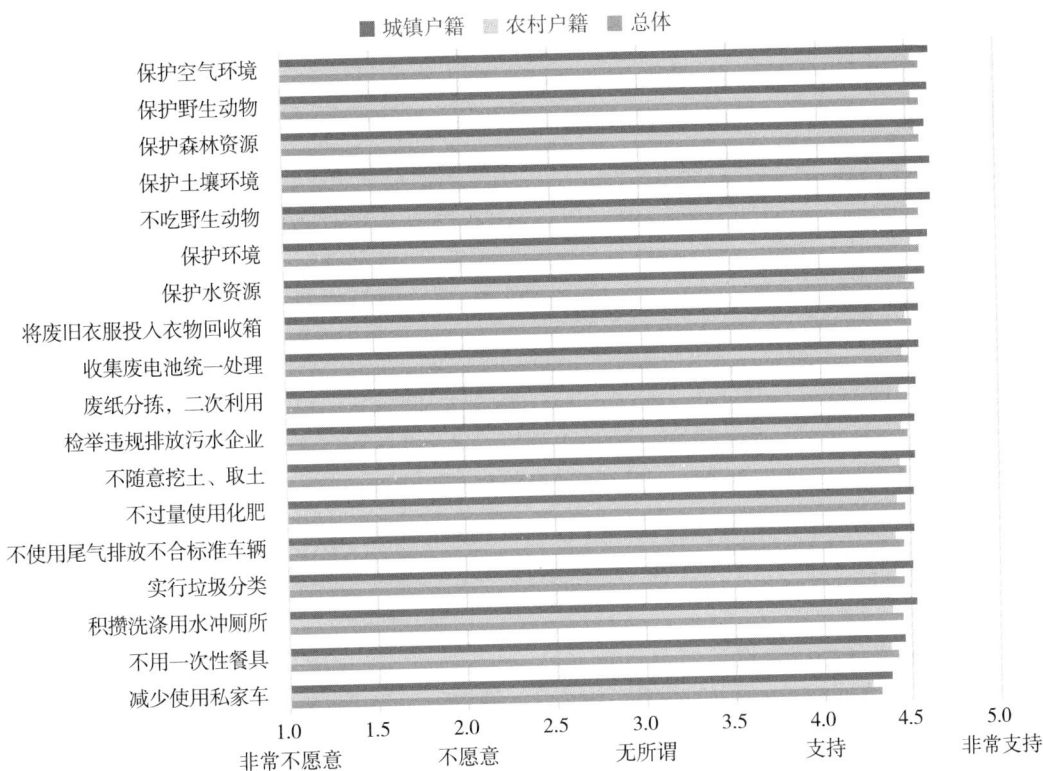

图12-3-8　居民环保意识支持度

的认可度，但居民环保行为的主动性仍有待提升。此外，对比发现，农村居民的环保意识分值略低于城镇居民，农村环保教育普及有很大潜力。

（2）环保行为践行

在环保行为方面，受调查者基本能够做到人走关灯、优先选择绿色出行方式、一水多用、自带购物袋等，相比较而言，自带购物袋频率略低于其他三项环保行为（图12-3-9）。

在环保行为践行意愿上，意愿较强的是："垃圾分类，对塑料瓶、纸箱等分类""减少使用一次性筷子""不吃野生动物""睡觉前关电脑"四项，实施意愿较低的是："自备购物袋""不

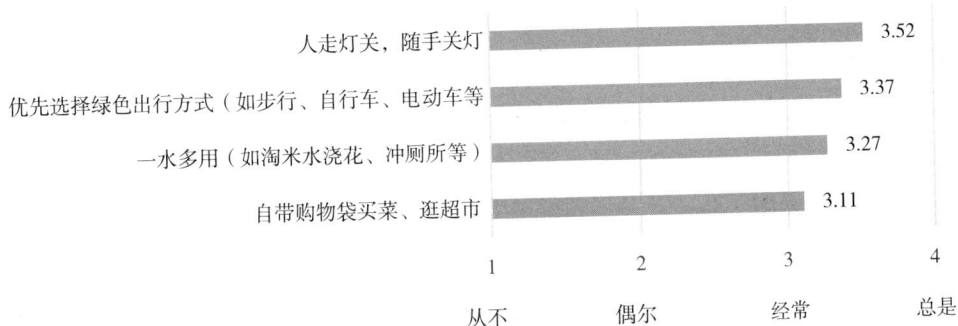

人走灯关，随手关灯	3.52
优先选择绿色出行方式（如步行、自行车、电动车等	3.37
一水多用（如淘米水浇花、冲厕所等）	3.27
自带购物袋买菜、逛超市	3.11

1　　2　　3　　4
从不　　偶尔　　经常　　总是

图12-3-9　新区居民环保行为践行情况

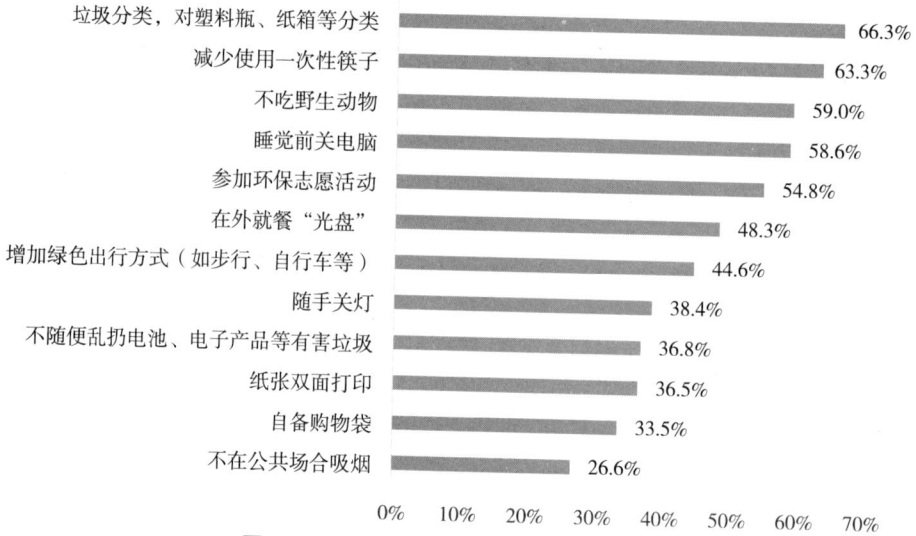

图12-3-10　居民环保行为实施意愿排名

在公共场合吸烟"（图12-3-10），这与行动实施对自身习惯转变程度和付出成本有一定关联。在环保宣传中，应加大力度宣传购物袋反复循环使用及自带购物袋的可行性及好处，引导提倡居民使用并自带环保购物袋，践行绿色环保理念。同时，实施公共场合禁烟的步伐应当加快进行。

本次调查共收集795条关于"新区居民2020年的环保行动计划"的留言，词频分析发现，"绿色出行（53次）""垃圾分类（46次）""不乱扔垃圾（23次）""节约用水（23次）"的词汇出现次数多（图12-3-11）。可以看出，受调查者对新区绿色发展有一定认知，未来还应继续加快建设绿色

图12-3-11　2020年新区居民环保行动践行计划

出行交通设施、合理布置垃圾分类设施等，引导公众践行环保行为、养成绿色环保的行为习惯的同时，也让公众成为城市绿色发展的践行者和见证者。

12.3.5　结论与建议

总体来看，雄安新区居民生态环保意识较高，并能有意识进行一水多用、随手关灯等行为践行环保理念。另一方面，居民也对环保宣传的形式趣味性、渠道多元性等方面提出

更高要求，为进一步提升新区居民环保意识，培养居民绿色低碳的生活行为习惯，建议：

一是丰富生态环保宣传形式，突出趣味性、内容实用性。充分利用多种新媒体宣传平台，如抖音小视频、微信公众号等，扩大信息宣传渠道，提升宣传覆盖面。在宣传内容方面，避免单一的口号式宣传，增加最新政策、生活常识等实用性强的知识普及，使宣传"更接地气"，使绿色环保不仅仅停留在嘴边，更融入新区居民日常生活的点滴之间。

二是引导居民践行绿色行为，主动成为环保行动者。通过环保知识宣传、环保设施提升、环保用品支持等形式，为居民主动采取环保行为提供良好的外部环境。如张贴绿色行为知识宣传牌、增加沿街分类垃圾桶、完善慢行和公共交通设施、销售/赠送环保便携购物袋等，以城市整体环保氛围的提升，带动新区居民成为长期绿色行动者的积极氛围。

三是建立绿色行为激励机制，促进绿色行为日常化。通过开发建立个人绿色账户，记录日常绿色行为所带来的价值并赋予一定的绿色积分，使用积分可获得一定的生活优惠，从而促使公众改变生活方式，更加积极地融入绿色低碳生活，减少能源消耗，节约自然资源。

12.4 试问绿色出行意愿[1]

本次调查自2020年3月1日正式开展，历时1个月，采用电子问卷方式进行，累计回收有效问卷1020份。此外，通过"线上+线下留言"相结合的方式，对于常住居民进行补充访谈，共获得102位居民的留言语料。

12.4.1 绿色出行理念认同

由图12-4-1所示，53.2%的受访者非常赞同政府部门打造绿色交通并积极引导绿色出

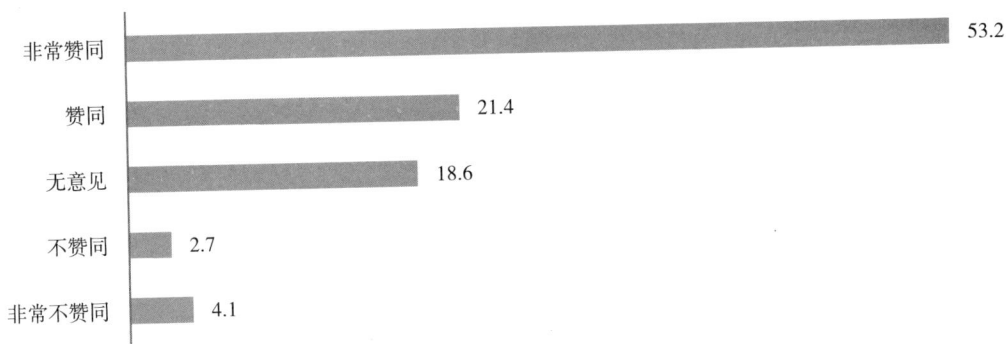

图12-4-1 居民对政府建设绿色交通引导绿色出行态度（百分比）

---

❶ 张万豪[1]，周秫宸[2]，戴杰[3]. 1. 伦敦大学学院，2. 汕头大学商学院，3. 马来亚大学。本文图表除标明来源之外，其余均为作者提供。

行，逾20%受访者表示赞同，18.6%的受访者对此无意见。

不同年龄段和不同收入的受访者对于绿色出行理念和绿色交通建设的认同度存在差异（图12-4-2，图12-4-3）。受访者中31～40岁群体非常赞同的比重最高，年龄在41岁及以上的群体认同度总体低于21～40岁群体。结合实地调研，主要原因是新区三县过去长期依赖高碳型生产生活方式，对非青年人群的影响较大。

各类收入群体受访者总体对于绿色交通建设的支持度较高（>4分），且呈现出收入水平愈高，对绿色交通建设赞同度越高的趋势。当受访者的收入提升，对环境品质、整体生活环境以及环境建设的可持续性发展的要求愈高。

图12-4-4探析了出行距离对居民的绿色交通政策支持度的影响。汽车通勤的受访者中，出行距离在2公里内的群体的绿色交通政策支持度高于出行距离在2公里外者。相反，使用电瓶车、自行车或共享单车出勤的受访者中，出行距离在2公里内的受访者参与意愿

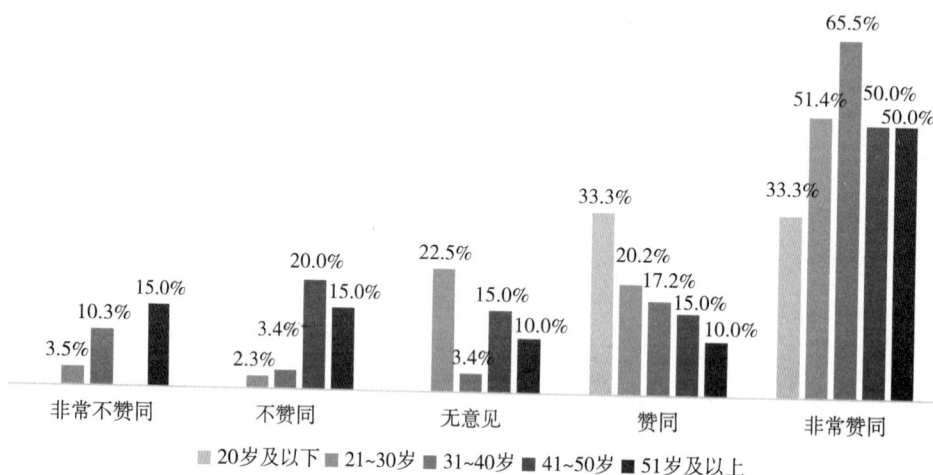

图12-4-2　不同年龄受访者对绿色交通建设的认同度

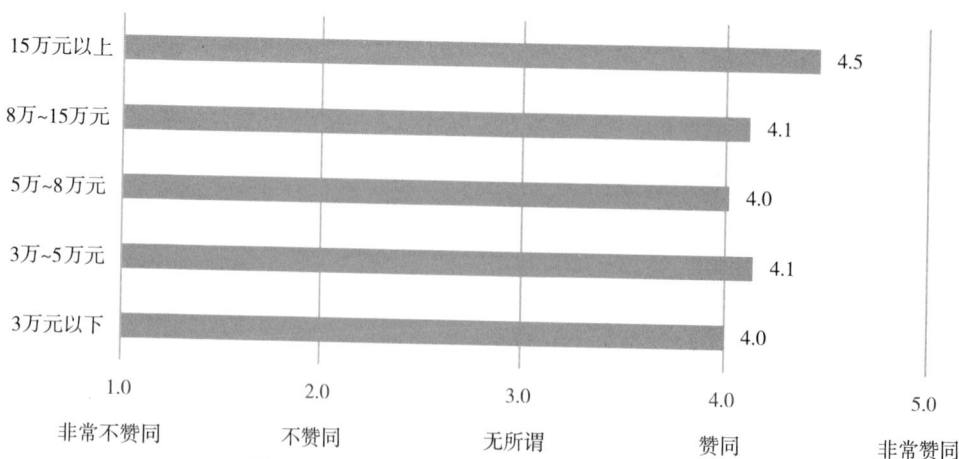

图12-4-3　收入水平对于绿色交通建设的认同度

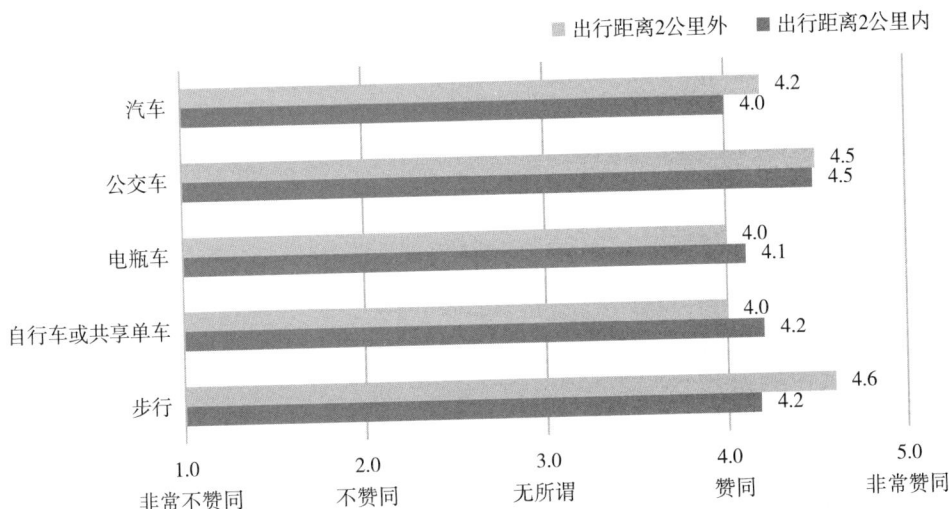

图12-4-4　出行距离对绿色交通政策支持度的影响

低于2公里外者；与公交车通勤者相比，汽车通勤者对政策的认同度较低。有效提升该群体的政策认同度，对后续政策的推动相当重要，建议可通过奖励措施鼓励汰换传统车辆，使用新能源汽车。

12.4.2　绿色交通出行体验

雄安新区为倡导"公交+自行车+步行"的绿色出行模式，自2017年起便积极构建绿色交通基础设施。以容和绿道为代表的慢行交通，以新能源为主导的公共交通，以及智慧公交、弹性公交等新的公共交通尝试，共同织就了当前雄安的绿色出行系统。

总体来看，雄安新区居民对绿色交通体系建设支持程度高，有过绿色交通体验的受访者支持程度均在40%以上，持消极态度的群体以无绿色交通体验群体为主。从支持程度看，绿色交通体验者中，52.5%的能源公交体验者对绿色交通体系支持度最高，54.4%的共享交通工具体验者对绿色交通体系支持表示赞同（图12-4-5），侧面体现新区能源公交及共享交通建设推进对提高居民绿色交通体系政策支持度起到积极影响。

（1）新住民与原住民的体验差异

图12-4-6显示，原住民中，未体验绿道的受访者对绿色交通建设表示赞成和非常赞成的人口比重占73.3%；而体验过绿道建设的受访者赞成、非常赞成的人口比重占84.2%；体验过新能源公交受访者赞成、非常赞成的人口比重占92.9%；体验过共享交通工具受访者赞成、非常赞成的人口比重占88.6%。

图12-4-7显示，非原住民中，未体验绿道的受访者，对绿色交通建设赞成和非常赞成的人口比重占59.6%；体验过绿道建设的受访者赞成、非常赞成的比重占94.9%；体验

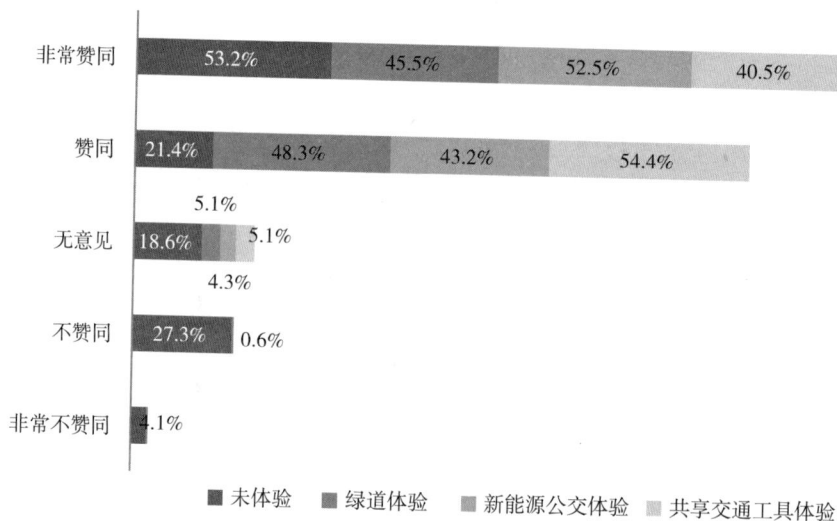

图12-4-5　体验与否对受访者绿色交通政策支持度情况统计

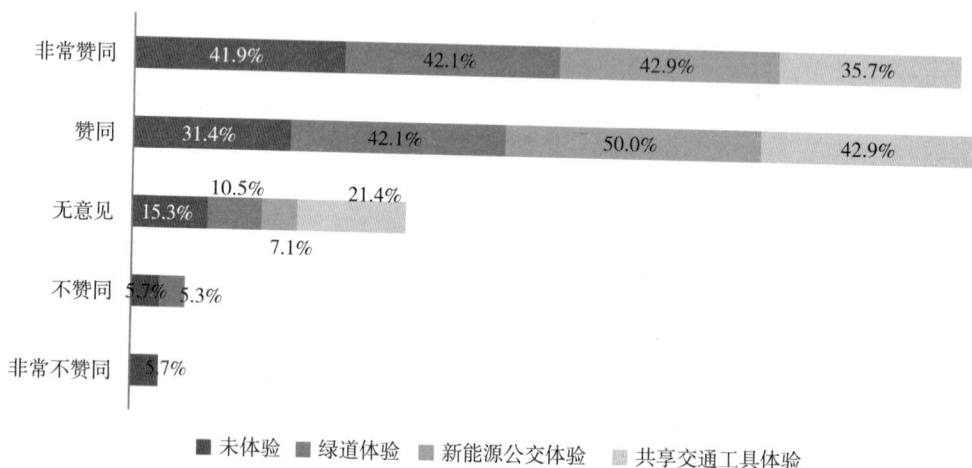

图12-4-6　体验经历对原住民受访者参与意向影响变化

过新能源公交受访者赞成、非常赞成的比重占96.6%；体验过共享交通工具受访者赞成、非常赞成的比重占96.0%。对比图12-4-6、图12-4-7，可发现体验过绿色建设的新住民（非原住民），对于政策推行的认同更具积极性。

（2）绿道建设

"容和绿道"自2018年12月底建成并投入使用，成为新区居民慢行交通的重要组成部分。调研结果显示，绿道满足了居民多样化的休闲文化需求，增强了居民对未来雄安绿色交通建设的信心与支持度。

受访人群中48.30%、45.45%的人表示赞同和非常赞同雄安构建绿色交通系统（图12-4-5）。然而，绿道建设同样有需要改进的环节，通过汇总居民建议的关键词（图12-4-8）发现，居民希望能够增加绿道数量，并做好绿道的卫生维护和日常管理。

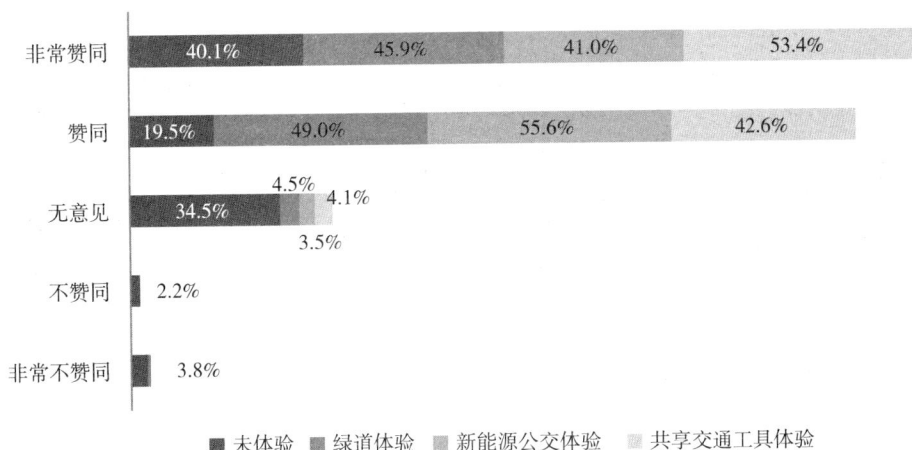

图12-4-7 体验与否对非原住民受访者参与意向影响变化

（3）新能源公共交通建设

截至2020年底，雄安新区范围内运营的公共汽车、环卫、通勤、轻型物流配送等车辆，基本已实现新能源化。从本次统计数据看，新能源公交系统的建设对雄安居民的绿色交通政策支持度较高，体验过新能源公交的受访人群中42.21%和52.47%的人群赞同和非常赞同雄安构建绿色交通系统，希望参与雄安的绿色交通建设。这一比例显著高于未体验过的居民。对比"非常赞同"人群比例发现，居民对新能源公交的建设支持度最高，与传统的燃油公交车辆相比，新能源公交污染和噪声小，乘坐舒适性更高，从而增加了居民公交出行意愿。但通过提取居民对新能源公交建设建议的关键词（图12-4-8）发现，居民希望增加班次和路线，以覆盖到更多的居民。

（4）共享交通建设

雄安新区积极构建新型共享交通，在新区范围内投放的共享单车和部分共享电动车2000余辆。同时，在市民服务中心及新区各地试点智慧公交，实现运力资源的有效调配。本研究因受访居民人数可获得性限制，故在调研过程中对共享交通的定义为共享单车及电动车，因而本次结果仅代表居民对目前该类共享交通工具的体验情况。体验过共享交通的受访人群中，54.43%和40.51%的人群表示赞同和非常赞同雄安构建绿色交通系统，希望参与雄安的绿色交通建设。总体来看，该比例在非常赞同人群中的比例稍低于其他两类。但是，原住民对共享交通的体验明显弱于非原住民，非原住民对于共享交通的评价明显高于其他两类。原住民人群在长距离和短距离出行中大多采用自有交通工具或公共交通，因此共享交通的部署对该类人群影响不大，但是对于非原住民来说，共享交通的使用频率明显高于本地原住居民。因此，满意程度在两类人群中差异明显。通过对收集的居民的语料词频分析（图12-4-8）发现，由于新区的快速建设，目前以容城为主的区域中人流量明显增大，居民希望进行投放更多的共享交通工具，同时表示管理和停放需要进一步的加强。

图12-4-8　对三类交通设施的建议关键词（左：绿道；中：新能源公交；右：共享交通）

12.4.3　分析与总结

以上调研结果从多个层面统计分析结果，对于新区绿色交通建设下的居民参与意愿以及当前交通系统的体验做出了简要分析。在数据的背后有着雄安当前建设的成果以及对于未来发展的脉络思路，本讨论章节将根据以上结论进行探讨和总结。

（1）绿色交通建设引导居民出行意识和行为转变

本次调研选取了三类主要构建"公交+自行车+步行"的绿色交通基础设施进行分析，调查发现选用新能源公交、绿道等的绿色出行体验经历对于新区居民的绿色交通建设支持和出行意愿呈现正向影响。这反映了过去几年新区绿色交通布局对于地方居民的绿色意识和低碳认知都起到了较好的教育引导作用，切实地让居民了解到低碳环保理念下的交通，既能够带来生活上的便利，也是一种较为舒适的出行方式。

（2）稳固"新"住民的绿色建设信心

调查发现，新区三县原住民和随着建设进入的新住民对于绿色交通建设的支持度和绿色出行参与意愿存在差异。

雄安新区的设立对新区的原住居民生活影响较大。新城的建设和旧城更新同步进行，原住民作为扎根生活在这里的人群，在这一过程中，其整体的思想轨迹是相对复杂的，也最容易受到外部环境变化带来的冲击。比如，外部人口的大规模涌入，对当地经济发展产生正面影响，但同时也带来物价上涨、消费升级等问题。通过调研原住居民对于城市发展的看法，一方面可以了解当前建设的情况，另一方面也可以更详细地了解城市变迁所带来的影响的正负面性。

从数据上看，原住民对政策表现出比预期更加良好的参与意愿，但是整体上弱于新进居民。在经历了初期新区设立带来的盲目乐观、后续长期观望建设的焦虑，再到后来疫情的波折，原住居民普遍对新区建设抱着理性的观望情绪。随着初期规划的完成，雄安建设开始真切地、有条不紊地进行，原住民对雄安长期发展仍抱有明确的信心，但也呈现出对于长期发展不确定性因素的担忧。调查者认为，重视原住民心理状态和对新区的长远发展有着重要作用，并将有助于新区的实际发展。

调研显示，新进居民参与雄安绿色交通建设的意愿尤为强烈。相比较于原住民而言，新进居民目前大多为受过高等教育的青年群体，尽管呈现流动性特征，但对政府的政策规划有着更好的理解和更强的信心。从本次的调研群体的年龄分布也可以看出来，20~40岁的青年群体是所有人群中支持绿色交通建设意愿最强的。根据规划，未来雄安将逐步承接北京疏解出的行政事业单位、总部企业、金融机构、高等院校、科研院所等，后续随着未来高端智能制造、互联网、生物医疗科研、金融科技等产业的兴起，新进居民将更加明显的呈现出年轻化、高学历化趋势，其对雄安绿色建设的参与意愿和信心同样会进一步加强。

（3）加强绿色建设与民生需求的协同

调研发现，绿色建设下的雄安新区仍面临困境。多项绿色交通基础建设的落成对原县城区域的绿色发展起到重要推动作用，但随着新区逐步加速建设，原有县城区域在环境、资源以及交通疏解方面面临着较大压力，出行高峰期时常出现拥堵现象。

居民对当前绿色交通建设的主要诉求：一方面，希望建设更多绿道，增加新能源公交班次及路线、共享交通工具的投放；另一方面，建议加强现有绿色交通设施管理，如绿道管理和共享交通停放。目前，新区大规模建设推进，交通资源的运转和维护与过往时期发生了变化，更多的交通运输需求和人口涌入，对人民生活娱乐休闲等多环节中的交通运营提出了更高要求，因此，调查认为，在未来的新区建设中应当对绿色交通设施的维护和管理提出更进一步的规范要求，以实现绿色建设与民生需求的协同。

（4）总结

综上，在全球气候变化和节能减排的背景下，传统高碳出行模式将逐步汰换，自行车、共享单车、步行等绿色安全的出行方式逐渐受到青睐和重视。雄安新区作为绿色出行示范区，近年来已着力布局绿色交通体系，旨在提高居民绿色建设意识和出行体验。整体来看，大多数受访者支持绿色交通政策的推行，认为这些措施的施行对于交通体系的运作效率有所提升。以所调研的绿道、新能源公交以及共享交通工具为例，参与体验过的居民在意识上表现出了更加明显的认同倾向和政策信心，地方居民对于前期绿色建设成果普遍认可。尽管原住民和新进居民在参与意愿上有所差异，但整体均对建设绿色交通表示赞同，造成差异的影响因素可能受到原住居民的原有生产生活方式、年龄以及教育水平等固有因素影响。新进居民整体的人口呈现年轻化、高学历化的特点，并且随着雄安建设的逐步成型，新进居民绿色建设参与意愿和政策信心也进一步得到提升。本次调研希望为进一步政策执行提供参考，以实现后续规划的推动。

12.5 把握新区研究热点

雄安新区自2017年4月1日设立以来，受到了学术界的广泛关注，国内外学者对雄安新区建设与发展提出了相关思考和判断。随着雄安新区进入大规模建设与实践阶段，学者们的研究热点也随之发生了变化。

12.5.1 国内研究热点

以VOSviewer❶作为分析工具，可以对文献发表年份、主要研究力量、关键词等进行共现❷分析，并绘制聚类视图、叠加视图和密度视图等可视化图谱，评估相关领域的研究方向和热点。

以"雄安"为主题检索词在CNKI中国期刊数据库进行检索，时间段选取2019年4月1日至2021年7月1日。剔除报纸、会议及其他主题无关的期刊文献后，共搜集有效文献1398篇，关键词3501个，将文献数据导入VOSviewer中，选择分析单元类型为关键词共现，计数方式为全部计算，运行后得到软件预设的雄安新区文献关键词网络聚类图谱（图12-5-1）。

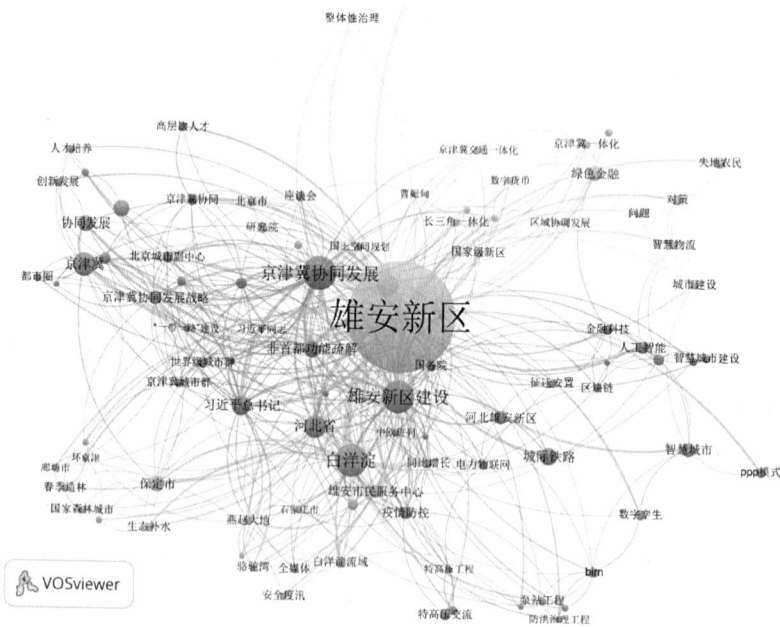

图12-5-1 从基于CNKI数据库的关键词共现标签视图

❶ VOSviewer是由荷兰某顿大学研发的可绘制关键词等共现知识图谱的文献可视化分析软件。

❷ 关键词共现分析是文献计量学中常用的一种重要的量化研究方法，以文本的关键词为基础，从关键词的共同标引为切入点，采用量化矩阵的方法，通过描述关键词与关键词之间的关联和结合，揭示某一领域学术研究内容的内在相关性和学科领域的微观结构。一般认为词汇对在同一篇文献中出现的次数越多，则代表这两个主题的关系越紧密。

（1）雄安新区关键词聚类视图

各节点的交叉重叠表示各期刊论文研究中相同关键词的共现关系，节点处分叉越多表明其研究主题的相关性越大；圆形节点的大小表示关键词出现频次的多少，频次越多节点越大，其对应的关键词字号也就越大。

由表12-5-1可知，雄安新区近两年来主要的热点关键词包括"京津冀协同发展""高质量发展""白洋淀""绿色金融"等。

表12-5-1　雄安新区研究热点关键词统计表（TPO25）

排名	关键词	总链接强度
1	雄安新区	590
2	京津冀协同发展	166
3	白洋淀	103
4	雄安新区建设	100
5	非首都功能疏解	64
6	高质量发展	61
7	京津冀	59
8	河北省	55
9	京津冀协同发展战略	39
10	保定市	33
11	雄安市民服务中心	31
12	协同发展	29
13	京津冀地区	27
14	疫情防控	26
15	非首都功能	26
16	生态环境治理	25
17	燕赵大地	24
18	世界级城市群	23
19	人工智能	22
20	北京城市副中心	21
21	长三角一体化	21
22	京津冀区域	20
23	白洋淀流域	20
24	绿色金融	20
25	长江经济带	20

根据图12-5-1、表12-5-1，可以将国内关于雄安新区的有关研究内容划分为以下四方面：

协同发展方面，协同发展是雄安新区推动区域发展新格局的必然使命，主要节点有京津冀协同发展、区域协调发展、世界级城市群等，研究成果包括雄安新区如何承载北京非首都功能疏解任务、成为带动区域发展创新驱动新引擎等。

绿色发展方面，绿色发展是雄安新区实现绿色使命的主要手段，主要节点有绿色金融、智慧交通、智慧城市、BIM等，研究成果包括提出相应路径发展路径、案例借鉴、前沿技术的应用。

环境保护方面，环境保护是雄安新区实现环境友好的首要前提，主要节点包括白洋淀、生态修复、生态补水等，研究成果包括白洋淀水污染治理技术与应用等。

民生保障方面，民生保障是雄安新区城市治理中的关注重点，主要节点包括失地农民、就业等。

（2）关键词叠加时间视图

在通过VOSviewer形成区块链相关文献关键词聚类视图的基础上，选择Overlay Visualization模式即可形成雄安新区有关文献关键词叠加时间视图，图例显示的颜色代表节点出现的平均时间[1]，根据关键词叠加演变时间图谱可以探索近两年来以雄安新区为主题的学术研究的演化脉络，分析每个时间段内该主题的研究热点。

由图12-5-2所示聚类图颜色可见，2019年4月至2021年7月间关于雄安新区的研究热

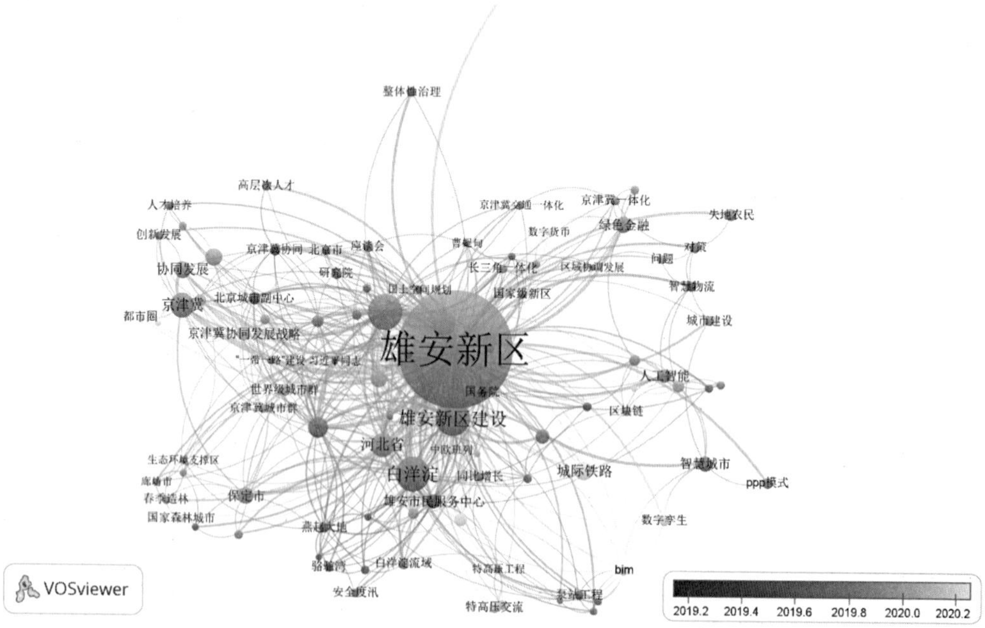

图12-5-2　基于CNKI数据库的关键词时间共现图

---

[1]　按关键词的平均年份取值进行颜色映射，反映关键词的热点转移情况，不表示关键词的准确时序。

点可以分为三个阶段。

第一阶段是图上深灰色所示各节点。这一阶段的研究重点以顶层设计、区域发展等为主，如京津冀协同发展、非首都功能疏解等理论研究。

第二阶段是图上灰色所示各节点。这一阶段是近两年来关注最为集中的领域，学术研究开始逐渐关注新区的建设实践，如生态修复、白洋淀以及京津冀协同发展等。

第三阶段是图上浅灰色所示各节点，即为较新的研究领域，如疫情防控、BIM等。

12.5.2　国际研究热点分析

以"xiongan"为主题检索词在Web of Science数据库进行检索，时间段选取2019年4月1日至2021年7月1日，共搜集有效文献90篇，研究方向58个。

对不同主题下的文献数量进行统计，发现当前热点研究方向分别是环境生态学、地质学、科学技术、农业、地球化学地球物理学、商业经济学、生物多样性、能源燃料、数学以及公共环境及职业卫生（图12-5-3）。相较于2017—2019年，工程方向（如对京雄铁路、可再生能源系统等的研究）成为新的研究热点方向。

总体来看，国内学术界依然是雄安新区的研究主力军，并且研究热点积极响应雄安新区的建设进展，成果丰盛；国外学术界对雄安新区的关注相较去年有所增加，研究方向与成果日渐丰富。

图12-5-3　Web of Science数据库"xiongan"主题领域分布图

第十三章　未来展望

13.1　持续推进城市绿色低碳发展

雄安新区设立以来，坚持生态优先、绿色发展，率先启动生态基础设施建设和环境整治，绿色基础设施、清洁能源、绿色建筑、污水固废处理等领域建设稳步推进，生态环境建设与治理也取得瞩目成就。"十四五"是雄安新区城市建设提速、加快承接北京非首都功能疏解转移的重要阶段，也是建设绿色生态宜居新城区的关键期和初步成果呈现的重要阶段。其中，新区碳达峰、碳中和的创新发展，白洋淀生态环境综合治理，绿色建筑高质量发展预计将在"十四五"期间引领新区绿色创新发展的旗帜，发挥示范作用。

13.1.1　绿色低碳循环发展引领全局

"十四五"开局，"碳达峰""碳中和"作为我国"十四五"污染防治攻坚战的重要目标，被首次写入经济和社会发展的五年规划。《河北雄安新区条例》同样提出，建立绿色低碳循环发展经济体系，加快碳达峰碳中和进程。

认识发展和达峰关系。雄安新区处于大规模建设时期，应正确处理发展和减排、整体和局部、短期和中长期的关系。新区建设刚刚起步，后续面临城市、社会和经济的快速增长，势必带到碳排放活动的增加，如何正确看待，既不回避也不盲目乐观。解决方案应该是通过雄安新区高质量创新发展，统筹有序推进碳达峰碳中和，通过加快能源结构转型、落实节能增效、优化调整产业结构、强化科技创新支撑，将雄安新区建设成为新时代的生态文明、绿色低碳、人与自然和谐共生的高水平社会主义现代化城市，为我国新城建设如何高质量的实现碳达峰、碳中和提供雄安样板。

加快能源结构转型。稳步推进"无煤区"及"无石化能源区"建设，加强终端能源清洁低碳替代，挖掘本地新能源及可再生能源开发利用潜力，因地制宜推进分布式光伏发电建设，科学开发利用地热，示范推广氢能应用，加快建成清洁低碳安全高效的能源体系。

落实节能增效。推进资源节约和循环利用，推广绿色低碳的生产生活方式和城市建设运营模式，大力发展循环经济。重点在建筑领域、交通领域、服务业和居民生活领域，推广节能增效新技术、新材料、新方式。建设"无废城市"，持续推进绿色征迁，推行垃圾分类和减量化、资源化，加快构建废旧物资循环利用体系。

优化调整产业结构。加快产业转型升级的步伐，承接符合新区定位的新一代信息技术产业、现代生命科学和生物技术产业、新材料产业、高端现代服务业、绿色生态农业等高端高新产业，打造低碳绿色产业集群。有力有序淘汰落后产能，通过技术升级与节能改造，推动符合新区定位和发展规划的传统产业向低碳化、高端化、差异化发展。

强化科技创新支撑。强化科技创新在碳达峰、碳中和工作中的支撑引领作用，发挥新区积极吸纳和集聚创新要素资源的特点，依托北京科技和人才优势，联合高等院校、研究机构等科研力量，布局高水平科研设施和科技园区，打造世界级的绿色低碳科技创新平台。开展智慧城市、无废城市、绿色交通、绿色建筑、低碳零碳负碳技术等专项研究，推广相关领域技术创新成果转化应用。

当前，雄安站屋顶光伏项目、剧村220千伏变电站、张北—雄安1000千伏特高压交流输变电工程等绿色新基建取得阶段性成果，为新区碳排放达峰和中和奠定良好"节流"基础；另一方面，白洋淀、千年秀林等自然资源及绿色节能的基础设施使雄安新区具备了良好的"开源"条件。2021年8月，雄安新区首笔绿色碳交易实现跨国变现，今后，新区将进一步发挥森林、湿地、土壤的固碳能力，稳步提升生态系统碳汇能力。

本节认为，未来五年，新区在绿色低碳发展方面，需要实现两方面突破，一是持续扩大新区建设领域、创新产业领域的低碳技术应用和坚持低碳发展方向，奠定未来城市碳达峰和碳中和的良好本底和基础条件；二是完善制度体系，落实政策保障，新区亟待构建绿色低碳政策体系、标准体系和法律法规体系，科学制定实施方案，创建低碳标准。

13.1.2　白洋淀综合治理基本完成

2021年1月至6月，白洋淀8个国考点位水质全部达到或优于Ⅳ类。府河、孝义河、瀑河、白沟引河等4条主要入淀河流及上游流域50个河流断面水质全部达到或优于Ⅳ类，为近10年来最好水平，使"华北明珠"重放光彩。

"十四五"时期是打造白洋淀优美生态环境的关键阶段，《河北雄安新区管理委员会关于雄安新区"三线一单"生态环境分区管控的实施意见》提出，到2025年，白洋淀环境综合治理取得显著进展，"华北之肾"功能初步恢复，淀区面积力争达到360平方公里左右，年入淀水量保持3~4亿立方米，淀区正常水位达6.5~7.0米，淀区考核断面水质达到国家地表水环境质量Ⅲ~Ⅳ类标准。

未来5年白洋淀区生态保护和生态修复，将统筹水生态、水环境、水资源系统化管控，按照新区总体规划中全域分区管控要求，将新区全域划为淀北、淀东、白洋淀和淀南4个片区，在新区总体准入要求基础上，结合各片区生态环境特征、发展定位及生态环境问题等，统筹实施分区差异化环境管控。

体制机制方面，随着《白洋淀生态环境治理和保护条例》的出台，新区将全面贯彻落实条例要求，开展生态文明建设目标评价考核，建立生态环境损害责任终身追究制度；建立雄安新区及周边区域生态环境协同治理长效机制，对雄安新区及白洋淀上下游生态廊道和涵养区的资源与生态环保，实施规划、执法、标准、预警等统一管理，推进白洋淀及上下游协同保护和生态整体修复，构建以白洋淀为主体的自然保护地体系，创建国际湿地城市。

工程实施方面，新区将继续推动高质量实施生态空间建设、生态用水保障、淀外污染治理、淀区内源治理、淀区生态修复和管理能力六大提升工程，确保淀区水质持续改善，逐步恢复白洋淀生态功能和自然风光。在白洋淀环境综合治理方面，新区同时还将面临突破流域跨界治理问题，统筹白洋淀全流域、上下游、左右岸、淀内外，着力构建高效的白洋淀系统治理、协同治理格局。

13.1.3 绿色建筑高质量发展

随着雄安新区建设全面实施，建筑领域的绿色低碳节能成为这座"未来之城"的重要任务。新区具有规划、建设、运营一体化的创新优势，有条件在城市建设发展的全生命周期、全系统领域注入绿色节能低碳基因，为绿色建筑的高质量发展提供规模化的应用场景。为此，应推动绿色建筑全方位高质量发展，加强绿色建筑技术和产业支撑，加快推进工程建设全过程绿色建造。

绿色建筑全方位推动高质量发展。规模化推广高星级绿色建筑，雄安新区规划范围内新建建筑执行绿色建筑标准，启动区、起步区等重点片区新建建筑力争达到国际领先水平；高品质推动"绿色建筑+"融合发展，支持绿色建筑与近零能耗建筑、零碳建筑、健康建筑、智慧建筑、装配式建筑等"绿色建筑+"融合发展，高标准推动绿色学校、绿色医院、绿色商场等不同示范场景建设，如新区在建的"三校一院"交钥匙项目坚持高标准高质量设计，在遵循新区城市设计的基础上，对工程立项绿色策划、绿色设计和绿色施工提出明确要求，3所学校项目按照绿色建筑三星级标准来设计建设，医院项目要达到绿色医院建筑三星级标准，其建设成果令人期待。

绿色建筑技术和产业获得强力支撑。大力培育绿色建筑产业，做大做强绿色建筑规划设计、绿色建造、绿色运维管理、检测认证、公信服务、绿色建筑科技服务业、绿色金融、绿色建筑商贸和会展业等绿色建筑产业链网，形成具有新区特色、较强辐射力、生态效益高的绿色建筑产业体系；大力培养和引进相关专业管理人才，实施绿色建筑人才资格认证与奖励制度，推动形成新区绿色建筑创新能力建设长效机制。

工程建设全过程绿色建造加快推进。推动形成绿色建造完整产业链，全面推动BIM、城市信息模型（CIM）平台等信息技术集成应用；加快推广绿色建造技术，实现建造全过程一体化绿色统筹，落实绿色施工管理要求，推进施工现场垃圾减量化与资源化循环利用。

当前，容东片区安置房等在建项目严格执行国家绿色建筑评价标准，未来，容东片区是否能够成为可达性强、服务精准、功能复合、开放安全、舒适便捷的绿色低碳健康宜居社区，值得期待。在新区绿色建筑建造技术及流程初步成熟的前提下，新区需要妥善完成两项任务：一是如何加强建设过程管控，强化绿色建筑监督管理，把好交付验收关；二是如何推进绿色建筑运维管理，落实绿色物业管理模式，提升绿色建筑运维水平，使新区的绿色建筑能够"建得好，用得好"。

13.2　高质量推进城市建设和运营

"十四五"期间，是新区形成社会主义现代化城市雏形的关键期，"三校一院"、商务服务中心、容东、容西、雄东片区安置房、城市数据中心、郊野公园等一批标志性的重点工程和基础设施稳步建设投入使用，城市框架全面拉开，新形象加快形成，逐步进入城市运营阶段。

城市建设有序组织。"十四五"期间，新城建设方面，加快推进启动区、起步区和各重点安置片区建设，加快容城组团与起步区交通互联互通，推进雄安站枢纽片区交通特色经济区和站城一体的发展示范区建设，尽快形成启动区高端产业核心集聚区、高端商务功能区，加快构建起步区城市发展骨架；旧城改造提升方面，统筹推进雄县、容城、安新县等组团建设和改造提升，满足当前居民高质量生活需求。

基层设施建设方面，构建高效便捷交通体系，加快雄忻、雄商高铁和石雄城际等铁路项目建设，稳步推进实施雄安至北京大兴国际机场快线，加快推进新区内部道路建设，完善新区及周边干线公路网，适度超前布局公交线网，建设高品质慢行系统。完善新区市政基础设施，高标准建设水电气、防减灾基础设施和调度指挥系统，加快建设智能城市，推广绿色低碳城市建设模式，有序推进海绵城市、韧性城市、无废城市建设。

城市开发建设模式面临调整和突破。新区建设前期，大量公益性建设项目如基础设施、生态环境治理以及安置住房等，主要依靠新区投资建设开发平台公司进行投资建设。后续新区建设规模和规模的扩大，以及北京非首都功能的疏解转移，新区将加快推进城市开发建设的市场化运作。一方面多渠道筹措建设资金，支持新区建设平台公司提高市场化融资能力，持续参与新区的城市开发建设；另一方面，积极吸引市场投资建设主体参与新区建设和运营，包括住房、商业、医疗、教育、文化、卫生等，未来新区建设和运营将是一个政府主导、市场多方参与的发展格局。

城市同步转入运营模式。过去城市开发建设以土地增值为核心、以融资开发为手段、以商品住房消费为支撑，形成高投资、高周转、高回报的闭环。新区不能沿用这种模式，"十四五"期间将加快探索以价值提升、资产增值为核心，以城市运营为支撑的新模式。

随着雄安高铁站投入使用和外围组团安置百姓的集中回迁入住，雄安新区从城市建设阶段进入了建设运营并重的发展阶段。随着新区自主投资的千年秀林、绿博园、高铁站配套商业、安置房及配套商业、商务服务中心等项目的陆续竣工，新区也将很快面临国有资产保值增值压力，从以建设为主向建设运营并重转变。新区将长期处于边建设边运营的新常态，要依据现实情况开展运营管理工作，全方位、多手段加强新区资产运营能力，要突出重点，轻重结合，沉淀优质重资产，做大做强轻资产运营。

13.3 稳妥有序承接非首都功能疏解

"十四五"是雄安新区从规划建设为主进入承接北京非首都功能疏解和建设同步推进的重要阶段，新区将坚持承接存量、吸引增量、质量引领、创新驱动，政府主导、市场运作，推动北京高校、医疗机构、科研机构、企业总部、金融机构、事业单位等一批标志性疏解项目落地实施，有序有效承接北京非首都功能疏解和人口转移。为了顺利推进承接北京非首都功能疏解，新区应创建良好政策环境、加快提升公共服务水平、优化营商环境。

一是住房政策的明朗化。"十四五"期间，新区将进一步明确住房政策，将实行居民可支付的租购并举住房制度，建立租赁住房、共有产权房和商品房互补的多元化住房供给体系。

二是全面实现高品质公共服务。新区将完成雄安新区大学园区的集中建设，承接首都一批高校整体疏解，或在新区设立分校、分院、研究院等，促进校城融合发展。"十四五"期间，新区将加快推进在京医院向雄安新区疏解转移，加快雄安宣武医院、国家医学中心建设，建设国际一流的医疗卫生体系，探索全人群全生命周期健康管理。探索公共服务新模式，建设公共文化体育智能管理服务平台，创新社会保障服务体系，打造全国教育、医疗卫生改革发展先行先试区。

三是城市吸引力加速形成。"十四五"期间，新区目标为改革中聚能、在承接中提升。加快构建现代产业体系，大力发展高端高新产业；推动在京高校、科研院所、企业与河北省在新区共建联合研究生院、产业研究院，增强新区对高层次人才的吸引力；实施人才优先发展战略，建立与高质量发展相适应的"五湖四海"选人用人机制以及高层次人才引进与激励政策体系，增强新区人才吸引力；优化就业创业、成长成才环境，建设"法治雄安"，打造让企业家、创业者安心干事创业的发展环境，为营商环境提升提供法治保障。

雄安新区建设承担着中国城镇化下半场高质量发展的探索使命，过程漫长而充满挑战，但我们有理由坚信，雄安新区终将建成一个人类城市发展史上"妙不可言""心向往之"的典范城市！

1. 2019年4月30日，生态环境部将雄安确定为"无废城市"建设试点。

2. 2019年5月15日，雄安新区印发《**河北雄安新区"走遍雄安"生态文明教育实践提升年活动的实施方案**》，通过开展"走遍雄安"活动，全面发现并整改城乡面貌、生态环境问题，全面提升新区三县生态环境质量。

3. 2019年6月13日，由自然资源部中国地质调查局、河北雄安新区管理委员会、河北省自然资源厅、河北省地质矿产勘查开发局四方联合撰写的**雄安新区首份地热资源勘查评价报告**出炉，该报告对雄安新区能源规划和地热资源可持续高效开发起到支撑作用。

4. 2019年8月12日，由河北省水利厅、河北省发展和改革委联合制定的《**河北省节水行动实施方案**》正式印发实施，提出打造雄安新区节水样板，将节约用水贯穿新区建设各方面，深化体制机制技术创新，加快用水方式向节约集约转变，提高用水效率。

5. 2019年9月3日，中共中央政治局委员、国务院副总理孙春兰在雄安新区调研。强调整合优势资源，深化改革探索，加强雄安现代教育体系、医疗卫生体系建设和教育卫生体制机制创新，推动雄安新区高标准高质量建设发展。

6. 2019年9月8日，雄安第一座永久性建筑项目——雄县第三高级中学开学。这**是河北省第一所按照三星级绿色建筑标准建设的中学**项目，配备雄安新区首个校园级智慧能源管控系统。

7. 2019年9月，中国雄安集团生态建设投资有限公司成立"绿色拆除"领导小组统筹整体房屋拆除工作，依据《绿色拆除实施方案》确保施工作业符合雄安新区"绿色拆除"要求。

8. 2019年10月9日，中共中央政治局常委、国务院副总理韩正在雄安新区调研，召开雄安新区规划建设现场办公会，传达学习习近平总书记重要讲话和指示精神，听取雄安新区规划建设进展情况汇报，研究部署下一阶段重点工作。

9. 2019年11月，**雄安新区绿色建筑展示中心**项目启动，该项目以新区规划发展目标和建设需求为导向，践行绿色、创新、智能发展理念，着眼于绿色建筑营造的模式、工艺等成果的展示交流，集中打造体现"雄安质量"的精品展示和创意交流平台。

10. 2019年12月，河北雄安新区管理委员会印发《**关于推进交通工作的指导意**

见》，明确了雄安新区未来五年将按照"9080"出行目标的要求，打造占出行比例50%以上的慢行交通系统。到2022年，雄安新区将率先在容东片区、昝岗片区等首批新建区域实施高品质公交、慢行系统；到2025年，优质多元的公共交通系统和安心舒适的慢行环境在雄安新区基本建立。

11. 2019年12月30日至2020年1月28日，中国共产党河北雄安新区工作委员会、河北雄安新区管理委员会组织对《河北雄安新区容东片区控制性详细规划》《河北雄安新区容西片区控制性详细规划》《河北雄安新区雄东片区控制性详细规划》《河北雄安新区雄安站枢纽片区控制性详细规划》面向全社会进行公示。

12. 2020年1月，由中国共产党河北雄安新区工作委员会、河北雄安新区管理委员会印发的《雄安新区地热资源保护与开发利用规划（2019—2025年）》和《雄安新区地质勘查规划（2019—2025年）》实施，为雄安新区依法开展地质勘查、地热资源保护与开发利用监督管理提供重要依据。

13. 2020年3月11日，生态环境部发布《雄安新区"无废城市"建设实施方案》，确定了雄安新区"无废城市"建设以"存量处理全量化、新区建设无废化、新区发展无废化"为总体目标。

14. 2020年3月，**雄安郊野公园**全面开工建设。郊野公园以"生态雄安"为主题，集中体现大型林地的生态屏障、水源涵养功能，突出自然野趣、休闲游憩，强调生态、自然、人文特色。

15. 2020年 4月1日，雄安新区开始实施**生态环境信用评价制度**，对在新区范围内企业及工程项目建设和施工单位进行生态环境信用管理。

16. 2020年4月21日，雄安新区启动**藻苲淀退耕还淀生态湿地恢复工程**，该工程将结合生态补水，恢复生态水位，大规模推进退耕还淀，逐步恢复淀区湿地生态系统完整性，营造淀城和谐共融的特色景观。

17. 2020年4月28至29日，中共中央政治局委员、中央政法委书记、中央依法治国办主任郭声琨在雄安调研，了解法治服务保障重大项目建设等情况，召开座谈会听取对政法工作和法治建设的意见建议。指出高质量高标准规划建设雄安新区，要坚持法治引领先行先试，为"千年大计"铺就鲜明的"法治底色"。

18. 2020年4月，由雄安绿研智库有限公司编制的《**雄安新区绿色发展报告（2017—2019）——新生城市的绿色初心**》正式发售，书中梳理总结绿色雄安的新思想、新理念、新技术和新实践，回顾雄安新区三年来绿色城市发展历程，总结新时代高质量发展的全国样板经验。

19. 2020年5月18日，中共中央政治局委员、国务院副总理胡春华在雄安新区考察供水保障和华北地下水超采治理工作。强调要加快推进雄安新区供水、防洪等基础设施建设，全面提升水安全保障水平，做好华北地下水超采治理工作。

20. 2020年6月5日，河北省首个按流域设置的生态环境监测机构——**白洋淀流域生态环境监测中心挂牌成立**，标志着白洋淀流域全域覆盖、保障有力的生态环境监测体系建设迈出坚实的重要一步。

21. 2020年6月17日，交通运输部印发《关于河北雄安新区开展智能出行城市等交通强国建设**试点工作的意见**》，明确雄安新区交通强国建设试点的任务要点。加快推进雄安新区现代化综合交通运输体系建设，助力构建绿色交通系统。

22. 2020年7月，环雄安新区生态林带建设共完成造林7.4万亩，基本实现环雄安生态林带整体闭合。

23. 2020年8月7日，**雄安新区首座全地下"花园式"再生水厂**——昝岗片区再生水厂主体结构施工全面启动。这座再生水厂将作为雄安高铁站枢纽片区配套基础设施的重要组成部分，为雄安高铁站枢纽片区的生产、生活及正常运营保驾护航。

24. 2020年8月29日，**张北—雄安1000千伏特高压交流输变电工程正式投运**。该工程连接张家口新能源基地和雄安新区，是保证雄安新区清洁用电的主要供电通道。

25. 2020年8月31日，**雄安新区大宗建材集采服务平台正式上线**。服务平台按照"政府搭台、企业交易、公开公平、全程监控"的原则，展示新区建材集采目录、建材采购公告、中标公示等内容，直连社会化交易平台为建材采购方提供优质交易环境，助力雄安高质量发展。

26. 2020年8月，中国雄安集团发布**雄安新区首个智慧能源体系企业标准**。这套标准体系包括供热、燃气、深层地热、浅层地热、智慧能源平台5个类别、19个标准，通过把互联网、大数据、人工智能等技术融入能源供应设施，将智慧能源贯穿工程设计、施工、验收、运行管理等能源供应全生命周期。

27. 2020年8月，河北省互联网信息办公室印发《河北省区块链专项行动计划（2020—2022年）》，支持雄安新区区块链实验室在核心技术研发和新型研发机构建设方面的探索实践。

28. 2020年8月，雄安新区退耕还淀还湿先行示范项目——**府河、孝义河河口湿地水质净化工程主体完工**，为白洋淀恢复超过600公顷的湿地面积，成为华北地区规模和处理能力最大的功能性生态湿地。

29. 2020年8月23日至2020年9月21日，中国共产党河北雄安新区工作委员会、河北雄安新区管理委员会组织《河北雄安新区雄县组团控制性详细规划》《河北雄安新区容城组团控制性详细规划》《河北雄安新区安新组团控制性详细规划》《河北雄安新区寨里组团控制性详细规划》《河北雄安新区昝岗组团控制性详细规划》及《河北雄安新区安州特色小城镇控制性详细规划》向社会公示。

30. 2020年9月17至23日，由河北省人民政府主办，河北省工业和信息化厅、河北雄安新区管理委员会、河北工业设计创新中心承办的第三届河北国际工业设计周在雄安成功举办。

31. 2020年10月27日，新区三县生态环境综合执法大队正式成立，完成了雄安新区生态环境保护系统"局队合一"执法整合编成工作。

32. 2020年10月30日，雄安新区**容东片区地下综合管廊干线**实现贯通，为下一步雄安新区实现城市智能物流配送提供保障。

33. 2020年10月30日，**雄安城市计算（超算云）中心**项目在容东片区开工建设。作为雄安"城市大脑"，项目秉承"雄安数字城市之眼、雄安智能城市之脑、雄安生态城市之芯"三大设计理念，雄安超算中心项目将打造"边缘计算、云计算、超算"三位一体相融合的城市计算体系，为整个数字孪生城市的大数据、区块链、物联网、AI、VR/AR提供网络、计算、存储服务。

34. 2020年10月31日，安新县10千伏赵庄子线成功合闸送电，标志着雄安新区2020年"电代煤"配套电网改造任务全面竣工。

35. 2020年10月，国家电网河北省电力公司首次公布《**雄安新区数字化主动配电网建设方案**》。按照方案，雄安新区将建设国际领先数字化主动配电网，打造能源互联网示范区。2022年底基本建成示范性数字化主动配电网，2030年底全面建成规模化数字化主动配电网。

36. 2020年12月12日，雄安新区"漫生活"街区体验日活动在容城县罗萨大街启动。"漫生活"街区伴随"生态优先、绿色发展"的初心，通过微改造的艺术处理方法，以公共艺术的形式融入社区文化，打造全新的休闲街区。

37. 2020年12月14日，雄安区块链底层系统1.0发布，意味着**国内首个城市级区块链底层操作系统开发完成并投入使用**，标志着国内首次将区块链作为城市级数字化基础设施来研究。

38. 2020年12月27日，北京至雄安新区城际铁路大兴机场至雄安新区段开通运营，**京雄城际铁路实现全线贯通**。京雄城际铁路是连接北京和雄安新区第一条建设开通的轨道交通线路，对实现中央提出的疏解北京非首都功能的示范意义重大。

39. 2020年12月27日，雄安新区首个重大交通基础设施项目——**雄安高铁站正式投入使用**。雄安站是京雄城际铁路的终点站，处于疏解北京非首都功能、京津冀协同发展及辐射全国的重要门户位置。

40. 2020年12月，《**工业和信息化部 财政部 中国人民银行 银保监会 证监会关于同意北京市朝阳区等51个城市（区）列为国家产融合作试点城市的通知**》发布，同意河北雄安新区列为国家产融合作试点城市。

41. 2021年 2月22日，河北省第十三届人民代表大会第四次会议批准通过《**河北省国民经济和社会发展第十四个五年规划和二〇三五年远景目标纲要**》。强调要高标准高质量推进雄安新区建设发展，牢牢把握北京非首都功能疏解集中承载地初心，坚持世界眼光、国际标准、中国特色、高点定位，完善规划体系，创新体制机制，加快建设高水平社会主义现代化城市，创造"雄安质量"，打造贯彻新发展理念的创新发展示范区。

42. 2021年2月25日，中共中央 国务院印发《**国家综合立体交通网规划纲要**》，提出建设"轨道上的京津冀"，加快推进京津冀地区交通一体化，建设世界一流交通体系，高标准、高质量建设雄安新区综合交通运输体系。

43. 2021年3月15日，中国共产党河北雄安新区工作委员会、河北雄安新区管理委员会印发**《全面推进乡村振兴加快农业农村现代化的实施方案》**，提出2021年底前，完成100个左右美丽乡村具体布局和建设规模，分批次持续推进规划编制工作。创造"雄安质量"，发展创意农业、认养农业、观光农业、都市农业等新业态。

44. 2021年3月16日，中共中央政治局常委、国务院副总理韩正主持召开京津冀协同发展领导小组会议，强调高质量高标准推进雄安新区建设，严格按规划有序推进重大项目建设，加强对北京非首都功能疏解项目的服务保障，抓好生态环境保护特别是白洋淀的保护和治理。

45. 2021年3月，中国共产党河北雄安新区工作委员会印发《关于全面推进城镇老旧小区改造工作的实施方案》，提出新区大力推进城镇老旧小区改造，到"十四五"期末，全面完成2000年底前建成的需改造城镇老旧小区改造任务，对条件允许的2000年以后建成的城镇老旧小区实施改造。

46. 2021年4月1日，《白洋淀生态环境治理和保护条例》正式实施，该条例是雄安新区第一部地方性法规，共8章100条，从规划管控、污染治理、防洪排涝、修复保护、保障监督等方面对白洋淀及其流域进行了全面规范。

47. 2021年4月15日，中共中央政治局委员、国务院副总理孙春兰在雄安新区调研并召开现场办公会，落实党中央、国务院关于疏解北京非首都功能的决策部署，加强教育、卫生健康部门与河北、雄安的工作对接，稳步有序推进在京高校和医疗机构疏解项目在雄安落地。

48. 2021年4月28日，中共中央政治局常委、国务院副总理韩正在雄安新区调研，主持召开京津冀协同发展领导小组会议并讲话。强调要认真学习贯彻习近平总书记重要讲话和指示精神，严格按规划高标准高质量建设雄安新区，积极稳妥有序疏解北京非首都功能。

49. 2021年4月，**国内首个基于风光储协调互补、冷热电群调群控的区域能源互联网项目——**雄安新区王家寨绿色智能微电网示范项目二期清洁能源改造工程完工投产。该项目每年可减少燃煤约2100吨，减少二氧化碳排放约5200吨。

50. 2021年5月23日，河北省人民政府出台《关于建立健全绿色低碳循环发展经济体系的实施意见》，提出加快基础设施绿色升级，2021年底前雄安新区建成"无煤区"。

51. 2021年5月29日，雄安新区京雄高速公路河北段、荣乌高速新线、京德高速公路一期工程同期建成通车，**雄安新区"四纵三横"的对外高速公路骨干路网**全面形成。

52. 2021年5月，国家发展改革委、教育部、人力资源社会保障部印发《"十四五"时期教育强国推进工程实施方案》，**支持一批在京中央高校疏解转移到雄安新区。**

53. 2021年5月，容东片区安置房项目主体工程已基本完成，内外装修、市政景观园林建设全面展开。

54. 2021年6月7日，水利部、河北省人民政府联合主导的**2021夏季滹沱河、大清河（白洋淀）生态补水正式启动**，南水北调滹沱河退水闸开闸向滹沱河补水。

55. 2021年6月8日，**自然资源雄安新区卫星应用技术中心**举行揭牌仪式。雄安卫星中心将为规划建设、批后监管等相关工作提供卫星数据和应用服务，并在推进新区自然资源和规划建设管理信息化建设上作出应有贡献。

56. 2021年6月15日，白洋淀景区恢复开放试营业。自2019年10月起，白洋淀景区进行改造提升项目建设，进行景区周边环境综合整治，建立健全配套服务设施。

57. 2021年6月16日，**中国预拌混凝土行业首张"绿色建材产品认证证书"**落户雄安新区，为创造"雄安质量"提供有力保障。

58. 2021年6月18日，雄安新区首座新建220千伏变电站——**剧村站**建成投运，将满足片区内征迁安置居民的生活用电，为雄安新区大规模建设提供电力保障。

59. 2021年6月30日，京雄城际铁路雄安站配套工程——**新月公园**正式建成并开园迎客。

60. 2021年6月，**新区首个净水厂工程**——雄安新区起步区1号供水厂（净水厂）工程投入运营，承担着雄安新区容东片区和启动区居民供水重任。

61. 2021年6月，雄安新区正式发布《**关于雄安新区"三线一单"生态环境分区管控的实施意见**》，进一步细化河北省、白洋淀流域"三线一单"生态环境分区管控方案，强化对新区规划实施、产业发展转型和生态环境治理等的引导和约束，明确了新区生态环境保护的底线目标、空间约束和准入要求，构建了以环境管控单元为核心的分区差异化管控体系。

62. 2021年6月，**中国卫星网络集团有限公司、中国中化控股有限责任公司**两家央企总部设在雄安，成为最先注册入驻雄安的两家北京疏解单位。

参考资料

［1］ 安国俊，敦心怡. 中国绿色金融发展前景［J］. 中国金融，2018，（2）.

［2］ 河北省人大常委会法制工作委员会，河北省人大常委会城建环资工作委员会，河北省生态环境厅. 白洋淀生态环境治理和保护条例［EB/OL］. http://www.hbrd.gov.cn/system/2021/03/01/100611012.shtml.

［3］ Bernd & Hilla Becher. Tipologie Typologien Typologies.［M］Schirmer/Mosel，1990.

［4］ 曹劲松. 新闻媒体的政治属性与传播属性［J］. 南京社会科学，2016（02）：123-127.

［5］ 蔡向荣，王敏权，傅柏权. 住宅建筑的碳排放量分析与节能减排措施［J］. 防灾减灾工程学报，2010，30（S1）：428-431.

［6］ 陈多多，阎瑾. 空间、功能复合的日本轨道交通枢纽站站城一体开发解读［J］. 价值工程，2018，37（01）：231-233.

［7］ 陈蓉，黄鼎曦. 城市轨道交通规划建设模式绿色化转型思考［J］. 规划师，2020，36（03）：44-50.

［8］ 陈岩松. 城市经营：理论运作制度创新［M］. 上海：同济大学出版社，2008.

［9］ 段进. 国家大型基础设施建设与城市空间发展应对——以高铁与城际综合交通枢纽为例［J］. 城市规划学刊，2009（01）：33-37.

［10］ 自然资源部国土空间规划局. 新时代国土空间规划——写给领导干部［M］. 北京：中国地图出版社，2021.

［11］ 范周，亓冉，田卉. 新时代雄安新区建设"文化之城"的思考［J］. 西安财经学院学报，2019，32（03）：30-37.

［12］ 冯爱军. 国内城市轨道交通技术发展现状与展望［J］. 江苏建筑，2020（03）：1-3.

［13］ 中华人民共和国交通运输部. 关于公布第一批交通强国建设试点单位的通知（交规划函［2019］738号）［EB/OL］. https://xxgk.mot.gov.cn/2020/jigou/zhghs/202006/t20200630_3321264.html.

［14］ 中华人民共和国交通运输部. 交通运输部关于河北雄安新区开展智能出行城市等交通强国建设试点工作的意见［EB/OL］. http://www.xiongan.gov.

cn/2020-07/04/c_1210687651.htm.

[15] 河北雄安新区管理委员会. 关于推进交通工作的指导意见 [EB/OL]. http://www. xiongan.gov.cn/2019-12/20/c_1210404460.htm.

[16] Global Carbon Project. Global Carbon Budget 2018 [R]. GCP. 2018, 12.

[17] 中共河北省委, 河北省人民政府. 河北雄安新区规划纲要 [EB/OL]. http://www. xiongan.gov.cn/2018-04/21/c_129855813.htm.

[18] 河北雄安新区管理委员会. 关于雄安新区"三线一单"生态环境分区管控的实施意见 [EB/OL]. http://www.xiongan.gov.cn/2021-06/10/c_1211195303.htm.

[19] 河北雄安新区管理委员会.河北雄安新区容西片区控制性详细规划 [EB/OL]. http:// www.xiongan.gov.cn/2020-04/20/c_1210578606.htm.

[20] 河北雄安新区管理委员会. 河北雄安新区起步区控制性规划 [EB/OL]. http://www. xiongan.gov.cn/2020-01/15/c_1210440042.htm.

[21] 河北雄安新区管理委员会. 河北雄安新区启动区控制性详细规划 [EB/OL]. http:// www.xiongan.gov.cn/2020-01/15/c_1210440126.htm.

[22] 河北省第十三届人民代表大会常务委员会. 河北雄安新区条例 [EB/OL]. http://www. xiongan.gov.cn/2021-07/29/c_1211265978.htm.

[23] 河北雄安新区管理委员会. 河北雄安新区雄安站枢纽片区控制性详细规划 [EB/OL]. http://www.xiongan.gov.cn/2020-04/21/c_1210578695.htm.

[24] 河北雄安新区管理委员会. 河北雄安新区雄东片区控制性详细规划 [EB/OL]. http:// www.xiongan.gov.cn/2020-04/20/c_1210578601.htm.

[25] 河北省发展和改革委员会. 河北省国民经济和社会发展第十四个五年规划和2035年远景目标纲要 [EB/OL]. http://hbdrc.hebei.gov.cn/web/web/xxgkzxgh/2c94738479bf8df30179c12bed6e5b09.htm.

[26] 何国平. 城市形象传播: 框架与策略 [J]. 现代传播, 2010 (08): 13-17.

[27] 中华人民共和国住房和城乡建设部办公厅.海绵城市建设绩效评价与考核办法（试行） [EB/OL]. http://www.mohurd.gov.cn/gongkai/fdzdgknr/tzgg/201507/20150716_222947. html.

[28] 侯明明. 高铁影响下的综合交通枢纽建设与地区发展研究 [D]. 同济大学, 2008.

[29] 景啸. 基于系统动力学的城市轨道交通线网生长机理研究 [D]. 华中科技大学, 2012.

[30] 今和次郎. 考现学入门（ちくま文庫）, 1987.

[31] 孔哲, 过秀成, 侯佳, 费跃. 大城市轨道交通网络演变的生命周期特征研究 [J]. 城市轨道交通研究, 2013, 16 (08): 32-38.

[32] 吕北岳. 高强度开发地区轨道交通站城一体化发展策略——以深圳市前海合作区为例 [C]. 中国城市规划学会城市交通规划学术委员会. 2017年中国城市交通规划年会论文

集．中国城市规划学会城市交通规划学术委员会：中国城市规划设计研究院城市交通专
业研究院，2017：1726–1733.

[33]　刘超．城市更新中公共利益的衡量标准与程序设定[J]．城市问题，2017（03）：73–79.

[34]　李文静，瞿国方，何仲禹，陈泽武．日本站城一体化开发对我国高铁新城建设的启
示——以新横滨站为例[J]．国际城市规划，2016，31（03）：111–118.

[35]　吕颖．日本循环经济发展模式及其对中国的启示[C]．2007.6.

[36]　林竹．城市运营与城市经营的理论与实践辨析[J]．规划师，2014（9）：116–121.

[37]　刘震宇．城市轨道交通站城一体化发展模式研究[D]．兰州交通大学，2016.

[38]　孟卫东，吴振奇，司林波．雄安新区管理体制机制创新研究——基于对浦东新区与滨海
新区的经验分析[J]．当代经济管理，2018，40（4）.

[39]　牛韶斐．基于绿色TOD理念的轨道交通站域建成环境研究[D]．西南交通大学，2018.

[40]　Nature.（2010）. The century of the city. Nature, 467（Oct 21），900.

[41]　Roggema, R., & Yan, W.（2017）. Tsunami and Fukushima Disaster: Design for
Reconstruction.（R. Roggema & W. Yan, Eds.）. Netherlands: Springer.

[42]　邵任薇，朱英杰．城市更新中社区规划师的作用研究[J]．宏观视角，2019，（11）.

[43]　孙玮．作为媒介的城市：传播意义再阐释[J]．新闻大学，2012（02）：41–47.

[44]　石英杰，王桂霞，安广义．雄安白洋淀湿地景观格局分析及生态规划研究[J]．湖北农
业科学，2020，59（20）：116–123.

[45]　苏业辉，徐士伟，谢志明．新形势下广州新塘站综合交通枢纽站城一体化规划[J]．黑
龙江交通科技，2018，41（08）：186–187.

[46]　隋岩．媒介文化研究的三个路径[J]．新闻大学，2015（04）：76–85.

[47]　高敬．推动碳达峰、碳中和，将从何处发力——访中国国家气候变化专家委员会副主任
何建坤[EB/OL]．http://www.xinhuanet.com/2021–01/31/c_1127046789.htm.

[48]　陶亮．建筑师负责制中的责权利关系比较研究——以行业标准合同为线索[J]．南方建
筑，2019，（06）：67–70.

[49]　谭日辉，王涛．精细化治理视角下首都功能核心区的城市更新研究[J]．城市管理与科
技，2019，6（30）：87.

[50]　唐圣钧，李峰，丁年，尹丽丹．城市综合环卫设施规划方法创新与实践[M]．北京：
中国建筑工业出版社，2020.5.

[51]　唐燕，杨东，祝贺．城市更新制度建设广州、深圳、上海的比较[M]．北京：清华大
学出版社，2019.

[52]　王国富，王威汐，路林海，门燕青，张伟．绿色城市轨道交通概念定位及其特征表现
[J]．都市快轨交通，2020，33（02）：42–49.

[53]　王宏海．建筑师负责制的10种不同认知[J]．建筑设计管理，2019，36（12）：65–70.

［54］ 王英俊. "互联网+"智慧环保生态环境多元感知体系发展分析［J］. 环境与发展，2020，2：171-172.

［55］ 吴婕，高学杰，徐影. RegCM4 模式对雄安及周边区域气候变化的集合预估. 大气科学，2018，42（3）：696-705.

［56］ 王金龙. 关于市场化造林的思考和探讨［J］. 林业经济，2014，10：62-64.

［57］ 武士翔. "科技蓝+森林绿"助力雄安生态格局——基于雄安新区植树造林项目的研究［J］. 城市建筑，2019，9（16）：149-150.

［58］ 王勇，李广斌，钱新强. 国内城市经营研究综述［J］. 城市问题，2004（1）：8-13.

［59］ 雄安新区生活垃圾全过程分类管理体系研究报告［R］：2019，12.

［60］ 徐湘江，薛秋生，李宏秋. 我国经济林产业发展现状与趋势［J］. 中国林副特产，2013（03）：102-105.

［61］ 袁军，石斌，谭晓风. 林下经济与经济林产业的发展［J］. 经济林研究，2015，33（02）：163-166，171.

［62］ 阳建强. 走向持续的城市更新-基于价值取向与复杂系统的理性思考［J］. 城市规划，2018，42（06）：69-71.

［63］ 杨苗，龚家国，赵勇，王浩，赵翠平.白洋淀区域景观格局动态变化及趋势分析.生态学报，2020，40（20）：7165-7174.

［64］ 中国新闻网. "2020中国生态文明论坛"举办［EB/OL］. https://www.chinanews.com/zwad/2020/12-30/8667039.html.

［65］ 住建部出台建筑师负责制指导意见征求意见稿［J］. 建筑设计管理，2018，35（01）：37-38，40.

［66］ 张葳. 建筑师负责制下的全过程探索——雄安设计中心旧改工程［J］. 建设科技，2019，（Z1）：39-44.

［67］ 中国农村发展报告（2020）［R］. 中国社会科学院.2020.

［68］ 中华人民共和国国家发展和改革委员会. 中华人民共和国国民经济和社会发展第十四个五年规划和2035年远景目标纲要［EB/OL］. http://www.gov.cn/xinwen/2021-03/13/content_5592681.htm?pc.

后记

　　绿色，是生命的颜色，更是当代中国发展最鲜明的底色。国家"十四五"规划和2035年远景目标提出，推动绿色发展，促进人与自然和谐共生，到2025年，生态文明建设实现新进步，生态环境持续改善；到2035年，生态环境根本好转，美丽中国建设目标基本实现。作为全球最大的发展中国家，我国提出"力争2030年前实现碳达峰，2060年前实现碳中和"的目标，"十四五"规划纲要也对实现碳达峰、碳中和与应对气候变化进行了全面部署。

　　雄安新区作为中国城镇化下半场的探路者，坚持"世界眼光，国际标准，中国特色，高点定位"的建设要求，积极响应国家生态文明建设，致力于探索出一条经验可复制、技术可推广的绿色发展之路。建设中的雄安新区将绿色发展贯穿了顶层体系设计、建设项目推进、生态环境治理的方方面面。本报告是雄安绿研智库有限公司（以下简称"雄安绿研智库"）组织编写的雄安新区绿色发展系列报告，在第一本：《雄安新区绿色发展报告（2017—2019）——新生城市的绿色初心》的编写经验基础上，第二本报告聚集2019—2021年期间雄安新区绿色发展的最新动态与热点议题。第二本报告首先分析了绿色发展的国际趋势、国内进展，然后通过对雄安新区的规划编制与实施、环境治理与保护、绿色交通与出行、绿色建筑与建材、资源循环与高效、智能与智慧城市、城市环境提升与改造、管理体制机制创新、建设项目介绍与雄安专题调查等方面进行阐述，以全方位、多维度、广视角向读者展示了雄安新区绿色发展的实践成果与探索方向，目的是总结经验与成果，为中国绿色发展总结雄安样板，提供参考。编制期间，编写组重点通过专家约稿、问卷调查、访谈、学术交流等形式对报告进行补充完善，并终于2021年9月成稿。

　　本报告吸纳了相关领域众多学者最新研究成果，得到了雄安新区管理委员会及相关部门、中国雄安集团有限公司、深圳市建筑科学研究院股份有限公司、中国城市科学研究会生态城市研究专业委员会、深圳市城市交通规划设计研究中心股份有限公司、雄安城市规划设计研究院有限公司、国网河北省电力有限公司雄安新区供电公司、北京清华同衡规划设计研究院有限公司、加拿大不列颠哥伦比亚省林业创新投资中国代表处、河北大学新闻传播学院、清华大学建筑设计研究院有限公司、清华大学美术学院、北京市住宅建筑设计研究院有限公司、中国农业银行河北雄安分行、中国移动雄安产业研究院、日本庆应义塾大学政策与媒介研究院、天津大学建筑学院城市规划系、华润（集团）有限公司雄安新区专项工作小组、深圳市建信筑和科技有限公司、伦敦大学学院、汕头大学商学院、马来亚大学等单位和专家的指导与支持，在此，再次对为本报告做出贡献的各位专家学者致以诚挚的感谢。同时，还要感谢深圳市建筑科学研究院股份有限公司董事长叶青女士在百忙之中抽出时间为本书撰写序言。

2021年，是雄安新区设立的第四个年头，也是雄安绿研智库成立的第四年。公司由最初的"光杆司令"发展成为了现在的部门健全、研究领域全面的"绿色研究团队"。作为雄安新区设立以来首批注册成立的公司，雄安绿研智库有幸成为新区建设的参与者与见证者，深度参与新区绿色发展研究，并结识了许多志同道合的优秀团队与绿色发展探索者。这四年，雄安绿研智库坚守绿色发展研究的道路，耐得住寂寞却并不孤单，曾经迷茫但初心不变，四年的坚守，让我们看到了雄安新区拔节而生，看到了绿色理念深入新区城市肌理，看到了绿色生活方式在公众生活中普及；四年的守候，让我们看到了白洋淀的澄碧，看到了千年秀林的葱郁，看到了郊野公园的秀美，看到了新区鸟儿的安闲惬意，看到了许多惊人的变化与数不尽的美好。这些变化与美好让雄安绿研智库在推动新区绿色发展的道路上步伐更加坚定，也更加自信。

从"把每一寸土地都规划得清清楚楚"到重点片区"热火朝天、塔吊林立"，雄安新区的轮廓日益清晰，绿色画卷徐徐铺展，绿色初心得到见证，雄安绿研智库将不忘绿色初心，继续关注雄安发展，持续输出雄安绿色发展的新理念、新举措、新技术，助力雄安新区绿色发展，欢迎各界读者朋友提出宝贵意见，并欢迎各界读者、专家、朋友关注雄安绿研智库有限公司官方微信公众号（公众号名称：lvyanzhiku），进行指导与交流，共同见证"绿色雄安"的成长。

《雄安新区绿色发展报告（2019—2021）》编写组

2021年9月